北京大學《儒藏》編纂與研究中心 編

《儒藏》精華編選刊

御選明臣奏議（上）

〔清〕高宗弘曆 敕輯
張兆裕 校點

北京大學出版社
PEKING UNIVERSITY PRESS

圖書在版編目(CIP)數據

御選明臣奏議：全二册/（清）高宗弘曆敕輯；北京大學《儒藏》編纂與研究中心編. —北京：北京大學出版社，2023.9

（《儒藏》精華編選刊）

ISBN 978-7-301-33796-7

Ⅰ. ①御… Ⅱ. ①高…②北… Ⅲ. ①奏議－彙編－中國－明代
Ⅳ. ①K249.065

中國國家版本館CIP數據核字（2023）第051554號

書　　名	御選明臣奏議 YUXUAN MINGCHEN ZOUYI
著作責任者	〔清〕高宗弘曆　敕輯 張兆裕　校點 北京大學《儒藏》編纂與研究中心　編
策劃統籌	馬辛民
責任編輯	沈瑩瑩
標準書號	ISBN 978-7-301-33796-7
出版發行	北京大學出版社
地　　址	北京市海淀區成府路205號　100871
網　　址	http://www.pup.cn　新浪微博：@北京大學出版社
電子郵箱	編輯部 dj@pup.cn　總編室 zpup@pup.cn
電　　話	郵購部 010-62752015　發行部 010-62750672 編輯部 010-62756449
印 刷 者	三河市北燕印裝有限公司
經 銷 者	新華書店 650毫米×980毫米　16開本　51.5印張　630千字 2023年9月第1版　2023年9月第1次印刷
定　　價	208.00元（全二册）

目録

上册

御選明臣奏議卷四

御選明臣奏議卷五

御選明臣奏議卷十一 ……………………一九二

御選明臣奏議卷十二 ……………………二〇六

御選明臣奏議卷十三 ……………………二二五

御選明臣奏議卷十七……二九九

御選明臣奏議卷十八……三一五

下册

御選明臣奏議卷二十七……四八七

御選明臣奏議卷二十八……五〇四

御選明臣奏議卷二十九……五二三

御選明臣奏議卷三十三

御選明臣奏議卷三十七……………………七一九

御選明臣奏議卷三十八……………………七三六

御選明臣奏議卷三十九……………………七五〇

御選明臣奏議卷四十

校點説明

《御選明臣奏議》是清乾隆年間奉敕選編的明代奏議集。全書共四十卷，收録自洪武朝至崇禎朝一百五十二人的三百八十八篇奏議。乾隆四十六年（一七八一），清高宗因明代「奏疏未有專本，使當年繩愆糾謬、忠君愛國之忱，後世無由想見」（《清高宗實録》卷一一四三乾隆四十六年十月丙申），命諸皇子與上書房總師傅蔡新等選編《明臣奏議》。蔡新，福建漳浦人，乾隆元年進士，乾隆十八年任上書房總師傅（趙爾巽《清史稿》卷三二〇《蔡新傳》）。皇子中實際負責此事的是皇六子質郡王永瑢、皇八子儀郡王永璇（《清高宗實録》卷一一六九乾隆四十七年十一月癸丑）。

《明臣奏議》於乾隆四十六年十月奉敕編輯，四十七年四月編成，奉諭寫入《四庫全書》，并交付聚珍版處排印（《軍機處上諭檔》）。該年十月清高宗閲後認爲書内編次不按年代，體例乖舛，而且校核疏失，排印也不如式。令重修、排印，主要責任者也分别受到議處（《清高宗實録》卷一一六七乾隆四十七年十月癸巳，卷一一六九乾隆四十七年十一月癸丑）。目前所見即修正後的定本。

按照清高宗諭旨,《明臣奏議》主要從《明史》本傳和《四庫全書》諸人文集中的奏議選録。選擇雖有限定,但範圍涵蓋廣泛。此外,《明臣奏議》中還包括紀昀等四庫館臣此前選編的《明季奏疏》的内容。乾隆四十四年二月高宗令四庫館於萬曆以後應毁違礙書籍中,選編「痛切敷陳,足資考鏡」的奏疏,對違礙字句量爲改易,編爲《明季奏疏》(《清高宗實録》卷一一七七乾隆四十四年二月庚辰)。此書未完,《明臣奏議》開始編輯,高宗令將原所選奏疏歸入《明臣奏議》。這也是《明臣奏議》得以較快完成的原因之一。

《明臣奏議》以「資治經世」、「忠君體國」爲核心,搜採明代慷慨建議、剴切敷陳的臣工疏議,以言見人,以言見政,根本則在總結明代教訓,爲現實服務。書中所選奏疏在明代奏議總集或經濟文編中多有出現,如本書卷一各篇多是問世以來就廣爲流傳的名篇,很具有代表性。明中期以後,明人很注重對本朝奏議的彙編,專門的奏議總集、各階段的奏議集編有多種,而經濟文編類的總集中也以奏議爲主。這些書籍一是主題、體例較駁雜,内容選擇上隨機性大,二是在時段上缺乏有明一代的專集。《明臣奏議》在這些方面彌補了不足。

《明臣奏議》成書後,排印入《武英殿聚珍版叢書》,又抄入《四庫全書》,這是本書最早的兩個版本。其後有閩刻本、廣雅書局刻本，皆爲翻刻《武英殿聚珍版叢書》本。民國間《叢書集成初編》本，乃據《武英殿聚珍版叢書》本排印。

本次校點，以清乾隆間排印《武英殿聚珍版叢書》本爲底本，以影印文淵閣《四庫全書》本（簡稱「四庫本」）爲校本，並參校明諸人文集、《明實録》（臺北歷史語言研究所校印本）及其他文獻，皆於首次出現處注明版本。其中「四庫本」即影印文淵閣《四庫全書》本，「四庫存目叢書」即齊魯書社二十世紀九十年代出版《四庫全書存目叢書》本。書中避清諱「弘」作「宏」，「曆」作「歷」，「玄」作「元」等，皆回改，於首次出現處出校説明。另本書對明代部分少數民族地區的人名、地名重加翻譯，爲便讀者參考，皆於首次出現處出校説明。各奏疏下所注上疏年，間有與《明實録》及諸人文集等不符者，亦皆出校予以説明。不足之處，尚祈方家指正。

校點者　張兆裕

御製題武英殿聚珍版十韻有序

校輯《永樂大典》内之散簡零編，並蒐訪天下遺籍，不下萬餘種，彙爲《四庫全書》。擇人所罕覯，有裨世道人心及足資考鏡者，剞劂流傳，嘉惠來學。第種類多則付雕非易，董武英殿事金簡以活字法爲請，既不濫費棗棃，又不久淹歲月，用力省而程功速，至簡且捷。考昔沈括《筆談》記宋慶曆中有畢昇爲活版，以膠泥燒成，而陸深《金臺紀聞》則云「毘陵人初用鉛字，視版印尤巧便」，斯皆活版之權輿。顧埏泥體麤，鎔鉛質輭，俱不及鋟木之工緻。兹刻單字計二十五萬餘，雖數百十種之書，悉可取給，而校讐之精，今更有勝於古所云者。第活字版之名不雅馴，因以「聚珍」名之，而系以詩。

稽古搜四庫，於今突五車。開鐫思壽世，積版或充閭。張帖唐院集，周文梁代餘。同爲製活字，用以印全書。精越《鶡冠》體，昨歲江南所進之書，有《鶡冠子》，即活字版，第字體不工，且多訛謬耳。富過鄴架儲。機圓省雕氏，功倍謝鈔胥。聯腋事堪例，埏泥法似疎。毁銅昔悔彼，康熙年間，編纂《古今圖書集成》，刻銅字爲活版，排印蕆工，貯之武英殿。歷年既久，銅字或被竊缺少，司事者懼干咎，適值乾隆初年京師錢貴，遂請毁銅字供鑄，從之。所得有限，而所耗甚多，已爲非計，且使銅字尚存，則今之印書，不更事半功倍乎？深爲惜之。刊木此慙予。既復羨棃棗，還教慎魯魚。成編示來學，嘉惠志符初。

乾隆甲午仲夏

上　諭❶

乾隆四十六年十月二十七日内閣奉上諭：歷代名臣奏疏俱有流傳，選刻之本，現在《四庫全書》内，經館臣編次進呈，其中危言讜論，關繫前代得失者，固可援爲金鑑，至勝國去今尤近，三百年中，藎臣傑士，風節偉著者，亦不乏人。跡其規陳治亂，抗疏批鱗，當亦不亞漢唐宋元諸臣，而奏疏未有專本，使當年繩愆糾謬、忠君愛國之忱，後人無由想見，非所以垂法戒、著勸懲也。即或其人品誼未醇，而其言一事，陳一弊，切中利病、有裨時政，亦不可以人廢言。至神宗以後，諸臣奏疏内有因遼瀋用兵，涉及本朝之處，彼時主闇政昏，太阿倒置，閹人竊柄，權倖滿朝，以致舉錯失當，賞罰不明，其君綴旒于上，竟置國是若罔聞，遂至流寇四起，兵潰餉絶。種種秕政，指不勝數。若楊漣、左光斗、熊廷弼諸人，或折衝疆場，或正色立朝，俱能慷慨建議，剴切敷陳。設明之君，果能採而用之，猶不致敗亡若是之極。其事距今百十餘年，殷鑒不遠，尤當引爲炯戒。則諸人奏疏，不可不亟爲輯録也。除《明史》本傳外，所有入《四庫全書》諸人文集，均當廣爲蒐採，裒集成編。即有違礙字句，秖須略爲節潤，仍將全文録入。此事關繫明季之所以亡，與我朝之所以興，敬怠之分，天人之際，不可不深思遠慮，觸目警心。著派皇子同總師傅蔡新等爲總裁，其皇孫、皇曾孫之師傅、翰林

❶「上諭」，原無，今據文義補。

等，即著爲纂修、校録，陸續進呈，候朕親裁。書成後，即交武英殿刊刻，仍抄入《四庫全書》，將此旨冠于簡端。所有前派紀昀等選出神宗以後各奏疏，即著歸入此書，按其朝代，一體編纂。特諭！

凡例

一，明代奏議，現在四庫全書館，散見諸臣文集内者甚多，并有彙萃成書如《經濟録》及《疏議輯略》等編，兹俱詳加蒐採，選録全文。至于館書未載，而其言可録，則從《明史》本傳中删節之文採入，以存梗概。

一，明臣習尚，喜滋議論，奏牘之繁，迥逾前代。是編所録，專擇其危言讜論、得失攸關，以著勸懲而垂法戒。如屬泛行陳奏，或涉門户交攻，文采雖工，概從汰置。

一，是編所録，固多忠藎名流，間有品誼未醇，而所言實中利病，謹遵聖諭「不以人廢言」之盛心，並爲採入。書期有用，與流傳選刻泥稱「名臣」者迥殊。

一，明至神宗後，應燬違礙文集、奏疏，良由事涉我朝，其建議頗多剴切。顧自楊漣、左光斗、熊廷弼諸人以外，正史不及盡載姓名，兹俱按其時代編入，字句稍加節潤，未曾改易全文，用仰副皇上近取殷鑑、昭垂萬禩之至意。

一，舊傳選刻名臣奏議之本，宋趙汝愚專録本朝，明楊士奇兼綜歷代，但分門别部，轉近類書體裁。是編纂次，謹遵聖訓，一依明代紀年先後，其有同時陳奏者，則參攷官階之大小編入。次第釐然，悉符史家體例。

一，是編每疏題下，俱謹遵聖訓，注明某朝某年，並查載進止原旨，與疏之行否于後。俾一事顛末，展卷瞭如，而其時之朝政，亦遂可以攷鏡。睿慮周詳，尤爲從來編輯諸家管蠡所莫逮云。

一，奏議中有引用遼、金、元三史人名、地名者，悉遵欽定改正，並將當時所稱蕃部人、地名，俱查出譯改。

御選明臣奏議卷一

應求直言詔上書洪武九年

葉伯巨

臣伏讀聖諭，因邇者五星紊度，日月相刑，詔臣民直言得失。海内聞之，懽呼雷動，皆曰「此禹湯罪己之道也」。凡有識知，莫不欲竭智盡忠，況臣愚蒙，久承養育，以至今日者乎？臣竊惟漢、晉、唐、宋之世，凡有災異，必由刑政失宜，賢愚倒置，遂至紀綱不振。或制于權臣，或移于宦寺，或陵夷于女主，或潰敗于邊戎，上下偷安，苟延歲月。天變于上而不知戒，人怨于下而不知恤，天下已壞而莫之救也。今天厭元德，特命陛下以神聖之資，掃除亂略，薄海内外，罔不臣服。方宵衣旰食，以圖至治，漢、晉、唐、宋之失，舉皆無有，然而日月星辰失序者，得毋陛下鑑觀前世，矯枉除弊，又有太過者歟？臣觀當今之事，太過者三：曰分封太侈也，曰用刑太繁也，曰求治太速也。何以明之？

日者，君之象也；月者，臣之象也；五星者，卿士、庶人之象也。臣愚不知星術，姑以所聞于經傳并摭前世已行之得失論之。《詩》曰：「彼月而食，則維其常。」陰盛陽微，斯爲不善矣。是故日刑于月，猶之可也。日月相刑，是月敢抗日，臣敢抗君也。竊觀主上之有天下，掃除羣雄如刈草芥，包絡豪傑如使臂指，今公卿大臣將數十萬之衆，戰必勝，攻必取，朝廷遣一介之使召之，則拱手聽命，無敢後時，況有敢抗者乎？惟是都城過百雉，國之害。先王之制：大都不過三國之一，中五之一，小九之一，使上下等差，各有定制。上得以兼乎下，下不得以兼乎上，所以強榦弱枝，以遏亂源，而崇治本也。國家裂土分封，使諸王各有分地，以樹藩屏，以復古制，蓋懲宋、元孤立，宗室不競之弊。而秦、晉、燕、齊、梁、楚、吴、蜀諸國，各盡其地而封之，城郭宫室之制，廣狹大小亞于天子之都，優之以甲兵衛士之盛。臣恐數世之後，尾大不掉，然後削其地而奪之權，則起其怨，如漢之七國、晉之諸王，或則恃險争衡，或則擁衆入朝，甚則緣間而起，防之無及也。此皇天眷顧之甚，或者譴告以相刑之象歟？今議者曰：「諸王皆天子親子也，皆皇太子親骨肉也，分地雖廣，制度雖侈，所謂犬牙相制，磐石之宗，天下服其強耳，豈有抗衡之理耶？」《書》曰：「列爵惟五，分土惟三。」今「王」亦爵也，漢謂「諸侯王」，亦不過三公之位耳。禮莫大于定分，使王侯之國與京畿同，則爲列國矣，尚有君臣之分乎？今秦、晉、燕、齊、梁、楚、吴、蜀諸國，皆連帶數十城，而復優之以制，假之以兵，議者何不摭漢、晉之事以觀之乎？孝景皇帝，漢高皇帝之孫也，七國諸王，皆景帝之同祖父兄弟之子孫也，當時削其地，則遽搆兵西向。晉之諸王，皆武帝之親子孫也，易世之後，迭相攻伐，以危王室，遂成劉、石雲擾之患。由此言之，分封踰制，禍患立生，援古證今，昭昭然矣。此臣之以爲太過者也。昔賈誼勸漢文帝盡分諸國之地，空置之以待諸王子孫，謂「力少則易使以義，國小則無邪心」，向使文帝早從誼之所言，則必無七國之禍。願及諸王未就國之先，節其都邑之制，減其衛兵，限其疆理，亦以待封諸王之子孫。此制一定，然後諸王有賢且才者，入爲輔相，其餘世爲藩輔，可以與國同休，世世無窮矣。割一時之恩，以制萬世之利，以消天變，以安社稷，天下幸甚。

臣又觀歷代開國之君，未有不以尚德緩刑而結民心，亦未有不以專事刑罰而失民心者。國祚長短，悉由于此。三代、秦、漢、隋、唐，享國之數，具在方册，昭然可觀。其故何也？《易》曰：「天地之大德曰生，聖人之大寶曰位。何以守位？曰仁。何以聚人？曰財。理財正辭，禁民爲非，曰義。」此可以見天地好生之心，與聖人守位之道矣。然而禁民爲非之義，特居末者，明不得已而用刑，而不專任刑罰也。古者斷死刑，天子爲之徹樂減膳，而寓惨怛之意于其間，誠以天生斯民，立之司牧而教養之，俱欲其並生于天地之間也，不幸有不率教者入于其中，則不得不加之以刑耳。故其仁愛之篤，洽于民之肌膚，淪于民之骨髓，民思其德，愈久而不忘，故其子孫享國久遠者六七百年，近者亦三四百年，豈偶然而已哉？今議者曰：「宋元中葉之後，紀綱不振，專事姑息，賞罰無章，以致亡滅，此行小仁而滅大義，雖有其位而不能長守。主上所以痛懲其弊而矯之，制不宥之刑，權神變之法，使人知懼而莫測其端也。」臣聞：開基之主，垂範百世，一動一静，必合準繩，使子孫有所持守。況刑者，民之司命，可不慎歟？刑罰貴乎得中，過與不及，皆非天討有罪之意也。使刑政不立，而強暴得以相陵，則國非其國矣；使刑罰繁苛，而政治促急，則民無所措手足矣。夫笞、杖、徒、流、死，今之五刑也。用此五刑，既無假貸，一出乎大公至正，可也，而用刑之際，務從深刻，或至以贓罪多寡爲殿最，欲求治獄之平允，豈易得哉！近者特旨：雜犯死罪，免死充軍，其餘以次倣流徒律。又删定舊律諸條，減宥有差，此漸見寬宥，全活者衆，而主上好生之仁，已藹然布乎宇内矣。然未嘗有戒飭治獄務從平允之條。是以法司之治獄，猶循舊弊，雖有寬宥之名，而未見有寬宥之實。所謂實者，在主上，不在臣下也。故必有罪疑惟輕之意，而後好生之德洽于民心；必有王三宥然後制刑之政，❶而始有囹圄空虚之效，此非可以淺淺期也。❷何以明其然也？古之爲士者，以登仕版爲榮，以罷職不敘爲辱；今之爲士者，以混迹無聞爲福，以受玷不録爲幸，以屯田、工役爲必獲之罪，以鞭笞捶楚爲尋常之辱。其始也，朝廷取天下之士，網羅捃摭，務無遺逸，有司敦迫上道，如捕重囚。比到京師，而除官多以貌選，故所學或非其所用，所用或非其所學。洎乎居官，一有差跌，苟免誅戮，則必在屯田、工役之科，率是爲常，不少顧惜。此豈人主樂爲之事哉？欲人之懼而不敢犯也。竊見數年以來，誅殺亦可謂不少矣，而犯者日月相踵，豈下人之不懼法哉？良由激濁揚清之不明，善惡賢愚之無別，議賢議能之法既廢，以致人不自勵，而爲善者怠。宋程頤有言曰：「君子小人常相半也。天下治，則小人多化爲君子，而君子多于小人；天下亂，則君子多化爲小人，而小人多于君子。」此言在上之人有以化之耳。有人于此，廉如夷、齊，智如良、平，一或不謹，少戾于法，上之人將録其所長、棄其所短而用之乎？將舍其所長、苛其所短而寘之法乎？苟取其所長，而舍其所短，則中庸之才，争相爲廉、爲智，而成有用之君子矣；苟取其所短，棄其所長，爲善之人皆曰：「某廉若是，某智若是，少不如法，朝廷不少貸之，吾屬何所容其身乎？」莫不苟且旦夕，以求自免，良以此也。漢嘗徙大

❶「制」，四庫本作「致」。

❷「淺淺期」，四庫本作「淺近期」，四庫本《明文衡》卷六《萬言書》、《文章辨體彙選》卷八四《上太祖高皇帝書》等皆作「淺淺致」。

族于山陵矣，未聞實之以罪人也。今鳳陽，皇陵所在，龍興之地，而率以罪人居之，怨嗟愁苦之聲，充斥園邑，殆非所以恭承宗廟意也。近令就中願入軍籍者聽之，免罪復官者亦有之，而猶聞有拘其家小、餘丁在屯。夫有罪之家，長既赦而任之以職矣，餘丁、家小復何罪哉？夫強敵在前，則揚精鼓鋭，奮三軍之氣，攻之必克，擒之必獲可也，今敵人四大王突竄山谷，如狐如鼠，無窟可追，以計獲之，庶或可得，而乃勞重兵以討之，使之驚駭潰散，入于深山大谷不可蹤跡之地。與之較奔走，則彼就熟路而輕行；與之較死生，則彼負必死之氣，三軍之衆，孰肯舍生而争鋒哉？今捕之數年，既無其方，而乃歸咎于新附户籍之細民，而遷徙之，騷動四千里之地，雞犬不得寧息。況新附之民，向者流移他所，朝廷許之復業附籍矣，今又取其數而盡遷之，是法不信于民也。夫户口盛而後田野闢，田野闢而後賦税增，今責守令年增户口，正爲是也。近者已納税糧之家，雖承特旨，分釋還家，而其心猶不自安，已起户口，雖蒙憐恤，而猶現在開封祗候，訛言驚動，不知所爲，況太原諸郡，外界邊鄙，民心如此，甚非安邊之計也。臣恐自兹之後，北郡户口不得復增矣。何者？小民易動而難安，今之小民以爲新籍在官，乃見遷徙，不報反易逃匿，若欲遷徙，概從而遷之，我奚先受其殃乎？凡此，皆臣所謂太過而足以召災異者也，未見其可以結民心而延國祚也。晉郭璞有言：「陰陽錯謬，皆煩刑所致。」今之天變，豈非煩刑所致者乎？臣願自今朝廷宜録大體、赦小過，明詔天下修舉八議之法，嚴禁深刻之吏，斷獄平允者超遷之，苛刻聚斂者罷斥之。鳳陽屯田之制，現在居屯者，聽其耕種起科，已起户口、現留開封者，悉放復業。如此則足以隆好生之德，樹國祚長久之福，而兆民自安，天變自消矣。

昔者，周自文武至于成康，而後教化大行；漢自高帝至于文景，而後號稱富庶。文王、武王、高帝之才，非不能使教化行以致富庶也，蓋天下之治亂，氣化之轉移，人心之趨向，皆非一朝一夕之故，致治之道，固不可驟。至今國家紀元，九年于兹，偃兵息民，天下大定，紀綱大正，法令修明，亦可謂安矣。而主上切切以民俗澆漓、人不知懼、法出而姦生、令下而詐起，故或朝信而暮猜者有之，昨日所進，今日被戮者有之，乃至甫令而尋改，已赦而復收，天下臣民，莫之適從，甚不稱主上求治之心也。臣愚，謂天下之趨于治，猶堅冰之將泮也。冰之堅，非太陽一日之光能消之也，陽氣發生，土脈微動，然後得以融釋。聖人之治天下，亦猶是也。刑以威之，禮以導之，漸民以仁，摩民以義，而後其化熙熙。孔子曰：「如有王者，必世而後仁。」此非空言也。況今之天下，猶古之天下，民俗雖漓，而民好善惡惡之心，則未嘗泯也。因其好善惡惡之心，以正其風俗，則求治之道在是矣。求治之道，莫先于正風俗；正風俗之道，莫先于使守令知所務；使守令知所務，莫先于使風憲知所重；使風憲知所重，莫先于朝廷知所尚，則必以簿書、期會、獄訟、錢穀之不報爲可恕，而俗流失、世敗壞爲不可不問，而後正風俗之道得矣。風俗既正，天下豈有不治者乎？古之郡守、縣令，爲民師帥，以正率下，以善導民，使化成俗美，征賦、期會、獄訟、簿書，固其末也。今之守令，以户口、錢糧、獄訟、簿書爲急務，至于農桑、學校，王政之本，乃視爲虚文，而置之不問，將何以教養斯民哉！以農桑言之，方春州縣下一文帖，里甲回申文狀而已，守令未嘗親視種蒔，次第旱澇豫備之具也。以學校言之，廩膳生員，國家資以取人材之地也，今各處師生，缺員甚多，縱使具員，守令亦鮮有以禮讓之實，作其成器者。朝廷切切以社學爲重，故屢行取勘師生姓名、所習課業，乃今市鎮城郭，或但置立門牌，遠村僻處，則又徒存其名，守令不過具文案以備照刷而已。上官分部按臨，亦但循習故常，依紙上照刷，未嘗巡行點視也。興廢之實，上下視爲虛文，小民不知孝悌忠信爲何物，爭鬬之俗成，姦詐之風熾，而禮義廉恥掃地矣。此守令未知所務之失也。風紀之司，所以代朝廷宣導風化，訪察善惡，聽訟讞獄，其一事爾。今專以獄訟爲要務，忠臣、孝子、義夫、節婦，視爲末節而不暇舉，若是謂之察惡亦近之矣，所謂宣導風化者安在哉？其始但知以去一贓吏、決一獄訟爲治，而不知勸民成俗，使民遷善遠罪爲治之大者也。此風憲未知所重之失也。守令，親民之官，風憲，親臨守令之官，未知所務如此，所以欲求善治而卒未能也。《王制》論鄉秀士升于司徒曰「選士」，司徒論其秀士而升于太學曰「俊士」，大樂正又論造士之秀升諸司馬曰「進士」，司馬辨論官材，論定然後官之，任官然後爵之。其攷之之詳如此，故成周得人爲盛。今使天下郡邑生員攷于禮部，升于太學，歷練衆職，任之以事，可以洗歷代選舉之陋，而上法成周之制矣。然而出于太學者，或未數月，遽選之入官，委以郡邑者，間亦有之。臣恐其人未諳時政，未熟朝廷禮法，不能宣導德化，上乖國政而下困黎民也。顔回、子奇之屬，舉世不可驟得，以賈誼之材識，文帝猶疑其年少不用。今開國以來，選舉秀士不爲不多，所任名位不爲不重，自今數之，在者有幾人？臣恐後之視今，亦猶今之視昔，昔年所舉之人，豈不深可痛惜乎？凡此，皆所謂求治太速之過也。臣愚，以爲國家求治之速，莫若敦禮義、尚廉恥；守令則責其先禮義、慎征賦，而以農桑、學校爲急務；風憲則責其先教化、審法律，而以平獄、緩刑爲最切。如此則德澤下流，求治之道庶幾得矣。郡邑生員升于太學，須令在學肄業，或三年，或五年，精通一經，兼習一藝，然後入選，或宿衛，或辦事，以觀其能，而後任之以政，則其學識兼懋，庶無敗事，且使知禄位皆天之禄位，而可以塞覬覦之心也。

夫分封有制，則本支百世矣；刑罰既清，則刑期無刑矣；崇禮義、尚廉恥，而風移俗易矣。主上端拱清穆，待以歲月，則陰陽調而風雨時，諸福嘉祥莫不至矣，尚何天變之不消也哉！

書奏，帝大怒，曰：「小子間吾骨肉，速逮來，吾手射之。」既至，輔臣乘帝喜乃敢奏，命繫刑部獄。瘐死。

太平十二策 洪武十三年❶

桂彦良

臣惟太平之策，一曰法天道。天不言，而四時行、百物生，天生聖君，位至尊而統六合，必當仰法于天，明如日月，恩如雨露，威如雷霆，信如四時，則百職効勞，庶事自理。若身兼庶務，不挈綱領，非所以法天也。夫天道好生，聖人亦好生，好生之德洽于人心，則人皆化于爲善，而自不犯法矣。孔子曰：「惟天爲大，惟堯則之。」此之謂也。

二曰廣地利。中原爲天下腹心，因人力不至，久致荒蕪，近雖令諸郡屯種，墾闢未廣，莫若于四方地瘠民貧、户口衆多之處，令有司募民開耕。願應募者，資以物力，寬其徭賦，使之樂于趨事，及犯罪者，亦謫之屯田，使荒閒之地無不農桑。三五年間，中州富庶，則財用豐足矣。

三曰順人心。天下以人心爲本，人心所在，即天命所在。故善治天下者，必上承天命，下順人心，民之所好好之，民之所惡惡之。蓋人情莫不欲富壽安逸，故三王生之而不傷，養之而日厚，扶之而不危，節其力

❶「洪武十三年」，臺北史語所校印本《明太祖實録》卷一四八、卷一八七皆記洪武十五年桂彦良上《太平治要十二策》。

而不困。君之于民，猶父之于子；民之于君，亦猶子之愛敬于父母矣。三代之所以得人心者，此也。

四曰養聖德。夫聰明睿智、文武仁孝之君，乃天生聖德，本無不備。然萬幾之頃，或相感觸，則私念之起，如重翳之蔽，故雖大聖，必兢兢戒謹，常加存養省察之功，節其嗜欲，懲其忿怒。天君泰然，志氣如神，則猶青天白日，萬物咸仰，聖德加盛，聖壽萬年。《傳》曰：「有大德者，必得其壽。」此之謂也。

五曰培國脉。夫三代之國祚延長者，以仁義道德教化斯民，不專尚刑罰，故民得遂其生養之樂，而天命眷顧之也。秦隋之世，專事苛刻，力役不休，仁義不施，故民不聊生，而天不祐之也。今功成治定，萬邦悉臣，當以三代有道之長爲法、秦隋之失爲戒，則人心和悦，天心眷祐，而國祚如泰山之安矣。

六曰開經筵。自昔聖主賢臣，治天下之大經大法，具載六經，不可不講也。講之則理明而心正，措之政事，無不得其當。宜擇老成名儒，于朔望視朝之際，進講經書一篇，敷陳大義，使上下聳聽，人人警省，興起善心，深有補于治化也。

七曰精選舉。夫官得其人，則庶務自理，萬民樂業，故選舉之法，不可不精審也。六部十三布政使司，乃股肱重任，豈可輕用而輕廢哉？必歷試其才能德量，可當此者，然後信任之。至于提刑按察司與知府之職，固不能盡知其人，然亦不可輕任也，宜令京官五品以上各舉賢良正直一員。知州知縣，與民最親，亦須選擇，宜令按察、知府，歲貢廉勤淳厚一二員。凡所舉，不問已仕未仕，但得人則有賞，謬舉則有罰，如此則人皆悉心求賢而無遺才矣。若新進人才，且當試以佐貳之職，果有異能出衆，特加超擢，則官得其人矣。

八曰審刑罰。蓋刑罪，❶人命所係，不可不審，故《書》曰：「與其殺不辜，寧失不經。欽哉欽哉，惟刑之恤哉。」蓋死者不可復生，刑者不可復續，苟不欽恤，傷人必多，傷人既多，必損和氣，非所以善治也。理刑之官，擇公平、正大、仁厚之人，如漢張釋之、于定國輩，親信委任之，則天下無冤民，而致刑措之效矣。

九曰敦教化。學校，所以宣明教化、長育人材，非止訓詁文辭而已。今大興國學，增廣生員，教育之恩至矣，然國學，首善之地，既選名儒以五經分教諸生，必先德行而後文藝，抑浮華而尚純篤，未可驟用，以啓其奔競之心。當日就月將，得其真修實踐，使成人有德，小子有造，將見風俗日厚，人材輩出，可爲朝廷之用矣。

十曰慎邊防。夫禦外之道，守備爲先，征伐次之，開邊釁、貪小利，斯爲下矣。故曰「天子有道，守在四夷」，言必以德懷之，以威服之，使四夷之臣，各守其地，此爲最上者也。今海内既平，車書混一，蠻夷朝貢，間有未順者，修文德以來之，遣信使以喻之，彼將畏威懷德，莫不率服，何勞勤兵于遠哉！元季遺衆，尚煩聖慮，當選將練兵，分屯鎮守，謹其防禦，俟其釁隙，一舉而蕩平之，未晚也。

十一曰蒐才俊。古之才俊，或隱于耕釣版築，或起于商賈屠沽，皆足以興邦而名世，非一端所取也，故古云「立賢無方，旁求俊乂」。今于秀才等，悉已舉而用之矣，若軍伍、謫戍、農圃、醫卜，或以微罪困于里閭者，豈無其人？宜令有司盡心求訪，果有材器出羣、學識超衆者，則舉薦之，開其自新之路，許其効忠竭力，

❶「罪」，四庫本及《明太祖實録》卷一四八作「罰」。

庶奇材異能之士，拔十得一，自可當千百人之用矣。

十二曰廣咨訪。昔舜好問，而好察邇言，樂取諸人以爲善，故能以天下之善爲己善，而能周知天下之事，足以開物成務，使萬民各得其所。伏惟聖朝混一中外，統御萬邦，遐方幽遠，恐未周知，嘉言善行，或未盡取，正宜大開言路，廣訪博詢，使常朝百官得蒙輪對，布政、按察、府州縣正官，朝覲之時，各令敷奏以言，觀其賢否，凡時政得失，民瘼利弊，許諸人陳奏。古有納言之官，專掌其事，宜選學識高明、通達治務者，特授納言之官，以詳擇其可否，則天下之事可以周知，天下之善可以畢至，而内外百司，罔敢怠逸，各思盡其職矣。

疏入，帝喜曰："彦良所陳，通達事體，有裨治道，世謂儒者泥古不通，今若彦良，可謂通儒矣。"

大庖西室封事 洪武二十一年　解縉

臣伏奉聖旨："朕今命爾，義則君臣，恩猶父子，當知無不言。"古云："爾有嘉謀嘉猷，則入告爾后于内，爾乃順之于外，曰『斯謀斯猷，惟我后之德』。嗚呼！臣人咸若時，惟良顯哉。"臣謂成王于是失言矣。歷觀載籍以來，固以進諫之臣爲善，亦未嘗以納諫之君爲非，唐虞君臣，更相勸戒，更相推讓，光昭不窮，載爲盛美。昔人有譖魏徵于唐太宗者，爲其録前後諫章，以視起居郎褚遂良，雖未必然，借令有之，亦足垂世，臣主同休，後至停婚仆碑，臣竊謂太宗怒非其怒矣。陛下當同符堯舜，師表百王，豈宜下比太宗，則非臣之所願望也。臣願與皐、夔比肩，不願與魏徵同列，則臣之感恩服義、懇切以爲言者。尤願陛下毋自狹小，誠萬世一時也。

陛下聰明天亶，一統華夷，功高萬古，此放勳也。得國之正，皆非漢唐宋所及，真所謂取天下于羣盜，救生民于塗炭，命將出師，皆受成算，不假良、平，不倚信、布，除定燕都，❶市不易肆。女寵、外戚、寺人、藩鎮之患，銷融底定，皆處之有法，睽兆不萌矣。既已遠過于漢宋，又何謙遜于唐虞？惟願陛下篤惇信之本，加慎獨之功，雖處深宮之内，一如郊祀之時，推所以愛臣之心愛天下，推所以待臣之心待萬物，喜怒哀樂，一聽于天理，上下四旁，一視而同仁，以天地爲一體，以天下爲一人。令出惟行也，不宜于數改，刑期無刑也，寧失于不經。蓋令數改則民疑，疑則不信；刑太繁則民玩，玩則不齊。國初至今，將二十載，無幾時不變之法，無一日無過之人，陛下嘗教臣云「世不絶賢」，豈億兆之人果無一賢如古之人，而盡皆不才者哉？陛下嘗教臣云「民不畏死，奈何以死懼之」，良由陛下誠信之有間，而用刑之太繁也。宜其好善而善不顯，惡惡而惡日滋，善未必蒙福，而惡未必蒙禍也。嘗聞陛下震怒，鋤根翦蔓，誅其奸逆矣；未聞詔書褒一大善，賞延于世，復及其鄉，尊榮奉恩，始終如一者也。或朝賞而暮戮，或忽罪而忽赦，施不測之辱，則有之矣。誠以陛下每多自悔之時，輒有無及之歎，是非私意使然也，存養之功，須臾少加密耳。陛下天性素嚴，或差于急，克伐怨欲，臣知陛下聖性所無也。

臣見陛下好觀《説苑》《韻府》雜書，與所謂《道德經》《心經》者，臣竊謂甚非所宜也。《説苑》出于劉向，

❶「除」，四庫本解縉《文毅集》等作「徐」。

向之學不純，溺于誕妄，所取不經，且多戰國縱横之論，壞人心術，莫此爲甚。《韻府》出元之陰氏，鄙猥細儒，學孤識陋，蠅集一時兔園寒士，抄緝穢蕪，略無可采。陛下若喜其便于撿閲，則顧集一二志士儒英，臣請得執筆而隨其後，上泝唐虞夏商周孔之奧，下及關閩濂洛之傳，根實精明，隨事類别，以備勸戒，删其無益，焚其謬妄，勒成一經，上接經史，豈非太平制作之一端也歟？ 又今六經殘缺，而《禮記》出于漢儒，踳駁尤甚，宜及時删改。日御經筵，訪求審樂之儒，大備百王之典，作《樂書》一經，以惠萬世，以承唐虞。尊祀伏羲、神農、黄帝、堯、舜、禹、湯、文、武，皋陶、伊尹、太公、周公、稷、契、夷、益、傅説、箕子于太學，而孔子則自天子達于庶人，通祀以爲先師，而以顔子、曾子、子思、孟子配，自閔子以下，各祭于其鄉，而魯之闕里，仍建叔梁紇廟，贈以王爵，而以顔路、曾晳、孔鯉配。一洗歷代之因仍，肇起天朝之文獻，豈不盛哉！ 若夫祀天宜復掃地之規，尊祖宜備七廟之制，奉天不宜爲筵宴之所，文淵未備夫館閣之隆，太常非俗樂之可肆，官妓非人道之所爲。禁絶倡優，俾於變之，民不遷于淫巧；易制寺閹，尊天子之貴，不近于刑人。執戟陛墀，皆爲吉士，虎賁趣馬，悉用俊良。雖門户掃除之役，命公卿子弟之賢。任諸侯王于衆職，定久任法而加封，待臣子以一體，示天下之爲公。除山澤之禁税，蠲務鎮之征商，痛懲法外之威刑，永革京城之工役。流十年而聽復，杖八十以無加。婦女非帷簿不修，毋令逮繫；大臣有過惡當誅，不宜加辱。夫元首叢脞，則股肱惰而萬事皆隳，人君不以察爲明；帝德罔愆，則民志應而天命用休，人君惟以德爲政。

陛下拳拳于畏天畏鬼神，而所謂畏民者則未至；孳孳于治民治强暴，而所以治心者猶未極。且粢盛之潔，衣服之齊，修舉之時，儀文之備，此畏天畏鬼神之文也，豈誠足以盡事天事鬼神之道哉？ 簿書之期，訟獄之斷，詔誥之勤，鉤距之巧，此治民治強暴之末也，豈真足以盡治民治強暴之術哉？古云：「天視自我民視，天聽自我民聽。」子曰：「聽訟吾猶人也，必也使無訟乎！」惟一于敬則心即天，祭不必瀆，而受无咎之福；神不必勞，而享無爲之治。與天地合其德，日月合其明，四時合其序，而鬼神合其吉凶矣。近年以來，臺綱不肅，以刑名輕重爲能事，以問囚多寡爲勳勞，甚非所以勵清要、長風采也。夫人自救過之不給，何暇劾人之過？人自以言爲諱，何能有諫諍之言？御史糾彈，皆承密旨，未聞舉善，惟曰除奸。但聞上有赦宥，則必故爲執持，意謂如此則上恩愈重，而不知被赦之人疑上好諛。此輩皆市井小人，趨媚効勞之細術，陛下何不肝膽而鏡照之哉？臣篤知陛下輕天下之士者，皆此輩無以稱塞淵衷也。然誰不願其父母、妻子安榮哉？所以諫諍極難，禍愆不測，入人之罪或謂無私，而出人之罪必疑受賄；逢迎甚易而或蒙褒，營救甚難而多得禍；禍不止于一身，刑必延乎親朋。誰肯捨父母、妻子，而批龍鱗、犯天怒哉？

陛下進人，不擇于賢否，授職不量于重輕。監生、進士，經明行修，而多困于州縣，屈于下僚；孝廉、人材，冥蹈瞽取，而或布于朝省，驟歷清華。椎埋嚚悍之夫，闒茸下愚之輩，朝捐刀鑷，暮擁冠裳，左棄筐篋，右綰組符。剔履之賤，衮繡巍峩；負販之傭，輿馬赫奕。雖曰立賢無方，亦盍忱恂有德。是故賢者羞爲之等列，庸人悉習其風流，以貪婪苟免爲得計，以廉潔受刑爲飾辭。出于吏部者，無賢否之分；入于刑部者，無枉直之判。黜陟無章，舉錯乖方，八議之條虛設，五刑之律無常，天下皆謂陛下任意喜怒爲生殺，而不知皆臣下之乏忠良也。

古者鄉鄰善惡必記，今雖有申明、旌善之舉，而無黨庠鄉學之規，互知之法雖嚴，訓告之方未備。序禮講學，必有其地、有其時，先之以仁義，而後之以法制，則庶乎摩之有漸，而行之有效，如影之隨身也。今也應故事、立虛文，善惡二字蕪穢而莫之顧，長幼之民掉臂而不相揖。紀綱不立，節目無依，勢使然也。臣欲求古人治家之禮、睦鄰之法，若古藍田吕氏之鄉約、今義門鄭氏之家範，布之天下，世臣大族，率先以勸，旌之復之，爲民表率，將見作新於變，漸次時雍，至于比屋可封不難矣。陛下不可視爲迂濶，謂非當今急務也。

臣觀地有盛衰，物有盈歉，而商税之徵，率皆定額，是使其或盈也，奸黠得以侵欺，其或歉也，良善困于補納。夏税一也，而茶椒有糧，果絲有税，既税于所産之地，又税于所過之津，何其奪民之利至于如此之密也？且多貧下之家，不免抛荒之咎，或疾病死喪，逃亡棄失，今日之土地，無前日之生植，而今日之征聚，有前日之税糧。里胥不爲呈，州縣不爲理。或賣産以供税，産去而税存；或賠辦以當役，役重而民困。又土田之高下不均，而起科之輕重無别，或膏腴而税反輕，瘠鹵而税反重。此丈量之際里胥之弊也。欲拯其困而革其弊，莫若行授田、均田之法，兼行常平、義倉之舉，積之以漸，至有九年之食無難者。臣愚所謂願除天下之征商者，此也。

臣聞仲尼曰「王公設險以守其國」，故小邑必有城隍，「重門擊柝，以待暴客」，聖人之所制也。而近世狃于宴安，墮名城，銷鋒鏑，禁兵諱武，以爲太平。一旦有不測之虞，連郡至望風而靡，良、平不暇謀，賁、育不暇鬪，武備墮之過也。及今修治，不宜動衆，但敕有司以時整葺，寬之以歲月，守之以里胥。額設弓手，課之以弓弩，兼教民兵，習之以兵農。開武舉以收天下之英雄，廣鄉校以延天下之俊乂。古時多有書院遺基，學田舊業，貢士有莊，義田有族，皆宜興復而廣益之。夫罪人不孥，罰不及嗣，連坐起于秦法，孥戮本于僞書。

今之爲善者，妻子未必蒙榮，有過者，里胥必陷其罪。唐虞之世，四凶之罪，止于流竄，故殛鯀而相禹，禹不以爲仇，舜不以爲歉。況律以人倫爲重，而有給配婦女之條，聽之于不義，則又何取夫節義哉？同寅協恭，相倡以禮，而令內外百司捶楚屬官甚于奴隸，是致柔懦之徒蕩無廉恥之節，擎跽曲拳于進退，下氣怡色而奔趨。一爲下官，肌膚不保，甚非所以長孝行、勵節義也。臣以爲，自今非犯罪惡解官，笞杖之刑勿用，催科督厲，小有過差，蒲鞭示辱，亦足懲矣。臣但知罄竭愚衷，欲言固不止此，奉命忖量，急于陳獻，所陳略無次序，亦不暇組織成文，冀以將來取譽，惟陛下幸垂鑒焉。

疏入，帝稱其才。

言九事疏洪武二十四年

馮堅

臣堅上言九事：一曰養聖躬。王者綜理萬幾，固當宵衣旰食，然陛下春秋高，未見日而朝百官，日晏猶未罷，非順時調護之道也。臣願清心省事，不預細務，以爲民社之福。二曰擇老成。諸王年方壯盛，其左右輔導，不可不慎。臣願擇取老成之臣，出爲王官，使得正色直言，以時匡救。三曰攘要荒。先王立綱陳紀，懾服遠人，然後中國奠安，得施政教。今天下一家，四海一人，而邊鄙無備可乎？臣願務農講武，屯戍邊圉，以備不虞。四曰勵有司。方面諸臣，所以表率守令。臣願得廉正有守之士，旌别所屬，賢不肖具實以聞，而黜陟之，則人皆勇于自治。五曰褒祀典。生而功業顯當時，逝而聲華著後世，載在祀典，所以崇德報功。臣願敕有司采歷代忠烈事蹟，追加封謚，俾末俗有所興勸。六曰省宦寺。寺人之設，備使令、給灑掃而已，晨夕密邇，其言易入，遂養成禍患而不自知。臣願裁去冗員，實可杜異日威福陵替之漸。七曰易邊將。將者國之爪牙，第假以兵柄，久在邊圉，多致放縱淫佚，不可駕馭。臣請凡將帥置諸閫外，時遷歲調，不使久居其任，不惟保全勳臣，實可防將驕卒惰、内輕外重之漸。八曰訪吏治。先王以知人安民爲急，知人所以安民也。今有司廉幹之才，或爲上官所忌，僚吏所嫉，能自立者鮮矣。爲善于下，而上不加察，非激勸之善術也。臣願廣布耳目，訪廉斥貪，以明黜陟。九曰增關防。立法防奸，有國所務，陛下置勘合，凡有徵發必驗之使同，然後得行，可謂得革弊之本矣。近聞諸司，惟以帖委胥吏，俾督所部，少不如意，輒加箠楚，其害乃及于民。臣願增置勘合，以付諸司，聽其填寫差遣，既訖繳報。如此則所司必不輕發以病民，而庶務亦不致曠廢矣。

疏入，帝嘉之，稱其知時務、達事變。

御選明臣奏議卷二

請豫備倉儲疏永樂元年❶

楊　溥

臣聞堯湯之世，不免水旱之患，而不聞堯湯之民至于甚艱難者，蓋豫有備也。凡古聖賢之君，皆有豫備之政，太祖高皇帝惓惓以生民爲心，凡有豫備，皆有定制。洪武年間，每縣于四境設立四倉，用官鈔糴穀，儲貯其中，又于近倉之處，僉點大户看守，以備荒年賑貸，官籍其數，斂散皆有定規。又于縣之各鄉，相地所宜，開濬陂塘，併修築濱江近河損壞隄岸，以備水旱，耕農甚便，皆萬世之利。自洪武以後，有司雜務日繁，前項便民之事，率無暇及，該部雖有行移，亦皆視爲具文。是以一遇水旱饑荒，民無所賴，官無所措，公私交窘。即如去冬今春，畿内郡縣艱難可見。況聞今南方官倉儲穀，十處九空，甚者穀既全無，倉亦無存。皆鄉之土豪大户侵盗私用，卻妄捏作死絶及逃亡人户借用，虚立簿籍，欺瞞官府。其原開陂塘，亦多被土豪大户侵占，以爲私己池塘養魚及陻塞爲私田耕種者，此弊南方爲甚。雖聞間有完處，亦是十中之一，其實廢弛者

❶「永樂元年」，據《明英宗實録》卷六九、明朱熊《救荒活民補遺書》卷下、四庫本王直《抑庵集》卷一一《少師泰和楊公傳》，此疏上於正統五年，由楊溥、楊士奇等人連署。

多。其濱江近河圩田隄岸，歲久坍塌，一遇水漲，渰没田禾。又閘壩蓄泄水利去處，或有損壞，皆爲農患。大抵親民之官，得人則百廢舉，不得其人則百弊興，此固守令之責。若養民之務，風憲之臣皆所當問，年來因循，亦不及此。事雖若緩，其實關繫甚切。

伏望聖仁特命該部，行移各布政司、按察司、直隸府州縣，除近有災傷去處，暫且停止，候後年豐熟舉行，其現今豐熟去處，悉令有司遵依洪武舊制，凡倉穀、陂塘、隄岸，並要如舊整理，倉有損壞者，即于農閒時月修理，穀有虧欠者，除赦前外，赦後侵欺者，根究明白，悉令賠償完足，亦免其罪，不許妄指無干之人搪塞。若有侵盗，證佐明白而不服賠償者，準土豪及盗用官糧論罪，有司仍將舊有、賠償，實數開奏。其陂塘、隄岸，亦令郡縣，凡有損壞，悉于農閒用人修理。有強占陂塘私用者，即令退還，犯在赦前，亦免其罪，不退還者，亦準土豪及盗官物論罪。其退還陂塘及圩岸、閘壩應修去處，亦令有司開奏，以次用工，完日具實奏聞。

仍乞令户部行各布政司、府州縣，除近被災傷去處外，凡秋成豐稔之處，令府州縣官于現有官鈔、官物，照依時價，兩平支糴穀粟，儲以備荒，免致臨急倉皇失措，年終將所糴實數奏聞。郡縣官攷滿給由，令開報境内四倉儲粟，及任内修築陂塘、隄岸實數，吏部仍行該部查理，計其治績以定殿最。各按察司分巡官及直隸巡按御史，所歷州縣，並要取勘四倉實儲穀數，及陂塘隄岸有無損壞、修理實迹，歲終奏聞，以憑查攷。如有仍前欺蔽怠事者，亦具奏罪之。若巡歷之處，仍前不問不理，或所奏扶同不實，從本衙門堂上正官參劾奏聞。庶幾官有實績，荒歲人民不致狼狽，耕農無旱潦之虞，祖宗恤民良法不爲小人所壞。臣愚見如此，未敢擅便，乞命部院大臣，會議可否施行。

疏入，帝從之。

三殿災請修時政疏永樂十九年

鄒緝

臣惟陛下肇建北京，焦勞聖慮幾二十年，工大費繁，調度甚廣，冗官蠶食，耗費國儲。工作之夫，動以百萬，終歲供役，不得躬親田畝以事力作。猶且征求無藝，至伐桑棗以供薪，剥桑皮以爲楮，加之官吏横征，日甚一日。如前歲買辦顔料，本非土産，動科千百，民相率斂鈔購之他所。大青一斤，價至萬六千貫，及進納，又多留難，往復展轉，當須二萬貫鈔，而不足供一柱之用。其後，既遣官采之産所，而買辦猶未止，蓋緣工匠多派牟利，而不顧民艱至此。

夫京師，天下根本。人民安則京師安，京師安則國本固而天下安。自營建以來，工匠小人假託威勢，驅迫移徙，號令方施，廬舍已壞，孤兒寡婦，哭泣叫號，倉皇暴露，莫知所適。遷移甫定，又復驅令他徙，至有三四徙不得息者。及其既去，而所空之地，經月逾時，工猶未及。此陛下所不知而人民疾怨者也。貪官污吏，偏布内外，剥削及于骨髓。朝廷每遣一人，即是其人養活之計，虐取苛求，初無限量，有司承奉，惟恐不及。間有廉彊自守、不事干媚者，輒肆讒毁，動得罪譴，無以自明。是以使者所至，有司公行貨賂，剥下媚上，有同交易。夫小民所積幾何，而内外上下誅求如此！今山東、河南、山西、陝西水旱相仍，民至剥樹皮、掘草根以食。老幼流移，顛踣道路，賣妻鬻子，以求苟活。而京師聚集僧道萬餘人，日耗廪米百餘石，此奪民食以養無用也。至報効軍士，朝廷厚與糧賜，及使就役，乃驕傲横恣，閒遊往來。此皆奸詭之人懼還原伍，假此規避，非真有報効之心也。朝廷歲令天下織錦、鑄錢，遣内官買馬外蕃，所出常數千萬，而所取曾不能一二。馬至雖多，類皆駑下，責民牧養，騷擾殊甚，及至死傷，輒令賠補，馬户貧困，更鬻妻子，此尤害之大者。漠北降人賜居室、盛供帳，意欲招其同類也，不知來者皆懷窺覘，非真遠慕王化，甘去鄉土。宜于來朝之後，遣歸本國，不必留爲後日子孫患。至宫觀禱祠之事，有國者所當深戒。古人有言「淫祀無福」，況事無益以害有益，蠹財妄費者乎？凡此數事，皆下失民心，上違天意，怨讟之興，實由于此。

夫奉天殿者，所以朝羣臣、發號令，古所謂明堂也，而災首及焉，非常之變也！非省躬責己，大布恩澤，改革政化，疏滌天下窮困之人，不能回上天譴怒。前有監生生員，以單丁告乞侍親，因而獲罪遣戍者，此實有虧治體。近者大赦，法司執滯常條，當赦者尚復拘繫。並乞重加湔洗，蠲除租賦，一切勿征；有司百官，全其廩禄；拔簡賢才，申行薦舉；官吏貪贓蠹政者，覈其罪而罷黜之。則人心歡悦，和氣可臻，所以保安宗社，爲國家千萬年無窮之基，莫有大于此者矣。且國家所恃以久長者，惟天命、人心，而天命，常視人心爲去留。今天意如此，不宜勞民，當還都南京，奉謁陵廟，告以災變之故，保養聖躬，休息于無爲，毋聽小人之言復有所興作，以誤陛下于後也。

疏入，帝不納。

上仁宗奏疏 洪熙元年

李時勉

臣聞言之逆耳者，非聖君不能聽；事之難言者，非忠臣不能言。然必上有仁聖之君，斯下尤有忠直之臣。伏思三代以上，莫盛于帝堯，而伯益猶以怠荒淫逸爲規。三代以下，莫盛于太宗，而魏徵猶以十漸不終爲戒。今聖人在上，日月之明，天地之量，知周萬物，而求賢常恐不及，憂及困窮，而從諫有如轉圜。是有納言之君，又遇可言之時，愚臣豈敢緘默而不吐露心腹也哉？然臣之所欲言者，惟願陛下節民力、謹嗜欲、勤政事、務正學。

伏惟陛下新登寶位，渙發德音，大赦天下，首命京官舉薦賢才，恩澤所加，遠近無間。羣臣鼓舞于朝，萬物條暢于野，所謂聖人感人心而天下和平者，此也。亡何，即位未幾，土木遽興。雖茅茨土階，非今日之所宜；而峻宇雕牆，亦前聖之所戒。昔漢文帝作露臺，召匠計之值百金，帝曰：「中人十家之産也，何以臺爲？」以文帝之富，貫朽粟陳，于百金之費猶且惜之，陛下何不惜百金之費，而欲撤成功而更新乎？唐太宗嘗有氣疾，百官以大内卑隘，請營一閣以居，帝憚勞民，竟不許。以太宗之治，斗米三四錢，于一閣之費尚慮擾民，陛下何不惜民力，而取材于遠方乎？矧宫殿創乎太祖高皇帝，法規樸素渾堅，傳之萬世可無震凌，太宗文皇帝既任其勞于先，陛下當守其成于後。雖當改者，猶且不忍于三年；未可改者，不宜速更于三月。矧天下之民仰望太平，正宜與之休息。今又重勞民力，聞内官催木，疾如風火，郡縣被其折辱，小民被其箠楚，公私繁擾，所至騷然。苟民力既殫，而或繼以饑饉，則臣恐陛下之赤子，無復如前日矣。臣之所願節民力者，此也。

經曰：「三年之喪，天下之通喪也。」自天子達于庶人，一也。德教加于百姓，刑于四海，乃天子之孝也。太甲居憂，處仁遷義，故成湯之業賴以不墜；高宗諒陰三年而恭默思道，故中興之功卒能有成。斬焉衰絰之中，正以禮導民之日也。側聞内官遠自建寧選取侍女，使百姓爲之驚疑，衆心爲之惶惑。若曰「天子之宫古有常制」，則大孝尚未終，「左右侍御不可無人」，則正宫尚未册。恐乖風化之原，有阻維新之望。況始者，終之漸也；小者，大之萌也。涓涓之水，不先隄防，則流必至于潰川；星星之火，匪豫撲滅，則勢必至于燎原。豈可不防微杜漸，而慎終于始乎？臣之所願謹嗜欲者，此也。

自古人君，莫不以勤而興，以逸而廢，《書》曰：「自朝至于日中昃，不遑暇食。」此文王之所以勤政也。「雞既鳴矣，朝既盈矣」，此齊君之所以早朝也。太祖高皇帝在位三十餘年，未嘗見日而臨百官，今或東方既曙，鐘鼓既聞，旭日已旦，朝儀方肅，似非古人庭燎待賢之意也。若謂天下大安，可以優游于庶政，則飛蝗蔽天，民食寡乏，誠戰兢惕厲之日也。夫安不忘危，治不忘亂，猶恐禍生于所忽，尚何容一息之或怠哉！臣之所願勤政事者，此也。

仲虺告成湯曰：「能自得師者王。」傅説告高宗曰：「惟學遜志，務時敏。」是在昔人君未嘗不學也。然帝王之學，豈效尋章摘句也哉？程子曰：「大率一日之中，接賢士大夫之時多，親寺人宫女之時少，自然氣象變化，德器成就。」臣願陛下于萬幾之餘，進一二儒臣以侍左右，以備顧問。或求帝王經世之要，古人治亂之由，參究天人之藴，察知稼穡之難，俾涵養既深，本心既正，則惟精惟一，逸樂無益之事，無自而萌芽矣；遵義遵道，佛老異端之説，無自而眩惑矣。臣之所願務正學者，此也。

臣荷國厚恩，備員耳目，久欲有言，恐犯天威，是以思之累日，不敢驟進。然犬馬思効之誠，當不辭直言之罪，已往者雖不可追，而方來者尤當謹慎。陛下詳審而思之，擇善而從之，追大禹之克勤，顧成湯之不吝，敦崇節儉，與民休息，躬行仁義，慎始慮終，則太平之基將興，天下其悠久矣。臣愚忱戇昧，罪當萬死，伏望陛下矜其愚衷，寬其斧鉞，使來者盡其言，則天下不勝幸甚。

疏入，帝怒甚。召至便殿，對不屈，命武士撲以金瓜，脇折者三。曳出，幾死。

陳八事疏 宣德元年 ❶

范濟

宣宗即位，范濟詣闕言八事。一曰：楮幣之法，昉于漢唐，元造元統交鈔，後又造中統鈔，久而物重鈔輕，公私俱敝。乃造至元鈔，與中統鈔兼行，子母相權，新陳通用。又令民間以昏鈔赴平準庫，中統鈔五貫，得换至元鈔一貫。又，其法日造萬錠，共計官吏俸稍、内府供用若干，天下正税雜課若干，斂發有方，周流不滯，以故久而通行。太祖皇帝造大明寶鈔，以鈔一貫當白金一兩，民歡趨之，迄今五十餘年，其法稍弊，亦由物重鈔輕所致。願陛下因時變通，重造寶鈔，一準洪武初制，使新舊兼行。取元時所造之數而增損之，審國家度支之數而權衡之，俾鈔少而物多，鈔重而物輕。嚴僞造之條，開倒换之法，推陳出新，無耗無阻，則鈔法流通，永永無弊。

二曰：備邊之道，守險爲要。若朔州、大同、開平、宣府、大寧，乃京師之藩垣，邊徼之門户，土可耕，城可守，宜盛兵防禦，廣開屯田，修治城堡，謹烽火，明斥堠。毋貪小利，毋輕遠求，堅壁清野，使無所得，俟其

❶「宣德元年」，據《明宣宗實録》卷六，此疏上於洪熙元年。范濟，興州左屯衛軍士。

備而擊之，❶得利則止，毋窮追深入，此守邊大要也。

三曰：兵不在多，在于堪戰。比者多發爲事官吏、人民充軍塞上，非白面書生，則老弱病廢，遇有征行，有力者得免，貧弱者備數。器械不完，糗糧不具，望風股栗，安能效死？今宜選其壯勇，勤加訓練，餘但令乘城擊柝，趨走牙門，庶幾各得其用。

四曰：民病莫甚于勾軍。衛所差官至六七員，百户差軍旗亦二三人，皆有力交結及畏避征調之徒，重賄得遣。既至州縣，擅作威福，迫脅里甲，恣爲姦私。無丁之家誅求不已，有丁之户詐稱死亡，託故留滯，久而不還。及還，則以所得財物，徧賄官吏，朦朧具覆。究其所取之丁，十不得一，欲軍無缺伍難矣。自今軍士有故，令各衛報都督府及兵部，府部諜布政、按察司，令府州縣準籍貫姓名勾取送衛，則差人騷擾之弊自絶。

五曰：洪武中，令軍士七分屯田三分守城，最爲善策。比者調度日繁，興造日廣，虚有屯種之名，田多荒蕪。兼養馬、採草、伐薪、燒炭，雜役旁午，兵力焉得不疲，農業焉得不廢。願敕邊將課卒墾荒，限以頃畝，官給牛種，稽其勤惰，明賞罰以示勸懲，則塞下田可盡墾，轉餉益紓，諸邊富實，計無便于此者。

六曰：學校者，風化之源，人材所自出，貴明體適用，非徒校文藝而已也。洪武中，妙選師儒，教養甚備，人材彬彬可觀。邇來士習委靡，立志不宏，執節不固，平居無剛方正大之氣，安望其立朝爲名公卿哉？

---

❶「備」，《明宣宗實録》卷六、《明史》卷一六四《范濟傳》作「憊」，是。

宜選良士爲郡縣學官，擇民間子弟性行端謹者爲生徒，訓以經史，勉以節行，俟其有成，貢于國學。磨礱砥礪，使其氣充志定，卓然成材，然後舉而用之，以任天下國家，事無難矣。

七曰：兵者，凶器，聖人不得已而用之。漢高祖解平城之圍，未聞蕭、曹勸以復讐；唐太宗禦突厥于便橋，未聞房、杜勸以報怨。古英君良相，不欲疲民力以誇武功，計慮遠矣。洪武初年，嘗赫然命將，欲清沙漠，既以餽運不繼，旋即班師，遂撤東勝衛于大同，塞山西陽武谷口，選將練兵，扼險以待。内修政教，外嚴邊備，廣屯田，興學校，罪貪吏，徙頑民，不數年間，多爾濟巴勒獻女，巴延特穆爾、鼐爾布哈等相繼擒獲，納克楚亦降。❶此專務内治，不勤遠略之明效也。伏望遠鑒漢唐，近法太祖，毋以窮兵黷武爲快，毋以犁庭掃穴爲功，棄捐不毛之地，休養冠帶之民，俾竭力于田桑，盡心于庠序。邊塞絶傷痍之苦，閭里絶呻吟之聲，將無倖功，士無夭閼，遠人自服，荒外自歸，國祚靈長于萬年矣。

八曰：官不在衆，在乎得人。國家承大亂後，因時損益，以府爲州，以州爲縣，繼又裁併小縣之糧不及俸者，量民數以設官，民多者，縣設丞、簿，少者，知縣、典史而已。其時官無廢事，民不愁勞。今藩臬二司及府州縣官，視洪武中再倍，政愈不理，民愈不寧，奸弊叢生，詐僞滋起。甚有官不能聽斷，吏不諳文移，乃容留書寫之人在官，影射，賄賂公行，獄訟淹滯，皆官冗吏濫所致也。望斷自宸衷，凡内外官吏，並依洪武中員

❶ 「多爾濟巴勒」、「巴延特穆爾」、「鼐爾布哈」、「納克楚」，明代分别譯作「朵兒只巴」、「伯顔帖木兒」、「乃爾不花」、「納哈出」。

額，冗濫者悉汰，則天工無曠，庶績咸熙，而天下大治矣。

疏入，帝曰：「所言甚有學識，多契朕心，當察其素履以聞。」

邊方事宜疏 正統六年

劉球

臣聞帝王之馭四裔，必宥其小而防其大，所以適緩急之宜，爲天下久安計也。周伐崇不克，退修德教，以待其降。至于玁狁，則命南仲城朔方以備之。漢征南越不利，即罷兵，賜書通好。至于匈奴，雖已和親，猶募民徙居塞下，入粟實邊，復命魏尚守雲中拒之。今麓川殘寇思任發素本羈屬，以邊將失馭，致勤大兵。雖渠魁未殲，亦多戮羣醜，爲誅爲舍，無繫輕重，璽書原其罪釁，使得自新，甚盛德也。邊將不達聖意，復議大舉，欲屯十二萬衆于雲南以趣其降，不降則攻之。不慮王師不可輕出，蠻性不可驟馴，地險不可用衆，客兵不可久淹。況南方水旱相仍，軍民交困，若復動衆，紛擾爲憂。臣竊謂宜緩天誅，如周漢之于崇越也。至衛拉特終爲邊患，❶及其未即騷動，正宜以時防禦，迺欲移甘肅守將以事南征，猝然有警，以何爲禦？臣竊以爲宜慎防遏，如周、漢之于玁狁、匈奴也。伏望陛下罷大舉之議，推選智謀將帥，輔以才識大臣，量調官軍，分屯金齒諸要害，結木邦諸蠻以爲援，乘間進攻，因便撫諭，寇自可服。至于西北障塞，當敕邊臣巡視，濬築溝垣，增繕城堡，勤訓練，嚴守望，以防不虞，有備無患之道也。

❶ 「衛拉特」，明代譯作「瓦剌」。

疏入，帝命下兵部。謂「南征已有成命」，不用球言。

元儒吴澄從祀議 正統八年❶

楊士奇

臣士奇等欽遵，攷得元翰林學士吴澄所著書，及奎章閣侍書學士虞集所狀澄事行，蓋澄自十歲得宋儒朱子所註《大學》讀之，即知爲學之要，專勤誦讀，次讀《語》《孟》《中庸》亦然，遂大肆力于諸經。十五專務聖賢之學，致踐履之實，以道自任，其所自勵有「勤」、「謹」、「敬」、「和」、「自新」、「自修」、「消人欲」、「長天理」、「克己」、「悔過」、「矯輕」、「警惰」、「顔冉」、「理一」等銘。其教學者，有《學基》《學統》等篇，深究濂洛關閩之旨；攷正《孝經》，校定《易》《書》《詩》《春秋》，修正《儀禮》小戴記，及邵雍、張載之書，有《易》《書》《春秋》《禮記》纂言，及《易纂言外翼》，皆所以啓大道之堂奥，開來學之聰明，傳之百世而無弊也。

時朝廷屢起之，乃就國子監丞，稍進司業，一言不合，即自解去。後屢徵復起，亦不久于位，進退之際，卓然君子。蓋元之正學大儒，許衡及澄二人，衡遭際世祖，功在朝廷，澄在朝之日雖淺，其職論思，教成均，勸講經筵，咸積誠意，預大議，論大事，咸引古道，而功在學者尤多，故二人之没，皆謚「文正」。衡在當時已列從祀，澄既後出，又卒于元衰之際，當時已有建議，宜列從祀者，屬元綱日頽，未及舉行。今澄所著諸書具在，我國家崇儒重道，大明四書五經及性理之旨，凡澄所言，皆見采録，以惠學者。蓋澄問學之功，朱子以來

❶ 「正統八年」，據《明英宗實録》卷四，此議上於宣德十年。

莫或過之，而從祀諸儒，自荀況下至范甯，語其事功，皆未及澄。今若升澄從祀孔子廟庭，列諸許衡之次，允愜斯文之公議，昭國家之盛典。謹具奏聞。

議奏，帝從之。

敷陳十事疏 正統八年

劉　球

臣聞古聖王不作無益，故心正而天不違之，臣願皇上勤御經筵，數進儒臣講求至道，務使學問功至、理欲判然，則聖心正而天心自順。夫政由己出，則權不下移，太祖、太宗，日視二朝，時召大臣于便殿，裁決庶政，權總歸于上。皇上臨御九年，事體日熟，願守二聖成規，復親決故事，使權歸于一。古之擇大臣者，必詢諸左右大夫、國人，及其有犯，雖至大辟亦不加刑，第賜之死。今用大臣，未嘗皆出公論，及有小失，輒桎梏箠楚之，然未幾時又復其職，甚非所以待大臣也。自今擇任大臣，宜允愜衆論，小犯則置之，果不可容，下法司定罪，使自爲計，勿輒拘繫，庶不乖共天職之意。

今之太常，即古之秩宗，必得清慎習禮之臣，然後可交神明。今卿貳皆缺，宜選擇儒臣，使領其職。古者省方巡狩，所以察吏得失，問民疾苦。兩漢唐宋盛時，數遣使巡行郡縣，洪、永間亦嘗行之。今久不舉，故吏多貪虐，民不聊生，而軍衛尤甚。宜擇公明廉幹之臣，分行天下。古人君不親刑獄，必付理官，蓋恐徇喜怒而有所輕重也。邇法司所上獄，多奉敕增減輕重，法司不能執奏，及訊他囚，又觀望以爲輕重，民用多冤，宜使各舉其職。至運磚、輸米諸例，均非古法，尤宜罷之。《春秋》營築悉書，戒勞民也。京師興作五六年矣，曰「不煩民而役軍」，軍獨非國家赤子乎？ 況營作多完，宜罷工以蘇其力。各處水旱，有司既不振救，請減租税，或亦徒事虚文，宜令户部以時振濟，量加減免，使不致失業。

麓川連年用兵，死者十七八，軍賫爵賞不可勝計，今又遣蔣貴遠征緬甸，責獻思任發，果禽以歸，不過梟諸通衢而已，緬將挾以爲功，必求與木邦共分其地，不與則致怒，與之則兩蠻坐大，是滅一麓川，生二麓川也。設有蹉跎，兵事無已。臣見皇上每録重囚，多宥令從軍，仁心若此，今欲生得一失地之竄寇，而驅數萬無罪之衆以就死地，豈不有乖于好生之仁哉！ 況思機發已嘗遣人來貢，非無悔過乞免之意，若敕緬斬任發首來獻，仍敕思機發盡削四境之地，分于各寨新附之蠻，則一方可寧矣。迤北貢使日增，包藏禍心，誠爲難測。宜分遣給事、御史，閲視京邊官軍，及時訓練，勿使借工各廠，服役私家；公武舉之選，以求良將，定召募之法，以來武勇；廣屯田，公鹽法，以厚儲蓄。庶武備無缺，而外患有防矣。

疏入，帝命下廷議，言「球所奏，惟擇太常官宜從」。

劾朱勇等疏 正統十年❶

葉　盛

臣聞失律喪師，難逭滔天之罪；陷君辱國，當加赤族之刑。憲典甚明，人心共憤。竊照總兵官太保成

---

❶ 「正統十年」，據四庫存目叢書影崇禎四年刻本葉盛《葉文莊公奏議》之《西垣奏草》卷一，此疏上於正統十四年。

國公朱勇、鎮遠侯顧興祖、修武伯沈榮等，俱以庸輩幸際明時，平居不義不仁，惟務剥削軍士，臨事無謀無勇，遂致玷辱朝廷。邇者額森侵犯邊境，❶至尊爲奸臣之所惑，擐甲胄以親征，朱勇等職典軍機，手握兵符，自合運籌畫策，著勳績于疆埸，獻勇效勞，靖兵鋒于邊境，庶幾少竭涓埃之報，以酬天地之恩。奈何各官棄甲曳兵，累挫威于小寇；望風承旨，尚受制于奸臣。凡事依阿，專守諂諛之故態；六師淆亂，全無紀律之可觀。遂使幕庭詫僥倖之功，鑾輿成孤注之失，臣民虀粉，師旅創殘。

臣竊惟朱勇等總兵戎既無決勝之功，臨國難又無致死之節，含垢忍恥，尚甘食息以偷生，遁跡潛形，不詣闕廷而待罪，古今大惡，何以加焉！人臣不忠，莫甚于此。食其肉，不足以慰四海臣民之心；磔其屍，不足以紓三陵祖宗之憤。夫交阯，外邦小國，非有萬乘之尊、天下之大也，當時征伐失利之臣，先皇帝或誅其身，或籍其家，或削其爵，況以朱勇等罪惡深重如此者哉！伏望殿下恪遵祖訓，大正邦刑，挨拏朱勇等寘之極典，籍没其家。仍乞以臣所言奸臣王振誤國之由、朱勇等敗事之實，諭告天下。然後訓將練兵，以復不共戴天之讎；興師問罪，以成安內攘外之績。如此則大綱以正，大義以明，聖駕之旋軫可期，邊服之敉寧可致矣。

疏入，郕王從之。

---

❶「額森」，明代譯作「也先」。

建言疏景泰元年❶

劉定之

臣惟昔者晉懷愍、宋徽欽，皆因邊塞外破，藩鎮内潰，救援不集，馴致播遷，未有若今日以天下之大，數十萬之師，奉上皇于漠北，委以與寇者也。晉宋遭禍亂，棄故土，偏安一隅，尚能奮于既衰，以禦方張之敵，未有若今日額森乘勝，直抵都城，以我將吏之衆，既不能奮武以破賊，又不能約和以迎駕，聽其自來而自去者也。國勢之弱，雖非旦夕所能強，豈可不思自強之術而力行之？臣愚敢略陳所見。

近日京軍之戰，但知堅壁持重，而不能用奇制勝，至前敗而後不救，左出而右不隨，謂宜倣宋吴玠、吴璘三疊陣法，互相倚恃，迭爲救護。至鐵騎衝突，必資刀斧以制之。郭子儀破安禄山八萬騎，❷用千人執長刀，如牆而進；韓世忠破金軍拐子馬，用五百人執長斧，上揕人胸，下斫馬足。是刀斧揮霍便捷，優于火槍也。紫荊、居庸二關，名爲關塞，實則坦途。今宜增兵士，繕亭障，塞蹊隧。陸則縱横掘塹，名曰「地網」；水則瀦泉令深，名曰「水櫃」；或多植榆柳，以制奔突；或多招鄉勇，以助官軍。此皆古所嘗爲，已有明效。

❶「景泰元年」，據《明英宗實録》卷一八四、四庫存目叢書影萬曆刻本劉定之《呆齋存稿》卷一《景泰登極建言題本》，此疏上於正統十四年十月。是時景泰帝已即位。

❷「八萬騎」，《明英宗實録》卷一八四、《呆齋存稿》卷一、四庫本程敏政《明文衡》卷八《登極建言》皆無。

往者奉使之臣，充以驛人，❶招釁啓戎。職此之故，今宜擇内蘊忠悃，外工專對，若陸賈、富弼其人者，使備正介之選，庶不失辭辱國。臣于上皇朝乞徙漠北降人，智謀短淺，未蒙採納，比者此輩乘國釁奔歸故土，寇掠畿甸者，屢見告矣。宜乘大兵聚集時，遷之南方，使與中國兵民相錯雜，以牽制而變化之，且可省俸給、減漕輓，其事甚便。天下農出粟、女出布，以養兵也；兵受粟于倉，受布于庫，以衛國也。向者，兵士受粟布于公門，納月錢于私室，于是手不習擊刺之法，足不習進退之宜，第轉貨爲商，執技爲工，而以工商所得補納月錢。民之膏血，兵之氣力，皆變爲金銀以惠奸宄，一旦率以臨敵，如驅羊拒狼，幾何其不敗也。今宜痛革其弊，一新簡練之政，將帥踵舊習者，誅毋赦。如是而兵威不振者，未之有也。

守令朘民，猶將帥之剥兵也，宜嚴糾攷，慎黜陟，犯贓者舉主預其罰，然後貪墨者寡、薦舉者慎，民安而邦本固矣。古販繒屠狗之夫，俱足助成帝業，今于謙、楊善亦非出自將門。然將能知將，宜令各舉所知，不限門閥，公卿、侍從，亦令舉勇力、智謀之士，以備將材。庶搜羅既廣，禦侮有人。昔者漢圖恢復，所恃者諸葛亮；南宋禦金，所恃者張浚。彼皆忠義夙著，功業久立。及街亭一敗，亮辭丞相；符離失事，浚解都督。何則？賞罰明則將士奮也。昨德勝門下之戰，未聞摧陷强寇，但迭爲勝負，互殺傷而已，雖不足罰，亦不足賞。乃石亨則自伯進侯，于謙則自二品遷一品，天下未聞其功，但見其賞，豈不怠忠臣義士之心乎？可令仍循舊職，勿躐新階，他日勛名著而爵賞加，正未爲晚。夫既與不忍奪者，姑息之政；既進不肯退者，患失

---

❶ 「驛」，《明英宗實録》卷一八四、《呆齋存稿》卷一作「譯」。

之心。上不行姑息之政，下不懷患失之心，則治平可計日而望也。

向者御史建白，欲令大臣入内議政，疏寢不行。夫人主當總攬威權，親決機務，政事早朝未決者，日御便殿，使大臣敷奏，言官察其邪正而糾劾之，史官直書簡册以示懲勸，此前代故事，祖宗成法也，願陛下遵而行之。若僅封章入奏，中旨外傳，恐偏聽獨任，致生奸亂，欲治化之成，難矣！人主之德，欲其明如日月，以察直枉；仁如天地，以覆羣生；勇如雷霆，以收威柄。故司馬光之告君以「仁、明、武」爲言，即《中庸》所謂「智、仁、勇」也。智、仁、勇，非學而能之哉？夫經莫要于《尚書》《春秋》，史莫正于《通鑑綱目》，陛下留心垂覽，其于君也，既知禹、湯、文、武之所以興，又知桀、紂、幽、厲之所以替，而趨避審矣。于馭内臣也，既知有吕强、張承業之忠，又知有仇士良、陳弘志之惡。❶于馭廷臣也，既知有蕭、曹、房、杜之良，又知有李林甫、楊國忠之奸，而用舍當矣。如是則于智、仁、勇之德，豈不大有助哉？苟徒如嚮者儒臣進講，誦述其善，諱避其惡，是猶恐道路之有陷穽，閉目而過之，其不至于冥行顛仆者幾何？今天下雖遭大創，尚如金甌之未缺，誠能本聖學以見之政治，臣見國勢可强，讎恥可雪，兄弟之恩可全，祖宗之制可復，亦何憚而不爲此？

疏入，帝從之。

---

❶「弘」，原作「宏」，避清帝諱改字，今回改。下不一一出校。

覆楊寧陳邊計疏議景泰元年

于謙

臣等查得獨石、龍門、長安嶺等處，俱係萬全都司所屬緊關城池，去年敵衆深入，俱各捐棄失守，兹當聲息稍寧，可以措置，雖經具奏，令總兵等官朱謙等修設整理，誠恐各官遷延，有妨邊備，已經節次議擬奏准，令都督僉事董斌提督前項衛所官軍，修理城池，防護糧儲等項，及昌平侯楊洪原留在京開平、龍門等衛官軍三千員名，并其餘俱係口外衛分在京報効等項官軍，俱令都指揮楊能盡數領回原衛所操守。近該董斌題稱，獨石、馬營、雲州、鵰鶚、長安嶺等處城池，委係外控敵境，内庇宣府、懷來一帶，若獨石、馬營等處城内嚴固，則腹裹衛所自然無虞。今議將前項城池，重復修飭，整設屯營，誠安邊禦侮長策，合設都指揮一員，在彼分守地方，請降敕書并給符驗，及將獨石等處衛所官軍、男婦人等，俱要聽伊鈐束，督發原處，以實空虛之城。並將萬全都司帶俸都指揮，推選有謀有勇之人，分派獨石、馬營、李家莊、鵰鶚、龍門等城，專一守備操練，聽伊調遣等因，具題。抄出，本部又經逐一依擬奏准通行去後，今尚書楊寧奏「要將獨石、龍門等處，候有餘力，然後議及」一節，臣等竊詳：各處土地城池，俱係祖宗經營創建，其獨石、龍門一帶，正係極臨敵境緊要去處，外爲邊境之藩籬，内爲京師之屏蔽。去年敵人糾衆入犯，守臣慮恐勢孤援寡，因而捐棄失守，至今清議不容。今額森等已來請和，邊報不甚緊急，所宜興滯補敝，修設故疆，以爲久遠之計，以圖復讎之舉。況前項城堡，已命董斌提督，並原守各城軍馬，俱已發回，即日正在營置之際，彼處鎮守總兵等官並不曾奏難以修復緣由，豈可自餒自畫，輕易擲棄。且我退一尺，則彼進一尺，我失一寸，則彼得一寸。得失進退之機，安危治亂所係，就使干戈擾攘之日，尚當固守封疆，況平居無事之時，不宜自蹙土地。兼且守備各城，自用原有軍馬，而非那移他處官軍，今以理勢論之，必當修復整理。合無通行請敕宣府總兵、參將、鎮守、參贊、巡撫官員撫寧伯朱謙、右都督紀廣、内官柏玉、侍郎劉璉、僉都御史任寧、都督僉事董斌等，將獨石、馬營、赤城、雲州、李家莊、鵰鶚、龍門、長安嶺等處一帶邊務，查照本部節次議奏事理，會同計議區處。勘酌人情之勞逸，相看地形之夷險，先其急而後其緩，舉其大而畧其小，果係緊關去處，上緊修復，不係緊關去處，從容修理。其各城合用都指揮，務在推選至公，俾邊城守備得人，而糧儲防護有法。不許各持己見，怠忽因循，自餒其志，廢弛兵備。若因此失誤事機，必治以重罪不恕。

其奏「永寧、懷來、宣府直抵大同，當益兵將固守」，緣永寧、懷來已有都指揮同知楊信，萬全右衛已有都指揮僉事江福，提督宣府已有總兵官撫寧伯朱謙、參將右都督紀廣，大同已有總兵官定襄伯郭登、參將都指揮潘興，東路已有參將右都督方善，西路已有參將都督同知許貴，宣府、大同所屬前項城，除總兵、參將及把總提督守備官軍外，又有都指揮或一二員，或三四員守城管操，而所在衞所官軍止勾固守，别無相應官軍可以增添。

其奏「有功官軍陞賞以信，如有似前棄城不守，率衆在逃，無分貴賤親疎，必殺不宥。其有斬首少而報功多，及妄報殺敗敵衆，斬獲首級，希求陞賞，其功皆不必録。軍勝陣亡官軍，與軍敗失陷者，陞賞亦須節減」一節，臣竊惟兵之勝負，固係乎賞罰，而賞罰運用，必在乎嚴明。近年以來，因南北寇戎紛擾，所在用兵撫捕，其有功官軍，中間若有不明者，本部議擬行令所在提督、參贊軍務等項都御史及監察御史等官，重復體勘明白，方纔定奪陞賞，而總兵、參佐等官若有失機誤事，亦往往覆奏降黜。如向者所陞德勝等門、紫荆等關及大同、宣府官軍，俱係殺敗敵衆、保全城池有功人數，該總兵等官造册，奏要陞賞，節行駁勘明白，若不照例陞用，何以激勸人心？其有退縮覆潰，如陽和口及土木等處官軍，雖已死于鋒鏑，未嘗陞用一人。况兵家之事，以決勝敗敵爲全功，不以斬首多寡爲動績，若止以斬首多寡定爲陞賞崇卑，則人皆顧戀首級，未免爲敵所制。今稱有「妄報殺敗敵衆，斬獲首級，希求陞賞」，緣無指實，無憑查攷，合無通行各處總兵、鎮守、參贊等項文武大臣，今後若是奏報殺敵有功官軍，務要體勘明白，要見何人奮勇當先爲首，何人協力跟隨爲從，何人生擒巨敵，何人斬獲首級，從實開奏，以憑定奪。不許徇私泛濫，將無功之人一概冒請陞授，以致賞罰不明，士氣消沮。如違，一體治罪。及奏「沿邊遇有聲息，豫將人畜收入城堡固守，俟敵師老氣惰，然後擊之。如彼越關内侵，則内外合兵，令其腹背受敵」等情，俱係用兵常法，亦係現行事例，別無定奪。緣節該欽依「看計議來説」事理，具題。

議奏，得旨：「是。獨石、龍門一帶，乃宣、大藩籬，若棄城不守，則宣府必孤，京師何以禦敵？寫敕與朱謙、董斌等，上緊修城，不許因循誤事。」

劾許貴請講和疏 景泰元年

于　謙

臣竊詳北敵額森，既侵邊境，復犯京畿，拘留上皇，震驚陵廟，其爲仇恨，庸可勝言！且以和議一事論之，當去年秋冬之間，正敵勢方張之際，朝廷亦嘗遣都指揮李鐸、指揮岳謙等，齎執金繒往使，賄賂纔入于穹廬，敵騎已至于關口。繼遣少卿王榮、通政王復又往敵營，不見上皇鑾輿而還。敵衆知我戰守有備，尋皆望風遁去。朝廷灼見敵情譎詐，和不足恃，以故絶使不通往還，惟敕邊將修武備、勵人心，固守城池，相機戰守。

今許貴又奏和議之説，臣竊惟今日之事，理與勢皆不可和。何者？中國與彼有不共戴天之讎，和則背君父而忘大義，此理之有所不可和也。又北敵貪而多詐，萬一和議既行，而彼有無厭之求、非分之望，從之則不可，違之則速變，此勢有所不可和也。苟以爲敵强難制，姑從和以緩其兵，臣請質之前代。宋真宗澶淵之役，契丹之衆，累被我兵摧沮，既盟之後，朝廷尚歲輸銀絹三十萬兩疋，迨及季世，徽欽北狩，中國名將如張、韓、劉、岳之徒，屢敗金師，及姧臣秦檜一主和議，朝廷既割境土以與之，又輸歲幣以賄之，甚則不得不降尊號，其爲含垢忍耻、屈己從和，固無所不至，卒之人心解體，國勢陵夷，無救成敗而後已。援古證今，和之不足恃也明矣。爲今之計，莫若選將練兵，養威蓄鋭，敵若來侵，則相機而勦殺，敵若遠遁，不貪利以窮追。萬一復有大舉入邊之謀，則我兵操練有素，加以將帥思奮，臣當盡死効力，以圖勦滅，以雪國耻，必不出敵人之下。其或皇天厭亂，列聖有靈，敵人自知數入不利，變惡爲善，遣使入貢，則示以善善，❶量與賞賜遣回，亦不拒絶而已。若欲朝廷先遣使臣，往彼通好，則示彼以弱，而啓其輕侮之心，萬萬不可。此則方今之要務，而臣愚見止于如此。

❶ 「善善」，四庫本于謙《忠肅集》卷一作「善意」。

及照許貴叨居重任，保障邊方，不能鋭意滅敵，郤乃倡爲和議，畏縮之跡既明，忠義之心何在？合將本官明正典刑，以謝天下，以戒將來。緣係陳言事理，又係備邊將官，合無姑記其罪，差人馳驛齎文切責許貴，令其整飭邊務，操練軍馬，作興士氣，固守地方，必期滅敵，以贖前罪。仍通差人齎文前去遼東、宣府、大同、陝西等邊，及永平、山海、居庸、白羊、紫荆、倒馬等關口總兵、總守等項内外官員，❶令其整飭人馬，固守地方，如遇敵人來攻，務要相機行事，毋得聽信哄誘，因而失誤機務。仍通行在京五軍、三千、神機等營總督、總兵等官，嚴加訓練官軍，諭以忠義大節，使之感激思奮，以圖成功，不許苟且因循，致誤大計。緣奉欽依「兵部知道」事理，具題。

疏入，帝從之。

審察敵情疏 景泰元年❷

葉　盛

臣竊惟逦者衛拉特額森僥倖土木之戰，驕氣盈溢，自以其鋒爲不可當，逼脅其主托克托布哈，❸擁我太上皇帝，悉衆而來，南北分道，一從紫金關，一從鼇峪山，排闥直入，肆無忌憚。我師臨城拒守，持重養威，討

❶ 「總」，于謙《忠肅集》卷一作「鎮」。

❷ 「景泰元年」，據葉盛《西垣奏草》卷二，此疏上於正統十四年十月。

❸ 「托克托布哈」，明代譯作「脱脱不花」。

罪之義尚未大彰，而額森不約請和，無故自屈，勤惓懇切，至于再三請奉我上皇還宮，皇上待以不欺，遣使迎復，此誠天意悔禍，陰誘其衷，莫大之幸也。然臣闇劣，竊以爲額森奸險狡譎，至難測料，今此舉有二説焉，其一曰怯，其一曰示怯。

比聞額森之來，奸細如李讓、喜寧輩誘之曰「中國一遭土木之潰，士馬耗矣，人心去矣，大物可唾手得也」。而今所聞見，士馬尚如此其富也，人心尚如此其固也，孤軍深入，且疑且懼，故爾陽回善意，送駕回京，多索犒費，貪得金帛，意在復歸巢穴，徐圖再舉，此其怯也。不然額森之計，必以爲中國人心，不過以迎復上皇爲急，上皇既歸，人心必懈，且我力請和好，彼必以我爲怯，而不我虞，假託結好之名，潛蓄跳梁之志，緩我戰守之具，誤我將士之謀，乘弊而發，大縱剽掠，通州而南，援絶水陸，此則示怯而實不怯也。今日之計，怯固可擊，示怯，必擊使其怯。而縱其歸，苟安則可矣，如後患何！

因其示怯乃遂信之而不疑，置之而不問，臣恐禍患之來，秪在目前，不待久也。昔者金人侵宋，种師道奏俟困擊之，李綱亦請縱歸擊之，師道又奏臨河要擊之，而當時主和議者不之聽，以致釀成靖康之變，追悔莫及。前鑒昭然，不可不慮。伏望皇上以宗社軍國爲心，急敕總督、總兵等官并各營大小頭目，即須十分整辦軍馬，趲運糧餉，精明紀律，申嚴號令，厚賞而重罰，以和爲虚，以戰爲事，以進死爲榮，以退生爲辱，仍四散分差健卒，晝夜多方哨探，敵騎一或退動，或擣其虚，或襲其後，或乘其斷絶，或縱其半出。運籌決勝，務出萬全，使沙漠肅清，匹馬不返，庶足爲雪恥復讎之一快。機不可失，時不再來。臣不勝犬馬，拳拳爲國，竭忠激切之至。

疏入，帝不納。

賞功罰罪疏景泰元年❶

葉　盛

臣竊惟衞拉特侵軼，京師戒嚴，神武奮揚，尋見奔遁，皇上念機會之不可失，載命將吏，乘其困而擊之，廟算不遺，成功可必矣。臣愚昧，竊念賞功罰罪，治天下之要務，況今日陳師鞠旅之時，尤爲切要者乎？賞不徒賞，有功者賞必厚；罰不徒罰，有罪者罰必嚴。今日之賞罰既行，他日之勸懲所係，賞罰明信，將見人人用命，力于事功，何讎不可復、恥不可雪哉？頃因德勝等門殺敵有功、并陣亡官軍，有司未暇取勘，皇上趣其舉行賞罰之典，且戒以勿遲。指揮魏真臨陣逃回，法司以其罪請，皇上則殺之不宥。臣叨居侍從，躬奉綸言，知皇上信賞必罰之意，即造化春生秋殺之心，真大有爲之君也。

臣竊詳少保兵部尚書于謙、武清侯石亨、都督僉事楊俊，俱以軍功，近蒙超擢，然其間如都督孫鏜、毛福壽、都御史羅通等，或運籌畫策，或奮勇克敵，俱有足稱，非他人比。又如守備白洋口通政使謝澤，從容就死；守備紫荆關都指揮韓青，力戰而亡；都督武興、御史趙麟，亦皆親冒矢石，殁于王事，良可矜憫。其提督紫荆關都御史孫祥、先差守備按察使曹泰，俱各棄城逃遁，使關門無結草之固，以致戎馬出入自由，如履無人之境。經今日久，聲跡杳然，身爲大臣，既不能捐生以赴難，又不行詣闕以待罪，不忠不道，莫甚于此。都

❶「景泰元年」，據葉盛《西垣奏草》卷二，此疏上於正統十四年十月。

御史段信，明知紫荆關係該提督地方，乃多方躲避，不行前去整理，及至敵人入關，佯爲不知，具奏掩飾。似此奸詐，豈能盡忠？錦衣衛指揮王虹，御史吴中、郭仲曦、王晉，職專巡視關隘，因循怠惰，以致關口不固，軍守不嚴，敵騎長驅，尚不星馳奏報，推原情犯，法所難容。上項公罪，伏乞聖明將都督等官孫鏜等，照依給與誥命，録用其子，優恤其家。仍乞聖斷，將都御史等官孫祥等，挨拏赴京，明正其罪，以警將來。則賞罰當而人心服，法紀明而事功成矣。

疏入，帝從之。

京畿民情疏景泰元年

葉盛

臣聞京畿爲天下根本，必畿甸充實，然後京師鞏固，必京師鞏固，而後天下乂寧，此理勢之必然者也。方今順天等八府，實爲京畿要地，比年以來，蝗旱相仍，斯民困極。加以去年戎馬抵關，驚疑之後，民不聊生，今又天久不雨，禾麥不長。臣近奉敕于河南等處公幹，往還之際，經過霸州等州、永清等縣，備見所在人民逃亡者衆，道傍屋廬，十空八九，桑棗多被斫伐，牛羊罕見成羣，間見居民扶老攜幼，或扒蜆以爲食，或拾草以爲糧，艱難百狀，不忍言及。況且各府差役較他處爲尤甚，有運送糧草者，有赴上司築城、挑壕者，有當衝要水馬驛站者，有朋合柴薪等項夫役者，有沿途協送官船者、牽遞官馬者、幫運官物者。夫斯民艱難若此，衣食尚且不充，而差役又加繁重，尚何顧戀而不逃乎？比者雖寬恤之恩詔累頒，然重困之民，猝難甦息。雖有撫民、鎮守等官職專綏撫，未見實效。又聞臨清以南八府及山東等處，流民大車小輛，拖男拽女，草行路宿，流移而南者，自驚疑以來，至今未絶。

臣惟地方有限，流移無窮，若不加意甦息，不無愈見逃亡，非惟他處地不能容，有干他慮，實恐畿内空虚，所係非小。伏望皇上留意斯民，特敕該部行移各府鎮守撫臣，嚴督官司里老人等，十分用心招徠撫綏，逃者必欲復業，存者務令得所。其大臣務須親歷鄉村，慰安人心，勿視虚文，務臻實效。然其原本，又在于朝廷，仍乞敕該部與廷臣集議，將前項地方應有派辦差役，如軍器、年例、物料，及册造夫役等項，亦須量與斟酌，不爲常例，或寬減分數，或暫派南方，待後事妥民安，俱仍照舊。仍查各府豫備倉糧有無多寡數目，設法賑濟，及給與牛、種，使得漸安生理。則京畿安而天下皆安，不然，臣不能不爲社稷憂也。

疏入，帝從之。

御選明臣奏議卷三

請釋恩克特穆爾還北疏景泰二年❶

于謙

臣竊惟中國之馭外夷，固當振之以兵威，尤當撫之以恩信，所以折其強而結其心也。今額森節次遣人朝貢，其譎詐之謀雖未可知，而和好之禮，則未嘗有失。今以使臣未回，遣人探聽迎接，其恩克特穆爾既不騎坐勒馬，又不潛入邊城，明説探接使臣，別無奸細情節。而守墩官軍就將本人搶拏，只貪一時之邀功，不顧朝廷之大體，而都督方善又不斟酌事情，輒便輕信起解。今訪得，恩克特穆爾現行監問，竊以爲此特一俘囚爾，殺之不足爲武，而或有以起釁；舍之不爲怯，而或有益于事。如蒙聖恩，乞敕法司再行研審，委的止是探聽使臣消息，別無其餘重情，請敕令該府，差人連恩克特穆爾齎送前去大同總兵官定襄伯郭登處收領，撫令聽候，邊上如有額森差來之人，就彼交與領回。仍諭額森以朝廷忠厚撫待之意，使知感激。本部仍行都督方善並各邊總兵、鎮守等官，今後各要整飭軍馬，固守地方，果有敵人侵犯，相機勦殺。若外面遣人來

❶「恩克特穆爾」，明代譯作「奄克帖木兒」。「景泰二年」，據于謙《忠肅集》卷八、《明英宗實録》卷二〇〇，此疏上於景泰元年十二月。

邊打話，止一二人、三五人，別無奸細情由，及遠探隨身再無跟隨掩襲人馬，就便撫令回還。不許貪圖小利，邀功生事，以啓邊釁，以貽後患。亦不許指此爲由，縱敵入境剽掠，以誤邊務。緣係請敕及奉欽依「兵部知道」事理，具題。

疏入，帝從之。

劾郭亨等縱民壯脱逃疏景泰二年

于　謙

臣竊詳：克敵之要，在乎將得其人；爲將之方，貴乎兵有其制。前日大同陽和後口并土木等處，我軍失利，敵人肆志者，皆由平日將帥庸懦，號令不明，假寬厚持重之名，以遂貪私苟安之計。上下遠近，習以成風，致有此禍。即目邊務孔殷，敵情不測，正當盡革宿弊，豈宜仍蹈前非。況前項民壯夏勝一等一百八十餘名，自景泰元年四月間捏寫僞印批文，逃回原籍，該管坐營把總等官朦朧隱下，不行作逃，被各原籍官司舉發，解來本部，奏送法司問罪。及令該營總兵等官查明回奏，方纔捏稱于本年二月間開逃，❶遷延日久，若非各逃原籍官司及本部具奏，則各人終于賣放在家。名數虚存，營伍空缺，朝廷何由而知，兵備何由而肅？

及照奏内開稱民壯夏勝一等糧賞不曾關支，行該户部四川清吏司手本開：查得前項民壯夏勝一等四十九名，已于景泰元年四月分造册關支糧米。今卻妄行奏稱不曾關支，顯是該營把總等官指揮郭亨等，比

❶「本」，于謙《忠肅集》卷五作「今」。

先通同作弊，受財脱放，冒關月糧，侵欺分用，懼怕有罪，又行捏脱，瞞官作弊，情犯昭然。今各營現在坐營把總管隊官員數多，因見郭亨等賣放民壯、盜關月糧，全無忌憚，互相效尤作弊，官軍日見消耗，兵政日益廢弛，萬一失誤事機，追悔何及。

再照，武清侯石亨本無汗馬之大功，謬膺朝廷之重寄，惟知市恩而誣下，不思申令以正人，縱容該管把總等官，作弊壞事。及至本部奏奉欽依查勘，又復延挨，久不回奏。都督衞穎，屢次于教場呼喚郭亨等查究，抗拒不服，却乃私到石亨家，送與公文。本官輒又聽從首領官金以惠，並當該掾吏聽受郭亨等買囑，通同隱下賣放民壯、侵盜月糧實情，捏稱失于揭查等詞，石亨出名朦朧奏准，致令奸人得計，兵政廢弛。似此上下交通，互相蒙蔽，若不通提問罪，竊恐貽患方來。合無行移石亨，嚴加戒飭本官并各營總兵等官：今後務要竭忠盡誠，修舉戎政，以副朝廷之委託，以爲下人之表率。不許似前罔上孤恩，苟安日月，及縱容下人受財壞事，致令坐營把總等官，將現操官軍縱容脱放。如違，一體治罪。其把總官員數内杜山，先因爲事不即查理，情罪頗輕，合照節奉欽依「且饒他這遭」事理施行。所據賣放民壯、盜支月糧情重指揮郭亨、吴能，并石亨處通同作弊首領官金以惠及掾吏人等，合提送法司，明正其罪。仍于郭亨名下追糧還官。庶使人心警懼，而法昭明；武備克修，而事無謬。緣係整飭軍務、參問軍職官事理，具題。

疏入，帝從之。

劾衛穎等怠廢軍政疏景泰二年

于謙

臣伏見該刑科等衙門劾奏都督同知衛穎等，交通飲酒，姦宿樂婦，怠廢軍政等情，欽蒙聖恩寬宥，弗加罪責，此誠天地生物之仁。然臣竊惟衛穎等，俱以凡才，叨膺重任，擢居都府，分掌兵戎，不能宣力而竭忠，乃敢縱欲而敗度，況終日飲酒爲樂，又復用錢買姦，若非剥削害軍，此物從何而得？即目敵人雖已請和，而邊報未甚寧息。舊恥未雪，當君臣卧薪嘗膽之時；大舉未圖，宜將帥捐軀致命之日。而衛穎等所爲若此，上辜朝廷之恩，下失軍士之望，惟騁一己之嗜欲，豈恤衆情之艱難。曩者土木之潰，大事幾危，正由爲將帥者平日貪淫敗度，受財賣軍，互相交通，夤緣黨比，戰鬭之事不習，兵戎之政不修，將帥互爲仇讎，上下自相矛盾，以致臨敵無功，望風瓦解。前日之覆轍未久，而衛穎等又復效尤，廉恥蕩然，全無忌憚。比者在營軍士逃者數多，動以萬計，安知不爲衛穎等賣放逼迫所致？杜漸防微，不可不慎。

且賞從賤，罰從貴，此古今之通典，而兵家之要術也。今衛穎等位重任隆，而貪婪無度，則下人何所取法，而管軍者何以爲戒？所據各人罪名，已蒙聖恩寬宥，而此等駔儈之才，終難任爪牙之寄。合無將衛穎、范廣、陶瑾、張義、郭英、穆晟，俱不許管理府衛事務及坐營領軍，調往開平、獨石、大同一帶，操守殺敵，以贖前罪。庶使法令昭明，而餘人知懼；恩義並行，而戎政修舉矣。爲此具題。

疏入，得旨：「衛穎等饒他罪。今後著改過自新，再有犯必不赦。」

劾宫聚等疏景泰二年❶

葉盛

臣照得：宫聚等俱係朝廷將臣，受邊方委託，辜恩負國，罪惡貫盈，或畏縮退怯而失誤軍機，或貪淫酷暴而累干邦憲，原情論罪，死有餘辜。數内宫聚害軍殃民，宿師玩寇，括索金銀器皿動以百千，失陷軍民人口不下萬數，激變蠻夷而貴州幾至于失守，拘收婦女而土官亦被其征求，結怨西南，流毒未已。我皇上明斷，雖曲宥斬罪，仍降職令其立功；王喜雖降所鎮撫，尚令囚繫；其宫聚刑部追贓完結，明正典刑。此誠至明大斷，正法度以恪遵祖訓，示操縱以收繫人心，端在是矣。今石亨等乞量復職，熒惑天聽。臣竊詳貪淫酷暴，罪猶止于一身，激變失機，禍將見于天下。將臣之罪，至此已極，此而可容，尚何可罪？使宫聚果稱驍勇，尚無可用之理，況其無謀無勇，人所共知。王驥累次奏詞，昭然具在。

再照：國家多事，固急于用人，恩威所臨，尤嚴于賞罰。威不可以徒行，必威行于一人，而千萬人懼；恩不可以濫加，必恩加于一人，而千萬人悦。賞罰既明，則人心無不服，人無不服，則號令必行，事功易立，戎醜不足平，而治平之期可立致矣。伏望皇上始終此明，始終此斷，將宫聚等各照先次該衙門奏奉欽依發落，庶下有合乎公論，上無累于聖明。及照石亨、楊洪等，素擁重名，叨膺大寄，未聞有保民衛國之奇計，而乃有黨邪舉濁之私心，歸怨于人，歛恩于己。數内張軏，先與宫聚同事，竟亦均無成功，副使李睿等累次上言，臣

❶「景泰二年」，據《明英宗實録》卷一九四、葉盛《西垣奏草》卷五，此疏上於景泰元年七月。

等各衙門亦嘗劾奏。聖恩寬大，尚緩刑誅，今又同流合污，以類相聚，輒敢朦朧會奏，顯有朋比重情，律以至公，俱合拏問。

疏入，帝不納。

禦寇安邊疏景泰二年

葉　盛

臣竊惟衞拉特陽託和好之名，陰蓄憑陵之志，是和好之説必不可恃，而憑陵之患不可不防，此理共知，不待智者。況今日瘡痍之痛甫定，敉寧之效未臻，苗蠻煽焰于西南，猺獠弄兵于兩廣，凡百汲汲有爲，惟恐緩不及事，若猶因循苟且，則事尚未可知。然今日當爲之事固多，而莫若禦寇安邊之爲急也。禦寇安邊固未易爲，而爲之之要，在求言以行之耳。欽惟皇上爰自居輔，繼登大寶以來，體天法祖，一志求言，所頒詔諭，不一而止。以故芻蕘之微皆得自達，苟有可稱，即見嘉納。但言者或緩急之不知，或鉅細之雜陳；奉行者或知之而未行，或行之而未至。是誠未足以隆修攘之業，收廓清之功，副皇上中興圖治、汲汲皇皇求言納諫之盛心也。

臣生長盛時，叨聯侍近，雖一得之愚，亦嘗過蒙天聽，而淺陋迂疎，于事無補，受恩思効，言不逮心，夙夜憂惶，罔知所措。竊復自謂：天下，大物也；兵戎，大事也。民風土俗，萬有不齊，人情事體，各有攸宜，必非單詞一力所能料理維持者，若非廣延衆論，俯察輿情，竊恐事迫臨期，徒貽悔恨。如蒙聖慈聽納愚言，特降玉音，除有詔書事理，朝廷及軍民中，事有未宜，及興利除害等事，許諸人直言無隱不拘外，特令在京各衙門官員，俱于今年十二月以裏，或各具奏章，或合辭連署，務盡所長，開陳禦寇安邊奇謀上策。如云：若何可以摧強屈敵，若何可以出奇制勝；寇兵猝至，何以應之，求請無厭，何以杜之；士馬之操練未精者何故，必用何法始精，邊儲之供餉未足者何由，必行何政始足；某處地方要害，防鎮之道何居，某處關城頹廢，修葺之方安在；前日所稽之功罪，孰爲得失，如何可以收人心；今日所習之器械，孰爲優劣，如何可以必全勝；某人有某長，可治軍旅，而屈在下僚，某人有某短，恐妨調用，而過居高位；孰可以爲戰將，孰可以爲守臣，戎行遷謫之中，何人可以棄瑕録用，監軍守鎮之任，何人可以旌異超遷。他若天下之大本，當世之急務，與夫上干朝廷，事關廊廟，凡可以衛國保民，可以濟時艱、裨軍政者，悉聽罄竭以備采擇。其間人品不同，分量亦異，或止能區處一事，或兼能識達衆事，隨其所能，俾得自盡，務須直陳實事，毋徒虚飾繁文。仍不許遲迴顧忌，及以位卑越職爲辭，而退有後言。

俟陸續封進，羣言畢集，仍乞聖明于大臣、元老平昔公清直諒、良實忠純者，及經筵、内閣密邇老臣，與兵部等該衙門，特加宣召，付之議擬。令其勿事虚文，勿應故事，不論其人之崇卑，惟觀其言之當否，不必欲其同己，而惟求得乎事機，不必嫌其異己，而惟求合乎情理，言苟不當必隱之而貸其過，言之果善必從之而見諸行。萬懇聖斷親徹御覽，重加諏難，使之開陳利害所在，的然可施行者，即下所司以必行之，不惑浮議，不懈初終。則嘉言日進，而聖德益崇，治具畢張，而強寇自弭，社稷之福也，邊境之福也。

疏入，帝從之。

劾陳循疏景泰二年

葉盛

臣聞：罪莫大于欺罔，而大臣欺罔者，罪不容誅。法莫嚴于怙終，而小人怙終者，法難輕貸。舊章具在，重典必加。竊照户部尚書兼翰林院學士陳循，一介書生，叨居清要，尚書、學士，官品極其崇高；内閣、經筵，責任最爲深重。豐餟法醖，日給太官；製帶襲衣，疊出内帑。五朝作養，百辟具瞻，恩封上及其祖宗，葬祭下臨于繼室，儒臣遭際之幸，又孰有過于斯。

乃陳循妄意要君，甘心負國，靦顏厚貌，全無補報之心，恃寵矜恩，大肆兇强之志。豪横鄉曲，即併吞其墳山，暴虐貧寒，敢强占其田地。李遇乃奔競小輩，以伊女之夫，而代爲訴冤；李武本激變元兇，以伊壻之兄，而曲爲營救。傅致平人，于土豪事例恣逞己威；搆捏鄉民，以人命重情熒惑上聽。周鑑執法不屈，反羅織以爲奸；王豪勘事不阿，又支吾以文過。情詞虛妄，欺罔之罪莫逃，塵瀆再三，怙終之惡已著，❶雖皇上寬仁大度，曲加保全，奈陳循稔惡不悛，愈無忌憚。跡雖蔑視風憲，實則愚弄朝廷。

臣竊詳方今多事之秋，而陳循謬當内相之首，救時急務，曾一事之不聞，利己巧言，乃連章而不厭，昧主憂臣辱之義，舍忘家徇國之心。謂天可欺，謂人可侮，謂祖宗之法度不足畏，謂士大夫之清議不足恤，是致九重煩厭，萬口沸騰。蓋孔子之不信宰予，知言行之莫掩，吕誨之必彈安石，識奸詐之難容。伏望皇上處以

❶「已」，四庫本作「大」。

至公，斷以大義，明彰祖訓，大正邦刑，將陳循拏送法司，明正其罪，以爲人臣欺罔怙終之戒。

疏入，帝不納。

陳災異疏景泰二年❶　葉盛

臣竊惟陛下即位以來，❷累頒聖諭，有云「垂降災異，乃上天愛人之心，今後遇有此等，許諸人直言」，又云「今後君臣皆宜正心修德，以回天意」。臣叨居近侍，躬奉德音，有以知陛下克謹天戒、至公無我、惓惓求言望治之盛心矣，然尚不能弭災異之重至者，其故何歟？爲臣者負陛下也，陛下何負于人哉！近日以來，災異洊至，凡在有識，莫不凜凜。臣愚不識占驗，但以爲陛下以聖德居天位，動法堯舜之治，以理揆之，萬萬不宜有此。蓋嘗稽諸載籍，而知其説矣。

《書》曰「急恒寒」，又曰「極備，極無，凶」。《詩》曰「高岸爲谷，深谷爲陵」，地道亂也；又曰「雨雪瀌瀌，見晛曰消」，止讒佞也。《禮》曰「仲春行秋令，則其國大水，寒氣總至，寇戎來征。行冬令，則陽氣不勝，麥乃不熟，民多相掠」，「季春行冬令，則寒氣時發，草木皆肅，國有大恐。行秋令，則天多沈陰，淫雨蚤降，兵革並起」。《傳》曰「皇之不極，厥咎常陰，必有下人竊議上者」，又曰「聽之不聰，是謂不謀，厥咎急，厥罰常寒」，又

❶「景泰二年」，據葉盛《西垣奏草》卷九，此疏上於景泰三年。

❷「即」，四庫本作「接」。

曰「視之不明，是謂不哲，時則有赤眚赤祥」，又曰「不明善惡，親昵近習，無功者受賞，有罪者不殺，時則有赤祥」，又曰「三公非人，則三光不明」，又曰「朝廷不和，災異並起」，又曰「邪氣積于下，怨惡蓄于上，上下不和，則陰陽繆盭，而妖孽生焉，此災異所緣而起也」。雖各爲説不同，大率不過陰盛陽微所致。

夫天道之應，皆由人事。人事動于下，則天變形于上，其來有自，其應不虚。非一人一事所能召致，非一言可以推測，非一時可以徵驗也。臣竊思之，方今百官之衆，未可謂皆賢，修輔之職，未可謂皆舉。外寇兇強，而吾之邊防未盡飭，内盜竊發，而吾之生齒未盡安，即如昨者聖諭所謂「天下大小事務豈無差訛」，大哉陛下之言！日月之明見，藥石之至論也。爲今日之計，若非博采羣言，急加修省，臣恐天意未必能回，災異未必能弭，而意外之虞，或近在目前，或遠隔年歲，豈無難言難必者乎？且災異求言，在歷代有故事，在祖宗有已行之詔令，有已行之明效，臣愚以爲今日弭災之急務，應天之要道，莫先于此。欲乞陛下以臣章疏留中詳覽，不必降外，特出聖意，手敕文武羣臣，各加飭勵，仍如先次聖諭所謂「許諸人直言極諫」，令其各以致災之本、弭災之術，凡有益于國家、有利于軍民者爲言，陛下許其擇而行之，將見忠臣義士、愛君憂國之人，感陛下之仁誠，樂陛下之聽納，莫不披瀝肝膽，以圖報稱，天意不難回，災異不難弭，羣臣不敢有負于陛下，陛下誠不負于天矣。臣雖無狀，亦當別有所陳。

疏入，帝從之。

請置五團營疏景泰三年

于　謙

臣等議得：國之所恃者兵，兵之所賴者將，將得其人，則兵無不精，兵無不精，則國威自振，而邊境之患自平矣。臣等俱以庸劣叨膺重寄，馭兵乖方，既厪聖慮。今議得各營現操官軍已選十萬，分作五營團操，以備出戰。每二萬人爲一營，每隊五十名，一人管隊。每二隊又立領隊官一員，每千人把總官一員，每三五千又立把總都指揮一員。其管隊、把總、大小總兵官員，各量其才器高下、謀勇如何而選用之，使之互相統屬，兵將相識。如遇下教場操練之時，臣等出其不意，量調一隊或三隊、五隊點閱，但喚把總、管隊官姓名，各官自行管領本隊軍士前來，内唤出軍士一二人或三五人，令管隊、把總官識認是何姓名、衛所，却將軍人懸帶牌面上原開寫姓名、衛所、年貌查對，查若有不同，就將管隊等官量情責罰。仍比較弓箭、牌刀、長槍等項武藝，精熟者量爲奬勸，生疎者一體懲治，使管軍者知軍士之强弱，爲兵者知將領之號令，體統相維，彼此相識，不致臨期錯亂，難于調遣。

大意前項團操，十萬合則爲一營，分則爲五營，萬一敵人侵犯數多，則各營俱動，數少，或分調一二營，或調一萬、三五千，隨機應敵。其平日選定大小該管頭目已定，則交戰之時，多用則多調，少用則少調，止調該管頭目，則士卒自隨。平日相處既久，同輩之人易以相機，管事之人易以使令，如手足之捍頭目，子弟之衛父兄，比之平日混同操練，不辨强弱，不知號令，將各營之人逐漸輳合者不同，庶幾可以成功取勝。又，敵之所恃者，弓馬衝突而已。敵知我火器一發之後，未免再裝遲慢，以此我軍放罷火器，就便馳突前來。今若與之對敵，我軍列陣，外用鹿角遮護，持滿以待。彼若來緊，堅陣不動，先以弓弩對敵，神銃未發，先以火藥爆竹詐之，敵必謂我火藥已盡，不復畏避，馳馬來攻，則我軍火銃、火礮、飛槍、火箭、弓矢齊發。彼若勢動，又以大將軍擊之，分調精鋭馬軍用長槍、大刀、勁弓射斫，步軍用團牌、腰刀一齊衝入敵陣，或刺射人馬，或斫其馬足。臣等以身率先衝冒矢石，獎勵士卒，俾無退縮，如有退縮者，即以軍法治之。此則臣等愚見操軍出戰分合之勢如此。

仰惟皇上德威遠布，敵必不敢侵犯京師，臣等謹當用心設法，將各營已選團操並其餘軍馬，一體操習，整飭隊伍，申嚴號令，務使人馬強盛，武藝精熟。除團營之外，另選次第精壯，以備緩急調用，以助團營軍威。每日除演習弓馬武藝之外，仍令馬步官軍兼習陣法及交鋒、衝突、安營、走陣，以爲戰鬬之勢，使之耳目慣熟，步驟輕健，能知進退坐作之法，免致臨敵畏怯失錯。至于固守之法，則今日士卒頗多，京師城垣堅固，又有戰車鹿角器具，敵縱勢衆，可以固守無虞。雖臣等愚見如此，但用兵之法不測如陰陽，難知如鬼神，貴在臨期應變，難以一定而求。況北敵矯捷，去來之間如飄風驟雨，應敵之餘，非勇無以挫其鋒，非智無以破其詐，必謀勇兼濟，而後可以成其功。岳飛有言「陣而後戰，兵家之常，運用之妙，存乎一心」，又曰「文官不愛錢，武官不惜死，天下太平矣」。臣等既蒙朝廷大恩，授以重任，敢不潔己愛軍以振士氣，捐軀效死以報國恩。緣係會議戰守事理，具題。

疏入，得旨：「兵貴乎精，將在謀勇，卿等務要同心協力，操習軍馬，有事運謀或戰或守，若無事，則撫恤士卒，養其鋭氣，遇警急易于調用。這等，不負朕委託之重。」

論時政疏景泰四年

左　鼎

臣惟衞拉特變作，將士無用，由軍政不立，謂必痛懲前弊。乃今又五年矣，貂蟬盈座，悉屬公侯，鞍馬塞途，莫非將帥，民財歲耗，國帑日虚，以天下之大，土地兵甲之衆，曾不能振揚威武，則軍政仍未立也。昔太祖定律令，至太宗暫許有罪者贖，蓋權宜也。乃法吏拘牽，沿爲成例，官吏受枉法財，悉得減贖，骫骳如此，復何顧憚哉？國初建官有常，近始因事增設。主事每司二人，今有增至十人者矣，御史六十人，今則百餘人矣，甚至一部有兩尚書，侍郎亦倍常額，都御史以數十計，此京官之冗也。外則增設撫民、管屯官，如河南參議益二而爲四，僉事益三而爲七，此外官之冗也。天下布按二司各十餘人，乃歲遣御史巡視，復遣大臣巡撫鎮守，夫今之巡撫鎮守，即曩之方面御史也。爲方面御史，則合衆人之長而不足，爲巡撫鎮守，則任一人之智而有餘，有是理耶？至御史遷轉太驟，當以六年爲率，令其通達政事，然後可以治人。巡按所係尤重，毋使初任之員，漫然嘗試。其餘百執事，皆當慎擇而久任之也。

疏入，帝從之。

請修屯政撫逃民疏景泰五年

孫原貞

臣竊見近者各處屯軍，率以營繕、轉輸諸役，致妨耕作，宜簡其精鋭實伍，餘悉歸之農田。苟增萬人屯，即歲省支倉糧十二萬石，且積餘糧六萬石，兵食豈有不足哉？今歲漕數百萬石，道路費不貲，如浙江糧軍兑運米，石加耗米七斗，民自運米，石加耗八斗，其餘計水程遠近加耗。是田不加多，而賦斂實倍，欲民無困，不可得也。況今太倉無十數年之積，脱遇水旱，其何以濟？宜量入爲出，汰冗食浮費，俟倉儲既裕，漸減歲漕之數，庶民困可蘇也。臣昔官河南時，嘗稽覈逃民簿籍，凡二十餘萬户，此輩悉轉徙南陽、唐、鄧、襄、樊間，羣聚謀生，安保其不爲盜？宜及今年豐，遣近臣循行，督有司籍爲編户，給田業，課農桑，立社學、鄉約、義倉，使敦本務業，生計既定，徐議賦役，可無他日患矣。

疏入，帝不納。

劾内官弓勝疏景泰五年

葉盛

臣竊惟今日各邊各關，軍中姧弊固多，而莫大于管事官員私占官軍，廣種莊田一事。即如口外八城堡，比之各邊尤號艱苦，兼之新經復守，瘡痍未瘳，官軍上下衣食不給，若使管事官員稍能撫恤，令其休息牧放屯種之時，各自經營生理，養活家口，庶幾鋭氣可生，戰心可鼓。第往年無事之先，總兵、鎮守内外文武官員，專一役占官軍，廣種莊田，多至千餘，少亦百數，守墩臺者，不及看莊出餢者之多，執犂鋤者，不比操弓演箭者之少。附近肥饒地土，盡屬官豪，窵遠沙薄山岡，纔及軍士。軍士不惟無力可種，亦無暇得以自種，即年豐歲稔，而窮軍下人，未免有啼飢號寒者。大官巨室，千倉百廩，由是而應召納粟，則關給官銀，糴與鹽商，則多沾重利，❶無非供苞苴賄賂之用，益子女玉帛之娱，不顧剥削軍士之脂膏，耗損下人之氣力，以此銳氣日減，怨氣日增，一遇緊關，人心涣散，禍胎病源，已非朝夕矣。

臣前年初到口外之時，爲見此弊，盡將各官舊日莊田踏勘查出，派與領養官牛軍士。又得都御史李秉建言：申明整飭屯種；即令又嘗會議：于各處拒敵墩堡，每處量撥官牛三具，就撥近堡田畝，令守堡官軍且耕且守，以固邊備。今弓勝受朝廷之厚恩，當邊方之重寄，不圖報國，惟務身謀，敢弄貪縱機關，甘蹈前人覆轍，營幹私事，役占軍人。不知旗軍樊名、韓得辛等，俱是食糧官軍，近又朝廷賞賜銀兩，即今敵情不測，傳聞草青馬飽四五月間，必來犯邊，乃朝廷養軍之心，弓勝不知，今日邊關之事，弓勝不理，日惟著落將官撥軍管莊種田。且弓勝現在獨石居住，卻乃遠往雲州置立莊田，則獨石莊田，不言可見。玩法欺公，全無忌憚，成法具在，重典難逃。再照樊名、韓得辛等親管頭目，不能鈐束，以致各軍投託管莊種田，俱合有罪。乞敕該衙門行令巡按御史，將弓勝拏問，明白治以重罪，警戒將來。

疏入，帝宥勝不問，調之他鎮。

論時政疏景泰五年

鍾　同

近得間諜，言額森使偵京師及臨清虚實，期初秋大舉深入，直下河南。臣聞之，不勝寒心，而廟堂大臣，

❶「沾」，四庫本作「沽」。

皆恬不介意。昔秦伐趙，諸侯自若，孔子順獨憂之，人皆以爲狂，臣今者之言，何以異此。臣草茅時，聞寺人構惡，戕戮直臣劉球，遂致廷臣箝口。假使當時犯顔有人，必能諫止上皇之行，何至有蒙塵之禍。陛下赫然中興，鋤姧黨，旌忠直，命六師禦敵于郊，不戰而三軍之氣自倍，臣謂陛下方且威服四裔，坐致太平。奈何邊氛甫息，瘡痍未復，而侈心遽生，失天下望？伏願取鑒前車，厚自奮厲，毋徇貨色，毋甘嬉遊。親庶政以總威權，敦倫理以厚風俗，辨邪正以專委任，嚴賞罰以彰善惡，崇風憲以正紀綱。去浮費，罷冗員，禁僧道之蠹民，擇賢將以訓士。然後親率羣臣謝過郊廟，如成湯之六事自責，唐太宗之十漸即改，庶幾天意可回，國勢可振矣。

疏入，帝不納。

兩廣軍事疏天順四年

葉　盛

臣竊惟兩廣賊情，廣東以海賊爲甚，廣西以猺獞、土賊爲甚。而近年廣西猺獞，因見土賊爲惡，未正典刑，互相倣傚，肆無忌憚，越過廣東，糾合山猺爲惡。海賊則無如嚴啓盛，土賊則無如吕趙，幸賴天威遠被，自前年殺獲嚴啓盛以來，四遠商民，通番小人，皆知鑒戒，海中强寇，幾至絶跡。今年廣西殺獲吕趙，而土官衙門頓然悚懼，猺獞小寇亦皆膽寒，軍民人等，無不稱快。兩廣之人心已定，一方之境土漸寧，此雖將士微勞，實皆皇上聖德神武所致。但各處賊徒，皆因地方官員或因賄賂，或因怠忽，養成禍患，日漸日深。節覩欽降「禁約交通外夷、貿易番貨，并禁接受土官及猺獞人等錢物」聖旨榜文，誠爲明見萬里。大哉皇言！遠徼邊人，不勝慶幸。臣竊聞：法立貴乎能守，居安不可忘危，寇攘雖曰祛除，豈敢因而怠忽。況瘡痍之民，十分艱難，未得甦息；譎詐賊情，朝暮難保，當嚴防範。除再通行申明欽遵節次聖旨榜文外，并將吕趙罪惡，備榜曉諭各土官衙門，各山猺獞夷民，及軍衛有司等官，愈加遵守朝廷法度，改過革非，慎固封守，以圖共享太平之福。

疏入，帝從之。

御選明臣奏議卷四

扶植綱常疏成化二年

羅　倫

臣聞近者李賢遭喪，朝廷援楊溥故事，下起復之命。臣竊謂：李賢，大臣；起復，大事。綱常所關，風化所繫，天下所瞻，後世所監，左右侍從、給舍、臺官，必有知禮義、不顧流俗，陳正論以扶綱常者，是用緘默，因循至今。今臣若又欲言而不敢言，是乃偷合苟容之徒，非有忠君愛國之心，固非陛下期臣之本心，亦非愚臣報陛下之夙願也。臣備員近侍，蒙恩深重，扶植綱常，臣之志也，披寫悃愊，臣之忠也，惟陛下亮之。

伏讀聖策，有曰「朕夙夜拳拳，欲正大綱，舉萬目，使人倫明于上，風俗厚于下」，陛下是言，真可爲國家扶綱常、天地立民極、萬世開太平者也。然欲正大綱，莫先于明人倫、厚風俗，欲明人倫、厚風俗，莫先于孝。孝者，天之經也，地之義也，國而非此，不可以爲國，家而非此，不可以爲家，人而非此，則不可以爲人矣。故先王制禮，子有父母之喪，君命三年不過其門，所以教人孝也。古者求忠臣于孝子之門，誠以居家孝，故忠可移于君。爲人臣者，未有不孝于親，而能忠于君者也；爲人君者，未有不教其臣以孝，而能得其臣之忠者也。昔子夏問：「三年之喪，金革之事無避者，禮歟？」孔子曰：「魯公伯禽有爲爲之也。今以三年之喪，從其利者，吾弗知也。」陛下于李賢，以金革之事起復之歟？則賢所未聞也。以國家大臣起復之歟？則禮所未見也。似與先王制禮之意、孔子之言不類也，似與陛下策臣之初意不合也。

陛下將以故事起復之歟？則爲君者，當以先王之禮教其臣，爲臣者，當據先王之禮事其君。臣不暇遠舉，請以宋言之。仁宗嘗以故事起復富弼矣，弼之詞曰「不敢遵故事以遂前代之非，但當據禮經以行今日之是」，仁宗卒從其請。孝宗嘗以故事起復劉珙矣，珙之詞曰「身在草土之中，國無門庭之寇，難冒金革之名，私竊利禄之實」，孝宗卒允其辭。此二君者，未嘗拘當代之故事，以強起其臣，此二臣者，未嘗循當代之故事，以苟從其君。故功澤加于當時，名聲垂于後世，史册書之以爲盛事，士夫誦之以爲美談。此無他，君能教其臣以孝，臣有孝可移忠于君也。自是而後，無復禮義。史嵩之援例起復爲丞相，王黻起復爲執政，陳宜中起復爲宰相，賈似道起復爲平章。此數君者，未嘗不以當代之故事起其臣，此數臣者，未嘗不以當代之故事從其君。然生靈以之而困，天下以之而亂，社稷以之而傾，貽禍于當時，遺臭于後世。此無他，君不教其臣以孝，臣無孝可移忠其君也。《詩》曰：「殷監不遠，在夏后之世。」願陛下以宋爲監，使賢盡孝于君親，爲當代之大臣，陛下以禮處賢，爲當世之大君。此臣之願，亦賢之分也。

以賢身任天下、四方多虞而起復之歟？則仁宗之時，契丹桀驁，未爲無虞也；孝宗之時，金人盛強，未爲無事也。陛下必欲賢任天下之事，不專門内之私，則賢身不可起，口則可言，宜降温詔，俾如劉珙，不以一身之戚，而忘天下之憂。使賢于天下之事，知之則必言，言之則必盡，陛下于賢之言，聞之則必行，行之則必力，則賢雖不起復，猶起復也。使賢于天下之事，知之而不言，言之而有隱，陛下于賢之言，聞之而不行，行之而不力，則賢雖起復，猶不起復也。陛下無謂廟堂無賢臣，庶官無賢士。君，盂也；臣，水也。盂員則水隨以員，盂方則水隨以方，君好諫則臣隨以直，君好諛則臣隨以佞。陛下誠能于退朝之暇，清閒之燕，畧崇高貴重之勢，親直諒博洽之士，開懷收納，降禮尊賢，講聖學之大要，明君道之急務，詢政事之得失，察生民之利病，訪人才之賢否，攷古今之治亂，諏風俗之盛衰，咨邊防之緩急，舍一己之見，而以衆人之見爲見，舍一己之知，而以衆人之知爲知，順己之言則察而逐之，使貢諛保寵者無以自容，忤旨之言則容而受之，使輸忠爲國者得以自盡，羣策畢陳，衆賢並用，❶則賢所欲言者，人亦能言之。又何必違先王之禮經，拘先朝之故事，損大臣之名節，虧聖明之清化，而後天下可治哉？

夫賢之起復，猶諉之曰「負天下之重任，應先朝之故事」。比年以來，朝廷以奪情爲常典，搢紳以起復爲美名，食稻衣錦之徒接踵廟堂，據禮守經之士寥寥無聞。不知此人于天下之重任，何所關耶？于先朝之故事，何所據耶？先朝自楊溥之外，未聞起復某人爲某官也，今起復之官，何如此之多耶？以其高謀遠慮，足以斷天下之大議耶？何未見其發也。以其折衝禦侮，足以定天下之大難耶？何未見其能也。以其直節勁氣，足以厲天下之士習耶？何未見其有也。以其深仁厚澤，足以浹天下之民心耶？何未見其行也。以其忠言讜論，足以裨朝政之缺失耶？何未見其敢也。陛下何取于斯人而起復之哉！意其平昔不過阿媚權勢，豫爲己地，及遭通喪之時，則必曲爲諛説，上蒙天聽，不曰「此人辦事，理可奪情」，則曰「此有故事，例當起復」。既遂奸計，畧爲虛辭，一不俞允，歡然就位，未有堅請如富弼，懇辭如劉珙者也。名曰「奪情」，

❶「衆」，四庫本作「忠」。

實則貪位；名曰「起復」，實則戀禄。且婦于舅姑，喪亦三年，孫于祖父母，❶禮有期服。奪情于夫，初無預其妻；起復于父，初無干其子。今或舍館如故，妻孥不動，乃號于天下曰：「本欲終喪，朝廷不容。」雖三尺童子，臣恐其不信也。爲人父者，所以望其子之報，豈擬至于此哉？爲人子者，報其親之心，豈忍至于此哉？枉己者，未有能直夫人；忘親者，未有能忠于君。望其直人而先枉己，望其忠君而先忘親，陛下何取于斯人而起復之哉！

昔富弼有母喪，韓琦言起復非盛世事，而富公竟不可奪。史嵩之遭父喪，太學生羣攻之至數百人，而嵩之竟乞終制。今大臣起復，羣臣不以爲議，且從而爲之辭，所以豫爲己地也。羣臣起復，大臣不以爲非，且從而成其事，亦所以豫爲己地也。大臣既無忌，羣臣復何憚？羣臣既有例，大臣復何辭？今之大臣，固韓琦、富弼之罪人，今之羣臣，又太學生之罪人也。上下成風，靡然同流，致有公無起復之例，私爲匿服之計。利在溥恩，則匿服以受封；利在得官，則匿服以聽選；利在掇科，則匿服以應舉；利在遷官，則匿服以候遷；利在求賄，則匿服以之任。率天下之人爲無父之歸，臣不忍聖明之世風俗之敝、綱常之壞，一至于此也。夫愛親之心，孩提有之；短喪之説，下愚恥言。況在冠裳之列，聞聖賢之道，肯于其親無三年之愛乎？特以貪利，遂至忘親。孔子曰：「是可忍也，孰不可忍也。」陛下誠能守先王之遺禮，遵祖宗之成憲，待之以禮義，而不縻之以爵禄，激之以廉恥，而不誘之以名位，使積習之敝，脱然以除，則忠孝之心，油然而生，特在

---

❶「于」，原作「干」，今據四庫本改。

乎陛下轉移之間耳。

夫天子者，以孝治天下者也；大臣者，佐天子以孝治天下者也。欲孝行于天下，必先行于大臣。臣願陛下不惑羣議，斷自聖衷，許令李賢依富弼故事守制，依劉珙故事終喪，其餘已起復者悉令追喪，未起復者悉令終制。脱有金革之事，亦從墨絰之制，任國事于外，盡心喪于内。朝廷既正，則天下自正，大臣既行，則羣臣自效。綱常由是而正，人倫由是而明，風俗由是而厚，士心由是而純，紀綱由是而張，國勢由是而一矣。臣愚昧，豈不自知言忤于人，殃及于己，然夙夜皇皇，惟恐上負朝廷，下負所學，取議于天下，貽笑于後世，是以昧死爲陛下言之。惟陛下矜賜優容，使讜言日進，士氣日振，則天下幸甚。

疏入，謫福建市舶司副提舉。

政務疏成化三年

商輅

臣叨居内閣，慚無補報，偶有所見，不敢緘默，謹述時政，上塵睿覽。

一，勤聖政。臣惟自古人君，總攬萬幾，未嘗不以勤爲本，如堯舜兢業于一日之間，大禹克勤于寸陰之下，成湯坐以待旦，文王不遑暇食。而《周書·無逸》一篇，諄諄以逸爲戒，矧當災異屢見，邊方弗靖之日，可頃刻而忘于勤哉？所謂勤者，非必下侵庶職，惟在戒逸欲以率人，法乾健以御下。如各司章奏，事無鉅細，悉經御覽，固已勤矣，然而章奏之外，豈無所當究其心者乎？何者爲足國裕民之道，何者爲安邊禦敵之術，何者爲才賢當任之而不疑，何者爲奸貪當去之而不吝。伏望皇上日以數事詢于大臣，謀及庶官，或使口陳其説，或令疏陳其事，乞賜裁度，見諸施行。如此則臣下有所觀感，樂于趨事矣。

一，納諫言。臣惟自古帝王，未嘗不以求言爲務，堯舜詢于芻蕘，禹聞善言則拜，湯從諫弗咈。數聖人者，其德無以加，其治無可議，而猶汲汲求言納諫者，誠慮夫處崇高之位，逸欲易生，非有忠言，莫聞其實，此其德所以愈盛，而治所以不可及也。下逮漢、唐、宋之君，未始不以納諫而興，拒諫而失。若唐之太宗，懈德雖多，惟納諫一事高出近古，用能彌縫缺失，易亂爲治，史冊書之以爲美談。惜聽受之際，誠僞相半，至其晚年，漸不克終，是以不能無愧于帝王耳。皇上嗣位以來，詔旨丁寧，凡政事得失，民情利病，許諸人直言無隱，太平之治，其機端在于此。伏望自今以後，凡遇建言之人，並賜優容，所言可用，即爲施行，如不可用，亦不加罪。及成化元年以後，廷臣或因建言降調，如羅倫輩，乞敕吏部查取，量復職任。如此則善言可進，治道可成。

一，儲將材。臣惟今之議者，率以將臣乏人爲慮，殊不知自古及今，未嘗借于異代。特以智勇之士，或沈困下僚，或棄置閒散，才能未著，人不見信。爲今之計，宜倣前代武舉之法，必須儲養試驗于先，庶可委任責成于後。乞命内外重臣，會同總兵等官，于在京各營、各府各衛現任公侯伯、都督、都指揮、千百户、鎮撫，年四十以下、二十以上，精加簡選，取其體貌雄偉，筋力壯健，諳曉文墨之人，或五六員，另擇近便處所，時常操練。空閒之日，令讀兵書，講求方略。就三營總兵官内，委任一員帶管教習。每歲一次會官考試，如果弓馬習熟，兵書通曉，列爲上等。或弓馬雖熟，兵書未通，或兵書雖通，弓馬未熟，列爲中等。若二長俱無，列爲下等。三歲三考，照例賞罰。如此則才識日有所進，而將臣不至缺乏。

一，飭邊備。臣惟禦敵之要，邊城爲急，邊關次之。大同、宣府等處，軍馬宜多，糧草宜廣，若不豫爲處置，一旦有警，倉卒調遣，遲則緩不及事，速則人馬疲乏，虚費糧賞，訖無成功。兵法所謂「待敵者佚，趨戰者勞」是也。乞敕該部會議，凡前項緊關城堡，酌量添撥軍馬糧草，增置墩臺器械，遇有聲息，就便相機行事，不必臨期調撥。其山海至鴈門關中，如喜峯、古北、居庸、白羊、紫荆、倒馬關口，雖有官軍守備，然各關地方散闊，多有山坡小徑，可通人馬，如往年邊警，何曾經由正關，率皆越山而來。後雖差官修理，誠恐歲月經久，或被雨水衝塌，或因樵採開通，徒守正關，敵至莫禦。乞差能幹大臣一員，前去督同各關守備官員，帶領軍夫，逐一挨踏，何者小坡平漫，可通上下，即令刬削峻壁，使敵人不能攀援。何者蹊徑可通往來，即令營築堅固，使人馬不能衝突。此則邊關謹嚴，内地人心不致驚疑。

一，汰冗濫。臣見吏員攷滿，冠帶聽選，有經十二三年未得除授者。中間多有衣食不給，借貸于人，將來授之以官，委之以事，何以責其廉介，弗至侵漁于下哉？又況累積愈多，聽選愈久，數年之後，冗濫之弊有不可言。當道慮其冗濫也，于是多方裁損，授職之後，曾未幾時，有以罷軟而去者，有以老病而去者，混及他途，概加屏黜。彼貪酷不才、聲跡顯著者，固無足怪矣，若乃中人以下之資，民情必久而始熟，政務必久而始諳，雖欲假以歲月，勉圖後功，不可得矣。夫欲流之清，必先濬其源。慮官之多而不慎選于出身之際，徒裁損于任事之後，非良法也。乞敕該部，今後吏員攷滿，仍照宣德、正統年間事例而行，則賢否不混，而冗濫可革。

一，廣蓄積。臣竊照：各處豫備倉所儲米穀，本以賑濟飢民，每歲官司取勘口數，里老止將中等人户開報，其鰥寡廢疾、無所依倚著實飢民，一概不報，蓋慮其無力還官，負累賠納故。臣思宋時朱子社倉之法，豐年取息二分，中年取息一分，凶年無息，止收其本，數年之後，息米不可勝計，此誠良法也。今後各處豫備倉，飢民關過米穀，不拘豐年、中年，歲通取息一分。有係鰥寡廢疾，户內別無人丁，無所依倚之人，俱照數關給，不必追徵，將所收之息抵補其數。抵補之後，或有餘剩，自作正數入倉。如此非惟飢民得濟，而數年之後，倉廩亦漸充實矣。訪得各處提調正官，不行親閱，展轉委付，致使看倉大户人等，多生奸弊。放支之際，或插和糠粃、沙土等項，每米穀一石，止得五斗、六斗者有之。及還官之時，或刁蹬留難，多收斛面，或高估價值，折收銀物，名雖無息，其實加倍。今後乞令巡按、分巡等官，嚴督府州縣正官，放收之際，務在親行提調，痛革前弊，庶幾官無虛費，民得實用矣。

一，崇聖道。臣惟孔子道高德厚，功參造化，故《中庸》稱其如天地之無不持載，無不覆幬，如四時之錯行，如日月之代明。臣謹按：前代封號，唐稱「文宣王」，宋加「至聖」，元加「大成」，亦云至矣。「至聖」二字，本《中庸》「惟天下至聖」，言其德之盛也；「大成」二字，本《孟子》「作樂者，合衆音之小成而爲大成」，言其德之全也。但于「道」字或有所遺，于《中庸》所稱猶有未盡，故元時加封詔云：「先孔子而聖者，非孔子無以明，後孔子而聖者，非孔子無以法。所謂祖述堯舜，憲章文武，儀範百王，師表萬世者也。」豈非封號未盡于上律下襲，故詔詞止及于「祖述」、「憲章」也歟？我朝尊崇孔子，遠過前代，而封號仍舊，豈非缺典。臣愚，望皇上斷自宸衷，于「大成」之上，加封「道配天地」四字，則于孔子之道德無遺，《中庸》之稱述兼盡矣。臣又思宋胡安國、蔡沈、真德秀諸賢，雖我朝增入從祀，然皆未有封爵，乞敕禮部、翰林院通行議擬，奏請定奪，則儒道增光，斯文幸甚。

一，謹士習。臣惟古者，人生八歲入小學，教之孝弟忠信、禮義廉恥之事，以正其心術。十五入太學，教以窮理正心、修己治人之道，以明于體用。此其教有次序，故學有成效。後世科舉之事立，士無少長，率留意于文詞，無復有如古人之學。宋時朱子慮風俗、人才日趨于下也，于是輯爲《小學》一書，以垂世立教。元時許衡嘗稱之曰「《小學》書吾敬之如父母，信之如神明」，是誠幼學之軌範，入德之門户也。今之府州縣學生徒，俱令兼讀《小學》，教官與之講解義理，以啓發良心，提督等官按臨之日，兼令背誦、講説，以攷察其實行。庶幾學無躐等，將來得用矣。

疏入，得旨：「所言有理，著該衙門看了來説。」

乞分豁土田疏成化五年

彭韶

臣伏聞爲臣以不欺爲本，慮事以大體爲先，豈不欲順事爲恭哉？顧以大體所在，不敢苟從，是乃所以爲恭也。且以臣所勘真定土地言之，真定在堯舜時爲冀州之域，其賦爲第一等，或雜出第二等，説者以爲如周官田一易再易之類，蓋以其地有間一歲一收者，所以賦有不同，則是未嘗逐畝定賦，而一畝必兼數畝之地明矣。洪武二十八年，奉聖旨：「百姓供給繁勞已有年矣，山東、河南民人，除已入額田地照舊徵科外，新開荒田地，不問多少，永遠不要起科。」宣德六年，户部官又奏北京八府供給尤多，宣宗皇帝准令照例。是祖宗之心，即堯舜之心也。以此，真定所屬武強等縣新開地土，一向不曾增科。至天順二年，太監韓諒奏請武強縣踏勘得無糧地五百一頃三十五畝，英宗皇帝欽撥一百頃與韓諒外，有四百餘頃仍舊與民耕種，不曾科糧。是英宗皇帝之心，即祖宗之心也。後因廣寧侯家人劉聰等累年攪擾民間，方將前地并韓諒還官地，減輕起科，誠出無奈。今周彧又奏求前地，有司不能明白敷奏，再量出無糧地七十餘頃，蓋其地間有多餘故也。

然地雖間有，勢難盡量，臣請陳其實。頃者親詣本縣，見其地有高阜者，有低窪者，有平坦磽薄者，天時不同，地理亦異。且如亢旱，則低處得過，而高處全無，水澇則高處或可，而低處不熟。沿河者流徙不常，鹻薄者數年一收，截長補短，取彼益此，必須數畝之地，僅得一畝之入。是以堯舜行錯法于前，我祖宗許開種于後，良爲此也。即今彼處人民，追賠馬匹、起運糧草、砍柴人夫、京班皂隸等項，一年常有數般差役，以致丁丁皆受役之人，歲歲無空閒之日，所深賴者，顧戀地業，盡力耕種，以取給朝夕而已。今若一畝多餘皆奪爲閒地，則仰事俯育，且無所資，其于糧差，何暇復計！臣知其非死則徙耳。自古立國，皆重根本。今真定近在畿内，理宜加厚，此臣所謂不可盡量者也。而戚里功臣之家，錦衣美食，與國咸休，但能存心忠孝，自然富貴兩全，奚待與民爭艱食之利哉？况聖朝卜世無疆，法當垂後，土地有限，而求者務多，亦恐終不能有所應付也。

臣到彼時，百姓扶老攜幼，遮道哀告，臣不覺自失，不忍重擾。伏望陛下遠以堯舜爲心，近以祖宗、先帝爲法，所有賞賚之施，聖恩區處外，其他田畝，乞特憫其祖宗開種艱難，念其子孫衣食所託，量加寬恤，庶幾民間知有生生之樂，沐浴太平，歌頌罔極，則本固邦寧，而世臣亦咸休無窮矣。

疏入，帝詔以田歸民，而責韶方命，下詔獄。

校勘《資治通鑑綱目》疏 成化九年

謝鐸

臣謹奏：成化八年十二月十六日，太子少保、吏部尚書兼文淵閣大學士彭時等傳奉到《資治通鑑綱目》五十九卷，令修撰羅璟并臣鐸等校勘訛誤，將翻刻以供睿覽。臣退竊自念，是書成于宋儒司馬光、朱熹之手，上師《春秋》，下薄遷、固，實經世之大典，帝王之龜鑑也。曩在宋時，神宗、理宗二君，雖嘗留意是書，卒不能推而見之政治之間，百世之下，識者未嘗不望有如陛下今日之舉者。是蓋不特是書千載一時之幸，實宗廟社稷之幸，天下生民之幸，臣等豈勝欣慶，踴躍之至。臣待罪翰林，今八年矣，恒竊愧懼，思欲仰酬聖恩于萬一，而庸鈍淺暗，不識治道之宜，凡臣所未能言，與所欲言而未能者，大臣能言之，諫官能言之，百司庶職能言之，是以口與心謀，趦趄前卻，不敢無因冒越，以至于今。

臣愚，竊觀今日天下之勢，如日之中，如月之望，如四時之夏，正《易》所謂泰，所謂豐，所謂大有之時也。以陛下端拱持盈于上，羣臣奔走仰成于下，宜若無待于私憂過計者。然而，中者昃之漸，望者弦之漸，夏者秋之漸，故昔者聖人在泰有艱貞之戒，在豐有勿憂之戒，在大有有无備之戒，蓋不如是，則無以保其常豐、常泰、常大有如一日也。然則將如之何哉？亦曰廣求賢臣，如《泰》九二之「得尚中行」，《豐》六二之「有孚發若」，《大有》九二之「大車以載」，相與講學圖治，以保此泰、豐、大有之業于無窮而已。然帝王之所謂學者，亦豈區區尋章摘句間哉？孔子曰：「智仁勇三者，天下之達德也。」蓋必明足以燭理，然後謂之智，不然則知之不精，至有以君子爲小人，以小人爲君子者矣。必理足以勝私，然後謂之仁，不然則行之不篤，至有知其爲君子而不能用，知其爲小人而不能退者矣。必氣足以配道義，然後謂之勇，不然則所知而行者，亦且半途而廢，至有知用君子而卒不果于用，知退小人而卒不果于退者矣。堯舜禹湯文武之所以爲智、爲仁、爲勇者，具見諸經，臣愚不敢遠引備述，姑即是書所載漢、唐二代之君，其于君子小人進退用舍之間，亦略可見矣。蓋必若漢昭帝辨上官桀之詐，以信霍光，庶可謂之智，而苛察之智，非智也。必若漢文帝割鄧通之愛，以從申屠嘉，庶可謂之仁，而姑息之仁，非仁也。必若唐憲宗不沮羣議，卒任裴度以成淮蔡之功，庶可謂之勇，而亢暴之勇，非勇也。彼代宗深信佛法，惑于元載報應之言而不能察，是以貪昧而昏其智也。明皇溺意聲色，知李林甫之妬賢嫉能而不能去，是以愛欲而害其仁也。元帝屈于恭顯之譖，而不能直蕭望之之冤，是以柔懦而喪其勇也。是數君者，其治亂安危之相去何如哉。

臣愚，竊觀今日天下之治，上安下泰，文恬武嬉，積習因仍，徇名廢實。天下之事，恒所令非其所好，天下之人，皆奉意而不奉法。如曰振綱紀，而小人之無畏忌者自若，如曰勵風俗，而士夫之無廉恥者自若。飭官司也，而污暴益以甚，裕民兵也，而疲弊益以極。減省有制，而興作每疲于奔走，蠲免有詔，而征斂每困于追呼。攷察非不行，而倖門日益開，簡練非不舉，而私撓日益衆。賞竭府庫之財，而有功者未必勸，罰窮讞覆之案，而有罪者未必懲。凡若此者，其蠹根弊源，將必有在。臣愚，誠不足以知之。夫以陛下之聰明天縱，宵旰勤勞，若今日之留意是書，豈不知講學用賢以圖政治，而故使之至是哉？特以人心不可兩用，或者一念之間，奪于彼則不得務于此，惑于外則不得專于内。故雖勞于求賢，而一或有妨乎己，則賢者未必得用；雖勤于立政，而一或有礙乎己，則善政未必得行。是惟陛下密察此心，懼有于無，必開拓此心之所謂智，必力行此心之所謂仁，必奮發此心之所謂勇，以力求所謂「中行」、「有孚」、「大車以載」之賢，知之必深，任之必篤，以爲左右啓沃之助。稽之經傳，質以是書，直以今日之事，驗之既往之迹，見其用某人而興，行某政而得，則曰今嘗亦有是乎？見其用某人而亡，行某政而失，則曰今豈亦有是乎？反觀内省，長慮卻顧，兢兢此心，罔有内外，罔有終始。大本既立，萬目自隨，則前所謂積習因仍、徇名廢實之弊，皆將一旦革去，無有難者。而此豐、泰、大有之業，可保無失，不異唐虞三代時矣，區區漢唐之治，如此書所載，尚何足道哉。

臣狂瞽迷謬，凡此皆儒生之常談，世之雄傑才辯者，未必不以爲迂腐而不可用，然臣力求往古，反復究思，要之至理，竊惟治道之大本，莫切于此，而救時之急務，亦莫先于此。舍此，而欲别爲奇謀良策，以坐收唐虞三代之治，臣愚不敢負此心以欺陛下也。夫以陛下之聖，據大有爲之勢，操大可爲之權，如天之于萬物，欲春而春，欲夏而夏，欲秋而秋，無與牽制，無與沮撓，斷然而行，在聖心一轉移間耳。伏惟陛下察臣之愚，矜臣之志，不以出位爲責，不以未信爲嫌，試以今日惓惓是書之意而一行之，則宗廟社稷之福，天下生民之福，皆將不外是矣。臣不勝惓惓，戰慄待罪之至。

疏入，帝不納。

陳京衛官職因差騷擾疏 成化十一年

彭　韶

臣近准本司所屬驛遞申呈，雲南鎮守太監錢能差千户舍人等進象六隻，沿途非法拷打，勒要銀兩，陵辱上下，逼打驛官等因到司。臣聞自古帝王，不患娱心之不足，惟患德業之未隆，不患備物之未能，惟患盈成之難保。是以勤儉守己，撫綏遠人，誠不敢恃太平而自暇逸也。蓋勤則剛斷于事，儉則不貴異物，柔遠人則休息物力。三者在陛下盛德中無所不至，而羣臣或不能仰體聖心，其所使官員，又不能善于其事，因而作非，遂使遠方軍民漸至失望，思欲告訴而無階也。竊見鎮守雲南太監錢能，屢貢象馬禽鳥等物，雖曰敬奉朝廷之意，然而孜孜于勤奉外物，未見其爲淳實忠愛也。伏聞禽畜之類，内苑已備，非所急用，有之無益，無之無損，萬里傳送，勢必勞擾，承遣之人，狐假妄爲，亦或有之。伏乞陛下廣德業之盛美，念成守之艱難，斷自聖心，將前項物件罷去，嚴敕内外臣下，敦素守法，撫安夷民，則遠人歌舞，聖治永遠無極矣。

疏入，帝不納。

嚴賞罰以禁盗賊疏 成化十二年❶

王　恕

臣惟衛所官軍，本爲防奸禦侮，緝捕盗賊，征討不庭而設，非徒費軍實，張虚聲而爲美觀也。且雲南地方，諸種蠻夷雜處，其人兇悍好殺，不以盗賊爲恥，盔甲、槍刀、弓箭、挨牌等項軍器，家家有之，動輒三五十人或一二百人，結爲羣黨，各執軍器，流劫村寨，抄財殺命，或截商旅貨物，略無忌憚。各處雖有哨堡、巡司及巡捕官軍，非惟賊衆軍寡，不能抵敵，亦由馭之無法，所以不能成功。何也？伏覩《大明律》「失誤軍事」及「主將不固守」條内，别無與賊對敵殺傷官軍，罪坐管軍頭目之例，況勝負

❶「成化十二年」，據《明憲宗實録》卷一六九，此疏上於成化十三年八月。

兵家之常，雖智如良、平，勇如信、布，亦不能保其必勝。奈何近來庸懦不才頭目，因向時領軍將校或以輕進被參，或以損軍得罪，以此遇賊，先以退縮保軍爲心，略無向前勦賊之志。幸而稍得其利，輒便虛增首級，妄報功次，以圖陞賞。不幸而折損官軍，就行隱匿不聞，設辭遮掩，以避其罪。況進則有死而無功，退則有生而無罪，如此爲將校者，誰肯提軍出戰？爲士卒者，誰肯奮不顧身？此官軍遇賊，所以不能成功者也。設若臨陣奮勇，與賊對敵而死者，厚卹其家，不罪領軍之官，若能成功，厚加賞賚，其臨陣退縮，不能奮勇効死，致賊猖獗，殺害良民，失陷地方，依軍法處治。設或鼓之再戰，誰敢退縮？誰不向前？此馭之之良法也。如此，則賊不期破而自破，功不期成而自成矣。

且雲南強賊，比之他處，數加十倍，雖曰習俗使然，其致之也，則有由焉。或土官令家奴糾合部民而爲之，或管莊之人招引無藉軍民而爲之，盜以土官并管莊之人爲主，人贓俱藏于其家，誰敢搜捕？此雲南強盜所以多于他處也。況雲南去京萬里，非可以朝發而夕至，若將應決強盜，依例奏請，至秋後然後行刑，動經監候一年之上，或二三年者亦有之。比及奏請，至日或死于獄中而不受刑者多矣，將何以警兇惡而快人心？

乞敕該部計議，今後官軍人等，與賊對敵而死者，官給銀物以恤其家，本管頭目督軍同戰，救不及者不罪，如或有功，量加賞賚。若遇賊退縮，不能奮勇，不能督戰，及見同征軍士被圍故不救援者，俱以軍法處治。土官并管莊之人，縱賊爲非者，亦治以重罪。仍將今後所獲并已獲未結強盜，三司會問明白，同在獄已問結者，俱引赴鎮守、總兵、巡撫、巡按等官處，會審無冤，委官就便處決，仍于打劫之處梟示，然後具奏。如此，則賞罰當而官軍知所勸，法令嚴而賊盜不敢肆矣。

疏入，帝從之。

論駕帖無印信疏成化十二年❶

王　恕

臣叨掌風紀，材疎學淺，不諳事體。近聞雲南中衛百户汪清，自京師齎駕帖與刑部郎中鍾蕃、錦衣衛百户宋鑑，臣竊疑焉。伏見五府、六部、都察院行移天下公文，及給批差官公幹，或提取犯人，俱于所在官司比號相同，然後行事。又聞：駕帖下各衙門，則用司禮監印信，該科掛號，皇城各門印照出關防，所以防詐僞也。今齎來駕帖，既無監、科印信字號，又無各門關防，此臣之不能無疑者一也。近臣等題邊外脱回内地軍丁事，都察院奉旨「選官往勘明白，干礙錢能，奏來處置」，今原差郎中鍾蕃等齎前旨，于本年九月初六日到雲南，提犯人盧安等到官鞫問，百户汪清又齎駕帖于本月十一日到，送與鍾蕃等，此臣之不能無疑者二也。然臣所疑者無他，惟爲事體之不一。蓋事體一，則人皆尊信而無疑，事體不一，非惟起人之疑，且使投間抵隙者，得以行其詐而濟其私。設駕帖内有賜死重事，而無印信可驗，其人將死乎？不死乎？果出于上意而不死，則違君命而罪愈重，若非上意而死之，未免含冤于地下。由是言之，駕帖之出，誠不可無印信。

---

❶「成化十二年」，據《明憲宗實録》卷一六八、四庫本王恕《王端毅公奏議》卷三《奏解犯人及參鎮守官奏狀》，王恕劾太監錢能事在成化十三年，則此疏亦爲成化十三年上。

臣以疎逖孤蹤，芻灸手可熱之權要，真可謂不知量者也。但緣此事干係地方之安危，生民之休戚，國體之輕重，人心之向背。且如昔者，交趾守鎮非人，因而失陷；騰衝一夫啓釁，以致麓賊反叛，費無限之錢糧，傷無限之生靈，至今無老少，言之莫不疾首蹙額，酸鼻流涕。今日錢能所爲，殆有甚焉。將來之禍，誠不可測。朝廷縱無按問之文，部屬縱無訴告之詞，臣巡撫其地，風聞其事，亦當爲陛下言之。其罪與否，朝廷自有法度，臣豈敢容私意于其間哉？臣不以實告，則是黨權要而欺朝廷也，其罪將安逃乎？縱使倖免，亦豈忠臣孝子所忍爲乎？且忠孝乃臣子之節，臣若以不忠不孝存心，朝廷將安用臣，臣將何以報陛下哉？況居其位則思死其官，乃臣之分也，黨權要而苟利禄，臣則不忍爲也。臣干冒天威，不勝戰慄之至。

疏入，改恕南京都察院，參贊守備機務，能事立解，但抵盧安等罪。

御選明臣奏議卷五

乞取回中官王敬疏成化十八年

王恕

臣始爲朝廷軫念淮揚蘇松等處地方饑荒、軍民流亡，恐臣等奉命不謹，莫能區畫賑貸，以致失所，特遣近臣齎内帑錢物，遠來救濟，既喜且懼者累日。已而傳聞太監帶百十號馬快船隻，裝載私鹽，于江南收買玩好之物，雖未委虚的，第今大江南北饑荒殊甚，斗米直七八十錢，民有飢色，野有餓莩，老稚轉于溝壑，壯者散而之四方，不可勝數，臣奉敕往來提督賑濟，近來雖頗安妥，而張口待哺者尚多。若王敬此行，爲賑濟饑荒而來，則大江南北億萬生靈，蒙再造之恩，陛下盛德大業，可以比隆二帝三王，國祚可以與天地相爲悠久矣。若爲收買玩好之物而來，似此聲勢張皇，未免騷擾郡邑，驚嚇吏民，臣恐遠近傳聞，將謂陛下惟珍奇是好，而無憂民之心，致使狂夫得以藉口，非社稷之福也。臣以爲當此饑荒之際，朝廷正宜裁冗費，卻貢獻，禁奢侈，抑僥倖，慎爵賞，重名器，輕徭役，惜民力，以收天下之心，以培億萬年社稷之基本，夫何織造旁午，貢獻絡繹，奢侈之風競起，倖進之門大開，遂使爵賞冗濫，名器混淆，徭役繁興，財力日屈，欲斯民之不貧且盜，得乎？昔唐太宗遣使往涼州，諷李大亮獻名鷹，而大亮不可。明皇令益州織半臂褶子、琵琶捍撥、鏤牙合子等，蘇許公不奉詔。其事載諸信史，後之讀史者，莫不稱太宗、明皇之明，李大亮、蘇許公之忠。今陛下以上聖之資，居至尊之位，聰明睿知，本乎天性，仁孝誠敬不待勉强，可以爲堯舜，可以邁湯武，尚何太宗、明皇之足言哉？臣幸際明時，備員巡撫，偶有所聞，若隱忍不言，使陛下不知而天下國家受其弊，豈忠臣乎？非惟有愧于皋夔稷契伊傅周召，豈不有愧于李大亮、蘇許公之輩？是以臣不避斧鉞，爲陛下言之者，非爲身家計也，爲社稷計耳。惟陛下留神深思，社稷幸甚，生民幸甚。

疏入，帝召敬還。

陳治安疏 成化十九年

王　恕

臣聞邇者敵人入侵，内外戒嚴，朝議以各邊軍餉不足也，既遣官以糴買之；以京營軍士不足也，復遣官以清查之；又以内帑銀物不足也，而出征官軍無厚賞。方今天下一家，海内一國，以言乎糧餉，漕運之轉輸，陸路之飛輓，非不多也。以言乎銀兩，鑛場之開辦，糧草之折納，非不廣也。以言乎軍馬，在京有四十餘衛所，又有外衛番上之役，到營而操練，分將以統領，非不衆也。夫如是，宜乎廩有餘粟，而不可勝食矣；庫有餘財，而不可勝用矣；軍士多且精，而所向無敵矣。奈何一旦有警，輒見不足？蓋承平日久，安不慮危，糧費于冗食，財費于侈用，軍疲于差占。若王師不早出，敵人不早退，臣恐不止口外之被擾，邊民之被擄，其爲患蓋有不可勝言者矣。今敵人遠遁，王師凱還，此實皇上聖德格天、天道助順、將校用命之所致也。然目前似無事矣，臣不敢保其必無事，似可安矣，臣不敢保其必可安，若謂敵人既遁必不來也，臣不敢保其必不來。《書》曰：「惟事事乃其有備，有備無患。」《孫子》曰：「無恃其不來，恃我有以待之。」此臣等居高位、享厚禄，爲國股肱者，所當致意也。伏望陛下當此閒暇之時，敕令諸司，明其政刑，量減在官冗食之人，申嚴冒報功叙之罰，重名器，抑奔競，則不加賦而糧自足矣。少作無益之事，不貴無用之物，慎賜賚，節用度，則不厚斂而財自足矣。免畚土輦石之差，嚴私役買閒之禁，時教閲，養鋭氣，則不招集而軍自足矣。三者既足，則元氣自壯，根本自固，邪氣自不能入，外侮自不敢作。設有邊報，需軍馬即有軍馬，需糧草即有糧草，需賞賜即有賞賜，剋期以出，相機而行，以守則固，以戰則勝，何敵之不可破，而何功之不可成哉？苟不撙節愛養于平昔，及其事至，而欲取辦于一時，臣未見其濟也。此國家之大計，廟堂之上必有以處之也，若無待于臣言矣。今臣言之者，亦區區爲國之心也，惟聖明恕其狂瞽而裁察之，幸甚。

疏入，帝從之。

制治保邦疏成化十九年

王　恕

臣聞《周官》有曰：「制治于未亂，保邦于未危。」誠以未亂而制治，則必不至于亂，未危而保邦，則必不至于危。使已亂而制治，雖勞心經營，終不能救其亂；已危而保邦，雖極力扶持，終無以免其危。此往古已驗之實事，非俗儒閒談之空言也。臣不敢遠舉，姑以近事言之。宋徽宗初年，天下太平，蔡京倡邪説，勸上作玉清、神霄等宫，崇信道士林靈素，以朱勔領花石綱，加以梁師成專務應奉，是以民窮財盡，政事不理，國勢不競，遂致方臘之亂，而成靖康之禍。方其初也，使納言者之諫，罷前項無益之事，專以節用愛人爲心，使百官和于朝，萬物和于野，宋豈有衰乎？方今天下太平，四方寧謐，國勢若金甌之完全，無纖毫之缺損，又況皇上聖德寬仁，神武不殺，上合天心，下合民心，禮樂法度之巍然，典章文物之焕乎？可謂治且安矣，宜若可無慮矣。然古人有言：「亂不生于亂，而生于治。治之極者，亂之始。」此臣之所以爲陛下憂也。陛下雖精一執中，無怠無荒，第左右之人感戴聖恩，思欲報之，而不得其道，崇飾非禮，取容干進。誠恐浸潤日久，嗜慾日滋，糜費日多，財用日屈，民日益窮，事日益壞，即不幸有數年之兵，數年之荒，不知何以爲計。欲如今日之安，欲無後日之悔，恐未能也。此臣之所以願陛下制治于未亂之時，保邦于未危之日，以隆聖明萬億年無疆之丕緒也。伏望陛下以古爲鑑，仍敕多官會議制治保邦之條件，採而行之，天下幸甚，宗社幸甚。

疏入，帝不納。

陳政治終始疏成化二十一年

彭　韶

臣伏覩詔書，凡朝廷政事缺失，軍民利病，許諸人直言無隱。臣忝備員風憲之官，幸遇聖明憂治之日，不敢自諉在外，隱忍緘默，以仰負明詔求言之意，謹以政治終始爲陛下陳之。

夫更新曰始，成功曰終，使政治常新而不失，事功常勤而有成，雖堯舜之盛，不能外矣。伏聞邇者星變，既發于歲暮，又形于正旦，此天心仁愛之至，欲陛下善始善終，而示于不言之表者也。蓋歲暮者，天道之終，正旦者，歲事之始，天象兩見于此，豈無意哉！昔唐太宗時，魏徵獻言，有曰：陛下志業，比貞觀之初，漸不克終者十事。太宗嘉納，至今稱爲盛事。臣愚妄，謂今日之治不在他求，惟守成化之初足矣。兹于歲首，廣開言路，禁止奢侈，斥逐異端，杜絶傳奉，次第施行。所謂「漸不克終」者非有如唐太宗之多，然臣子之處心無已，所望于聖明者，不止于前數事也。臣伏見陛下至聖至明，若俯念四海爲家之義，少納臣子家衆之言，以時裁正，俾彝倫攸敘，則陰陽不調、災害不弭，未之有也。

成化之初，内侍近臣進用稀簡，陛下防微之意，蓋有在矣。至于近年，日有增益，聞今大小名數，將以萬計，求之于古，未見其比。利源兵柄，多付其手，違禁犯科，少有加罪，所求能得，所請輒從，此慮防之意有未終者也。夫貴近之臣，人所畏憚，久預外事，便成重輕。臣伏見陛下臨御以來，洞察事機，宜及此時，斟酌裁省，俾内外事務各還職守，立爲定制，以傳于後，實萬世無疆之休。不然，異日故事已定，偏重之勢遂成，雖欲更張，不可得已。成化之初，陛下儉約之德已著，玆者鎮守内外等官，間有進奉，仍照天順三年以前例行。竊惟天順年間，無事之時，今遇災荒，乃警戒之日。古人遇有天災，必皆減膳徹樂，豈宜轉令進奉，此持儉之德有未終者也。前項官員，不過剥取軍民之財，以充進奉之名，豈有出自己物哉？而乃水陸勞擾，人畜疲頓，怨歸公家，恩被私室，誠無益也。伏望陛下將此項罷免，則天下幸甚。成化之初，陛下用人詳慎，至于近日，邊方多事，内郡流移，而公卿大臣無故而加之保、傅，及其致仕恩澤，又月與之米，歲給之力，無非所以禮大臣也。然以是施于忠賢勞烈，使人有所感奮，若泛焉行之，則人孰不思阿順從欲，以圖日後之恩寵哉？此用人之道有未終者也。自古平治天下，責在大臣，苟大臣自任既輕，百司從而觀望，後進一律，世事將何賴耶？伏望陛下慎重任使，必忠賢而後優禮，有勞力而後加官，不惟其官，惟其人，則羣臣幸甚。

臣聞因事爲功，古人所貴，即其已往，而慎于方來，斯謂謹始而勿失，則德澤加諸當時，聲名昭于後世。《書》曰：「終始惟一，時乃日新。」又曰：「德日新，萬邦惟懷。」此真陛下大聖人事也。臣螻蟻微命，隕越妄言，不勝戰懼之至。

疏入，帝不納。

論山陝救荒疏成化二十二年❶

王恕

臣伏聞：邇來禮部因陝西、山西、山東、河南、北直隸災傷，題請查例，令僧道關給度牒，就彼納米給賑。又聞：湖廣鎮守太監韋貴奏稱，飢民南流，日有萬口，請通行該巡撫，將新舊流民招撫復業。又聞：大學士萬安等奏，令生員納米准監，民人等納米准授軍職，俱赴災處上納給賑。又聞：差侍郎耿裕等祭告嶽鎮河海之神。臣有以見皇上畏天憂民、救荒恤患之心，無所不用其極，雖《雲漢》之詩所謂「旱既太甚，散無友紀。靡神不舉，靡人不周」者，何以過之！

臣惟陝西、山西地方，連年災傷，米價貴甚。閭閻小民，貧難者多，殷實者少，雖奉上項恩例，恐願納者寡，焉能濟衆？臣思流民缺食，無計聊生，拊循失策，必爲盜賊，勞師動衆，所費益多，合無將湖廣今年該起運南京各倉及兑軍秋糧，量留一二十萬石，運赴荆襄水次倉，賑濟流民。又將河南該兑軍秋糧，量留一二十萬石，運赴荆襄水次倉，賑濟流民。又將河南該兑軍秋糧，量留一二十萬石，賑濟本處飢民，及四方流來之

---

❶「成化二十二年」，山陝大災事在成化二十年，疏內言及之所聞諸事，均見於該年《明憲宗實録》，則此疏應非上於成化二十二年。

民，以消後患。如河南兑軍糧米無徵，亦須别作擘畫。仍敕各處巡撫、巡按、提督、三司委官，如有流民到于該管地方，即便加意賙恤，不許驅逐，致令失所。且人一日不再食則飢，兩三日不食則病不能起，五六日不食則死，此救荒當如拯溺救焚，宜急而不宜緩，緩則無及矣。臣深慮各項納米急不能得，有誤賑貸，合無先出内帑銀二三十萬兩，火速發出賑濟。仍乞降詔，將被災府縣今年税銀、買辦等項，盡行蠲免。如此，庶幾全活生靈，潛消後患，易危就安，轉禍爲福，有以見皇上深仁厚德，含生之類，益將感戴于無窮矣。

疏入，帝從之。

進《大學衍義補》奏成化二十三年　丘濬

臣竊見宋儒真德秀所撰《大學衍義》四十三卷，于《大學》八條目中，有「格物致知之要」、「誠意正心之要」、「修身之要」、「齊家之要」，而于「治國平天下之要」缺焉。臣不揆愚陋，竊倣德秀凡例，採輯五經諸史、百氏之言，補其缺略，以爲治國平天下之要，立爲十二目：曰「正朝廷」，曰「正百官」，曰「固邦本」，曰「制國用」，曰「明禮樂」，曰「秩祭祀」，曰「崇教化」，曰「備規制」，曰「慎刑憲」，曰「嚴武備」，曰「馭夷狄」，曰「成功化」。又于各目之中分爲條件，凡一百十有九，共爲書一百六十卷，補前書一卷，目録三卷，總一百六十四卷，名之曰《大學衍義補》，所以補德秀前書之缺也。前書主于理，而不出乎身家之外，故其所衍之義大而簡；臣之此書主于事，而有以包乎天地之大，故所衍之義細而詳。其詳其簡，各惟其宜，若合二書言之，前書其體，此書其用也。今已繕寫完備，謹撰表文一通，開寫卷首以進。

伏念，臣濬遠方下士，叨冒朝廷厚禄，六轉官階，以至今官，一家温飽，三十餘年。今年近七旬，常恐一旦委命九泉，有負國恩，無以爲報。幸天假之以年，以衰朽之餘，任師儒之職，無政務之擾，得以暇日纂成此編。第以性質昏庸，學識迂僻，加以老耄，精力衰憊，所見不能無偏，所纂不能無誤，然區區一念忠君愛國之誠，蓋有出于語言文字之外者。況臣所纂輯者，非臣之私意杜譔，無一而非古先聖賢經書史傳之前言往事也，參以本朝之制，附以一得之愚，雖曰掇拾古人之緒餘，亦或有以裨助聖政之萬一。伏望皇上寬其妄作之誅，察其願忠之意，以清閒之燕，時賜省覽。遇用人，則檢「正百官」之類，遇理財，則檢「制國用」之類，與凡臣庶有所建請，朝廷有所區處，各隨其事，而檢其本類，則一類之中，條件之衆，必有古人之事合于今時之宜者矣。于是審而擇之，酌古準今，因時制宜，以應天下之變，以成天下之務。而其大要，則尤在于審察其幾微之先焉。《易》曰：「惟幾也，故能成天下之務。」此臣妄意著書之本指也。

臣之精力盡于此書，皇上親政之始，而繕寫適成，蓋有天幸然也。冒昧進獻，不敢自謂其皆可用，儻採于千百之中，用其一二，見于施行，以成治效，使臣平生竭力盡瘁報國之忠，得以少效其萬分之一，則臣學爲有用，而歿爲不朽矣。臣不勝懇悃，願效之至。爲此，謹具本親齎，以所撰《大學衍義補》書四套，計四十册，隨本上進。

疏入，帝下内閣議行。

漕運議❶成化二十三年

丘濬

臣按海運之法，自秦已有之，而唐人亦轉東吳粳稻以給幽燕。原註：見唐杜甫詩。然以給邊方之用而已。用之以足國，則始于元焉。初巴延平宋，❷命張瑄等以宋圖籍自崇明由海道入京師，至至元十九年，始建海運之策，命羅璧等造平底海船運糧，從海道抵直沽。是時猶有中灤之運，不專于海道也。原註：元初糧道，自江入淮，由黄河至封丘縣中灤旱站，陸運至濬縣淇門，一百八十里入御河。二十八年，立都漕運萬户府，以督歲運。至大中，以江淮、江浙財賦每歲所辦糧充運，自此以至末年，專仰海運之道。其初也，自平江劉家港原註：今在蘇州府崑山縣太倉。入海，至海門縣界開洋，月餘始抵成山。計其水程，自上海至楊村馬頭，凡一萬三千三百五十里。最後，千户殷明略者，又開新道。從劉家港至崇明州三沙放洋，向東行入黑水大洋，取成山轉西，至劉家島，又至登州沙門島，于萊州大洋入界河。當舟行風順時，有自浙西至京師，不過旬日而已。説者謂其雖有風濤漂溺之虞，然視河漕之費，所得蓋多，故終元之世，海運不廢。我朝洪武三十年，海運糧七十萬石，給遼東軍餉。永樂初，海運七十萬石至北京，至十三年會通河通利，始罷海運。

臣攷《元史・食貨志》論海運有云：「民無輓輸之勞，國有儲蓄之富。」以爲一代良法，又云「海運視河漕

---

❶ 此議原係丘濬《大學衍義補》卷三四之按語。

❷ 「巴延」，明代譯作「伯顔」。

之數，所得蓋多」。作《元史》者，皆國初史臣，其人皆生長勝國之時，習見海運之利，所言非無徵者。臣竊謂，自古漕運所從之道有三：曰陸，曰海，曰河。河漕視陸運之費，省什三四，海運視陸運之費，省什七八。蓋河漕雖免陸行，而人輓如故，海運雖有漂溺之患，而省牽卒之勞。較其利害，蓋亦相當。今漕河通利，歲運充積，固無資于海運也。然善謀國者，恒于未事之先，而爲意外之慮。寧過慮，而不爲臨事之悔。今國家都燕，蓋極北之地，而財賦之入，皆自東南而來。會通一河，譬人身之咽喉也，一日食不下咽，立有死亡之禍。況自古皆是轉般，而以鹽爲傭直，今則專役軍夫長運，而加以兑支之耗，歲歲常運，儲積之糧雖多，而正成之卒日少，食固足矣，如兵之不足何。迂儒過爲遠慮，請于無事之秋，尋元人海運之故道，別通海運一路，與河漕並行。江西、湖廣、江東之粟，照舊河運，而以浙西東瀕海一帶，原註：浙江布政司及常州、蘇州、松江三府。由海通運，使人習知海道，一旦漕渠少有滯塞，此不來而彼來，是亦思患豫防之先計也。

臣家居海隅，頗知海舟之便。舟行海洋，不畏深而畏淺，不慮風而慮礁。故製海舟者，必爲尖底，首尾必俱置柁，猝遇暴風，轉帆爲難，亟以尾爲首，縱其所如。且暴風之作，多在盛夏，今後率以正月以後開船，置長篙以料角，定盤針以取向，一如番舶之制。夫海運之利，以其放洋，而其險，亦以其放洋。今欲免放洋之害，宜豫遣習知海道者，起自蘇州劉家港，訪問傍海居民、捕魚漁户、煎鹽竈丁，逐一次第踏視海涯，有無行舟潢道、泊舟港汊、沙石多寡、洲渚遠近，親行試驗，委曲爲之設法。可通則通，可塞則塞，可回避則回避，畫圖具本，以爲傍海通運之法。萬一可行，是亦良便。若夫占視風候之説，見于沈氏《筆談》，每日五鼓初，起視星月明潔，四際至地，皆無雲氣，便可行舟，至于巳時即止，則不遇暴風矣。中道忽見雲起，即便易柁回舟，仍泊舊處，如此可保萬全，永無沈溺之患。萬一臣言可采，乞先行下閩、廣二藩，訪尋舊時通番航海之人，原註：許其自首，免其本罪。及行廣東鹽課提舉司歸德等場，起取慣駕海舟竈丁，令有司優給津遣即至。訪詢其中知海道曲折者，以海道事宜，許以事成加以官賞，俾其監工，照依海舶式樣，造爲運舟，及一應合用器物。就行委官督領其人，起自蘇州，歷揚、淮、青、登等府，直抵直沽濱海去處，踏看可行與否。先成運舟十數艘，付與駕使，給以月糧，俾其沿海按視經行、停泊去處，所至以山島港汊爲標識，詢看是何州縣地方，一一紀録，造成圖册。縱其往來十數次，既已通習，保其決然可行無疑，然後于崑山太倉起蓋船廠。將工部原派船料，差官于此收貯，照依現式，造爲海運尖底船隻。每船量定軍夫若干，裝載若干。大抵海舟與河舟不同，河舟畏淺，故宜輕，海舟畏漂，故宜重。假如海艘載八百石，則爲造一千石舟，許其以二百石載私貨。三年之後，軍夫自載者，三十税一，客商附載者，照依税課常例，就于直沽立一宣課司收貯，以爲歲造船料之費。其糧既從海運，脚費比漕河爲省，其兑支之加耗，宜量爲減殺。大約海舟一載千石，則可當河舟所載之三，河舟用卒十人，海舟加五或倍，則漕卒亦比舊省矣。此非獨可以足國用，自此京城百貨駢集，而公私俱足矣。

宋朱子文集其奏劄言：廣東海路至浙東爲近，宜于福建、廣東沿海去處，招邀米客。《元史》載：順帝末年，山東、河南之路不通，國用不繼，至正十九年，議遣户部尚書貢師泰往福建，以閩鹽易糧給京師，得數十萬石，京師賴焉。其後，陳友定亦自閩中海運進奉不絶。然則此道若通，閩廣之綱運亦可以來，不但兩浙也。況今京師，公私所用，多資南方貨物，而貨物之來，苦于運河窄淺、船艫擠塞，脚費倍于物直，貨物所以踴貴，而用度爲艱。此策既行，則南貨日集于北，空船南回者，必須貨實，而北貨亦日流于南矣。今日富國足用之策，莫大于此。説者若謂海運險遠，恐其損人廢財，請以《元史》質之，其《海運》自至元二十年始，至天曆二年止，備載逐年所至之數，以見其所説不無意也。竊恐今日河運之糧，每年所失不止此數，況海運無剥淺之費，無挨次之守，而其支兑之加耗，每石須有所減，恐亦浮于所失之數矣。此策既行，果利多而害少，又量將江淮荆湖之漕，折半入海運，除減軍卒，以還隊伍，則兵食兩足，而國家亦有水戰之備，可以制伏朝鮮、安南邊海之夷，此誠萬世之利也。臣謹議。

議奏，帝不納。

陳時事疏 成化二十三年

鄒智

臣惟體乾者，人君之職；贊化者，宰輔之事。陛下之于輔臣，有缺必備，有事必咨，有殊恩異數必加，亦云任矣。然或改革一政，進退一人，處分一軍國重事，往往出自内批。其實一二小人者，陰執其柄。是既任之，而又疑之也。夫陛下任之而又疑之者，豈不欲推誠以待物哉？竊意其進身之初，多出于私門，有以致陛下之厭薄矣。至于議事之時，又唯唯諾諾，若不能然，伈伈俔俔，若不敢然，甘于模棱，恬于伴食，此陛下所以既任而疑之也。臣竊以爲過矣。宋之英主，無出仁宗，夏竦懷奸挾詐，辜負任使，則罷黜之；吕夷簡痛改前非，力圖後效，則包容之；杜衍、韓琦、范仲淹、富弼，抱才氣，有重望，則不次擢之：故能北敵契丹，西臣元昊，號爲太平。未聞一任一疑，可以成天下之事也。臣願陛下察孰爲夏竦則黜之，孰爲夷簡則容之，孰爲杜衍、韓琦、范仲淹、富弼則擢之。召至便殿，給以筆札，使條陳治平天下之道，不使小人得以參錯其間，則天工于是乎亮矣。

臣又聞：天下之事，惟輔臣得以議之，惟諫官得以言之，諫官雖卑，與輔臣等。宋神宗將定官制，謂蒲宗孟曰「御史大夫，非司馬光不可」，古人慎重諫官有如此者。今之諫官，以軀體魁梧爲美，以應對捷給爲賢，羣居終日，罔思盡職。甚則曰：吾舌非不能言，吾心非不欲言，吾官非不可言，但言出而禍隨之，其誰吾聽耶？嗚呼，既不進言以稱其職，而復引咎以歸于君，有人心者，何忍爲此？臣願罷黜浮沈之輩，廣求風節之臣，使之得展底藴，言有可採，次第施行，則天聽于是乎開矣。

臣又聞：猛虎在山，藜藿不採；汲黯在朝，淮南寢謀，正人君子之有益于人國也，大矣。夫以陛下之聰明，豈不知天下之事，必得正人君子而後可任哉？特以其所言所行，利于公室，而不利于私家，故小人巧爲讒間，以中傷之耳。姑以臣所知者言之。如兵部尚書王恕，元勳碩德，顧削其爵。監察御史強珍，忠肝義膽，顧褫其權。他如章懋之亮直，林俊之剛方，張吉之純雅，或斥之，或疎之，或竄之，使不得一遂。此豈上天生賢之意哉？臣願陛下將王恕等分居要地，使各盡其平生，以圖來效，則天心于是乎協矣。

臣又聞：范祖禹有言：國家之敗，未有不由輕變祖宗之舊者。我太祖高皇帝，監前古之迹，識禍亂之原，故凡寺人之徒，惟供掃除之役。頃年舊章日壞，邪徑日開，人主大權，盡出刑餘之手。内倚之爲相，外倚之爲將，藩省倚之爲鎮、撫，其他耳目之所不加，思慮之所不及，尤有不可勝言者。歐陽脩曰：宦官之禍，甚于女寵。可不念哉，可不畏哉？臣願陛下以宰相爲股肱，以諫官爲耳目，以正人君子爲腹心，深思極慮，定宗社生靈長久之計，則大綱于是乎正矣。然深究其本，則在陛下之明理以應事耳，臣願陛下思義理之難窮，攷之于經，驗之于史，會之于心，體之于身。無一日之不然，則所當爲者，不得不爲，所不當爲者，不得不去矣，豈特四事之舉而已哉！

疏入，帝不納。

論濫陞内官奏弘治元年

王恕

臣伏覩祖訓條章，内府各監局等衙門内官，俱有定員，各有職掌，洪武、永樂年間，未嘗額外濫設。其太監等官，非歷練老成，縱有聰明才俊，亦不輕授。近年以來則不然矣。陛下前將内官論年遞降，蓋矯往年濫陞之弊，欲復祖宗之舊制也。臣于病中風聞，近日又陞一起内官，其數頗多，不知是日前遞降者，不知另是一起也。前既以爲濫而遞降之，今何不以爲濫而陞之？似乎不可。陛下嗣位之初，人心歸向，如古之二帝三王、本朝太祖、太宗復見于今日，莫不稱頌而愛戴之。蓋聞陛下在青宫時，存心正大，不喜聲色，不貴貨利，及登寶位，治近習蠹國亂政、邪術欺君罔上之罪，革罷傳奉冗員，追回濫賞莊田、蟒衣等項，裁抑奢侈奔競。凡此數事，皆壞名器，損國體、傷民財，臣民所不欲，而不能革非一日矣，陛下一旦而盡革之，此天下臣民，所以稱頌而愛戴之也。夫何未久，而又濫陞内官如此？若復濫賞莊田、蟒衣，將見前數事不數年復如舊矣，欲天下臣民稱頌而愛戴之如今日，恐不可得。此天命去就，人心離合之幾也，可不慎歟！況今北敵在邊，災異迭見，此正君臣上下同加修省之時，而國政如此，其何以服遠人而弭天變？伏望陛下，自今伊始，于出入起居之時，發號施令之際，務守祖宗之法，決不可爲巧言所惑，蹈襲前事，上拂天意，下失人心，而爲社稷憂。臣誠激于中，詞不能婉，干冒天威，無任戰慄隕越之至。

疏入，有旨：「這起內官，隨侍春宮年久，因遇節日，各量陞一級了罷。」

請講學聽政疏弘治元年

楊守陳

臣聞孟子曰：「我非堯舜之道，不敢陳于王前，故齊人莫如我敬王也。」臣于孟子，固非其倫，然而敬君之誠，異世同心。孟子于侯國之君，尚陳堯舜之道，況逢天王之明聖者乎？夫堯舜之道，一也。《書》曰：「人心惟危，道心惟微。惟精惟一，允執厥中。」此堯舜之得于內者深，而爲出治之本者也。又曰：「詢于四岳，闢四門，明四目，達四聰。」此堯舜之資于外者博，而爲致治之綱者也。本立則末自茂，綱舉則目自張，故不勞而庶績熙，無爲而天下治也。陛下御極以來，放遠奸邪，登用正人，聽納忠諫，躬覽題奏，勤政若此，可謂堯舜之君。故天下翹首以望唐虞之治，獨臣之愚，猶有過慮。蓋革故而正始猶易，持久而保終實難。

臣昔忝侍從，伏覩陛下儼然端拱，朗誦經書，未嘗降一睿問，以究聖賢之奧旨；儒臣肅然進退，略陳訓詁，未嘗進一詳說，以闡帝王之全道。理欲危微之辨，何自而明？知行精一之功，何從而盡？臣恐陛下之得于內者，未若堯舜之深也。今陛下視朝，所接見者，惟大臣之風儀而已，至于君子、小人之情狀，小官遠臣之才行，何由識之？退朝所閱覽者，惟百官之題奏而已，至于諸司之條例，羣吏之情弊，何由見之？宮中所聽信者，惟內臣之語言而已，至于千官百職之正論，六軍萬姓之煩言，何由聞之？賢才不能以自達，聰明時有所偏蔽。臣恐陛下之資于外者，未若堯舜之博也。内得未深，外資未博，如木之方植而易摇，如泉之始導而易塞。倘或鋭志少懈，欲心漸滋，則今日之所放遠者，異時將召而親之；今日之所登用者，異日將憎而黜之；今日之所聽納者，異日將厭而拒之；今日之所勤覽者，異日將嫌而麾之。豈能始終如一，而純乎堯舜之道哉！此臣之所以過慮也。

伏望陛下遵用祖宗舊制，仍開大小經筵以講學，常御早午二朝以聽政。其經筵，則必擇端介博雅之儒臣，侍班進講。陛下聽講之際，凡所未明，輒賜清問，若復有疑，更加詳詰。講官或訥，則侍班諸臣佐之，覆解詳釋，旁引曲喻，必待聖心洞然明悟而後已。凡聖賢之旨，帝王之道，與夫理欲危微之所以辨，知行精一之所以盡，以及人臣何者爲賢，何者爲否，政事何者爲得，何者爲失，天下因何而治亂，歷代爲何而興亡，若此之類，皆必講之明而無疑，乃可行之篤而無懈。凡經書典訓，及歷代諸史，百官題奏，皆當聚之文華殿後，日輪大臣講官，使居前殿之右廂，凡遇題奏，或有奇字奥義，則録示講官使解，或召問使對。一日之間，陛下居外朝之時多，處深宫之時少，則欲寡而心清，惑少而理明。當萬幾閒暇之際，湛然凝思，常恐欲心長而理心微，邪佞進而忠良退，必使心常得其正，事常執其中，則陛下之得于内者深，而出治之本立矣。

至若午朝，則御文華門，而五府、六部、都察院堂上官并六科，各輪番列侍，其御史、郎中等官，有事已具本者，皆先用揭帖，略節口奏，陛下詢其事情，條分而裁決之。鎮守、撫按及府衛，有自任所來見者，皆條陳地方之事，亦畧節口奏，陛下令諸司承旨議行。有見辭赴任者，隨其地方職任而諭戒之。若有大政，則陛下御文華殿，召内閣及府部院寺大臣會議，使人各盡其謀，而勿相推避，事必求其當，而勿至苟且，議若未當，則許諫官駁正，必得至當之論而審行之。其具本進者，召内閣大臣面議可否，批答。凡大小官員當奏事見辭之際，陛下必俯降顔色，或詢時政，或詢賢才，以及諸司利弊，兵民休戚，年歲豐歉，下至五方之風俗，四夷之情狀，俾各從實以對。言有忠讜切實者，議行之；其讒佞諂諛者，斥逐之；愚蠢狂直者，容恕之；謇訥不能言者，令具本奏之。俾賢才常集于目前，視聽不偏于左右，合天下之耳目，爲一己之聰明，則陛下之資于外者博，而致治之綱舉矣。若謂經書不必與儒臣問答，謂政事不必與羣臣面諭，凡百題奏，皆付内監諸臣調旨批答，即可以致治，則豈有不立其本而末能茂，不舉其綱而目能張者哉？

疏入，帝從之，復午朝召大臣面議政事。

講明律意疏弘治元年

馬文升

臣謹奏：伏覩《大明律》内一款：「凡國家律令，參酌事情輕重，定立罪名，頒行天下，永爲遵守。百司官吏，務要熟讀，講明律意，剖決事務。每遇年終，在内從都察院，在外從巡按御史、提刑按察司官按治去處考校。若不能講解、不曉律意者，初犯罰俸錢一月，再犯笞四十附過，三犯于本衙門遞降叙用。」欽此欽遵外，竊惟國家大事，莫先于刑獄，刑獄所重，莫先于人命。蓋以死者不可復生，斷者不可復續。自古帝王，莫不慎刑獄而重民命也。仰惟我太祖高皇帝，膺天眷命，奄有萬方。臨御之初，屢詔大臣更定新律，至于五六，爲之弗倦，以求至當。復命刑官重會衆律，親御宸翰，爲之裁定，務協厥中，而于人命尤致意焉。是以當時司刑官員，多所用心，而于律意，務爲講明，鞫讞之際，少有失平，陰陽以和，風雨以時，而天下無冤民矣。

近年以來，兩京法司官員，或由進士初除寺正、寺副、主事、評事，或由知州、行人就陞員外郎、郎中，而御史亦多知縣所除。到任之後，未經問刑，就便斷獄、公差，所以律條多不熟讀，而律意亦未講明，所問囚人，不過移情就律，將就發落。且笞杖徒流，縱有所枉，爲害未大，至于人命，一有所冤，關繫匪輕。且如強盜窩主，重在造意，若窩藏強盜，而不曾造意同謀，雖分贓，亦難問擬斬罪。又如官吏懷挾私讎，故勘平人因而致死，重在懷挾私讎。若因事到官，但有笞罪，雖勘至死，亦可止問擬因公毆人至死徒罪。又如故殺、鬭毆殺人，若兩人相争，互相毆打，毆死一人，則名鬭毆殺人。一人未曾動手，一人于彼致命去處，有意致死，則名故殺。此等律意，人多忽略。有將強盜窩主未曾造意同謀，止是分贓，及官吏因公事毆人致死，本無私讎故勘情由，而俱問擬斬罪者。有本係鬭毆，而問擬故殺斬罪者。有本係故殺，而卻擬鬭毆殺人絞罪者。甚至謀殺、故殺，無屍檢驗，而問擬斬罪，輒取情真罪當奏請處決者。或本因與人妻妾通姦，其夫別項身死，而問擬本婦因姦同謀殺死親夫，凌遲處死，姦夫斬罪者。其他以非爲是，以重作輕者非一。查得數年之間，天下布、按二司等衙門呈詳死罪重囚，本院并刑部詳擬明白，大理寺復詳合律，該科覆奏處決，幸蒙憲宗皇帝慈愛仁厚，不忍殺人，止令監著。恭遇皇上嗣登寶位，重念刑獄，屢下明詔：強盜無贓仗、人命無屍檢驗者，具奏定奪。其節年原監該決重囚，近日辦理寬宥者亦多，若使當時就令處決，則含冤而死者，不知幾人矣。其所以傷和召災者，果誰之咎歟？法司尚然，則其餘府、州、縣、衞所囚犯，枉抑而死者，又不知其幾何矣。此皆原問官員律學未講，律意未明之故也。況府州縣官員，多有不曉刑名，不知律意者，遇有刑名事務，多有不能剖決問理，而惟聽于主文之人。蓋由巡按御史、按察司官按治去處，不行攷校之故也。

臣愚，乞敕兩京法司堂上督令所屬官，天下都、布二司督令斷事理問，及浙江等按察司官，並各府推官，各要將《大明律》條熟讀講解，深明其意，不許似前忽略，置而不講。其問囚之際，參錯訊鞫，務在得其真情，方纔取招。議罪之時，尤須原情定擬，不許輕易，致有冤抑，獄成之後，難以辯明。及通行天下大小衙門，並兩京部屬官吏，各置《大明律》一本，朝夕熟讀，用心講解，務曉其意。仍通行各處巡按御史、按察司分巡官，按治去處遵依《大明律》内事理，從公攷校。若有不能講解，不曉律意者，依律施行，當奏請並降用者，徑自具奏發落。仍乞敕吏部行移法司，將撥去辦事進士，就令與現任官員一同問刑，以後該選之時，兩京法司有缺，先儘各衙門問刑進士除授。如果法司無缺，方令除授别部等衙門。庶使人精法律，而刑鮮濫施之弊，獄無枉抑，而世厎刑措之美。緣係講明律意以重人命事理，未敢擅便，謹題請旨。

疏入，帝不納。

請勤政事疏 弘治元年❶

馬文升

臣謹奏爲法乾健以勤聖政事。照得近來各處具奏地震，而雲南尤甚。邇者天象示警，彗星偶見，此皆上天仁愛皇上之意也。皇上憂勤惕厲，減膳撤樂，凡有遊燕，悉爲停止，此又應天以實，而不以虚文也。將見彗星漸消，與宋景公一言而熒惑退三舍者無異。信乎，天人相與之際，甚不偶矣。臣惟帝王之德，莫先于

❶「弘治元年」，據《明孝宗實録》卷一八八，此疏上於弘治十五年六月。

勤，勤則裁決萬幾而無少壅滯；上天之道，惟在于健，健則發生萬物而無或差忒。是則天道、聖德實相脗合，故《易》曰：「天行健，君子以自強不息。」皐陶之告禹亦曰：「兢兢業業，一日二日萬幾。」史書美大禹曰「克勤克儉」。是皆以勤而成聖德，所以載之經史，而垂光萬世也。洪惟我太祖高皇帝，以至憲宗純皇帝，俱昧爽視朝，早朝後，日每二次裁決在京各衙門並天下一應章奏，或有大政事，復召大臣面議而行。此我朝列聖之定規也。

恭惟皇上，膺上天之眷命，紹祖宗之鴻圖，即位之初，宵衣旰食，勵精圖治，視朝決事，悉遵祖宗舊規，日長時月，每日又有午朝之舉。誠足以媲美古帝王，而克紹祖宗也。近年以來，視朝稍晏，間或早而復晏，日止裁決章奏一次。此固皇上頤養天和，保固皇躬，雖得君逸臣勞之道，但所其無逸，帝王所重。仰惟皇上清心講學，節膳寡慾，聲色不邇，貨利不殖，篤志以求道，游藝以養心，雖古帝王祈天永命之道，亦不過此，又豈待于他有所求哉？今視朝固亦早矣，但日止裁決庶事一次，非所以率由舊章，而垂法後昆也，甚有以掩皇上勤政之心，其于聖德，所關甚大，臣竊惜焉。伏望皇上，自今法天道之健，遵祖宗之訓，每日二次裁決庶務，而視朝常常如此。則聖心之勤，不異于初政，祖宗之規，不改于今日。其于聖德，實非小補，而底堯舜之治，亦不難矣。伏乞聖明留意，宗社幸甚，天下幸甚。

疏入，帝不納。

御選明臣奏議卷六

陳治道疏 弘治元年　馬文升

臣竊惟贊襄治道，固在于百司，糾正百司，莫先于風紀。風紀振，則百司自爾各盡其職；百司盡職，則庶績咸熙而治道隆矣。自古君天下者，未嘗不以此爲先務焉。洪惟我朝，稽古定制，在内設六科給事中、十三道監察御史，以司彈劾；在外設提刑按察司，以兼理都、布二司軍民。又設各道分巡，以肅清郡縣，巡按御史總監察焉。良法美意，至詳且密，所以百餘年間相維相統，内外肅然。近年以來，風紀不振，是以奸宄得以逞其邪謀，羣小得以恣其欺妄，賄賂公行，紀綱日紊，帑藏錢糧浪費空虛，貪官污吏肆無忌憚。仰惟皇上嗣登寶位，崇重臺諫，俾之盡言，所以姦邪敗露，羣小屏逐，風紀頗振，百司知警，治道之隆端有望于今日矣。臣猥以庸材，荷蒙聖恩擢總風紀，受命以來，夙夜兢惕，捫心揣己，無由答知遇之隆，進言納忠，庶幾効涓埃之報。謹以振揚風紀裨益治道一十五事條陳，伏望皇上留心採納，俯賜施行，臣不勝幸甚，天下幸甚。今將所言事件，開坐謹題請旨。

一，選賢能以任風憲。竊惟御史，爲朝廷耳目之官，任風紀之重，必須得人，方稱厥職。我朝自洪武、永樂、宣德年間，不分進士、知縣、教官，皆得除授，但選之甚精，而授之不苟。至正統年間，朝廷頒降《憲綱》，新進初仕，不許除授御史。至正統八年，進士復得除之。成化六年，仍遵《憲綱》，凡遇御史有缺，止于進士出身知縣並行人內行取，中間多有不分賢否，但資格相應，皆得授任者，所以未盡得人。臣愚，乞敕吏部行移各處巡撫都御史、巡按御史，並布、按二司官，各于所屬進士、舉人除授到任六年以上知縣內，從公推訪廉慎公勤、政績昭著、民心愛戴、實有聲譽者，明白具奏，遇有御史員缺，吏部據此，並于攷滿行人、博士內行取。如果六年以上知縣員少，于辦事二年以上進士中選取，仍照例會同本院官攷選，具奏除授。若所舉不實，事發連坐以罪。如此則御史皆得其人，而風紀爲之振肅矣。

一，禁摭拾以戒贓官。自古重贓吏之法，所以爲安養斯民之計也。蓋贓吏之害良民，猶稂莠之害嘉穀。故我朝于文職官吏受贓，不分贓之多寡、罪之輕重，俱罷職永不敘，枉法滿貫充軍。其所以定贓吏之法，可謂嚴且重矣。比先年間，巡按御史並按察司官挐問貪贓官吏，事無所枉，俱不敢摭拾具奏，其風憲官員，得以展布四體，而有司官員，不敢恣其貪酷。十數年來，文武官員被人具告貪贓等項重情，巡按御史、按察司官行提到官，對證明白，律該爲民、充軍者，往往讎怨原問官員，摭拾虛詞，朦朧妄奏，輒將原問御史等官奏准差官提解來京，或就彼與先問囚犯一同對理，縱辯無干，受辱已甚，稍有小疵，多致降謫。虧損國體，沮壞風憲，莫甚于斯。所以風憲官員互相效尤，各保職任，坐視贓官，不敢究問，以致法度廢弛，貪污恣肆，而小民不得蒙至治之澤。臣愚，乞敕法司：今後凡貪贓等項官員，被巡撫御史、按察司官提問明白，追有贓私，律該爲民、充軍，不分已未發落，妄揑虛詞，摭拾原問官員者，或另行差官，或備行巡撫等官，先行提弔一干人卷，勘問明白，別無冤枉，委係摭拾，該充軍者，發極邊衛分充軍，該爲民者，發口外爲民。若御史、按察司官果有枉問及違法情罪，明白參奏，按察司官行巡按御史就彼提問，御史罪重者，行提來京，情輕者，候巡按滿日到京，參送問罪。不許輒便將御史等官一概奏提，及就彼與原問囚犯一同取問。仍行各處按察司出榜，于所屬張掛曉諭。如此則貪官知所警懼，而風憲不致沮壞矣。

一，擇人才以典刑獄。竊惟刑者，國之重事。死者不可復生，斷者不可復續，而司刑者，不可不得其人也。我朝舊例：凡各處按察司官有缺，吏部于兩京法司御史、郎中、員外郎、主事、評事等官内除授；都、布二司理問所理問、斷事司斷事、及各府推官有缺，俱于法司歷事舉人、監生内除授。尚不得人。近年以來，吏部將各處知府除授副使，府同知、知州除授僉事，而推官、斷事等官，一概以年老監生除授。且前項等官，多有不識憲體，不諳刑名，問刑之際，止憑奸吏任情出入。傷天地之和，召水旱之災，未必不由于此。及各處巡撫、巡按并三司官，多有將推官、理問、斷事，往往差遣赴京，或別項公幹，經年半載不得回任，以致問刑缺人，尤爲誤事。臣愚，乞敕吏部：今後各處按察司，不分問刑、管屯、整飭兵備等官有缺，俱于兩京法司屬官内推選除授，推官、理問、斷事有缺，俱于法司辦事進士，及歷事年力精强舉人、監生内除授，不宜似前一概濫除。仍乞敕内外問刑衙門，以欽恤爲心，以人命爲重，務求真情，勿致虧枉。仍行各處撫、按等官，不許將推官、理問、斷事違例擅便差遣，有誤問刑。如此，則司刑者各得其人，而刑不致于枉濫矣。

一，責成效以革奸弊。洪惟我朝，設按察司以總理各道，以肅清郡縣，無非欲振揚風紀，彰明憲度，俾官吏守法，而小民獲安也。其分巡、分管官常川在外，徧歷所屬，接受詞訟，禁革奸弊，宣布教條，訪察民隱，所以貪污知所警懼，軍民不被殘虐。近年以來，多有顧戀妻子，罔肯出巡，所過州縣，暮到朝行，甚至偏僻去處，經年不至。地方事情全不留意，官吏貪酷若罔聞知，所以政令日隳，而奸弊滋甚也。必須定與期限，庶可責其盡職。臣愚，乞敕各處巡撫、巡按等官，今後布、按二司分巡、分管官員，每年春二月中出巡，七月中回司，九月中出巡，十二月中回司。務要偏歷所屬，每處所住，不拘日期。凡貪官污吏蠹政害民，及一切興利除害之事，有益地方者，務在舉行。每季終，分巡官將問過贓污官吏名數、追過贓罰等項數目，及完過勘合詞訟，分管官將催完過錢糧，撫安過人民，並一應合行事件，各開報撫、按處查攷。撫按回日，仍具略節，總類開奏，乞敕該部候三年、六年攷滿之時，據此黜陟。若推諉避事，曠職苟禄，不依期限，擅自回司者，許巡按御史指實參奏究問。若有地方緊急事情，應回與撫按計議者，不拘此例。如此，則官無瘝曠，而奸弊爲少革矣。

一，申命令以修庶務。洪惟我朝洪武、永樂以來，于各邊添設將官，假以節鉞之權，以鎮守其地，各處設都、布、按三司，授以方面之寄，以分理庶事。無非欲振揚威武，修飭邊備，以防外侮之侵，承流宣化，激濁揚清，以造生民之福。彼時各官奉公守法，仰副委託，所以朝廷無外顧之憂，生民免流離之苦。近年以來，各邊將官，中間多有指以進貢爲名，肆意科斂軍士，廣置第宅，恣情燕樂，軍馬凋弊而不整，邊備廢弛而不修，一遇有警，動輒請兵。其各處三司官，亦皆因循苟且，惟望陞遷，瘝曠逢迎，罔思補報，錢糧侵費，詞訟不清，小民控訴無門，盜賊任其滋蔓。此皆方今之弊，而所當痛革者也。伏望皇上降敕，切責各邊鎮守、總兵並各處都、布、按三司，及巡撫官員，務要下思安享禄位之榮，上念朝廷付託之重，洗心滌慮，改過自新。爲鎮守、總兵者，用心操練軍馬，修飭邊備，務使軍士精鋭，威武振揚，以戰則勝，以守則固。爲巡撫、三司者，務使朝廷恩澤之下布，郡邑貪污之斂跡，倉廩充實，軍民安妥，凡百政令無不修舉。如仍蹈前習，許巡按御史從公糾舉，國典具存，決不輕貸。如此，則命令申嚴，而庶務益修矣。

一，逐術士以防扇惑。竊惟禁門不許擅入者，所以防大姧也；左道邪術之有禁者，所以懼亂正也。故我太祖高皇帝于《大明律》及《皇明祖訓》，皆惓惓以致意焉。其所以鑒前代之失，而立萬世之規者，其慮深且遠矣。洪武、永樂、宣德、正統年間，邪異之人不敢輕至京師，近年以來，或扶鸞禱聖，或書符咒水，或燒煉丹藥，或假稱果報，一切邪術人等，往往來京潛住，始則出入大臣之家，終則進入皇城之内，妄言禍福，扇惑人心。如往年李子龍，近來李孜省、鄧常恩之輩，夤緣妄爲，人所共怒，莫敢誰何，幸而天厭其禍，俱已敗露。然雖敗于一時，誠恐復于後日，若不嚴立重禁，何以警戒將來？臣愚，乞敕各該衙門行令巡城御史及五城兵馬司並錦衣衛巡捕官校，嚴督地方人等，各于所管地方逐一挨訪，除軍匠、旗校、監生、吏典、承差、知印、天文陰陽生、醫士、上納糧草之人外，若係邪術之人，不分有無文引，無故來京潛住、妄言禍福者，俱要趕逐出京。若一月不出，仍前在京潛住者，捉送法司，問擬明白，軍發極邊衛分充軍，民發口外爲民。仍乞敕守皇城四門内外官員，今後務要用心關防搜檢，但有前項之徒，及不係内府工作人役擅入皇城者，就便拏獲，具奏送問。如有故違，事發一體治罪。如此，則邪術有禁，而人心不至于扇惑矣。

一，擇守令以固邦本。洪惟我朝設官分職，各有體統，上下相維，以臻治理。今在外之官，方面固重，而守令爲尤重，蓋守令爲親民之官，得其人則民受其福。往年知州、知縣未盡得人，該大學士李賢奏准：凡遇朝覲之年，吏部于聽選監生、舉人内，不分赴選遠近，玫選銓除。臣在陝西巡撫之時，亦曾具奏于進士、舉人内，選擇除授。以此大州巨邑，民頗受惠。近年以來，各處知州、知縣，有一年不曾除授者，甚至有二年除授不到者。詢其所以，蓋由吏部每逢攷選之時，無堪任守令之人，以此遲遲。正官既缺，佐貳管事。遲一日則民受一日之害，且堂堂天朝，豈無其人？蓋因拘于附近年月，所以不得越期除授。誠恐豪傑之才，坐淹歲月，多致衰老，不得實用，臣甚惜之。乞敕吏部查照大學士李賢奏准事例，每年一次，于聽選舉人、監生内攷選年力精強堪任知州、知縣者若干人，臨時于各衙門辦事進士内，相兼選用，不許將雜行之人除補。仍豫訪州縣之繁簡，斟酌人才之高下除授。其四川、雲南、廣西、福建，路途遥遠，江水險惡，所除官員，一年之上方得到任，若候缺到方纔除去，不無太遲，亦須照缺豫先一年除授，前官縱有事故，亦不至于一年之久。至于布按二司官、各府知府，乃守令之綱也，所繫甚大，尤宜慎選陞用。俾嚴攷守令之賢否，以報撫按，撫按覆攷是實，轉達吏部，吏部再加訪察，以憑黜陟。如此則守令庶得其人，而政事修矣。

一，嚴攷覈以示懲勸。洪惟我朝舊制，凡在京各衙門屬官，三年、六年、九年攷滿之時，本衙門攷覈後，俱送都察院攷覈。初任稱職者，朝廷給與誥敕，封贈其親；不稱職者，不得關給，且有黜焉。此乃勸善懲惡、旌廉戒貪，即古「三載攷績、黜陟幽明」之意也。比先年間，依此攷覈，人無異言。近年以來，各衙門屬官，因見本堂上官攷「稱」，本院詢訪行止平常，攷作「不稱職」者，輒便揑詞具奏，或造謗言，原攷御史多被連累。自此因循虛應故事，以致賢否不分，廉貪無辨，祖宗勸懲之典廢弛殆盡。若不從公攷覈，無以警戒百司。臣愚，乞敕六部等衙門堂上官，今後攷覈屬官，務要察其平昔行止，斟酌出與攷語，若本院攷覈不稱職官員，敢有似前揑詞妄奏原攷御史者，許十三道御史將本官實蹟明白劾奏，有贓者問罪罷黜，平常者降調外任。其本官委係廉能，而御史挾私，攷作「不稱」者，一體治罪。如此，庶舊典不致廢墜，而官僚知所警戒矣。

一，禁公罰以勵士風。竊惟科罰科斂，法律所當最禁者也。邇來人心不古，貪風愈盛。天下府州縣官員，不才犯此者固多，中間有等曾經旌異，或上司禮待稱爲賢能者，往往假公營私，罰取百端，一年之間，所罰銀不下數百餘兩，甚至千有餘兩者。誠恐議論，欲掩人之耳目，或領支修理學校，或給發蓋造衙門，官用者百無一二，入已者十常八九。其三司官，指以公用爲由，亦各濫罰財物。憲宗皇帝明見此弊之甚，曾降戒諭之敕，比之穿窬之盜。今弊猶存，並不知改。且兩京爲天下之本、四方之極，源清則流潔，表正則影直，兩京各衙門屬官中，持正操節者固多，而濫罰財物者亦有。及供送柴薪皂隸到京，正數已足，縱容家人揹要銀兩，致民嗟怨，有玷士風。臣愚，乞敕各處巡撫、巡按並布、按二司，各行分巡、分守官員，嚴加禁約所屬，不許似前公罰財物，虐害小民。敢有不悛，從公體訪得實，不分有無原告，就便拏問如律。其三司官，尤須律己正人，毋蹈前轍，如有故違，巡按御史即便糾劾。仍乞敕兩京堂上官，各戒所屬，以革前弊，益敦廉恥之風，共助維新之治。如此，則庶官各知所警，而士風爲不偷矣。

一，廣儲積以足國用。竊惟自古君天下者，莫不兢業自持，省財節用，恒以國用之不足爲憂。洪惟我朝，列聖相承，咸能愛惜民財，不肯妄費，雖賞四夷，不過綵段，所以内帑金銀，常有數百萬之積。近年以來，羣小用事，妄興造作，欺罔多端，以致府庫爲之空虚，天下爲之困憊，皇上嗣登寶位，賞賚未周，而内藏已蕭然矣。況天下府州縣倉廩，俱無數月之糧，而各邊亦止有二年之用。萬一邊方有事，或水旱災傷，將何以濟？興言至此，深可寒心。臣愚，乞敕户部通查在京及天下方面、府、州、縣、衛所大小文武官員，及各王府宗支、一應軍士若干，共該支本色俸禄糧若干，折色銀鈔若干，通計天下歲收税糧、金銀若干，鈔貫若干，有無穀用？如果不足，作何區處，使不缺乏。及内帑前項已空之數，如何措置，使之充盈。或造鈔貫，或鑄銅錢，或清理鹽法，或查勘屯田，或閱辦天下之税課，或清查各處之船料，凡理財之方，足國之計，無擾于民、有益于國者，宜從計處，具奏定奪。如此，則積儲可廣，而國用爲之不乏矣。

一，恤土人以防後患。竊惟思患豫防，有國之大事；防微杜漸，保治之良圖。臣竊見順天府所屬固安、永清、武清、漷縣及保定、定州、河間等處，洪武、永樂年間原安插外民不下千户，百十餘年，生齒日繁，雖同編氓，終係各俗。即今精壯男子恐有萬餘，爲官者止憑俸禄，而俸禄爲有限，在鄉者全藉田土，而田土爲不增。況其官折俸銀兩，比先年間按季關支，近來過二三季或一年不得關支者。賴此養贍，別無營生，一有不足，爲盜行劫，勢所不免。萬一邊方有警，不無乘機剽掠，事之可憂，莫大于此，必須使之得所，庶可保無後患。臣愚，乞敕户兵二部計議，將在京各衛長官折色俸糧，務要按季關與，及將在外各處外民，如果田土不足者，或將空閒地土，或將入官莊田，分撥各人耕種，使足養其妻子，不致失所，以絶爲盜之心，以杜覬覦之念。或選立屯長，使有統屬，或拘管操練，得食口糧。該管官員加意存恤，果有違犯，治之以法。凡可以立久遠之規，弭後日之患者，宜從計處，具奏定奪。如此，則撫恤有方，而不貽患于後日矣。

一，清僧道以杜遊食。竊惟天下之事，有當緩而所繫急者，僧道是也。蓋當緩者，僧道也，所繫急者，民食也。若視僧道爲緩，而不嚴加清查，則遊食者日衆，而民食恒不足矣。我朝定制：每府僧道各不過四十名，每州各不過三十名，每縣各不過二十名。今天下一百四十七府、二百七十七州、一千一百四十五縣，共額設僧三萬七千九十餘名。成化十二年度僧一十萬，成化二十二年度僧二十萬，以前各年所度僧道不下二十餘萬，共該五十餘萬。以一僧一道一年食米六石論之，共該米二百六十餘萬石，可足京師一年歲用之數。況又不耕不蠶，賦役不加，則食之者衆，而爲之者少矣。其軍民壯丁私自披剃，而隱于寺觀者，又不知其幾何。創修寺觀偏于天下，妄造經典多于儒書，敗化滅倫，蠹財惑衆。自京師達之四方，公私之財用于僧道者過半，民食不足，未必不由于此。其勢又不能盡去，若不通查嚴禁，則將來遊食者何有紀極。臣愚，乞敕禮部通查天下並在京寺觀共若干處，僧道共各若干名，除額度之數外多若干名，如果數多，既已關有度牒，難以追奪，明白具奏，不許額外再度僧道。直至額數不足之時，方許各該有司具結照數起送，關給度牒，敢有故違，再言度僧者，許科道官糾劾拏問。仍通行各該撫按等官，督責官司嚴加查勘，但係新修私創寺觀，即便拆毀，併于古刹大寺觀。其中但有原無度牒行道童，即令還俗當差。敢有私創庵觀，及容隱未度行道童，收爲徒弟者，各問發口外爲民，寺觀住持還俗爲民，僧道官罷黜。不舉者，罪同，所司官員容隱者，亦治以罪。仍通行天下撫按，出榜嚴加禁約。仍令各寺觀，按月開報，不致故違，重甘結狀，付所在官司查攷。如此，則僧道無濫度之弊，而民食不致坐費矣。

一，敦懷柔以安四夷。竊惟四夷來貢者，慕化之誠；朝廷優待者，柔遠之道。洪惟我太祖高皇帝，膺天明命，肇造丕基，太宗文皇帝，神武雄略，威震朔漠，四夷八蠻，罔不來貢，賜以綵段、衣服，待以下程、筵宴，十分豐厚，使之饜飫。自成化年間以來，❶光禄寺官不行用心，局長作弊尤甚。凡遇四夷朝貢到京，朝廷賜以筵宴，與之酒食，大宴品物頗可，而朔望見辭酒飯，甚爲菲薄。每樣肉不過數兩，而骨居其半，飯皆生冷，而多不堪食，酒多攙水而淡薄無味，所以四夷到席，無可食用，全不舉筯。傳之四方，豈不譏笑？臣昔往遼東整飭邊備，曾聞外人怨言，亦嘗具奏，蒙憲宗皇帝敕令禮部、光禄寺，凡遇宴待四夷，禮部該司官並光禄寺堂上官，各一員巡看。一時頗可，今猶如舊，恐年復一年，益加苟且。此事雖小，關繫甚重。臣愚，乞敕禮部查照洪武、永樂年間事例，及欽奉累朝奏蒙詔旨，行令光禄寺，今後凡遇外夷朝貢到京，或該筵宴，或朔望見辭酒飯，務要照依先年定例，差官看視。下飯斤數，不許短少，飯食菜蔬，俱堪食用，酒亦不許攙水。今後除筵宴外，其午門外供給酒飯，仍令每日侍班御史巡看，但似前剋減酒肉，十分菲薄者，許將光禄寺官並局長等參奏拏問。如此，庶使懷柔有道，而得四夷之歡心矣。

一，節財用以蘇民困。竊惟治國莫先于愛民，愛民莫先于節用。仰惟皇上嗣登寶位之初，重下寬恤之詔，示以憫念小民，凡事減省之言。天下蒼生，無不欣戴。且我朝洪武、永樂、洪熙、宣德年間，生養休息，軍民富足，故雖外征北邊，内營宫殿，樂于趨事，未嘗告勞。自正統十四年以後，天下多事，民始覺困。自成化年間，各處鎮守等官争以進貢爲名，科取百端，民愈凋憊。加以山西、河南、陝西連年荒旱不收，有司素無儲積，民之死亡過半，田土荒蕪，而糧税如故。北直隸、山東之民，養馬供柴，而征徭尤重。江南各省人民，輸

❶「化」，原作「治」，今據四庫本《馬端肅奏議》卷三《陳言振肅風紀裨益治道事》改。

納京儲及供兩京内府物料，民困財竭，未有甚于此時者也。若非節財之用，生養休息，十數餘年豈能蘇其困憊。然節用之道，必自内府減省始。臣愚，乞敕户、禮、工三部，各查内府衙門自洪武、永樂、洪熙、宣德、正統年間一應供用之物，如油蠟猪羊雞鵝，及擡柴夫工價銀兩等類，某年用若干，某年添若干，通查明白，逐一上陳御覽，斷自宸衷，量加減省。若減省一分，則民受一分之惠，就爲定例，不許各衙門再行具奏增添。尤望皇上自今凡百用度、賞賜，更加撙節，罷不急之修造，裁冗食之人員。則帝王克儉之盛德，復見于今日，而民困爲少蘇矣。

一，足兵戎以禦外侮。竊惟爲國之道，足兵爲先，兵有不足，外侮何禦！洪惟我太祖高皇帝創建之初，設衛籍兵，天下之軍，共有數百餘萬，即今百十餘年，而逃亡死絶者過半。蓋由里老埋没，而無册籍之可查，衛所作弊，而無文卷之可憑。雖有清軍御史，而清出者百無二三，雖解到衛所，而隨逃者十常八九。若再加百年，絶故愈多，此軍士消耗之弊如此也。其現存之軍，江南者，俱各守邊備倭、攢運糧儲，江北者，俱赴京邊輪班操備。而在衛守城，不過老幼數百人，都司操練，止有餘丁一二千名。居重馭輕，京師軍士雖有二十餘萬，南京官軍雖有五萬之上，然多有名無實。況騎射之未精，什物之未備，加以連年做工，疲困已極，輪班往返，艱難尤甚。此軍士現存之弊如此也。消耗之軍，既不能復，現在之數，又不堪用，兵戎誠爲不足，遇警將何調用？況今邊騎猖獗于甘涼，出没于西北，強賊又哨聚于江右，此皆腹心之患，而大有可憂者。臣愚，乞敕兵部通行天下都、布二司，各行所屬衛所、府、州、縣：有司將所管各里軍户充軍衛所、官旗姓名，逐一查理明白；衛所各將所管軍人姓名、籍貫、充軍來歷、年月，審勘無差，各備造文册，江南者送南京兵部，江北者送在京兵部。各將洪武以來舊册查對，如有差訛，即便改正，仍收備照。務要磨勘明白，除年遠盡絶外，將宣德以後逃故之數，每省各鈔謄一本，該部照例通行各清軍御史，嚴督所屬，用心清理，不許視常虚應故事，庶奸詐之徒不敢作弊埋没。其京營官軍，候營造憲宗皇帝山陵畢日，乞敕兵部徑自具奏，請命本部堂上官一員，會同各營總兵官，將現操軍馬逐一查理，先儘團營，務足原額之數。其南京各營官軍，乞敕南京内外守備官員，會同南京兵部堂上官，一體清查。仍乞禁約管軍官員，不許私占役使，及擅撥做工等項，致累逃亡。候清查完日，各另回奏，仍造册送兵部查攷。其現在軍士，務要著實操練，精其騎射，養其鋭氣，一遇征調，俾克成功。如此，則兵戎不致消耗，而戰守爲有備矣。

疏入，得旨：「這本所言，多切時弊，該衙門便看了來説。」

防邊患疏弘治元年

馬文升

臣謹奏爲豫防邊患，以保重地方事。臣竊聞事貴早圖，患當豫防，《易》曰「履霜，堅冰至」，《書》曰「制治于未亂」，凡事固然，邊患尤甚。竊照甘涼地方，乃古左賢王之地，漢武帝傾海内之財，勞數十萬之衆，方克取之，設立酒泉、張掖等郡，以斷匈奴之右臂。蓋北則蒙古所居，南則番戎所處，若不分而離之，使兩郡相合，不下數十餘萬，中國何以當之？則甘涼地方，誠爲西北之重地也。漢唐之末，終不能守，而趙宋全未能得，至我朝復入職方，設立都司，屯聚重兵。故我太宗文皇帝深謀遠慮，首命内臣、總兵以鎮守其地，邊境晏然，無事干戈。後至正統初年，多爾濟巴勒等爲患數年，靖遠伯王驥、定西侯蔣貴始克平之。迨至天順年間，保喇瑪拉噶等侵犯此地，朝廷命將出師，未能勦平。既而，寧夏副總兵仇廉前去截殺，兵過蘭州迤北，輕率寡謀，被敵所誘，數萬人馬喪亡過半。自後敵入河套，侵擾陝西，而甘凉地方稍爲寧静。近自成化二十年以來，所在搶掠，官軍失事，先因進貢等項，各該衛所罷困已極，敵人知我虚弱，益肆猖獗。且陝西路通甘凉止有蘭州浮橋一道，若彼以數千人拒守河橋，糧運不能通，援兵不能進，不數年而甘凉之地難保無虞，萬一甘凉失守，則關中亦難保其不危。近日本院節准兵部咨文，該甘凉等處鎮守、總兵等官具奏，敵人入境，或五六十騎，或一二百人，其所在各城堡官軍，所報不曰「追至某處，路遠天晚，恐墮賊計，掣兵回還」，必曰「用箭射死賊人數多，俱被鈎拖去訖」，未嘗見奏有挫衂賊鋒，斬獲賊級數多者。止是陝西靖邊衛官軍斬獲敵人首級三十七顆，而人民被其擄掠者，亦不知其幾何。况邇因甘凉等處缺糧，陝西臨、鞏二府人民已經趲運數次，困苦不勝。近該巡撫甘凉都御史羅明差來奏事舍人石玘，臣等詢問，説稱：成化二十三年十二月二十三日，敵人自凉州直抵陝西蘭州一帶，入境搶掠四五日，得去頭畜人口不知其數。今甘凉總兵等官奏稱，止被敵人搶去夜不收馬五匹。且前項敵人連年搶掠，每得厚利，邊將畏懼罪責，往往惟務隱蔽，誠恐敵人窺知我邊糧缺兵寡，即因天氣炎熱，遠遁窮荒，固覺無事，但恐秋高馬肥弓勁之日，糾合别種部落，擁衆入寇，我邊無備，不無又遭蹂躪。年復一年，敵人益爲得志，而甘凉之地大有可憂。思患豫防，不可不慮。乞敕兵部，計議甘凉各城現有馬步官軍若干，若敵人擁衆犯邊，有無足彀調用，如或兵數不足，豫調何處客兵前去截殺？雖曰延綏調兵三千，往來不常，久駐則虚費糧草，頻回則徒勞士馬，遇敵入侵，緩不及事，如何爲宜？及行彼處總兵等官計議，敵若擁衆侵犯，用何方略挫其初來之鋒，設何奇謀遏其深入之勢？敵若據守河橋，援兵從何而進，糧運從何而通？方略早定，人馬豫集，務使敵人大遭挫衄，不敢犯我邊方，用紓朝廷西顧之憂，永絶邊陲侵掠之患。明白具奏，期于必行。仍乞敕户部，查算甘涼各城現在糧草若干，可彀彼處軍馬幾年支用？如調客兵，有無缺乏？如或不足，作何措置？使糧草有數年之積，不致臨時有缺乏之虞，若再令腹裏人民趲運，千里饋糧，民有飢色，樵蘇後爨，師無宿飽，皆兵家所忌。況陝西之民，瘡痍未復，尤非所宜。前項二事，先時計慮，猶恐爲遲，若臨時方籌，不無誤事。事之大有可憂者，無過于此，故我皇祖訓有曰「外戎與西北邊境，互相密邇，累世戰征。必選將練兵，時謹備之」者，正慮此耳。臣等叨任大臣，濫總風紀，苟有所聞，事關地方，不敢緘默。

疏入，得旨：「説的是。邊防大計，兵部便計議行。」

請卻賽瑪爾堪進獅子疏❶ 弘治二年

倪岳

臣謹奏：看得賽瑪爾堪所進獅子，乃外番之野獸，非中國之所宜畜。留之于内，既非殿廷之美觀，置之于外，亦非軍伍之可用。日逐餵飼之費，及所賜銀幣等件，俱係府帑之財帛，百姓之供億。兼且獅子真僞，皆未可辨，借使是真，不免以彼無用之物，易此有用之財。倘或非真，豈不受遠人之欺，貽天下之笑？且以啓番人窺伺之心，以爲中國好尚之所在，殆非所以發揚聖德之光輝，補益治平之實效也。臣竊爲朝廷惜之。

❶「賽瑪爾堪」，明代譯作「撒馬兒罕」。

蓋因各番先于成化年間得利而去，以此今次繼踵復來，今若不爲處置，則今次既去，後次復來。一處既然，各處倣傚。以朝廷柔懷之仁，固不計此小費，其如遠番之心貪得無厭何哉。

臣嘗聞聖帝明王，不寶遠物。故周武王時，西旅貢獒，召公致戒。漢文帝時，有獻千里馬者，下詔卻之。載之經史，傳美萬世。而我憲宗皇帝成化初年，亦嘗降敕，諭止朝鮮白鵲、海青之獻。皇上踐阼之初，首頒明詔，禁止各處鎮守等官進貢騷擾之弊，既而放禽鳥，縱鷹犬，旬日之間，屏逐無遺。弘治元年四月內，因迤西番人進貢玉石等物，卻令帶回。本年七月內，又因雲南鎮守太監王舉欲進寶石等物，嚴申禁絶。善政善教，遠近稱頌，以爲聖德恭儉，蓋與成湯之不殖貨利，同符而一致，由是而終始惟一，雖堯舜之聖，何以過此。今未及三年，而廣東鎮巡官員又將賽瑪爾堪所進獅子，要行起送赴京，臣仰窺聖心，必不納此無益之物，以爲聖德之累，但恐有以先年事例爲言，容其到京，則經過道途騷擾必多，賞賜犒勞，須從舊例。況本處進貢使臣，例該于陝西甘肅驗放起送，即今現一起哈瑪爾丹等一十八名到京，爲因後起使臣未到，未及題賞。其經從海道，雖有先朝特旨，止是准令回還，不曾許從入貢。今若聽從海道前來，則後次倘有附近本地浮海番商，詭稱本處差來入貢，則既無勘合，又無印信，何由知其真僞？就使的係本處差來使臣，則既從陝西，又從海道，濫冒差人，糜費財幣，終無窮已。且又令其習知海道，啓意外之虞。即今各處地方，水旱相仍，人民窮困，卻乃疲中國以供遠番，費有用而易無用，臣愚見深謂未便。

伏望皇上念生民財力之艱難，察番人詭冒之姦計，斷自宸衷，阻其使臣，盡卻所貢。仍差的當行人一員，馳驛前去，沿途跟訪，隨其所在，會同巡撫或巡按，及合屬司府官，就于所在地方支給官錢，量爲宴勞。

仍依例給與廩給腳力，送回廣東，量予賞賜，嘉答其意，將原來船隻，官爲修理，著令撑駕回還。仍請敕一道，曉諭阿哈瑪特王，❶謂「爾忠敬之心，朝廷具知，但差人進貢，只宜照依常例，量備駝馬，從陝西陸路赴京爲當。其獅子、鸚鵡，不係常有之物，不必遠涉海道來進」，如此，則遠方諸國知明天子之所爲，有非彼之所能測，然後益崇俊良，益修政治，使家給人足，禮樂興行，邊域無警，萬邦賓服。如此，則雖四靈畢至，未足以增光盛治，矧一猙獰異獸，亦何足以爲明時之輕重哉！

再照，鎮巡等官均受朝廷重寄，明知海南諸番國惟占城、真臘、暹羅、滿剌加、爪哇等處入貢有勘合者，例該于廣東布政司比對、起送赴京，其餘不許起送，係是定例。今賽瑪爾堪差來進貢，既該委官千户孫祥等呈報，各官自合遣人諭以朝廷事例并詔旨事理，阻回爲當。如果番性執拗，不肯依從，亦合以理阻留在彼，差人星馳具奏，候請明命，以爲進止可也，卻乃即便差人起送，似此故違，亦合參究。伏乞聖裁。

疏入，帝從之。

請嚴捕近京盜賊疏 弘治二年

余子俊

臣竊惟京師乃宸居所在，四方萬國所歸，人煙輳集，買賣繁華。實有一等不務生理、各處逃往軍匠、囚徒，心腹相結，三五成羣，爲非作歹，人號「喇虎」。迨至家業蕩盡，卻乃賭博、抹牌、下棋、打雙陸、踢氣毬，贏

❶ 「阿哈瑪特」，明代譯作「阿黑麻」。

者得財，仍恣所欲，輸者喪氣，袖手無爲，遂至飢寒迫切，發起盜心，往往京師肆行劫掠。防微杜漸，誠不可緩。

乞敕五府、六部、六科，各差有力量屬職官，共五十五員，内給事中五員，會同錦衣衛堂上官并巡城監察御史，督行五城兵馬司、順天府委官，通將城裏城外官民，排門不越一家，取勘果有容留賭博，不務生理，來歷不明軍匠、囚徒等項，許于各官處出首。係民者送户部，係軍者送兵部，係匠者送工部，遞發原管官司收候。無籍貫者，送五城兵馬司監候，事畢另議定奪。以後再有逃來者，查係發遣之數，果曾原犯死罪，遇蒙恩例得免，仍送原問衙門擬以死罪。鄰右、窩家，今次並以後容留、隱蔽不舉，俱與犯人同罪。各官就行審編火夫，除例該優免本身、户下二丁，及止優免本身，及官員優免本身一門外，其餘大小人家，不拘幾丁，盡行編爲火夫，輪流坐鋪。每夜務勾一十五名，并力捕盜，務在得獲。不獲者，巡城御史參奏責戒，鄰右不行救護者，就行送問。獲賊之日，要問出窩家。不服審編及審編不出者，果係應請旨者，具實參奏，餘人就行送問。其火夫文册，各官將稿付與兵馬司類造。

仍乞敕禮部，查例禁約官民人等本等衣服、靴帽等項，不許僭分過侈，以足財用，以省奸盜。其迤南、北直隸三路軍衛、有司，照舊設立火夫，防護道路，及禁約往來人等早宿明行，不許中賊奸計。如果遇賊，勢不能敵，星馳通報，京營差去把總官員撲捕，毋得隱匿。再乞聖旨榜文，將前項弭盜事由，詳載于内，昭示臣民，以爲遵守。各官此外再有所見，何者爲致盜之弊，何者爲弭盜之方，俱令條奏，以俟酌行。臣謹奏。

疏入，帝從之。

恤民弭災疏弘治二年

馬文升

臣謹奏：照得先准禮部咨，該司禮監太監韋泰傳奉聖旨：「近日京城雨水爲災，南京又奏大風雷雨之異，朕當檢身飭行，祇謹天戒。爾文武百官，尤當各加修省，勉其圖報，毋事因循。各衙門政事，有缺失當舉行、改正的，斟酌停當來説。禮部知道。」欽此。欽遵，轉行到臣，除仰遵聖諭，痛加修省，及將本部當舉行、改正事宜先行條奏外，臣惟天命人君以出治，人君命臣以分治，皆所以爲民也。洪惟我朝列聖相承，咸能愛養斯民，使得其所，深仁厚澤，洽于民心，故今百十餘年，民之愛戴，無異成、周。但生齒日繁，地土有限，豐收之年尚可度日，一遇凶荒，輒多餓殍。況邇年以來，差役繁重，科派無度，且如京畿之民，既有擡柴、砍柴人夫，每名一年用銀二十一二兩，雖曾減去四五兩，尚有一十六兩之多。又有寄養孳生馬匹、京班皂隸、各閘閘夫，及内府各衙門黄穰苗、撞竿等項差辦，非止一端。每一州縣，一年多者用銀三四千兩，少者一二千兩。至如通州，雇倩接應人夫，一年各縣協濟，亦用銀數萬餘兩，而税糧、馬草不在其數。往年全靠多餘土地幫助，近被皇親、功臣、勢要之家占奪已盡，民之困苦，所不忍言。嗟怨之聲，盈于道路，致災之由，恐在于此。非獨畿甸之民如是，而天下之民皆然。又如南京内官監成化年間具奏，徑行南京工部坐派南方各布政司銀硃、土硃、生漆、鐵線、肥皂，各五萬斤，共該用價銀二十餘萬兩，其他買辦，又不可勝計。民困財竭，誠未有甚于此時者也。

幸遇皇上嗣登寶位以來，布德施惠，節儉愛民，凡百無益之事，悉皆革罷。然猶有災異者，此蓋天心仁愛，示此儆戒，正欲皇上仰體祖宗之心，以安養斯民，以撙節財用，以培植國家，而鞏固皇圖于億萬斯年也。且天下之民，固所當愛，而畿甸之民，尤所當深愛也。今順天等八府之民，既有前項徭役，又遭此水患，加以秋收無望，即今已有缺食流移者，冬末春初，必須賑濟。若徭役不減，照舊徵收，是所濟者，不及十之二三，而取于民者，十之八九。内而飢寒切身，日無所給，外而嚴刑峻法，日加箠楚，隨濟隨追，欲民之不逃亡，不餓死，豈可得乎？其追賠馬匹、擡柴夫役，已經兵、工二部覆奏，暫且停追外，其餘科派徭役尚多，若不通行查勘，痛加減免，不惟逃亡餓死，又恐致有意外之虞。

自古人君，欲回天意而弭災變，必先愛民而節財用。伏望皇上法成湯之子惠困窮，思周文之惠鮮鰥寡，乞敕户部速行巡撫直隸都御史，轉行順天等八府，除糧草外，各將本府所屬現今一應買辦、歲辦，併各項徭役，共若干項，每項用銀若干兩，通共用銀若干兩，作急具奏。候奏報之日，該部會同各部、都察院、大理寺、通政司、六科十三道，從長計議：某件合當暫且停免，某件合當量爲裁減，中間果係内府緊關合用之物者，該部支給官錢買辦送用。仍通行浙江等十三布政司並南直隸應天等府，今後每年終，將奉到兩京各部勘合坐派所屬一應買辦物料，及歲辦之物，備開件數，併該用價銀數目，備細具奏。仍照前會官計議，當裁減者奏請裁減，當停罷者停罷，永爲定例。内外諸司衙門，敢有故違，擅自朦朧具奏增添者，許科道官指實劾奏究治。仍乞敕户部，豫先區畫賑濟被災州縣飢民錢糧，以備臨時之用，併將各免糧草，作急定奪蠲免。庶民困少蘇，天意可回，災異可弭，而祖宗之鴻業，可以保之億萬年而不替矣。臣叨居大臣，同國休戚，覩茲災異，義所當言，不敢緘默。

疏入，得旨：「是。户部知道。」

正罰俸疏弘治二年

馬文升

臣伏覩《大明律》内一款：「凡祭祀及謁見園陵，若朝會行禮差錯，及失儀者，罰俸錢半月。」欽此。又伏覩《大明令》内一款：「凡民官月俸，錢米相兼，罰俸止罰俸錢。軍官月俸錢米，如遇罰俸，合與民官一體折算，追罰俸錢。」欽此。此我聖祖立法，蓋因文武官員，凡有小過輕犯，不即加罪，止是罰俸，而又止罰俸錢，猶存俸米，使之得以養其妻子，不至失所。情法兩盡，其仁愛優恤臣下之心，雖古帝王無以加矣。但《令》内所載，年久未曾申明，近年以來，文武官或有大小罪責，荷蒙朝廷寬容，罰俸有一月、二月者，有四月、五月者，户部行令，將月俸不分錢米，盡行住支。況邇因水旱災傷，倉糧數少，即今各官月俸，止支本色米三分，折色錢鈔七分，若不分錢米，全不關支，妻子無所養贍，未免啼飢。大官猶可，小官何以度日？誠非聖朝頒禄養廉、既富方穀之意也。恭惟皇上嗣位以來，凡事法祖，一應舊章，悉皆舉行，天下臣民不勝慶幸。乞敕户部遵依《大明令》内所載事理，通行在京大小衙門，今後凡奉欽依罰俸者，止將月俸折色銀鈔照數住支，仍存本色養贍妻子。庶祖宗舊章得以昭明，罰俸官員感蒙惠澤。臣叨任大臣，事干國體，所當言者不敢緘默。

疏入，得旨：「是。」

進鹽場圖册疏弘治二年

彭韶

臣伏聞自古聖帝明王，莫不以稼穡艱難爲念，其忠臣賢士，亦莫不以敷陳民事爲先。故有以《豳風》《無逸》親書以進者，有以農桑耕織繪圖以進者，甚至有獻流民圖者。要之，豈能盡夫民間百色艱難之狀，但于深宮之中，即是少寓目而動心焉，亦不至草芥以取之矣。然庶民之中，竈户尤苦，惜乎古今未有圖詠，士大夫少知之者，況于在上之人乎？臣近履鹽場，始識其概，謹爲陛下陳之。海鹽煎熬，全資人力。竈户饒給之家，丁多力盛，因山海自然之利，無門户不足之憂，誠與樂土之民等也。貧薄之人，雖有分業塗蕩，然自來糧食不充，安息無所，未免豫借他人，凡是煎課餘利，盡還債主，而本身之貧有加無減。故其艱苦，難以言盡。小屋數椽，不蔽風雨，脱粟糲飯，不能飽餐，此居食之苦也。山蕩渺漫，人偷物踐，欲守則無人，不守則無入，此蓄薪之苦也。曬淋之時，舉家登場，刮泥汲海，午汗如雨，雖至隆寒砭骨，亦必爲之，此淋滷之苦也。煎煮之時，燒灼薰蒸，蓬頭垢面，不似人形，雖至酷暑如湯，亦不能離，此煎辦之苦也。不分寒暑，無間陰晴，日日有課，月月有程，前者未足，後者又來，此徵鹽之苦也。客商到場，咆哮如虎，既無現鹽，又無抵價，百般逼辱，舉家憂惶，此賠鹽之苦也。加有疾病死喪等事，尤不能堪。逃亡别處則身口飄零，復業歸來則家計蕩盡，誠爲去住兩難，安生無計。孟軻謂窮民無所歸，此等是矣。所宜加意矜念，遇事寬恤，蓋雖未能使之頓如其願，然亦足以示朝廷存記不忘之心，彼將有所感動仰慰，雖困極無復恨矣。臣今將鹽場景象、事情，略分八節，各繪爲圖，每圖各述以詩，裝寫成册上進。伏乞萬幾之暇，俯垂睿覽，庶幾目擊貧竈之迹，臣不勝願幸之至。

疏入，帝從之。

御選明臣奏議卷七

論内外不可異法奏弘治三年

王　恕

臣竊聞古人有言「國無賞罰，雖堯舜不能爲治」。臣謂賞罰不當，與無賞罰同，何以勸善懲惡、服天下心？天下不心服，則萬事瓦解，雖有智者，不能善其後矣。諸葛武侯有見于此，故告後主有曰：「宫中府中，俱爲一體，陟罰臧否，不宜異同。若有作姦犯科，及爲忠善者，宜付有司論其刑賞，以昭陛下平明之治。不宜偏私，使内外異法也。」斯言也，實公天下之格言，服人心之要道也。雖爲後主告，實所以爲萬世人主告也。臣伏覩昨者發落南京御史姜綰等聖旨，似與武侯之言不同，大駭物聽，誠恐天下聞之，謂「今聖明之時，内外異法」，豈不有傷陛下平明之治乎？臣實不忍，敢不昧死言之。且姜綰等與太監蔣琮交相訐奏，互有虚實，姜綰等既降調其職，侍郎黄孔昭等被其連累，亦各罰俸三箇月，豈宜獨宥蔣琮之罪，而不爲之處置乎？夫爲此一人，遂廢天下之公論，壞國家之政體，豈陛下之本心，蓋未之思耳。

臣荷聖恩，起于既退之餘，加此一品之職，非徒富貴之也，蓋欲朝夕納誨，匡輔至治，臣知此事未宜而不言，是不忠也。倘異日陛下自覺其非，豈不以不忠責臣乎？縱使陛下終不覺悟，臣亦安忍坐視乎？昔子思言于衛侯曰：「君之國事將日非矣。君出言自以爲是，而卿大夫莫敢矯其非。卿大夫出言自以爲是，而士庶人莫敢矯其非。君臣既自賢矣，而羣下同聲賢之，賢之則順而有福，矯之則逆而有禍，如此則善安從生？」由是言之，是君不可以不聽言，臣不可以不進言也。臣伏願陛下追還前旨，另行裁處，務合公論，使彼此心服，天下無得而議。將見盛德大業，可以與天地相爲悠久矣。

疏入，得旨：「這事已發落了，罷。」

再論内外不可異法奏弘治三年　王恕

臣昨伏覩發落太監蔣琮及南京御史姜綰等聖旨，昧死上言，欲望陛下追還前旨，另爲裁處，以昭公道，以服人心，且免天下後世「内外異法」之議。是臣惓惓爲國之心，非敢徇情妄言，以惑聖聽，自取誅殛之罪。伏奉聖旨，以爲「事已發落了訖」，臣惟此事雖小，關繫治體甚大，設未得其當，雖再易之不爲過，要于其當而後已。若謂已發落即不可易，古之所謂從諫如流者，所從者豈皆未發落事乎？漢文帝欲重犯蹕之罪，張釋之曰當罰金，欲族盜高廟器者，張釋之曰當棄市。文帝雖發怒，終從其言，未嘗以不合己意而不從也。伏願陛下昭日月之明，察芻蕘之言，廓天地之量，赦狂瞽之罪。乞將前事再加檃括，別作處置，使内外無分彼此，而人心服，則治體不致虧損，而朝廷尊矣。

疏入，得旨：「朕意以蔣琮守備，不宜輕動，如何又這等來説？不准！再不許來奏擾，該衙門知道。」

恤民弭災再奏疏弘治三年

馬文升

臣聞天命人君，居大寶之位，享天下之奉，所以爲民也。人君簡賢任能，分布庶位，亦所以爲民也。蓋民爲邦本，本固邦寧，民心之向背，天命之去留，宗社之安危繫焉。故臯陶告舜曰「在安民」，孟子之美文王曰「視民如傷」，《易》曰「節以制度」，孔子曰「節用而愛人」。蓋侈用則傷財，傷財必至于害民，故愛民者，必先于節用也。仰惟皇上聰明睿知，文武聖神，于帝王傳心之法，得之已深，而帝王致治之要，行之已效。然而近年以來，各處水旱蟲蝗、晝晦地震，是皆災變之大者，非皇上仁民之心有未至，蓋天心仁愛，示此災異，欲皇上側身修行，戒謹恐懼，節儉愛民，以隆祖宗莫大之洪業，于億萬斯年而不替焉耳。皇上亦當仰答天意，思繼祖宗克勤克儉，而愛乎民焉。

臣謹以民之困苦言之。且如河南、山東、南北直隸府州縣，每年該備用馬二萬匹，每馬一匹，用銀一十五兩，共該銀三十萬兩。惜薪司砍柴、擡柴等項人夫，一年共用銀三十萬兩，京班皂隸六千七百餘名，該柴薪價銀八萬餘兩。通共該銀六十八萬兩。及各王府郡王、將軍、郡主、郡君等位，生者蓋造府第，薨者修理墳園，及祭祀等項，又該銀數萬兩。而買辦、採辦、秋夏稅糧、水馬驛站，又該數百萬兩。且天下之生財有限，不在官則在民，以有限之財，應無窮之徵，年年如是，欲民之不困，財之不竭，豈可得乎？民財既竭，一遇水旱災傷，流移死亡，餓殍盈途，所不忍言。加以官吏之貪酷，惟知催科之緊迫，小民困苦無所控訴，嗟怨之聲上徹于天，災異之召，實由于此。況近來内府各衙門，坐派諸色物料、供應牲口等項，較之永樂、宣德、正統年間，十增其三四，該部依數派去，有司徵收，急于星火。北方之民，别無恒産，止是種田，既要完納糧草，又要備辦料徵，收成甫畢，十室九空，啼飢號寒，比比皆是。即今河南、山東、陝西、山西，及南直隸揚州等府，俱被旱災，又多蝗蝻生發，加以官府追徵遞年拖欠錢糧，及買辦等項，小民變賣田産已盡，計無所出，逃亡數多。倘來春青黄不接，所在倉廩空虚，無所賑濟，其勢必至人自相食，而意外之虞遂起。賑救之儲，不可不豫。

伏望皇上上思天命之眷顧，宗祖之付託，下念小民之艱難，凡百用度，務從儉約，無益之費，量爲減省。敕内府各衙門，今後凡派出合用營造物料，務要會同該部計算各庫會有會無、合用若干，方奏行該部，斟酌合該司府地方，有無災傷，分派前去，依數送納，不許似前多派，一概具奏。若有故違，雖奉有欽依，該部亦要明白覆奏減去，亦不許依奏分派累民。仍乞敕該部，將前項果被災地方一應拖欠錢糧，並買辦、採辦等項物料，暫且停止。果係内府緊關合用之物，許借支官銀買辦應用。其在京各衙門大小官員、皂隸，係補助俸糧不及，難以停止，亦暫派江南王府頗少、並無南京各衙門皂隸去處十分之三，不必令人前來，止照例總解。柴薪價值自弘治四年爲始，候豐收之年，照舊分派原僉去處。應當十分災傷去處，户部仍豫先差官前去整理賑濟錢糧，若臨時前去，人民逃亡，緩不及事。其該追虧欠倒失馬匹，亦暫免追補備用之數，災重去處，暫減三分，明年收成後，仍前補解。

再乞敕各該巡撫都御史，將所屬州縣一應科差當停止者，徑自斟酌停止，當具奏定奪者，明白具奏，凡可以蘇民困者，聽其便宜處置。所屬官吏，果有恣肆貪酷、的爲民害者，就便黜罷；勤于撫字，深得民心者，量加旌異。又督令布、按二司分巡、分管官員，務照都察院奏准事例，常川在各管地方禁革奸弊，訪察民隱，區畫倉糧，撫恤流移。凡有不急之務，不許擅自興造。一應公移債負，不許擅自逼追，一夫不許擅役，一毫不許擅科。大小詞訟，不許濫受，以致監禁人民。分巡、分管官敢有故違事例，不時回司延住，坐視民患者，許巡按御史指實參奏究治。仍行在京大小衙門官員，各要敦尚節儉，不許過爲奢侈。庶民困少蘇，天意可回，而災異可弭矣。伏望皇上俯賜施行，天下幸甚，斯民幸甚。

疏上，得旨：「該衙門看了來說。」

清理刑獄疏 弘治四年

馬文升

臣伏覩宣德三年三月初四日欽奉宣宗皇帝敕諭内載：「聖人制刑罰，用昭天討，以弼治化。刑罰當，則天道和平，人心悦服，國家天下並受其福。否則，感傷和氣，災沴百出。是以古者帝王，必慎簡刑宫。我國家稽古爲治，建三法司，自祖宗以來，慎重人命，務在恤刑。」欽此。及讀《大明律·保辜限期》内一條：「手足以及他物毆傷人者，限二十日。以刃及湯火傷人者，限三十日。折跌肢體及破骨、墮胎者，無問手足、他物，皆限五十日。」莊誦再三，不能無疑。夫鬭毆成傷，既立辜限，則辜外身死，當依本條。今《律》云「辜内因傷死者，以鬭毆殺人論」，該載已明，其「在辜限外及雖在辜限内，傷已平復，官司文案明白，別因他故死者」，又若「各從本毆傷法」，該載亦明。今問刑衙門，未審據何所見，遇有毆傷辜外死者，不分原傷有無平復，輒依毆殺之條，坐以絞罪，恐非律文之意。曰：「辜外因傷死者，不合償命，則死者何辜？」誠如所云，則「辜限」一條，可以删去矣，何用保辜哉？況本條又云：「若折傷以上，辜内醫治平復者，各減二等。辜内雖平復，而成殘廢、篤疾，及辜限滿日不平復者，各依律全科。」竊詳立限之意，惟以限滿爲期。若傷未平復，辜限一日不滿，雖笞杖之輕，未敢便決。蓋恐被傷者死，必令償命，則杖刑難贖。若辜限已滿，傷未平復，雖徒流之重，就便斷決，隨即發遣。且限滿不平復，毆傷必重，有死之理，若該償命，豈肯遽以毆傷全科其罪乎？假有毆人至篤疾，該杖一百，流三千里，仍將犯人財産一半，斷付篤疾之人養贍，設使被毆之人限滿不平復，既將犯人坐以全流，又斷以財産，若斷後被毆之人因傷身死，復坐以死，則非惟立法有無紀極，而前之已流、斷付財産，又何所處乎？今笞杖徒流悉依此斷，獨辜外死者不依此條，何其不攷律意，而矛盾若是也。

及覩《墮人胎》條内註云：「墮胎者，謂辜内子死者，乃坐。其雖因毆，若辜外子死者，各從本毆傷法，不坐墮胎之罪。」以此推之，則辜外因傷死者，不坐以死明矣。謹按，太祖高皇帝制律之時，屢詔大臣更定新律，至五六而弗倦者，凡欲生斯民也。後又敕刑部尚書劉惟謙，重會衆律，以協厥中。每一篇輒繕成書上奏，揭于西廡之壁，親御翰墨爲之裁定。雖笞杖徒之輕，尚歷歷明著其罪，若辜外因傷死者，律該處死，必明定其罪，如何又云「各從本毆傷法」乎？昔待制馬宗元之父馬麟毆人致死，雖在辜限四刻之外，尚不抵死，蓋以刑主欽恤，法無久近，我祖宗立法初意，正在于此。故《名例律》云：「凡稱日者，以百刻。」又曰：「八十以上，十歲以下，犯反逆、殺人應死者，議擬奏聞，取自上裁。九十以上，七歲以下，雖有死罪，不加刑。」夫五刑之條，莫重于反逆、殺人，矜其老幼，猶不加刑，況鬭毆不過一時忿怒，彼此交争，初無殺意，比之謀殺、故殺不同，所以特立辜限。若辜外因傷死者，一概坐以絞罪，是與辜内因傷死者之罪，無異矣，豈祖宗欽恤之意乎？伏乞斷自宸衷，或敕都察院會議，奏請通行内外問刑衙門，今後問擬鬭毆辜外因傷死者罪名，合無照依「辜限」條内該載擬罪，難復仍依「鬭毆殺人」律條科斷，務求至當，永爲定規。毋曰行之已久，難以更改。如此，庶欽恤稱情，人心悦服，而辜限一條不致虚設矣。

查得先該本院奏爲「講明律意以重民命事」，近年以來兩京法司官員，或由進士初除寺正、寺副、主事、評事，或由知州、行人就陞員外郎、郎中，而御史亦多知縣所除，到任之後，未經問刑，就便斷獄、公差，所以于律條多不熟讀，律意亦不講明，所問囚人，不過移人就律，將就發落。笞杖徒流，縱有所枉，爲害未大，至于人命，一有所冤，關繫非輕。有將强盗窩主未曾造意同謀，官吏因公毆人致死本無挾私故勘，而俱擬斬罪者，本係故殺，卻擬鬭毆殺人絞罪者。其他以是爲非，以重作輕，且以法司尚然，則其餘府、州、縣、衛所囚犯，枉抑而死者，又不知其幾何。此皆原問官員律學未講，律意未明之故也。乞敕兩京法司堂上官督令所屬，天下都、布二司督令斷事、理問，及浙江等按察司官，並各府推官，各要將《大明律》條熟讀講解，深明其意，不許似前忽略，置而不講。其問囚之際，參錯訊鞫，務在得其真情，方纔取招。議罪之時，尤須原情定擬，不許輕易，致死有冤抑，獄成之後，難以分辨明白等因，具題。奉聖旨：「是。」欽此。已經通行欽遵去後，今評事魯永清奏稱前因，臣會同刑部尚書何、大理寺卿馮等計議：

竊惟條律之設，肇自往古，我朝斟酌最爲適中。且互相鬭毆，若于虚怯致命去處被傷，即時身死者，律有明條，固不暇論。其餘致傷有輕重，所以辜限有遠近。保辜者，毆人成傷，保其犯人之罪，責令醫治被傷之人，恐其致死，使彼此各全其生也。《律》曰「辜限内，皆須因傷死者，以鬭毆殺人論」，律條甚明，固無别議。又曰「其在辜限外，及雖在辜限内，傷已平復，官司文卷明白，别因他故死者，各從本毆傷法」，且「其」者，變于先意，「及」者，事情連後是言，若在辜限内，傷已平復，不因毆傷，别因他病死者，止擬毆傷本罪，不坐毆殺之條。曰「别因他故死者，從本傷法」，則限外因傷死者，雖不明開以鬭毆殺人論，而其意亦甚明矣。不然，何以折傷以上又曰「辜限滿日，不平復者，依律全科」？且折跌人肢體，致成殘廢、篤疾，尚流三千里，又將犯人財産一半，斷付被傷篤疾之人養贍，若因毆人頭傷，風從頭瘡而入，限外死者，既不坐死，又不斷付財産，而止擬毆傷流罪，則是于死者反輕，于生者反重，不惟死者含冤于地下，而彼孝子慈孫亦抱恨于生前矣。

再攷《祥刑要覽》載，待制馬宗元之父麟，毆人被繫，守辜而傷者死，將抵法。宗元推所毆時在限外四刻，因訴于郡，得原父死者，蓋唐律文云「保辜限内死者，依殺人論。限外死者，依本毆傷法」，無「别因他故」字様，于我朝《大明律》「保辜」條内，文意自不同也。但人多不肯講明，往往引宗元爲説而致疑耳。且人命至重，律文之意，況限外因傷而死者，擬以鬭毆殺人絞罪，自國初至今已踰百年，若有所疑，前人豈不具奏？合無今後凡鬭毆傷人，如前折跌人肢體、毀敗人陰陽、破人骨、墮人胎、斷人舌等傷，官司責其保辜限内不能平復，纏綿至于限外而死，情真事實者，仍擬鬭毆殺人絞罪，原問衙門臨時備由，奏請定奪。其辜限内傷已平復，官司文案明白，别因他故死者，務與推究真情，力爲辯明，不許拘于限内，畏懼原告刁潑，將被告之人一概問擬死罪，致有冤抑，有傷和氣。庶于律意不違而刑罰罔濫，事體歸一而法司有據矣。

疏入，帝不納。

諫寧府用琉璃瓦疏 弘治五年❶

林俊

臣竊見寧殿下累乞琉璃瓦，重荷聖諭：于引錢内支二萬兩給换。仰見陛下聖仁廣大，惇敘九族盛心，然觀鎮巡議奏，欲俟年豐定奪，是巽言不當與也。工部覆奏，謂規制雖相應，事體實可止，又恐重累地方，作例各府，是正言不當與也。迨寧王又奏，工部又執奏，是申言決不當與也。陛下先可部議，是明示不當與也，後從其半，是婉示不欲與也。士夫及耆壯公論謂「寧府多此一舉」，是中外人心皆謂不當與也。寧王讀書明禮，聰察識事，斷不爲此以損賢名，偶未之思耳。

夫事，有可爲有不可爲，有可已有不可已。江西公私匱竭，人民滋困，盜賊未息，此何時也？意者引錢無預于民，不知存積僅二萬七千餘兩，益府宫殿蟻蠹，益殿下現移東寢，萬分驚虞，修葢之費約三萬餘兩，此不可已者也。淮府造墳，順昌王、崇安王鎮國將軍起第，已支五千三百餘兩，後來未計，此不可已者也。所存儒學文廟傾頽，問其故，謂科例嚴，所司顧忌不修之致，此不可已者也。各處豫備倉穀數少，問其故，謂罰贖解部，所司計無自出，此不可已者也。官軍俸糧通融節縮，歲支尚少四萬四千餘石，此不可已者也。臣嘗見楚府殿燬久未葢，荆府多敝漏，淮府同一江西，頽垣朽柱，東拄西撑，飄瓦斷椽，脱落大半，居然廢址，在民

---

❶ 「弘治五年」，據《明孝宗實録》卷一九九、四庫本林俊《見素集》附録上《編年紀略》，此疏上於弘治十六年五月。

庶尚不堪。惟寧府完美堅緻，金碧燦煌。夫于義，不可已、有可爲，割財內帑爲之，未過也；有可已、無可爲，又何必爲此等事哉？古者采椽不斲，茆茨不翦，土階贊堯，卑宮贊禹，儒服紀河間，樂善紀東平，湘州之約儉，鎮西之輕財，聖帝明王，所以揚盛休、垂後美者，端亦在是。

寧府移封之初，親至親也，已不用琉璃再造之，會國至富也，又不用琉璃，豈亦慕采椽茆茨之盛規，崇古尚質，示樸以垂憲如此哉？今歷百年，傳數世，一旦無故而遽改之，孝子順孫，所以順祖考者，義不當如是。夫前之失，後人尚諱之，前之善，後人忍改之耶？改則盡沒之矣。沒之，非孝子；沒之，非順孫。謂賢王肯爲之耶？臣所謂偶未之思者也。況性習難静易動，難儉易奢，操之猶懼，或放縱之，何往不流？賢王春秋方盛，德業方始，求之身心，自有專務，而規規循常文具之間，以毁前人法則，臣未知其可。臣數侍賢王，言論多師法古人，又誤被禮愛獨至，臣深感切，若無益于賢王，罪死罪死。臣往年疏府第之制，以不用琉璃，美寧先王，義不當以用琉璃諛今王。且小人先合後忤，君子和而不同，臣欲愛德市義完賢名，不欲貢諛順旨虧至孝。孟軻曰：「齊人莫如我敬王。」臣拘儒，不識通變，但知報王，道當如此；竭忠盡愚事陛下，道當如此。寧王静思幡悟，必有創于臣言者。伏望聖明篤懿親，斷大義，垂善道，使賢王德如純璧，名若完甌，毋涉吴王几杖之賜、叔段京鄙之求，正大明白，恩不掩義，爲世世頌美，幸甚。臣無任隕越，俟罪之至。

疏入，帝不納。

請振紀綱疏弘治五年❶

蔡　清

臣伏見近日彗星之異，天道高遠，其果爲人間何事而見，固未可必知。然以目前之事計之，或者外敵之勢方張，而吾所以禦之之具，無一可恃，天之意其爲此耶？臣謂此病症也，非病源也。數十年來，上下玩安忽危，紀綱日以廢弛。紀綱日廢，則士風日弊，士風日弊，則民力日屈，民力日屈，則國勢危矣。歲復一歲，如種在地，萌動有期，雖使無邊場之警，亦將有境内之憂。故今日急務，在朝廷之紀綱，而其次在邊境。紀綱既振，朝廷既正，疆場自固，要荒自服矣。

何謂紀綱不振？臣姑以耳目所及者言之。前歲皇上諭令羣臣，陳時務得失，于是兩京科道官請以皇上所得李廣受朝士賄賂簿籍，按行黜罰，此亦修省之大節目也，而中外臣僚徇情爲己，曲相彌縫，竟使皆得無恙。縱以人衆爲疑，亦當去其太甚，奈何明明指曰「某爲姧之首，某爲佞之魁」，而乃晏然朝端，其所貶逐以應天變者，僅言事御史胡獻一人耳。即此一事，皇上所親見而切齒者，臣下猶能巧計彌縫如此，況其他可以游詞浪説，眩惑于君門萬里之外者哉。紀綱之廢弛，一至于此，士大夫風俗安得而不壞乎？故一波動，萬波隨，謂罪皆可以計免，何用惴惴懷刑？謂功皆可以權得，何必孜孜從事。苟可以利其身，赤子之填委

❶「請振紀綱疏」，據四庫本蔡清《虛齋集》卷一《管見上堂尊》，此「疏」爲蔡清之兩篇書劄合成，非奏疏。「弘治五年」，據此疏内容及《明孝宗實録》卷一四三、卷一六一等，此疏應作於弘治十三年。

溝壑，不暇恤也；苟可以利其家，朝廷之大事所繫，不暇顧也。士風如此，民力之屈，尚忍言哉！今民之貧者無立錐之地，而宦官廝養、宅舍擬于公侯，金銀動以萬計，此皆萬民膏血所萃也。朝廷錙銖而取于民，以爲士馬之資者，乃多充牣于庸將之家，轉運于權倖之門，于是兵弱不能衛民，敵騎一至，而邊氓之身家蕩然一空。臣虞今日國中之虚實，外敵亦當知之過半矣。蓋士風弊則人才乏，民力屈則兵力弱，今日天下大勢皆然，故謂備禦之具，無一可恃也。其可不及是時而振吾紀綱，以救藥之乎？

夫賢者必用，不肖者必去，有功必賞，有罪必罰，此紀綱之大要，而朝廷之所以爲朝廷者也。方今堂堂天朝，幅員萬餘里，尊無二上，足兵足食，綽綽有餘裕者，惟紀綱朝振則國勢夕張矣，不然地大不足恃，久安更可危也。周世宗高平之戰，纔一按誅敗將何暉、樊愛能等，而兵勢遽赫然改觀于俄頃之間，自後百戰百勝，率如破竹之勢。則紀綱爲國之命脈，舉四肢，貫百骸，至重而不輕也明矣。若夫紀綱之根本，則又在于人主之一心。故心正而後事可理，理明而後心可正，講學而後理可明。學必正學，毋循于文藝之末，而後有明理之功。其要不外乎真氏《大學衍義》一書所言矣。此一書者，真聖學之綱領也，人主不但于經筵日講，凡深宫燕居之際，終食造次之頃，皆當時時誦服，不少遺忘。務使其言浸漬融化于一心，而時出迭見于應物之間，然後爲有得，而天下事皆可無俟多言矣。不然，安得事事而争之，日日而正之也哉？此雖書生之常談，其實不易之至理。蓋不患外患之不弭，而患朝廷之不治，不患萬事之不理，而患君心之不明。

今日兵備廢弛，邊境爲尤甚，其當救爲尤急。蓋朝廷養兵，本以制敵，而今多役于權要之門。朝廷給財，本以養兵，而今多落于權要之手。氣勢不振于未戰之先，威令不行于方戰之際，功罪不明于既戰之後。

我之虛實，既素爲敵之所窺，敵之虚聲，益足爲我之所畏。今欲救之，糧賞宜遣朝官以頒給，不必悉關白于將領。私役宜專委官以訪察，無事則蓄養其才力，非親得雋于矢石之間者，不得冒功。宜從兵部報効試中者乃遣之，一或敗事于旗鼓之下者，不得逃罪。宜委方正官員紀功者并察之，然其要，在于將帥之人品不凡。人品不凡，則無事于防察以妨其權，其機在于朝廷之紀綱振舉。紀綱振舉，則自將帥以下，無不用命。昔儂智高屢敗官軍矣，一用狄青爲總帥，而南方遂平于旬月之内。唐憲宗討淮西，不用宦官監軍，而用裴度臨督，一舉而事定。蓋同此將領，同此士卒，同此器械糧賞，亦在乎所以用之者何如耳。此非經世之大本，似亦救時之急務也。

疏入，帝從之。

覆張九功正祀典疏議弘治六年❶

倪　岳

臣等謹詳：古制，天子祭天地，祭宗廟，祭社稷，祭天下名山大川，祭五祀。凡載于祭典者，皆有功德垂世，如祭法所謂：法施于民，以死勤事，以勞定國，能禦大菑，能捍大患，則祀之。非此族類，不在祀典。故孔子曰：「非其鬼而祭之，諂也。」又曰：「淫祀無福。」先儒亦曰「帝王無妄祭，無徼福」，又曰「明于天地之性，

❶「弘治六年」，據《明孝宗實録》卷一三、四庫本倪岳《青谿漫稿》卷一一《奏議·祀典三》，此議上於弘治元年四月。

不可惑以神怪。知萬物之情，不可罔以非類」，皆謂此也。自秦以降，乃多淫祠，歷漢至元，有因有革。迨至國朝，太祖高皇帝即位之三年，首詔天下，有曰「夫禮所以明神人，正名分，不可以僭差。今命依古定制：凡嶽鎮海瀆，並去前代所封之號，止以山水本名稱其神。郡縣城隍神號，一體改正。歷代忠臣烈士，亦依當時初封，以爲實號。後世溢美之稱，皆與革去，用稱朕以禮事神之意。其天下神祠無功于民，不應祀典者，有司毋得致祭」。欽此，欽遵。及《大明律》内一款：「凡私家告天拜斗，焚燒夜香，燃點天燈，褻瀆神明者，杖八十。若僧道修齋設醮，而拜奏青詞表文，及祈禳火災者，同罪，還俗。」又一款：「凡師巫假降邪神，書符咒水，扶鸞禱聖，自號端公、太保、師婆，及妄稱彌勒佛、白蓮社、明尊教、白雲宗等會，一切左道亂正之術，或隱藏圖像，燒香集衆，夜聚曉散，佯修善事，煽惑人民，爲首者絞，爲從者各杖一百，流三千里。」欽此，欽遵。其所以拯弊俗于千古，垂至戒于萬世，至深切矣。列聖相承，恪遵成憲，間有因所感應之事，而增益祠祭，或以萬壽、千秋等節，而修建齋醮，一時行之不察，後遂襲以爲例，因循莫改，增置益繁。異端之徒，轉相鼓煽，怪誕相乘，矯誣殊甚。

夫非禮之祭，非類之禱，近代帝王，固不能無。然絶地天之通，嚴幽明之分，在帝舜以爲當務之急。蓋非聖明之君，卓然有見，必不能深禁而痛絶之。此給事中張九功之言，所以深有望于今日者也。伏乞聖明敬事天地，孝事宗廟，嚴事山川百神。捨此之外，凡有一應齋醮禱祠之類，通行革罷。不惟屏斥異端之姧，亦可節省無益之費。該部仍通行天下，除應祀神祇，照舊致祭外，其餘非有功德、利澤及民，及不經奏勘，不合祀典者，即係淫祠。俱各查竅，盡行革去。僧道修齋設醮，師巫假降邪神，左道亂正者，嚴加禁約，敢有故違，依律問罪。其在京各宮觀寺廟神祇，出處不載于正經，功澤莫稽其顯跡，但係非時遣祭者，並皆停免。中間有經累朝崇建，難于輟廢，亦宜釐正其名號，減殺其禮儀。庶幾朝廷之上，允合乎聖祖以禮事神之心。至于祀典之存，亦足致乎帝舜至諴感神之妙。和氣協應，國祚綿長，人心以明，風俗以正。其于治道，誠非小補。今將查到在京各項祭祀，除太倉之神、漢壽亭侯關羽、宋丞相文天祥俱祀典應祭外，其餘各寺宮觀神祇，應否致祭緣由，逐一議擬開坐，伏乞聖明裁處。

疏入，帝從之。

請豫教太子疏 弘治六年

馬文升

臣惟太子，國之儲貳，社稷之安危繫焉，所當豫教者也。大《易》有養蒙之卦，《禮記》載教世子之篇，古帝王憂深思遠，未嘗不以此爲先務也。皇上嗣登寶位，敬天勤民，法祖圖治，至仁洽于四海，大孝隆于兩宮。皇天眷顧，祖宗垂佑，誕生皇子，寔出中宮。姿表異常，質性聰睿，玆已能言能行矣，不可不早爲教養也。蓋童蒙之時，良知良能，未有所誘，天真渾然。不早教之，一有放失，習與性成，他日雖有良師傅教之，亦難入矣。

爲今之計，必選醇謹老成、頗知書史宮人，如衛聖夫人楊氏者，保抱扶持。言語必教之以真正之音，行步必教之以端莊之舉。内庭之宴，鐘鼓司承應，不使之觀。元宵之節，鼇山之戲，不使之見。迨夫稍長，嚴敕東宮老成内臣，如太監覃吉者，先教之誦習《孝經》，使知孝弟之道，出于天性，仁敬之心，本于自然。至八歲，教之誦詩讀書，凡尊尊親親之等，仁民愛物之則，無不啓知，端其趨嚮。及其漸長，建立宫僚之時，仍乞敕内閣大臣會同各部、都察院等衙門堂上官，慎選名實相符、才德老成、學問醇博、端良重望之臣，以充其任。回邪詭秘者，不使之預。自此，日出春宫講論經書，涵養德性，使知窮理正心、修己治人之道。凡世事委曲，在所當知，人物賢否，在所當辨。與夫上天之所當敬，祖宗之所當法，百姓之所當卹，財物之所當惜。如此則内外輔導得人，而又教之于豫，皇太子德不至于堯舜文武之域者，臣未之信也。

臣以菲材，荷蒙列聖厚恩，叨任六卿之重，又蒙皇上加臣太子少保，正係東宫輔導之官。臣受任以來，夙夜惶懼，思無以報，惟在豫教皇儲，以成至德。今日之學與不學，係他日之治亂，是臣一得之愚，惓惓忠愛之意也。伏望聖明留意，天下幸甚，宗社幸甚。臣不勝戰慄隕越之至。

疏上，得旨：「是。該衙門知道。」

議疏黄河築決口狀 弘治六年

劉大夏

臣等議得：河南、山東、兩直隸地方，西南高阜，東北低下，黄河大勢，日漸東注，究其下流，俱妨運道。雖該上源分殺，終是勢力浩大，較之漕渠，數十餘倍。縱有隄防，豈能容受？若不早圖，恐難善後。其河南所決孫家口、楊家口等處，勢若建瓴，皆無築塞之理。欲于下流修治，緣水勢已逼，尤難爲力。惟看得山東、河南與直隸交界地方黄陵岡，南北古隄，十存七八，賈魯舊河，尚可泄水。必須修整前項隄防，築塞東注河口，盡將河流疏導南去，使下徐、沛，由淮入海。經水州縣，俱令隨處整理，庶幾漕河可保無虞。仍于潮神廟南北，各造滚水石壩一條，俱長三四十丈。中砌石塊一條，長十四五里，以圖經久。若此處隄防，委任得人，可以長遠。仍照舊疏導汶水，接濟運河。萬一河流東決，壩可以泄河流之漲，隄可以禦河流之衝。倘或夏秋水漲之時，南邊石壩逼近上流河口，船隻不便往來，則于賈魯河，或雙河口，徑達張秋北上，以免濟寧一帶閘河，尤爲利便。臣等仰知皇上洞見黄河遷徙之害，深爲國計民生之憂，凡智力所及，不敢不盡。但欲興舉此等工役，未免勞民傷財。今山東等處荒歉之餘，公私匱乏，人夫尚可起倩，財用無從取辦。況好逸惡勞者，怨謗易興；聽聲躡影者，議論難據。臣愚，乞敕户、兵二部，會同在廷羣臣，從長計處斟酌：前項工程，于理應否興止？倘以臣言可採，則其事宜速舉，其買辦木石等項銀兩，應于何處取用？應用匠作等項口糧，該于何處支給？逐一處分，明白定奪，行令臣等遵守施行。

疏入，帝嘉之，賜璽書褒美。

申明律意疏 弘治七年

馬文升

臣竊惟爲治莫先于德教，輔治莫先于刑罰。洪惟我太祖高皇帝，膺天眷命，奄有萬方。當前元入主之後，法度廢弛之餘，以爲刑乃輔治之具，不可不明，首命大臣更定新律，以一人心。又命刑官重會衆律，以協厥中，而垂法萬世。其勸善懲惡之意，無以加矣。且五刑之屬三千，而罪莫大于「十惡」。「十惡」之外，而情莫重于強盜，比之叛逆之徒，相去不遠。所以《強盜》條云「凡強盜得財，不分首從，皆斬」，例該決不待時。

所以禁暴去惡，懲姦止亂，而輔治者也。祖宗朝，凡錦衣衛捉獲強盜，❶綁赴御前引奏者，俱奉綸音，三法司、錦衣衛午門前當時會問明白，隨即具奏，奉有欽依，刑科三覆奏，就行處決。或有不待三覆奏而處決者。所以良善者知所勸，姦惡者知所懲，典刑既正，盜賊屏息。

至天順三年九月二十五日，該司禮監官傳奉英宗皇帝聖旨：「人命至重，死者不可復生。自天順三年爲始，每至霜降後，但有該決重囚，著三法司奏請，會集多官，從實審録，庶不冤枉，永爲定例。」欽此。蓋專指律該秋後處決重囚，臨決之際，恐有冤枉，故令三法司會集多官審録，恐強盜重囚不在其内。且強盜既該決不待時，緣何監至秋後處決？因有前該傳奉欽依，所以一向因循，但係強盜，不分贓之多寡，情之輕重，俱監至秋後，與秋後處決之囚，一同會審。比及會審之時，十死七八，存者監禁日久，翻異原情。能言者，俱作矜疑，情雖重而不決。柔弱者，俱作無詞，情雖輕而行刑。況處決之際，因是囚衆，多至日晚，或至更深，人多不見，甚非「刑人于市」與「衆棄之」之義。且情犯有輕重，故行刑有遲速，今常若如此，則自此終無「決不待時」之強盜矣。是強盜與鬬毆殺人者爲無異矣，又非歷代制律懲惡之意，欲強盜之息，得乎？

伏望皇上，今後凡錦衣衛官捕獲強盜，綁赴御前引奏者，乞照先朝故事，敕令三法司、錦衣衛堂上官，于午門前會問明白，追有贓仗，擬罪如律，備由具奏，奉有欽依，刑科覆奏，不必監候，隨即處決。中間果有情可矜疑者，亦要明白上請定奪。或有冤枉，亦與辯明。其法司徑問強盜，及「殺一家非死罪三人」兇犯，務在

---

❶「強盜」，原倒乙，今據四庫本乙正。

鞫問情犯明白，贓仗真正，毋撓于勢要，毋拘于成案，發大理寺審擬，合律類奏，奉有欽依者，刑科覆奏，亦就處決。庶有以正邦刑而懲奸惡，息厲階而安良善。其律該秋後處決重囚，照舊會審。

恭惟皇上寛仁慈厚，實同舜禹，而臣猶以此言進者，蓋此時强盗恣肆，劫財殺人，全無忌憚，比之往年，大有不同。殺一家非死罪三人者，往往有之。若不將强盗、兇徒依律不時處決，則恐厲階自此而生，將來有不可制之患矣。況辟以止辟，刑期無刑，帝王之盛事也。强盗有犯，不時處決，餘賊知警，是辟以止辟之意也。蓋兵刑二事，每每相須。惡之小者，以刑治之而有餘，惡至于大，雖兵加之而無益矣。臣叨掌邦政，弭盗安民，乃其職任，苟有所見，事干國體，不敢緘默。

疏入，得旨：「是。法司知道。」

請添巡撫疏 弘治七年❶

馬文升

臣竊惟我朝自宣德年間，各地方添巡撫官員，或都御史、侍郎，以節制三司。比時惟河南、山西、陝西、南直隸蘇松等府，設有巡撫官，其餘布政司，止是不時差遣大臣巡視，或一年二年而回。所以三司官員，互相因循，府司官員，惟知貪利。以致福建賊首鄧茂七、浙江賊首葉宗劉、廣東賊首黄肅養，倡爲亂階。多者

❶「弘治七年」，據《明孝宗實録》卷九九、卷一〇七，此疏内言及之金澤任巡撫及桂陽縣與贛州府被寇，分别在弘治八年四月及十二月，則此疏上奏時間不在弘治七年。

數萬，少者數千，僭號稱王，攻劫城池，殺擄人民。地方騷擾，爲之不寧者數年。其廣西、貴州苗蠻，因而爲亂，朝廷命將出師，方克勦平。

彼時兵食尚足，人民富庶，未甚費力。近年以來，宗室位多，冗官太濫，加以水旱相仍，科派無極，所在倉廩空虛，軍士乏糧，城池坍塌，武備廢弛。守門者，皆老幼之卒；操練者，半尫羸之輩。如湖廣桂陽縣被賊，百十人進城，如入無人之境。江西贛州府地方，流賊數百劫掠十數餘日，至今未曾捕獲。福建武平、廣東程鄉縣，賊盜尤甚，倘或哨聚日久，爲患非輕。其浙江大户之家，或争私忿，各聚人衆，相殺數日，有司莫敢禁治，誠非治世所宜。若非添設巡撫官員，早爲整治，將來之患，有不可測。今江西已添巡撫官一員，但止管南贛二府，及福建汀州府、廣東韶州、南雄、湖廣郴州一帶，不預民事，三司官員未聽節制，難以行事。查得本部先嘗建議，要于福建、浙江添設巡撫官員，未蒙俞允。今日之勢，又非前數年之比矣，應合早爲處置。

臣等職掌兵政，天下安危所繫，若不弭之于早，萬一有事，臣等萬死何足以贖。伏望皇上以地方爲重，乞敕吏部，會同本部，推舉練達老成、剛柔兼濟官二員爲都御史，巡撫浙江、福建地方，專一撫安軍民，緝捕盜賊，禁貪殘，除奸弊，修理城池，整飭武備，措置倉糧，操練民兵。凡事與鎮守内臣計議而行，大意以弭盜安民爲本。其江西都御史金澤，就令巡撫江西，多在南贛二府居住，仍兼管廣東韶州、南雄二府，及湖廣郴州、桂陽一帶。候命下之日，各另請敕行事。

疏入，帝不納。

御選明臣奏議卷八

陳災異疏弘治八年

馬文升

臣謹奏：據湖廣布政司呈、據長沙府申、據善化二縣申：竊照本縣地方，自弘治八年二月以來，天雨不降，高阜去處未曾翻耕。即今苦竹開花，實如麥米。楓樹生李實，黄連樹生黄瓜，苦蕒菜開蓮花，七日方纔凋謝。備由轉呈到臣，會同巡按監察御史鄭惟恒議得：凡物之生，各有常性。今當地方旱沴之餘，土木併興之際，而山林園圃草木多開異花，生異實，戾性之常，厥妖甚異。斯固微臣失職之咎，亦由民力難堪，怨聲沸騰，有以致之也。除洗心滌慮，思過補愆，及行都、布、按三司，一體痛加修省等因，具奏，抄出。該本部備查近年以來天鳴地震、星隕如輪、冰雹屢降、天火時發、夏霜隕禾等項災異，歷攷傳記，以詳厥罰。上請皇上，修德以弭天意，及要行兩京文武羣臣，各竭乃心，殫乃力，勤臣職以奉朝章，修人事以回天意，期交盡乎修弭之道，用少裨于宵旰之憂，凡事關乎治理，聽條奏以舉行等因，具題。節該奉聖旨：「是。弭災之道，在修人事。事關朕身的，當自舉行。爾兩京文武羣臣，並各處鎮、巡、三司管官，尤當痛加修省，勉盡職務，共回天意，毋事虛文。」欽此。欽遵，備咨到臣。

除痛加修省，勉盡職務，及本部合行事宜，另行條奏外，臣惟我太祖高皇帝，膺天眷命，奄有萬方，知保天下在得民心，故惓惓以安養斯民爲念。立綱陳紀，無一政而不在于養民；發政施仁，無一事而不寓乎仁愛。貪官污吏之害吾民者，必重置于法；豪宗巨族之殘吾民者，必大治以罪。列聖相承，率遵是道。所以百餘年來，海内晏然，災異少見，民之感德，浹于骨髓，淪于肌膚也。仰惟皇上，嗣登寶位，愛民之心，實同乎舜禹，仁民之念，遠繼乎祖宗。無一令之不善，無一政之或乖。夫何近年以來，乃有前項各處奏報災異？數者之中，惟地震一事，攷之前代，固有震者，未若今日連年震之不已，而海内俱震。草木之妖，固不能無，未見今日並生一府，又在同時。此皆災異之甚者。且變不虚示，必有其應，由人事乖于下，斯天變應于上。然而致此者，固皆臣等不職所致，實由賦重役繁，小民不得其所之所感召耳。

何以知之？什一而税，古之常制，今之田畝，十税八九。且宣德、正統年間，宗藩位少，武職未多，江北布政司税糧，撥付邊方、京倉上納者，每石價銀不過五六錢。多係布絹之類來京糴買，未嘗專要銀兩。而有司倉存收者，俱收本色，其運之數，十之四五。近來宗藩位多，武職太濫，邊務方殷。禄米去其大半，小民之糧，盡數改撥京邊二倉上納，每糧一石，少則用銀八九錢，多則用銀一兩一二錢。俱要煎製净銀，豐年用糧八九石，方得易銀一兩，歉年則借取富室，收後加倍償還。間有空閒地土，又被各王府及勢要之家，占爲莊田。催租之人，百般科害，控訴無門。往年京師倉庫，錢糧易于上納，邇年使用之錢，過于所納之數。若至絲綿花絨、闊布大絹、一切物料，交納尤難，非經攬頭，小民不敢上納。所以在京米糧雖賤，價值日增。每一布政司，該徵銀百萬餘兩，而備用馬價、擡柴夫役、京班，及司府州縣官柴薪皂隷、驛遞馬驢、船隻，又該銀數十萬兩。而買辦顏料，織造段疋供用之物不在其數。江南兑運京倉並各衙門糧米，運至京師者，每正糧一石，亦該二石之上，甚至三四石者。今年如是，明年亦如是，歲歲如是，無有了期。桑棗鬻之已空，而絲絹猶徵；田畝賣之已盡，而稅糧猶存。逃亡人户稅糧，併于現在人户代納，收成已畢，而枵腹啼飢者，比比皆是。隆冬墮指，而赤體號寒者，處處皆然。衣食不足，罔知禮樂，風俗日見其澆漓，人心日滋其姦僞。子詈其父，習以成風；弟毆其兄，恬不爲異。究其所由，社學久廢，人不讀書，以致如斯。賦重民困，未有甚于此時者也。

好逸惡勞，人之常情，古之帝王，遂民所欲。今天下之民，河南者，因黄河遷徙不常，歲起人夫五六萬，每夫費用盤纏銀一二兩，逐年挑塞，歲以爲常。近因河決張秋，有妨運道，欽命内外大臣往彼修築。又起河南、山東人夫不下二十萬，所費錢糧，不可勝計，皆出自小民脂膏。江南蘇、松等府，挑濬河道，亦曾起人夫二十萬。即今南北直隸、河南、山東，沿河、沿江燒造官磚，及湖廣前後修蓋吉、興、岐、雍四王府，該用人夫匠役，不下五十餘萬。江西前後修蓋益、壽二王府，今山東青州修蓋衡王府，二布政司亦該用人夫數十萬。先修者，三年之上尚猶未完，後修者，方纔興工。先後用銀，豈止數百萬兩。今兩廣用兵，民之供運軍餉者，又不知用夫幾何。山、陝二西人民，供給各邊糧料，終歲勞苦，尤甚他方。及僉派天下各王府校尉、厨役、齋郎、禮生，每當一名，不數年必致傾家蕩産。且洪武年間封建諸王，惟秦、晉等十府，規模宏大壯麗，將以懾服人心，以固藩籬，其餘諸王府，俱各差減，蓋恐費民財而勞民力也。永樂、宣德年間，亦皆如是。以後年間，修蓋各王府，方纔寬大宏麗，一府有修蓋二三次者。北方府州，城闊民稀，拆毁軍民房屋，不致太多。今江南府分，多有依山順嶺，傍河臨江，城小人稠，自唐宋以來，未曾封王，軍民居住，相傳數代，生齒日繁。今聞差去内外官員，止照北方王府周圍牆垣丈尺，及起蓋軍校營房，有將軍民房屋拆毁十之二三者，甚有拆去四五分者。斬山平地，多傷風水，軍民蕩析其居，無所歸著。告訴之言，盈于道路；嗟怨之聲，徹于上穹。加以做工人夫，暴露日久，萬一積怨，恐生他虞。即今在京各項工程亦衆，操軍連歲少休，多有累及逃亡。及在外司府州縣，並各邊總兵等官，非奉奏准明文，擅動軍民修蓋不急衙門、非禮祠廟，及耕種自己田土，做造私己器皿者亦多。裏河一帶，直抵南京，平昔俱有聽撥拽送馬、快船隻等項人夫，近因三次親王之國，豫備接應人夫，又不下數十餘萬。聽候日久，飲食不足，尤爲困苦。役繁民困，未有甚于近歲者也。賦重役繁，二者併行，則民力豈有不困，民財豈有不竭？欲望遂其生養，豈可得乎？民既流離困苦，不得其養，則上天生物之心，有未遂矣，人君子民之責，有未盡矣。災異之來，未必不由于此。

賦税之重，勢至于斯，固不可已，但價值亦當少減。工役固不可已，緩急亦不可不節。王府之修，固不可不加宏麗，亦不可不計地之廣狹，而斟酌損益。此等事情，關繫甚大，若不早爲處置，誠恐年復一年，上恬下嬉，災異之示，或不可弭，而意外之虞，難保必無。合無通行各處鎮守、巡撫、總兵，并都、布、按三司官員，今後各要上思朝廷委任之重，仰體皇上恤民之仁，邊倉糧價斟酌定奪，比前量減銀數，而各邊管糧官，亦不可多收。及行仰所屬，凡遇分派夏秋税糧之時，將京、邊二倉糧料，先儘上户，次及中户起運，下等人户，俱作存收，或折納濶布，嚴禁里書人等，不許挪移作弊，致有不均。其徵收之時，亦要酌量緩急，豫定期限，陸續設法催納，不許要譽逞能，嚴刑峻法，逼民逃竄。其桑棗有遭荒歲砍伐已盡者，亦要申明祖宗舊制，著令照丁栽種，務實效以復民之恒産。其提調學校官員，亦要修舉社學之規，慎選教讀之人。各里凡民子弟，俱要入學，誦讀《孝經》《小學》並《御製大誥》，俾知孝弟之道，法度之嚴，以復民之常性。

巡撫官尤宜振肅紀綱，倡率所屬，凡利所當興，弊所當革，可以養民之生者，一一舉行。貪官污吏在所當黜，可以蘇民之困者，悉要振作。視民如己之子，節財如己之肉，使民無啼飢號寒之苦，得遂仰事俯育之天。如有盜賊生發，小則設法撫捕，大則調軍勦滅，毋致滋蔓，貽患地方。其于委任，斯無所負。其大小衙門，若有應合修造工程，事干動支錢糧、起倩人夫數多者，務要奏奉明文，次第合應修蓋。小小工程，亦要申禀巡撫等官示下方許修造。其餘一切不急之務，一毫不許擅科，一夫不許擅役。及行各邊鎮守、分守等官，除修邊外，不許擅撥操軍修理一應淫祠、私宅、公館等項，並耕種田土、做造器皿，重勞士卒，廢弛武備。如有故違，通許巡按御史指實具奏，提問如律，上請定奪。情重者，文職照坐視民患事例，降調敘用，武職照私役軍人事例，降級發落。通行京、通二倉、內府各庫局內外提督、巡視等官，並各邊監督官員，各要嚴加禁約官攢庫斗人等，不許刁難納户，揹勒財物。

仍乞敕工部轉行湖廣、江西先次差去修蓋各王府內外官員，如果工程未完，作急修蓋完備，若是已完，即便回京。不許在彼遷延，虛費供給，有傷民財。仍乞敕三道分投齎付今次差去湖廣、江西、山東修蓋各王府內外官員，及請敕彼處鎮守太監、巡撫都御史、巡按御史，公同相度今次所修王府各府，城內地方有無空闊，如果城濶人稀，其周圍牆垣丈尺並宮殿、衙門一應房屋，照式起造，分毫不可有減。若是城狹人密，別無空地，周圍牆垣，不必拘于北方王府周圍丈尺，徒使府內空地太多，以後致令起蓋離宮、別殿、臺榭遊玩去處，致惹事端，有違祖訓，且使軍民嗟怨。其合用木植等料，必令匠作斟酌相度而用，不許因争小忿，將長材故意截短，勞民重買，有稽工程。其督工官，亦要撫恤人夫，時其飲食，不可太急，及索要財物。若牆垣、宮殿基址大工，修築已就，將原起人夫，或分班做工，或疎放一半，不許盡數拘留，致生疾病，因而死亡，有傷和氣。內外官員，仍每半年一次具奏，要見造完工程若干，用過物料若干，現在做工人夫若干。不許似前遷延歲月，久勞民力。工部仍查內外節年修蓋派出料物若干，工程已完未曾送納者，即係多餘之數，准作後來應用，不必再派有司。寬其一分，則民受一分之惠。若然，民雖不能盡遂休養，亦可少蘇困弊一二。

前項事情，國家安危所係，伏望皇上覽臣所言，如果有益生民，有裨治道，斷自宸衷，俯賜施行。更乞益遵祖宗之訓，益篤愛民之仁，節財用、省造作，以培植邦本，崇正學、抑邪術，以端澄聖心。庶幾天意可回，災異可弭，而國家萬萬年無疆之基業，實在于是矣。臣干冒天威，不勝戰慄恐懼，惓惓爲國爲民之至。

疏入，得旨：「該衙門看了來說。」

修飭武備疏 弘治八年❶

馬文升

臣竊惟天下之安危，係武備之修否。武備修，則四夷知懼，盜賊斂跡，而天下安。否則，四夷恣横，奸雄窺伺，而天下危矣。李唐之末，武備廢弛，終致藩鎮之亂。趙宋之季，兵馬衰弱，卒有金元之厄。載在史册，昭然可攷。洪惟我太祖高皇帝，膺天眷命，以武功定天下，以文德綏太平，雖當投戈息馬之期，未忘練武防

❶「弘治八年」，據《明孝宗實録》卷一一四，此疏上於弘治九年四月。

邊之念。故私役一軍者有重罰，私借一馬者有禁例，凡有興造，竟不勞軍。三十餘年，四夷賓服，海内晏然。迨我太宗文皇帝嗣承大業，遷都北平，密邇邊塞，其于武備，尤爲注意。彼時精兵數十萬，健馬數萬匹，親閲教練，無少怠忽。故出塞千里，部落遠遁，威武之振，前代罕及。自宣德年間以後，老將宿兵消亡過半，武備漸不如初。至正統年間，天下無事，民不知兵，而武備尤廢，所以十四年有土木之厄，至今讎耻未雪。邇來軍士消耗，十去四五，雖嘗差官前去清理，亦多虚應故事，終不能充足原數。矧京衛軍士，内府各衙門匠役占去數萬之上，現在者不滿七八萬。江南之兵，大半運糧，其餘多在沿海備倭。江北之兵，亦有運糧之數，其餘俱各來京操備。而陝西、山西之兵，亦多戍守各邊。所以腹裏衛所，城池空虚，無軍防守，一遇小寇，多不能支。往年京師之兵，俱在五軍、三千、神機三大營操練，後因征調，一時不能齊足。所以設立團營，常有精兵十二萬，分爲十二營，不許别項差役，專一畜養鋭氣，遇有征進，就便啓行。此外，天下再無兵馬可調。重加優恤，尚以爲遲，近年以來，多撥做工，每占一二萬之上。其工有至二三年不完者，每名雇工等項，月用銀一兩一二錢，行糧糶賣，不得食用，負累疲弊，率多逃亡，現在者，强弱相半。在京軍士，疲困未有甚于此時者也。

且武備之修，固在乎軍，尤藉乎馬。洪武、永樂年間，京衛于空野官地，置立牧馬草場，而在京各營草場，不下數千餘頃。夏秋之間，足堪牧放，春冬又全支料草，以備餵飼，所以馬皆肥壯，堪以調用。即今京營牧馬草場，俱被勢要之家或親王占爲己有，亦有被軍民開耕占種者。凡遇馬匹下場牧放，無處存住，未及一二月，即挪往西山一帶四散趁牧。中間多有潛回原衛之數，一時調用猝不能齊。秋冬雖支料豆一石，軍士艱難，多有豫賣與人。況六個月止關草二個月，每月止折與銀二錢，通不彀一月支用。且人無食必死，馬無草必斃，天下糧儲以供京軍，天下草束以供戰馬，二者缺一不可。今軍俱支糧，馬不支草，夏秋既無草場牧放，冬春又無草束餵飼，軍士艱難，無力辦草，欲馬之不死實難。所以團營馬匹，常死二萬之上，雖有朋合樁頭銀兩，亦不能買補十分之二。現操馬雖有三萬餘匹，中間老病不堪騎操者亦多，戰馬消耗，莫有甚于此時者也。

且克敵制勝，固在乎士馬精強，尤在甲兵之堅利。近年在京盔甲廠所造軍器，每見守衛軍人披帶盔甲，其甲中不掩心，下不遮臍，葉多不堅，袖長壓肩，全不合式，盔尤太重。即今京衛軍士常操弓矢，多係自置，弓力不過一二斗，矢長不過七八把。平昔尚不能射遠，加以披甲在身，手不能舉新關之弓，豈能開射？縱射，不過數十步而止。其刀尤短小，亦無鋒刃，別無長兵可以禦敵。雖有神槍，習亦未精，凡遇大敵，率多敗北。天下衛所成造軍器，除沿邊宣府、大同、遼東、寧夏、甘涼、陝西、山西、四川、雲南、兩廣外，其餘浙江、福建、江西、河南、山東、南北直隸衛所軍器，料價多被管局官員侵欺入己，間有成造者，徒費物料，多不堪用，一遇查盤，大半損壞，挪移搪塞，有名無實。況去歲内府戊字庫軍器，被火燒燬數多，現在者不知幾何。兵器不精，亦莫有甚于此時者也。

且軍馬充足，甲兵堅利，若將不得人，亦難制勝。方今將官，除京營總兵俱蒙朝廷簡命外，其餘各邊將官，雖有曾經戰陣，謀勇兼資，操持可取，善撫士卒者，但中間多有貪利爲害，年老有疾，而士論不歸者。本部已奏行天下該大小衙門官員，各舉將材以備任用。近有舉到之數，亦不過常流，求其堪任大將者甚少。

大抵多係膏粱子弟，罔肯習學韜略、操演弓馬，一聞推舉，多尚奔競，及至臨時，莫展寸籌。恐出衆奇才，或混在行伍，潛伏草野，亦未可知。將不得人，亦莫有甚于此時者也。

夫使軍馬甲兵充足，將官得人，若操練無方，兵無節制，又何以成克敵之功哉？今京營教場操練軍士，射箭、舞牌之日多，走陣、下營之日少，所以坐作進退之不知，攻殺擊刺之不熟。至于馬匹，猶未操演，蓋四月下場，十月赴營，未久天寒，即爲住操，所以馬多生拗。臨敵之時，欲北而南，欲東而西，求如敵騎之嫺熟，蓋亦霄壤之不侔。操練未精，亦莫有甚于此時者也。

且國家所恃以安者，惟在軍馬精強，甲兵堅利，將官得人數者而已。今既如此，謂之内治之修，誠未之信。况天鳴地震，連年不已，草木妖孽，歲時迭見。象不虛示，必有其應，禍福安危，相爲倚伏。

近日北敵近邊遞送番書，要來進貢，中間詞語驕倨，必以三千人俱入，不要減去一人，似有啓釁之意。既而俱各遁去，不露形迹。且北敵之性，小盛則掠，大盛則侵，今既不來進貢，又不侵掠，安知其不示我以弱，而緩我邊備，以潛蓄大舉入寇之謀，乘隙而動乎？夫京師以大同、宣府爲藩籬，大同、宣府至京師，不過數日之程，邊牆之外，即非我土。至若密雲、薊州，尤爲密邇。本邊軍馬雖強，然亦分守各路，兵分勢寡，倘有大舉入寇，全藉京兵以爲應援，若不早爲修飭，誠恐有誤國家大事。伏望皇上處常思變，居安慮危，念京師軍馬乃朝廷自將之兵，居重馭輕，防奸禦侮，所係甚重，今後凡有興造，各該衙門官員，不許奏討團營軍士做工，敢有故違，許科道官指實劾奏，置之于法。更乞天語丁寧，著爲定例。其坐營把總等官，務要曲加撫恤，不許擅役科害，敢有不遵，事發照依内外提督大臣欽奉敕諭内事理發落。其三大營做工官軍，各該管工内外官員，亦要督令作急修完，不許似前遷延，因而私役賣放，以致軍士受害，往往逃亡。其團營，仍查照弘治二年該司禮監太監韋泰同臣等選軍之後奏准事例，每營再行揀選十分精鋭馬軍、步軍各二千員名，以爲上等之兵，遇警動調，挨營前去。免致又行挑選，遷延數日，不得起行，有誤應援。其逃故之數，本部仍通行各該清軍官員，用心清理，如不及數，攷滿之日，不許陞用。庶兵有所養，勇于赴敵，而逃亡亦少矣。

仍望皇上念戰馬爲國家所重，草場乃戰馬所資，乞降敕齎付現差清查京衛牧馬草場給事中、御史等官，並五軍、三千、神機營各選差年老知識草場所在官一員，隨同給事中等官前去，將永樂年間原撥各營牧馬草場，拘集地鄰人等，從公取勘，四至明白，就爲丈量每營原該地若干頃，内已耕種地若干，長草堪以牧馬地若干。已耕者，要見何人管業。係親王管業者，另撥無礙地土補還，退出草場牧馬；其餘不分内外勢要官員，俱要退出；若係軍民私自耕種者，取問如律。丈量之後，四至埋立封堆，仍于各該教場官廳内，豎立石碣，將四至鐫刻在上，永爲查照。自後再不許一人奏討，如有故違，許科道劾奏治罪。今後馬軍，敢有將該支料豆豫賣與人，及將官馬雇與人騎坐者，事發，俱于教場門外枷號半月，滿日仍送法司問罪，與雇馬之人照例罰馬一匹。親管官員，若有侵欺料豆一二石者，照常例發落。五石以上，及擅撥馬五匹與人騎坐者，事發降一級。料豆至十石，馬至十匹以上者，降二級，仍調外衛帶俸差操。其軍民職官人等，若有私買軍士料豆，下倉關支至二十石以上者，事發，俱發邊衛充軍。更乞敕户部，將京營馬匹春冬六月，支與草束三個月，一月本色草束，二月折色銀兩，每名月支與三錢。

尤望皇上以兵器爲士卒衛身克敵所資，乞敕工部通查内府各庫，現收軍器共有若干，遇警有無彀用，是否堅固。如有不足，乞敕内府兵仗局，成造精緻盔甲、腰刀、斬馬刀、長牌、弓袋，各二十頂副把面，工部差官送去浙江、福建、江西、河南、山東、南北直隸巡撫官處，無巡撫者送鎮守、巡按官處交收。各將所屬衞所並有司該辦軍器、物料，徵收一二年之數，或現收在官，並拖欠未完查追完備，于本布政司收貯，直隸俱于各府收貯。布政司去處，委三司堂上官，江北直隸俱于淮安府，江南直隸俱于蘇州並太平府，北直隸于真定、永平二府，就委各府知府，並各衞管局官員提調。却將各衞、所局匠，通取到于布政司並前定府分軍器局内，免造長槍四根，折造斬馬刀二把，團牌改造，長牌照依發去式樣，併工成造。其弓箭俱照宣德、正統年間弓要絲綿寸扎，外用堅漆。甲面俱用厚密青白綿布，釘甲俱用火漆小釘。若有造作不如法者，三司並各府、衞委官，照依織造段疋事例，參問降級發落。若已造完，陸續送京，工部會同本部官看驗，總送内府各庫收貯，專備從調官軍領用。以後前項司府，每二年俱照此例，攢局成造，一體運送赴京，照前看驗交收。庶軍器可用，不致有誤。

本部仍通行内外各衙門大小文武並科道官，及天下鎮守、巡撫、巡按、三司並府、州、縣等官，各查照本部先今事理，但有習熟韜略，弓馬絶倫，或有出衆奇才，堪爲將官者，不分行伍士卒，或草野之人，俱聽舉用，有司以禮起送赴部。本部通將節次所舉未用將材，並原係將官，後因緣事、不係失機革去職任者，會同五府、各部、都察院、通政司、大理寺、六科十三道官，逐一評議，某人可任主將，某人可任副將，某人可任參將，某人可任守備，某人可任方面，具名奏聞，挨次斟酌推用。舉到奇材，另行會官攷試，照武舉事例，具奏擢用。其舉到將材，若有奔競請託者，終身不録。各官亦要用心訪察，務得實材，不許一概濫舉，有孤朝廷廣求將材盛意。庶將官得人，奇材不致遺棄。

更乞敕團營提督内外大臣，今後凡遇春秋三、九月常操之期，早爲具奏，行令欽天監選擇吉日，務在十五以裏，不許過期。其操習規矩，遵依洪武、永樂年間操法，五日之内，走陣下營二日，演習武藝三日。軍中號令，全在旗幟、金鼓，其執旗、掌金鼓之人，務選年力精壯，耳目聰明者，造册在官，不許頻换。教演之日，務令軍士目識旗幟，耳聽金鼓。令其旗東則東，旗西則西，隨其所指，千隊如一。鼓動則行，金鳴則止，行止合節，萬軍無錯。至若斬馬長刀，摧鋒破敵全藉此器，京營原無教師。合無行移陝西鎮、巡官，于在城操軍内，揀選十分諳曉馬、步刀法者二十四名，應付口糧脚力，差官管送來京，于十二營每營撥與二名。于各千原習大刀軍人内，選出三五名，令其習學，待其通曉其法，卻令專教本千軍士，以一教十，以十教百，以百教千，自然習熟。原取陝西軍人，俱各放回。仍查本營操軍，除神槍刀牌外，其弓箭手共若干員名，于内府該庫收貯各處布政司運到歲造官弓内，每名給與一張，各隨力之强弱，以揀弓之硬軟。務要逐日開弓演習，日久自射能及遠，而堅甲可透，敵人知懼，不敢輕衝。其馬匹尤要加意操習，使馳逐合度，不致生拗。鞍轡之類，俱要堅固整齊，庶便于馳驟。夫數者之中，將得其人爲要，若兵馬精勇，軍器堅利，而又將得其人，再加以倉廩充實，雖有外侮，不足慮矣。臣等職掌兵政，因北敵窺伺，武備未修，日夜憂惶，寢食弗寧，故敢冒昧上陳。伏望聖明留意，俯賜施行，宗社生靈幸甚。

疏入，帝不納。

請視朝疏 弘治十年

徐溥

臣伏覩陛下臨御之初，講學修德，敬天勤民，無所不至，天下之人，皆以爲堯舜之治，可指日而俟也。近年以來，視朝甚遲，或日高數丈，殊非美事。臣等已嘗屢言，不敢瀆論。內閣奏事，舊制每日二次，若有緊急事情，不拘時奏聞。今止一次，遂以爲常。批答之出，動經累日，各衙門題奏本章，或稽留數月，或竟不發出，事致壅滯，不得即行。且本朝列聖，自洪武以至天順年，時常面召儒臣咨議政事。今朝參之外，不得一望天顔，所以通達下情者，惟在章奏，又不以時斷決，其于政體，實爲有礙。至于經筵日講，所以明義理是非之端，陳古今治亂之迹，成就君德，裨益治道，惟在于此。今每歲進講，不過數日，去年春夏日講，止得三次，秋冬經筵，止得一次，較之初政，似有不同。

臣竊聞人君之心，必有所繫，不繫于此，必繫于彼，正士既疎，則邪説得以乘間而入，向來頗聞有以修齋設醮、燒丹煉藥之説進者。夫齋醮之事，乃異端惑世、求利之術，聖主之所必禁。宋徽宗崇信道流，科儀符録，一時最盛。及金兵圍城，方士郭京猶誑稱作法，卒使乘輿播遷，社稷失守。求福未得，反以召禍。今內庭禁地，修建不時，賞賚無算，黜退道官，復陞真人，賜以玉帶，恩寵服色，過于公卿，遠近傳聞，無不駭異。至若燒煉之事，其害尤慘。蓋金石之藥，性多酷烈，一入肝腑，爲禍百端。唐憲宗藥發致疾，遂殞其身，雖杖殺柳泌，何救于事。惟漢武帝始雖迷惑，終知悔悟，謂天下豈有仙人，盡妖妄耳，于是文成、五利之徒，相繼誅死，故雖海內虛耗，亦以壽終。今龍虎山上清宫、神樂觀祖師殿，及内府番經廠，皆焚燬無遺。神如有靈，何不自保？天厭其僞，亦已甚明。況依方而煉，計日而待，所成者何丹，所驗者何藥，如其無效，則聖明所照，亦可以洞悟矣。若親儒臣，明正道，行善政，自足以感召嘉祥，培益聖壽，永亨和平之福，何假于彼異端之説者哉？

且自古奸臣、佞人蠱惑君心，以自肆其欲者，必以太平無事爲言，禍患一來，悔之何及？唐相李絳有言「憂先于事，可以無憂。事至而憂，無益于事」。今承平日久，溺于宴安，自目前觀之，似乎無事，然工役繁興，科派重疊，財穀耗竭，兵馬罷敝，生民困窮，日甚一日，愁歎之聲，上干和氣。熒惑失度，太陽無光，天鳴地震，草木妖異，四方奏報，殆無虚月，將然之患，誠爲可憂。陛下深居九重，言路之官皆畏罪隱默，臣等若復不言，誰肯爲陛下言者？伏願陛下嚴早朝之節，復奏事之期，勤講學之功，優接下之禮，遠奸佞之人，斥誣罔之説。則聖德日新，聖政日理，億萬年太平之業，可保無虞矣。

疏入，帝從之。

論罷興作疏 弘治十年

周　璽

題爲罷興作以隆治道事。竊惟爲治之道，莫大于得民心，得民心之道，莫大于恤民力。蓋民者，國之本也，或重役以窮民力，則其本傷矣。本既傷而欲國之治，未之有也。故《春秋》凡一宫室門觀之作，必謹而書之，其重民力如此。仰惟陛下即位之初，勵精圖治，愛養斯民，詔諭天下有司，一夫不許擅役，一錢不許擅科，天下之人皆曰，不圖今日復見堯舜之君。夫何近年以來，興作之事連年相繼，府庫之財費出無經。民困于科派，而流亡過半；軍苦于力役，而逃竄恒多。財耗力竭，人不堪命。臣心知其非，而緘默畏死，不惟負陛下委任諫官之盛心，抑且負祖宗設立諫官之本意也，故敢昧死言之。

昔唐堯土階茅茨，不害於變之風；夏禹卑宫陋室，不損敏德之化。漢文帝惜十家之産，基址既成，而一臺不築，遂成富庶之休。唐太宗鑒秦隋之弊，財用既具，而一殿不爲，遂成貞觀之治。是皆載之史册，昭然可攷，願陛下察之。往者，壽寧侯宅第之營，數年未得休息。今歲毓秀亭之建，此時正當勞費。近日又差官前去河間府興濟縣地方，修葢房屋、廟宇，陛下仁同天地，明並日月，安忍作無益以害有益哉？且京師，腹心元氣也，河間數府，其肢體也。若土木一興，則數府動揺，人心嗟怨，肢體傷矣。肢體既傷，而腹心元氣，寧保其無恙乎？方今北庭入貢，遠人慕義，來王之時，正當詰戎兵修政教，使知我朝隱然有虎豹在山之勢，以讋服邊方窺伺之心可也，今土木之工，興作無厭，軍民之力，疲敝不勝，彼將覘我中國之虚，而萌覬覦之念矣。況近日四方有災異之陳，京師有陰霾之變，兼以鳳陽地方，流賊作耗，正陛下敬天勤民，恐懼修省之時也。

伏望皇上憫斯民之苦，罷不急之務，仍于萬幾之暇，日御經筵，留心經史，親近元老，講求治道。則聖心湛然，百職惟熙，而太平至治之效，可以並唐虞，超三代，陋漢唐于下風矣。臣叨居言路，輒敢上瀆，言出而禍隨，臣非不知也。萬一微言得入，天意少回，罷止興作以省無益之費，導迎善氣以迓無疆之休，臣雖碎首殞身，死之日猶生之年也。臣不勝戰慄，待罪之至。

疏入，帝從之。

論重名器疏 弘治十年❶

周璽

題爲抑奔競以重名器事。邇者清寧宮因災重建，告厥成功，内官監以其趨事之人，開坐上請，欽蒙陞職有差，營繕司郎中李堂，特陞京職二級。命下之日，物議沸騰，咸謂陛下爵賞過當，名器太輕。往歲傳奉，止于冗職，近日内降，漸及正途。國事日非，公道攸廢。臣以菲才，待罪言路，苟有所見，義不容默。竊照郎中李堂，猥以凡庸，叨中甲科，濫膺部屬，服色俸級，亦極寵榮，固宜竭忠輸忱，盡心圖報。若管理修造，職分當然，縱有催攢物料之功，亦皆尋常易爲之事。今辦理未及一年，輒陞京職二級，名器之濫，不宜如此。彼工匠、醫卜無階而入者，官冗職濫，固不足言，至若李堂，出身正途，乃夤緣陞職，甘同工匠之流，諂事權豪，無異乞憐之狗。陛下明並日月，洞燭奸邪，若不痛加裁抑，臣恐本部尚書徐貫，見伊部屬尚亦超遷，必將藉口夤緣，希望殊典。況本官奔競素著，曾經彈劾，臣愚，所以逆料而過慮之者，爲此故也。噫！在朝之臣，無正途，無雜流，無小大，奔競成風，恬不爲怪。興言及此，實切寒心。昔賈誼曰「上設廉恥禮義以遇其臣，而臣不以節行報其上者，非人類也」，今欲禮義修明，風俗敦厚，惟在陛下端本澄源，慎重名器，一轉移之間耳。臣聞先年修蓋太廟工完，禮科等衙門給事中等官王綸等，止蒙給賞，未曾陞職，正與今日修蓋清寧宮事體相

---

❶「弘治十年」，據《明孝宗實録》卷一五四、卷一五五，清寧宮工完於弘治十二年九月，周璽此疏上於弘治十二年十月。

同。伏望皇上斷自宸衷，收回成命，將李堂照例給賞，罷其陞職，以杜憸邪奔競之門，以絶徐貫將來意外之望。將見奸邪之膽自落，廉恥之風日盛，實宗社億萬年無疆之休也。愚臣妄議，罪當萬死，倘蒙陛下矜察，則螻蟻微軀，亦何足惜。

疏入，帝從之。

御選明臣奏議卷九

應詔陳言疏弘治十一年

何孟春

臣聞范雎獻秦王書曰：「語之至者，臣不敢載之于書，其淺者，不足言也。」宋蘇軾曰：「臣試論其小者，而大者將有待而後言也。」夫言，係乎事；事，視乎時。時之所急，雖小而非泛言，非時之所急，君子不以瀆其君。乃者清寧宮災，陛下夙夜祗畏敕天之戒，特詔廷臣痛加修省，凡有所見，許其直言。浹月之間，囊封投匭，延頸企踵，顒俟報可，而所見施行，未盡遂言者之所望，豈所言者皆非時所急耶？當世之務，入于弊者多矣，臣敢先以果聽斷、公委任爲陛下陳焉。而始及之，前日宦官李廣未死，陛下于聽斷委任，不無假借。今廣身死罪露，宵旰之間，聽斷果矣，朝廷之上，委任公矣，臣猶以爲言者，蓋欲陛下即已往以戒將來也。

人君御煩治廣，苟聽斷不果，意緒紊于遲迴，藻鑑昏于私繫，則政出多門，命從中降，而紀綱不立。爵非士共，罪非衆棄，而賞罰不明。前之所是著爲律，後之所是疏爲令，而號令不一。史稱漢宣神雀五鳳之治，吏稱民安，由其信賞必罰、聽斷惟精以得之也。元帝嗣阼，權入恭顯之手，而宣業遂衰，由其優游不斷、牽制文義以失之也。近者，陛下于各衙門所奏事宜，或不即出，出則有非原所議擬者。中間豈無有奔走倖門、交結近侍以相引救者乎？躁者望速化，戾者覬苟免，私者願獨利。左右之人惟利是嗜，惟黨是親，所偏好則曲爲掩覆，所偏惡則横肆擠排，是以人言籍籍，謂某人某陰爲之地，某事某陰爲之間。如都御史王越，以傳奉見斥，及推西路總制，乃閱數人而用越，其間得無有譽越于陛下者乎？給事中王綸，奉詔補外，乃踰年而後得參議，其先得無有毁綸者乎？甘肅守臣請封哈密，兵部具題，欲無差官，陛下不允所奏。及擬人以上，閲一月而又准不差官。夫前欲差官者，陛下之意，久而不差，必所差之人有非陛下意所欲者。庸知左右不有欲差其所厚者，以僥倖功名，因無陛下之命，而遂致中止乎？陛下英睿邁古，不應左右能預末議，惟遇事稍涉遲緩，故或有如李廣者得進言也。

近年各官所上封事，多有久留中者，彼所言不干廟廊，則觸權貴，鰓鰓然常恐被禍，而陛下輒復留中，使彼不得請命，徘徊鬱塞，叩天無路。何也？夫事之可與不可，行與不行，兩言而決耳，陛下豈欲留陳斧扆時省覽耶？抑欲保全言者，以滅謗耶？又或其言謬悠，無可採耶？計彼之敢于上聞，傾瀝肝膽，熟思審計，非以爲己謀也。以爲己謀，小加譴黜，大正典刑，可也。非爲己謀，則于國家之慮，縱有不熟思審計者，陛下亦當節短取長，未可漫無別白，使爲左右者得以成其曖昧之禍，而誣風節之士也。陛下始意圖治，求言甚切，先朝以言被黜之人如林俊輩，無不起用，而御史彭程、胡獻以言事罷斥，給事中胡易猶在禁獄，臣恐非陛下求言始意也。伏乞速賜矜憫，以釋論者之疑。昔唐太宗問魏徵比來政治，徵對曰「陛下貞觀初，導人使諫，見諫者悦而從之。比年勉強受諫，而不平也」。徵之對不及政治，而政治之進退，實決于此，臣願陛下一審察焉。得頌不如得箴，得唯唯不如得諤諤，得所可悦不如得所可警。人情不甚相遠，彼顧欲噓死灰以自焚，啖野葛而自毒耶？白璧不可爲容，容多後福。有能奮然不顧、盡其言于天子者，蓋素有風節之士，不多得也。而言脱其口，咎攻其身，怨種于前，患生于後，彼非失心遺死生之人，則誰肯更言者。將來流弊，人且浮沈自營，心口相戒，甘苟玩以誇太平，執文具以爲觀美，務因循而長偷慢，樂軟熟而憎剴切，隨時好尚以固寵榮，雷同是非以便附會，臣不識此于盛世安所取乎，臣所以願陛下之聽斷果也。

天下，大器也。措諸安地則安，措諸危地則危。然舉而措之，一人之力不能濟，故必借其力于下，而使下咸與其力。然君子與力則安，小人與力則危，故力又不可輕借也。《易·師》之六五曰：「長子帥師，弟子輿尸。」謂君子用事，而使小人參之之過也。參、朮以補，芩、黄泄之，不可以爲醫；繩墨以引，斧斤背之，不可以爲器；甘滑以進，苦澁雜之，不可以爲味，理必然者。陛下今所委任，不爲乏人，然上下情隔，忠誠未孚，動遭掣肘。貂璫乘之，默運潛持，陰邪之徑、貨利之關，日闢日廣，争馳捷出，人才雜揉，吏事滋蠹，陛下且不知其底止矣。然其致此，則固有由也。古之君臣相與，以圖天下之治，都俞吁咈，談燕一堂，推置心腹，洞徹表裏，纖芥之嫌，不萌其間。是以其臣知無不言，言無不盡，出其身爲天下營，各執其職，而始終無所避忌。而其君所爲而成，所欲而遂，陛下能如此乎？臣生長外郡，見郡守所屬來謁，必門卒爲通，無不賂門卒者。所上簿書，必付房吏看詳，所屬恐其尋隙，無不賂房吏者。門卒、房吏，于守何親？而得賈利而假權，況乎人主之左右哉？外廷固不如内廷之近密也，士大夫固不如宦官、宫妾之褻昵也。前李廣未死，陛下之政事，彼得而撓；人才用舍，彼得而議；九重非時之旨諭，彼亦可以時而假也。羣臣趦趄于外，觀望風旨，固李廣之不若也。于是有苞苴具門，相與生盟死結者矣。名位已盛，欲其固基；宦遊未達，欲其進級；地在閒遠，欲其招攜；跡涉孤危，欲其培植；事防詿誤，欲其回護。衣冠清流，豈真不知恥哉？無以結知于陛下，故結知于陛下之左右也。憂時之念，奪于有我之私；徇國之誠，不敵營身之計。士風如此，陛下可無挽之歟？近科道請按李廣贓簿以治交結者罪，陛下但令指名以上，而卒置不究。科道所指之人，得于所聞，縱未皆實，陛下亦當黜一二之尤者，以警後來也。今陛下用意過厚，殆謂彼附李廣，由廣有寵，廣死彼將自罷，何足深責以敗士類。陛下于此，可謂惜大體矣，臣以爲陛下果有此意，莫若自今以後，公于委任。

自古願治之君，無不詳責于臣下，而攷其政。詳責于臣下，故賢否不能隱，攷其政，故是非不敢私。其所以使之不能隱、不敢私者，非用智術以伺察、猜防也。恭惟我祖宗在位，優接臣下，罔有間隔。早朝奏事未畢，每于晚朝盡之，遇有機務，輒駕御左順門，召六部大臣與之商搉，然後施行。今陛下視朝稀闊，通政司引奏之外，德音不可復聞。天下事，一切徵諸尺牘。臣惟臣下之告君，見于疏奏，不如見于對陳之爲切。蓋疏奏者，剴切言之而不足，對陳者從容出之而有餘。疏奏者，堂廉高遠，或蔽于讒邪；對陳者，公論具存，無憂于扞格。今羣臣有得更番需次對陳于陛下者乎？是以賢否、是非，左右得以調停消息，而陛下無由知之，將何以詳責于臣下，而攷其政哉？臣願陛下明目達聰，兼聽博采，日與内閣講論，當世之務，大小内外，一一付部詳議，既得畫一，則斷而行之。不以小恩廢大義，不以私憾枉公法，不以舊習妨新政。不迷于兩可之辭，不沮于交鬬之口。如此而行，不當者少矣。其不勝任之人，科道劾之，而彼非被空文；陛下斥之，而彼更無遺憾，豈復肯以賂結左右，而取罪哉？士大夫之氣既作，宦官宫妾之勢自不得行，臣所以願陛下之委任公也。

若夫時政之入于弊者，請別白而終言之。

其一曰：臣聞郡守縣令，民之師帥。縣得人，則百里受其賜；郡得人，則千里蒙其庇。或非其人，則百里千里攖其害。聖君在上，思天下匹夫匹婦，有一不獲其所，猶爲不可，況千里百里之生靈，可寄之于匪人乎？臣觀今之爲陛下守令者，有非其人者矣。狼羊相牧，禽犢是資，闒茸齷齪，所在皆是。陛下之民，有不獲其所者矣。筋骨疲于鞭扑，肌膚刮于銛刀，終歲瘡痍，痛定復痛。知治體者，能無怵然？古者，郡守入相，郎官出宰，守令之職，甚不輕也。今之爲知府者，皆四品，廷臣累日積久而後至，宜少不才者。府佐及知州、知縣、佐貳等官，則進士出身者十三四，監生、吏員出身者十六七。而世之所重在進士，其攷課之法、旌異之典獨詳。至監生、吏員出身者，不才者恕于攷課，才者略于旌異，此其弊也。論者曰：進士年少氣鋭，州縣職非彼所止，彼能自愛，故不安小成，而多舉職，旌異之典宜先焉。監生、吏員出身者，大率志氣銷蝕，精力疲憊，無有幹局，貪利而昧事，相沿成風。若攷課弗恕，十人而九皆坐可黜之列，無以酬其燈火棲遲之望、塵埃奔走之勞矣。其間有鐵中錚錚者，雖間被上司旌異，部議又以此非進士，無所事旌異也。臣以爲不然。趙禹之才，出于佐史；龔勝之賢，發于郡吏。黄霸、丙吉、薛宣，非漢名相乎？嘗爲卒史、爲獄吏、爲書佐矣。人才何常之有，作之則振，摧之則靡，進之則前，退之則卻，所賴上之人執其機耳。天下善人少，不善人多，號名進士者，亦有不才者矣。況今郡縣之官，不皆進士，監生、吏員出身者，常居大半。而上復無以爲作之、進之之機，采名不采實，惟其出身之拘，而不較其才，使監生、吏員出身者，才者無以見其能，而不才者遂無顧藉，曰：我非進士比，空自苦何爲？于是受賂營私，不復以承流宣化爲事。上司至，則厚奉迎以寬指摘，飾玩好以市姑息，幸不失官，則以歲月廣爲子孫之地。是監生吏員出身者，無勸于前，無懲于後，幾何其不率天下而爲不才之歸也。天下之民，又何辜焉？祖宗時，其取人也廣，其察之也核，待之也均。凡諸途出身之人，皆有以自樹。今一大府，連數州縣，分職數十員，而自進士數人外，乃少可旌異者，此攷課不嚴之弊也。臣愚，欲令撫、按以及分巡官，凡遇所屬府州縣掌倅官員有政績超卓者，遞行覈實奏聞旌異，不以其出身之異，而偏低昂之衡，不廢乎資格之循，而無形迹之泥。進士出身者，將益有所激發，監生吏員出身者，亦將不肯自棄矣。至于攷課之道，古今有二：一察其守，一視其爲。守以廉，爲以能，而課牧民之官者，又以得民心爲本。世有廉者，未必能，有能者，未必得民心。而民愛之者，非有喚咻撫循之政，而無歎息愁怨之聲，不能也。臣故以得民心爲攷課府州縣官之最。郡縣官員，有廉者，有能者，有得民之愛者，該部既按實以擢用之，又每歲取其廉且能而民愛之者一人，奏爲高第，如漢故事，陛下特降璽書奬諭，以風天下，使爲守令者，知愛民是尚。而循良之歸，民將受賜于無窮矣。

其二曰：臣聞國初未嘗有巡撫，宣德間始設于南直隸、河南、山、陝，今則除浙江、福建外，悉有常置，秩皆都御史。邊方領制置之權，腹裏兼轉運之職，手持敕旨，以便宜行事，三司屬其管轄，數郡係以慘舒。是固不可不謹擇，而久任之也。臣見吏部推各處巡撫，腹裏則會户部，邊方則會兵部，審酌已定，而後請上親擇，何謹如之。然其受任，往往不久，人方與地宜，而地莫能留，地方得其人，而人莫與處，功垂成而來者交籍，事未集而謀者已易。其又不然者，屬府未及按部，下情未及體悉，六條未及舉刺，庶務未及興革，席不煖而座已非矣。今制，歲差御史一員巡按各處，若巡撫不久其任，與巡按無異，何復用巡撫爲哉？昔宋司馬光有言「古者各守一官，終身不易」。今居官者，三年數月輒以易去，望職事之修，功業之成，不可得也。

臣謂陛下欲行久任之道，又宜從巡撫始。近例，巡撫每年一次赴京議事。然當議事之年，多有以地方有事，不果行者。臣請限以腹裏三年、邊方五年，必須一次赴闕。陛下親降德音，詢問民瘼，一示以優異，一覩其底裏。六部各奏其所行，果有成績，蕃錫而慰遣之，其或不職，科道指實而論之。夫既擇其人于先，而又久其任于後，于更互赴闕之際，有增秩賜金之褒，有削官奪爵之辱，則彼必思有益地方，而無負陛下矣。

其三曰：臣聞古之明君，必慎惜名器。惜之，故人不易得，而得者以爲重。後世爵禄混濫，無復審擇，童蒙無知，坐致人上，視其名器，無足爲重。上與之，而謂其法應與也。下得之，而謂上與我者，乃我故物也。如此，上之爵禄不足以爲下勸矣。此後世之任子，識者所以致議于其時歟。我朝祖宗立法，凡文職大臣，必立朝既久，勳勞茂著者，方降特恩，録其子孫一二，以榮後裔。近年三品以上，始概乞恩，以子孫入監。然亦有所裁節，不至如宋之任子，使子任其孫，孫又任其子也。其武臣則不然，父死子繼，無子同産兄弟繼之，從兄弟亦繼之，又廣于任子之法。蓋我太祖平定四海，太宗肅靖内難，武臣摧鋒破敵，九死一生，惟其艱險，故報之獨延長也。今天下衞所已定，人滿于位，而後來之官，往往倍蓰什百。不論事之難易，功之大小，例得世襲。其中乃有身不臨陣，徒以預參隨頭目之末而濫冒者。彼所獲首級，豈陣前手刃之賊，或由勢邀，或出貨取，或戮已死，守臣皆與奏報，張皇功次。雖經部議，節行各邊禁約，而弊端竟不少衰。今之新任有功之人，要無祖宗時比者，將不世襲之歟？則隳將士立功之心。將世襲之歟？則繼繼繩繩，無有限極，其如後來之冗何？臣惟文武之途有二，食君之禄實一，世襲既優諸武矣，則法律之繩于文武者，豈容復異。今文職犯贓，必罷職，枉法滿貫，必充軍。而軍職所犯，該絞斬者，止降級調衞，該徒流者，止原衞帶俸。同罪異罰，甚覺不倫。臣攷之于律：軍官犯笞罪者，收贖；杖罪者，降調；該罷職不敘者，降充總旂；該徒流者，發各衛充軍。皇祖制律，未嘗不與罪文職者等，而刑官乃特遵近年條例。近例又載：搶奪、姧盜、敗倫傷化者，俱發原籍爲民，子孫承襲。夫敗倫傷化者，罪死而得爲民，已非懲惡之典，而其子孫即得承襲，是其職特舉此付彼，有爲民之名，無罷職之實，其罪不更輕于降調者之不得即替哉？或謂職乃其先人之功所得，職亡于其身，故即承襲于其子孫，以報其先，湛恩汪濊，固應如是。臣以今之世襲者，不皆開國佐命之舊，至于有罪，又每從寬貸，其源不清，其流不節，爵禄益濫，如之何名器之足重也。乞敕部議，今後各邊有警，從征官軍若能臨陣斬級，回轡之際，赴鎮巡官辨驗，以俟具奏陞賞。其中官軍，貧苦當陞而願賞者，鎮巡官厚與賞犒。如敢依阿奏報，事發之日，凡關節所通，俱坐欺罔。又乞法司會議，軍職犯罪，一斷以律，成化年間事例不得引用，該罷職爲民者，必俟本犯身死，方許子孫承襲。其先人非開國佐命之舊，承襲之日，革去一級，于原衛所帶俸差操。庶幾彼知慮後，不敢褻上之名器矣。

其四曰：臣聞民惟邦本，故山附于地，君附于民。陛下視民如傷，發政施仁，凡天下旱乾水溢，宜無不盡知者。守令責在牧民，民傷水旱，彼亦宜有不忍者。然臣竊見凶荒之處，耆老告報，府州縣必委官踏勘，得實始爲上申。鎮、巡官必委官踏勘，得實始爲請命。命下該部，必查例當行，始爲行文，轉而下府州縣，即所傷分數以減征、貸賑。夫凶荒之民，枵腹待哺，如涸轍之鮒，望斗升水于旦夕，猶恐不足，而彼文移往復，動經數月，豈其所堪哉？故今之凶荒，耆老既不以報，府州縣復不以申，蓋明知其無益也。委官踏勘，多一次適滋一次騷擾。究之貸賑之及，其濟幾何？此守令之宜不忍于民者，而亦有忍焉者也。此天下之凶荒，朝廷所以有不盡知，而莫之救也。凶荒而莫之救，襁負相屬，道殣相望，無賴于此嘯召烏合，必多盜賊。業可生活者，均被其害，而有司又催督租税，身受棒枷，良民亦且流移行劫矣。臣以爲，九重軫念元元，宜先事詔諭府州縣官，倘遭水旱，即委公正官一員，勘明分數，具申鎮、巡官，若係半災，即將當年夏税秋糧開除。若係大祲，即爲設法處置，令府州縣將豫備倉糧放支賑濟。事畢，取具回報，以憑奏聞。蓋救荒之道，宜速不宜緩，速則肉骨之恩，人人皆徧，緩即排門散粥，延街俵米，而不及事。漢謁者汲黯過河南，以民傷水旱，持節發粟，不顧矯制之罪。今之鎮、巡官行事于外，非黯當時之比，地方去京師遠，權以救荒，亦不爲專也。或謂：朝廷誠降是令，凡遭水旱，不賑則貸，倉廩何所儲，民將有妄稱凶荒者。臣謂：非也。漢文帝自即位，賜天下民租之半者再，其後除之而不收者十餘年。不遇凶荒尚爾，況于凶荒，而可吝乎？上之儲蓄，固以爲民也，苟無妄費冗食，奚患儲蓄之虧？凶荒水旱，有目共見，有耳共聞，其勢豈至于可欺哉？

其五曰：自秦開阡陌，天下遂有兼并之弊，然止民間貧富强弱之相形耳，今乃有甚焉者，其皇莊乎！先朝畿内空閒之地，籍之公家，佃民種而收其入。其地廣狹有定界，其入有定額，非以病于民也。近年看莊人役，罔恤國體，近莊田土，小民衣食之資，横加侵占，求益不已。在莊旁者，産去税存，征科之及，負累賠辦，富者以貧，貧者日甚。民間馬牛羊豕，或誤逸莊地，即無望復歸。有以近莊之故，塚墓被發，屋廬被毁，耕夫餉婦，稍不退讓，輒罹鞭箠，含酸忍痛，閔默無言。按巡之使，過之而不敢問，守牧之官，即之而不敢直。此非九重厚民之意也。承平以來，生齒日繁，雖盡地力，不足以給民食。而莊地莊賦今廣于昔，豈荒地果日闢哉？不過掠之于無辜耳。昔漢宣帝詔池籞未御幸者，假與貧民，流民還歸者，假公田種食。今縱不能以假貧民，忍于民衣食租賦所出者，而又奪之以致其貧乎？畿甸咫尺，尚不能無害民之地，況于遠方陂湖園池，爲王府所有者。私蓄聚斂之臣，各操漁獵之具，所在之民能無困乎？臣聞勳戚世族，所得附京恩賜莊田，家人亦多挾之以肆蠶食，其他軍民之不逞者，復以己業投獻權要，恃爲窟穴，而他取償焉。或投作陵户，以嫁糧差。附京如此，在外王府之所認納，宜又倍之，爲害不貲，不可不嚴爲之所也。伏乞陛下敕官往勘皇莊地面，從實丈量，若軍民告認舊業，鄰證有可執結，割而歸之。其本莊之地，坐某府州縣，即就地起科，佃民耕種，止稱公田。丈量已定，造册繳部，歲收其入，以備經費。若遇水旱，與民田一例開除，既不失本莊之賦，亦不病近莊之民，畿甸之内，庶無侵奪之害矣。該部仍通行各省王府，凡陂湖園池係王府奏討者，有司准此例，歲爲送納租賦，免致王府差人督取。今後世族之家，各飭管業家人，毋致生事。軍民舊非陵户，不許冒報，及以己業投獻。敢復不悛，事發其業入官，軍發邊衛，民發口外，受獻者奏聞處置。如此，兼并之弊，庶幾可去矣。

其六曰：臣職司馬之屬，竊檢軍政條例，有以見我朝列聖之拳拳于軍政也。我太祖皇帝，底定中原，治不忘亂，設爲衛所，養天下兵，荒陬絶徼，所在充斥，今經百三十年，未嘗有大征伐以耗之也。各處府州縣，今皆有清軍官，而又有欽命之御史，上下相兼。其查出軍丁，例行批解，軍丁到衛，例加存恤。清軍官查出數少者，攷滿行黜。解人縱軍在家延住，及在道賣放者，并坐。衛所官旗，侵剥所管軍丁，致其逃者，降級調衛。立法之密若此。此外，問刑衙門又有問發充軍之律，清軍御史又有招募爲軍之榜。日積月累，宜各衛所尺籍歲有增益矣，今視祖宗時額數反損。邊方腹裏，一遇番替，僅敷無餘。何也？臣知其故矣。軍之新舊相承，出入參差，不容齊一。丁從衛所逃逸，則册從原籍查勾，查勾不斷于遞年，而逃逸常虚于舊伍。奸黠之徒，或竄大户而易姓，或贅婦家而避身，或乘調他衛而遂脱亡，或因流他方而遂變役。軍固不易清也。清軍官異境之人，在任不久，豈能備知本軍充調來歷？里書作弊，動曰文册無稽。敝紙千百之中，展轉查閲，幸得查出一二，起解之際，又非親丁。即解親丁，亦不得其正妻同解，所解去者，乃其義男、女壻，及臨期掠賣之妾婢。此類到衛，其有不逃者乎？衛所率去原籍數千百里，逃而再勾，率過數年，勾而再解，又復數年。在逃三次，于法應死，輒稱原逃不獲，或稱已死。官司以人命至重，往往不肯追究，何怪乎軍伍之常虚也。其據律問發者，官爲押送，沿路防護，涉烟瘴，逼沙漠，飢渴勞頓。將以實邊，而邊卒不可實，不徒戍者之就死，且累送者之無還。其出榜招募者，蓬萍無蔕，孰保收籍？況今時非國初可比，土著良民，孰願爲軍？此例之行，虚名而已。此衛所之軍，所以不免于缺乏也。臣聞唐陸贄論鎮守之兵曰「非物理所愜不寧，非人情所欲不固」，論選置鎮守之兵曰「必量其性習，辨其土宜，而總之以便于人情之一語」。今天下爲軍者，北人而南，南人而北，使其族姻永棄，齎費不前，僵仆于不可極之途，而困迫于已至之域，豈便于人情者哉？是以軍户被勾，痛若剥膚，軍丁被解，哀同棄市。原籍苟可匿跡，遑恤其他；衛所苟可脱亡，無虞厥後。宜乎律示免死，而人懷等死之心；榜求報効，而人鮮自効之念也。然則陸贄便于人情之語，其安爲軍者之道乎？今日安軍之道，即贄所謂「量其性習，辨其土宜」是已。伏乞敕部計議，轉行各處清軍御史，督同清軍官員，稽查伍册。凡缺伍失勾，及勾而未到衛者，造册繳部。將兩直隷十三省所屬府州縣，區其衛所南北，于南北又各度其遠近，然後合計查出軍丁之數，與之兑换，使南解補南，北解補北，近及五百里，遠止二千里。入伍之後，舊伍不許再勾。則風塵免其艱難，水土易于諳服，逃者將自行首官，居者將樂于就役，豈憂額數之不復乎？至各處問發人犯，定擬衛分，雖罪應發極邊，亦宜分其南北，并令當房家小隨往。斯不過遠以累解役，而本犯不致逃逸，行伍亦得其助。若曰罪戍不遠，無以儆衆。臣以爲，欲儆衆，庶在于遇赦不輕原，不在違其土宜，而窮之極遠也。其已查出軍丁，有不願行者，令其户當二軍于本處，或隣近衛所食糧差操，餘丁照例優免。彼安土重遷，宜多有之，是亦足兵之法也。凡此六事，其中亦有急于時者，故終言之，願陛下終聽之焉。

疏入，帝從之。

陳邊務疏弘治十二年

王守仁

臣惟邇者皇上以彗星之變，警戒修省，又以邊疆告警，命將出師。宵旰憂勤，不遑寧處，此誠聖主遇災能警，臨事而懼之盛心也。當兹多故，苟有一二之見，敢隱忍不以上聞耶？臣愚，以爲今之大患，在于爲大臣者，外託慎重老成之名，而内爲固禄希寵之計；爲左右者，内挾交蟠蔽壅之資，而外肆招權納賄之惡。憂世者謂之迂狂，進言者目以浮躁，沮抑正大剛直之氣，而養成怯懦因循之風。故其衰耗頹塌，將至于不可支持，而不自覺。今幸上天仁愛，適有邊陲之患，是憂慮警省之機也。此在陛下必宜有所以痛革弊源，懲艾而振作之者矣。新進小臣，何敢僭聞其事，以干出位之誅。至于軍情之利害，事機之得失，苟有所見，是固芻蕘之所可進，卒伍之所得言者也，臣亦何爲而不可言之有？雖其所陳，未必盡合時論，然私心竊以爲必宜如此，則又不可以苟避乖剌，而遂已于言也。謹陳便宜八事，以備採擇：一曰蓄才以備急，二曰舍短以用長，三曰簡師以省費，四曰屯田以足食，五曰行法以振威，六曰敷恩以激怒，七曰損小以全大，八曰嚴守以乘敝。

何謂蓄才以備急？臣惟將者，三軍之所恃以動，得其人則克以勝，非其人則敗以亡，其可以不豫蓄哉？今者邊方小警，曾未足以辱偏裨，而朝廷會議推舉，固已倉惶失措，不得已而思其次，一二人之外，曾無可以繼之者矣。如是而求其克敵致勝，其將何恃而能乎？夫以南宋之偏安，猶賴宗澤、岳飛、韓世忠、劉錡之徒以爲之將，李綱之徒以爲之相，尚不能止金人之衝突。今以一統之大，求其任事如數子者，曾未見有一人，萬一敵人長驅而入，不知陛下之臣，孰可使以禦之。若之何其猶不寒心而早圖之也。臣愚以爲，今之武舉，僅可以得騎射搏擊之士，而不足以收韜畧統馭之才。今公侯之家，雖有教讀之設，不過虛應故事，而實無所裨益。誠使公侯之子皆聚之一所，擇文武兼濟之才如今之提學之職者一人，以教育之，習之以書史騎射，授之以韜略謀猷。又于武學生之內，歲升其超異者，使之相與磨礱砥礪，日稽月攷，別其才否，比年而校試，三年而選舉。至于兵部，自尚書以下，其兩侍郎使之每歲更迭巡邊，于科道部屬之內，擇其通變特達者二三人以從，因使之得以周知道里之遠近，邊關之要害，敵情之虛實，事勢之緩急。無不深諳熟察于平日，則一旦有急，所以遥度而往莅之者，不慮無其人矣。孟子有云：「苟爲不畜，終身不得。」臣願自今畜之也。

何謂舍短以用長？臣惟人之才能，自非聖賢，有所長必有所短，有所明必有所蔽。而人之常情，亦必有所懲于前，而後有所警于後。吴起殺妻，忍人也，而稱名將；陳平受金，貪夫也，而爲謀臣；管仲被囚而建霸，孟明三北而成功。顧上之所以駕馭而鼓動之者何如耳。故曰：用人之仁去其貪，用人之智去其詐，用人之勇去其怒。夫求人于倉卒艱難之際，而必欲拘于規矩繩墨之中，臣知其必不克矣。臣嘗聞諸道路之言，曩者邊關將士以驍勇强悍稱者，多以過失罪名擯棄于閒散之地。夫有過失罪名，其在平居無事，誠不可使處于人上，至于今日之多事，則彼之驍勇强悍，亦誠有足用也。且彼擯棄之久，必且悔艾前非以思奮勵，今誠委以數千之衆，使得立功自贖，彼又素熟于邊事，加之以積慣之餘，其與不習地利、志圖保守者，其功相遠矣。古人有言：使功不如使過。是所謂「使過」也。

何謂簡師以省費？臣聞之兵法曰：「日費千金，然後十萬之師舉。」夫古之善用兵者取用于國，因糧于敵，猶且日費千金，今以中國而禦敵，非漕輓則無粟，非征輸則無財，是固不可以言「因糧于敵」矣。然則今日之師可以輕出乎？臣以公差在外，甫歸旬日，遥聞出師，竊以爲不必然者。何則？北地多寒，今炎暑漸熾，敵性不耐，我得其時，一也。敵恃弓矢，今大雨時行，筋膠解弛，二也。敵逐水草以爲居，射生畜以爲食，今已蜂屯兩月，邊草殆盡，野無所獵，三也。以臣料之，官軍甫至，敵迹遁矣。夫兵固有先聲而後實者，今師旅既行，然已無及，惟有簡師一事，猶可以省虚費而得實用。夫兵貴精不貴多，今速詔諸將，密于萬人之内取精健足用者三分之一，而餘皆歸。聲既揚矣，令之密歸京師，邊關固不可知也，是萬人之威猶在也，而其實又可以省無窮之費，豈不爲兩便哉？況今京軍之出，戰則退後，功則争先，亦非邊將之所喜，彼之請兵，徒以事之不濟，則責有所分焉耳。今誠于邊塞之卒，以其所以養京軍者而養之，以其所以賞京軍者而賞之，旬日之間，數萬之衆可立募于帳下，奚必自京而出之。

何謂屯田以給食？臣惟兵以食爲主，無食是無兵也。邊關之輸，水陸千里，踣頓損棄，十而致一。故兵法謂「遠輸則百姓貧，貴賣則百姓財竭」，此之謂也。今之京軍，既不堪戰陣，又使無事坐食以益邊困，是與敵爲謀也。三邊之戍，方以戰守不暇耕農，誠使京軍分屯其地，給種授器，待其秋成，使之各食其力。敵至則授甲歸屯，遥爲聲勢，以相犄角，敵去仍復其業，因以暇日繕完敵所拆毁邊牆、亭堡，以遏衝突。如此，雖未能盡給塞下之食，亦可以少息輸餽矣。此誠愛人俟時之道，王師出于萬全之長策也。

何謂行法以振威？臣聞李光弼之代子儀也，張用濟斬于轅門；狄青之至廣南也，陳曙戮于麾下。是以皆能振疲散之卒，而摧方强之敵。今邊臣之失機者，往往以計倖脱，朝喪師于東陲，暮調守于西鄙，罰無所加，兵因縱弛。如此，則是陛下不惟不寘之罪，而復爲曲全之地也，彼亦何憚而致其死力哉？夫法之不行，自上犯之。今總兵官之頭目，動以一二百計，彼誠以武勇而收録之也，則亦何不可之有。然而此輩非勢家之子弟，則豪門之賓緣，皆以權力而强委之也。彼且需求刻割，騷擾道路，仗勢以奪功，無勞而冒賞，懈戰士之心，興兵戎之怨。爲總兵者且復資其權力以相後先，其委之也，其敢以不愛乎？❶其愛之也，其肯以不庇乎？苟戾于法，又敢斬之以徇乎？是將軍之威，固已因此輩而索然矣，其又何以臨師服衆哉！臣願陛下手敕提督等官，發令之日，即以先所喪師者斬于轅門，以正軍法。而所謂頭目之屬，悉皆禁令發回，毋

---

❶「愛」，《王陽明全集》卷九《别録》一《陳言邊務疏》作「受」。下一「愛」字同。

使潰擾侵冒以撓將權，則士卒奮勵，軍威振肅。克敵制勝，皆原于此。不然雖有百萬之衆，徒以虛國勞民，而亦無所用之也。

何謂敷恩以激怒？臣聞殺敵者，怒也。今師方失利，士氣消沮，三邊之戍，其亡死者，非其父母子弟，則其宗族親戚也。今誠撫其瘡痍，問其疾苦，恤其孤寡，賑其空乏，其死者皆無怨尤，則生者自宜感動。然後簡其強壯，宣以國恩，喻以敵讎，明以天倫，激以大義，懸賞以鼓其勇，暴惡以深其怒，痛心疾首，日夜淬礪，務與之俱殺父兄之讎，以報朝廷之德。則我之兵勢日張，士氣日奮，而區區敵患，有不足平者矣。

何謂損小以全大？臣聞之兵法曰：「將欲取之，必姑與之。」又曰：「佯北勿從，餌兵勿食。」皆損小全大之謂也。今敵勢方張，我若按兵不動，彼必出鋭以挑戰，挑戰不已，則必設詐以致師。或捐棄牛馬而爲逃，或掩匿精悍以示弱，或詐潰而埋伏，或潛軍而請和。是皆誘我以利也，從而信之，則墮其計矣。然今邊關守帥，人各有心，敵情虛實，事難猝辨。當其挑誘之時，畜而不應，未免小有剽掠之虞。一以爲當救，一以爲可邀，從之則必陷于危亡之地，不從則又懼于坐視之誅，此王師之所以奔逐疲勞、損失威重，而敵之所以得志也。今若恣其操縱，許以便宜，其縱之也不以爲坐視，其操之也不以爲失機。養威畜鋭，惟欲責以大成，而小小挫失，皆置不問，則我師常逸，而兵威無損。此誠勝敗存亡之機也。

何謂嚴守以乘敝？臣聞古之善戰者，先爲不可勝以待敵之可勝。蓋中國工于自守，而敵人長于野戰。今邊卒新破，敵勢方劇，若復與之交戰，是投其所長而以勝與敵也。爲今之計，惟宜嬰城固守，遠斥堠以防奸，勤間諜以謀敵，熟訓練以用長，嚴號令以肅惰。而又頻加犒享，使皆畜力養鋭。譬之積水，俟其盈滿充溢後，乘怒急决之，則其勢并力驟，至于排山漂石而未已。昔李牧備邊，日以牛酒享士，士皆樂爲一戰，而牧屢抑止之，至其不可禁遏，而始奮威并出，若不得已而後從之，是以一戰而破敵。

今我食既足，我威既成，我怒既深，我師既逸，我守既堅，我氣既鋭，則周悉萬全，所謂不可勝者，既在于我矣。由是，我足則敵日以匱，我盛則敵日以衰，我怒則敵日以曲，我逸則敵日以勞，我堅則敵日以虚，我鋭則敵日以鈍。索情較計，必將疲敝奔逃。然後用奇設伏，悉師振旅，出其所不趨，趨其所不意，迎邀夾攻，首尾横擊。是乃以足當匱，以盛敵衰，以怒加曲，以逸擊勞，以堅破虚，以鋭攻鈍。所謂勝于萬全，立于不敗之地，而不失敗敵之道也。抑臣所陳，非有奇特出人之見，固皆兵家之常談，今之爲將者之所共見也。但今邊關將帥，雖或知之而不能行，類皆視爲常談，漫不加省，勢有所軼，則委于無可奈何。事憚煩難，則爲因循苟且，是以玩習廢弛一至于此。陛下不忽其微，乞敕兵部將臣所奏熟議可否，轉行提督等官，即爲斟酌施行。毋使視爲虚文，務欲責以實效，庶于軍機有裨。臣不勝爲國惓惓之至。

疏入，授刑部主事。

御選明臣奏議卷十

制科議弘治十四年

王鏊

臣惟國家設科取士之法，可謂精密矣，先之經義，次之論表，終之策問。行之百五十年，宜得其人，卒未聞有如古之豪傑者出于其間，而文詞終有愧于古。雖人才高下係乎時，然亦科目之制爲之也。夫科目之設，天下之士羣趨而奔向之，人才之高下，士風之淳漓，率由是出。三代取士之法，今未暇論，唐宋以來，科有明經，有進士，明經即今經義之謂也，進士則兼以詩賦。當時二科並行，而進士得人爲盛，名臣將相皆于是出。則明經雖近正，而士之拙者爲之，謂之「學究」；詩賦雖近于浮豔，而士之高明者多。向之謂之進士，詩賦雖浮豔，然必博觀泛取，出入經史百家，蓋非詩賦之得人，而博古之爲益于治也。宋王安石爲相，黜詩賦，崇經學，科場以經義、論策取士，可謂一掃前代之陋也。然士專一經，白首莫究其餘，經史付之度外。其學誠專，其識日陋，其才日下，蓋不過當時明經一科耳。後安石言初意驅「學究」爲進士，不意驅進士爲「學究」。蓋安石亦自悔之矣。

今科場雖兼策論，而百年之間，主司所重惟在經義，士子所習亦惟經義，以爲經義既通，則策論可無俟乎習矣。近年頗尚策論，而士習既成，亦難猝變。夫古之通經者，通其義焉耳，今也穿鑿支離，以希合主司之求，人才之不如古，其實由此也。然則進士之科可無易乎？曰：「科不竢易也。」經義取士，其學正矣，其義精矣，所惜者其途稍狹，不能盡天下之才耳。臣愚，欲于進士之外别立一科，如前代制科之類，必兼通諸經，博洽子史、詞賦，乃得預焉。有官無官，皆得應之，其甲授翰林，次科道，次部屬，而有官者則遞陞焉。如此，天下之士，皆將奮争于學，雖有官者亦翹翹然有興起之心，無復專經之陋矣。或曰：「今士子一經俱不能精，如餘經何？」曰：「制科以待非常之士也。」以科目收天下士，以制科收非常之才，如此而後，天下無遺才。故曰「科不竢易也」。

議奏，帝不納。

論傳奉疏弘治十四年　馬文升

臣惟人君之大柄，莫先于惜名器；國家之首務，莫急于節財用。仰惟太祖高皇帝，奄有天下之初，稽古建官，各有定員，非効勞任事者，額外未嘗輕授一官。彼時事無不立，而政無不修，所以府庫之財用有餘，雖遇兵荒，未嘗告乏。列聖相承，咸率是道，未聞有傳奉之官。至成化年間，始開傳奉之門，而冗官爲之漸多。十六年因遇星變，廷臣論奏，奉憲宗皇帝聖旨：「傳奉文職大小官員，除勳戚功陞、廕授録用不動外，其餘及儒士，都寄名放回，有缺取用。內有爲事妄冒并乞恩陞授的，查來定奪。各衙門匠官精通藝業的，存留，著支半俸。」欽此，欽遵。綸音一下，中外歡欣鼓舞，咸以爲雖漢武輪臺之詔亦不能過。但當時傳陞官員，尚有退之未盡者。恭遇皇上嗣登寶位之初，俯從言官之請，但係傳奉官員，盡行裁退，天下欣然稱頌仁明。奈何近年以來，大小官員傳奉者復多，其他亦有白衣人送中書處食糧習字，出身得授中書舍人者。前項傳陞等官十年該支俸糧動至數萬石，皂隸銀不止萬餘兩。況今親藩至三十餘府，而郡王、將軍、中尉、郡主、郡君、縣君、儀賓等項不下千數，所用禄糧通該百萬石有餘。而兩京軍職，比之洪武、永樂年間，員增數倍，加以軍國之費，所以内外倉廪空虚，帑藏匱竭，一遇兵荒，動至賣官鬻爵，而措之無方矣。且國家貢賦有限，皆小民脂膏，以此有限之脂膏，供彼無功之庸輩，月計不足，歲計有餘，則天下生靈豈有不困，而府庫之財豈有不竭者哉？本部嘗上請乞退此等冗官人等，以省財用，俱未蒙俞允，亦有留中未出者。伏望皇上大奮乾剛，俯從羣議，將額外傳陞及乞恩所陞官員及中書處習字人數，除勳戚並進藥有效、書寫制敕及大臣並經筵講讀官子孫外，其餘通行裁革閒住，或止許冠帶榮身，隨藝供事。仍乞今後凡有代替乞恩傳奉陞官之人，斷之以義，不徇所請，以塞倖門而戒奔競。庶名器不濫，而國用少足矣。

疏入得旨：「你每再查議停當來説。」

災異陳言疏 弘治十四年

林　俊

臣聞雲南等處地震、山崩，災變異常，今年正月初一日陝西延安、朝邑等二十餘處同時地震，決非泛泛循省，可以消此大變者也。攷之前古，漢和帝永元二年則宫闈之應，安帝建光元年則内侍之應，晉元帝大興元年則柄臣之應，今宜皆無是也。惟兵禍之應，漢光武時則武谿蠻反，晉成帝時則蘇峻亂，宋仁宗時則元昊不庭。方今敵人久聚河套，兵禍之結已兆于斯，萬一制勝無常，可憂非細。而草澤之間，又保必無相煽而起者乎？臣觀近時用費日奢，科差日重，人民日貧，頗無固志。如荆州、瑞州、九江等處烏合強徒，輕竊名號，敵殺官兵，況内地人民之苦有加數倍者乎？則不但北敵可憂，遠壤、内地均可憂也。漢宣帝本始年間地震，詔問經學賢良方正之士，無敢端言其所以然。宋儒胡氏謂「地，妻道也」，著見如此。若有敢言，使宣帝戒懼，有以善處，則霍家之禍無由成矣。夫宣帝，賢君也，霍光有輔遺之功，有房闥之親，小心恭慎，賢臣也。謂帝而不念光家，謂光之家容有禍耶？事不可料，政亦類此。則所謂宫闈、内侍、柄臣者，臣望陛下静思而善處之，未有謹而太過者也。他如齋醮之設，褻天黷神，不惟無福，實足召災。南京、蘇州織造花樣太巧，松江大紅布、太倉洗白布太細，古人謂之「服妖」，費財勞人，災或由此。至于占役當清，冗食當汰，工作當止，供應當省，賞賜當節，儉德當謹，逸欲當戒，倖幸當遠，賢士君子當親，皆陛下所宜留情。盡己以修人事，回天變者也。伏望獨斷宸衷，如元氣運行，妙于無迹，則宗社幸甚。

疏入，帝從之。

論欺罔疏弘治十四年　周璽

臣竊見近日右副都御史洪鍾題稱，新開潮河川工程已完，乞要賞賜有功官軍等因，奉聖旨：「該部看了來説。」欽此，欽遵。議者皆謂洪鍾忍心流毒，已逃既往之誅，無實冒功，復望將來之賞，輿情未愜，公道難容。臣待罪言官，義不容默。竊照洪鍾先于弘治十二年冬奏：要于潮河川鑿山改水，築立重關，計料程限，可用千人之力，不過半年之期，如半年之外事不能成，成功之後，差官閲實，不爲國家經久大利，則治臣之罪，臣雖萬死，亦不敢辭。續該兵部題奉欽依，已行欽遵修築去後，即今工程已過二年，未見成效。況本官行事乖戾，天毒降災，壓死無辜人命數多，窮竭民力，糜費財用。言官交章彈劾，累次曾經該部奏要停止，節奉聖旨：「潮河川已有前旨了，不必停止。」欽此，欽遵。臣仰窺節次詔旨，無非軫念邊方，惟懷永圖，垂宗社億萬無疆之休也。有君如此，何忍負之。

爲洪鍾者，一介凡庸，叨蒙委任，正宜感恩圖報，以死勤事，上體皇上深謀遠慮之心，下副自己經久大利之計，顧乃率意妄爲，肆行欺罔。計其今年四月，差錦衣衛千户牟斌前去踏勘，得洪鍾趲工甚急，就使今夏鑿深，止可容放小水，誠恐日後沙石草木淤塞。巡按御史張垣亦奏稱工程尚多相隔等情。至今未及一月，遽爾奏成，乞要賞賜。縱有拔山蓋世之雄，亦安能倉猝成就如此之速？觀其奏，稱「初意止欲分泄水勢，以免衝城，及六七月大水猛發難料，臨期于新隄之傍，分減水勢，使二處分流，水勢必緩，庶無衝城決地之患」等情。又稱「新開河道，尚存第一崖岸未盡開鑿，除量留工價，委付分守兵備等官，候夏秋大水過後，臨期相度水勢分數，再加修築寬廣，用石包砌隄堰。比之原奏第二、第三寨之間，山凹川水衝聚，散流入關，鑿而通之，則皆由此而入，無復衝激關口之患。外高内低，約餘二丈，鑿爲兩涯，水行其間，則沛然就下，無復横流。因而疏之，以達密雲，而至通州。則有水之時，十斛運船可至其地，水小之時，小船亦可常行。因之水運，得免山東、河南、北直隸之民轉輸于崇山峻嶺之間，其利不小」等語。前後所奏，轉换支吾，自相矛盾。又聞所修磚城，亦將衝倒，若遇大水猛發，旋築旋壞，終無了期，貽害匪輕，大利安在？自弘治十二年二月興工，至弘治十四年五月已經兩度夏秋曾遇大水，此時洪鍾何不相度水勢，必待分守兵備等官後來修築？即其本心，自知前功決不可成，欲免後患，既不服罪輸情，痛省己咎，乃敢文過飾非，重爲欺罔，以無益微勞，聳惑聖聽，以難成大役，退託他官，雖稱乞賞官軍，其實豫爲己地。欺罔之罪，法所難容。况今奏稱雁尾山等處，係伊撫屬地，失火延燒周圍七十餘里，逼近禁山。臣恐洪鍾先年壓死人命數多，苟蒙寬宥，今又燒山烈石，❶致傷和氣，故皇天震怒，火災逼近，驚動陵寢。然地道尚静，神體宜安，今民怨天怒，火逼禁山，我祖宗在天之靈，豈能安耶？是豈可獨歸罪于地方官軍，謂非洪鍾燒山烈石之所致歟？伏望皇上以天變爲畏，以人言爲恤，以祖宗陵寢爲念，通查洪鍾先年原奏「事成之後，差官閲實，不爲國家經久大利，治臣之罪」原由，仍選差科道公正官員前去，從實體勘。果有大利，如洪鍾先年所言，具奏陞賞，若是苟簡成功，僥倖目前，圖免後患，亦必拏送法司，明正典刑，以爲欺罔之戒，以雪蒼生之怨。仍乞敕該部計議，遣官祭告陵寢，以安祖宗在天之靈。如此則國法昭明，神人胥慶，而先年無辜壓死之寃，不致含憤幽壤矣。

疏入，帝從之。

會計天下錢糧奏❷弘治十五年

韓　文

臣等竊惟因地制賦，乃立國之大經；量入爲出，實理財之要道。故禹貢承六府之修，而分土作貢，成周

❶「烈」，四庫本周璽《垂光集》該疏作「裂」。

❷據《明孝宗實録》卷一九二弘治十五年十月辛酉記事，此奏爲户部題奏，其時韓文爲吏部左侍郎。又據《實録》卷一九八弘治十六年四月丁未記事，此奏末所附聖旨，非此奏之處理意見，係誤植。

以九賦斂財賄，必九式均節之。降是而後，若漢唐盛世，或度官量吏以賦民租，或計丁授田以立租調，是皆能推本末之義，以適斂散之宜者也。洪惟太祖高皇帝混一海宇，疆理之盛，遠過前代，貢賦之制，取準哲王，不可尚已。然洪武年間建都金陵，當時供給之大，南京爲重，各邊次之。自永樂以來，定蹕燕都，其後供給之大，京師爲重，南京次之，而各邊又次之。然洪武年間供給南京，止于湖廣、江西、浙江、應天、寧國、太平，及蘇、松、常、鎮等處而已；供給各邊，止于山西、陝西，及河南、山東、北直隸等處而已。今天下司府州，除陝西、山西、雲南、貴州、廣東、廣西、福建、四川八布政司，隆慶、保安二州，錢糧俱本處存留，起運邊方備用。內福建、廣東，止有起運京庫折糧銀兩一項。其湖廣、江西、浙江，及蘇、松、常、鎮、廬、鳳、淮、揚，既供南京，又供京師；北直隸、河南、山東，既供京師，又供各邊。則是前項五布政司、兩直隸地方，昔之供億者一，而今之供億者二，昔之常賦甚簡，而今之常賦甚繁。

然不特常賦之繁而已。正統以前，國家費用減省，故百凡輸納，皆不出常額之外，自景泰至今，國家供用日盛，科需日增，有司應上之求，不得已往往于額外加徵派納。如河南、山東等處之添納邊糧，浙江、雲、廣等處之添買香蠟金兩，皆先年所無者。由是觀之，則知今日國用之急，民力之窮，誠爲可憂也。雖然，所可憂者，不過據已往之用，計近日之費耳，若計近日，以逆將來之費，又有可憂者焉。何則？往者年豐歲登，運河易達，邊方無調發之久，州縣無流徙之多，有司得以藉先年之積，制一歲之用，或徙有以均無，或用豐而補歉，猶之可也。今太倉無數年之積，而冗食者加于前；內帑缺現年之用，而給費者日伺于後；征需已極，而郡縣旱潦之不時；輸送已窮，而邊方請給之不已。顧後瞻前，朝不謀夕，萬一他日河流少止，漕運遲誤，邊郡有警，軍餉空虛，則京儲求歲入三百七十萬之數，固難猝至，邊餉須四百萬兩之銀，亦難遽集。不幸復加數千里之水旱，通行賑貸，連十數萬之軍旅，皆欲餉給，是時欲賦之民，而民困已極，欲借之官，而官帑已虛，不知又將何所取給哉？所謂又有可憂者，正以此也。

臣等猥以菲才，叨司國計，今天下倉庫處處空虛，軍民在在疲憊，晝夜思維，策無所施。伏望皇上憫天下民物凋敝之餘，念國家財賦需用之急，須先事以豫圖，斯有備而無患。如蒙俞允，乞敕五府、六部、都察院、通政司、大理寺堂上官，并科道掌印官，公同計議：京通糧儲支費日增，如何節之使不濫費？太倉銀庫虧損日滋，如何制之使得充實？內庫告乏，累取天下銀兩以實之，然隨實隨虛，何以得常實，而緩急之不誤？廚料缺用，屢借別項銀兩以給之，然隨給隨缺，何以得減省而民困之少甦？各邊軍儲如何調度，使小民免征輸之苦？各運司鹽課如何撙節，使邊警得倉猝之用？禄米莊田如何處置，可以應無已之求？馬房草料，如何經畫，可以省無窮之費？速香黄蠟，以何年爲中制，可行而不濫取？布疋收受，以何例爲準則，可守而不害民？河南、山西存留糧之短少，何以補助？湖廣等處存留糧之足否，何以查處？以至天下災傷蠲免税糧，又何以處分，使有恤民之實？通行議處停當，開立條件，奏請定奪施行。如此庶于聖政有補，而天下蒼生咸被其澤矣。伏望皇上憫天下民窮財盡之極，體祖宗節用愛人之心，少留睿覽，斷自宸衷，俯賜施行，臣工胥慶。此外凡供應興造之浩繁，量爲減省；近臣貴戚之賞賚，少加撙節。如此，庶幾存一分國有一分之益，寬一分民受一分之賜，而于邦計亦大有所賴矣。臣等不勝悃惓之至。

奏入，得旨：「卿等所議事宜，深切時弊。重京儲，另旨發落。省供應、均禁例，已有旨行了；清鹽法等，再議來説。其餘都准議行。」

請皇太子御經帖疏弘治十五年

馬文升

臣謹奏：恭惟皇太子殿下年漸長成，天資英偉，内外宫臣，朝夕輔導講讀，學有進益，此誠宗社無疆之休，後世臣民之福也。但臣等叨任大臣，臣文升、臣珪，俱任東宫保傅，自弘治十一年三月初六日皇太子初出讀書，于文華殿獲覩睿顔之後，至今五載，止是正旦、冬節及每月朔望日，于文華殿門外朝參，相去頗遠。仰惟皇上嗣登大寶，日決萬幾，猶每月三御經筵，令翰林儒臣講讀經書，以隆聖學，而追古帝王。今皇太子當進學之時，雖日出讀書，止在左春坊與二三内閣大臣及東宫並翰林院講讀等官相接，且去處頗狹，未甚從容。攷之古者帝王之教太子，左右前後，罔非正人，出入起居，罔有不欽，此所以教諭而德成也。臣等愚見以爲，欲請皇太子照皇上御經筵故事，每月三次，初六、十六、二十六出御文華殿，令臣等六部、都察院、大理寺、通政司、鴻臚寺掌印正官，並二品以上官，同内閣大臣、東宫講讀等官，侍班講書。其侍衛將軍等項，比皇上御經筵之日減半。庶臣等得覩皇太子之睿顔，而皇太子亦識臣等之愚貌，收斂身心，嚴威淵穆。相接日久，自然度量益宏，識見益廣。日就月將，以至于緝熙光明之地，睿德益盛，而帝王之域有不難造矣。臣等惓惓犬馬愚誠如此，伏乞聖明留意裁處，宗社幸甚，臣等幸甚。

疏入，帝不納。

巡撫事宜疏弘治十五年❶

馬文升

臣謹查得：先該户部奏准，各處巡撫官員每年八月以裏，一次赴京議事。續准兵部咨爲公務事，「照得各處巡撫官員，每年在邊者于四月内，腹裏者于八月内，到京議事。緣近日各處地方中間賊情未甚寧息者，若令一概赴京，誠恐缺人誤事，合無行移各處巡撫官員，其斟酌各該地方，如果平安，别無緊要事情妨占，照例議事。若是地方賊情尚未寧息，軍民未得安輯，有事難以摘離，宜將應議事件明白條陳，徑自奏請定奪」等因，具題奉聖旨：「是。各處正要用人，且都不必來。」欽此。備咨前來。臣猥以菲材，謬膺重寄，夙夜憂愓，思圖報稱，惟欲軍民安妥，地方寧静。其一應合行有益軍民事務，除遵依欽奉敕諭内「便宜處置」事理陸續施行，及會同欽差鎮守陝西太監等官，計議停當，節次具奏外，今將合議事件，開列具本，謹題請旨。

一，重守令以廣德澤。竊惟致治莫先安民，安民在擇守令。蓋守令者，親民之官，得其人則庶民皆安養，而天下無不治矣。皇上愛民之心，無異于舜禹；宰相贊理之勤，有同于伊周。然而治不古若，而小民不蒙郅治之澤者，蓋以守令不得其人而已矣。守令之不得其人者，由作之無其法而已矣。竊見今之守令，由進士、舉人出身者，往往多得其人，由監生除授者，鮮有能稱其職。揆其所自，其監生坐監並在吏部聽選，二

❶ 據《明憲宗實録》卷七一成化五年九月戊戌記事，及此疏内「去歲因滿四等反叛」等語，此疏應上於明憲宗成化五年。

十餘年方得出身，比至除授之時，年已五十以上，鬚髮皓然，神志昏倦。其意以爲在任不久，又將黜退，陞用之例，諒不我及，所以惟務貪贓之計，罔有治民之心。雖有吏部攷察黜退之例，及臣與巡按御史、按察司拏問之嚴，然今日之黜退者，爲因老耄貪婪，後來之除授者，又有老耄闒茸之甚于前所退者。蓋以國子監所養人材，不過如此，若止仍舊攷察，數數黜退，而不知所以更張遴選之，則小民送舊迎新，徒爲勞費。夫用賢所以育民，而賢才之盛，未有過于進士也。以進士而除授，今人皆以爲，幸登黄甲，輒除外任，有辜父母之望，而灰士子之心。殊不知，設科所以求賢，求賢所以爲民，以年幼進士而任守令，民情世故無不練達，他日或居藩臬，或補内任，輔世長民，綽有餘裕，是亦作養人材之一端也。陝西地方比之各處，大有不同，其同知、判官、縣丞、主簿，近年部運各處邊方夏秋税糧，相繼往來，并不在任，止有知州、知縣獨員處事，若非得人，事何克濟？伏望皇上敕吏部，今後各處知州、知縣有缺，照依已故大學士李賢奏准事例，每選將在部聽選舉人，不分到部年月日遠近，及監生中年未老耄、資質英俊者，通行攷選學問，老成、文移頗通堪任正官者，並將各部觀政進士，照依甲數，挨次取用，除京任外，其餘相兼舉人、監生，除授知州、知縣。其進士到任之後，果有廉名，政績昭著者，不分三年、六年，仍令挨次擢用，知州量陞郎中，知縣量陞主事、御史、評事。或令巡按御史並布、按二司官，于所屬官員内，廉名素著、才能出衆堪任知州、知縣者，各舉所知三五員，各另徑自具奏，吏部定奪授職。在任若有貪酷事發，連坐舉主之罪。以後知州、知縣有缺，俱照此例除選。如此，庶使守令皆得其人，而太平之治可期矣。

一，添風憲以撫流民。臣聞防禍于未然者易，除患于已然者難。蓋禍患未萌，以治術防之而有餘；禍患已成，雖兵戈除之而不足。此古人所以圖難于其易，而消患于未然也。竊照漢中府地方廣闊，延袤千里，人民數少，出產甚多。❶其河南、山西、山東、四川並陝西所屬八府人民，或因逃避糧差，或因畏當軍匠，及因本處地方荒旱，俱各逃往漢中府地方金州等處居住。彼處地土可耕，柴草甚便，既不納糧，又不當差，所以人樂居此，不肯還鄉。目今各處流民在彼，不下十萬以上。去歲因滿四等反叛，臣恐乘機嘯聚，爲患地方，已令按察司僉事孫逢吉前去彼處查勘，現數造册收照，行仰各該官司撫恤禁治，聽其自在生理，候豐年省令回還。此等之徒，若逼趕緊急，又恐激變爲患，若聽令在彼居住，難保久遠無虞。況漢中山勢之險，尤甚于竹、房，流民之多，不減于襄、鄧，雖嘗委官巡視，終是責任未專，必須添官，以專其任，庶使地方可保無虞。查得河南爲因南陽之間流民甚多，添除參議、僉事各一員，奉敕專一撫治，近于荆襄、南陽之間，又蒙欽命都御史一員以總其事，是皆思患豫防，防微杜漸之意也。如蒙乞照河南事例，或添除、或就于按察司僉事内專委一員，請給敕書前去漢中府，就帶家小，專一在彼往來巡視，撫治前項流民。其一道分巡事務，亦令本官管理，及會同守備漢中府都指揮張順，操練軍馬，守護城池，禁革奸弊，防察不虞，務要處置有方，不許偏執誤事。如此，庶使責任專一，而地方可保無虞矣。

一，增課鈔以贍軍用。竊惟理財之方，有經常之道，有權時之宜。經常之道，可行于無事之日，權時之宜，則施于財匱之秋也。若拘經常之道，而不知權時之宜，則軍國之用有不足，而贍軍之需有不充矣。照得

❶「產」，原作「差」，今據《馬端肅奏議》卷二《巡撫事》改。

陝西所屬衛所官軍，除沿邊外，其腹裏軍人月糧該支一石者，止關本色六斗，其餘四斗折支鈔貫，其軍職不分沿邊腹裏，四六關支，本色六分，折鈔四分。及查得官軍折俸折糧，并各王府及將軍、儀賓，并司府州縣官員折俸，通共一年該用鈔一千七十六萬五千四百六貫，今所屬每年止收額設户口食鹽課程鈔，共九百五十八萬七千四百九十四貫，所收不及所用，一年共欠少一百一十七萬七千九百一十二貫，而災傷減免者，不在其數。且陝西官軍，披堅執鋭，卧雪眠霜，比之各處官軍，勞逸不同。其妻子在衛，全資月糧、俸米養贍。爲因糧餉不足，減半折支鈔貫，今所折鈔貫，亦因不敷，有一二年不得關支者，四五年不得關支者，縱得關支一年鈔貫，亦不得易買數月之糧。又兼要買補馬匹，置備軍裝，或典賣妻子，或揭借財物，艱難困苦，相繼逃亡。月糧折支鈔貫，人情已有不堪，鈔又不得關支，尤非事體。若不行權時之宜，另行設法整理，誠恐年復一年，困苦嗟怨，益爲罷弊，將何以蓄養鋭氣，而使折衝禦侮也。臣看得西安府在城四門，一日之間，各處販賣柴薪等項牛騾車，不下五百餘輛；及看得陝西、河南客商，販賣馬騾，一年之間亦不止數萬餘匹，俱從潼關經過。前項車輛、馬騾，亦令投税，若將馬騾車輛量加納税鈔，是亦權時增廣鈔貫之一端也。如蒙乞敕户部計議，轉行陝西布政司，將西安府在城四門所進柴薪等項車輛，照依在京事例，每大車一輛納鈔四貫，小車一輛納鈔二貫。其馬騾，委西安府首領官員，于潼關收報，每馬一匹納鈔十貫，每騾一頭納鈔五貫。每季將二項所收鈔貫，俱送布政司官庫收貯，以備官軍折色俸糧支用。候年終將通收過鈔貫數目，布政司造册奏繳户部查照。其收鈔去處，按察司分巡官不時巡視，敢有作弊者，就便拏問如律。如此，庶使課鈔頗增，而官軍俸糧折色不致匱乏矣。

一，撫軍士以蓄鋭氣。竊惟克敵制勝，莫先于軍士之効勞；養鋭蓄威，必在乎衣食之充足。蓋軍士在邊，必衣食充足，而後可以蓄養其鋭也。❶照得陝西腹裏衛所軍士，俱在三邊操備，❷有一年一次回衛休息者，有十八個月回衛休息者，又有一家正軍、餘丁二三名在邊操備者，其在衛餘丁，又要種納屯糧子粒、守城等項差使。且以在邊軍士言之，既有官給騎操馬匹，赴邊之日，彼處總兵、副、參等官，每軍一名又要脚力，或馬或騾一匹頭。其軍士既無營生，又無産業，止靠月糧六斗養贍，置備軍裝、整理盤纏，亦皆仰給于此，懼怕到邊責打，只得原籍户下津貼財物置買前去。比至，則邊方該管官旗，或指以買置旗號纓頭爲名，或假以修理城垣門樓爲由，節次科斂逼迫，無奈又將原買脚力馬騾變賣出辦，未及一年，使用盡絶。或又有倒死官馬，隨要買賠，逼迫緊急，只得揭借或本管指揮千百户、彼處副參等官馬匹錢物，馬一匹還銀二三百兩者有之，銀一兩還本利三四兩者有之。比至回衛，各官家人隨即前來索取，在衛官員懼其勢要，只得監追，或典賣妻子，或揭借月糧歸還前去。賠馬一匹，已至破家蕩産，倘再倒死，將何所買賠？因此而逃亡者，十常八九，所以各邊軍士日見缺少。且以官馬倒死責令賠補，固爲良法，其馬之倒死，若不論其急病瘦損倒死之分，一概令軍士賠補，誠恐年復一年，艱難益甚，又不止于逃亡之患，而恐有意外之虞矣。罷弊軍士，莫甚于斯。況在邊軍士多有衣不遮體，食不充口，瘦損尫羸，形容枯槁，總兵等官，略不介意。臣在石城，目所親覩

---

❶「後」，原作「復」，今據《馬端肅奏議》卷二《巡撫事》改。

❷「操」，原作「採」，今據《馬端肅奏議》卷二《巡撫事》改。

如此，而欲望其用命効勞，克敵制勝，蓋亦難矣。所以一遇兵戎犯邊，多有不能支持，必須奏討京軍。若不肯著實優恤，蓄養鋭氣，誠恐因循年久，益加困弊，敵人窺伺我軍虚實，擁衆犯邊，重有以貽國家之大患也。臣每念及此，深爲寒心。如蒙乞敕兵部計議，行移各邊太監、總兵、都御史等官，今後將所屬官軍領騎操馬匹，置立印信文簿，每月三次點視，膘息肥壯者列爲一等，膘息瘦者列爲一等，若三次點視俱瘦，以後馬匹倒死者，著令買補，以戒軍士不肯用心餵養之弊，其三次膘息肥壯，遇有緊急病證倒死者，免其追賠，以蘇軍士艱難之苦。如果例該買補，本軍在邊艱難者，行移原衛著落户下餘丁買補完備，本都司差人解送前去。若是各軍將及下班倒死馬匹者，就仰回衛從容置買，上班之日騎坐赴邊。及遇有纓頭旗號損壞，須該置備者，令總兵、巡撫等官設法措置買辦應用，如果無處措置，行移陝西都、布二司派屬買辦解去，並不許分毫科擾于軍。及非奉奏准事例，亦不許擅自役使酷害。其各軍士上班腳力，隨其貧富，或騾或驢，或二人共買驢者，各聽從其便，總兵等官俱不許追究逼迫。及不許仍前放債于所管軍士，令家人前去各衛取討，逼軍逃竄。果有前項奸弊，許巡按御史指實具奏區處。仍用心優恤軍士，作興鋭氣，務令得所，不致逃亡。如此，庶使軍士感激，而可以成克敵制勝之功矣。

一，清軍丁以杜勾擾。竊惟發册清取軍人，不許差官擅勾，所以絶勾擾之弊，而立長久之法也。然法立既久，不能無弊，若不隨時斟酌，嚴爲禁治，則前法愈壞，奸弊愈生，而民有不勝其害者矣。近該陝西布政司清軍委官左參政于璠呈「查得節據西安府耀州等州蒲城等鄉軍丁惠林等各告稱，各有户丁應當瀘州、利州、清州等衛所軍役，有告稱在營現有正軍，身力精壯，又有餘丁三四丁者，七八丁者，十四五丁者，甚至二三十丁者，俱各種田、買賣，家道富實。因怪原籍户丁不來供給，往往買囑衛所官旗，捏稱老疾逃故等項，遞年發册勾擾。及至解衛，爲因軍伍不缺，將解去户丁爲奴驅使者有之，耕種田地者有之，甚至將盤纏衣服等項盡數拘收入己放回者，亦有之。又有告稱，正軍回還取討盤纏，不一二年軍妻又回取討，軍妻回衛不五七月，餘丁又來取討者。原籍人丁，爲因辦納糧差，家道貧窘，無從措辦，只得將田地房屋典賣者有之，將男女頭畜貨鬻者有之。及至打發起程，稍不如意，輒便回衛，發册勾取。又有告稱，正軍餘丁人丁回還，出賣自己房屋田地，因與房族親戚及鄰里人等争競，讎恨在心，回衛妄取别房人丁者有之，妄取同名同姓者亦有之。此等情節，往往赴官訴告分豁，所司因見兵部發册清勾，難于主張，只得依文解去查理。原籍拋下田地，無人耕種，遺下糧差，無人辦納，又累里甲僉點大户管解。及到衛所投文，官吏又要拜見錢物，旗甲索取饋送土宜，彼既有丁，只得放回。往回數千餘里，動經半年之上，破家蕩産，甚可哀憐。查得欽降《軍政條例》内開：正軍在營，已有壯丁，就收補伍，不許原籍勾取；有司體勘是實，回報原衛，將在營已有壯丁就收入軍衛，不許違例勾擾。降依奉外，今各該官吏故違前例，往往聽受在營軍丁賄囑，輒與發册清勾，非惟紊煩官府，抑且擾害人民。照得陝西布政司每歲該清軍士，不下數十萬餘，各該衛所發册之弊固有，而利州瀘州二衛、青川一所，發册之弊尤多。呈乞通行四川前項衛所禁約」等因，到院。竊詳衛所缺軍，發册清取户丁，理固當然。軍伍不缺，行文勾擾原籍，民實受害。且陝西人民遞年供給各邊糧草，兼以累歲旱荒薄收，財力皆困，凋弊已極。今前項衛所軍人，不思原籍人丁艱苦，因怪不與供送盤纏，輒便捏故清取，連年擾害，不得安生，誠爲可恨。除前項清勾軍人，行令參政于璠暫解户丁前去查理，及行四川按察司禁約外，誠恐各處衛所亦有此弊，如蒙乞敕兵部行移天下衛所，各將現在并逃亡等項軍人，備查的確鄉貫，充軍來歷，現在者，要開應役正軍并在營餘丁姓名口數。每一布政司並直隸各府，各另類造文册一本，差人齎送本部，照清册事例，轉發各該布政司，並南京直隸府分收照。以後各處衛所發册清勾，軍人到彼，先行比對原降文册。如在衛原造有空閒餘丁數人，又清取户丁，顯是挾讎作弊，所清户丁，免其查解。仍行彼處清軍按察司官員，再行本衛查理，如果在衛有丁，就將作弊之人并該管旗吏，先行提問如律，干礙本官，奏請提問，不許管軍管事，著令帶俸差操。若是在衛原先止有一丁，今開逃故者，亦要開寫某年月日逃故，許解户丁前去補役。仍通行各處巡撫、巡按並清軍官員，嚴加禁約，所屬衛所不許接受財物，聽從本衛當軍之人因怪原籍不與供送盤纏，捏作逃、故，一概發册清勾擾害。果有逃、故，例該清勾者，衛所官員務要取勘明白，方許造册送部清勾。如此，庶使在衛軍人無讎捏之弊，而原籍户丁免勾擾之害矣。

一，存遠軍以實兵備。竊惟陝西，關中重地。北連河套，西抵番夷，南通漢中，東接襄、鄧。安危所繫，誠爲不輕，比之他方，尤當軫念，況敵人犯邊，必先于此。方今急務，惟在兵足，兵若不足，以戰則不能勝，以守則不能固。今陝西腹裏衛所，軍士以十分爲率，逃亡等項已有三分以上。除各邊操備及屯田外，現在守城正軍，每衛或二百名，或一百名，甚至止有五六十名，又皆老弱尫羸，不堪守戰。若非宣德、正統年間，將本處充發遠方、不服水土、遠年清勾軍人，編發附近衛所收操；及將鞏、固、臨洮、延安、慶陽人民，選作土軍，則陝西軍士誠爲之缺少，而各邊操備者，益爲之不敷矣。近年缺少各邊操備逃故及死損軍士，爲因腹裏軍少，無從撥補，文移往來，終無裨益。查得陝西西安等府所屬縣分人民，先年爲事充軍，多有發編四川、貴州、雲南、廣東、廣西、福建等處衛所者，爲因水土不服，多爲煙瘴所侵，隨到隨死，不可勝計。及至各衛所移文清取，過二年或三年，方得起到解彼，又爲前項之故，復多死亡。仍行原籍清勾，其户丁與解人懼瘴煙死亡之患，兩懷戀土之心，彼此通因或逃走外郡，潛入番夷，一二十年不得到衛，原籍人丁懼怕清解，全家逃亡者有之。其南方之人發充陝西當軍，逃故等項發册清勾者，亦多畏懼此間地方苦寒，不肯前來著役。間有解到，又多氣體瘦弱，不堪操調，到衛未久，隨即在逃。雖有清勾之名，全無解補之實，軍伍空缺，兩無所益。如蒙乞敕兵部計議，將陝西人民先發四川、雲、貴、廣東、廣西、福建地方充軍者，除四川、貴州現今有例，仍令解補應當外，其雲南、兩廣、福建年久逃故、原衛無丁、户丁屢到屢死、屢解屢逃者，行仰陝西布、按二司清軍官員，將前項衛所遠年清勾當解户丁，如果屢次解發到彼死亡者，仍照比先不服水土事例，收發陝西三邊缺軍衛所，補伍操備。若雲南、兩廣、福建有充陝西衛所軍役，遠年逃故、清勾不到者，即令收發本處鄰近衛所當軍。仍行兩處清軍官員，責令各該衛所將名伍彼此開除。操備之後，但有在逃者，仍發原衛當軍。如此，庶使軍士各服水土，而無死亡之患，衛所不致缺軍，而有操守之實矣。

一，禁通番以絶邊患。竊惟欲絶邊方之患，當禁啓患之源。蓋邊患不能以自生，必因人以啓召之也。照得陝西洮、岷、河州、西寧等處衛所沿邊番夷，即古之吐番，其性譎詐，叛服不常，歷代以來，屢爲邊患。洪惟我太祖高皇帝平定天下，撫治四夷，示之以威，懷之以德，彼皆順服，歲時進貢。其所用食茶、鐵鍋、銅器、羅段等物，奏奉明文，方纔給與；及許令各該番人，四時前來各邊，交易買賣，委官管領。當時法度嚴明，軍民遵守，不敢私自通番，以取其利。其各族番人，亦盡知我邊情虚實，一向畏服，不敢爲惡。其後有等各邊無知軍民及軍職子弟，甚至守備官員，往往亦令家人將鐵鍋、食茶、段疋、銅器等貨，買求把守關隘之人，公然私出外境，進入番族，易换彼處所産馬匹等物，以致番人將所得鐵鍋、段疋置造軍器及戰襖等項，遂萌侵犯之心。或因争論價值，將通番漢人殺死，同去之人因是違法，不敢告官。番人畏懼漢人報讎，亦不敢前來交易，日肆搶劫，漸成讎隙。及各寨堡把守官軍，因見鄰近有等本分、不曾爲惡吐番，卻又妄稱本族搶劫等情，恐嚇賠償財物，因而激變，隨同各族爲惡，引惹邊患，皆由于此。甚至有等近邊土人居民，因與番人結親，或通吐番，冒名進貢，貪圖賞賜，往來情熟，專爲緝探，邊方一應事情，動輒傳與。所以各邊番人，益加生拗，不聽撫化，節次爲惡，搶殺人畜物件。若不嚴加禁約，誠恐各邊官軍互相倣傚，一概通番，積習年久，重貽邊患未便。如蒙乞敕都察院，查照洪武、永樂年間福建、廣東下海通番事例，出給榜文，發仰洮、岷、河州、西寧，但係鄰近番人去處，張掛曉諭。今後但有置買鐵鍋、銅器、羅段、私茶等貨，潛出外境，進入番族貨賣，及各寨軍人，將良善不曾爲惡族，詐稱搶劫，恐嚇財物，並與番人結親，傳報腹裏事情者，事發勘問明白，本身處死，全家軍發極邊衛分，民發腹裏衛分充軍。若軍職及守備官員縱容弟姪兒男通番買賣者，指揮、千百户、鎮撫，亦發邊衛充軍；守備官員，奏請定奪。如此，庶使法度嚴明，人知驚懼，而邊患爲少息矣。

疏入，帝不納。

御選明臣奏議卷十一

議行武舉疏弘治十七年❶　劉大夏

臣惟武舉之設，將以延攬英雄，廣儲將帥，招徠韜晦之士，收拾跅弛之才。蓋以古今治天下之具，惟文武二道，天之生才以供世用，惟文武二藝，凡國家求相于文，求將于武，亦惟文武二科。我朝設文舉，足以備一代之彝典，而其網羅之周，自閥閲以及草澤，均得人以備任使。其用武臣也，甄别軍功之大小，以爲陞擢之階級，内或陟督府之崇班，外或膺邊方之重寄，世享簪纓，家足餼廩，奬勵武臣，作興士氣，意甚善矣。但求止于武弁一途，凡授鉞推轂，非出于貴寵之子弟，即拔自行伍之粗材，近歲有保舉將才之例，又但據其現有官職之人，其間往往徇名而不責實。挽強引重者，視爲勇敢，談説縱横者，目爲謀略，及委以重兵，臨以大敵，僨事者多而成功者少。蓋因求將之意雖勞，而選將之路太狹也。宋臣范仲淹有言「議者不知取將之無術，但云當今之無將」，今日之弊，殆亦坐此。

❶「弘治十七年」，據四庫本黄訓《名臣經濟録》卷四一劉大夏《題武舉事》、《明武宗實録》卷三四，正德三年正月庚申條，此疏上於正德三年正月。

且天之賦人以才，絀于文者，或優于武，不以遠而嗇，不以賤而限，如穰苴生于寒微，吴起困于羈旅，樂毅出于疎賤，黥布雜于輿臺，若當時非有知識之人爲之汲引，豈能自致通顯，建功于世，而垂稱于後耶？夫武以用將爲先，亦猶文以求相爲先，孫武曰「將者，人之司命，國家安危之主也」，司馬曰「將不能設，無以應卒」。昔唐知求將之爲重，視進士科而增置武舉，遂得郭子儀，卒成再造之功。宋知求將之爲重，視制科而詳定武舉，卒能料元昊之背叛，破智高之猖獗。蓋異人傑士，咸奮興以赴功名之會，此前代故事，有足徵也。宋臣蘇洵言于仁宗曰：「文有制科，武有武舉，陛下欲得將相于此乎？取之十人之中，豈無一二。」此名儒格言爲足徵也。

兹者適當武舉再開之時，法制未備，禮義未隆，上未足以協旁求之心，下不足以副登進之望。宋臣富弼請置武舉，嘗曰「法度粗率，未能致特起之士」，臣竊與之異世而同懷也。蓋事既當重，則品式宜加詳備，恩禮宜從優厚。今欲依倣唐宋故事，參酌會殿二試事例，少加損益，每遇文舉鄉試之年，亦將武舉豫期行移兩京各省，令其轉行曉諭，如有究極韜畧、精通武藝者，或隱于山林，或育于學校，或羈于戎卒，或係于仕籍，許赴所在官司投報。果可取者，禮送兵部，會萃數目，請于次年開科，初較騎射，二較步射，三試策論，優者列職論官，以示崇異，其非全材，黜之以俟後舉。此制酌定，庶法式昭宣，足以備彝憲；禮遇崇重，足以激人心。凡海内智勇之士，莫不仗劍而起，各售其術，期以効用于世，是驅天下之英雄，而入于吾之彀中。陛下合羣策而用之，何憫之不可敵，何侮之不可禦？伸威萬里，將無不如吾意者，又何必思借才于異代也哉！

疏入，帝從之。

覆金洪陳邊務疏議弘治十七年

劉大夏

臣等看得陝西巡按金洪所奏後開十事，俱係邊方要務，本官親歷其地，奉敕閱實，聞見必真，擬合逐一對款議擬，伏乞聖明裁處。

一，嚴燒荒以安邊也。查得每年秋深草水枯乾之時，本部請敕各鎮守臣，并獨守一方内外官員，先行差人，哨無敵情，然後行令副、參等官，各照地方出境燒荒，已有常行定例。但將官實心奉行者少，欲于燒荒畢日，重復出境查驗，勢恐難行。今詳本官所奏之意，則是套内敵情有無，可以驗燒荒虛實。合無通行各邊，今後每年燒荒官軍回日，巡撫務要盤檢有無牲口帶來，日後如有外夷在套，或近邊住牧，就遣夜不收哨探在何地方，離邊遠近，查與原報燒過里數若干，就將原日領軍出境燒荒將官，指實參奏拏問，本處查有入邊失事緣由，依擬降謫。

一，修城堡以固邊也。查得近該延綏守臣奏稱：本鎮寧夏至定邊營一帶，地方衝要，應行修築邊牆等因，已經題行總制衙門，公同守臣勘議具奏外，今本官又奏前因，大意在于選用巡山官員，修理各該險阻。事在彼處，難以遥制，合無備行總制秦紘公同二鎮守臣，一并查勘，備由具奏。

一，揀將才以鎮邊也。看得本官閲視地方開奏各官賢否，應當參酌所言處置，但延、寧一帶爲事將官，近該本部奏稱敵衆過河，要人隄備，已經奉有欽依「姑令記罪，前去領兵隄備，候敵情寧日，照舊問結」。所舉王戟、魏鎮、藍海，案候聽用外，所據開奏馬隆、姜漢亦各稱有將官器度，宜當俟其後效。傅釗、張翼既稱其怯敵圖利，無才貪殘，合無行令總制并各該巡撫，再加詢訪的確，候各官問結之日，另行具奏定奪。

一，放土軍以信邊也。查得先爲急募土兵以禦敵人事，招募過延、寧二鎮土軍共二萬一千三百七十六名，編成隊伍，關與軍器，各隨衞所營堡食糧，就令原招人員管習武藝。情願常操者，補作游兵之數，其餘分作兩班，每年十月起至開年三月止，每班備禦三箇月，該管官員敢有科擾及擅勾，非時公私役使者，參奏究治等因，題奉聖旨：「是。」欽此。欽遵，通行去後，續該彼處守臣奏稱：各軍情願留操，及將沿邊增設衞分，就將各軍編發補伍。行令勘處問，今金洪親歷其地，據告真情，稱比先招募之濫，近日拘留之苦，供貼之難，甚至願將原賞銀兩送官疎放。中間難保其無揑作願留，及科擾役使之弊，合無將金洪所言，備行總制秦紘，候邊情寧日，選委二司能幹著實官員，各赴二鎮，將原招軍士逐一清審明白。仍查照欽依事理，除著實甘心願留，補作游兵，其餘俱責令里老及該管人員保領，照例冬春輪班操備，夏秋放免歸農。遇有重大敵情，一面行移巡撫、巡按，會同拘集，一面奏聞。拘操之日，照例支糧。中間查有死亡，告相明白，即與開除，願補者聽，詭名揑報逃走者，就拘原報之人正身，及父兄子弟頂當。仍將審過實數，并處置過緣由，咨部知會。若查有科擾等弊，應拏問者拏問，應參奏者指實參奏。

一，教騎射以禦邊也。看得操練官軍騎射，係是將官本等職業，今金洪親歷其地，比驗軍士，如此不堪，該管將官所幹何事？巡撫因何扶同不言？況事在人行，兵難中制，合無不必本部立法、差官，止將金洪所言通行各邊總兵，今後務要嚴督副、參等官，用心設法教習騎射，巡撫不時比驗，將把總、管隊等官量行賞罰。若將官果有中間不肯嚴督操練，虛應故事，即便具實奏聞。御史按歷去處，比驗軍士若果騎射不熟，及詢訪將官止知掊剋、私役者，指實具奏，本部將巡撫、總兵一并參奏，取自上裁。

一，節工役以逸邊也。查得先該寧夏守臣各奏稱：勘議過本邊原有古渠三道，東渠、中渠現通水利，可遏敵路，惟山邊一渠内地方似爲敵境，欲將舊渠挑成河塹，以限戎馬，多得地利，以資邊儲。本部議得工程浩大，難便輕舉，仍行各官會同巡按，再行計議。迄今三年，未據奏報，今本官奏稱：所開之渠，地高于水，不能灌溉，山口多石，功亦難成，並據寧夏久疲未蘇之人，何以堪此？合無備行總制秦紘，移文該鎮守臣，從長計議，如果此渠難于施工，徒勞無益，即便停止，咨報知會。

一，用精鋭以助邊也。查得各邊遇有敵中走回人口，審有的確鄉貫者，送發寧家完聚，免其雜差，係現行事例。今本官奏要將前項在敵年久走回之人，俱令就彼便所，收入隊伍，概與糧賞，是亦選用精鋭、用防邊鄙之意。但此輩被擄日久，自意骨枯草野，不復與父母妻子面見，幸而脱死生還，情難一概強留。合無行移彼處鎮巡官員，今後被擄走回，審有鄉貫之人，若果精鋭、情願在邊殺敵者，量給賞勞，與邊軍一體收伍食糧，不願者，仍照舊例施行。

一，分地方以理邊也。看得二司官員巡守，必須地方便利，方可責成。今關西、河西二道，既地里遠近懸絶，難于遍巡，則一方庶務，何以督理？而貪官污吏，安知警懼？金洪所奏，亦爲有見。合無仍行陝西巡撫，再行參酌奏内事理，如果前項所定地方均停，從宜更改，行令二司官員遵守施行。

一，慰死事以勸邊也。查得孔壛溝死事官軍，近該總制秦紘具奏，本部議擬具題，節該奉聖旨：「是。朱鼎、妙齡、武臣、許慶、湯璽各贈官二級，仍查他子孫，照例襲陞。其餘陣亡官軍，便著查明來説定奪。」欽此。欽遵，通行去後，及又查得本部題准事例：凡夜不收、公差人役，被敵殺死者，賞銀五兩，擄去者亦賞銀二兩，以恤其家。今本官又奏前因，緣各查有前項題行事理，難再别議，合咨都察院轉行本官，將前項奏行陣亡官軍事情，作急勘報，及今後有公差、夜不收被敵殺擄者，照例具奏施行。

一，分賠補以恤邊也。查得官軍騎操馬匹，除追敵燒荒等項公差倒死免追，其餘槽下倒死，告相明白，官軍朋合出銀，馬主出備椿頭，官爲通融買補，此係奏行事例。其朋合之例，每年終止令六箇月，按月每月都指揮出銀一錢，千、百户、鎮撫出銀七分，旗軍出銀五分。椿頭之例，倒死馬主都指揮出銀三兩，指揮出銀二兩五錢，千、百户、鎮撫出銀二兩，旗軍出銀一兩五錢，走失者各加銀五錢。今金洪因見各邊騎操馬匹，追補不均，要得查究倒死緣由，分别免追一節，最爲有見。既查有前例，相應通行遵守，合無本部移咨各該巡撫，及咨都察院轉行本官，各仰所屬衛所官軍：務要各將騎操馬匹，用心愛惜，餵養膘壯，以聽調用。内有因公追敵等項致死者，免其賠補，官給馬匹。醫治不效者，即係槽下倒死之數，照例追徵椿頭銀兩貼補，朋合銀兩買補。其有爲因私事走死，及諸般作踐倒死者，查勘的實，即追好馬一匹還官，或追銀十兩在官買馬。各邊一體通行，不許偏執，致有彼此不同，則馬政不致廢弛矣。

議奏，得旨准議。

請立記注史官疏弘治十七年

儲 巏

臣伏見陛下即位以來，屢垂清問，召見大臣，至于今歲，舉行尤數。或究典禮，或詢治道，或綜核庶職，或制御四方。邇者又親御午門，讞審大獄。盛德偉績，垂耀無窮，非臣之愚所能殫述。臣聞堯舜之德，文武之政，所以布天下、傳後世者，頼有典謨方策之存，使非史官當時紀載，則後代君臣何所誦法？故古者設立史官，左史記言，右史記動，職綦重也。臣備員班行，每覩陛下宣召，羣臣奏對，多係帷幄之語，造膝之言，近臣不得聽聞，史臣何由紀録？臣竊惜之。夫前代史官，追述往昔，尚且網羅散失，摭拾傳聞，以成不刊之典，豈及今日宸衷睿想之所形，聖謨神斷之所著，明並日月，炳若丹青，顯然可書，足以傳信乎？且儒學里塾之士，門生弟子更相問難，猶有實録年譜，以備遺亡。陛下傳精一之學，臨埏紘之衆，勵精圖治，益大有爲，自此延訪日廣，政事日新，蓋有不可勝書者。顧乃無所纂記，以貽來世，非缺典歟？失今不圖，誠恐歲月緜遠，耆舊彫謝，或遺失莫存，或傳聞各異，事蹟無以究其始末，日月無以攷其先後，雖悔之亦無及已。竊攷本朝史職，似與前代稍異。臣愚，欲乞陛下特敕在廷臣僚，先後曾蒙召問者，備録聖旨、奏對之詞，具本進覽，宣付史館。如事涉機密，不宜宣露者，御覽訖，仍乞封識，付之謹密之臣，藏諸深嚴之地，所謂金匱石室者，以俟將來。庶聖君言動舉止無所遺，羣臣論説亦以附見。洪武年間嘗有起居注，陛下儻採臣言而行之，遵祖宗之典，貽萬世之謀，臣不勝至願。

疏入，帝從之。

豫處邊儲以備供餉疏 弘治十八年

楊一清

臣竊惟圖事于平時者易，應變于倉卒者難。先年陝西因不曾先事儲蓄，及至敵人入套，動調馬軍，奏開課鹽若干萬引，運送官銀若干萬兩，舉行納銀冠帶等項事例。敵尋出套，師旅既罷，倉庫一空，徒爲乘時射利者之地，而民遭餽運轉輸之苦，逮今比屋蕭然，生理未復。向使敵人不退，兵連禍結，内變將作，何以爲計？言之可爲寒心。邊報稍息，上下相安，遂謂無事，儲蓄之策，廢而不講。頃者敵復入套，烽火絡繹，計所儲在在不足，相顧駭愕，仰給朝廷。幸而敵人悔禍遠遁，設或潛伏河套，經年不出，乘秋大舉，長驅深入，縱然不惜府庫之財，以充供軍之費，而地方所出有限，倉卒亦難辦給，此皆失于先事儲蓄之過也。

且如每草一束，平時價不過二三分，遇急收買，費至七八分一錢而無措；每糧一石，平時價不過五六錢，遇急轉輸，費至二三兩而不足。此理甚明，人豈不知？其因仍玩愒，良亦有故。今之士大夫，任耳不任目，惡聞人善，而樂談人之過失，寧倉卒而勞費，人無非議，平時招糴，增糧增草，則羣而譁之，以爲多事，甚則疑其因以爲利。用是，凡厥有位，卑者苟且自保，幸免罪責；尊者因循悠忽，坐待陞遷，有能實心爲公家任事者寡矣。臣竊恐議者因見延、寧小捷，地方稍靖，遂置邊儲于度外，萬一有警，又將貽後時之悔，深慮卻顧，不得不極言之。

伏望皇上俯念陝西關中重地，邊儲缺乏太甚，所宜急爲豫處。乞敕部于陝西關中、兩淮等運司，常股存積等課鹽百餘萬引，及今招商，于夏秋收成之後，糴買糧料草束，查撥固、靖、蘭州、環、慶各該邊堡屯駐軍馬缺乏去處上納。仍要斟酌敵情緩急，如果敵人在套，盡收本色，量寬斗頭，使人樂趨，不許嫌避誤事。若非緊急敵情，又當酌量年歲豐歉。年豐有收，則廣爲招糴，不厭其多；如歲歉收薄，則量收一半本色，以防目前之急，仍存一半銀兩以爲來歲之圖。免以不貲之財，坐爲營利者所得。其他充實邊儲事宜，擇其有益地方、無損治體者爲之。大要使邊倉各有二三年之儲，則遇警不至于告乏；布政司常有數十萬兩之積，則臨期尚可以有爲。此在巡撫督同布政司官，通融處置，次第舉行。居常勿習于玩，臨事勿傷于急，則事集而人不及知，不必取旦夕之盈，爲張駭之舉，重費其力以資勢利。此愚臣爲兵事謀，爲民事謀，爲治體謀之惓惓也。

疏入，得旨：「是。著各官上緊趨時整理，務要處置停當，邊儲充實，無致臨期缺乏。」

經理要害邊防疏 正德元年　　楊一清

臣竊見陝西各邊，延綏城堡據險，寧夏、甘肅河山阻隔，敵人侵犯，止在本境，爲患猶淺。惟寧夏花馬池至靈州一帶，地里寬漫，城稀堡疎，兵力單弱，一或失守，敵衆拆牆而入，其利害不在寧夏，而在腹裏，必將犯我環、慶，侵我固原，深入我平、鳳、臨、鞏等府州縣。倘兵連禍結，内變或因之而作，根本動摇，誠非細故。成化初年，敵人在套，彼時未有邊牆，恣肆出入。後因巡撫寧夏都御史徐廷章等奏，修邊牆二百餘里，開濬溝塹于延綏，又巡撫延綏都御史余子俊修濬完固，敵人知不能犯，不復入套者二十餘年。世平人玩，邊備稍疎，牆既日薄，溝又日淺。弘治十四年，敵人由花馬池入犯内郡，戕敗我士卒，魚肉我生民，敵人得志，始蔑我邊牆爲不足畏，連年擁衆拆入，我軍動輒失利。先是寧夏鎮、巡等官太監張僩、總兵官郭鍧、都御史王珣等，節經議奏，請將舊邊牆幫築高厚，邊塹挑濬深濶。又該提督軍務都御史史琳等建言，請于花馬池、韋州設立營衛，摘撥腹裏官軍防守。兵部奏行總制尚書秦紘勘處，❶本官泥于所見，止添修四五小堡。及弘治十七、十八年冬，敵復大舉，自花馬池清水營城堡攻陷，花馬池官軍殘害。上厪宵旰之憂，特命愚臣整飭經理。臣雖闒劣，歷官陝西，邊事頗常究心。但腹裏頻年旱荒，倉廩空虚，饋餉不繼。敵人動號數萬，倏聚忽散，出没不常。未至而廣徵士馬，則徒費芻糧；既至而調兵應援，則緩不及事。縱使大兵既集，務速則彼或不來，持久則我師先老，恐終無以伐其深入之謀，阻其方張之勢。臣歷延綏一帶，邊牆、城堡、墩臺逐一閲視，及將原勘議事情，會同陝西鎮、巡諸臣，廣集衆思，兼收羣策，參酌損益，其大要有四：修增牆塹以固邊防，增設衛所以壯邊兵，經理寧夏以安内附，整飭韋州以遏外侵。當務之急，莫先于此。

但修邊一節，地方財匱民勞，興此大役，必多異議。然利害有重輕，關繫有大小，土木之害，較之搶殺爲小，動摇之患，比之勞費爲大。大事可成，則小費不足計；遠效可圖，則近怨不足恤。且今河套即古朔方地，唐張仁愿攝御史大夫，代朔方總管築三受降城，置烽堠千八百所，自是突厥不敢踰山牧馬，歲減鎮兵數萬。夫古之舉大事者，未嘗不一勞而永佚。受降據三面之險，當千里之敵，國初舍受降而衛東勝，已失一面之險。後又撤東勝以就延綏，則以一面之地遮千餘里之衝，遂使河套沃壤，棄爲敵巢。深山大川，勢顧在彼，而寧夏外險，反在河南。此陝西之患所以相尋而莫之解也。兹欲復守東勝，因河爲固，東接大同，西接

❶「紘」，原作「綋」，今據前篇劉大夏《覆金洪陳邊務疏議》及四庫本楊一清《關中奏議》卷七《爲經理要害保固疆場事》改。

寧夏，使河套方千里之地，歸我耕牧，開屯田數百萬，用省内郡轉輸，斯爲上策。及今將延綏、寧夏一帶邊防，設法整飭，蒐選守軍，策勵將士，修車馬，備器械，儲糗糧，明斥堠。今冬敵人若復侵犯，仰仗神武之威，謹當督率諸將，恭行天罰，雪恥除殘，臣之志也。臣何敢幸一時之安，而委患于他人哉！

疏入，帝從之。

豫處兵機疏 正德元年　楊一清

臣愚以爲敵人自弘治十三年延綏、大同官軍失利之後，横行無忌。弘治十四年深入陝西腹裏，殘害生靈動以萬計；弘治十八年宣、大遊兵全軍覆没；又河凍之後，連年窺伺陝西，既未遭挫，必無懲戒。今冬踏冰入套之舉，難保必無，既入河套，必不安静。臣方部署將士，振揚威武，已將沿邊直抵腹裏，分爲四路，布置主客官軍，相機邀截。但兵少敵多，未免一以當十，出奇制變，事不得已。

臣愚以今冬深河凍，敵果入套，宜徵調宣、大二鎮遊奇官兵，于延綏中、東二路住劄，並聽張安節制。若止在套住牧，未嘗擁衆内侵，則嚴兵自守，決不輕敵，自起邊釁。如仍前深入固、慶等處搶掠，行令延綏鎮、巡官，選人分投出境，哨探敵營遠近、衆少，會合主客官兵，豫先分布，逼近敵營城堡。如在一二百里之間，有機可乘，則原擬沿邊中路邀截之兵依舊不動，以延綏東路參將時源所領本鎮三路軍馬，與臣近日挑選先鋒奇兵官軍三千名，以爲馬戰；總兵官張安領本鎮選定頭撥等官軍三千名次之，以爲中軍；大同遊奇兵馬左右二哨，及宣府遊奇兵又次之，以爲外援；太監劉保、都御史文貴領本鎮兵馬並本隊官軍，于牆外二三十里列車爲陣。分布得宜，晝伏夜行，各相去二三十里，擇形勢利便之地，爲營以待，務使聲勢連絡，前後相望。

我兵既近敵壘，奮勇疾進，衝其腹心，敵既潰亂，舍其羸老，而戮其壯健，奪其鎧馬，而縱其牛羊。大同之兵，堅整嚴備，不許貪利輕動，前鋒勝負未決，恐無聲援，必待其既回，以爲羽翼。敵若糾衆尚集，我軍張安合大同之兵，專爲殿後。如此布置，較之先年出境分布疎遠、孤兵無繼、訖難成功者不同。敵人千里趨利，日久疲弊，聞我傾其巢穴，必自遁歸。我腹裏之兵躡之，中路之兵劫之，沿邊之兵又夾而邀之，敵戀巢之心既勝，欲戰之志不堅，必然潰敗。安邊制敵之計，莫快于此。

疏入，得旨：「是。閫外之寄，卿等所專。出奇制勝，事難遥度，務要計出萬全，以除邊患，無致疎虞。」

陳政令十失疏 正德元年

李東陽

臣伏念陛下嗣位之初，臣等輔導啓沃，多見施行，少伸報稱。近數月來，往往旨從中出，畧不預聞，有所擬議，率多改易。詔書不信，政令失中，姑以其重者言之。

商人譚景清等附託皇親，奏討殘鹽，既不肯奉詔還官，又不肯領回原價，挾制朝廷，摇撼官府，沮陛下之美政，累母后之盛德，論其情罪，死有餘辜。且皇親之家既已辭退家人引目，此商人者已不相干，而乃曲爲庇護，寧使帑藏空虚，邊餉匱乏，而不之顧。此政令之失一也。大同隨征所開衝鋒破敵三次當先二項，揆之舊制，俱不當擢。況紀功官原開按狀不係對陣，侍郎等官勘得功無顯迹，又無明證，名字不對，多寡不一。

而乃循近年弊政，欲還數百冗員。以官法爲人情，視爵禄如糞土，此政令之失二也。

内府冗員，奉旨裁節，僉書、守門及分守、守備等官，減革者百無一二，而南海子浄身人又選八十餘名，非惟傷財害民，抑且敗壞風俗。至于蟒龍玉帶濫賞無算，大壞名器，尤不可言。此政令之失三也。御用監書篆缺人，吏部奉旨攷選，乃令革退人役通送本監，攷校優劣，是不信銓衡之任，而信寵倖之臣。況該部查出革退之人，俱係夤緣傳奉，詔下裁革者。曾不幾時，遽開此例，則匠官、術士，倣傚成風，以邪路爲當行，視詔書爲故紙。此政令之失四也。他如皇莊田土，已令巡撫官查數，又復差官踏勘。取者未回，差者繼出，帶領人役，騷擾地方。京畿小民，何以堪之？此政令之失五也。

駕帖出外收人，累經各衙門論奏，恐生詐僞。近因皇親家人奏愬畿民侵佔田土，輒爲給帖，提解來京。鎮撫司訊問情節，俱與原奏不同，未免仍解本處官司問理。牽連負累，冤苦無伸，此政令之失六也。韋興等人蠱惑先朝，盜空府庫，一則夤緣分守，累劾不退，一則奏請追究，止令取回。遷延至今，未正典刑，此政令之失七也。各營執事官軍，及内府軍匠，俱經奏准，查赴團營，及各衙門乞留，仍復照舊。廢營伍之籍，供私門之用，此政令之失八也。内承運庫銀兩，支銷累數百萬，内府支用不給印票，該庫内官自請查算，竟爾不行。司鑰庫銅錢，該部累奏支用，展轉推延，至今未發。此政令之失九也。饒州瓷器，奉詔蠲免二年，又令起運來用，此政令之失十也。

似此之類，未易悉舉。臣等或傳聞坐視，無可奈何；或封還執奏，不能終止。其爲失職，實所難辭。追思先帝寄託之言，仰念陛下委任之意，若涓埃之力，少有所裨，犬馬有知，猶當報德，豈忍于主少國疑、四方多事之時，潔身去位，自求便安？但忠不足以格君，才不足以濟世，向者所陳，奉有聖諭云「朕便處治」，至今未見施行，又奉聖諭云「待斟酌施行」，是必言無可采，乃使之照舊，輔導亦不過仍前失職而已。乞特賜罷歸，亟選非常之才，俾任難爲之事，庶可以上回天變，下慰人心，承先帝付託之隆，保祖宗基業之重矣。臣不勝懇迫，激切之至。

疏入，得旨：「所言事件，著各衙門查奏定奪。卿等盡心職務，以副倚任。該衙門知道。」

御選明臣奏議卷十二

裁冗食節冗費奏 正德元年

韓 文

臣等欽遵查理京庫銀兩，以歲入言之，夏税共該五萬五百餘兩，秋糧九十四萬四千八百餘兩，馬草二十三萬七千餘兩，鹽課折銀二十餘萬兩，雲南閘辦三萬餘兩，通計各項，實該一百四十萬九百餘兩。以歲用言之，宣府年例五萬兩，大同五萬兩，遼東一十五萬兩，延綏三萬兩，甘肅、寧夏共六萬兩，給散京衛官軍俸糧共三十三萬五千餘兩，内府成造寶玩等項，其數不得預知，大約并前折俸銀不下五六十萬餘兩，通計各項實該一百餘萬兩。其間支剩馬草等銀，節該本部題准俱送太倉收候，以備邊方緊急支用，不許别項支銷，故太倉之積，多者三四百餘萬，少亦不下二百餘萬。

夫以近年以來前項額辦銀兩，或災傷減免，或小民拖欠，或詔旨蠲免，歲入既虧于原額，而歲用乃過于常數。姑以近日言之，宣府年例外運送過六十一萬餘兩，大同年例外運送過七十七萬餘兩，陝西各邊年例外運送過四十萬餘兩，遼東豫送過三十二萬四千餘兩，蓋邊方緊急，糧草缺乏，鎮巡等官例外奏討之數。又征進京軍給賞過六萬九千六百餘兩，在京官軍人等共用過銀七十二萬四千二百六十餘兩，及各邊官軍共六十九萬三千三百二十兩，又陝西賑濟銀二十萬兩，密雲、紫荊、居庸、倒馬關等處召買糧草銀共一十二萬八千餘兩，買金進送內府二萬六千五百餘兩。迄今舉大婚禮等項支用，一歲支間實用過四百餘萬兩，❶通前年例將及五百餘萬兩，是舊例歲用之外，又加至四倍餘矣。帑藏何由而不空，財用何由而不竭哉？

臣等竊聞滄海不能實漏卮，鄧木不能供野火，其勢使然也。今值海內虛耗之日，百姓愁苦之時，加以兵荒之相仍，供億之浩繁，不經之費日甚于前，奢靡之習漸長于昔，而欲應變制用，倉卒取盈，豈不難哉？臣等叨備任使，受恩深重，苟有分寸之補，敢辭犬馬之勞。但晝維夜籌，計無所出，將欲少徇乎人情，又恐致傷于國體，將欲取給于目前，又恐貽患于將來，或益少而損多，或害重而利微，輾轉憂思，如芒負背。臣等所以不敢輕爲之議者，蓋以此也。竊嘗上觀往古，下迄唐宋，遠揆先王之制，近觀祖宗之法，莫不以財貨量入爲節，以勤儉愛惜爲本，以侈靡妄費爲戒。蓋天之生財有限，而人之用物無窮，若不撙節于平日，何以克濟于臨時？然撙節之道，要未有不自君身始者，伏望陛下念天命之至重，荷祖業之至大，念民事之至艱，躬履儉約，爲天下先。乞將臣等議擬條件，留神覽察，斷在必行，庶乎轉嗇以爲豐，伸縮以爲贏，非徒濟一時之用，實以培萬年之基。臣等下情不勝惓惓，憂惕仰望之至。除有禁例難行，及各官或另有條陳，聽户部徑自覆奏外，今將臣等會議過事件，逐一開坐，上請定奪。

一，裁革冗食。查得近奉詔書并各衙門奏行事理，已將冗濫官員、軍匠通行裁革矣，但其間裁革尚有未盡者，亦有已蒙裁革、仍復夤緣希圖照舊管事者，以致冗食如舊，支費不經。夫當此匱乏之時，而不亟爲裁

❶「支」，四庫本明章潢《圖書編》卷八八《本朝會期歲入歲用之數》引此疏作「之」。

革變通之計，何以裕民生而足國用？乞敕下禮部，將光禄寺遞年科徵雞、鵝等項廚料，通行查革，但係不急之用，盡行裁省。

一，崇尚節儉。臣等竊觀自古人君，莫不以勤儉興國、奢靡壞政。漢文帝躬衣弋綈，集皂囊爲帷，惜中人之産，罷露臺之費，以致海内殷富，是其明效大驗也。邇者皇上體念民窮財竭，風俗僭侈，特敕文武百官不得僭用玄黄紫三色，及軍民下賤等不得衣羅段紵絲，三品以下暑月不得執扇用蓋。中外臣民聞之，莫不懽欣稱頌，以爲陛下躬行儉約，其效必肇于此矣。蓋人君一身，實爲萬化之本，君能自行，則不令而行，君不能自行，則雖令不從。臣等伏望皇上念祖宗創業之難，憂國用匱乏之極，守恭履儉，崇尚節約，凡一銀一錢之微，皆爲小民之脂膏，一衣一帛之細，皆係庫藏之官物，省無益之工，罷不急之用。仍乞敕司禮監、御用等監，凡百上用輿馬、服飾、器用、玩好，屏去淫巧，務從樸素，使度數不得增于前，而法制可永垂于後。再乞敕光禄寺，查勘内外近侍官員日逐費用、桌席、酒肉等項，但係濫費，應該減革者，一一奏請節省，使天下臣民仰觀聖意之所在，翕然向化，則儉約之風可興，奢靡之俗可革，而財利之用自足矣。

一，裁革冗費。仰惟祖宗之朝，財賦皆有定制，費出亦有常經。如天下歲辦京庫銀兩共一百四十九萬，歲用則僅該九十餘萬；漕運糧斛共三百七十萬石，歲支則僅該三百餘萬；其他料豆、草束、絹布、花絨，與夫光禄寺廚料、内府顔料等項，大率類此。是即所謂以十之七爲經費，而儲其三以備兵荒支用者也。近年以來，官兵吏匠，冗食日增，水旱災傷，逋負日甚，加以土木迭興，齋醮繼作，勳戚貴近惠賚不貲，宴樂游賞費出無算，司兵柄者不計錢糧之費，掌財賦者惟圖儲蓄之多。姑以大者言之，如内承運庫，自來成造金册，只用在庫金兩，近年累稱不敷，索取于外，户部節次買過金一萬四千八百餘兩。本庫銀兩止備軍官折俸糧等項支用，自弘治十五年到今，户部并太倉進過銀不下三百萬兩。錦衣衛官軍月糧，成化五年一月止該支二萬六千九百餘石，弘治十五年以後，則月支四萬五千餘石。武驤右衛勇士月糧，成化八年一月止該一千五百九十餘石，弘治十五年以後，則月支五千餘石。軍士冬衣布疋，成化十三年止該一十九萬六千八百餘疋，弘治十四年以後則支二十三萬餘疋。内承運庫絹疋，弘治十四年以前歲支二十七萬八千二百八十七疋，以後年分增至三十一萬餘疋。又如光禄寺先年會派廚料等項俱勾歲用，近年累奏不敷，借過太倉銀十萬餘兩；先年各邊除原派料草之外，歲該送銀四十八萬兩，自弘治十三年山、陝用兵，及近日宣、大二鎮邊境爲患，解過銀八百餘萬兩。又如京營人馬舊無聽征，而今有聽征支給草料之例；近京關隘舊無防守，而今新設防守官軍之名。調度愈繁，則供節愈急，國用愈竭，則上下愈困。

爲今之計，若不急爲裁節，年復一年，噬臍何及？合無敕令户部，約祖宗以來歲賦之數，查正統以前歲用之則，酌爲中制，永示遵守。今後非成造上用件，及王府寶册等項，不得用金，非聖旦千秋等重事，不得用銀。管事人員，悉遵舊制，不得纖毫浪費，及因事花銷并指稱齋醮賞賜等項名色，朦朧奏討。該部每年仍扣算進送銀兩不過五十萬兩之數。其在京官兵匠役，但係傳陞、乞陞、收充等項，各該衙門作急查奏，曾奉旨裁革者，悉從原旨，存留者照例支與俸糧一半。及今後光禄寺供應，悉從裁減。務復祖宗之舊制，成清儉之美俗。至若軍旅重事，雖兵部所司，其間事干錢糧，多係先行具奏，然後開咨户部知會撥辦，事體實有未便，況國計盈縮，事例應否，一時計處未必皆當，今後凡調度人馬、招募軍士等項，係干錢糧者，俱要會同户部計議而行。此外凡有冗費可節者，聽户部逐一查出奏請施行。

奏入，有旨：「這本内所開事件，都准議行。」

請辨忠佞疏 正德元年　劉玉

臣伏惟朝廷大事，凡治忽安危之所繫，爲臣子者，當効忠陳諫，豈可自諉泛遠，甘爲容默之理。臣待罪近畿，竊聞陛下近日頗聽信太監劉瑾等，多事逸遊；又聞内閣大學士劉健、謝遷俱以諫不得行，致仕而去。伏思劉瑾等佞倖小臣，凡其巧爲戲弄，不過博陛下之一笑而已，而不知耗神氣、惑聰明、妨政理，爲損多矣。至二臣者，先帝所簡以輔聖躬者也，顧欲屏而去之，此其事甚左。陛下弗察，顧不忍于彼而忍于此，徇逸遊之樂，棄輔導之臣，違先帝付託之言，遂瑾等恣肆之計，此誠天理人欲存亡之幾，國體治亂安危之繫，臣叨言職，此而不言，無復可言者矣。

孟子曰：「逢君之惡，其罪大。」若瑾等之導逸遊，所謂「逢君」也。又曰：「畜君者，好君也。」若劉健、謝遷之止佞倖，所謂「畜君」也。「畜君」者用，則聖德日茂；「逢君」者進，則國事日隳，不可不謹也。抑臣尤有深慮者。陛下春秋方富，總理萬幾，輔導大臣既皆引去，内侍老成者又多退閒，則論議安所顧問？燕閒誰與居處乎？必將逸遊愈數，佞倖愈親，忠益之事不聞，讒諂之言日進，如是而政柄不移，政體不紊，未之有也。況今天下民窮財盡，所在空虚，武備不修，寇盜日起，以陛下即位之初，而天下之疲敝如此，正宜恐懼修省，克己從人，乃更厭老成而喜私暱，耽逸遊而忽政理，是猶馬既逸而棄其轡，車將傾而舍其御，豈不殆哉！

且天下大器，常以衆君子持之而不足，一小人壞之而有餘。今二臣既去，則君子之勢益衰；羣佞不除，則小人之黨益肆。此尤臣所大懼，恨不叩首丹陛以回陛下之聽也。伏望陛下體天人歸與之重，念祖宗創造之艱，謹治忽安危之幾，察忠佞是非之實，將瑾等執下法司，明正典刑，勉留大學士劉健、謝遷，仍責以輔導之任，其司禮近侍，悉簡老成之人，禁止逸遊，完養神氣，清心講學以興理治。如此，則海宇乂安，皇圖永固，陛下壽同乎軒羲，名齊乎堯舜，誠宗社萬年無疆之休，豈徒一事之美，一時之幸而已哉！

疏入，帝不納。

論誅太監李興伐木石疏 正德元年

周　璽

臣謹題爲誅極惡以謝祖宗，安陵寢以蕃聖嗣事。去歲先帝上賓，陛下特以陵寢事重，簡命内官監太監李興、新寧伯譚祐、工部左侍郎李璲提督營造，軍夫、匠役出于營衛，百物價值供于部廠。爲李興者，當追思先帝寵遇之隆，仰體陛下委託之重，竭力殫心以祗承厥事可也，奈何縱溝壑之欲，肆盜賊之謀，故將工部坐派柴薪折價私貯，豫爲侵尅之計。而又縱使太監王瑞等指麾下人，罔顧國禁，砍伐禁山樹木數萬餘株，掘取禁山石片數百餘丈，山林爲之赭赤，坑坎不計深闊，龍脉爲之損傷，秀氣爲之虧折，驚犯陵寢，得罪宗廟。此誠天地所不容，神人所共怒者也。陛下赫然震怒，差官勘實，仍敕法司會問明白，具招覆奏。臣等謂陛下必念祖宗之體魄震驚，痛先帝之神靈未妥，大彰天討，亟行顯戮，而乃因循未決，旬日之後，方欽奉聖旨：「李興、王瑞饒死，差人押發去南京孝陵神宫監，充浄軍種菜。譚祐、李璲俱准擬。」欽此。聖旨一下，人心驚疑，道路藉藉，謂陛下私近習之恩，忘祖宗之舊，將必有左右曲爲回護而惑聖聰者。且謂近歲南京守備太監蔣忠，于孝陵南二十餘里山平開一路，私便行走，事發，先帝以孝陵案山有傷龍脉，恐致宗室有損，遂擬于死，當時豈無權倖貴近爲之營救者，先帝不爲所惑，聖斷不移，卒死于獄。今李興等所犯罪惡深重，陛下縱自寬假，獨不爲祖宗念、爲子孫慮耶？

漢時有盜高廟玉杯者，文帝欲置之族，而張釋之固請棄市，且曰：盜玉杯者族，有取長陵一抔土者，何以加法乎？蓋以盜杯罪止棄市，而族誅之法，宜加于盜取陵土者也。釋之號稱「執法」，豈欺文帝者！李興等伐掘陵寢木石以十萬數，比之抔土，萬一不同，使在漢時，寧能免族誅之法。即民間葬地，亦欲土脉膏潤，草木茂盛，又必封植，毋容樵牧。蓋以祖宗體魄所藏，祖宗安則子孫亦安，故禮載擇地之文，律嚴發塚之禁，庶民墳墓且慎重如此，況陛下以四海爲家，萬方爲土，名山天設用爲祖宗列聖衣冠之藏，固將福祚陛下以爲千萬億年之計也。而李興等掘伐之慘，至于如彼，是雖剉屍萬段，尚未足謝神人之怒而仰慰祖宗之靈，陛下不即加誅，止令各充浄軍，罪重罰輕，誤亦甚矣。臣等又惟李興荷累朝之任使，憑先帝之寵眷，大興營造，剥軍削民，累貲萬萬而貪欲不滿，氣焰薰天而炙手可熱，貴戚權倖多相交納，左右近習皆其黨羽。凡有爲回護解釋之言者，是畏其威、憑其勢、而利其財賄者也，何爲而輕聽之哉？

再照新寧伯譚祐、侍郎李燧，身爲大臣，忘君黨惡，跡其情狀，厥罪惟均，萬無可貸，而法司止擬奏事不實徒罪。臣謂李興、譚祐、李燧職銜並列于敕諭，坐次同列于公衙，文案同署，號令同發，事無大小罔不通知，而謂照料不及，皆由李興，三尺之童亦不可誑。其巡山官軍兩次捉獲擅伐活樹軍人到官，李興不加禁治，惟時二人果醉夢而不知覺耶？抑病篤而不知省耶？即此觀之，二人擬罪當不在李興下，法司舍其重罪，擬以輕條，是亦回護二人而上欺朝廷者也。臣等伏願奮乾剛之斷，亟天討之誅，收回成命，將李興、王瑞戮于市曹，告之宗廟，譚祐、李璲縱不加誅，亦宜削爵放黜，以爲大臣欺罔之戒。亦乞且賜裁處，仍敕工部並欽天監，選取精通地理者，前去相視掘伐之處，可栽則栽，可培則培，可填補者填補，務使龍脉不虧，秀氣如舊，上以安祖宗列聖之靈，下以壽聖子神孫萬萬世之傳。臣等不勝爲國拳拳願望之至。

疏入，帝不納。

論正失罰疏 正德元年

周璽

臣謹題爲再申忠懇以正失罰事。臣等竊謂臣之事君，猶子之事父也。父有失，子三諫不聽，則號泣而隨之，冀其感悟，必改而後已。然則人君失罰其所當罰，而爲之臣者不能盡力救正，而遽已焉，亦豈人臣事君不欺而犯之義哉？此臣等于李興之事不敢以煩瀆爲嫌，必欲再三爲陛下陳之，冀其俯納也。夫李興、王瑞，砍伐皇陵樹木數萬株而赭其山，鑿取禁山石片數百丈而坑其地，譚祐、李璲，知情故縱，坐視不救，驚動陵寢，獲罪祖宗。陛下悉從輕典，不加誅竄，臣等已經論列，法司亦曾執奏，欲陛下仍置李興、王瑞于法，而譚祐、李璲重加貶黜，以爲人臣不忠之戒，陛下已降旨寢罷矣。及譚祐、李璲自知公論難容，陳辭引退，陛下仍復降旨慰留之。臣等聞命，益加疑懼，以爲陛下聰明仁孝、敬天法祖，而斷此大獄，竊恐未厭衆心，難止羣議也。

臣等節該伏覩英宗皇帝聖旨「于天壽山偷砍樹木，其該管軍衛有司人等，坐視不行鈐束，論罪都該處死」，及憲宗皇帝聖旨「于鳳陽等處應禁山場，伐樹取石，正犯處死」。此蓋列聖防微杜漸之深意，以爲法令不嚴，人必輕犯，以震驚神靈，損傷龍脉，爲害不小。故孝宗皇帝復收之于例，與律並行，亦欲聖子神孫萬世繩繩也。今興等所盜非一木一石之比，而其情罪豈直坐視不救之倫，陛下皆宥其死，則自是而後，愚民有取禁山一木一石者，將誅之乎？則非宫府一體之謂，將欲宥之乎？則列聖之禁例自此而不行。此李興、王瑞之當照例處死無疑也。陛下何爲饒其死而止令充浄軍乎？此臣等所未喻也。

譚祐、李璲既奉敕一同提督，則興等侵盜之錢糧，工部所出入也，某何爲而不查攷？伐取木石之軍士，總兵所管轄也，某何爲而不鈐束？今各知情故縱，黨惡蔽奸，正合「坐視不行鈐束」之例，且巡山人等坐視不禁，罪猶處死，提督大臣知情故縱，法安可容！況其招詞既曰「譚祐、李璲明知工部自有應用木柴，及砍伐禁山樹木例重，不合依阿不行勸阻禁約」，是其情罪，止下李興一等耳，興等既當重治，而譚祐、李璲乃偃然復處大僚之列，豈公刑法之道乎？故臣等以祐、璲之罪，任其事而不知，則爲失職；知其情而不舉，則爲奸邪。豈有奸邪失職之人，而復可以居大臣之位乎？此譚祐、李璲之當罷爵奪職無疑也，❶陛下何爲薄其責而不竄黜乎？亦臣等所未喻也。昔漢文帝時有盜高廟玉杯者，廷尉請棄市，帝怒曰「非所以恭承宗廟

---

❶「職無」，原倒乙，今據四庫本乙正。

也」，唐高宗時有誤斧昭陵一柏者，而當時坐免官，帝怒曰「是使我爲不孝子」，❶必誅之」。今興等之罪，視之盜玉杯、傷一柏者，相去萬萬也，陛下皆從輕宥，是陛下以舜文之孝，而敬奉祖宗之心，反出于漢唐二君之下乎？臣等竊爲陛下惜也。

夫陵寢者，列聖衣冠之藏；禁例者，列聖法令之寓。陛下繼列聖之大業，而廢列聖之法令，列聖以四海之廣付陛下，而陛下不能庇其數十里之山陵，使播之天下，傳之後世，豈不爲聖德累乎？臣等備員言路，補過拾遺，乃其分也，彈劾奸邪，乃其職也。以聖明之朝而有此奸邪，以陛下之聖而有此失罰，臣等或緘默不言，或言之不行而遽止焉，則祖宗在天之靈謂臣等爲有罪，天下後世謂臣等爲失職。此臣等所以不避斧鉞之誅，以盡芻蕘之説。伏乞陛下念祖宗之當重，思法令之當守，俯從法司之議，割恩正法，將李興、王瑞仍行處死，而譚祐、李璲亟加貶黜。庶情不蔽于左右，而法得行于貴近，列聖陵寢自此而奠安，國家命脉自此而益永。宗廟幸甚，社稷幸甚，天下亦幸甚。

疏入，帝不納。

論内侍劉瑾等奸邪疏 正德元年

周　璽

臣謹題爲糾治羣邪，以正朝綱，以隆聖治事。臣等猥以凡庸，待罪言路，静思身計，非不知緘默足以自

---

❶「官帝」，原倒乙，今據四庫本乙正。

容，多言適以取禍，而受國委寄，食君廪禄，事有當言而不言，與事有可慮而不慮，將來大壞極弊，不可救藥，彼羣奸者剉屍焚骨固無辭矣，然而迷國誤上，臣等之罪亦復何逭！是以不避批鱗之諱，僭伸苦口之言，惟陛下曲赦其愚而開懷俯納焉。

臣竊見陛下臨御以來，善政不聞，國事大變。凡古者縱欲敗度之事，踵而不疑，大臣瞻顧而不言，小官守位而不發，推原禍根，蓋左右羣奸惑亂之所致也。今中外切齒于數人者，而九重獨未覺悟，臣等不惜爲陛下言之。竊照司禮等監太監劉瑾、馬永成、谷大用、魏彬、丘聚、張永、傅亨、羅祥等，或係先朝舊人，或經春宫任使，遭際已極，寵倖實深。當皇上嗣統之初，正國家多事之日，爲各官者自合小心恭謹，因事納忠以救不逮，庶幾上報先帝，光輔新政，何乃各恃其技能工巧、言辭捷給，每早退朝，輒引聖駕或泛海子，或遊南城，或縱騎射，或放鷹犬，或盛排筵席而酣飲，或搬做雜劇以縱觀，或進新聲以逞奇，或獻果核以乞賞。凡所以蠱惑心志、變移性習者，蓋無所不用其計。近日來，多以耳目玩好爲娱，而經史不暇究；以宴安沈湎爲事，而政務不及理。或起居無常，或動息失養；或賞以喜僭，而内帑財帛用如泥沙，或恩由濫與，而蟒龍玉帶施及童稚；或成命已行而復改，或詔書已出而竟違；貴倖傾朝，奸諛得志，老成擯而不用，公道鬱而不行；聰明則日蔽于上，弊政則日滋于下。目前凡百無一當人心而協輿論者。陛下試思此等舉措，果斷自聖心者耶？抑此數人者誤賺而成此也。

痛哭流涕，賈誼尚施于漢文之世，而今日事勢特甚于彼，奈之何而忍緘默耶？❶且如四十萬之銀，庫藏已竭，假婚禮爲由，必欲取盈。五七歲之童，乳臭未除，以勇士爲名，必欲收用。織造停免矣，而又啓織造；傳奉查革矣，而又開傳奉。鹽法方差官整理，而崔杲又奉帶鹽引；地土方差官清查，而張永又奏討地土。凡朝廷之大計，軍旅之重事，國家所恃以爲安危强弱者，此曹皆縱情恣意撓亂阻敗而不恤，尚安顧其他哉！臺諫雖交章抗論，該部雖再三執奏，從者無一二，不從者恒八九，甚則指摘差訛，隨加責罰，臣等以千言而不足，彼以一言而有餘。則是壞祖宗之家法，傷廟堂之治化，累陛下之初政，釀天下之禍亂，非此數人，將誰諉哉？只今各處旱乾水溢，民窮盜起，財用困于内，盜賊肆于外。今歲孛彗飛流，明年日食歲首，凡此皆災異之大，聖心所當儆畏者也。其尤可憂者，往年雷震奉天殿鴟吻，未幾而有土木之變，今夏雷擊奉天殿鴟吻，其應將何如哉？

前事不忘，後事之師。陛下固欲修省，祇行祭告，是徒事虚文、罔修實德，實自誣耳，何足回天變而安人心也哉！夫天變于上而不悟，民怨于下而不知，此古昔有國者之所深忌。今日之勢，不幸類此，陛下豈可盡謂天下無事，日與此輩施施然安于不職也哉？外議洶洶，萬口一談，皆此數人者壞陛下繼述之孝，而引之于有過之内，❷他日根蒂已牢，禍階已成，則事無及矣。伏望念祖宗艱難之業，察愚臣犬馬之忠，乞敕錦

❶「奈之」，原倒乙，據四庫本乙正。

❷「内」，周璽《垂光集》本疏作「地」。

衣衛，將此數人拏送法司，明正典刑，或肆諸市朝，或迸之遠裔，告謝天下，然後治臣多言之罪，以謝此曹。仍乞陛下自今講學親賢，修身遠佞，早朝晏罷，節用裕民。各項弊政，憫念時艱，悉從該部議處，俯賜俞允。如此，則國典自正，國是自明，天人之憤泄，陰陽之氣和，災沴自消，瑞應自至，天下自太平矣。臣不勝迫切忠懇之至。

疏入，帝不納。

劾劉瑾疏正德元年　蔣欽

臣竊思：劉瑾，小豎耳，陛下親以腹心，倚以耳目，待以股肱，殊不知，瑾悖逆之徒，蠹國之賊也。忿臣等奏留二輔，抑諸權奸，矯旨逮問，予杖削職。然臣思畎畝猶不忘君，況待命衽席，目擊時弊，烏忍不言？昨瑾要索天下三司官賄，人千金，甚有至五千金者，不與則貶斥，與之則遷擢。通國皆寒心，而陛下獨用之于左右，是不知左右有賊，而以賊爲腹心也。給事中劉蒞指陛下闇于用人、昏于行事，而瑾削其秩，撻辱之，矯旨禁諸言官無得妄生議論，不言則失于坐視，言之則虐以非法。通國皆寒心，而陛下獨用之于前後，是不知前後有賊，而以賊爲耳目股肱也。一賊弄權，萬民失望，愁嘆之聲動徹天地，陛下顧懵然不聞，縱之使壞天下事，亂祖宗法，陛下尚何以自立乎？幸聽臣言，急誅瑾以謝天下，然後殺臣以謝瑾，使朝廷一正，萬邪不能入，君心一正，萬欲不能侵，臣之願也。今日之國家，乃祖宗之國家也，陛下苟重祖宗之國家，乞即臣所奏，垂聽察焉。

疏入，杖三十，繫獄。

再劾劉瑾疏 正德元年

蔣 欽

臣與賊瑾勢不兩立。賊瑾蓄惡已非一朝，乘間起釁，乃其本志，陛下日與嬉遊，茫不知悟，內外臣庶，凜如冰淵。臣昨再疏受杖，血肉淋漓，伏枕獄中，終難自默，願借上方劍斬之。朱雲何人，臣肯少讓？陛下試將臣較瑾，瑾忠乎？臣忠乎？忠與不忠，天下皆知之，陛下亦洞然知之，何仇于臣而信任此逆賊耶？臣骨肉都銷，涕泗交作，七十二歲老父不顧養矣，臣死何足惜，但陛下覆國喪家之禍，起于旦夕，是大可惜也。陛下誠殺瑾，梟之午門，使天下知臣欽有敢諫之直，陛下有誅賊之明。陛下不殺此賊，當先殺臣，使臣得與龍逄、比干同遊地下，臣誠不願與此賊並生！

疏入，復杖三十，欽遂卒于獄。

劾太監馬永成等疏 正德元年

陸 崑

臣竊見自古姦臣欲擅主權，必先蠱其心志。如趙高勸二世，嚴刑肆志，以極耳目之娛；和士開説武成，毋自勤約，宜及少壯爲樂；仇士良教其黨以奢靡導君，勿使親近儒生，知前代興亡之故。其君惑之，卒皆受禍。陛下嗣位以來，天下顒然望治，乃未幾寵幸奄寺，顛覆典刑，太監馬永成、魏彬、劉瑾、傅興、羅祥、谷大用輩，共爲蒙蔽，日事宴遊，上干天和，災祲疊告。廷臣屢諫，未蒙省納，若輩必謂「宫中行樂，何關治亂」，此正奸人欺君之故術也。陛下廣殿細旃，豈知小民窮簷蔀屋，風雨之不庇；錦衣玉食，豈知小民祁寒暑雨，凍餒之弗堪；馳騁宴樂，豈知小民疾首蹙額，赴訴之無路。昨日雷震郊壇，彗出紫微，夏秋亢旱，江南米價騰貴，京城盜賊横行，可恣情縱欲而不一顧念乎？閣部大臣受顧命之寄，宜隨事匡救，弘濟艱難，言之不聽，必伏闕死諫以悟聖意，顧乃怠緩悦從，巽順退託，自爲謀則善矣，如先帝付委天下屬望何？伏望側身修行，亟屏永成輩以絶禍端，委任大臣，務學親政，以還至治，天下幸甚。

疏入，逮下詔獄，杖三十，除名。

器使將才以修戎務疏正德二年

楊一清

臣惟三軍之命，實繫于將，而戰守之將，其用亦各不同。今之參將，分疆畫地，各守一隅，所謂「守將」，遇警固未嘗廢戰，而其用則先于守。今之遊擊，隨敵聲勢，往來策應，所謂「戰將」，所至固未嘗無守，而其用則專于戰。守將之務，修車馬，備器械，據要害，固封守，明斥堠，謹禁防。敵至而先爲之備，不必求取戰功，求無所失而已。若遊擊之官，披歷荆榛，眠宿霜露，非身先士卒，不足以鼓勇齊力，非躬冒矢石，則不能解圍潰堅。雖謀勇貴乎兼濟，而常以勇爲主。是二者，固未有不相通，而目前之用，則先其所急。

竊見分守延綏東路右參將都指揮僉事時源，性資果敢，膽氣猛厲，慣經戰陣，驍勇著聞，今分守一方，雖亦未嘗廢事，使當遊擊之任，衝鋒破敵，是其所長。延綏遊擊將軍都指揮同知戴欽，性資明爽，才識疏通，曉暢邊情，熟嫻戎務，今爲遊擊，非無可取，若居分守，其所建立，必有過人。且人才難得，用違其長，雖能者無以自見，隨才器使，則天下無不可用之人。況延綏慣戰精鋭之兵，東西應援，必得驍將領之；而神木孤山一帶營堡，密邇河套，敵人遇冬首先窺伺，分守得人，有不戰自屈之勢。乞將時源改充遊擊將軍，戴欽改任分守參將。此二人者，易地而居，各當其才，戰守之寄，兩有所託，待其勞效顯著，主副將官之基，未必不由于此。

疏入，得旨：「兵部知道。」

劾宦官疏正德二年❶

韓文

臣伏念人主以辨奸爲明，人臣以犯顔爲忠，故羣小之奸逼近君側，勢足以危社稷、亂天下，伏未及發，是謂「禍萌」，故曰「萌不可長」。臣幸待罪股肱之列，值主少國疑之秋，仰觀乾象，俯察物議，瞻前顧後，心焉如割，至于中夜起嘆、臨食而泣者屢矣。伏思與其嘆而泣，不若昧死進言，即使進言以死，不猶愈于緘默苟容乎？此臣之志，亦臣之職也。

臣伏覩近歲以來，朝政日非，號令失當，秋來視朝漸晚，仰窺聖容，日漸清癯，皆言太監馬永成、谷大用、張永、羅祥、魏彬、劉瑾、高鳳等，置造巧僞，淫蕩上心，或擊毬走馬，或放鷹逐犬，或俳優雜劇錯陳于前，或導

---

❶「正德二年」，據《明武宗實録》卷一九，韓文於正德元年十一月落職閑住，又疏中有「秋來視朝漸晚，仰窺聖容」云云，則此疏上於落職之前，非正德二年。

萬乘之尊與外人交易，狎暱媟褻，無復禮體，日游不足，夜以繼之，勞耗精神，虧損志德。遂使天道失序，地氣靡寧，雷異星變，桃李秋華，攷厥占候，咸非吉徵。竊緣此等細人，惟知蠱惑君上，以便己行私，而不思赫赫天命，皇皇帝業，在陛下一身。今大婚雖畢，儲嗣未建，萬一游宴損神，起居失節，雖將此輩虀粉菹醢，何益于事乎？昔我高皇帝艱難百戰，取有四海，列聖繼承，傳之先帝，以至陛下。顧命之語，陛下所聞也，奈何姑息羣小，置之左右，爲長夜之遊，恣無厭之欲，以累聖德乎？

竊觀前古，閹宦誤國，其禍最烈。漢十常侍，唐甘露之變，是其明驗。今馬永成等罪惡既著，若縱而不治，將來無所忌憚，爲患非細。伏望陛下奮剛斷，割私恩，上告兩宮，下諭百僚，將馬永成等拏送法司，明正典刑，以回天地之變，以泄神人之憤，潛消禍亂之階，永保靈長之業。則皇上爲守成之令主，臣等亦爲太平之具臣矣。事關安危，情出迫切，不勝戰慄俟命之至。

疏入，帝不納。

論誅大逆疏 正德二年

周璽

臣謹題爲誅大逆以彰天討事。嘗聞挾無將之心者，有誅無赦；逐亂賊之黨者，讐不共天。竊見司禮監太監劉瑾專權擅政，蠹國殃民，抑且私意妄干，潛謀不軌，臣儻知而不言，一旦逆謀果肆，雖與之同科，亦難逭緘默之罪矣，故敢昧死上聞。

伏惟陛下之天下，祖宗之天下；陛下之臣工，祖宗之臣工。瑾敢擅作威福，于各衙門大小官員，每每尋事陷害，打死科道等官。一言觸犯，即行枷號、充軍，如薛堂、王岳之死，尤爲慘毒。夫二三羣工，糾察姧邪，所以共保社稷也，乃敢恣意殘蹴，略無忌憚，豈惟全軀保命之臣畏之如虎，即矯矯素著者，亦將惕于烈燄而杜口矣。指鹿之姧，復見今日，彼一切不法等情，誰肯蹈湯火、冒白刃爲陛下言耶？甚至差委指揮楊玉等管事害人，不時差出府司州縣，訪察官員賢否，所過地方，重遭擾害，一時百姓如罹荼毒，寃號之聲，徹于遠近。臣嘗奉使道經寧夏，百姓遮訴，至不得行。所在有司，不敢訶問。間有一二慫慂之輩，潛入其黨，反假聲勢助之牙爪。是專權之瑾一，而附權之瑾百，往往至于激變。嗟嗟小民，安能叩九閽見天子哉？近又夤緣掌管本監印事，權勢益重，内外百寮一應章奏，不與各官計較，不與内閣相干，一一抽回私宅，與孫聰、張文冕等捏寫旨意，屢更屢變，是非混淆。時常分付吏、兵、工部，陞遷先于己處允行，方許奏請。内有今日陞職，明日黜退，賄賂一通，隨即起用。夫鬻爵賣官，此漢唐季主所爲，而瑾敢盜弄大權至于如此，天下後世謂陛下爲何如主？此瑾之假勢張威、負罪滔天者也。

近又招引術士余明、余倫、余子仁出入監中，占候天文，相面算命，妄意圖度，至有臣子所不忍言者。蓋因見財貨充盈，及勢焰張大，故輒起異心，臣既知之，不敢不言。又訪得于本年四月，密令心腹牛昭、潘某等，暗造衣甲、牌面千有餘副，弓弩五百餘張，潛匿私宅。夫春秋之誼，家不藏甲，瑾之逆謀，尤爲彰著。已經河南道御史蔣欽等劾之，陛下不惟不問，反坐之罪，果出自聖斷以爲此等欺誑耶？抑瑾之矯命恣行箝言者口耶？夫大姧起于下，而忠言壅于上，有識者莫不爲陛下危，而陛下處之竟若此，不幾養虎貽患、胎變稔禍耶？臣思祖宗來，豈無權姧，豈無邪黨，而大逆不道，無如瑾比。陛下即過欲狎昵，當如宗廟社稷何？

臣待罪言路，素性愚戇，每憤及此，誓不共天。故區區之心，惟願陛下擴日月之照，奮雷霆之威，即將臣、瑾俱下法司，面相勘問，如果臣言不謬，乞斬劉瑾以謝天下，復斬臣首以謝劉瑾，則死之日，猶生之年也。祖宗幸甚，天下幸甚。

疏入，帝不納。

御選明臣奏議卷十三

舉糾漕運官狀正德五年[1]

邵寶

臣謹題爲奉命催儹糧船，舉大義以糾運官事。查得本年九月初五日濟寧州地方，被大夥流賊燒燬糧船，臣仰思國計，不勝驚惕，除具題處置外，參看得漕運官軍值此流賊，有不能不避之勢，有不容不敵之義，有不當不用之法，有不可不體之情。必酌于此而行之，此朝廷不得不舉之事，臣愚不敢不言之職也。

蓋此賊嘯聚人衆，馳突數千里内，攻城掠野，莫有攖其鋒者，顧此運軍固非其敵。此所謂不能不避之勢也。但軍至十萬之衆，既有都御史、總兵、參將爲統制，又有把總、都指揮等官分領之，又有指揮、千、百户等官管押之，大小相承，居則有衛，行則有次，導前距後，儼然行師之規。爲各官者，僭爵食禄，孰無是分；尊君親上，孰無是心；死衆死制，孰無是責。此所謂不容不敵之義也。今或圖便以先，或偷安而後，遂致卒伍

❶「正德五年」，據四庫本邵寶《容春堂集續集》卷七《乞終養疏》之第一、二、三疏及《明武宗實録》卷六七、卷七九，邵寶正德五年九月前家居，九月起爲貴州巡撫，六年二月任户部侍郎，九月催督運船，則此疏應上於正德六年九月之後。

乖方，紀律失序，軍不足道，未聞何官以智而全，何官以勇而傷，何官以義而死，慌忙披靡，實與建置軍運之初意不副。即今山東等處被賊攻圍失事地方，自府州縣至守、巡、兵備、巡撫等官，現蒙差官查勘論罪，臣愚竊謂漕運都御史、總兵、參將體同巡撫，把總、都指揮等官體同藩、臬，指揮、千、百户等官體同守、令，以此較彼，其罪惟均。倘以力之不敵，縱而不問，則何所懲，以爲他日責成之地哉？此所謂不當不用之法也。然各處兑運，軍船到遲，則罪在軍，民糧納遲，則罪在民。若水旱災傷奏報失時，以致派豁相戾，則罪在有司官吏。向者漕運衙門雖經議准立法稽查，緣地遠時促，卒之罪無可歸，人不知警。況各處衛所，軍無完伍，船無完具，料無完價，口無完糧，身無完衣。棄遠父母妻子，終歲勤動，不得休息，加以繁科重斂叢于一身，如此而責其死力可乎？此所謂不可不體之情也。

臣待罪計司，奉命督運，惟兹事關朝廷，竊有所見，不敢不言。如蒙敕部院大臣詳議其是，行移新任總督，將把總等官逐一查勘職名，并失事實跡明白的確，照例于運事畢日，拏問治罪。總兵、參將任大責重，亦合請命行法。庶幾分義昭明，政令振肅，自是厥後，雖有玩心，不敢復作。仍敕本部，每年例差監兑官員，務選精練之人，令其親詣各水次，從實查勘，除依限交兑外，若有遲誤者，必根究所由。或在軍，或在民，或在官吏，指實參奏。係軍職，行漕運衙門，係民職，行各該巡按御史，提問如律，照例發落，不許視爲泛常，苟且塞責。其軍伍船料、衣糧缺少，及一應科斂宿弊，明詔各該衙門，速爲處置，嚴加禁約，使上下相安，遷善遠罪，漸復漕規之舊。天下幸甚！

奏入，帝從之。

獻納愚忠疏 正德六年

羅欽順

臣惟事君之義，以獻納爲恭。謹竭愚忠，上陳四事。一曰修德。臣聞惟德可以動天，惟天佑于一德。竊嘗仰窺天意，其眷佑陛下甚隆，是以賊臣劉瑾之蓄謀雖深，而太監張永之輸忠甚力。蓋有陰相之者，非偶然也。陛下既以褒賞功臣，延其後嗣，獨不思所以奉答天眷，以祈永命乎？奉答天眷無他，惟增修其德而已。夫孝奉九廟，敬事兩宫，親睦宗藩，禮接大臣，仁愛萬民，凡此皆修德之實也。而其要，則在勤御講筵，痛節遊宴。盛德高于千古，天眷申于萬年，宗社靈長之慶，其必在兹。

二曰勤政。臣聞虞舜兢業以圖幾，周文和民而忘食。我祖宗躬勤聽斷，遠法舜、文，每日昧爽臨外朝，府部等衙門以次奏事，已而又臨内朝，司禮監等衙門亦以次奏事，皆有定規。臣嘗伏讀高皇帝詔旨有云「朕居江東三十六年，未嘗見日而臨百官」，又嘗伏讀睿皇帝聖諭有云「朕負荷天下之重，五更二點起，齋潔具服拜天，謁奉先殿行禮畢，視朝，循此定規定時，不敢有誤。退朝至文華殿，或政事有關大臣者，則召而訪問商搉」。臣惟此皆陛下家法，所當率而行之者也。奈何近年以來，視朝愈簡，時或一出，多至日中，萬務糾紛未遑盡理，流傳四遠，虧損實多。臣愚，伏願陛下常以昧爽視朝，使大小之臣、趨走之吏有職役者，皆得以盡亹亹之勤于昭昭之際，而事無不康。朝集之員、蠻方之長當見辭者，皆相與瞻穆穆之容于蒼蒼之表，而心無不肅。遇有大疑未決，大政未安，即乞如舊規，特御文華殿，宣召大臣，從容商搉，憂勤惕厲之心果無間，則安富尊榮之福，亦無疆矣。

三曰作士氣。頃者賊瑾盜權，擅作威福，毒痡四海，不忍究言。在朝臣工孰無知覺？曾弗能抗，已愧于心。或首開趨附之端，或陰爲羽翼之助，臣不知後人之視今日，其猶以爲國有人乎否耶？今士氣積衰，理宜振作，振作之要，舉錯爲先。蓋凡爲賊瑾挾私懷忿而斥逐之者，大抵多正直之士也，近雖節次起用，而其大者或遺；凡爲賊瑾超遷累擢，而委任之者，大抵多邪佞之徒也，曩雖節次誅鋤，而其大者猶在。當治化更新之日，實世道轉移之機，伏願陛下參攷羣言，勿爲私意之所牽制，勿以一眚棄大善，勿以微勞貰大奸，伸阨窮，斥朋比，退讒諂，進剛方。意嚮既明，士風立變，庶幾緩急之際，有可倚仗之人。不然，國之安危，未可知也。

四曰審時宜。臣聞禮莫大于時易，貴通其變。祖宗立國，參酌古今，其大經大法之昭垂，蓋與天地相爲終始，至于剛柔之用，損益之權，理須隨時，勢難執一。臣嘗推尋故事，竊見永樂年間之所行，已不盡如洪武，而大者至建新都。宣德、正統年間之所行，又不盡如永樂，而大者至捐交阯。是非固欲相反，皆其勢不得不然。然則今日之所宜行，有不容以常例拘者，救時之道也。臣聞至誠成物，猶待悠久；漢人爲吏，至長子孫。祖宗盛時，在外巡撫大臣及方面、府、州、縣正佐官員，莫不久于其任，如周忱巡撫蘇松等處，凡十有八年；陳本深知吉安府，亦十有八年；其他但有遷改，往往近八九年。故人無苟且之心，而事無廢弛之患。然而遷轉之際，不盡循資，惟其才賢而已。如周忱，自郎中即陞侍郎，陳本深自主事即陞知府，其他科道部屬，或即陞都御史、布政、按察使，知府高第，或即陞布政使。蓋超遷之法與久任之法，相爲流通，超于前則後之久任，皆謂當然，超于後則前之久任，孰云淹滯？人心競勸，職此之由。頃年以來，專用資格，一資半級，魚貫以升，自西徂東，倏近而遠，往來如織，勞擾多端。奮勵有爲者，或開端而未竟其功；因循自便者，第謹守以坐待其進。欲求事理民安，其可得乎？臣愚以爲時方多事，所宜破常格、拔真才、省遞遷、隆久任，以爲陛下分憂共理，惟陛下主張于上，則大臣有以奉行于下矣。此時宜之所當審者也。

臣聞去盜之策，或動干戈；用兵之道，必嚴賞罰。今自京城内外，至山東、河南、四川、湖廣、江西、廣東等處，盜賊羣興，大者攻陷城池，僭稱名號，小者燔燒村落，殺擄人民。朝廷節嘗慎擇文武大臣，俾其分頭招捕，或點集民壯，或摘撥禁軍。區畫多方，而成功未奏者，臣竊推求其故，無乃賞罰皆輕之所致耶？兵法有之「軍無財，士不來。軍無賞，士不往」，夏書亦云「威克厥愛，允濟」。今大臣雖奉敕行事，然將士有不用命者，未嘗輒誅一人。或有勇力超羣，敢于殺賊，及機謀深密，堪以爲間者，數金之賞，又不足以易其一死。欲以重賞購士，則府庫之財，大抵刼掠無餘。安危所關，變在呼吸，始謀不善，後悔何追！臣竊聞頃者查抄賊瑾家財，金銀動踰百萬，此皆萬民衣食之資而聚爲賊瑾囊篋之實，民之爲盜，固其所也。夫盜起由財之聚，則財散而盜可平，散小儲以成大儲，此臣之所爲陛下願也。陛下幸聽臣言，乞于前項用兵地方，各分給入官銀錢十數萬兩，俾討賊者以爲購賞之資。仍乞假以便宜之權，俾其一切以軍法從事。前有重賞，後有重罰，則將士無不用命，間諜無不盡心，盜賊之平，計日可待。此又時宜之所當審者也。夫天下至大，可言之事蓋不止此，第臣愚陋所見弗周，自源徂流，纔得其四。伏乞以前二事躬行于上，以後二事付大臣討論斟酌，奏請施行。誠致察于邇言，必廣求乎衆論，盡聞天下之利害，以謹百司之廢興，馴致太平，實由于此。

疏入，帝不納。

議邊軍入衛疏 正德七年

李東陽

臣聞有獻密計者，託言京軍不習戰陣，欲調宣府邊軍三千入衛京師，而以京軍屯戍邊陲，每歲春秋番換。臣惟京、邊官軍各有分地，必有急事，乃可互相應援，今無事而動，一不便也。京軍備邊，不習戰陣，難保必勝，恐損國威，二不便也。京軍出京，駭人耳目，傳聞各處，未免驚疑，三不便也。京軍出外，倚恃強勢，占住房屋，索要錢物，需索酒食，將官護短而不肯禁，邊方受害而不敢言，四不便也。邊軍在內，傲睨軍民，蔑視官府，小則怠玩，大則違法，治之則或不能堪，縱之則愈不可制，五不便也。遠違鄉井，拋棄骨肉，或風氣寒煖之不相宜，或盤費供給之不相續，六不便也。糧草之外，必用行糧，布花之外，必須賞賚，非緊急不得已之時，爲糜費無紀極之計，七不便也。往來交替，無有寧息，倉猝之際，或變起于道途，厭倦之餘，或患生于肘腋，八不便也。示京營之空虛，見國中之單弱，九不便也。西北諸邊，脣齒之地，正須策應，脱有疎失，咎將誰歸？十不便也。凡此一事，不便者有此數端，伏望博采人言，務求至當，實宗社之福也。

疏入，帝不納。

地方利害疏 正德九年

胡世寧

臣竊惟盜賊之興，即當撲滅，若其既久而多，不得不撫捕兼行者，蓋以情則脅從當罔治，以勢則延蔓難盡誅也。故如漢武帝以南征北伐之威，不能盡殺盜賊，及後輪臺詔下，休兵恤民，盜賊不見其迹。又如漢龔遂當宣帝強盛之時，下令勃海諸持田器者爲農民，吏無得問，固不聞其誘使釋兵而盡殺之也。自古招撫之失，有當戒者，謂如唐、宋、金、元之季，官其渠帥，授以土地，假以兵權，更或因其懈弛，而遂行誘殺，見其跋扈，而復事姑息，以是威信兩失，紀綱大壞，坐致衰微耳。若令委任得人，撫處有道，萬無是失也。

江西之賊華林、瑪瑙勦散無餘，東鄉遺黨尚及千人，姚源或云三倍其數，其他尚有贛州舊招之徒，新淦初起之衆，動皆以千數。至于樂安、建昌等縣，亦有餘孽，觀望反側，未盡消除。今以事理言，則在東鄉者，皆原被脅從、舊日招定之人，亦既憤其首惡之陷己，而助官擒斬矣。其他别有違犯者，亦皆陸續送官治罪，不敢隱匿。其在姚源者，舊雖聽招不曾流叛，近于王重七等之殺官焚縣，大肆兇惡，彼則始憂濫及，而有觀望之罪，後求自雪而有助討之誠。此二處賊情應議撫勦之大略也。

有言當撫者曰：彼既脅從，聽招已定，朝廷恩信，豈可輕失。惟待之以誠，治之以法，嚴禁光棍，不許擅殺，于前過惡永不追究，後或再犯決不姑息，則彼知一人之罪不累衆人，今日之刑不同昔日，自然心悦誠服，帖然助順，不過撫治三五月而事定矣。若其誘殺一處，則處處驚疑而起，當此民窮財盡之時，兵連禍結，爲之奈何？有言當勦者曰：今日地方大户，皆欲殺賊，衆口同辭，以招爲誘。浮言既不可解，擅殺又不能禁，彼固賊耳，安能保其激之終不爲變哉？變則招撫之人獨罪難當矣，固不若勦，則成敗利鈍與衆共之，地方之禍自彼地方使然也，于我何咎？此則撫勦二策，未有定見之情弊也。如臣愚見，則謂舊招者不殺，再叛者不招，而新起者必撲滅于微。即此三言而事定矣。

朝廷憫念地方，節次差官體勘賊情及羣臣功罪，臣以功罪一時難定。蓋由事目繁多，文案堆積，巡閲難遍于鄉邑，採訪或謬于傳聞。又況忠臣或遠或去，而又恥于自揚；智士日近日親，而又巧于媒蘗，雖有至公至明，必須假以歲月方得查實。否則一時輕信，未免有傷公正之體，致負忠義之心。若前賊勢衆寡、賊情向背，則早宜勘報，以定撫勦畫一之論。庶幾官有定守，民有定志，而地方早得寧息耳。臣愚欲乞聖明廣集羣臣會議，于前各處新舊盜賊應撫應勦，計畫萬全，則天下幸甚。

疏入，帝命下兵部議行。

請戒諭寧藩疏❶正德九年

胡世寧

臣竊惟江西之盜，勦撫二説相持，其實無難決也。已撫者不誅，再叛者無赦，初起者亟勦，如是而已。顧江西之患，有不止于盜賊者。伏見寧府自賄計瑾復衞兵以來，❷威勢日張，不逞之徒羣聚而導以非法，上下諸司承奉太過，數假火災奪民廛地，採辦擾旁郡，蹂藉徧窮鄉。臣恐良民不安，皆起爲盜，臣下畏禍，多懷二心，禮樂政令，漸不自朝廷出矣。

臣愚，欲乞聖明廣集羣臣及江西鄉士有識士夫會議，或于現在都御史俞諫、任漢中專委一員，或另推才

---

❶ 據四庫本胡世寧《胡端敏奏議》卷二，此疏與前疏《地方利害疏》皆爲胡氏《昧死陳言地方利害疏》中的一部分，原非二疏。

❷ 「計」，胡世寧《胡端敏奏議》卷二《昧死陳言地方利害疏》作「劉」。

望服人、公忠體國、不避權勢、不惑浮議大臣一員，前來地方兼任提督巡撫之職，假以陳金、彭澤之權，使其統御將帥，調度兵食，激揚清濁，易置官吏，興革利弊，皆得便宜。于前各處新舊盜賊應撫應勦，或先或後，悉聽計畫萬全，奏聞區處。至于光棍害人，奸貪怠政等事，悉聽禁革。其于久困窮民，妙選循良，曲加撫綏，早期休養，務使安全。

更乞温詔戒諭賢王，益崇謙德，遠避嫌疑，遵依祖訓止治其國内官僚，而江西三司以下政務，聽令各官照常自行。若有事情重大，應合奏請者，奏聞朝廷區處，不許該府干預。更宜嚴戢下人，恪守禁例，施舍已責，惠及貧民，莊田基址，悉還原業。内臣軍校等項，擅出外府生事者，悉令取還，再有稔惡不悛，及額外投充者，聽令法司提問如例。更乞嚴敕鎮撫以下官員，俱要查照欽奉太宗皇帝聖旨事例，或遇王府發出事務，必須奏准方許奉行，違者重治。庶幾小民有再生之望，地方無意外之虞，宗室有磐石之固，九重紓南顧之憂矣。臣不勝激切，願望之至。

疏入，下部議，尚書陸完覆奏：違制擾民，疑出僞託，宜令王約束之。得旨報可。

時政疏正德九年

張原

臣無似，誤蒙聖恩擢居言路，日月云踰，涓埃莫報。竊惟以言爲職，以諫爲名，上自朝廷，遠及邊陲，政事得失，生民利害，舉所當言，即言不盡中，猶愈無言也。臣觀今天下之事，弊緣法久，事以時殊，博訪熟思，有慨于中，激切之誠，莫能自已。粤稽往古之道，載攷祖宗之法，爰及今時之弊，因酌政治之宜，謹條爲十二事。言雖鄙俚，事皆切實，迹若淺近，效實恢宏，千慮一得，輒用進呈。伏望陛下逐事覽擇，留意施行。至于臣之愚昧，不知忌諱，指斥時事，言雖直戇，心實靡他，更乞曲賜優容，不加譴斥，以開忠諫之路。臣無任激切，戰慄之至。

一曰正守令。臣聞漢宣帝嘗曰：「庶民所以安其田里，而無歎息愁恨之聲者，政平訟理也。與我共此者，其惟良二千石乎！」是知守令最爲親民，得其人則政平訟理，萬民樂生，非其人則刑繁政陂，民多愁歎。然其斡旋之機，顧人主激勸如何耳。漢宣時，二千石有治理效者，輒以璽書勉勵，增秩賜金，公卿缺即徵入用之。唐太宗疏刺史、縣令之名于屏風，注其政跡于下，以備黜陟。我英宗皇帝亦嘗因天下諸司朝覲，旌其才行超卓、政績顯著者，賜以衣服、褚幣、筵宴。❶是皆斡旋激勸之道也。今之守令，固有端靖慈祥之士，亦多闒茸污賤之流。大肆貪饕，過逞酷鷙，諂諛成風，拜塵乞幸，請託終日，跂足待遷，發謀舉事，皆爲身謀，若是者十常八九。然來朝之時，陛下賜宴賜幣，每行賞格，而卒未見士風之變，吏治之精。臣以爲攷察之責，繫于御史，御史職分于訟獄之繁，力限于地域之廣，其不能精其事，有由也。伏望陛下于三載攷察之外，更遣周歲巡行之使，官如御史，職專訪廉，令博采輿論之公，不據一人之見。如其賢者，不俟來朝，即加褒賜，如漢郭賀故事。遇有貪酷之人，不拘攷察年限，即奏罷黜；其穢聲著甚者，又當破除常調，大加顯罰，用爲衆戒，以安民生。

❶「褚」，四庫本張原《玉坡奏議》卷一《時政疏》作「楮」。

二曰擇將帥。臣聞將者，三軍之司命，繫國之安危。古者築壇而拜，告廟而授，推轂而遣，分閫而治，蓋重其事，慎擇其人也。我太祖皇帝奮起東南，混一海宇，雖曰天授，而諸將之功實多。當時命將，必先選于稠人，覿于燕閒，審其器識，量其勇謀，而後遣之。今之爲將者，多紈綺貴胄子弟，平居意氣軒昂，漫以戰陣自許，及應敵臨戰，遽爾怖懼，或逗留玩寇，或退縮僨軍。況其平日威不足以服三邊，恩未能以綏士卒，韜略未聞，智勇安在？非徒無益兵事，抑且有損國威。且世之善言兵者，莫如孫武，而其論將之五德曰：智、信、仁、勇、嚴，不識今之將有一于此乎？無古人一略而濫膺將寄，臣實寒心。伏望陛下廣爲蒐羅，慎加簡察，武舉之外，别置貢舉科條，攷察之餘，再立采訪官使，不惑于阿大夫之譽言日至，不執于趙奢子之大言無實，戰陣屢經者始授之節鉞，不限于邊鄙之遠人；智勇著譽者方寄之藩閫，不昵于左右之嬖倖。庶幾蒐羅得人，邊陲有備。

三曰理刑獄。臣聞治天下以政爲治具，以刑爲政輔。刑以輔政，而後姦慝懲、暴亂息矣。此古之降典者又有待于折民之刑，而政刑二者所以不可偏廢也。《書》曰：「式敬爾由獄，以長我王國。」蓋能慎用刑則仁恩孚洽，足以培固國本，是持法者又不可不慎也。漢唐之初，立法甚善，其後巧文深智，酷鷙鍛鍊之徒耗散國脉，天下嚻然，喪其樂生之心。惟太宗每決重辟，必令三覆五奏，減膳撤樂，誠知人命至重，而敬慎之也。我太祖皇帝當草昧之初，即留心于刑獄，删定律令，昭示章程，告戒丁寧，亹亹不已。嘗曰「用法不當，則無辜受害」，又曰「刑得其當，則民無冤」，抑又嘗因讞獄淹滯，廷責輔臣。蓋垂畫一之法，存欽恤之心也。今天下承平日久，法弊政弛，治獄之吏率不任法，貪墨自恣，賄賂成市，輕重在手，喜怒任情。或二人同事而異罪，或二人同罪而異罰，或一獄而梏滯者十餘年，或一事而株連者百餘輩。舞智弄法，深詆巧文，雖陛下時下湔滌之詔，敬慎之言，殆亦彌文而已。張釋之曰「法者，天下公共者也」，今天下之法如此，陛下以爲公乎？法既不公，而欲天下之治，得乎？伏望明敕法司，申嚴成憲，以大明律令爲聖祖之所詳定者，遵用而不違，以現行事例爲廷臣之所集議者，參攷而不失。內外一律，不以輕重自恣；大小稱情，不以喜怒自任；讞訊明允，俾無株連之冤；決遣以時，使無梏滯之枉。陛下亦宜篤示大信，敬守祖法，曲赦不行，視宮中府中于一體，欽恤懇至，謹三覆五覆于崇朝。庶幾刑罰以清，奸宄以息，五教以弼，四民以安。

四曰汰冗食。臣聞《洪範》八政，食貨爲首；孔子論政，足食爲先。聖帝明王，未有不以此爲急也。自非旱乾水溢，霜隕雹擊，則天之所生，地之所養，自足以供一歲之用。古者立什一之法以制其取，較五穀之入以制其用，建百官之秩以制其食，他如府史、胥徒之類，亦必量功稱事初無縻費，因事置人畧無冗員，是以費用省約，公私優裕。我太祖皇帝既酌天下地里建置官吏，復因內府衙門置設工役，官有定員，不至冗雜，工有定數，罔有濫侈。今國家之用，率多取辦于東南，然而旱乾水溢，霜隕雹擊以爲天災地歉者，既無寧歲，抑且貪饕朘剥、漁奪蠶食以爲民害物蠹者，復無餘利。則食之所生，其源已病矣。加以都畿之內，耗食者衆，巧計投充而趨辦月錢，恣意影射而假食月糧。一方之內，氓隸匠卒無不食禄之家；一家之中，父子、兄弟無不給粟之人。夫趨辦月錢，則利歸官府，假食月糧，則害及廩庾。況月錢之辦，僅費月糧十分之二三，則民之所以競趨于彼者，固其所也。是以供辦之夫，數倍往昔，而徵求之名，盡越法制，物力如之何不絀哉？伏望陛下從國初清明之制，洗近年積習之弊，嚴立法禁，大加簡閲，內外官員係因事建置，勢不可無者，姑仍其舊，若事在得已，職涉冗繁者，一切罷革。又各色匠作，及勇士、力士、校尉人等，凡近年巧計投充者，盡爲裁黜。其有占恡影射者，亦必從法究治，以杜其弊。庶幾漕粟充羡，國計可舒。

五曰省征斂。臣聞《傳》曰「百姓足，君孰與不足。百姓不足，君孰與足」，古者太宰以九賦斂財賄，大府以九式節財用，以九貢致邦國之用，以九府爲掌財之官。漢景帝時，民每三十而税一；唐高祖令租庸調之外，不得横有調斂。我太祖皇帝嘗曰「歲賦有限，而日用無窮，費或過度，何從辦集？侵漁剥削，皆原于此」，又嘗因四方進貢而卻之，以爲四方之物，皆民之財，斂萬民之財以爲彼一身之利，制「自今其毋復獻」。是知民不可貧，漸不可長，而希寵生事者，宜有以塞其源也。今天下征斂日新，地無遺利，民無遺力，宜財用之多也。然一舉事，而掌國計者輒至告乏，何哉？民貧故也。民之所以貧者有二，一由守令之貪殘，一由守臣之進貢。國家近年均需雜輸，層見疊出，率十倍于舊制，而皆取辦于守令。守令之貪殘者，且假託以自殖，而又十倍于上供。此民之所以貧者一也。至若守臣進貢，其弊有不可勝言者。巧立名目，競出新奇，恣意逢迎以爲孝順，彼豈肯舍己之財，以盡己之忠哉？不過取于民耳。取于民者有數十倍，而供于上者纔一二分。虎狼之暴，莫可梏制；谿壑之欲，無有止極。此民之所以貧者二也。伏望陛下禁守令之貪殘，而一毫不許擅取，止守臣之暴斂，而一物不許擅進。執此之政，堅如金石，行此之令，信如四時。務使斂之有定賦，用之有定數，掌之有定員，貢之有定制，法外之征不加之民，無名之貢不入于上。庶幾民財不匱，民心不失。

六曰慎工作。臣聞古稱善治者，必曰不盡民之力。蓋匹夫之家，上父母、下妻子，嗷嗷數口，待一人而食，苟使之終日勤役，而不得經營口食，則彼父母、妻子之養，何所取給哉？况軍士隸名尺籍，實爲防禦，而京營之設，又所以衞王室以備緩急者也，顧可使之勤勞工作以索其力哉？平居無事既索其力，倉卒有事，復欲其捐軀殞命，以効一旦之用，非惟法制不宜，抑且人情不堪。昔者漢文帝欲作露臺，既召匠計直而復已；唐太宗欲修洛陽宫，已下詔發卒而復罷。我太祖皇帝嘗指宫中隙地曰：此非不可起亭館臺榭，爲遊觀之樂，但恐傷民之財，勞民之力耳。大哉，王言！萬世攸仰。今都城内外，工作繁興，起撥軍夫，動以千計。雖非急務，一概舉行；事可因仍，皆務改作。計其工程，或期月可辦，而恣其怠緩，嘗至終歲而不休。徒事因循，耽延歲月，假爲督理，大肆誅求。做工者能幾人，而縱放者率已過半；上工者能幾日，而停止者又或歷時。虚名有在，實效無徵，利入私門，怨歸公室。况今内殿營建在邇，工程浩大，力役重繁，使不豫爲培養，何堪臨事動煩。伏望陛下俯頒涣汗，申敕所司，養鋭節勞，坐待重役，合謀併力，動應大工。將現今大小工作，一切停止，内外人役，舉皆免放。庶幾民有餘力，樂于趨事，譏慝不作，謳誦聿興。

七曰恤士卒。臣聞樂生惡死者，人之情也。今驅無罪之人，使之披堅荷戈，以蹈必死之地，而樂于進趨，勇于敵愾者，豈其情哉！惟上之人加意于存恤，使平昔遂其飽煖安逸之願，而無倚矛脱巾之怨，而後可耳。苟或勞役而不肯節其力，朘剥而不能體其心，怨讟聿興，戰禦喪氣，深可畏也。昔魏吴起爲將，與士卒最下者同衣食，卧不設席，行不騎乘，親裹贏糧，與士卒分勞苦。趙李牧居代鴈門，市租皆輸入幕府，爲士卒費，日擊數牛以享士，邊士日得賞賜而不用，皆願一戰，故能克敵禦侮，所在成功。我太祖皇帝躬臨戰陣，備知艱苦，屢頒詔旨，恒切注意。嘗因天寒，念沿邊將士，加給衣帛，又制優恤軍屬之律，申剋減衣糧之禁，恩至渥也。今境内之卒，既疲于道路之奔涉，而屯邊之卒，又困于差役之繁重。兼且統領將佐，百計征科，巧立名目，下及芻薪，肆行朘剥，至窮髓血。月糧雖給，曾未得升斗以贍私；上下誅求，又旁及餘丁以輸辦。一家數口，迄無閒人，一身百工，都無餘力，人人無更生之樂，懷終歲之憂。夫平時愛養，既不能得其歡心，則臨敵禦侮，安可望其死力哉？伏望陛下申明舊章，嚴立約束，務使統領將佐不敢貪殘，軍伍士卒得受實惠。有玩法自殖、稔惡不悛者，寘于重法，用爲千百之戒，初不以内外、大小異法殊科。庶幾萬衆如挾纊之和，邊陲有踴躍之樂，勇氣倍增，戰禦無失。

八曰明賞罰。臣聞賞罰者人主勵世之大權，不可不昭大信于天下也。蓋由賞當其功，則不惟有功者知所勸，而天下之人亦將汲汲焉圖効力以立功；罰當其罪，則不惟有罪者知所懲，而天下之人亦將惴惴焉圖自修以免罪。是故操此大權，昭示大信。其賞也，因天下之善而後賞，罰也，因天下之惡而後罰，故紀綱振立，政事修舉，人心淬礪，治功可成也。昔漢張裔稱諸葛亮曰：「賞不遺遠，罰不阿近，爵不可以無功取，刑不可以貴勢免，此賢愚之所以僉忘其身也。」唐裴度亦以藩鎮底平，爲處置得宜，能服其心而致然。我太祖皇帝嘗曰「人君操賞罰之柄以御天下，必在至公。無善而賞，是謂私愛，無過而罰，是謂私惡，皆不足懲勸」，至哉，斯言！誠治天下之龜鑑也。今天下好惡不公，賞罰不信，或無功而受賞，或有罪而不罰，或既罰而復免，或既賞而復加。庸才薦登，率又賜玉；微功莫効，輒爾封侯。恩或濫及于年資，賞或妄加于閥閲。希圖傳奉，習生徼倖之心；請託乞恩，大啓覬覦之念。政體廢弛，權柄下移，載稽邊功，其舛尤甚。足不出門庭，率寄名而受賞；身未經戰陣，多迎合以奏功。捐生禦敵者，或未沾恩；臨機畏縮者，或至脱禍。功差六級，古法不免謫官；覆至全軍，今則縱其贖過。虚張諜報，率欲冒功，深自匿藏，全無實覈，士卒由之解體，邊寇因之陸梁。似此弊端，殆難盡數，伏望陛下申示章程，大張乾斷，精明賞罰，實覈功勤。凡所施行，必布公道，賞不令其倖得，罰不致其倖免。其或左右近習之人，閥閲權勢之輩，沮公撓法，背理任情，請託夤緣，肆無忌憚者，皆聽所司執奏。或已經聖旨俞允，雖有成命者，亦聽科道參駁，皆付法司究懲。庶幾公道昭明，國是有定。

九曰親大臣。臣聞君者，臣之元首；臣者，君之股肱。況大臣者，又人君之所遴選、甄拔，置諸左右以資輔弼啓沃，尤非羣臣比也。既將以爲輔弼啓沃之資，而堂陛森嚴，限乎尊卑之分，法制繁密，沮乎情意之孚，甚至廟堂大計，雖付外廷雜議者，亦皆承示意旨，徒縻虚名，而不使可否于其間，則向之遴選甄拔者，豈徒隆之以虚禮，縻之以高爵而已哉？唐虞之世，君臣相與，一堂之上，都俞吁咈，喜起賡歌。唐制天子燕見大臣，開延英殿從容坐論，移刻乃退。宋仁宗召大臣于天章閣，賜坐給札，使條具其所欲施行者。我太祖皇帝及列聖皇帝，正朝之外，亦率于便殿不時召問燕語，或究機務得失之故，或察問閻幽隱之情，當時諸臣以爲榮遇，各有紀述可攷也。其後時事漸異，禮意寖衰，形迹闊略，日以暌廢。弘治年間，我孝宗皇帝因言官建白，亦嘗舉而行焉，故當時政務修舉，刑賞昭明，海宇乂安，治化休美。伏望陛下崇信老成，優禮耆宿，每遇閒燕，特賜召延，脱略儀文，外棄形迹，從容賜坐，款曲晤言，講論經書，旁及民隱，商推機務，博究事情。可否之言，出口入耳；密勿之計，彼感此孚。務使上下之情兩達，内外之事周知。庶幾老成之臣曲盡忠悃，天縱之質益進聰明，而一德可成，庶績咸熙矣。

十曰開言路。臣聞「主聖臣直」，古有是言。主非聖不能容臣之直，臣非直不足見主之聖，故君以降志受言爲德，臣以犯顔敢諫爲忠，彼此相須，上下相濟，而後天下可理也。朝廷設臺諫之官，而名爲耳目之司，所以廣九重之見聞，益一人之心思，使天下萬事未易周悉者，于此可悉也。苟循默緘晦，不能盡言，使天下之事因之隳廢，此爲不忠之臣，不忠之臣，誅無赦。抑或人主驕愎自賢，不容盡言，使天下之事因之隳廢，是自壅蔽其耳目也。昔漢文帝于郎從官上書疏，未嘗不止輦受其言，羣臣袁盎等勸説雖切，常假借納用之。唐太宗于上書言事者，皆黏之屋壁，出入省覽。我太祖皇帝臨御之初，每導羣臣使之盡言，進投疏奏，無不盡覽。言或可采，輒賜褒嘉，欣然改從，初無繫吝，蓋即成湯從諫弗咈，改過不吝之心也。故當時治化之盛，與三代同之。今天下政事之興革，人才之用舍，大有可言者，而人亦未嘗不言之，然或畧而不詳，迂而不切，陛下一皆優容聽納，無所咈戾，甚盛心也。但言者雖衆，而尚懷逆鱗之憂；聽之雖勤，而尚有遺善之嘆。伏望陛下廣詢博訪，疇咨延納，如古之所謂開導而求諫，和顔色以受之，虚襟懷以聽之者。務使有懷者皆盡其所言，有言者各盡其所見，然後徐察其可否而賜之施行。其或言有不當，觸忤塵瀆，亦宜假借優容，不加罪責。庶幾兼天下之善，集衆人之長，羣策畢用，庶政無議。

十一曰崇天道。臣聞君者，民之父母；天者，君之父母。人子有過，則父母戒敕之，規諭之，甚則笞責譴呵無所不至。蓋其愛之之心無所不至，故朝夕警省，冀其飭躬勵行而後已也。人君事天，實亦類此。彼其位曰「天位」，職曰「天職」，民曰「天民」，皆不以爲君之所自有，而必繫之天者，是其受天地之託，居宗子之任，宜乎祗奉若天，以盡其道也。況人君尊臨九重，至尊無上，頤指氣使，無不如意，使非上天陰鑒而默相之，尚何所憚而不爲哉？故災祥沴異之來，蓋亦愛君之至，薄示笞責譴呵之意，以爲戒敕規諭之方，冀于飭躬勵行而已也。董子以災異爲天心之仁愛，詩人以不敢戲豫馳驅爲敬天，漢文帝以水旱疾疫下詔責躬，宋太祖以霖雨不止夙夜焦思。我太祖皇帝嘗因時不雨，素服草履，步詣禱祠，設藁席而露坐，晝曝于日頃刻不移，夜卧于地衣不解帶，每令蔬食雜麻麥以進，其憂民之心，事天之誠，萬世無容議矣。今天地示變，戾氣作沴，雨暘愆伏，日月薄蝕，星辰隕墜，風雹震擊，是天道不清于上也。旱魃洊臻，大水侵溺，❶盜賊充斥，三邊侵擾，是地道不寧于下也。不識陛下以今此之時，爲治安矣乎？抑或以爲未也？若以爲未至于治安，則所以飭躬勵行者，豈可已耶？臣以爲應天以敬，而不在儀文縟繁之末；立政貴誠，而不係聲音笑貌之爲。使能持一敬以爲感格之本，積一誠以爲施設之基，孚洽于羣僚百執事之間，昭著于宫壼湓大廷之際，如漢光武之推赤心置人腹中，唐太宗之至誠理天下。則一誠足以消萬僞，一敬足以敵千邪，至和感召，萬靈順應，而沴不爲災矣。昔唐太宗憂民食而蝗不爲災，宋景公發善言而災星退舍，是皆應天以誠，而能轉災爲祥，已行而有驗者。惟陛下察之。

十二曰進德學。臣聞人君之德，爲天下治忽之機。古之明王，未嘗不以修德爲急，而賢臣之輔導勸説，亦未嘗不以修德爲急。何也？世無常治，亦無常亂，德日新者，有以致萬邦之懷，儀不忒者，足以致四國之正，感應之機，有不可誣者。然德之修否，顧學何如耳。高宗遜志，時敏以求建事，成王宥密，緝熙以求顯

❶「侵」，張原《玉坡奏議》卷一《時政疏》作「浸」。

德，故曰「明君以務學爲急」。知務學而德之不純者，有矣，未有不知學而能修其德者也。知修德而治之不純者，有矣，未有不修德而能善其治者也。務學而不能純其德者，抑務之未得其要也，修德而不能善其治者，抑修之未得其要也。且人君之學，豈若經生曲士之爲哉！撮大旨，繹大義，審治亂安危之機，探得失是非之源，如斯而已耳。我太祖皇帝創業之初，萬幾叢委，日取《論語》、《洪範》諸書，樂而玩之，每遇儒臣經筵進講，率令盡心剖析。又命有司訪古今書籍，以資覽閱。又深慮聖子神孫以暇逸爲垂拱無爲，故其垂訓拳拳，以大禹惜寸陰、文王不暇食爲言，著之乎典册，傳之乎後世，如日麗天，如水行地，凡有耳目者所共見聞，當萬世遵行而不可違者。陛下即位以來，于兹九年，雖求治之念恒切于中，而致治之美未臻其效，意者修德之實尚有可言也。伏望陛下念祖宗付託之重，思天下仰賴之廣，體聖賢善治之言，遵皇祖垂世之訓，深居法宫，尊嚴簡出，清心窒慾，勵志省非，日取《論語》《孟子》《尚書》諸書，以及戈直之《貞觀政要》、真德秀之《大學衍義》、陸贄之奏議，循文約理，撮旨取義，時賜省覽，以裨聖學緝熙之益。又采其切近簡要者，施之踐履，以爲聖德高明之驗。而騎射弋獵、荒遊盤樂之事，絶意不爲。或左右嬖習之人，有以此事先意承順、逢迎、導引者，亦必大加懲艾，以爲奸諛不忠之戒。如此，而聖德不純、聖治不美者，臣未之信也。昔唐貞觀之時，斗米三錢，刑措不用，太宗曰「此魏徵勸我行仁義既效矣」。夫太宗一行仁義，而天下即見治平，是以進學修德，而能成化致治，已行而有驗者。惟陛下察之。

疏入，得旨：「張原這厮騍陞科道，不諳事體，掇拾往言，輒來奏擾，本當重治，姑且從輕降雜職，調遠方衙門。今後新科進士，俱要先選在外有司歷事，一二政方許除授京職。其有因事發遣的，不許朦朧擅自取用。如有違犯的，都治罪不饒。吏部知道。」

應詔陳治安疏正德九年

何景明

臣謹奏：邇者皇上敕諭羣臣，下求直言，大小臣庶無不感動，交相慶慰。然自敕諭之後，已將旬日，未一視朝，輔臣、言官奏論邊軍、義子數事，一言未見採納，一事未蒙施行。臣觀災變之來，天道甚邇，陛下上回天怒，下安人心，如此數事宜急省改，而今復處之晏然，何也？夫災禍切近，悔厲斯深，形勢積成，改悟何及！臣上原天意，下究人心，近觀時事，遠攷古昔，治亂存亡之機，實在今日。陛下欲圖理興化，更絃易轍，過此不爲，無可爲矣。

臣聞天下之政，勤則治，逸則亂，明則治，暗則亂。治則可存，亂則終亡，事理有必然者。方今上下恬嬉，遠近壅塞，功實不稽，名器多濫，欺蔽之風長，偷惰之習成，兼以民生已困，寇盜未息，兵馬弛備，財利並竭，外僅維持，中實潰散。其勢如此，而其治如彼，臣實憂之。陛下不急省躬以懲禍始，而欲肆志以待患成，何也？

臣聞內外附固，長久之道。今公輔不得通謁，乃日與邊軍並出入、義子同起居，此真今日所創見，先朝所未聞者也。耽樂逸遊，厭怠政理，何以圖治？況義子爲陛下寵幸之人，盛滿爲災，鮮能善後，尤宜早爲裁抑，明示區處，使義既不失，恩亦有終，豈不美乎？夫國事執奏，實在大臣，大臣阿徇，事乃寖敝。臣謂大臣奏事，宜使即決是非，直陳利害，準之憲章，制之理義，不爲兩可之辭，則制度不隳，功實不謬，名器可正矣。

其大臣進退，當以義制，行賄交結、無恥取容者，并爲罷斥，而奬拔恬退，訪求耆俊，則名節明而事不苟。然後嚴督庶官，以成精明之治，寬撫百姓，以培殷富之基。治安之道，此其大略也。要之大本秖在聖躬，陛下若以章奏繁委，瀆亂聖聰，莫若一御便殿，宣進輔弼，召集侍從，以通上下之情，必有能陳説利弊，指稱時事，爲切要之言以悟陛下者矣。

臣聞先勞後逸，先後之間，相去遠甚，故儆戒之後，必有餘樂，怠荒之後，必有餘憂。陛下若體天心之仁愛，念祖宗之創建，堅忍自勵，常加矜飭，務舉實政，不事虚文，太平之治可以立就，永踐九重之安，長享萬乘之樂。憂勤于一時，而怡豫于無窮，陛下何憚而不爲此乎？昔成王感于風雷之變，乃有刑措之休；高宗感于雉雊之異，是臻嘉靖之效。惟陛下深思感悟，稍一轉移，海内將從風而靡，要荒必仰流而化，尋常小康之治，亦何足爲陛下言哉！

疏入，帝不納。

御選明臣奏議卷十四

請遵祖訓以光聖德疏正德十年

楊廷和

臣聞之：禮莫重于視朝，禁莫嚴于宫衛。自古帝王之治天下，必謹視朝之節以觀示臣民，嚴宫衛之防以消弭禍變。我朝列聖尤致謹于斯，伏覩《皇明祖訓》所載，有曰：「朕以乾清宫爲正寢，晚朝畢而入，清晨星存而出，除有疾外，平康之時不敢怠惰。此所以畏天人，而國家所由興。」蓋言視朝之當謹也。又曰：「凡帝王居安，常懷警備，日夜時刻不敢怠慢。雖親如骨肉，朝夕相見，猶當警備于心。」蓋言宫衛之當謹也。此皆憂深思遠、爲聖子神孫之家法者也。恭惟皇上聰明天授，政令之施，動遵祖訓，乃近年以來，朝會、慶賀，或至遲暮，其初蓋因一時起居違和而然，積以爲常，傳之外朝，將謂縱欲晏安，觀聽之間，不無惶惑。去歲以來，揀選人馬，親自校閱，其事蓋因一時邊戎犯順而然，意在禦侮，實非有他，傳之天下，皆謂邊兵非宿衛之人，禁籞非操練之所，疑似之間，未免驚駭。

臣職居輔導，出入禁闥，雖隨事納規，時有陳請，緣議論不足以發明事體，誠意不足以孚契聖心，尸素有年，愧悚無地。伏望皇上鑒皇祖之訓典，察微臣之愚忠，自今以後，夙興視朝，躬親祀事，乘平旦之氣以裁決萬幾，竭獻享之誠以昭格九廟。仍選用方直以爲侍從，信任老成以爲腹心，軍士操練，必于演武之所，朝夕督屬，付之將領之官，推恩左右，體恤勤勞。啓處以時，庶不有勞于聖體；關防既謹，亦可盡釋于羣疑。將見聖德日新，天心豫悦，神人胥慶，和氣致祥。宗社萬萬年無疆之休，端在此矣。

疏入，帝不納。

勸止臨幸疏正德十年　　梁　儲

臣竊聞聖駕自西安門出外，經宿而回，不知臨幸何所。臣初聞未敢遽信，既而道路相傳，衆口藉藉，使臣心志憂惶，神魂飛越，展轉思惟，莫知所處。竊惟天子出入，必備法駕，必傳警蹕，衛士環列，百官扈從，所以嚴至尊之分，而防意外之虞也。且如南郊大祀，不過一宿，虎賁之旅、鷹揚之將，周旋左右，而直廬拱衛官軍萬餘，警柝之聲，夜以達旦，至于皇城各門，又令勳戚重臣把守，祖宗之法，至爲詳備。今聖駕之出，不知環衛者何人？居守者何官？文武羣臣茫不預聞。無故輕身而出，率意而往，擾擾塵埃中，萬一車馬驚蹶之虞，姦盜竊發之變，出于意料之所不及，未知何以備之？雖以天神協相，決無是事，而臣私憂過計，實切寒心。

夫千金之子，尚不肯垂堂而坐，陛下一身乃宗廟社稷之主，縱不爲身惜，獨不爲宗廟社稷計乎？仰惟聖性高明，天資英邁，洞燭天下之事機已非一日，必不輕易舉動，竊恐左右羣小，貢諛希寵之徒，倡引事端，蠱惑聰明，陛下偶未深思而遽從之，上累聖德，下駭人心，凡此導引之人，其罪殆不容誅，但事在祕密，非臣所知，不敢妄有指議。伏望陛下念祖宗付託之重，體臣民瞻戴之情，自今以後，端拱穆清以保威重，節宣勞逸以頤天和，嚴内外出入之防，正堂陛尊卑之分，戒非時之宴遊，屏無益之玩好。仍乞查究導引之人，寘之于法，以彰剛斷之德，以解臣民之疑。祖宗幸甚，天下幸甚。

疏入，帝不納。

大舉入境乞兵救援疏正德十年

王瓊

臣謹奏：看得巡關御史張鼇山奏稱「朶顔三衛和坦與實喇博羅譎詐驍勇，❶彼欲增貢則增，彼欲襲職則襲，我既墮其計中，彼遂決爲大舉。今之畫計者有三，曰『增貢』，決不可從；曰『守』，亦不可也；曰『攻』，則忠臣義士之憤未可爲非，要調宣、大、遼東邊軍，旬日之内速赴地方分布防守，出其不意以攻之，豫爲必戰以禦之」等因。臣等竊觀自古制禦邊庭之道，固不可貪功以啓釁，亦不可怯懦以求和，況朶顔三衛世受國恩，進貢効順，近日窺我邊備廢弛，乃敢挾詐要求，觀勢強弱以爲從違，既殺害將官，又擁衆侵犯。興兵征討，未爲無名；大義所關，誠不可已。御史張鼇山所論，理直氣壯，詞嚴義正，合准所言，速議施行。查得先該本部議擬題奏欽依「著桂勇將團營西官廳前營官軍操練，待報啓行」，續該本部奏調遊擊將軍劉竇原領河間官軍一千名前去薊州駐劄，聽調，中間出軍等項事宜，現該本部議處具奏。但行兵之法，謀算豫定，庶功可成，倉卒調發，未免疎漏，合無本部將調兵一應事宜，逐一議處停當，上請定奪。

❶「和坦」、「實喇博羅」，明代分别譯作「花當」、「失林孛羅」。

疏入，得旨：「是。這調兵一應事宜，便議處停當來説。」

亟易鎮巡官以保重地疏正德十年

王　瓊

臣謹奏：看得御史汪賜奏稱「馬蘭峪地方被敵搶擄人畜，殺死參將陳乾，皆是太監王忻、遂安伯陳鏸、都御史王倬平日調度無方，紀律不嚴所致，若不亟爲取回，仍令其恬然在任，不免外寇覘我強弱，將來之患，誠不可測」一節，緣外寇犯邊，殺死參將，委的事重，若不將陳鏸等取回問罪，不惟各邊將官聞風怠玩，無所忌憚，抑恐以後薊州一帶邊關官軍不知有法，愈加放肆，不肯用命効力，而陳鏸之罪益加深重，難以自解。今日不取各官，固非朝廷之福，亦非陳鏸等之利也。伏望皇上軫念防邊事重，俯察公論當從，早賜宸斷，將陳鏸等取回究問。則綱紀振肅，號令更新，邊敵和坦等易于征勦，陳鏸等心亦得安矣。

疏入，得旨：「已有旨了。」

請究失事邊臣疏正德十年

王　瓊

臣謹奏：看得兵科等科都給事中安金等，廣東等道監察御史高公韶等，各劾奏鎮守薊州等處總兵官遂安伯陳鏸、巡撫都御史王倬、鎮守太監王忻、守備太監蔣廷玉、兵備副使王玹等各員委任地方失事，要將陳鏸拏解來京，治以重罪，王倬罷遣，王忻、蔣廷玉取回閒住，王玹降調别用，急選賢能官員前去更替，又要將提督侍郎陳玉切責等因，查得各官失事，先該本部題、奉欽依行「巡按御史查了來説」，並將王忻、陳鏸、王倬降敕切責外，今六科十三道官交章劾奏前因。

臣等竊惟有功必賞，有罪必罰，此治天下之紀綱，不可一日而廢者也，科道之官，又所以振舉紀綱，以扶持公道者也。陳鐃等既是各官交章論奏，公論不容，合無本部並吏部作急會推堪任總兵官、巡撫、兵備官員，並司禮監奏請差内臣二員，各前去更替陳鐃、王倬、王忻、蔣廷玉等，接管行事，將陳鐃提解來京，送都察院問罪，奏請發落，王忻、蔣廷玉取回閒住，王倬等罷黜，以正朝廷之法，以紓邊人之憤。仍請敕切責侍郎陳玉，俾用心提督現在官軍，勉圖後效。其餘失事官員與陣亡官軍，應否優卹，緣由再行巡按御史，一併查勘明白，具奏定奪。抑復將今科道官劾奏陳鐃等情罪，再行巡按御史通候查參，至日奏請定奪，伏乞聖裁。再照兵科等科都給事中安金等奏要本部「速爲議處，務使全定安攘之策，大興聲討之師，復我邊疆三軍常勝之威，保我國家萬世全盛之業」一節，與巡關御史張鼇山奏要發兵攻勦事理相同，現該本部題奉欽依「著桂勇操練團營西官廳前營官軍，待報啓行」，合無本部將出軍一應事宜，另行計處，奏請定奪。

疏入，得旨：「是。這地方失誤，事情重大，陳鐃著回京，王倬、王忻、蔣廷玉、王玹著戴罪禦敵，待巡按御史查參，至日來説。陳玉已有旨了。其餘事宜，陸續奏來處置。堪充總兵官的，便會推兩員來看。」

豫防邊患疏正德十年

王瓊

臣謹議：宣、大二鎮共有官軍一十四萬，延、寧二鎮又設有官軍七萬，歲費糧儲數百萬計，專爲防禦邊敵。近年各鎮守臣因循怠忽，不肯豫先料度邊情、運謀設策、調度軍馬、相機戰守，以致邊敵深入，得利而去，大肆搶掠，無所畏憚。及至朝廷命將出師，彼軍已去，留兵在邊等候，爲因邊地廣闊，彼軍出没不常，不得恰好相遇一戰，以此勞費雖多，不能成功。即今若不將本邊將士戒飭，豫爲隄備，邊敵過河，必來侵犯，倉卒計處，必蹈往轍，緩不及事，貽患非輕。

臣等愚見，乞敕宣府、大同鎮守太監、總兵官、巡撫都御史，會同計議：今年河凍，邊敵過河駐牧，作何設法隄備，可保無虞？訪取熟知邊情、地理之人，密切審問先年邊敵進境搶掠出入道路，應該調撥何城堡軍馬，在何地方駐劄，可以正當敵衝，截殺取勝？于何地方按伏，可以邀其歸路，追勦得功？本鎮軍馬雖各散處城堡，必須量數挑選精鋭官軍，記名聽候，有警調取，會合勦殺。務在料敵先知，算無遺策，不可互相推諉，因循苟安，及似常分調，按伏不當敵衝，虛應故事，以致邊敵深入搶掠，出入自由，定照葉椿、姜彬、高友機等事例，拏問取回降黜，必不輕貸。各將計議過隄備邊敵事宜，明白具奏，不許含糊遲誤。

疏入，得旨：「是。這豫防邊患事宜，恁部裏行移彼處鎮、巡等官知會。」

禦敵安邊疏 正德十年

王瓊

臣謹奏：看得給事中任忠所奏，大意謂朝廷命將出師，固是禦敵之策，但敵人聞出師而暫退，見班師而復來，徒費糧草，不得成功，莫如以守禦爲本，明賞罰，久任人，邊備既修，邊敵自畏。臣等竊念近年以來，爲因守臣數易，賞濫罰輕，以致封守不固，敵人内侵，黎元受禍。給事中任忠所言，切中時弊。但今邊務廢弛已久，邊敵強盛，大舉入攻，勢甚危急，所以本部建議命將出師，蓋欲宣布國威，振作邊方士氣，如前代細柳、棘門、霸上之舉，❶實非得已。惟苦議論不定，❷朝更夕改，機會一失，必又勞費無功。伏望聖明再敕張忠、陳天祥、張洪，料度敵情，務期必中。敵在陝西，則爲陝西之備，敵過宣、大，則爲宣、大之謀，閫外之事，悉以付之，不必遥制。務使敵勢頓挫，不敢深入，内郡獲安，不致擾害。毋或失誤機會，以致師老無功。若敵衆離遠駐牧，不來侵犯，即便具奏班師，以省坐費。其各邊守禦事宜，聽各鎮、巡官照舊施行，不許推稱節制，失機誤事。本部仍行紀功御史，從公紀驗以行賞，及行給事中、御史，從公按覈，以行罰除。提督軍務都御史係暫差外，其各邊巡撫都御史賢能可任者，乞敕該部查照成化年以前寧夏巡撫都御史賈俊等事例，須待六年以上方許陞轉。並總兵等官，聽本部從公推舉，亦須久任，無故不必更調。如此公行賞罰，久任責成，本邊將士，皆可禦敵，京營軍馬，不必遠出。省費息民，培固邦本，當今急務，莫先于此。

疏入，得旨：「是。禦敵安邊各項事宜，都依擬行。」

劾朱寧疏 正德十年

方良永

臣待罪承宣，自慚無補，中有所激，不忍緘默，固知事涉權貴，言出禍隨，然竊計脂韋之罪，重于強聒，而一身之患害，輕于百姓之荼毒，故敢昧死爲陛下言之。臣惟民者，邦之本；財者，民之命。國家財賦，盡出

❶「霸」，四庫存目叢書影嘉靖刻本王瓊《晋溪本兵敷奏》卷四《爲陳管見以禦虜安邊事》作「壩」。

❷「苦」，王瓊《晋溪本兵敷奏》卷四《爲陳管見以禦虜安邊事》作「若」。

東南，浙居其半，故愛國必愛民，愛民必惜財，而浙民之財，尤當愛惜也。陛下聰明天縱，豈不知此意？謂我有大臣可付託也，我有親臣可倚任也，臣則以爲陛下有大臣而不能用，有親臣而不肯爲用，雖謂之無臣，可也。

陛下環視左右，最親且信、與國同休戚者，誰耶？臣以爲莫朱寧若矣。寧也，出自賤氓，陛下一旦假以義子之寵，躋諸公侯之列，勢傾中外，富擬封君，其親之也至矣。爲寧者粉身碎骨以圖報稱，尚難酬萬分之一，乃忍攫取陛下之民財，戕賊陛下之邦本，以自速其不臣之罪乎？臣于正德九年十月初十日到任，即聞朱寧鬻鈔害人，心甚惡之。無何舊鎮守太監劉璟語臣及三司曰：「寧堂鈔價意欲倍增，何如？」臣茫無以對，細詢之，璟言：前發十一府鈔，每一塊易銀二兩，傳報朱寧，心怪其輕，故欲增至四兩。次日，復語如初，臣堅持不可。璟離席誓曰：「我受朝廷厚恩，豈不知此事貽害百姓，顧勢不得不爲耳。我即不爲，他人必爲，百姓依然受害，而我之禍立至矣。」言與淚俱至，悒悒不能自禁。又次日，復語如初，竟增至三兩。臣退而思之，有官守者不得其職則去，心雖憤激，力不能救，亦失職也，乃自劾求去。繼聞新有禁例，勢豪鬻鈔害人者，必罪。臣竊喜，此事徐當中止，故遲遲不去，以待其變。今既數月矣，例格不行，而有司徵價急如星火，或緣爲姧利，倍而又倍，椎膚剥髓，民不堪命。天門萬里，相與赴愬于監司，監司欲言而未果發，民亦吞聲而不敢言，輸價之吏絡繹于途矣。新鎮守太監王堂，知民怨且作，亦蹙然不安，乃出巽辭謂：寧堂好人，初不知鬻鈔之難，如豫知之，必不爲也，今業已爲之，可以已完二萬四千兩截解，少慰其意，前太監既爲之斂，我不得不爲之解。二臣所稱寧堂，蓋指朱寧也，其勢焰之薰灼，可知矣。方今四方羣盜甫息，瘡痍未起，邊塞多虞，饋餉或不時繼。浙東西諸郡，自冬徂春，雨雹爲災，蠶麥不利，待哺之民嗷嗷千里。此何時也！大司徒不能爲陛下畫萬年長策，以去京師之冗食，乃遣官四出坐索數十年之逋税，是豈得已哉？冗食不可去，而奇禍隨之矣。臣故曰：陛下有大臣，而不能用也。

且劉璟、王堂，皆陛下腹心之臣，其在浙也，皆有愛民之譽，于此無名横斂，宜可于談笑間却之耳，而二臣者徒能涕泣蹙額，付之無可奈何，一則曰不得不爲，一則曰不得不解。是亦豈得已哉？横斂不可却，而隱禍中之矣。事勢若此，苟猶隱忍不爲陛下言之，則已斂之財必入朱寧之手，而民心傷矣。心傷則本傷，本傷則枝榦彫瘁，根柢蹶拔，陛下其能晏然于上乎？夫義子，亦親臣也。今人有一飯之恩，心必圖報，陛下之待朱寧，豈一飯比哉？不圖報則亦已矣，反取陛下之邦本而動揺之，略不顧惜，此臣之所未喻也。故跡其所爲，在子爲不孝，在臣爲不忠，在法所必誅而無赦者。臣故曰：陛下有親臣而不爲用也。

伏乞陛下割偏私之愛，奮獨斷之勇，廷詰朱寧以鬻鈔害民之故。苟或愚不解事，誤聽人言，而請罪祈恩之不暇，則削奪官爵，薄示懲戒，根究主使之人，坐以重罪可也。如其飾非護短，不肯服辜，是敢于欺罔也，陛下又何取于寧，而必欲子之乎？宜下之詔獄，明正典刑，以爲臣子悖逆之戒。斯二者，惟陛下明察而果行之。仍祈急敕都察院，行浙江鎮、巡、三司等官，將已斂鈔價，盡數還民，未斂之數，速即停止，并查究奸吏影射侵尅之弊，悉寘諸法。則民怨未甚，猶可慰解，邦本未摇，猶可培植。陛下誠如是行之，臣死且甘心，其他利害，固不遑恤也。陛下如以臣言爲不然，置之不問，日復一日，尾大不掉，將必肆無厭之求，有出于尋常所不料者矣。臣不勝激切之至。

疏入，寧欲中以危法，或説曰：害之，適成其名。乃密召還所遣使者，而以鈔直還之民。

訟胡世寧疏 正德十年

程啓充

臣聞江西按察司副使胡世寧因言地方弭盜事宜，旁及寧府軍民弊政，兵部題奏施行，嗣因寧王奏稱胡世寧妖言誹謗、離間親親，奉旨提解來京。臣于此仰窺陛下之心矣。始者胡世寧有所建白，陛下不以爲迂狂，而俯賜施行，蓋以副使，人臣也，耳目重其司，行其言所以體其心。既乃寧王掇拾爲言，陛下以爲嫌疑，而即加提解，蓋以親王，宗室也，好惡同其情，從其言因以洩其怒，一舉而二者交盡也。夫以陛下之厚遇寧王，重違廷論，有護衛土田之錫，璽書褒美之頻，其隆重之極，孚信之深，有耳目者所共知也，胡世寧豈獨無所聞見哉？彼殆有所激而云然。所謂忠而過者，抑亦知聖明之虚懷聽納，寧王之聞過則喜也，不意狂瞽之微，乃罹羅織之厄。

夫陛下始則可世寧之奏，正欲隆親親之恩，繼因宗室之言，乃令御史提解，又以寧王上在逃之章，于是乃有官校之命。陛下于此，亦近乎投杼矣。臣竊思此事，大有可疑。蓋稽遲之不久，則世寧之罪不深；文致之不重，則報復之心未厭。君臣父子，無所逃于天地之間，世寧將遁之何所哉？其間道自投，蓋與其死于溝洫而人莫之知，寧得見天日而甘心受戮也。臣願陛下詳察之，哀矜之。

臣聞寧王之事，先江西給事中徐文溥論其威勢日甚，暴形大彰，王府長史司啓稱「由郡王、將軍擾害民間，動指本府名目，被害者不知根由，傳聞者以爲真的」，王亦曰「詞非泛言，事有指實」，自乞譴罰，以示宗藩。是知人言沓至，民怨流行，王之心至是亦不安矣。臣按胡世寧之奏，所謂「盜賊踐蹂，乾旱流災，官民失業，賑貸無備，王府之債負，遍及閭閻，莊田之逼迫，民無安息，三司官員多被鈐束，問刑長吏舉奉成案，買辦漸及于外府，騷擾遍及于窮鄉」，合觀徐文溥之奏、長史司之啓、寧王之自言，事跡禍蹤，内外同辭。但寧王指爲郡王、將軍，而世寧則以爲臣僚輔導之非法，官司奉承之太過，此固所謂被害者不知根由，傳聞者以爲真的也。向非二臣之言，則不聞長史司之啓，隱伏之私，流毒之苦，誰其攻之？是世寧在陛下則爲忠，在寧王則爲義。俾宗藩因其言而自戢，朝廷用其言而防微，則爲達權。具三善而獲罪，臣愚之所未解也。

仰惟皇祖有離間親王之刑，蓋懼小人之震揺朝廷，杌隉藩府者也。世寧欲乞温詔戒諭寧王益崇謙德，仰遵祖訓，其非離間也彰彰明甚。荷蒙俞允，明頒涣號，戒諭維殷，親愛彌篤，陛下何嘗因其言而少存嫌貳哉！至謂禮樂政令漸不出自朝廷，詞氣之間固爲抑揚太過，然區區之忱，思以防微杜漸，尊主庇民，消尾大脛腫之憂，植強幹弱枝之計耳。使果妖言誹謗，天日之鑒，安所逃罪，又何能曲荷欽依，戒諭諄切乎？寧王若能因言自省，則于仁賢有加，謙光無損，朝廷隆重之恩，君臣孚契之情，與天地相悠久矣。而顧爲是言，意者王之左右懼發摘其私，而禍且逮己，故假危言以激王之怒耶？夫按察副使，祖宗所建外臺也。言雖過激，亦當引咎優容，豈至指摘排擊，引而置諸危法也哉？果從王言，則上損國威，下招物議，張難犯之勢，杜將來之口，一舉而四失焉。臣愚之所尤未解也。

聖如陛下，而狂直且不能容，誠恐人懷自危，中外解體，卑遠之臣不足惜，如朝廷紀綱何！積薪之火漸炎，敢言之氣頓銷，壅蔽之患既成，猜嫌之隙必至，日復一日，職爲厲階矣。伏望皇上曲垂赦宥，矜此孤愚，甄用奏内應行之事，追究沈匿旨意之由，務使官守其職，民安其業，朝廷敦天潢之誼，藩府篤朝宗之心，則本支百世，永享無窮之福矣。

疏入，世寧得旨謫戍。

請罷中官奏討鹽引等疏 正德十一年

梁　儲

臣竊見天下賦税，歲入有常，而國用日增，無有限制，雖年穀豐登，尚難支持，一遇荒歉，尤爲可慮。況今寇患未寧，軍需糧草在在缺乏，太倉每歲解去各邊銀兩，常不足以供一歲官軍之費，所賴以接濟者，惟有鹽課一事，可以備飛芻輓粟之用。然數年以來，鹽法大壞，猝有邊警，召募客商，多不上納。蓋因公差人員，奏討引目數多，一時就要，盡數支賣，本等客商，皆守支艱難，日漸貧困，以至如此。夫以太倉有限銀兩，既不足以給各邊軍馬之需，而鹽課成法又日益廢壞，無以接濟急用，萬一復報有重大聲息，勢須多用糧草，不知朝廷將何以處之？近該太監劉允差往烏思藏齎送番供等物，奏討長蘆運司現鹽一萬引、兩淮運司現鹽六萬引，跟隨人役，類多挾勢謀利，或至各支一萬引，乃夾帶至八九萬引。以此載鹽船隻，填滿河道，南北官民商旅舟楫，一切阻塞，不容往來。其所用拽船人夫二三千名，威勢逼迫，役及婦人，所過之處，怨聲載道。非惟有壞鹽法，抑恐激成他變，臣實切憂之。

再照陝西延綏、甘肅等處，連年災傷，米穀薄收，人多饑饉。加以去年敵寇更入搶掠，又有回賊累次作耗，瘡痍之民尚未甦息，地方十分艱苦，錢糧十分窘乏，彼處官司計無所出，現行奏乞賑濟，方患無以應之，今該司禮監傳奉聖旨：差御馬監太監張玉前去彼處，造辦應貢各樣土宜物件，其合用錢糧茶品等項，欲令陝西鎮巡三司等官及甘肅地方官員計處，交與張玉置辦，凡百大小事情，悉聽張玉便宜處治，所在大小衙門毋得違阻。令以此意撰寫敕書，臣躊躇惶懼，未敢仰承聖意。緣前項地方既值兵荒貧窘，民不聊生，前項措辦錢糧，欲取之于官則庫藏匱乏，欲取之于民則閭里空虚。其太監以下人員至彼之日，所費又復不貲。爲彼處官員者，若欲撫卹軍民，則恐以違詔致罪，若欲奉行詔旨，則恐嚴刑峻法之下，民窮盜起，别生意外之患，此固爲人臣子者，皆宜爲國深慮者也。而況忝居内閣，義同休戚如臣者乎？又況甘肅切近土魯番諸地，設若内地盜起，彼必乘機入爲邊患，地方安危關繫非小。至于便宜處治，惟統兵官員臨機濟務，得以行之，尋常公幹，豈可援以爲例？伏望皇上俯垂天聽，亟將劉允取回，今後凡有奏討鹽引者，一概不與。重念陝西歲荒民貧，錢糧無處出辦，仍將張玉停止不差，前項敕書免令撰擬。地方生靈，不勝幸甚。

疏入，帝不納。

審大計以重本兵疏 正德十一年

王瓊

臣謹奏：看得工科給事中翟瓚所言添設提督以振軍旅等四事，俱係京營要務，合就查議明白，開立前件，伏乞聖裁。

一，添提督以振軍旅。查得正統十四年因邊人犯順，欽命太子少保本部尚書于謙，不妨部事，總督軍務。景泰三年該于謙會同武清伯石亨等議得「邊人額森背逆天道，聚衆近疆，若不豫爲設法選練，設使遣將調兵，兵不識將意，將不識軍情，恐號令不一，致誤事機。合無于五軍、三千、神機營，揀選精鋭馬步官軍一十五萬，分爲十二營，揀選廉能驍勇之人，管領操練，俱聽臣等往來提督」等因，奉景皇帝聖旨：「是。」欽此。天順年間，邊方寧靖，十二營罷立，總督官亦不復設。成化三年，爲整飭兵備事，該司禮監太監懷恩等奏，該本部議擬復立十二營，團聚操練，會推大臣一員提督。本年四月二十日具題，節該奉憲宗皇帝聖旨：「太子少保白圭兼兵部尚書，不妨部事，提督十二營操練。」欽此。成化十一年白圭病故，該太監懷恩傳奉憲宗皇帝聖旨：「太子少保左都御史王越，不妨院事，著提督十二營，操練人馬。」欽此。以後本部尚書馬文升、劉大夏、許進、閻仲宇、劉宇、曹元、王敞、何鑑、陸完，並今臣瓊，俱不妨部事，奉敕提督十二團營。今給事中翟瓚奏要查照景泰、天順、成化等年事例，添設或尚書、侍郎、都御史一員爲總提督，常川在營，會同操練，不妨以他務，不奪以他官，無非欲委任專一，整飭軍旅之意，不爲無見。但查前項節年事例，于謙等俱以本部尚書不妨部事提督，内王越以左都御史不妨院事提督，今要添設一員專管提督，係干事體重大，臣等擅難定擬，伏乞聖裁。

二，慎選舉以備將材。查得先爲選將領以實武備事，該司禮監太監蕭敬題稱「閱視京營坐營侯、伯、都督等官，比較馬步弓箭，詢其韜畧大意，次及大小號頭、把總官員，一體比較，試驗馬步弓箭，分別等第，量加罰治。中間若有年力不堪官員，亦就罷黜。若仍以每年春秋二次閱視，不無太密，若用五年一次，又恐太疎，合無斟酌疎密，以後每遇三年之期，兵部奏請照例舉行」等因，正德八年九月二十三日具題，節該奉聖旨：「是。」欽此。通行欽遵外，正德十一年八月扣該三年閱視之期，今給事中翟瓚奏稱，把總以上等官闒茸不材者，十常八九，要行本部尚書會同内外提督大臣，嚴加攷選，把總、號頭等官貪墨太甚者，盡行汰黜，謀勇素著、曾中武舉者，盡行收用，遇有分守、守備官缺，以次推用。所言誠爲有理，但查今年正該閱視之期，合無至期本部尚書公同欽差司禮監太監等官，依其所擬，照例攷選閱視，從公進退，務令得人。遇有員缺，照例推用。及查坐營坐司侯、伯、都督等官，舊例俱該本部會同各營提督武臣，推舉上請簡用，原無會同内外提督攷選事例，合無亦候閱視之時，公同攷驗。果有馬步弓箭不能嫺熟，戰陣韜略不知大意，素無謀勇、應該罷黜者，亦就開具奏請定奪。

三，重伍兵以謹團練。照得近年各營操練，委的徒事虚文，全不精鋭，一遇有警，皆不堪用。追勦流賊，則隨處敗走；出征宣大，則浪費邊儲。給事中翟瓚所言，深切時弊。臣等近日痛懲宿弊，大懼誤國，會同計議，推左都督劉暉等豫行選練，振揚軍威，正欲兵將相識，有警得用。伏乞聖明，天語丁寧，戒諭劉暉等務要用心揀選，嚴加訓練，中間合行事宜，遵照欽奉敕内事理著實奉行，不許因循顧忌，致誤大事。

四，禁占役以實營伍。查得先爲整飭兵備事，成化十九年十一月初六日該司禮監太監懷恩題，本部查得京營提督内臣軍伴一百名，掌營内臣、總兵官各六十名，坐營官十五名，把總官六名，俱于五軍等三大營取撥。又查得成化三年五月二十八日節該欽奉憲宗皇帝聖旨：「練兵講武，是國家最重的事，但承平日久，中間私弊多端，有名無實。近來將五軍、三千、神機三大營官軍，揀選頭等精壯的，分爲十二營團操，次等的仍留三大營操練，慮恐日後人不知警，私弊復生。恁兵部便出榜禁約，自今坐營、把總以下官，但役占五名以下者，降一級；五名以上者，降二級。甚者罷職充軍，仍發邊遠守禦。如或容情故縱不舉奏者，事發一體治罪不饒。」欽此。欽遵外，今照前因，合再爲申明，役占六名，即爲五名以上，役占一名二名三名四名，俱爲五名以下，俱照前例降級，一名二名以上，積至六名者，各通論從重併數減降，數至十名以上，此其甚者，或罷職，或充軍。論罪之日，取自聖裁。其提督總兵及點軍等官，明知前弊，容情故縱，不即舉奏者，事發一體參究。題奉憲宗皇帝聖旨：「是。恁部裏便將今定事例出榜，去營内張掛曉諭。」欽此。已經出榜于各營張掛曉諭欽遵外，今給事中翟瓚奏要查照前例，出榜曉諭，以憑改正遵守，合無本部再行申明，行移各營内外提督等官，一體欽遵，仍要嚴督各坐營、把總等官，但有役占者，通行改正，遵守舊例。若有仍蹈前轍者，聽點軍科道官訪出，指實參奏。

疏入，得旨：「提督官不必添設，其餘准議。」

邊情疏 正德十一年

王瓊

臣近奉聖旨：「這進馬事情，還著巡撫都御史隨宜查審驗放。」欽此。臣等仰窺聖意，蓋以聖人不治邊庭，懷柔遠人，故令巡撫都御史隨宜查審驗放，以示含宏。但近該巡撫都御史李瓚奏來巴爾斯已差實實台等將進馬徹爾等叫回，❶只在三四日内要來作歹。誠恐都御史李瓚因見奉有欽依，惟知幸免目前無事，不與鎮守總兵官公同計議，查審明白，徑自任意將巴爾斯所差人容令進馬，遂使朝廷節次降到旨意明文，皆爲

❶「巴爾斯」、「實實台」、「徹爾」，明代分别譯作「把兒孫」、「小失台」、「扯禿」。

虚詞，以後邊人再不信服。合無本部行文都御史李瓚，會同鎮守總兵官計議，除進馬邊人已回外，若仍現在關外，務要遵照明旨查審明白，果係都督和坦等差來進馬，以禮犒勞，驗放入關。若係巴爾斯獨自差人進馬，相機行事，設法擒勦，不可自示怯弱，致生侵侮。亦不可機謀疎漏，誤墮賊計。其各關口防禦事宜，比常嚴加整飭，以備不虞。

疏入，得旨：「是。鎮巡官所奏邊情，前後不一，還行與他每，照依恁部裏節次議擬，查審明白，相機行事。仍要加謹防禦，毋得止圖自便，不顧國體。因而廢弛邊備，責有所歸。」

御選明臣奏議卷十五

革冗員以安邊方疏正德十一年

王瓊

臣查得陝西延綏、寧夏、甘肅三邊，先年各設總兵官一員，掛印鎮守，係是舊例。其陝西省城並固原地方，原無設立，因弘治十四年邊賊大舉入寇，方纔暫設副總兵一員，于固原駐劄，不久裁革。以後或留或革，或兩員並設，事體不一。近年又將副總兵趙文暫移河州駐劄，原議邊寇寧息，另議定奪，現今趙文陞充總兵官，專一固原駐劄，鄭卿陞副總兵，更代仍在河州。其額布勒等賊，❶已過河西，事仍照舊。河、洮、岷三州舊各有守備官一員，足以責委。今户部署郎中馬應龍奏要將副總兵鄭卿照舊裁革，委的事理相應，亦與本部原擬相合。及照鄭卿先任甘肅遊擊將軍，該吏部尚書楊一清保舉「嫺于弓馬，習于戰鬭，臨機有謀，遇敵不怯」，以此本部會官推陞副總兵，協守陝西。今署郎中馬應龍奏稱，本官在彼無事高坐，罔恤軍民疾苦，窮極剥削，絲髮無遺，頭目、家人作弊百端等情，合當究問，但無指實。合無將鄭卿革回原衛帶俸，本部行移巡撫、巡按官，通行嚴加訪察禁治，果有貪害實跡，參奏治罪。其鄭卿原任協守副總兵員缺，不必推補。河州、

---

❶「額布勒」，明代譯作「亦卜剌」。

洮、岷等處事情，聽巡撫都御史督同兵備副使並各守備官，照舊施行。

疏入，得旨：「是。鄭卿既罔恤軍民，弊端百出，便革了任，著回原衛帶俸，待查奏至日來説。其餘事宜，依擬行。」

傳奉疏正德十一年

王瓊

臣等謹議得：京城内外，先年設立五城兵馬指揮司，職專禦風火、察姦盜；及錦衣衛官校巡警夜禁，緝捕盜賊；監察御史巡城，禁革姦弊。在外通州、良鄉等處，各設有軍衛，委官巡捕。其後通州等處，又設分守，涿州、良鄉又設守備。又三年一次差御史、錦衣衛官，分路巡捕。弘治元年，因盜賊生發，奏准于三千營選撥官軍一百員名，于彰義門外義井兒，及良鄉並清河、高碑店四處，每處二十五名隄備盜賊。正德初年，京城内添設把總官二員，委官八員，各分地方，每委官一員管領馬軍二十四名，步軍二十五名，共四百員名。京城外添設把總官二員，每員領有馬官軍五十員名，委官七員，每員管領馬軍六十名，共四百二十名。正德十年會議：京城内每委官一員，各添馬軍二十五名，步軍二十五名，共軍七百九十二名，馬四百匹。京城外每委官一員，各添一百名，共軍一千一百二十名，馬一千一百二十匹。把總並委官俱一年一换。城外把總該領官軍全給盔甲，海巡馬軍給與一半八十副。今年又奏差工部右侍郎趙璜專一整飭武備，挑選河間等衛舍餘，交與分守通州都指揮袁傑，及涿州守備崔澄，亦添撥官軍各給與馬匹，嚴謹巡捕。壩上、良鄉等處，正係袁傑、崔澄等該管地方，立法不爲不密，責任不爲不專，但京城内外，人烟輳集，遊食者多，壩上、良鄉等處軍民艱窘，差役繁重，以此盗賊隨捕隨發，難得盡絶。

自去年本部會官議添巡捕官軍數多，定擬條格，賞罰嚴明，又給與盔甲、火器、馬匹、草料，以此一年之間把總官捉獲强盗二百餘名，錦衣衛坐委官校及各該緝事衙門，亦皆緝捕數多。奈何世情艱難，財重命輕，致廑聖慮，屢降明旨，著落官軍用心挨拏，未得寧息。今又奉旨，令臣等「從長議處停當，奏來定奪」。臣等愚見，若欲從長計議，處置停當，必先撫恤軍民，輕徭薄賦，人得安生，則盗賊自少。前項節年議處捕盗事宜，已極周密，今若不先撫安，專立嚴法，搜捉擒捕，誠恐法網太密，致有激變。前代漢武帝時，因山東盗起，遣官衣繡，持節發兵，擊斬至萬餘級，盗賊愈滋，至不可禁。正德四年添設巡捕御史，帶領家眷，專督捕盗，法網嚴密，賊勢愈熾，兇惡之徒乘機倡亂，肆行劫掠，至動邊軍入勦，逾年始平。是其明驗。以故捕盗之法，固不可寬縱，亦不可太嚴。今將弭盗根本及先年捕盗事件，開查明白，合無照依弘治元年事例，本部會同錦衣衛並六科十三道掌印官，再行計議應否施行，奏請定奪。正德十一年十二月十三日具題。本月十五日奉聖旨：「是。這先年捕盗事宜，恁每還會官議處了來説。」欽此。欽遵，今將原擬捕盗事宜開立前件，會議明白。

一，弭盗根本。近年捉獲盗賊多係當差軍民，原無産業，又被管軍管民官員不肯撫恤，惟知科害，以致艱窘，衣食不給，飢寒切身，甘心爲盗，視死如歸。合無請降敕旨，令各營並在京各衛所，順天府及在外直隸保定等府、州、縣衛所管軍管民官員，今後非奉朝廷明文，一夫不許擅起，一錢不許擅科，敢有故違科害，逼迫軍民失所，許被害之人指實陳告，治以重罪。前件依擬。

一，《大明會典》一款：凡地方軍匠人等，舊例令各家俱于門前置粉壁一面，開寫本家籍貫人口、身役營伍，並寫「不敢窩藏逃軍逃匠、囚徒盜賊」等項，以憑挨究。今查前例日久廢弛，以致盜賊潛藏，無所警畏，合再申明置寫挨究，但有犯者，照依律例究問解發。前件依擬。不拘内外官員及勢要之家，一體挨查，但有一應來歷不明，及不係官員、軍、民、匠籍之人，俱不許容留潛住。如有倚勢窩藏，不報挨查者，該城兵馬司具呈，錦衣衛並巡城御史參奏處治。

一，京城内外，人烟輳集去處，盜賊強劫，皆由夜禁不嚴，巡捕不謹所致。合無今後但有強盜明火持杖，強劫人家財物，出入自由，火甲不行傳報救護，巡捕官軍不在地方巡歷追捕，將巡捕官軍並該管兵馬司官吏、弓手、火甲人等，俱參送刑部問罪。若地方被盜，火甲知覺傳報救護，及巡捕官軍現在地方巡歷，遇賊追捕者，不在此例。前件依擬。

一，弘治元年百户王敏建言，要于京城内外小巷、路口置立栅欄，夜間關閉。本部會官計議題准，先于城内關廂試驗，令巡城御史督同兵馬司計算工程，先儘財主勸出銀兩，如法成造，果爲有益，城内另擬。後因兵馬司奉行無法，一概科取，騷擾地方，又行禁止。其已修完栅欄，亦不如法，不久損壞。今照京城之内，大街小巷不止一處，巡捕官軍止有七百餘名，未免巡歷不周，一聞有盜，昏夜追趕，小街曲巷，輒被藏匿。合無除寬街大路不必置立外，但係小街巷口，相應設門去處，各置立門栅，遇夜關閉。如遇追逐盜賊，不得委曲隱藏。本部仍委官一員，會同巡城御史，督同兵馬司官相視計議，如法修置。合用工料，勸倩本巷得過之家，情願出辦，不許強逼科害，致生怨議。别有良法，具奏定奪。前件先年已行，未免騷擾地方，今不必舉行。

一，京城外東北巡捕現有把總都指揮楊昺，西南巡捕現有把總都指揮王佐，通州一帶現有分守都指揮袁傑，涿州一帶現有守備都指揮崔澄，各有原設巡捕官軍，壩上、良鄉等處皆是各官該管地方。又該工部侍郎趙璜奏准，許令袁傑帶領河間等衛舍餘五百員名，太僕寺撥馬五百匹，又行令崔澄揀選官軍舍餘五百四十二員名，太僕寺撥與馬一百五十匹，盔甲腰刀選給三百副，合無本部再行整飭武備右侍郎趙璜並巡撫都御史李瓚，嚴督袁傑、崔澄等，本部督令楊昺、王佐等，各照地方務要比常加謹，用心緝捕。如遇追襲強賊走出該管地方，亦聽乘機掩襲，會合勦捕，但不許一概搜捕，妄拏平人，驚疑地方。事發從重參究。前件依擬。

一，各巡捕官軍捕獲強盜或地方失事，正德十年會議賞罰條例，俱係暫行，今已革去。除陞賞遵照舊例施行，及京城内外失盜照依前例查明送問外，但係通州、良鄉、壩上等處在外地方，被盜強劫失事，仍照正德十年會議事例。把總官、委官一年之内，該管地方被強盜響馬打劫一次，全無拏獲，委官積至五起以上，降一級，十起以上，降二級，不及五起者，委官每一起罰俸兩箇月；分守、守備、把總官每一起罰俸一個月；捕盜該陞者，照級准贖其罪。庶使人心知警，不敢玩忽。前件依擬，每年終一次兵部查奏。

又將另議合行事宜，逐一開款。

一，現今京城内東西二邊把總巡捕官下共有馬步官軍八百員名，京城外東北西南把總巡捕官下共有有馬官軍一千一百二十員名，但京城内外地方廣闊，街巷數多，巡邏不週。合于城内每總添撥步軍一百名，城外每總添撥步軍一百五十名，共五百名。與原撥官軍分作兩班，派定地方，輪流巡邏，不許私役放賣。

一，現委城内東邊把總巡捕都指揮章縉，西邊把總巡捕都指揮謝素，城外東北把總巡捕都指揮楊昺，城外西南把總巡捕都指揮王佐，俱各謀勇未聞，難責成效，俱各更換。今不爲常例會推得：原委西南巡捕都指揮高謙堪替楊昺，原委城外巡捕都指揮盛瑾堪替王佐，指揮孫浩堪替章縉，指揮郟文堪替謝素，伏乞聖裁。候命下之日，仍令各官把總巡捕。以後事故，仍照舊例，兵部委用。

一，捕盜陞賞事例，必須申明通行，庶使人知激勸。查得近該兵部議得「合無今後務要所獲強盜果係聚至數十人之上，兇惡顯著，委曾相與對敵，人所共知，行該地方覆查得實者，方准照例陞級。其餘緝捕零賊，並買求他人所獲轃數，捏作兇惡勢衆、對陣擒獲者，俱不許陞級」等因，正德九年七月初四日節該奉聖旨：「是。今後拏獲強賊，果係數十人以上，兇惡顯著，曾經對敵，人所共知，覆勘是實的，方許照例陞級。不許將緝捕零賊，並計買捏轃的，一概朦朧奏擾。」欽此。又查得兵部會官議得「南北直隸、山東、河南、江西等處，遇有官兵人等擒斬賊級，若與賊對敵，就陣擒斬有名劇賊一名顆不願陞級者，賞銀三十兩。擒斬隨從強賊者，每名顆賞銀十五兩。陣亡者，重加優恤。若不係對敵，止是緝捕強盜者，每名顆賞銀十兩。若擒獲僞稱名號首賊者，又不拘定數目，聽候各官斟酌加賞。其不係應捕人員，一體給賞」等因，正德六年三月十七日兵部等衙門尚書等官王敞等具題，本月十九日奉聖旨：「是。這賞罰事例既議擬停當，都准行。通行出榜，曉諭各該地方官員人等知道。」欽此。前例，合再申明通行。若京城内外把總巡捕官及在外分守、守備等官，遇有擒捕、緝捕強賊，查勘是實，照依前例陞賞。有能運謀設法擒捕強賊數多，地方寧靖，功績顯著者，聽巡撫、巡按官奏保陞級，兵部遇有相應員缺，不次推用。

一，《大明律》内一款：「凡強盜窩主造意，身雖不行但分贓者，斬。若不行又不分贓者，杖一百，流三千里。共謀者，行而不分贓，及分贓而不行，皆斬。若不行又不分贓者，杖一百。」欽此。又查得《問刑事例》内一款：「皇親功臣管莊、家僕、佃户人等，勾引外處來歷不明之人，窩藏爲盜，坐家分贓者，同發邊衛充軍。其該管家長，參究治罪。」又一款：「知強竊盜贓而接買受寄，若馬騾等畜至二頭匹以上，銀貨坐贓至滿貫者，俱問罪。不分初再犯，枷號一箇月發落。若三犯以上，不拘贓數多寡，與知強盜後而分贓至滿貫者，俱免枷號，發邊衛充軍。」竊詳立法之意，止欲禁止窩藏盜賊之家，及接買受寄之人不敢窩藏寄買，則盜賊無所藏匿寄放，易得事發。但令盜賊事發到官，窩主及接買受寄之人，多從寬發落，以致人無警畏。合無兵部轉行法司，今後盜賊窩主，並接買受寄盜贓人犯，務要照依律例，從重問擬枷號、充軍等項發落。

一，錦衣衛原有領馬校尉一百名，務要不時往來各該地方，督同兵馬、火甲人等緝捕盜賊，遇有強盜打劫，會合巡捕官軍併力擒捕。如有誤事，聽本衛提督官比較處治。

疏入，得旨：「高謙、盛瑾、孫浩、郟文各著把總巡捕。其餘准議。」

劾太監史宣疏 正德十一年

孫懋

臣聞織造太監史宣與沛縣官奏訐，尋奉欽依將主事等官王鑾、胡守約等拏解去訖。臣聞之初尚驚駭，謂胡守約必有遲誤御用重情，隨訪得史宣在途酗酒作威，肆行兇惡，所過索要茶果分例，或逼取折乾起關等錢，又且聲言欽賜黃棍，專令打死官吏勿問，隨路陵辱指揮、知縣等官。人民逃竄，雞犬驚散，風聲氣焰有若雷霆，道路傳聞，莫不震駭。計其所獲，動盈千數，流賊之害，不慘于此。及照史宣織造有年，貪虐日甚，贓賄之入，亦動以千計，南京軍民，痛恨入髓。先經南京科道糾劾，未蒙究治，近該巡按王崧奏稱「進貢進鮮等項黄馬快船管運官員，多勒人夫，嚇取財物，綁縛官吏，乞要出榜禁約」等因，已經該部題准「如有仍前違例索取財物，及曲爲奉承者，該巡撫、巡按等官指實參奏處治」。詔旨已行，史宣何人，乃敢公然不遵，愈肆兇暴，一不滿欲，輒行搆陷，職官若王鑾等，果被中傷。則各官聞風畏懼，莫敢誰何，何禁令之足行耶？臣竊觀憲廟時，太監王敬帶領千户王臣江南爲害，該巡撫官王恕奏其罪惡當明正典憲，今史宣惡浮于敬，真當道豺狼也。陛下明足燭姦，仁足保民，而容忍史宣之惡如此耶？況各處黄木續至，若不爲慮，臣恐沿河軍民無以自存，人情洶洶，易于生變。昔宋朱勔以花石綱擾害江淮，卒致靖康之禍，安可忽以爲細故哉！惟陛下惕然深思，超然遠覽，即將史宣寘之重典，王鑾等復其原職，庶使刑政允當，人心稍安，而禍變可息矣。

疏入，帝不納。

自劾不職乞賜罷黜疏 正德十一年

孫懋

臣竊惟災異之來實由人事。人事失于下，則災變見于上，天人感應之機，捷于影響，甚可畏也。頃者伏覩四方奏報災異，比之往年特爲尤甚，豈非羣臣不能盡職之所致耶？伏念臣猥以庸愚，誤蒙選擢，寘之言論之司，委以耳目之寄，凡時政之得失，生民之休戚，庶官之賢不肖，皆得以聞之，亦皆得以言之。若聞之而不能言，言之而不能盡，或既盡言之矣，而不能委曲開導，以致主上之必納，皆所謂失職也。

然則，臣之失職亦多矣。若近者以用舍之未審，于是有明國是之言；以委任之未重，于是有存國體之言；以天變之未回，于是有實修省之言。民害當去而憂其未去也，于是有保重地之言；兇惡當懲而憂其未懲也，于是有安人心之言；奸有當昭而微有未防也，于是有安宗社之言。是數言者，皆有益于朝廷，有關于時政，有切于生民，有繫于庶官之賢否者也。臣晝夜以思，詳復以議，而後敢言，亦庶幾仰瀆之餘，施行一二，以少裨職分之萬一也。豈意陛下一切留中不報，臣即不審果已經聖覽以爲不急姑置之耶？將左右權倖務爲壅蔽未之達耶？謂曰「壅蔽」，以陛下之聰明察下，左右之忠誠事上，且逆瑾覆車方切爲戒，寧有是耶？謂曰「不急」，陛下亦宜批降明示，大廷公議可否，可則行之，否則置之。其或臣情有過激，言有太驟，或誤犯忌諱，或觸忤權貴，陛下幸而賜之優容可也，加之罪譴可也，何乃是非不分，可否無辨，而竟留中若罔聞耶？萬一奸人緣此陰相結黨，公爲隱秘，果有警急，陛下不聞，大臣不知，其禍可勝言耶？

臣竊聞：明目達聰，堯舜所以成聖治；偏聽獨任，秦隋所以致敗亡。伏願陛下以堯舜爲法，以秦隋爲鑒，則天下之幸，宗社之幸也。若臣待罪無狀，不能匡贊大猷，裨益化理，以致人事缺失，上干天變，災異頻仍，貽憂宵旰，負國之罪不容誅矣，伏願陛下特賜罷黜，以爲人臣不能盡忠者戒。

疏入，帝不納。

武舉議 正德十二年

王瓊

臣謹奏：查得今次各處起送應舉官生人等共八百七名，内遼東二百三十七名，其餘各有二三名者，有全無者，多寡不均。四月初九日試馬上箭，每人走馬三回射九矢，共該走馬二千四百餘回，共射七千二百餘矢，本日射必不周，又于初十日試馬上箭一日方畢。若遇風雨，又難拘日期。若不照鄉試事例，酌量地方南北，定數起送，不惟地方取人有偏，抑恐以後人漸加多，難于較射。況武舉之設，重在騎射，或有馬上中九箭，步下中四箭以上者，因論策不稱，不蒙收録，監生、省祭官、生員等項，已有出身正途，又應武舉中式，仍送吏部選用，未免紊亂選法。舊例軍職官非親冒矢石獲有軍功者不陞，今以從容較射偶中數矢，輒陞二級一級，似失之易。千户以下官員，徒在取中支米之列，終無出身効用之路，其得陞試、署鎮撫、知事，終身支米，亦無可用。又文武科舉自有不同，今武舉既倣文舉會試、殿試事例，刊録文字，其馬步數目不載録內，亦似欠缺。既稱答策論三道、馬上中四箭、步下又中二箭以上者，陞署職二級；答策論三道、馬上中三箭、步下又中一箭以上者，陞署職一級，則是專以騎射爲重。又稱所答策論，參以弓馬，俱優者列爲上等，弓馬稍次者列爲中等，則是又以策論爲主，以致主司難以去取。前項事件，俱未穩當。

臣等議得：漢制武舉皆起布衣，至唐開科亦有定議。我太祖高皇帝初定天下，召集海内各儒，酌古準今，議定制度，文職設科、貢二途以取士，武職世襲，故不設科。然又設流官五府都督及方面都指揮，俱不世襲，以待有功及賢能者陞用，各衛指揮、千、百户，五年一次攷選委用。蓋于世襲之中而寓選舉之意，則武舉之制已在其中矣。天順間始議武舉，成化、弘治以來間一舉行，猶取騎射，大略而已。至正德三年，尚書劉宇議定今行條格，三年一次舉行，著爲定例。中間條格，如前項所查，既不取法于古，又不合宜于今，規制苟且，事體乖謬，誠未穩當。臣等先已查奏不係洪武、永樂年間舊例應否舉行，不敢擅議，奉欽依照例行，今若不備陳議處，誠恐紊亂舊章，取譏後世。伏望皇上念祖宗制度係干重事，非劉宇與臣等孤陋寡聞之人所可更定，遂足以爲遵守，乞敕翰林院儒臣攷據古今，詳度事理，如果舉用將材秖應遵照舊例，于武職中推舉攷選賢能之人，及于功陞官内酌量推用，則武舉一科不必另設。若世襲武職之外恐有遺材，則參酌古今，定立武舉制度，務在事必師古，不礙今制，將前項現行條格未穩事件，逐一改擬停當，開陳明白，徑自具奏。本部會集多官再議，上請定奪。其以前武舉中式官生人等内，都指揮果有行檢材能者，照例推用；千百户、鎮撫、總小旗及舍人、軍餘所陞試署職級内，有情願赴各邊總兵等官處報効殺賊者，在京者具告本部，在外者具告該管官司，轉行本部，各送所告地方總兵等官處，參隨殺賊，該支米石，就于彼處查照支給。仍聽巡按御史查點，不許寄帶空名冒支食米。其生員民庶人等所陞試署鎮撫、知事及試巡檢，聽該管上司就委本處府州縣衛所專管巡捕，如有犯罪依律問革。

議奏得旨：「是。今後武舉還照舊舉行，其間事宜有未備的，恁部裏還議了來説。」

聲息等事疏 正德十二年

王瓊

臣等謹議得：宣、大鎮巡官現奏賊營大衆近邊駐牧，入寇之舉旦夕難測，延綏官軍已調大同，遼東官軍現在薊州駐劄，給有賞賜馬匹亦該同時調去。今若遲疑不決，令蕭滓自行哨探，又待宣府報有緊急纔令前去，必致坐失機會，虛調無用。查得近來因謀慮不審，無事先調，否即班師，有事纔調，緩不及事，糜費錢糧動以數十萬計。前項南京兵科給事中周用等所論切中時弊，臣等深以爲戒，明白具陳，誠欲爲先事之謀，以弭患省費，非敢偏執一見，必欲自用也。伏望皇上俯察用兵機宜關繫最重，現今宣、大各報賊衆逼境，奸謀難測，特允臣等原議，即今蕭滓統領人馬過關，隨宜駐劄，相機戰守，有事策應，兵精可得其用，無事徑回，兵少亦不多費。如此調度，似爲得宜。若必待寇犯宣府然後出口，往返十日必不得用，不如此時即回遼東，尤爲省便。臣等叨掌兵政事，有所見不敢隱默。

再照團營官軍，臣等原擬行提督官計議應否挑選備用，會議停當具奏定奪，不曾奏要馬不下場，今奉欽依團營下場馬匹照前牧放，則是不准各官會議，惟以户部所議爲主，竊恐職掌侵越，事難責成。萬一如去年賊勢強盛，大舉入寇，軍令戒嚴，倉卒無措，雖是罪坐所由，臣等終難辭責。伏乞皇上俯念兵機最重，委任當專，許照臣等原擬行團營提督官計議應否挑選備用，奏請定奪，庶明炳先幾，事無後悔，不勝幸甚。

疏入，得旨：「是。蕭滓便寫敕與他，著統領人馬前去鄰近宣府地方隨宜駐劄，相機戰守，會合策應，毋致誤事。團營官軍應否挑選備用，恁每還會議停當來説。」

給衣禦寒疏 正德十二年

王瓊

臣謹奏：看得遼東右參將署都指揮僉事蕭滓呈稱原選調宣府征進官軍，來時各穿夏衣，即今八月，天氣漸寒，缺錢置買棉花，乞要給衣禦寒一節，查得常年各邊調來策應官軍，原無另給胖襖袴鞋事例。前項正德八年延綏遊擊李愷官軍三千員名調來山西策應，正德九年遼東遊擊林睿調來薊州駐劄，俱該工部並本部議擬奏准給與胖襖袴鞋，蓋念調征之苦，時將寒凍，不能自備衣鞋，所以不拘常例給與，實非過也。今遼東官軍自遼東遠來，調去宣府駐劄策應，又非先年遊擊李愷調在山西駐劄之比，若不准給，軍士受凍致疾，將何以責其効力殺賊？若遼東官軍既准給與，其延綏官軍連年調出在外，比之遼東官軍勞苦尤甚，若不一例准給，誠恐恩惠不得均普，致生嗟怨。合無本部移咨工部，查照前項李愷、林睿事例，不爲常例，將蕭滓、杭雄、朱鑾、周政各領官軍俱照數查給胖襖袴鞋，庶使調出在外軍人不受寒凍，緩急可用。

疏入，得旨：「是。蕭滓並杭雄等所領遊、奇官軍，俱准照數與胖襖袴鞋，不爲例。」

申明賞罰疏 正德十二年

王守仁

臣惟招撫可偶行于無辜脅從之民，而不可常行于長惡怙終之寇；可施于回心向化之徒，而不可屢施于佯服隨叛之黨。按南贛間始有被害之民恃官府之威，猶或與之相角，及有司以爲既招撫之，則皆置之不問，盜賊遂靡然相從而不畏死，百姓益無所恃而日益受害。平良多冤苦無伸，而盜賊乃無求不遂，是故近賊者爲之戰守，遠賊者爲之嚮導，處城郭者爲之交援，在官府者爲之間諜。其始也出于避禍，其終也從其爲惡。故曰賊盜之日滋，由于招撫之太濫者，此也。

夫盜賊之害，神人共怒，獨有司必欲招撫，豈得已哉！使強兵悍卒足以殲渠魁而蕩巢穴，功成名立，豈非其所欲？然而南贛之兵素不練養，類皆脆弱，兵方勾攝將至，賊已稛載歸巢矣，或猶遇其未退，則望塵先奔，不戰已敗。以是禦寇猶驅羣羊而攻猛虎也，安得不以招撫爲事乎？故凡南贛之用兵，不過文移調遣，以苟免坐視之罰也。間有任事者，勦捕之策行，則必徵調日繁，督責日至，糾舉論劾者四面而起，往往至于落職敗名者有之。若招撫之策行，可以安居，無地方多事不得遷轉之滯，夫如是亦孰不以招撫爲得計耶？是故寧使百姓之荼毒，而不敢出一卒以抗方張之賊。蓋招撫之議，其始也出于不得已，其卒也遂守以爲常策。故曰招撫之太濫，由于兵力之不足者，此也。

古之善用兵者，驅市人而使戰，收敗亡之卒以抗強敵。今南贛之兵，尚足以及數千，豈盡無可用乎？然進而効死，無爵賞之勸；退而奔逃，無誅戮之及。則進不必死而退有幸生也，何苦而求必死乎？吴起云「兵之情：凡畏我則不畏敵，畏敵則不畏我」。今南贛之兵皆畏敵而不畏我，故曰兵力之不足，由于賞罰之不行者，此也。

今朝廷賞罰之典未嘗不具，但未申明而舉行耳。古者賞不踰時，罰不後事，過時而賞與無賞同，後事而罰與不罰同。夫兵得隨時調用，而無觀望掣肘，則自然無可推託逃避，思効其力，由此言之，律例俱存，前此惟不申明而舉行之耳。今使賞罰之典悉從而申明之，其獲效亦未必不如是之速也。伏望皇上特敕兵部俯採副使楊璋之議，亦如往者律例再加申明，臣亦得便宜行事。如是而兵有不精、賊有不滅，臣無以逃其死矣。若任不專，權不重，賞罰不行，以至于僨軍敗事，然後選重臣假以總制之權，而往拯之，縱善其後，已無救于所失矣。

疏入，帝從之。

請回鑾疏 正德十三年

吴儼

臣初聞聖駕出京幸昌平等處，曾具疏瀆冒聖聰，言詞蹇拙，不蒙採納。既而又聞八月廿八日聖駕復出，過居庸關幸宣府，又幸大同，宰輔不及知，羣臣不及從，三軍之士不及衞護以行。臣戰懼驚惶，罔測聖意之所在。伏而思之，是必邊境弗靖，羽書急數，陛下慮羣帥之不力，憫邊氓之被俘，急于制馭，遂不暇咨之廟堂，謀之帷幄而行耳。不然，沙漠之淒涼，決不若京師之富麗，邊塞之馳驅，決不若宫禁之尊嚴，陛下奚取于此而輕身以幸之哉？古之聖帝明王，不能無外夷之患。三苗不服，虞舜固征之矣，而奉辭伐罪，乃責之大禹，舜實未嘗自征。玁狁孔熾，周宣固伐之矣，而出師致討，乃責之尹吉甫，周宣實未嘗自伐。載之《詩》《書》，昭然可攷。今在廷之臣，文武如林，寧無一人忠貞謀勇可以委任，而陛下必欲自行耶？夫君居其逸，臣任其勞，此古今之大義，若天冠地履不可得而易者。今陛下自任其勞，而以逸遺臣下，是愛身不若愛臣下之深也，無乃倒置歟？

聖駕初出之時，臣民引領北望，皆謂回鑾必在九月萬壽聖節，則天下之朝賀者畢至，四夷之貢獻者在廷，豈宜使之空行。九月過後，又謂回鑾必在十一月長至令節，則九廟有歲享之大祭，兩宫有慶賀之大禮，豈宜遣人以代。十一月過後，日望一日，今又過元旦若干日矣，聖駕已回，遠不能知，萬一未回，則郊祀大禮古今所重，尤非臣下所敢代者，將遂缺而不舉歟？若謂敵尚在邊，則待靖敵而後聖駕可回歟？萬萬無此理。

且京師者，天下根本之地，郊社宗廟于此乎建立，宮殿陵寢于此乎奠安，羣臣百工于此乎會萃，三軍萬姓于此乎長育，財貨珍寶子女玉帛皆于此乎輻輳。外之郡國，雖或有一二富庶，必不及京師萬分之一，況遠在邊徼者乎？譬諸人身，京師猶腹心也，郡國猶肩背腰膂也，邊徼則四肢也。腹心安，然後肩背腰膂安，肩背腰膂安，然後四肢無恙。今有人焉，養其四肢而心腹之不安則不顧，是可謂之善養身乎？況今京師內外人心摇動，口語藉藉，轉相傳播。淮徐以南，荒饉千里，去冬三月雨雪爲災，民無衣食，至于父子漂流，兄弟離散，略不係戀，間有自經及投水而死者。民窮至此，安保其不爲盜哉！臣恐所禦之敵尚遠隔于陰山，而不虞之患或猝起于肘腋，此不可以不煩聖慮也。伏望皇上念九廟之統緒，思兩宮之付託，審內外之輕重，恤黔黎之窮困，速回聖駕，端居九五，修明政教，委任賢才。則百廢畫舉，萬國來王，無復北顧之憂矣。臣縻禄留都，山川脩阻，恨不能俯伏道左，扣馬泣諫。不勝惶恐戰懼之至。

疏入，帝不納。

劾朱彬疏 正德十三年

孫　懋

臣竊觀自古國家信用奸邪，未有不爲所禍者。蓋其始也媚君以徼寵，其終也挾君以自恣，必致危人宗社而後已。載諸史册，可具攷也。竊照都督朱彬，本以梟雄之資，兼懷憸邪之念，自緣進用以後，專事從諛導非，或游衍馳驅，或聲色貨利，凡可以蠱惑聖心者無所不至，由是陛下聖德爲彬所累者多矣。況復怙寵恃恩，愈肆無忌，游樂罔節，輕褻至尊，流聞四方，驚駭人聽。臣即欲指名論奏，猶恐傳言未真，且猶冀彬改心易慮，自爲善後之圖，誠不意彬自知罪盈惡積，公議難容，乃欲挾陛下自庇，故又導聖駕出居庸關，又無大臣一人保護，置陛下孑然獨處于沙漠苦寒之地者，殆將半載。險哉！彬之用心誠有不可知也。

且彬武夫，其于前代若漢高白登之事，或有未知，至于我朝英廟土木之變，則固習聞之矣，何故乃導聖駕既臨宣府，又過大同，以致引惹外敵深入應州等處，與之交戰六日六夜，使當時各鎮之兵未集，狂狡之衆沓來，幾何不蹈往轍哉！然昔王振之挾英廟，猶以敵衆犯邊，率師親征，今彬之挾陛下不知何所爲哉？是振以禦寇，彬以誘寇，彬之罪又浮于振矣。且聖駕在外，萬幾叢委，兩宮違養，廟享不親，四方災異迭見，遠近盜賊蠭起，中外臣民疑懼，向非皇天眷念之有歸，朝廷法度之具在，宗廟社稷亦岌岌乎危哉！是彬也，不獨陛下之罪人，實宗廟社稷之罪人。

且彬在一日，則爲宗廟社稷一日之憂，故議者皆曰：容一朱彬，國之安危未可知也。臣竊又料彬無以自解，必將肆爲巧言，以爲行止皆出陛下，欺罔聖聽。夫陛下臨御，已十有三年于兹，何前此未聞他幸，自彬用事而乃輕出不常如是耶？在陛下左右之臣亦多矣，何以皆不及從，獨彬爲之先導耶？正使實如彬言，又獨不可諫止之耶？故自彬言之，以爲赤心事陛下，自臣觀之，實未免包藏禍心，彬之罪，固有不得而逃矣。陛下于此，亦宜不欲復庇之矣。

臣叨荷國恩，養育成材，備員言官，當此權奸稔惡之秋，正委身圖報之日，如緘口自默，徒切浩嘆，禍亂已成，噬臍何及！故不得不極力痛切爲陛下言之。且嘗伏讀《祖訓》有曰：「歷代多因姑息以致奸人惑侮。當未知之初一概委用，既識其奸，退亦何難。慎勿姑息。」大哉皇言，所以爲萬世聖子神孫告者，明且切矣。

伏乞陛下仰承祖訓，俯納芻言，急敕錦衣衛將朱彬拏送法司，按鞫其罪，從重處治，以雪神人之憤，以爲奸惡之戒。

疏入，帝不納。

御選明臣奏議卷十六

請崇典禮親政務疏正德十四年

楊廷和

臣竊惟大祀南郊，乃人君敬天第一事，皇上所以仰承眷命，茂膺景福者，端在于此。今聖駕南征，罪人既得，實天佑我國家所以戡定禍亂如此之速，正宜奏凱班師，舉行大禮告成于天，以致享薦之誠。明年春孝貞太皇太后大祥，祔廟奉安神主，俱應皇上躬親行禮，非臣下所敢攝行者。又今天下諸司官員赴京朝覲，吏部會官攷察，必須皇上親臨黼座，面賜裁決。近日以來，内外衙門具題事務累次齎奏，日久未見發出施行，率多積滯，如推用巡撫等項官員、處置各邊兵糧、問擬罪犯等事，動經數月未奉明旨，人心疑惑，誤事非細。所據前項典禮、政務關繫重大，不可輕忽。伏望聖明留神省覽，俯賜采納，中外臣民，不勝慶幸。

疏入，帝不納。

止微行疏正德十四年

楊廷和

臣荷國厚恩，叨官内閣，供職無狀，心切憂懃。竊見近日以來在京各衙門，題奏一應軍馬錢糧緊要事情，動經旬月，猶未得旨，事多壅滯不行。又道路相傳聖駕不時巡行市肆，或至野館菜園等處遊幸，夜或不歸，甚至馳驟街衢，衝冒風雨，深更静夜，出入宫門。臣等初聞，且驚且疑，未敢輕信，已而流傳既久，衆議紛然，今亦不敢不信。況聞遠處軍民，皆有不美之談，臣等之心，尤有不勝其隱憂者。謹具奏聞，伏惟聖明鑒納。自今以後，切望尊居九重，裁決庶務，頤養天和，茂隆國本，流通政務，安内攘外，綿宗社億萬年無疆之慶，臣不勝惓惓之至。

疏入，帝不納。

防邊患疏 正德十四年

王瓊

臣謹奏：議得明年黄河凍開，邊敵大營若在河東威寧海子等處駐牧，仰賴皇上威武，嚴督宣大將官整搠軍馬，及調延綏遊奇兵馬相機戰守，邊敵入境，必遭挫衄。但恐河開，邊敵在套駐牧，擁衆深入，延綏、寧夏、陝西地方廣闊，兵馬分布不周，難爲戰守。查得今之黄河套，即漢河南朔方之地，自古匈奴所居，爲患中國。我朝除以前年分不查外，弘治十四年套衆大舉深入，命太監苗逵、保國公朱暉統領京營官軍勦殺，又命工部侍郎李鐩督理軍餉。弘治十八年套衆大舉深入，正德十年又大舉深入，豫設總制都御史鄧璋調各路人馬防禦，敵衆俱至固原、平涼下營，分投搶殺，官軍寡弱，俱未能成功。正德十三年，套衆聞知固原有備，蘭、鞏空虚，卻從乾鹽池西入蘭、鞏搶殺。

今不及早議處，邊敵在套，陝西地方必又被害。合無本部差人，馬上齎文交與宣府、大同、山西、延綏、寧夏、甘肅、陝西各該鎮巡官，各差的當人役，哨探查勘。黄河凍開之後，邊敵大營若不在套，在于河東威寧海子等處駐牧，宣、大、山西三鎮嚴謹隄備，延綏遊奇兵馬聽調策應。若不過河，在套駐牧，待候草長田茂，勢將深入之時，延綏遊奇等兵俱分布定邊、安邊等營，寧夏人馬俱分布花馬池等處遞年敵衆經行之處，遇寇侵入，會合勦殺。陝西鎮巡官豫先計處，除環、慶、固、靖守備人馬，及固原遊兵外，再量調取腹裏衛所、州縣堪用戰陣官軍、土兵、民壯，編成隊伍，委官管領，處置盔甲、馬匹並查照舊例，豫造戰車、火器礮銃等項，料敵必由之路設伏隄備。一遇敵入，出奇奮擊，或乘夜斫營，或截其歸路，俱相機行事。

再行宣府、大同、甘肅各鎮巡官，各挑選精鋭官軍三千員名，定委將官統領，俱約定五月以裏到于固原，會合禦敵。户部奏差堂上官一員整理軍餉，本部另行議奏差官處置馬匹，聽候兑軍，❶一應禦敵防邊。本部今擬不盡事宜，聽各該鎮巡官作急計議具奏定奪。如此庶謀有豫定，事得先機。伏乞聖明俯念近年邊敵大肆搶掠，地方受害，早賜裁處，特敕各該鎮巡官遵守施行，邊方幸甚。

疏入，得旨：「是。近年以來，邊敵深入搶掠，地方受害。這禦敵防邊事宜，恁部裏計慮周詳議處明白，便差人馬上齎文，著各該鎮巡等官依擬行，不許怠玩。」

停差燒造太監疏 正德十四年

唐龍

臣惟鎮守太監一到地方，凡百供應役使，與夫無名之徵，歲該銀幾萬兩；奏帶參隨供奉，又該銀幾萬

❶「兑」，原作「屯」，今據王瓊《晉溪本兵敷奏》卷三《爲預防虜患事》改。

兩。至于燒造太監應辦物料，與供應役使之人，歲該銀二萬七千餘兩，通總計銀十萬餘兩，皆取于民。西江地方被宸濠所虐，誅求殆盡，且連被旱災，田無擔石之收，室無升斗之積，官兵四集，民窮財盡殆未有如今日者。設補鎮守燒造太監，則前項銀兩何所出辦？再念江西人稠俗黠，人稠則易集而難散，俗黠則易動而難安。況盜賊無種，起于飢寒；禍福無門，生于窮迫。即今鄱陽湖賊船數百，往來劫殺，各府州縣非告白晝殺人，則訴黑夜劫奪。盜賊無處無之，兼之桃源東鄉、贛州、南安懷疑之輩，反側未安。臣朝夕致慮，爲今之計，惟有鎮之以安静和平，庶幾無虞，若地方稍加騷擾，則其變立起矣。

前議查革，不蒙俞允，未幾鎮守燒造太監相繼差出，百姓聞之相顧失色，且懼且泣曰：「人殃乃至乎？」頃蒙聖明將邱得拏問，尹輔取回，百姓聞皆私慶曰：「人殃幸不來乎！自兹良善樂業矣，官府不添科派矣，獄訟賊盜日可消矣。」夫前項太監，初本爲地方而設，今聞其來憂愁懼泣，則若遇蛇蝎，聞其不來則歡忻鼓舞，若脱水火，是誠何賴焉。且江西前此之民，止遇兵戈旱暵與宸濠之毒而已，加以淫雨無時、洪水迭至、禾稼渰溺、室廬傾圮，民之困苦比前尤甚。伏望查照天順年間停差事例，將江西鎮守太監崔和取回别用，一應地方事宜俱責成巡撫、三司等官綜理，將燒造太監永久查革，磁器行令饒州府督造，起解供用。

臣又惟今之太監，即古之閽寺也。《周禮》閽人、寺人掌王宫門、掃除之役，❶一切政事皆不預焉。太祖初定天下，百僚庶職無所不備，而獨不立鎮守太監，蓋倣周爲治也，其措意誠遠，立法誠至。永樂間始于緊

---

❶「周」，原作「用」，今據四庫本改。

關處暫設鎮守，是時江西尚無，嗣後乃不以原立者爲成法，而以暫設者爲舊規，甚至數人而營一缺，一年而更數人，以致横政肆出，綱紀蕩然，民財蠹耗，海内多事。孝廟末年深知其害，力與劉大夏商議罷之，後復中止，至今天下以爲憾。夫求治者必先去其妨治之源，愛民者必先除其害民之本，鎮守太監誠今日妨治害民之大者也。伏望斷自宸衷，將各處鎮守一併查革，以復太祖之規，以成孝宗之志。則天下之禍亂于是乎塞，蒼生荼毒于是乎除矣。

疏入，帝不納。

江西捷音疏 正德十四年

王守仁

臣竊惟寧王賊殺善類，剥害細民，數其罪惡，世所未有。不軌之謀，已踰一紀，兼以招納叛亡，誘致劇賊渠魁如吴十三、凌十一之屬，召募四方武藝驍勇者萬有餘徒，又使其黨王春等分齎金銀數萬，陰置奸徒于滄州、淮揚、山東、河南之間，亦各數千。比其起事之日，從其護衛姻族，連其黨與朋私，脅其商旅軍民，使各募兵從行，多者數千，少者數百，帆檣蔽江，衆號一十八萬。且又矯稱密旨以脅制遠近，僞傳檄諭以摇惑人心。其舉兵倡亂一月有餘，而四方震懾畏避，皆謂其大事已定，莫敢與之抗衡。抱節者僅堅城而自守，忠憤者惟集兵以待時，非智謀忠憤不足，其氣焰使然也。

臣才自囿于凡庸，知每失之迂謬，當兹大變，輒敢冒非其任，以行旅百數起事于危疑顛沛之中，旬月之間遂能克復堅城，俘擒首惡，是固上天之陰隲，陛下之威名，而廟廊謀議諸臣消禍于將萌，見機于未動，改臣提督，使得扼制上流，而凜然有虎豹在山之威；申明律例，使人自爲戰，而翕然有臂指相使之形；敕臣以及時策應，不限以地，而隱然有常山首尾之勢。故臣得以不俟詔旨之下，而調集數郡之兵、數郡之民。亦不待詔旨之督，而自有以赴國家之難，長驅越境直搗窮追。人徒見嬖奚之多獲，而不知王良之善御，有以致之也。然則今日之舉，廟廊諸臣豫謀早計之功，又孰得而先之乎？伏願皇上論功錫命之餘，普加爵賞旌擢，以勸天下之忠義，以勵將來之懦怯。仍詔示天下，使知奸雄若寧王者，其不軌之謀已十有餘年，而發之旬月輒就擒滅，于以見天命之有在，神器之難窺。尤願皇上端拱勵精，以承宗社之洪休，以絶奸雄之覬覦，則天下幸甚。

疏入，帝不納。

邊軍缺食乞早議處疏 正德十四年

王瓊

臣謹奏：看得巡撫宣府都御史甯杲咨稱各路城堡官軍擁門稟告，月糧半年未支，人心憂惶，不能度遣，將來冬深及春夏，軍日愈貧，飢日愈甚，逃竄死亡日多，墩堡空虚，誰與戰守，要早議處一節，臣等議得：會計邊儲，惟由户部職掌，而軍士逃亡，實與兵政相關。且祖宗朝開設邊鎮，屯兵集糧百五十餘年，俱有定規，今一旦匱乏如此，若非原額虧欠，必是浪費過多，若不急爲議處禁止，軍士逃散，失誤防禦，關繫匪輕。合無本部馬上齎文交與都御史甯杲等，將缺糧軍人處置借支，從權寬恤，毋拘常法，逼迫逃竄。仍咨户部作急查議，拖欠者追補，缺少者借撥，及查近年不足之由，今日足用之法，議處明白，作急陳奏定奪。庶軍不困憊，邊備幸甚。

疏入，得旨：「是。」

陳急務疏正德十四年

黄　鞏

臣謹奏：伏惟陛下臨御以來，祖宗之綱紀法度一壞于逆瑾，再壞于佞倖，又再壞于邊帥，蓋蕩然無餘矣。天下知有權臣，不知有天子，亂本已成，禍患將起，試舉當今最急者陳之。

一，崇正學。臣聞聖人主静，君子慎動。陛下盤遊無度，流連忘反，動亦過矣。臣願陛下高拱九重，凝神定慮，屏紛華，斥異端，遠佞人，延故老，訪忠良，可以涵養氣質，薰陶德性，而聖學維新，聖政一舉。

二，通言路。言路者，國家之命脈也。古者明王導人以言，用其言而顯其身，今則不然，臣僚言及時政者，左右匿不以聞，或事關權臣，則留中不出，而中傷以他事，使其不以言獲罪而以他事獲罪。由是雖有安民長策、謀國至計，無因自達，雖必亂之事、不軌之臣，陛下亦何由知？臣願廣開言路，勿罪其出位，勿責其沽名，將忠言日進，聰明日廣，亂臣賊子亦有所畏而不敢肆矣。

三，正名號。陛下無故降稱「大將軍太師鎮國公」，遠近傳聞，莫不驚嘆。如此則誰爲天子者？天下不以天子事陛下，而以將軍事陛下，天下皆爲將軍之臣矣。今不削去諸名號，昭上下之分，則體統不正，朝廷不尊。古之天子亦有號稱「獨夫」求爲匹夫而不得者，竊爲陛下懼焉。

四，戒遊幸。陛下始時遊戲不出大庭，馳逐止于南内，論者猶謂不可。既而幸宣府矣，幸大同矣，幸太原、榆林矣，所至費財動衆，郡縣騷然，至使民間夫婦不相保。陛下爲民父母，何忍使至此極也。近復有南巡之命，南方之民争先挈妻子避去，流離奔踣，怨讟煩興。今江淮大饑，父子兄弟相食，天時人事如此，陛下又重蹙之，幾何不流爲盜賊也。姧雄窺伺，待時而發，變生在内則欲歸無路，變生在外則望救無及，陛下斯時悔之晚矣。彼居位大臣、用事中官、親暱羣小，夫豈有毫髮愛陛下之心哉！皆欲陛下遠出，而後得以擅權自恣，乘機爲利也。其不然則袖手旁觀，如秦越人不相休戚也。陛下宜翻然悔悟，下哀痛罪己之詔，罷南巡，撤宣府離宫，示不復出。發内帑以賑江淮，散邊軍以歸卒伍，雪已往之謬舉，收既失之人心。如是則尚可爲也。

五，去小人。自古未有小人用事不亡國喪身者也。今之小人，簸弄威權，貪溺富貴者，實繁有徒。至于首開邊事，以兵爲戲，使陛下勞天下之力，竭四海之財，傷百姓之心者，則江彬之爲也。彬，行伍庸流，兇很傲誕，無人臣禮，臣但見其有可誅之罪，不聞其有可賞之功，今乃賜以國姓，封以伯爵，託以心腹，付以京營重寄，使其外持兵柄，内蓄逆謀，以成騎虎之勢，此必亂之道也。天下切齒怒駡，皆欲食彬之肉，陛下亦何惜一彬不以謝天下哉？

六，建儲貳。陛下春秋漸高，前星未耀，祖宗社稷之託，摇摇無所寄，方且遠事觀遊，屢犯不測，收養義子布滿左右，獨不能豫建親賢以承大業，臣以爲陛下殆倒置也。伏望上告宗廟，請命太后，旁諏大臣，擇宗室親賢者一人養于宫中，以繫四海之望，他日誕生皇子，仍俾出藩，實宗社無疆之福也。

疏入，帝怒甚，下詔獄，復跪午門五日，期滿仍繫獄。越二十日，廷杖五十，斥爲民。

諫泰山進香疏 正德十四年

鄭善夫

臣聞芻蕘草野皆得獻于君，臣待罪禮官，竊守職事，不能匡正萬一，愧死無地。近奉明旨，有以「威武大將軍鎮國公」前往泰山獻香者，竊念此事，雖芻蕘草野苟有一念愛君，蓋有蒙死而言其必不可矣，況臣身有官守職與奉行者哉？

臣聞天子端居外屏以示嚴也，非郊社弗離其宗廟以承重也，宫牆九重，出則警蹕以防奸也。夫以天下大器，權奸側目而不敢發者，無其便耳。陛下獨不見劉瑾之事乎？陛下託瑾以心膂，委瑾以機務，時豈不以瑾爲盡忠社稷，且日在左右，而一旦叛逆乃爾。況今乘輿遠出，萬一變出，陛下誰保以無虞乎？前車之覆，後車之戒，臣不敢斷其必無也。且陛下遠舍宗廟以祀泰山，誠以爲社稷人民耶？

臣聞雨露所滋，無不孳息；雷霆所壓，無不摧折。煦然而福，肅然而威，萬化時行，百神率職者，天也。泰山之神，其有尊于天乎？故凡在天之下者，祖宗相承之社稷人民也，今以付之陛下，誠欲陛下敬天之威，和其人民，保其社稷，而能享其宗廟。獻香之事，其有重于郊社之禮與禘嘗之義乎？今陛下郊不視牲，齋不誓戒，改卜者三，出而馳道，恐非所以事天享帝也；禘嘗大禮率不親往，恐非所以尊祖敬宗也。是故圜丘之上烈風揚沙，太皇太后祔廟之夕，而七月雨雹，此天戒也。陛下顧不動心敬此天戒，乃輟萬幾、冒重險以事于泰山，何哉？臣見五岳之神，不啻天之僕隸也，暴慢于主翁而敬恭于僕隸，不待智者而知其必不敢享也。況今民窮財盡，青齊淮楚之間水旱連年，甚至有父子相食者，六飛一過，勢必嘯匿山谷，儻重傷心，更何以徼福于社稷哉！夫興亡之勢，皆積漸而後成，不可不察也。陛下連歲北巡，而爲陛下留行者，抗言有害而未見其害，非惟無害而反有利，宜陛下厭言者之無稽而果于獨用其意也。臣愚以陛下之漸成矣。昔扁鵲再説，齊君不用，三見而遁去，嘆曰：「昔公疾在腸胃，湯熨可及也，及在腠理，鍼砭可及也，今入骨髓矣，雖有司命，將奈之何哉？」臣恐失今不治，而扁鵲遁矣。

天下名實，方懼大乖，《春秋》尊無二上，制王公而下皆曰「人臣」。今忍以天子之尊，自貶而稱「公」，此莫大之怪也，非但大怪也，且必有大憂。今天下藩王皆陛下臣子也，車駕所至，萬一以公禮處陛下，將安而受之耶？抑責其不臣無禮耶？明明祖訓，臣恐彼有執詞矣。且陛下之所欲自封者，豈不以雄姿大略自足累功將相耶？然衽金革，暴霜露，縱能手格單于，身甚勞而功顧甚鄙也。

臣聞堯舜惟恭默無爲而萬世言治，不聞其擅一將之長，今不師堯舜則亦已矣，亦不聞有先帝乎？先帝敬天勤民，親賢遠色，察佞幸，絶游畋，亦惟自正其心以爲天下本，實未嘗有所作爲，下親將相之事也，然而文武効用，身不勞而天下治。此陛下與左右所習知者，陛下夜氣清明之時，獨不一思先帝之所爲乎？臣竊以治亂之機，實在陛下一心，心一正則百邪皆廢，陛下試一轉移，静求先帝何故身不勞而反治，今何故身獨勞而反亂，則一切荒淫悖謬之事，將自追悔不暇。只此一念，欲成堯舜事業不難也。夫以陛下之聰明英武，顧不惜勞瘁其身以求治，而豈惜一念之轉移哉？惜無明智者早爲陛下陳之也。臣本草茅，職非言路，所以寧觸忌諱不敢愛死者，誠惜陛下之英明而不忍視天下之日敝也。謹疏上聞，伏候敕旨。

疏入，忤旨，廷杖。

請還宸濠所占民田疏正德十五年

唐龍

臣惟財者民之命也，財散則民聚。民者，邦之本也，本固則邦寧。故文帝以賜租致富樂之效，太宗以裕民成給足之風，君民一體，古今同符。今寧賊宸濠志窮荒度，謀肆併吞，其于民間田地、山塘、房屋，或用勢強占，或減價賤買，或巧爲准折，或妄行抄收。中人之家一遭其毒，即無棲身之所；上農之田一中其奸，即無用鋤之地。猶且虛填契書以杜人言，私置簿籍用增税額，利歸一己，害及萬家。前副使胡世寧直言指陳，繼科道官交章舉發，言皆有據，事非無徵。近奉詔書曰「宸濠天性兇惡，自作不靖，強占官民田産，動以萬計」，則陛下明以燭奸，深知宸濠田産皆奪諸百姓者也。又曰「占奪田産，悉還本主」，則陛下仁以惘下，盡欲舉百姓之田産而給還之也。聖言具在，昭如日星，國信不移，堅如金石。頃者宸濠既敗，一應田地山塘房屋俱抄没造報矣，但查勘時，業主多因驚散，上司急欲了事，依契溷查，占買未分。明詔雖有給主之條，小人猶抱失業之恨，澤未下究，怨徒上歸。

況屋無主則毁，地不耕則荒，故兵馬之後瓦柱僅存，田野之間草萊漸長。兼以勢豪奸徒有私竊之計，開埋没之端。其在南昌、新建與惡同處，受害獨深。賊師起事，抄掠尤慘；圍雖已破，殘者未蘇。查得二縣額派兑軍、淮安、京庫三項糧米，共十一萬九千石有零；淮、益二府禄米共四千二百石。節奏寬免，未奉停徵，民納不前，官宜爲處。然一方之統會在于省城，各府之錢糧併于司庫，今布政司官庫先被賊兵刦掠，繼因軍餉動支，萬一變生則寸兵尺鐵皆無，所需束芻斗糧亦不能辦。且省城各門城樓窩鋪及諸司衙門先爲王府占據，多屬疎隘，近因水災蔓延，半遭蕩焚。夫城樓者一方防禦之所關，衙門者諸司政令之所出，託始創新，因陋就簡，誠一時之不可廢者也。乞敕該部速爲處分，上恤公家之所急，下濟萬民之所需，則庶乎財聚而民安矣。

疏入，帝命下部議行。

水災自劾疏正德十五年　王守仁

臣惟有官守者，不得其職則去；受人之牛羊，而爲之牧者，求牧與芻而不得，則反諸其人。臣以菲才謬膺江西巡撫之寄，今且數月，曾未能有分毫及民之政，而地方日以多故，民日益困，財日益匱，災變日興，禍患日促。自春入夏，雨水連綿；江湖漲溢，經月不退。自吉、贛、臨、瑞、廣、撫、南昌、九江、南康沿江諸郡，無不被害，黍苗淪没，室廬漂蕩，魚鼈之民聚棲于木杪，商旅之舟經行于閭巷，潰城決隄，千里爲壑，煙火斷絶，惟聞哭聲。詢諸父老，皆謂數十年來所未有也。

除行各該司府州縣修省、踏勘、具奏外，❶夫變不虚生，緣政而起，政不自弊，因官而作，官之失職，臣啓其端，何所逃罪！夫以江西之民遭歷宸濠之亂，脂膏已竭，而又因之以旱荒，繼之以師旅，縱使豐稔連年，曲加賑恤，尚恐生理未易完復，今又重以非常之災，危急若此。當是之時，雖使稷契爲牧，周召作監，亦恐計

❶「除」，原作「徐」，今據四庫本《王文成全書》卷一三《水災自劾疏》改。

未有措，況病廢昏劣如臣之尤者，而畀之倀然坐尸其間，譬使盲夫駕敗舟于顛風巨海中，而責之以濟險，不待智者知其覆溺無所矣。又況部使之催徵益急，意外之誅求未已。在昔一方被災，鄰省尚有接濟之望，茲湖湘連歲兵荒，閩浙頻年旱潦，兩廣之征勦未息，南畿之供餽日窮，淮徐以北山東、河南之間，聞亦饑饉相屬。由此言之，自全之策既無所施，而四鄰之濟又已絕望，悠悠蒼天，誰任其咎？

静言思究，臣罪實多。何者？宸濠之變，臣在接境，不能圖于未形，致令猖突，震驚遠邇，乃勞聖駕親征，師徒暴于原野，百姓殆于道路，朝廷之政令因而閼隔，四方之困憊由是日深，臣之大罪一也。徒避形迹之嫌，苟爲自全之計，隱忍觀望，幸而脱禍，不能直言極諫以悟主聽，臣之大罪二也。徒以逢迎附和爲忠，而不知日陷于有過；徒以變更遷就爲權，而不知日紊于舊章；徒以掇拾羅織爲能，❶而不知日離天下之心；徒以聚斂徵索爲計，而不知日積小民之怨。此臣之大罪三也。上不能有裨于國，下不能有濟于民，坐視困窮，淪胥以溺，臣之大罪四也。且臣憂悸之餘，百病交作，尫羸衰眊，❷視息僅存，以前四者之罪，人臣有一于此，亦足以召災而致變，況備而有之。其所以速天神之怒，深下民之憤，而致災沴之集，又何疑乎？伏惟皇上軫災恤變，別選賢能，代臣巡撫。即以臣爲顯戮，彰大罰于天下，臣雖隕首亦云幸也。即不以之爲顯戮，削其禄秩，黜還田里，以爲人臣不職之戒，庶亦有位知警，民困可息，人怒可泄，天變可弭，而臣亦死無所

❶「徒」，原作「使」，今據《王文成全書》卷一三《水災自劾疏》改。
❷「羸」，原作「贏」，今據《王文成全書》卷一三《水災自劾疏》改。

憾矣。

疏入，帝不納。

乞寬免稅糧疏 正德十五年

王守仁

臣照得正德十四年七月内，節據吉安等一十三府所屬廬陵等縣各申爲旱災事，開稱「本年自三月至于秋七月不雨，禾苗未及發生，夏稅秋糧無從辦納，人民愁嘆，將及流離，申乞轉達寬免」等因到臣。節差官吏、老人踏勘前項地方，委自三月以來雨澤不降，禾苗枯死。續該寧王乘釁鼓亂，傳播僞命，優免租稅，小人惟利是趨，洶洶思亂。臣因通行告示，許以奏聞優免稅糧，諭以臣子大義，申祖宗休養生息之澤，暴寧王誅求無厭之惡。由是人心稍稍安集，背逆趨順，老弱居守，丁壯出征，團保饋餉，邑無遺户，家無遺夫。就使雨暘時若，江西之民亦已廢耕耘之業，事征戰之苦，況軍旅旱乾一時併作，雖富室大户不免饑饉，下户小民，得無轉死溝壑流散四方乎？設或飢寒所迫，徵輸所苦，人自爲亂，將若之何？乞敕該部暫將正德十四年分稅糧通行優免，以救殘傷之民，以防變亂之階。伏望皇上罷冗員之俸，損不急之賞，止無名之徵，節用省費，以足軍國之需，天下幸甚。

緣由于本年七月三十日具題請旨，未奉明降。隨蒙大駕親征，京邊官軍前後萬數，沓至并臨，填城塞郭，百姓戍守鋒鏑之餘，未及息肩弛擔，又復救死扶傷，呻吟奔走，以給廝養一應誅求。妻孥鬻于草料，骨髓竭于徵輸。當是之時，鳥驚魚散，貧民老弱流離棄委溝壑，狡健者逃竄山澤，羣聚爲盜，獨遺其稍有家業與良善守死者，十之二三又皆顛頓號呼于梃刃捶撻之下。郡縣官吏咸赴省城，于兵馬住屯之所奔命聽役，不復得親民事。上下洶洶，如駕漏船于風濤顛沛之中，惟懼覆溺之不暇，豈遑復顧其他，爲日後之慮，憂及税賦之不免，徵科之未完乎？當是之時，雖臣等亦皆奔走道路，危疑倉惶，恐不能爲小民請一旦之命，豈遑爲歲月之慮，憂及賦税之不免、徵課之未完，而暇爲之復請乎？

若是者又數月，京邊官軍始將有旅歸之期，而户部歲額之徵已下，漕運交兑之文已促，督催之使、切責之檄已交馳四集矣。流移之民聞官軍之將去，稍稍脅息延望，歸尋其故業，足未入境而頸已繫于追求者之手矣。夫荒旱極矣，而又因之以變亂；變亂極矣，而又加之以師旅；師旅極矣，而又竭之以供饋，益之以誅求，亟之以徵斂。當是之時，有目者不忍睹，有耳者不忍聞，又從而朘其膏血，有人心者而尚忍爲之乎？

今遠近軍民號呼匍匐，訴告喧騰，求朝廷出帑藏以賑濟，久而未獲，反有追徵之令，閧然興怨，謂臣等昔日蠲賦之言爲紿己；竊相傷嗟，謂宸濠叛逆猶知優免租税以要人心。我輩朝廷赤子，皆嘗竭骨髓、出死力以勤國難，今困窮已極，獨不蒙少加優恤，又從而追徵之，將何以自全。是以令之而益不信，撫之而益憤憤，諭之而益呶呶。甫懷收復之望，又爲流徙之圖，計窮勢迫，匿而爲奸，肆而爲寇。兩月以來，有司之以鼠竊警報者，月無虚日。無怪也，彼無家業衣食之資，無父母妻子之戀，而又旁有追呼之苦，上有捶剥之災，自非禮義之士，孰肯閉口枵腹、坐以待死乎？

雖朝廷亦嘗有寬恤之令矣，亦嘗有賑濟之典矣，然寬恤賑濟，内無帑藏之發，外無官府之儲，而徒使有司措置。夫措置豈能神輸而鬼運，必將取之富民，今富民則又皆貧民矣。削貧以濟貧，猶割心臠肉以啖口，口未飽而身先斃。且又有侵尅之弊，又有漁獵之奸，民之賴以生者不能什一，民之坐而死者常什九矣。故寬恤之虚文，不若蠲租之實惠，賑濟之難及，不若免租之易行。今不免租税，不息誅求，而徒曰寬恤賑濟，是奪其口中之食，而曰「吾將療汝之飢」；刳其腹腎之肉，而曰「吾將救汝之死」。凡有血氣皆將不信之矣。

今户部以國計爲官，漕運以轉輸爲任，今歲額之催、交兑之促，皆其職使然。但民者邦之本，邦本一揺，雖有粟吾得而食諸？伏望皇上軫念地方塗炭之餘，小民困苦已極，思邦本之當固，慮禍變之可憂，乞敕該部速將正德十四、十五年該省錢糧，悉行寬免。其南昌、南康、九江等府，殘破尤甚者，重加寬貸。使得漸回喘息，修復生理。非但解江西一省之倒懸，臣等無地方變亂之禍，得免于誅戮，實天下之幸，宗社之福也。夫免江西一省之糧税，不過四十萬石，今吝四十萬石而不肯蠲，異時禍變猝起，即出數百萬石已無救于難矣。此其形迹易見，事理甚明者。臣等上不能會計征斂以足國用，下不能建謀設策以濟民窮，徒痛哭流涕，一言小民疾苦之狀。惟陛下速將臣等黜歸田里，早賜施行，以紓禍變。

疏入，帝不納。

請正大獄疏 正德十六年

楊廷和

臣惟科道官劾奏張鋭等罪惡，陛下赫然震怒，下之法司，天下聞之，交相喜慶。既而法司議上，再命會官詳審，臣等擬票進呈，俱從上改，竟至寬貸。聞者莫不駭愕，以爲不誅此則國法不正，公道不明，九廟之靈不妥，萬民之心不服，禍亂之機未息，太平之治未臻。語曰「上無失政，下無私議」，殺一人而千萬人懼，天下之大政也。縱奸長惡，而使亂臣賊子無所懲戒，此行政之大失也。所以科道與刑部司屬相繼言之，或交章，或獨奏，入則議于朝，出則議于巷，遠臣小吏亦將有聞風而言者，不意聖明有此舉措也。

自古帝王制刑三千餘條，曰：元惡大憝，不待教而誅；皇祖《大明律》一書，首之以「十惡」大罪，不待時而決。如張鋭等，正所謂誅不待教，殺不待時者也。堯時四凶之罪，不過巧言令色，治水無功而已，舜誅殛之而天下咸服。今張鋭等之罪，萬倍于四凶，而其罰止于充軍，何以服天下之人心乎？姑以近日之事校之，張鋭等所犯，與錢寧、江彬相同，畢真、王綸等又在其下。錢寧等既伏誅，而張鋭等乃得保其首領，罪同罰異，使錢寧等有知，亦當不服于地下矣。此輩縱不一一皆誅，而張鋭、張雄、張忠三人，決不可赦。伏望俯納羣言，即賜宸斷，將張鋭、張雄、張忠三人仍依原擬。則大法以正，而人心皆服。天下傳之，史册書之，直可與舜之誅四凶千古並美矣。

疏入，帝不納。

請均田役疏正德十六年

唐龍

臣惟國初計畝成賦，縣有定額，歲有常征，故糧均而民不病。今江西巨室置産者，遇造册時行賄里書，有飛灑現在人户者，名爲「活灑」；有暗藏逃絶户内者，名爲「死寄」；有花分子户、不落户眼者，名爲「畸零帶管」；有留在賣户，全不過割者；有過割一二，名爲包納者；有全過割而不歸正户，有推無收，有總無撤，名爲「懸掛掏回」者；有暗襲官員、進士、舉人，捏作寄莊者。在册僅紙上之名，在户皆空中之影。以致圖之虚以數十計，都之虚以數百計，縣之虚以數千萬計。遞年派糧編差無所歸者，俱令小户賠償，小户逃絶令里長，里長逃絶令糧長，糧長負累之久，亦皆歸于逃且絶而已。此弊惟江西爲甚，江西惟吉安爲甚。故遇僉當糧長者，大小對泣，親戚相弔，至有「寧充軍毋充糧長」之謡。

臣嘗立法清理，雖未收釐革之功，亦稍有規正之漸。大抵利者人之所欲也，利多則樂趨；法者人之所畏也，法輕則易犯。臣伏覩律例，欺隱田糧罪止滿杖，其田入官，所欺税糧依數徵納，若詭寄、影射并受寄者，罪如之，其田改正；各鄉書手飛糧二百石以上，發邊衛充軍。夫不法之徒，但知收租不知納糧，里書但顧圖利不顧壞法，皆奸民之首也。今罪止于杖，照常發落，所以不可禁也。乞令守巡官分詣地方，嚴督州縣，將境内飛詭田糧，酌量弊深者挨田丈量，輕者挨户清理。究首尾之因，度廣狹之則，定高下之科，分肥沃磽瘠之等，均壅淤開墾之數。各將原糧填入原田，付歸原户，使圖總都總縣總，每圖令造流水册各十本，每甲各收一本。每縣造大流水册各四本，解南京後湖各一本，布政司并該府、州、縣收架各一本。以後因户推田，因糧編差，户與田有一定之額，糧與差無兩避之患。庶幾弊革利興，一勞永逸，賦役自此可充，户口自此可復，息盜止訟，未必無少補焉。

疏入，帝命下部議行。

御選明臣奏議卷十七

講學親政疏 嘉靖元年

王　鏊

臣竊念古之聖君賢相共成至治之隆者，蓋由于上下之交，而近世之弊，多由于上下間隔。夫所以爲上下之交者，果遵何道哉？臣伏見陛下即阼以來，時御經筵，聖學勤矣，臣愚猶過憂工夫或間斷而不洽。所望清燕之間，時召文學侍從之臣，從容講論，凡帝王爲治之大經大法日陳于前，則自內及外，無非進學之地。殷高宗所以惟學遜志、務時敏道、積于厥躬者，此也。陛下昧爽視朝，聖政勤矣，臣愚猶過憂堂陛太懸絶而不親。所望視朝之暇，時御便殿，公卿大臣侍從臺諫逐日輪對，從容咨詢生民疾苦、政事得失，則自朝至暮無非修政之時。周宣王所以早朝晏罷、卒成中興之名者，此也。臣聞古人雖在畎畝，義不忘君，故敢輒効愚誠，不自知其言之可用與否，其義則臣子事君盡心之道也。臣請盡言之，惟陛下少留意焉。

一，請講學。國家經筵之設，其盛矣乎！天子自正朝輦御文華，公侯九卿大臣盛服侍列，羽林之士亦皆環列以聽。經筵一開，天下欣欣焉傳之，以爲希闊之典。故曰其盛矣乎！然一歲之間寒暑皆歇，春秋月分，不過三五日，風雨則免，政事有妨則免。講之日，夙具講章，至期講訖，綸音賜宴，儼然而退，上下之情，未見其親且密也。至于日講，可謂親矣，然體分猶過于嚴，上有疑焉未嘗問，下有見焉未嘗獻也。昔傅說之告高宗曰「學于古訓，乃有獲」，「惟學遜志，務時敏，厥修乃來」。遜者，遜其志，如有所不能；敏者，敏于學，如有所不逮。成王訪落于羣臣曰：「學有緝熙于光明，弼時仔肩示我顯德行。」緝熙者，繼續而光明之；示我顯德行者，冀羣臣有以開示之也。商周之君其學如此之切，夫人主一日萬幾，固不暇如儒生學士日夜孜孜然，而帝王精一之傳，治天下之大經大法，古今治亂之迹，天人精微之際，自非遜敏緝熙，亦安望其有得。今也闊略如是，暴之之日少，寒之之日多，傅之之人寡，咻之之人衆，未見其能得也。且不獨商高、周成爲然也。漢光武雖在軍中，投戈講藝，息馬論道，至夜分乃罷。唐太宗延四方文學之士，房、杜、褚、薛輩十八人，分番直宿，討論經籍，或至夜分，今《貞觀政要》與魏徵所論，亦可見矣。宋世賢主，宫中消日，惟是觀書；居常禁中亦有日課，翰林侍從日寓直禁中，以備顧問。我太祖高皇帝初得天下，開禮賢館，與宋濂、劉基、章溢輩日相講論，其後聖學高明，詔誥天下皆出御製，睿翰如飛，羣臣拱視，今御製文集是也。仁宗皇帝臨御，建弘文館于思善門之右，文學之臣數人入直，時至館中講論。孝宗皇帝經筵之外，每觀《永樂大典》，又嘗索《太極圖》《西銘》等書于宫中玩之，尤嗜故學士沈度之書，日臨數過。夫自古帝王之學如此，祖宗之學如此，陛下睿哲自天，春秋鼎盛，講明聖學，正其時也。臣愚特望于便殿之側，修復弘文館故事，妙選天下文學行藝著聞者七八人，更番入直，内閣大臣一人領之，如先朝楊溥故事。陛下萬幾有暇，時造館中，屏去法從，特霽天威，從容詢問。或講經，或讀史傳，或論古今成敗，或論民間疾苦。間則游戲翰墨，雖詩文之類，亦惟所好而不禁。蓋亦日講之義而加親焉，大略如家人父子。上有疑則必問，下有見則必陳，日改月化，有不知其然而然者。夫時御經筵，所以昭國家之盛典；日造弘文，所以修聖學之實功。如是不已，則聖德日新又新，高宗、成王不得專美于前矣。

一，請親政。《易》之《泰》曰：「上下交而其志同。」其《否》曰：「上下不交而天下無邦。」蓋上之情達于下，下之情達于上，上下一體所以爲泰。上之情壅閼而不下達，下之情壅閼而不上聞，上下間隔，雖有國如無國矣，所以爲否也。交則泰，不交則否，自古皆然。而不交之弊，未有如近世之甚者。君臣相見止于視朝數刻，上下之間，章奏批答相關接，刑名法度相維持而已。非獨沿襲故事，亦其地勢使然，何也？國家常朝于奉天門，未嘗一日廢，可謂勤矣。然堂陛懸絶，威儀赫奕，謝恩、見辭，惴惴而退，上何嘗問一事，下何嘗進一言哉？此無他，地勢懸絶，所謂堂上遠于萬里，雖欲言，無由言也。臣以爲欲上下之交，莫若復古内朝之法。蓋周之時有三朝，庫門之外爲外朝，詢大臣在焉；路門之外爲治朝，日視朝在焉；路門之内曰内朝，亦曰燕朝。《玉藻》云：「君日出而視朝，退適路寢聽政。」蓋視朝而見羣臣，所以正上下之分；聽政而適路寢，所以通遠近之情。漢制：大司馬、左右前後將軍、侍中散騎、常侍散騎諸吏爲中朝，丞相以下至六百石爲外朝。唐皇城之北南三門曰「承天」，元正冬至，受萬國之朝貢則御焉，蓋古之外朝也；其北曰「太極門」，其内曰「太極殿」，朔望則坐而視朝，蓋古之正朝也；又北曰「兩儀門」，其内曰「兩儀殿」，常日聽朝而事視，蓋古之内朝也。宋時常朝則文德殿，五日一起居則垂拱殿，正旦、冬至、聖節稱賀則大慶殿，賜宴則紫宸殿，或集英殿，試進士則崇政殿；侍從以下五日一員上殿，謂之「輪對」，則必入言時政利害；内殿引見，亦或賜坐，或免穿靴，蓋亦三朝之遺意焉。蓋天有三垣，天子象之，正朝象太微也，外朝象天市也，内朝象紫微也，自古然矣。國朝聖節、正旦、冬至大朝會，則奉天殿，即古之正朝也；常朝則奉天門，即古之外朝也；而内朝獨缺焉。非缺也，華蓋、謹身、武英等殿，豈非内朝之遺制乎？洪武中如宋濂、劉基，永樂以來如楊士奇、楊榮等，日侍左右，大臣蹇義、夏原吉等嘗奏對便殿。于斯時也，豈有壅隔之患哉！今内朝罕復，臨御常朝之後，人臣無復進見，三殿高閟，鮮或窺焉。故上下之情壅而不通，天下之弊，由是而積。孝宗晚年深有慨于斯，屢召大臣于便殿，講論天下事。惟陛下遠法聖祖，近法孝宗，盡剗近世壅隔之弊。常朝之外，御文華、武英，倣古内朝之意，大臣三日或五日一次，起居侍從；臺諫各一員上殿輪對，諸司有事咨決，上據所見決之，有難決者，與大臣面議之；不時引見羣臣，凡謝恩、見辭之類，皆得上殿陳奏，虚心而問之，和顔色而道之。如此人人得以自盡，陛下雖身居九重，而天下之事，燦然畢陳于前。夫外朝所以正上下之分，内朝所以通遠近之情，如此豈徒除近世壅隔之弊哉！唐虞之世，明目達聰，嘉言罔伏，野無遺賢，亦不過是而已。

疏入，帝優詔報聞。

請正綱常昭典禮疏 嘉靖元年❶

楊廷和

臣忝爲三孤之官，謬當輔導之地，凡諸司之所守者，皆臣之所當遵者也，況綱常典禮之大者哉！近者陛下欲追崇本生父母，禮官據禮以守其職，科道交論以定其制，臣與同官蔣冕、毛紀、費宏等，上稽古史之舊，俯察庶言之同，執奏再三，不蒙采納，續奉皇太后懿旨，加「帝、后」之稱。既已力排天下之公議，曲伸罔

❶「嘉靖」，原倒乙，今據四庫本乙正。

極之私恩矣，後乃再奉詔旨，欲于「帝、后」之上，復加「皇」字。臣聞命驚惕，不敢奉行，隨即封還，請從前議。豈敢無禮于君，取罪于己哉？誠以典禮所繫，不可壞之于朝廷；綱常所關，不可廢之于今日也。

昔者，魯夏父弗忌逆躋僖公，其死也，焚煙徹于上。宋濮園之議，論者謂韓琦、歐陽脩皆失當。夫生莫逃于公議，死莫逭于天刑，何也？蓋人臣事君不以禮，議禮不以正之鑒戒也。陛下謂臣等「所陳皆推至義，朕之所奉，昊天至情」，又令臣等不必拘于史志，臣思自古帝王入繼大統，皆不行追崇之典，豈忘昊天之情，無罔極之恩哉？而儒者之論，亦未嘗議其不孝，何也？天無二日，國無二統，身無兩考，尊無二上。守此者，謂之綱常；行此者，謂之典禮。典禮一失，綱常以隳。拂萬方之心，起萬世之議，豈聖人以禮事親，以孝治天下之道哉？綱常典禮之在世，譬如日月之在天，江河之在地，自三代至今日，萬古不可變。非若制度文爲，可以損益，不相沿襲也。豈可謂前史所載，非今日之制，而不遵哉？

疏入，帝不納。

議大禮疏 嘉靖元年❶

張璁

臣聞孝子之至，莫大乎尊親；尊親之至，莫大乎以天下養。陛下嗣登大寶，即議追尊聖考，奉迎聖母，誠大孝也。廷議執漢定陶、宋濮王故事，謂爲人後者不得顧私親，夫天下豈有無父母之國哉！記曰「禮非

❶ 「嘉靖元年」，據《明世宗實録》卷四，張璁此疏上於正德十六年七月。時世宗已繼位。

天降，非地出，人情而已」。漢哀帝、宋英宗，固定陶、濮王子，然成帝、仁宗皆豫立爲嗣，養之宮中，其爲人後之義甚明，故師丹、司馬光之論，行于彼一時則可。今武宗無嗣，大臣遵祖訓以陛下倫序當立而迎立之，遺詔曰「興獻王長子」，未嘗著爲人後之義，則陛下實承祖宗之統，與豫立爲嗣者不同。議者謂孝廟德澤在人，不可無後。假令聖考尚存嗣位，恐弟亦無後兄之義。且迎養聖母，以母之親也，稱「皇叔父」，則當以君臣禮見，恐子無臣母之義。禮長子不得爲人後，聖考止生陛下一人，利天下而爲人後，恐子無自絶其父母之義。故在陛下謂入繼祖後，而得不廢其尊親則可，謂爲人後以自絶其親，則不可。夫統與嗣不同，非必父死子立也。漢文承惠帝後，則以弟繼；宣帝承昭帝後，則以兄孫繼。若必奪此父子之親，建彼父子之號，然後謂之繼統，則古有稱高伯祖、皇伯考者，皆不得謂之統乎？臣竊謂今日之禮，宜別立聖考廟于京師，使得隆尊親之孝，且使母以子貴，尊與父同，則聖考不失其爲父，聖母不失其爲母矣。

疏入，帝大喜，下廷臣議。

議大禮疏嘉靖元年

方獻夫

臣惟先王制禮，本緣人情。君子論事，當究名實。竊見近日禮官所議，有未合乎人情，未當乎名實者。一則守《禮》經之言，一則循宋儒之説也，臣獨以爲不然。按《禮》經《喪服傳》曰「何如而可，以爲人後，支子可也」，又曰：「爲人後者，孰後？後大宗也。」大宗者，尊之統也，不可以絶，故族人以支子後大宗也，適子不得後大宗。爲是禮者，蓋謂有支子而後可以爲人後，未有絶人之後以爲人後者也。今興獻帝止生陛下一人，别無支庶，乃使絶其後而後孝宗，豈人情哉！　且爲人後者，父嘗立之爲子，子嘗事之爲父，故卒而服其服。今孝宗嘗有武宗矣，未嘗以陛下爲子，陛下于孝宗未嘗服三年之服，是實未嘗後孝宗也。而强稱之爲考，豈名實哉！　爲是議者，未見其合于《禮》經之言也。

又按，程頤濮議謂英宗既以仁宗爲父，不當以濮王爲親，此非宋儒之説不善，實今日之事不同。蓋仁宗嘗育英宗于宫中，是實爲父子，孝宗未嘗育陛下于宫中，其不同者一。孝宗有武宗爲子矣，仁宗未嘗有子也，其不同者二。濮王别有子可以不絶，興獻帝無别子也，其不同者三。豈得以濮王之事，比今日之事哉？爲是議者，未見其善述宋儒之説也。

若謂孝宗不可無後，故必欲陛下爲子，此尤不達于大道者也。推孝宗之心，所以必欲有後者，在不絶祖宗之祀，不失天下社稷之重也，豈必拘拘父子之稱，而後爲有後哉？　孝宗有武宗，武宗有陛下，是不絶祖宗之祀，不失天下社稷之重矣，是實爲有後也。且武宗君天下十有六年，不忍孝宗之無後，獨忍武宗之無後乎？　此尤不通之説也。夫興獻帝當父也而不得父，孝宗不當父也而强稱爲父，武宗當繼也而不得繼，是一舉而三失焉，臣未見其可也。且天下未嘗有無父之國也。瞽瞍殺人，舜竊負而逃。今使陛下舍其父而有天下，陛下何以爲心哉？　臣知陛下純孝之心，寧不有天下，決不忍不父其父也。説者又謂興獻帝不當稱帝，此尤不達于大道者也。孟子曰：「孝子之至，莫大乎尊親。」周公追王太王、王季，子思以爲達孝。豈有子爲天子，父不得稱帝者乎？　今日之事，臣嘗爲之説曰陛下之繼二宗，當繼統而不繼嗣，興獻之異羣廟，在稱帝而不稱宗。夫帝王之體與士庶不同，繼統者天下之公，三王之道也。繼嗣者，一人之私，後世之事也。興獻之得稱帝者，以陛下爲天子也；不得稱宗者，以實未嘗在位也。伏乞宣示朝臣，復稱孝宗曰「皇伯」、興獻帝曰「皇考」，别立廟祀之。夫然後合于人情，當乎名實，非惟得先王制禮之意，抑亦遂陛下純孝之心矣。

疏入，帝大喜，下廷臣議。

遵祖訓以端政本疏嘉靖元年❶　夏言

臣嘗伏讀聖祖之訓，有曰「凡廣耳目不偏聽，所以防壅蔽而通下情也」，又曰「朝堂決政，衆論稱善，即與施行」。大哉，王言！此誠子孫萬世帝王所當遵守者也。頃緣先朝内外奸人交通盤據，蒙蔽主聽，竊弄威柄，朝政廢弛，言路靡通，將一應章奏或遷延沈匿，不與聞達，或捏改旨意，肆爲欺罔，以致予奪非宜，刑賞失當。及至言官論列，又多留中不出，甚者假以朝廷震怒，動遭譴謫，箝制人口，不復敢言。是以下情不能上通，真贋無從辨詰，紊亂政本，養成禍機，壞祖宗法，莫大于此。重以奇衺淫巧，百爾誘惑，經筵輟講，積有歲年，浹月臨朝，恒以昏暮。君臣隔絶，形跡疎違，由是威福大權，盡墮奸人之手，綱紀大壞，奸黨横行。蓄患邊防，毒流海内，上干天變，下失人心。十六年中，大難繼作，貽憂社稷，壅蔽之禍，兹亦極矣。如先年劉瑾捏寫旨意，既已伏誅，而近日錢寧家又復搜出題奏本四十餘件，江彬阻抑邊情本一百三十六件，司禮監隱藏不報本又數百件。似此欺蔽，可爲寒心。尚賴皇天眷祐，宗廟有靈，社稷不致顛危，乃真幸耳。

❶「嘉靖元年」，據《明世宗實録》卷一，此疏上於正德十六年四月，時世宗剛即位。

兹者伏遇陛下聰明天錫，仁孝夙聞，四方萬國，延頸拭目，瞻望太平。國家安危之機，俗化汙隆之候，天下治亂之分，君子小人進退消長之際，于此焉決。昨者伏覩明詔，痛革先朝敝政，洞察小人姧狀，中外臣民不勝懽慶，以爲我朝百六十年以來未有如此詔令，陛下撥亂之功，可謂盛美蔑以加矣。但臣以爲本源之地不治，則末流尚有可憂。伏願陛下奉天法祖，總攬舊綱，明目達聰，大開言路。臣請自今伊始，每日視朝之餘，即御文華殿聽政；凡中外大小臣工所上章疏，凝神注思，逐一俯賜觀覽；不時召入内閣大臣，以備顧問，從容講論，斟酌裁決。凡事情重大、論議矛盾者，則敕下廷臣集議，不宜謀及褻近，徑從内批，如先朝之爲者。即有寢罷，亦宜明示外廷可否，以彰陛下至公無我之度。

臣又竊念内閣機密重地，祖宗設官立法必極周詳，擬旨進奏宜必各有職掌，綸音涣號亦必有所紀載。前項姧蔽，似若無可容者，何以公然隱匿而無所稽憑，肆行矯詐而無復忌畏？則是關防之術尚若闊疎，進擬之權容有侵越，而小人乘勢，因得以竊弄之矣。然臣攷之，司禮監職掌，著之《祖訓》，内閣創置，列于《會典》，臣愚欲乞陛下仰遵聖祖大訓，載稽故事，敕令内閣專一擬旨，司禮監專一進奏。仍令内閣置立印信文簿一扇，或鈐以御寶，將逐日聖旨裁決過事件，明白開載，每五日一次類進揭帖，與六科旨意題本對同。雖陛下聖旨有所予奪，亦必經由内閣議而後行，事有可否，許令執奏，不宜復有傳奉之制。更乞敕令御前紀事給事中二員，朝罷赴左順門會同司禮監官，收接一應章奏，紀其數目，送吏科附簿以備查照。如此則大公至正，明白洞達，壅蔽矯詐沈匿之姧舉無所容，而朝廷之政，將無一不出于正矣。

疏入，帝從之。

夏言

請實邊儲以固人心疏 嘉靖元年

臣聞禦戎之策，守備爲本；兵之所屯，以食爲急。苟無儲蓄，是棄封疆，故曰兵不理則無可用之師，食不足則無可固之地。自昔敗亂之故，鮮不由斯。今宣大二鎮凋敝極矣，蓋緣先朝六軍之供億頻繁，萬姓之瘡痍未復，兼之將帥無恥，刻剥恣行，撫臣不才，侵漁太急。加以連歲荒旱，穀粟不登，況近日傳聞二鎮飢窘，比昔尤甚，米價騰貴，夐異往時。所欠軍糧多未補足，人懷愁怨，日不聊生。又聞大同飢民争啖人肉，宣府餓卒搶奪市米。教場操枵腹之軍，至不肯舉旗以應號令；營門卧飢羸之卒，至不能跨馬以執器械。兵勢委靡，人心涣散，計其無事，已甚阽危，有如敵騎不測，果于内侵，京軍出征，復來駐劄，臣恐餽餉不繼，無尅敵之資，儲蓄不充，非屯兵之計。萬一制御乖方，三軍觖望，拊循失策，邊人離心，以不制之兵懷無聊之志，意外之患何可不虞？

前此雖嘗發銀十萬或二十萬，不過補塞罅漏，未見大振頹廢。爲今之計，所宜急處宣大資糧，專以充足軍倉，稍復賑濟邊甿。昨該提督軍務刑部右侍郎臧鳳，奏乞穵運漕糧數十萬石以濟軍餉，可謂老成長慮，知所先務者矣。臣愚欲乞陛下特敕廷臣再加會議，將通倉應儲漕糧，或已貯在倉或現在水次者，撥發三四十萬石，每石加以出關脚價米若干，責令侍郎臧鳳設法調度，輓運出關。其關内合用人力車脚，必須計處周密，勿致騷動。仍令本官不必待有警報，先著領敕前去，專務區畫糧料，賑活疲人。一面就彼簡閲邊士，振揚軍聲。其所運米斛，不必盡赴宣府，宜分貯懷來、保安等城，以便附近官軍輪班支給。其大同去關稍遠，宜收貯二鎮交界要害城堡，以備主客兵馬就便關支。更令塞外乏食流亡之人，挑負轉運，資以脚米，酌量時勢緩急，略加賑恤。庶軍民得以大沾實惠，救百萬生靈之命，收三軍離散之心，外可以防敵患，内可以固軍情。此實今日所當留意者也。伏望陛下軫念邊務，俯察愚忱，邊圉幸甚，生靈幸甚。

疏入，帝從之。

大禮議嘉靖元年❶

毛　澄

臣伏攷漢成帝立定陶王爲皇太子，立楚孝王孫景爲定陶王，奉共王祀。共王者，皇太子本生父也。時大司空師丹以爲恩義備至。今陛下入承大統，宜如定陶王故事，以益王第二子崇仁王厚炫繼興王後，襲興王主祀事。又攷宋濮安懿王之子入繼仁宗後，是爲英宗。司馬光謂濮王宜尊以高官大爵，稱「皇伯」而不名。范鎮亦言「陛下既考仁宗，若復以濮王爲考，于義未當」。乃立濮王園廟，以宗樸爲濮國公，奉濮王祀。程頤之言曰爲人後者，謂所後爲父母，謂所生爲伯叔父母。此生人之大倫也，然所生之義至尊至大，宜别立殊稱曰「皇伯叔父某國大王」則正統既明，所生亦尊崇極矣。今興獻王于孝宗爲弟，于陛下爲本生父，與濮安懿王事正相等。陛下宜稱孝宗爲「皇考」，改稱興獻王爲「皇叔父興獻大王」，妃爲「皇叔母興獻王妃」。凡祭告興獻王及上箋于妃，俱自稱「姪皇帝某」。則正統、私親恩禮兼盡，可以爲萬世法。

❶ 「嘉靖元年」，據《明世宗實録》卷二，毛澄此疏上於正德十六年五月。

議奏，帝怒曰：「父母可更易若是耶？」命再議。

大禮議嘉靖元年❶

汪俊

臣謹惟《祖訓》「兄終弟及」，指同産言，今陛下爲武宗親弟，自宜考孝宗明矣，孰謂與人爲後而滅武宗之統也？《儀禮》傳曰：「爲人後者，孰後？後大宗也。」漢宣起民間，猶嗣孝昭，光武中興，猶考孝元。魏明帝詔皇后無子擇建支子，以繼人宗，孰謂入繼之主與爲人後者異也？宋范純仁謂英宗親受詔爲子，與入繼不同。蓋言恩義尤篤，尤當不顧私親，非以生前爲子者乃爲人後，身後入繼者不爲人後也。

蕚言孝宗既有武宗爲之子，安得復爲立後？臣等謂陛下自後武宗而上考孝宗，非爲孝宗立後也。又言武宗全神器授陛下，何忍不繼其統？臣等謂陛下既稱武宗「皇兄」矣，豈必改孝宗稱「伯」，乃爲繼其統乎？又言禮官所執者不過前宋濮議。臣等愚昧，所執實不出此。蓋宋程頤之議曰：「雖當專意于正統，豈得盡絶于私恩？故所繼主于大義，所生存乎至情。至于名稱，統緒所繫，若其無别，斯亂大倫。」殆爲今日發也。謹集諸章奏，惟進士張璁、主事霍韜、給事中熊浹與蕚議同，其他八十餘疏，二百五十餘人，皆如臣等議。

議奏，留中。

---

❶「嘉靖元年」，據《明世宗實録》卷三六，汪俊此疏上於嘉靖三年二月。

辭封爵乞普恩賞疏 嘉靖元年

王守仁

臣謹奏：竊念臣以凡庸，在正德初年以狂言被譴，隨加收録，洊陟清顯，繆膺軍旅之寄，猥承巡撫之令。後值寧藩肇變，臣時適嬰禍鋒，義當死難，不量勢力，與之犄角，賴朝廷威靈，幸無覆敗。既而讒言朋興，幾陷不測，臣之心事未及自明。乃幸天啓神聖，陛下龍飛，開臣于覆盆之下，而照之日月，憫惻慰勞，至勤詔旨。憐其烏鳥之情，使得歸省；推大孝之仁，優之以存問。超歷常資，授以留都本兵之任，懇疏辭免，慰旨益勤。在昔名臣碩輔，鮮有獲是于其君者，而況于臣之卑鄙淺劣，將何以堪此乎？今又加以封爵之崇，臣懼功微賞重，無其實而冒其名，憂禍敗之將及也。夫人主于嚬笑之微，不以假于匪人，而況爵賞之重乎？人臣之事君也，先其事而後其食，食且不可，而況于封爵乎？

且臣之所以不敢受爵，其説有四，不敢不爲陛下一陳其實。寧藩不軌之謀，積之十數年矣。持滿應機而發，不旬月而敗，此非人力所及也，上天之意厭亂思治，將啓陛下之神聖以中興太平之業，故蹶其謀而奪之魄，斯固上天之爲之也，而臣欲冒之，臣叨天之功矣。其不敢受者一也。

先寧藩之未變，朝廷固已陰覺其謀，故改臣以提督之任，假臣以便宜之權，使據上游以制其勢。故臣雖倉猝遇難，而得以便宜調兵，與之從事。當時帷幄謀議之臣，則有若大學士楊廷和等，該部調度之臣則有若尚書王瓊等，是皆有先事禦備之謀，所謂發縱指示之功也。今諸臣未蒙顯褒，而臣獨冒膺重賞，是掩人之善矣。其不敢受者二也。

變之初起，勢燄猖熾，人心疑懼退沮。當時首從義師自伍文定、邢珣、徐璉、戴德孺諸人之外，又有知府陳槐、曾璵、胡堯元等，知縣劉源清、馬津、傅南喬、李美、李楫及楊材、王冕、顧佖、劉守緒、王軾等，鄉官都御史王懋中、編修鄒守益、御史張鼇山、伍希儒、謝源等諸人，臣今不能悉數。其間或摧鋒陷陣，或遮邀伏擊，或贊畫謀議、監録經紀，雖其平日人品或有清濁高下，然就兹一事而言，固亦咸有捐軀効死之忠、勠力勤王之績，所謂同功一體者也。今賞當其功者，固已有之，然施不酬勞之人尚多也。其帳下之士，若聽選官雷濟，已故義官蕭禹，致仕縣丞龍光，指揮高睿、千户王佐等，或詐爲兵檄，以撓其進止，壞其事機；或僞書反間，以離其心腹，散其黨與。陰謀秘計，蓋有諸將士所不預知，而辛苦艱難亦有諸部領所未嘗歷者。臣于捷奏本内，既不敢瑣瑣煩瀆，今聞紀功文册復爲改造者多所删削。其餘或力戰而死于鋒鏑，或犯難而委于溝渠，陳力効能者，尤不可以枚舉。是皆一時號召之人，臣于顛沛搶攘之際，今已多不能記憶其姓名籍貫。復有舉人冀元亨者，爲臣勸説寧濠，反爲奸黨搆陷，竟死獄中。以忠受禍，爲賊報讎，抱冤齎恨，實由于臣。雖盡削臣職，移報元亨，亦無以贖此痛，此尤傷心慘目，負之于冥冥之中者。夫倡義調兵，雖起于臣，然猶有先事者爲之指措，而戮力成功必賴于衆，則非臣一人之所能獨濟也。乃今諸將士之賞尚多未稱，而臣獨蒙冒重爵，是襲下之能矣。其不敢受者三也。

臣世受國恩，虀身粉骨亦無以報，謬當提督重任，承乏戎行，苟免鰥曠，况又超擢本兵，既已叨冒踰分，且臣近年以來憂病相仍，神昏志散，目眩耳聾，無復可用于世。兼之親疾顛危，命在朝夕，又不度德量分，自知止足，乃冒昧貪進，據非其有，是忘己之恥矣。其不敢受者四也。

夫殃莫大于叨天之功，罪莫甚于掩人之善，惡莫深于襲下之能，辱莫重于忘己之耻。四者備而禍全，故臣之不敢受爵，非所以辭榮也，避禍焉已爾。伏願陛下鑒臣之辭出于誠懇，收還成命，容臣以今職終養老親，苟全餘喘于林下，以所濫施于臣者普于衆，以明賞罰之典，以彰大小之功，以慰不均之望，以勵將來効忠赴義之臣，臣死且不朽矣。不勝受恩感激、懇切願望之至。

疏入，得旨：「卿倡義督兵，勦除大患，特加封爵以昭公義，宜勉承恩命，所辭不允。該部知道。」

慎刑獄疏 嘉靖元年❶

韓邦奇

臣謹奏爲慎刑獄以光新政事。臣聞刑者，人主治天下之大防，而天下治忽所由繫。《書》稱堯舜之治，至于四方風動，其究歸于臯陶象刑之功。故刑者人主之所當重，慎而不可忽者也。國家法古制刑，内則總之三司，外則總之提刑按察司。後又特差監察御史審録，都御史巡撫，且皆付以糾察之寄，其法詳且盡矣。至于錦衣衛之設，蓋以待夫隱罪極惡，天子非時震怒特遣下之，非以爲常者也。然其制列聖相承，止行于畿内，至正德二年以來，權奸相繼用事，假此報復私讎，中傷善類，用張淫威，迫脅海内。官校紛紛而出，所在有如豺虎，破家亡身者郡邑相望，天下洶洶，幾至大亂。使非聖明繼世中興，革而正之，天下未可知也。近者聖母駕過山東高唐州，同知金波供應有缺，陛下詔錦衣衛官校拏至京師，天下愕然驚疑，謂聖明在上，亦

❶「嘉靖元年」，據四庫本韓邦奇《苑洛集》卷一三《慎刑獄以光新政事》，此疏上於正德十六年十一月。

復有此。夫金波小官，何足以動天下之聽聞，而錦衣官校出京拏人，則固天下聽聞之所繫也。伏望陛下特宥金波之罪，自後在外府州縣官有犯，付之按察司；三司官有犯，付之撫按官；撫按官有犯，付之三法司。如此則内外相承，體統不紊，罪皆閲實，孰可逃刑哉？臣以外服之臣，乃敢塵穢聖聽，罪誠難逭。但臣山東方面官，高唐，臣山東屬州；金波，臣山東屬官。陛下差錦衣衛官校拏人自臣山東始，故敢輒肆狂瞽以獻芹曝，惟聖明采擇焉。

疏入，下都察院覆題。

御選明臣奏議卷十八

舉大禮以成大孝疏嘉靖元年

林　俊

臣惟漢成帝立定陶王爲皇太子，即封楚孝王孫景爲定陶王，以奉共王之祀。宋英宗以濮安懿王長子繼體仁宗，亦立濮安懿王次子宗懿，以主濮王之祀。陛下光起親藩，入繼大統，尊崇大禮已舉行無遺矣，惟興獻帝之後未立，主祀久虚，尤禮不可緩者。宜準先朝故事，擇興獻親弟之子倫序所當立者，襲封興王，繼興獻後以主祀事。則義正心安，情禮兼備，本生之報，益曲盡無遺矣。

所以遲久而未決者，或謂欲待前星輝祥，螽斯衍盛，然後分封爲興國後。臣以爲不然。陛下之子則興獻諸孫行也，以孫繼祖，是禰其祖而名實紊，非禮也。或謂宜封親王次子嗣王，暫主興獻之祀，俟皇子稍長，襲封真王，主其常祭，暫主之王，别封之以大國。臣又以爲不然。夫禮爲人後者爲之子，既主其祀，即爲之後，不容復易。且陛下大婚未舉，儲貳有待，興獻主祀，容一日無耶？雖歲時遣官相望道路，乃天子命祭，而非祭之主也。概以人後之説，則精意未必感孚，冥漠未必顧饗，非惟失禮之正，亦莫識鬼神之情狀矣。

或謂親王亦有不立後者，而無長立次，繼伯以姪，率用爲常。濮王宗懿之立，立次者也；共王景之立，繼伯者也。興獻茂毓聖明，入繼大宗，顧不得世食小宗之祀，如在之神，殆若有未安者。或又謂安陸龍興之地，容有形似之嫌。臣又以爲不然。昔周文、武以德厚長世，豐、沛出漢高，未聞復有漢高惑無謂之小見，廢必舉之大禮，以絶本生之祀，謂陛下爲之乎？或又謂興獻立國已久，土賦甲于他藩。臣又謂此閭巷鄙俗之論。天子，天下爲家，不宜過自封殖，王禄歲既有常數矣，土田僅宜十分爲率，錫之二分，割其八分以給無田之民，則親親、仁民並舉不悖，是爲堯舜之仁政，道無先于此者。臣恐議者互異，或緩以失時，或雜以愆禮，或利以害義，故不避煩瀆，懇懇言之也。

疏入，得旨：「禮部知道。」

請親大臣疏 嘉靖元年

林　俊

臣聞虞夏君臣更相告誡，商周而下亦資輔弼，故有「臣鄰」之喻，「股肱耳目」之喻，「舟楫魚水」之喻。上下交修，而趨向正，心術純，法令公，人心悦，有由然矣。太祖未旦臨朝，晡時而後還宫，處宋濂、劉基、章溢等禮賢之館，胡翰、許元等會食省中，賜坐從容咨詢治道，講論經史。當時外臣亦時引見，論政事，問民所疾苦。太宗每當奏事畢，令楊士奇、楊榮、金幼孜等承顧問，商機密，漏下十五刻而退。仁宗賜士奇等並蹇義、夏原吉「繩愆糾繆」等圖書，令協心贊輔，盡誠相與，言有未從，具本用圖書密進。念蘇杭民力艱難，供用服色減半織造。宣宗每召儒臣燕見，從容咨訪，曰「有君亦貴有臣，使堯舜無禹、臯，能獨治乎」？又喜唐太宗善受諫，曰「君人當以太宗爲法」。英宗親決章奏，厭左右干預，密語李賢執阻，賢曰在「獨斷」。時勳戚乞恩澤，堅執不與，家人私蓋店房，命寘之法，毁其房，賢曰「真可謂王者無私」。憲宗初年，時與李賢、彭時等議政議禮，故能茂宏至道，恢廓皇猷。中間雖有偶惑貴近之悔，然瑕不掩瑜。孝宗誅斥邪佞，振舉舊章，復午朝，定日講，開經筵，時召劉健、李東陽、謝遷、劉大夏、戴珊等討論理道，革傳奉，裁冗食，斯時之政，虞夏比盛矣。

自古人君未有不由親君子而治，狎小人而亂者也。正德之間，羣邪鼓扇，干紀亂常，沮喪士氣，枯竭民財，人心已離，天命幾去。幸聖神入承大統，釐革一詔，中外騰歡。收已離之人心，回幾去之天命。然而數月之間，天人之意似若稍異。傳曰「爲君難」，陛下勿謂善始之易，尤當計善終之難也，其道親君子、遠小人是矣。今正人滿朝，陛下傾心延接，加意採納，則邪念消，躁心息，驕氣平，出政公，布令信，慮患遠，爲學勤所存所行，皆大中至正之道。夫君子道之所寄也，大親則大效，小親則小效，不親則不效。而小人乘間蠹國殃人，前監固不遠也。❶

聞近時經筵少開，諸臣延接頗少，至大臣亦少宣召。陛下所託腹心以共成嘉靖之化者何人？偶亦未之思爾。且太倉之儲，盡無名之冗食；小民之蓄，盡無名之誅求。而劉瑾、錢寧、江彬、張鋭、張雄等富倍于國，華堂之盛，以間計者數千百間；神宮之費，以銀計者數十萬兩。新詔之革，所謂壞極不得不革者也。臣又惟移易風俗，道化先之，君倡之而臣和之。漢文帝身衣弋綈，云樸質爲天下先。❷毛玠在吏部清儉率人，

---

❶「監」，疑當作「鑒」。

❷「云」，四庫本林俊《見素集·奏議》卷五《請親大臣疏》作「示」。

士羸衣糲食，廉節自勵。吏潔于上，而俗化于下。方今習俗之侈，不獨貴近爲然，自朝廷以及搢紳，民庶亦頗尚之。奢侈成風，公私俱竭，革莫先于此者。朝廷，天下之觀，陛下身先率之，以立化本；搢紳，民庶之觀，士大夫先奉之，以立化基。則下觀而化，渾樸之風不改，侈靡之俗盡革。所謂朝廷正，百官正，萬民正，而天下治也。

疏入，得旨：「覽奏具見忠愛至意。該衙門知道。」

請勤學疏嘉靖元年

林俊

臣惟學緝熙于光明，日新則日進，不日新則日退。故曰莫止于晝，莫病于自足，君子有無已之功焉。禹惜寸陰，傅説告高宗「念終始典于學」，君所自學，臣所論學，要皆如是也。唐太宗延文學之士，更番直宿，討論文籍，夜分乃寢。宋太宗年老猶喜讀書，仁宗邇英，講讀未嘗少廢。此故事也。太祖有觀心之亭、禮賢之館，揭《大學衍義》于兩廡，揭《洪範》于座右，朝夕省覽。太宗視朝之暇，輒御便殿閱書史，召儒臣講論。仁宗專意文事，留心讀書。宣宗謂楊士奇等曰「朕寒暑不廢書册」，對曰「帝能勤學問，宗社生民有賴」。英宗時，楊榮等建議經筵，降敕勉諭曰「朕即位以來，弗遑夙夜，永惟厥道，必學乃明，爾翰林儒臣分直侍講」，憲宗、孝宗循行無改。國家列聖，勤學故事在邇。

孔子曰：「吾十有五而志于學。」陛下正志學之年，何可輟耶？且經筵之聽講，頗不謂勞，文華之清燕，亦不謂熱。而平旦未與物接，其氣清明，善念易開，正言易入，又爲進學之會。夫天下之治不治，在人君之聖不聖；人君之聖不聖，在人君之學不學。太祖嘗言：「人君一心，治化之本存諸，中無堯舜之心，欲施于政，有堯舜之治，決不可得也。」陛下天稟穎異，聖性精純，誠于此時日親儒臣，以講求古先聖王之大經大本，以開發聰明，成就德性，使神有所領，意有所會，則立道有體，致道有用，設心措念有所持循，臨人出政有所據守，是謂有堯舜之心，斯有堯舜之政，民無患乎不被堯舜之澤矣。

疏入，得旨：「經筵日講，朝廷急務，覽奏具悉卿忠愛至意。該衙門知道。」

節財用疏 嘉靖元年

林　俊

臣竊謂財貨譬如雨澤，天地之間，僅有此數。我國家相承節儉，天下休息百四十年，武宗承之，固豐豫時也。而盜國之徒，乃盡取而濫費之，帑藏匱竭，海内虛耗，陛下承之，則蠱極而困時也。雖恭儉性成，足以風示天下，而積習流俗，尚有未盡然者。方今四疆多事，水旱之報日聞，軍旅之需日急，民窮無所于斂，所恃以應之者，内帑之餘耳。然私計所蓄，不過三邊數月之儲，而嗷嗷待哺之民，尚無足以副之。且歲供之費，幾十倍于昔，其可不思所以爲繼哉！

兹者大婚有期，六禮之儀，固有不可易者。但先朝故事，内外賞犒爲費尤多，若于此時一一而強舉之，是謂時詘舉贏，斷不可也。夫禮備而已，物可節也，賞尤可節也。昔漢文帝綈衣革履，後宮不藉珍飾，以示樸爲天下先，臣願陛下力取則焉，使遠近見聞皆知朝廷訓儉而抑奢，貴禮而賤物。則自王公以及士庶，畿輔以及荒陲，浮靡之風翕然一變，民生阜厚，國用充羨，而和氣亦臻矣。

疏入，得旨：「覽奏，具見卿忠愛至意，朝廷自有處置。該衙門知道。」

議禮疏 嘉靖元年

林俊

臣惟天幸篤生聖神，爲天地人物綱常之主，一兵不試而宗社奠安。特頒詔書，中外傳誦，謂太祖之開創、陛下之釐革，前後並躔，儷德同功焉。近者所聞，似涉稍異，意議禮未定，好事者遂成其妄，人言甚可畏也。

臣聞憲宗臨御之初，議上尊號，近侍有迎合稱慈懿皇太后久病，只宜推尊所生，傳聖慈仁壽太皇太后旨諭意。大學士李賢、彭時不可，曰「朝廷所以服天下，只在正綱常，此舉損聖德多矣」，因議並尊爲皇太后。賴憲宗委曲勸諭，聖慈仁壽聽從。及慈懿上仙，又有迎合别擇葬地，彭時曰「梓宫當合葬裕陵，神主當祔廟」，禮部尚書姚夔等奏如前議。憲宗御文華後殿召問，❶彭時對曰：「只合依正禮。」上曰：「朕豈不知依正禮好，但于聖母有礙。」彭時曰：「皇上孝事兩宫，奉梓宫合葬，全聖孝爲宜。」劉定之曰：「孝子從義不從令，雖聖母有言，不可從也。」因具本乞申勸聖母，以終大事。于是百官伏文華殿號哭，聲聞于内，傳旨諭退，皆曰「不得命不敢退」，既而得旨：「慈懿皇太后合祔陵廟，固朕素志，但聖母未允，朕心不安，再三據禮祈請，聖慈允諾。其如前議施行。」衆遂稱「萬歲」，皆謂憲宗孝隆兩宫，故能曲成此二大事，内不失親，外不失禮，

❶「問」，原作「聞」，今據四庫本改。

彭時、姚夔皆紀之文集，中外相傳，以爲盛事。

臣竊觀今日之禮，似若未純。陛下聖德罔愆，從善甚勇，容有不純事耶？孔子曰「觀過知仁」，陛下情衷過厚，大禮未協，過于孝故也。夫有不可易之禮，亦有不能已之情，子女之于父母服三年，無貴賤，一也。子爲人後，則服移所後之父母，所生降期焉。女子既嫁，則服移所天之父母，所生降期焉。至于嗣子，所得贈封盡隆所後，而不及所生，豈恝然忘情哉？制于禮也。其致所生之情，無過候問、供億之勤，與伯叔父母異爾。故司馬光謂秦、漢而下，自旁支入承大統，或推尊所生父母爲帝爲后，皆取譏當時，貽笑後世。陛下純德之主，何忍襲爲之？臣等亦何忍陛下襲爲之？愛子莫如父母，聖母亦何忍致陛下襲爲之？且新詔裁革皆深奸巨猾，惟欲幸我有可指之隙，外資藉口，内恣交合，以害正道，甚非細故也。中間必有不知禮之臣，逢迎其間，曾不知廷臣之皆謂不可，正禮也；一二臣之謂可，私情也。聖人治情以禮，輔臣、禮官持論甚正，與往時憲宗之臣無異。陛下孝誠純至，必能勸成大禮，與往時憲宗之請無異。聖母慈愛純至，必能允成大禮，與往時聖慈仁壽之俞無異。

禮若未舉，固無難從；禮若既舉，亦無難更。孝召慈，慈成孝，孝成禮，然後上下粲然有倫，而綱常正、祖宗安、人心悦。傳曰「過無憚改」，又曰「一慚不忍，終身慚之乎」！夫禮，天下後世之公議也。禮不自正，後人亦自正之。憲宗事二太后盡孝，然議尊議祔，終不苟順從、乖大倫、失正禮，所謂自正者也。魯文公躋僖公，《春秋》譏爲「逆祀」，而卒正于定公，所謂後人正之者也。臣堅乞致仕，聖諭責以輔成新政，夫政莫大于禮，禮失則政亦非古聖王之政矣。

疏入，得旨：「該衙門知道。」

謹天戒以修人事疏 嘉靖元年❶

孫懋

臣竊聞天人之間感應如響，人事失于下，則天變見于上，此理之常也。恭惟陛下臨御以來，孳孳圖治，任用輔相，開廣言路，斥遠邪佞，登進忠良，聖政日新，令聞四達，人事之闕失臣未之見也。兹者伏聞五月初一日雷擊奉天門獸吻及日精門災，天戒赫赫，胡爲而然也？臣則聞之矣，人事失而變隨應者，固上天仁愛之心，人事得而異或見者，尤天心仁愛之至。況天位維艱，一念不謹，或以貽四海之憂；一日不謹，或以致千百年之患。大之所以警動陛下者，殆不可謂無意也。臣備員無補，實切憂惶，謹以所聞人事當修者七事，仰塵睿覽。

一曰定聖志。臣聞之，君志定而天下之治成。仰惟朝廷今日之政已大定矣，所慮奸人或乘時妄議，以疑聖心，則他日之事有未可知。《書》稱舜曰「烈風雷雨弗迷」，伏惟陛下體天心之仁愛，法帝德之罔愆，聖志一定，斷之不疑。勿以調停之説爲然，勿以更張之驟爲信，亦勿始鋭而終怠，則唐虞之治可望于今日。

二曰保聖躬。臣聞之，人君所愛莫切于身，人臣亦莫切于愛君之身。恭惟陛下頃以親藩入繼大統，固上有祖宗之靈、母后之聖，下有内外臣庶之衆，呵護翊戴，靡所不竭。但臣區區蟻誠，竊謂陛下聖年方妙，聖

---

❶ 「嘉靖元年」，據四庫本孫懋《孫毅庵奏議》卷下《謹天戒以修人事疏》，此疏上於正德十六年六月。

質未甚充盛，凡夫起居飲食之期，寢興勞佚之節，小大曲折，備慮所宜周悉。至于左右前後委任，尤須得人。《詩》曰「王躬是保」，伏惟聖明留意。

三曰信詔令。臣聞之，詔令所以行于天下者，信也。詔令不信，則人主之權廢矣。恭惟陛下改元肆赦，革故鼎新，救天下深沉固結之弊，❶爲生民永遠太平之謀。所在聞之，歡欣鼓舞，甚于更生，雖漢史所稱山東布詔，民之老羸癃疾扶杖往聽者，殆不是過。《書》曰「令出惟行，弗惟反」，伏乞陛下維新渙號，尤懷永圖，執之必堅，行之惟允，保信以保民，實天下至切之望。

四曰明賞罰。臣伏讀《祖訓》有曰「凡聽訟要明，不明則刑罰不中，罪加良善，久則天必震怒焉」，又曰「凡賞功要當，不當則人心不服，久則禍必生焉」。竊照江西宸濠之變雖已討平有日，然忠義之勳未酬，黨惡之罪未正，若將有待然者，不可不留聖意。臣聞之，功有高下，亦有虛實，今欲賞當其功，宜將隨征各官繳過文册盡行降出，仍令先後紀功各官查明開奏，而冒功者必黜，庶賞不僭，而人人以爲慶矣。罪有輕重，亦有真僞，今欲罰當其罪，宜取現獲各犯招過情由，不拘成案，仍聽法官及會多官，再三研審，而負冤者必宥，庶刑不濫，而人人以爲威矣。

五曰斥遣奸。臣伏讀《祖訓》有曰「歷代多因姑息，以致奸人惑侮，當未知之初，一概委用，既識其奸，退亦何難，慎勿姑息」。竊照太監蕭敬與宸濠歷年來往，已經太監張永查係書底簿籍有名人犯具奏，先帝著外

❶「沉」，原作「沈」，今據四庫本改。

私宅閒住，所處已寬。頃者忽聞司禮監太監賴義傳奉聖旨「外私宅閒住太監蕭敬著本監掌印，照舊辦事」。此命一下，中外驚疑，其于新政所繫非小，誠以宮府一體，不宜異同，今若起用蕭敬一人，其何以處同犯諸人？交結重情，不宜輕縱，今若不懲于既往，其何以示警于將來！且敬自負前罪，強顔供職，則亦無以取重同列，展布行事。伏乞陛下仰承祖訓，早決宸斷，縱不加罪，仍令退閒，以釋中外之疑，以昭平明之治。

六曰嚴内禁。頃者聞得御史張翰奉敕點押大工，一日從内官監出，忽見内使人等約有三五百人，或挐棍棒甎石，向翰圍擁撒土，其守衛官軍，直日旗校，明見兇惡，不爲防護。臣聞之不覺驚愕，竟亦未諳其故。然以皇城禁密之地，而敢爾肆爲兇忿，其在外無忌則又可知。仰惟天威震怒，必有重法以處治之矣，臣竊謂漸不可長，事宜豫防。伏乞陛下在内即敕各監局掌印官，各行嚴束所管人員，各于本衙門專務本等職事，不許輒出各門、各路口聚衆爲非，違者許守衛直日官旗人等即時捉獲，通將該管官員參奏治罪。其京城内外亦即敕錦衣衛及巡城御史、兵馬司官，嚴督官校、弓兵、火甲，各于分管地方，不限晝夜，用心巡邏，但有前項生事之人，許即挐送法司，從重問斷，違者罪亦有歸。

七曰慎邊防。臣聞之，御戎之策，守備爲上，備邊之要，兵食爲先。然食足則兵強，是食又先于兵也。即今邊餉缺乏，軍士困憊，一旦烽火有警，何以驅之應敵？況先該宣府報稱敵中走回男婦供報敵衆扶起小王子與烏蘭哈等講和，❶及瞭報塞外兵勢下營四十餘里，其意蓋非尋常侵掠之比，幸遇聖明御極，威靈遠

❶「烏蘭哈」，四庫本作「烏梁海」，明代譯作「兀良哈」。

震，狂圖雖已大沮，然亦不可忘備。伏乞陛下軫念邊防之重，特從廷臣之請，早將各犯抄没銀兩分給各邊，以紓困急。仍敕各該鎮巡總兵等官，務在嚴飭將士，保固疆圉，以稱陛下内修外攘之意。

疏入，帝不納。

止殷通等乞陞職世襲疏 嘉靖元年

張　原

臣伏見興府旗軍軍校、校尉、軍人、廚役殷通等一千三百餘名，俱緣從龍之故，蒙恩填註錦衣衛食糧當差，各賞銀兩，彼乃不知止足，援引喬成例，連名具奏又乞陞職世襲，近該給事中安磐論奏，奉聖旨：「該部知道。」欽此。臣仰觀聖意，似非斷不欲與之者，是以復昧死言之。

臣惟世禄以待有功，而非軍功不易致此，祖宗懸爵賞以爲砥礪天下之大具，立法至嚴且重也。邊陲將士冒鋒鏑，歷艱苦，脱萬死以得一生，幸獲渠魁，然後上功于幕府，而復覈驗于臺部，輾轉歲時，至再至三，方僅增其一秩。今殷通等無汗馬之勞、尺寸之功，徒以一時遭際，顧欲得世襲官職，以自比于軍功之列，臣恐邊陲將士聞之解體，必曰「吾捐軀命以求官，而未可必得，彼徒袖手徼幸得之，是朝廷視吾軀命不甚重于官秩也」，陛下將何以待邊陲將士之有功者耶？抑將何以勸邊陲將士之有功者耶？

夫官至于世襲，可謂至矣；人至于一千三百有餘，可謂多矣。陛下嘗汰冗員、革冒功，今無故陞此一千三百餘人，其冒濫何如也。陛下身自行之曾未幾時，乃復自背之，失天下大信，破天下大閑，臣竊爲陛下不取也。往日喬成等乞請之初，使陛下俯聽該科、該部之執奏，褫其秩而治以罪，則殷通等今日之比例，臣知其決不敢矣。若謂其有扈從功，出于一時之特旨，臣又以爲不然。扈從之功，優之金帛足矣，不必假之官且世襲也。昔唐太宗時，秦府舊人未遷官者多怨望，太宗曰「王者至公無私，故能得天下之心」，如是則陛下今日之于殷通等，實示天下私也。陛下有堯舜之資，圖堯舜之治，顧所行反出唐太宗下，臣固知非陛下本心也。伏望陛下重天下公爵，割一時私愛，敕該部遵照前旨，殷通等止許食糧當差，照舊替補，仍將先後陞官世襲如喬成等者，通賜查革。庶後人覔緣者絶覬覦之心，貪冒者無援引之例，而邊陲捍禦者亦有所企望，而知勸奮矣。臣不勝惓惓爲國之至。

疏入，得旨：「該部看了來説。」

寢趙雲陞命疏 嘉靖元年

張　原

臣謹奏：邇者皇上憫念御馬監太監趙山藩邸服侍殷勤，于其死也，賜之賻祭，爲之安葬，曠蕩之恩至矣，極矣。尋因少監王佐學爲其弟姪乞官，蒙准陞趙雲爲錦衣衛正千户，彼時臣等該科即嘗具奏，論其不可，奉聖旨：「已陞了罷。」欽此。臣等自恨平日誠信淺劣，不足以感聖心，言辭鄙穢不足以啓宸聽，有負祖宗設官求言及臣等以言爲責之意，俯首捫心，靦顔慚懼。既而又意該部論列，宜有當聖意者，冀猶可以回成命也。及其極言執奏，復奉聖旨：「已有旨了。」欽此。臣等相顧錯愕，莫知所以。夫趙雲止一人，其陞官亦止一事，似不可再瀆宸聽，但此事係祖宗之憲章，朝廷之名器，聖德之得失，國事之是非，非細細者，不容緘默而已也。然其事之不可，臣等該科及該部論之已詳，臣豈能復贅其意外之言哉？

竊念官爵乃古聖人治天下之大法，是故本之禮以爲之綱維，行之義以爲之權度，成之信以爲之楨幹，有品式以定其制，有等威以異其名。國家懸此，以奔走天下之人，使賢者居之，有所勉而勸焉，不肖者視之，有所企而慕焉。其名若虚，而國家受其利也實大，昔人謂爲礪世磨鈍之具是也。我太祖高皇帝時，臣下立戰陣功者，多止賞之以金帛，其或功出異常，不得已始與以一階，今之尺籍可攷見已。高皇帝豈刻印刓敝、忍不能予者耶？誠以賞多則濫，濫則人不以爲恩，少則貴，貴則人知其爲惠。然必上之人自愛之重之，斯下之人亦愛之重之。何也？以其得之者不易也。否則漫然與之，漫然受之，與之者略無難色，受之者以爲當然，其何以奔走天下之人，而又何貴于礪世磨鈍也？況可聽人代人乞請而即許之耶？使可因人乞請而即得之，皆將鑽刺請託，取徑行險，以競求遂其所欲。倖門一開，頽波四潰，彼惟知恩出于所求，而不知有君上矣。

陛下懲往年冒濫之弊，嘗查革乞陞、傳陞人員，天下方想望仕版澄清，紀綱振肅，以成更化之治，顧可又許趙雲之乞陞，以開新例、紊舊典、失大信乎？趙山雖有服事殷勤，亦其職分當然，視戰陣功何如也？使其服事殷勤即可以言功，則陛下何用于山哉！昔韓昭侯有敝袴命藏之，曰：「吾聞明主愛一嚬一笑，今袴豈特嚬笑哉！吾必待有功者。」今之正千户，其階正五品，其秩武節將軍，其禄幾二百石，尤非敝袴者比。陛下略不少如敝袴之愛惜，率意輕與無功之趙雲，所見與昭侯異矣。該科、該部不肯阿意奉行，而執言以請，皆其職也。居其位，食其禄，任其責，而不能盡其忠舉其職，臣竊恥之，陛下亦安用之？今臣等該科欲舉其職既以爲不可，該部欲盡其忠又以爲不可，陛下獨排羣議，毅然以爲可而與之，則是臣等該科及該部之言，舉不足信也。臣等位卑望薄，言不足信固宜，獨念尚書爲陛下喉舌之官，分任責成，賦政四海之人，而彭澤又陛下以德業聞望特詔起用，素所傾注倚畀者，顧亦不信其言焉，則陛下之所信者誰也？

臣伏見近日陛下批答中外執奏章疏，率曰「已有旨了」，或曰「已有成命了」，或曰「已發落了」，不特趙雲一事爲然。詞涉婉而意甚厲，情若順而旨則離。請雖繁而執愈堅，雖未嘗顯言拒人，而實寓不容人言之意，是豈陛下任人用言之道哉？究其末流，將必至以人言爲不足恤也。孟軻氏曰：「訑訑之聲音顔色，距人于千里之外。則讒諂面諛之人至矣，與讒諂面諛之人居，國欲治得乎？」臣所以大懼而不能已于言者，蓋亦爲此。昔史臣贊堯之德曰「舍己從人」，湯之德曰「改過不吝」，至漢高帝亦曰「從善如轉圜」，唐太宗亦曰「納諫如流」，是皆書之簡册，傳之後世，人至今頌之不衰。不識陛下何獨異于此也。今之議者，皆謂旨由中出，政多下逮，貂璫竊國命，奸倖擅朝綱，政以賄成，法緣私廢，天下事漸不如初者十二三，而正德之故轍多踵行之。觀兹乞請，即其一端。陛下聰明神聖，天下欽仰，獨于此尚不省悟乃爾，甘其諛而受其欺耶？

陛下去年即位之初，覃詔天下，天下之人扶攜往聽，咸舉手加額，欣欣然喜見大聖人之出世，而幸閭閻之更生，真有願少須臾毋死，思見德化之成之意。陛下今日奈何懷姑息之小惠，背已行之大詔，渙既得之人心，隳垂成之功業乎？伏望陛下爲祖宗崇重官爵，爲朝廷愛惜名器，俯納該部體國之奏，特寢趙雲乞陞之官，仍依擬量免徭役，俾之世承其祀，則君義臣忠兩爲得之。臣又聞漢諸葛亮告後主曰：「宫中府中，俱爲一體；陟罰臧否，不宜異同。若有作奸犯科及爲忠善者，宜付有司論其刑賞，以昭陛下平明之治，不宜偏私，使内外異法也。」臣更望陛下修太祖之舊典，孝宗之遺烈，宫府不異體，刑賞不異法，惇大信以示天下，庶官有定守，民有定志，恩自上出，權不下移。平明之治，行當見之矣。

疏入，得旨：「已有旨了。罷。」

弭盗疏嘉靖元年

張　原

臣奉命香河縣地方公幹，行過通州，甫出城門，當有驛丞稟説前面見有響馬強賊，刼馬傷人，止臣不行。及臣再行三四十步，至河東岸，有人告稱係上班官軍，被賊四五十衆各騎馬披甲，將伊用刀背砍打，刼奪官馬去訖。臣再行二十五六里，至地名甘唐莊，又聞被賊刼去本地居人馬匹。臣再行十數里至寶林寺，又聞被賊刼去牧放馬匹，官軍跟纏哭告，仍復丢還。及臣回至通州，又聞是日刼去張主事及南京進貢内臣船隻、行李等物。竊思響馬強賊雖云無歲無之，然或三五人、十數人而止，抑或止于曠野無人之處，遇有經過往來官員，猶知有所畏避而不敢犯，初未有若今日之甚者。動輒糾合人衆，歃血齊盟，披戴盔甲，擺列行隊，白日大市之中，州治郊關之内，刼奪居人，阻遏行旅。而公差官員，往往被其剽掠，抑且拒敵官軍，殺害丁夫。或寫遞字帖于鄉村，要來搶刼；或傳寄語言于官府，要來報讎。每日巡行村落，徧索富家，供給酒飯，牽取頭畜；黨類滋蔓，道路充斥，縱横任意，莫敢誰何；遠近驚疑，不遑寧處，翹首跂足，日虞其來；生民荼苦，無所控訴，上下相蒙，匿不以聞。臣自出京，每每聞之人言，前項強賊每起或四五十人，或六七十人，通共不下三百餘衆。通州富河莊一帶，村寨聯絡，皆其巢穴；平家灘諸處，樹林茂密，又其藏聚處所。而固安等處地方，今亦在在蠭起，若不早爲撲滅，誠恐醖釀日深，復如往年劉六、劉七、趙風子之爲也。

臣又聞通州五衛巡捕官員素無謀勇，率皆闒茸，平時既不能率軍士設警備，以時而巡邏，有事又不聞出一騎、發一鏃，併力以追捕。就使邂逅遇賊，亦皆争先潛避，惟以恐其奪馬爲言。其分守指揮王蘭，以新進之人，承積習之弊，人不豫附，事皆掣肘，立志雖勤，坐成無策。況其雇車賃馬，夫豈長圖？力小勢孤，不能成事。而各該掌印官，既爲各衛之統領，預有地方之責任，顧乃自分彼此，坐視旁觀，恬然自安，略不經意。以致賊勢猖獗，肆無忌憚，一日之内，劫奪數四，居民行旅受害孔多，京官内臣咸罹其禍。況通州地方，土産多賊，而張四、張五、蔣傻子等現今難制。王蘭已嘗拘執張五之妻子，彼亦知勢不可已，但既激之稔惡，則緝捕之計，不可不急爲之處。臣逆料各衛官員，自解必曰前項強賊豕突鴟張，出没無常，我軍出捕之時，彼必先知而豫爲避計。殊不知彼能先知我軍之出捕，而我不能逆知彼賊之欲來，據事度情，則諜報防範之未周，玩愒因循之不免。而官司知情故縱之宿弊，民間窩藏傳漏之奸作，殆亦不能無也。似此曠職僨事，玩寇養患，情皆可惡，法亦難原。

況小懲大誡，乃人心之常，而防微杜漸，尤治道之急。伏望皇上軫念生靈受害，地方重事，敕下兵部急爲議處，務經久之道，以合事勢之宜。其五衛巡捕及掌印官員，合無通行查提，遵照律例從重治罪。或暫且住支俸糧，令其戴罪，嚴限俟獲賊完日再行奏請發落。而分守指揮王蘭，亦乞行文戒諭，責其後功，以贖前愆。如此，庶官司知警，而盜賊可息，地方獲安也。臣比與賊先後同行，相距纔三四里，目擊耳聞，其事如此。臣恐九重之上，或不能盡知其詳也，故敢不避瑣細，瀆冒聖聰。倘肯俯加聽納，少賜施行，地方幸甚。

疏入，得旨：「是。近京地方設置守備、兵備等官，正欲禁捕盜賊，保安軍民，各該官員因循怠玩，以致賊徒嘯聚，恣意行劫，又彼此蒙蔽，不行奏報，好生不畏法度。便著各督所屬，用心緝訪，務在一月之内擒獲盡絶，以贖前罪。還著提督巡捕都指揮桂勇，量調官軍前去，設法勦捕。其餘事情，兵部看了來説。」

修德弭變疏 嘉靖元年

張　原

臣見邇者南京風雨異常，伐屋折木，而郊社、寢陵、宫闕俱各罹災，抑且江水湧溢，民多墊溺。陛下遇災知懼，不遑寢膳，至勤手詔，痛自尅責。臣仰見陛下法祖敬天，畏命重民，甚盛心也。然詔旨不言臣等指陳時政缺失，意者陛下無意于求言，抑恐人之言及陛下歟？雖然，陛下縱不許臣言，臣職在于言，豈容不言？況陛下又諭臣同加修省，勉修職業，則臣之所以修職業以修省者，秖在于盡言，是以昧死爲陛下一陳其愚。

臣惟變不虚生，必由人召，天人之際，捷于影響。《春秋》二百四十二年間，每有災異，必謹書之，雖不著其事應，而事應具存。或爲君有失德，或爲臣有亂政，或爲羣小柄政，或爲宫壼制權，或爲外寇犯邊。人事感于下，則天變動于上，事以類應，有不可誣者。陛下秉上聖之資，備中和之德，撫運中興，撥亂反正，天與人歸，宜乎百異消滅，衆祥駢集。夫何即位未幾，而有日精門之災，涉冬而有雨沙之異，郊祀之日而有掖庭之災。今大婚適始議期，而有内局之災，南京又告此風雨之變。他如湖廣、江西之水，河南、陝西之旱，盜賊竊發于畿輔，戎馬深入于内境，尚有未易縷數者。陛下清燕之暇，亦嘗熟思而反觀否乎？傳曰「災異者，天心之仁愛」，又曰「天不言，以行與事示之而已矣」。今上天之仁愛陛下者，不爲無意；而示之以行與事也，不爲不明。且至陛下所以警戒省循、仰答天意之仁愛者，顧可怠耶？

臣伏讀聖諭，謂「政事乖違，刑罰不中，民困未甦，國是未定，以致上干天和，昭示譴告」，似矣。臣恐陛下能言之，而未能見之行，能知之，而未能悉其事也。聖諭又謂「事關朕躬者，痛自省循」，臣又恐陛下徒事虛文，而未得矯枉更化之要，以爲省循之實也。何也？臣聞之，《詩》曰：「敬之敬之，天惟顯思，命不易哉！」言天命不易，人當敬之也。又曰：「畏天之威，于時保之。」言天威可畏，人當保之也。又曰：「敬天之怒，無敢戲豫。敬天之渝，無敢馳驅。」言敬保之道不可怠忽也。陛下事天，所以敬而畏之者，果如是乎？《書》曰「天既孚命，正厥德」，言正德以順天也。又曰「天棐諶辭」，言有誠德，天輔之也。又曰「惟先格王，正厥事」，言弭災之道，先當正厥事也。陛下事天，所以正德正事者，亦如是乎？夫天地之大，不外陰陽，而萬化之行，亦惟陰陽。人君爲天之子，代天立極，其呼吸喘息，與天地相爲流通，精神運用，與天地相爲孚契。故王道公正修明，則陰陽氣和，而災害不生，烝民安樂。如其偏陂失綱，則陰陽舛繆，是以有大風拔木，水泉湧溢，孽火燒宮之變，皆天先以譴示乎人君也。天先譴示之者，天意若語爲人君者，冀其能悟而知改之也。若此不悟不改焉，天斯罪之，而禍亂隨至矣。

董仲舒曰「罪在外者，天災外；罪在内者，天災内。燔甚者罪當重，燔輕者罪當輕」。今期歲之間，大異疊見，且皆出自禁掖，而郊社、寢陵、宫闕皆不免焉，則罪當重而在内也可知。陛下自親藩入繼大位，所以凝天命、得人心者，凡以登極一詔。然耳詔書之所釐正，率皆祖宗之舊典，陛下行之。曾幾何時，冗冒增置猶夫故也；爵賞濫予猶夫故也；刑緣近倖苟免，權因左右下移，猶夫故也；内閣不聞夫宣詔，府部不從其處分，臺院不納其諫議，猶夫故也。廢詔書爲故紙，視德音如常談，先後異致，自相齟齬，略不復有所顧慮愛惜之。此皆政事乖違，刑罰不中，民困未甦，國是未定之實，上干天和，昭示譴告之由。陛下秖舉其概以及夫四者，其詳則隱而不之發焉。此臣愚所以謂「陛下能言之，而未能見之行；能知之，而未能悉其事也」。

然應天以誠不以僞，以德不以文。若徒舉行故事，近炫人情，避殿減膳撤樂，以爲痛自省循云然，臣恐上天昭鑒，未易可以虛文感格，此臣愚所以又謂陛下未得矯枉更化之要，以爲省循之實也。《詩》曰：「我心匪石，不可轉也。」言守善篤也。《易》曰「涣汗其大號」，言號令如汗之出而不反也。今詔旨已行，旋復改之，是反汗也，是守善不篤也。如此而求天意之回、災變之弭，難矣。伏望陛下主敬立誠，飭躬勵行，正厥德以正厥事，順天道以祈天心。擴明聖之德，昭然而遠；悟體乾元之健，奮然以有爲。總攬權綱，明謹政體，攷之災變之應，揆之當世之務，追維前日詔書爲得人心之本，而近日紛更爲疵聖政之由。再申敕旨，將近日事務一切有乖先奉詔旨本意，臣前之所疏或已經府部、科道論奏者，俱許案行如故。信之以篤，行之以果，勿眩于浮言之疑似，勿安于近日之姑息。仍望陛下時宣内閣重臣，俯加咨議，其所啓沃裨益必多。六部大臣，亦乞特賜召對，俾之明陳其職，得以展盡乎事情。陛下因之覈攷其功，亦可周知其人品。庶乎上下相孚，君臣一德，陰陽可和，政事可理，嘉祥可致，災變不待弭而自無矣。臣幸得備員諫議之列，奉職不修，不能輔宣聖德以召天和，固不可言忠，亦不敢辭罪。儻陛下因臣愚言，少賜省悟，則臣愚報國之忠，庶可少罄于涓埃，而不職之罪，亦可少逭于旦夕矣，宗社幸甚，天下幸甚。

疏入，得旨：「該衙門知道。」

選近習疏嘉靖元年

張　原

恭惟皇上纘圖撫運，光啓中興，褫罰憸壬，肅振綱紀，凡正德年間左右近習弄權納賄、蠹政害人之流，俱已置之法典。但其人漏網于昔者，或覬覦柄用；抵罰于今者，或夤緣復起。緣附黨與，盤據根株，勢已漸成，牢不可破，率皆布置名下舊人，或在各宫答應，冀其假彼託此之言，施其抵隙投間之計。其爲謀也甚密，其交人也甚廣。謀密則秘計詭形，未易以察其奸；交廣則一唱衆和，或可以誑乎聽。雖皇上聖智同日月，臣恐不能防閑于日之久、人之衆也。況今市井之間傳言，若人往往市買珠翠寶玩之物，價值踴貴，私齎進貢各宫，以爲孝順；争奇競巧，冀售其術，出入宫門，初無避忌。皇上已嘗敕下各門，戒諭禁約。然而流風未殄，頹習尚存，鼠伏蠅營，乘間竊舉，雖皇上無私如天地，臣恐重違母后之心，而亦不能已也。

臣又聞昔唐肅宗因李輔國之專恣，致有興慶之事；宋仁宗聽任守忠之讒間，遂成章獻之隙。臣每讀史至此，未嘗不忿恨于肅、仁二君也。大抵小人獻諂進諛，全無爲人之謀，依阿逢迎，秪求目前之寵。傳報往來言説，搆成彼此嫌疑，積以歲時，遂致罅隙。釁基在此，理固必然。我武宗皇帝之所以不御内宫者，蓋亦由小人讒間其間，外人不得而知也。不然何恝然于夫婦之情耶？伏望皇上洞鑒往事，聿先正始，杜絶小人，使往年以罪放斥之人勿復收用。如或左右近習敢有巧言飾詞、游説請託者，即以奸黨治之。或有夤緣各宫傳奉者，亦宜一切置之勿聽。仍乞再申敕諭内城各門及各宫門守門人員，凡遇内臣出入，務要驗其牌面，審其事故，不許容令前日罪人名下之人私擅進入各宫，輒自進貢。其各宫大小内臣，亦宜禁其私相往來交接，以杜後患。即今册立中宮之始，臣愚以爲宮中一應答應内臣，必須揀選謹厚老成之人，左右用之，若係前日罪人名下者，即賜退黜，勿得復留。然揀選之任，秖宜付之太監張佐、鮑忠等，以責其用心。而太監蕭敬，已自涉于奸黨，恐亦不足信也。臣迫切至情，言念及此，不知忌諱，死罪死罪！惟望皇上俯賜察納，不勝幸甚。

疏入，得旨：「宮中一應執事内臣，著司禮監從公揀選謹厚老成的，答應備用。其先年亂政壞事罪人名下之人，不許假以進獻爲名，私相往來，交通請謁。還著司禮監嚴加訪察禁約，勿得容隱回護。該衙門知道。」

請逐太監蕭敬疏 嘉靖元年

張　原

臣謹奏：頃者巡按江西監察御史程啓充封進宸濠與太監蕭敬交通私書，因具疏以發其奸，奉聖旨：「該衙門知道。」欽此。繼而兩京科道等官交章論劾，節奉聖旨：「已有旨了。」欽此。臣聞之無任驚惶，晝夜思維，莫得其説。夫罪之至大，莫過于謀逆；情之至可惡，莫過于逆黨。故《春秋》示無將之戒，漢法垂不道之誅。我太祖制刑，擬以「十惡」之律，而著于常赦不原之條，蓋皆爲此。陛下豈以敬之交通宸濠，謂爲小過，而可輕宥之耶？宸濠本以宗室至親，尚且削其屬籍，置之典刑，敬何人也，獨可逭其罪耶？

陛下昔在藩邸，越數千里之遠，如敬之奸，多未之詳，猶可諉也。今自即位以來，凡江西逆黨之所招，宸濠簿籍之所記注，與夫兩京科道等官指其實而數其罪者，不下二三十疏，則陛下知之亦已明矣。乃復排羣議，任己私而不肯罪之，不罪之猶可也，顧又置之左右，委以機務，抑且屢賜温旨勉留之，臣不知其何爲也。且敬受累朝厚恩，不思所以圖報，乃敢植私黨而潛爲異謀，則其得罪天下、得罪宗廟、得罪社稷大矣，陛下豈能無疑于敬，而恝然于心乎？ 雖敬亦自知爲天下、爲宗廟、爲社稷之所不容，而凡朝夕侍奉左右之際，亦將有疑于心而不自安也。 上下相疑，恐非陛下之利。 敬平日收恩于名下，私覆其黨與，凡内府各宫及各監局布置，皆有其人。 況其掌家太監如劉恭、門下家人如王諒者，素號狡猾，最善夤緣，布在内外，爲之應援，而陛下左右，多所交通。 設或陛下一時不察，誤聽浸潤之言，使彼得施其默助之奸，則敬又將得地矣。 先日以罪放逐之人，皆倚敬之去留以爲起伏，臣竊爲陛下危之。《書》曰「去邪勿疑」，今陛下知敬之邪而曲護之，引以歲時，竟猶豫而去之不決，陛下縱全私愛，奈天下人心何？ 奈宗廟社稷大計何？

陛下若以敬爲知事，司禮監執筆不可無敬，今敬之年八十五六，亦已老矣。 就使其精神尚健，能復幾時，他日若敬已死，陛下將復用人乎？ 抑必欲留敬不死而用之乎？ 敬以柔媚啗人，以陰險賊物，歷年已久，更事頗多，積慮設謀最深且熟，真所謂老奸巨滑也。 自成化年來，屢被言官論劾，略不畏避，每語人曰「我受國厚恩，不忍遽去，俟大婚後即當懇辭耳」，今大婚既已禮成，止見一具疏請陳，旋即自止。 觀其意，秪欲以暫謝人言也。 厚顔據位，貪昧隱忍，略無一毫愧恥之心，敬尚得謂之人哉？ 伏望陛下大奮乾剛，洞垂離照，俯念敬之事已敗矣、罪已大矣，順天下心，爲宗社計，速發詔旨，將敬放黜。 則陛下保全敬之恩實大且至。 況敬囊橐積貲不下一二十萬，計其餘年，用之不盡，使敬優游安享，老死牖下，亦當感陛下于無窮也。

臣又按，劉恭先因納賄招權，被人論列，彼乃稔惡不悛；王諒及其子仁，以市井匹夫，投託敬門，席其權勢，冒罔授官。凡此皆撥置打點，爲敬腹心，肆爲貪饕，極其富貴。敬賴此輩以保固寵位，而不恤壞陛下之事，此輩賴敬以苟圖富貴，而不恤壞敬之事。敬之所以不能去、不肯去者，有此輩爲之謀主。臣以爲此輩之罪，不可赦也。更望陛下敕下法司，將恭等明正其罪，遠示竄殛。仍敕内府一應内臣，以後敢有代敬夤緣請託者，一體罪之。庶有以翦其羽翼，除其根本，而奸計不得潛滋，奸黨無復依附矣。臣與敬等本無睚眦，但見其壞陛下之事、亂陛下之治者甚多，是以昧死爲陛下備陳其愚。臣無任戰慄，待命之至。

疏入，得旨：「該衙門知道。」

再乞亟黜逆黨蕭敬疏嘉靖元年

張　原

臣于前月疏論太監蕭敬與宸濠潛通逆謀，宜賜罷黜，奉聖旨：「該衙門知道。」欽此。臣意陛下憫念其老，不欲顯言斥之，姑俟其自陳而徐爲之處，恩至大也。繼今口語藉藉，劾者愈衆，敬不自安，始具疏辭免，復蒙聖恩不即俞允。臣請復以陛下之亟宜去敬、與敬之自宜亟去者，不避煩瀆，再爲陛下備陳之。

敬受累朝厚恩，珍衣玉食，寵極富貴。至武宗皇帝託以心腹，寄以股肱，舉天下大柄一以付之，肆其胸臆，由其掌握，頤指氣使，無不如意。武宗何負于敬，而敬乃陰結逆黨，忍心以負武宗如此耶？今陛下之所以待敬者，不加于武宗，安知敬之他日又不忍負于陛下耶？小人嗜利無恥，貪得罔厭，機深術熟，無所不至，前日之事，可以左驗。況其奸謀已攻發于衆人，暴白于天下，其心必不能一日忘意于禍之已及也。技窮勢極，尤有臣所不敢言者。昔漢景帝見周亞夫言動，心懷不平，乃曰「此鞅鞅者，非少主臣也」。臣觀敬自陳之疏，辭氣不平，勃勃逼人，鞅鞅殊甚，略無畏懼之心，漫託蕪詞以自解避，而交通宸濠一事，乃隱昧不及。若人者，顧可爲陛下沖年新政臣耶？臣謂陛下宜亟去敬者，此也。

夫勢者，衆怨之門；利者，衆欲之府。敬老矣，來日無多矣，何爲沈湎禄位，貪戀權寵，尚與人争其所欲，以蹈夫衆怨之門耶？或者敬恐一去其位，人有躡其後者，抑敬之子姪臧獲恐敬去位，而已皆不免焉，故爾戀戀不舍，以直俟夫死而後已也。殊不知敬若速去，則人之怨之者少，而朝廷疑之者尚淺，庶乎可以自全，而子姪臧獲之富貴，亦可以自保。使其執迷不悟，怨日以積，疑日以深，一旦鐘鳴漏盡，雖有善者，亦難乎其免也，況敬負天下之惡耶？敬可謂不善于自謀，抑不善謀其子姪臧獲者矣。臣之所以謂敬之自宜亟去者，此也。

陛下盍早賜乾斷，聽敬之去，以全其餘年。仍發明詔旨，許敬之子姪臧獲，得以共保富貴，凡其平生罪惡，皆置之不問。庶敬無所顧慮，肯于必去，而其子姪臧獲，亦肯令敬去矣。臣固知敬乃帷幄權臣，攖之而禍必至，顧臣受官于朝，以言爲職，不忍默默以負陛下之恩，故敢據事之理，極論以瀆宸聰，復揣敬之心，善言以導敬如此。大要欲去敬以安朝廷，誼存吾君云耳，實非有讎于敬，以敬之去爲快也。伏乞留心察納，不勝幸甚。

疏入，得旨：「該衙門知道。」

御選明臣奏議卷十九

勘處倭寇事情疏嘉靖二年

夏言

臣看得：倭寇肆逆，各該地方官員先事不能防禦，臨變不能勦捕，漫無籌策，坐失機宜。以致荼毒生靈，占據城池，劫奪庫藏，燔燒官府，戮害將臣，辱國損威，莫此爲大。及查據前後章奏，俱各事涉掩覆而言辭多遁，情狃寬縱而功罪未明。該部節次覆題，亦不過按據來文，遷就議擬，雖云行勘，亦秖故常，所以屢瀆宸聰，多是曲爲裁答，即今因循日久，未見回報，不惟賞罰淹留而人心懈玩，抑且法令廢弛而欺蔽肆行。昨見朝鮮國王李懌奏稱倭寇打攪上國，至殺官兵，不伏天誅，偷生到境，仰仗皇威勦殺幾盡，并將賊俘獻之闕下。事聞中外，頗喧物議，以爲堂堂天朝，統御萬國，而東南疆埸之臣忘忽武備，廢棄職守，反外臣之不若。方且務爲掩蔽，苟逃罪譴，若不嚴加勘治，何以示戒將來？鎮守、三司、守巡重臣，濫膺朝廷藩方重任，不能協謀畫策以保障地方；市舶、海道備倭衙門，不能遵守舊規，嚴設武備以禁防禍亂；寧、紹府衛所寨掌印、巡捕大小官員，坐視倭寇縱横來往于封域之内，殺戮攻劫于旬日之久如蹈無人之境，略無捍禦之方。以上各官職任雖有不同，俱各無所逃罪。

訪聞前項一起倭寇到時，實因各官從事怠緩，處置失宜，釀成禍亂。及至變作，又一籌不展，狼狽失措，貽害生靈。甚至以城門之扃鑰付之賊手，以日本之國號封我東庫。舉火自焚，舶司差官爲賊嚮導；閫帥墮馬，而走匿民家；守臣棄城，而縱賊焚劫。沿江吶喊殺人，地方之驚擾可知；抵城逼令獻賊，府衛之官軍何在？且宗設領倭寇不滿百十餘人，而寧、紹兩郡軍民何啻百萬！今乃任彼兇殘，肆意劫掠，畢竟無與爲敵，尚謂國有其人，致使蹂躪城郭，破壞閭閻，貽國大恥。事出非常，中間隱匿事情，得于道路傳聞，未易悉舉。今若止令鎮巡官查勘回奏，竊恐上誤朝廷事機，下貽地方災害。法令幾于不振，功罪終是不明。況巡按御史當時倉猝聞奏，稽察未精；鎮守等官身負罪愆，豈肯吐實。臣夙夜思慮，實懷隱憂。伏望皇上軫念海隅蒼生罹此凶變，特遣近臣素有風力才望者，領敕前去，查勘前項失事緣由，明白分別功罪等第，重行誅賞，大明陟罰。庶人心以定，國威以伸，而四方邊徼，皆聞風知所警懼矣。

再臣旁攷載籍，日本在東海之中，漢魏以來已通中國，其地度與會稽臨海相望。在勝國時，許其互市，乃至四明沿海而來艨艟數十，戈矛森具，出其重貨與中國人貿易。不滿所欲，則燔燒城郭，抄掠居民，往往爲海邊州郡之害。我祖宗灼見其情，故痛絶之。當開國之初，八荒向風，四夷賓服，惟是倭寇時或犯我海道，用是于山東、淮浙、閩廣沿海去處，多設衛所以爲備禦。後復委都指揮一員，統其屬衛，摘發官軍，以備倭爲名，操習戰船，時出海道，嚴加隄備。近年又增設海道兵備副使一員專督，可謂防範周且密矣，是以數十年來彼知我有備，不復犯邊。奈邇來事久而敝，法玩而弛，徒擁虛名，略無實效。寧波係日本常年入貢之路，法制尚存，猶且敗事，其諸沿海去處，因襲日久，廢弛尤甚。乞特選官領敕，由山東循淮揚，歷浙達閩以極于廣，會同巡撫官員，按部備倭衙門，親歷海道地方，查點原設官軍，閱視舊額墩堡，盤驗現在兵器，官軍缺乏者即與撥補，墩堡圮壞者即與修築，兵器朽鈍者即與换給，官員之不才者即時易置，法制之未備者即時區畫。庶使海防嚴謹，中土奠安，可以防海堧不測之虞，可以壯國家全盛之勢矣。

疏入，帝從之，遣給事中劉穆往按其事。

議大禮疏 嘉靖二年

席書

臣惟三代之法，父死子繼，兄終弟及。自夏歷漢，二千年未有立從子爲皇子者也，漢成帝以私意立定陶王，始壞三代傳統之禮。宋仁宗立濮王子，英宗即位，始終不稱濮王爲伯。今陛下生于孝宗崩後二年，乃不繼武宗大統超越十有六年，上考孝宗，天倫大義固已乖悖，又未嘗立爲皇子，與漢、宋不同。自古天子無大宗小宗，亦無所生所後，《禮》經所載，乃大夫、士之禮，不可語于帝王。伯、父、子、姪皆天經地義，不可改易。今以伯爲父，以父爲叔，倫理易常，是爲大變。夫得三代傳統之義，遠出漢唐繼嗣之私者，莫若《祖訓》。《祖訓》曰「朝廷無皇子，必兄終弟及」，則嗣位者，實繼統非繼嗣也。伯自宜稱「皇伯」，考父自宜稱「皇考」，兄自宜稱「皇兄」。今陛下于獻帝、章聖已去「本生」之稱，復下臣等大議，臣書、臣璁、臣萼、臣獻夫及文武諸臣，皆議曰：世無二道，人無二本。孝宗，皇帝伯也，宜稱「皇伯考」，昭聖皇太后，伯母也，宜稱「皇伯母」；獻皇帝，父也，宜稱「皇考」；章聖皇太后，母也，宜稱「聖母」；武宗仍稱「皇兄」，莊肅皇后宜稱「皇嫂」。尤望陛下仰遵孝宗仁聖之德，念昭聖擁翊之功，孝敬宜隆，始終無間，大倫大統兩有歸矣。奉神主而別立禰室，于至親不廢；隆尊號而不入太廟，于正統無干。尊親兩不悖矣。一遵祖訓，允合聖經，復三代數千年未明之典禮，洗漢宋悖經違禮之陋習，非聖人其孰能之哉！

疏入，帝詔布告天下，尊稱遂定。

議大禮疏嘉靖二年　桂萼

臣聞帝王事父孝，故事天明；事母孝，故事地察。未聞廢父子之倫而能事天地、主百神者也。今禮官失攷典章，遏絶陛下純孝之心，納陛下于與爲人後之非，而滅武宗之統，奪獻帝之宗，且使興國太后壓于慈壽太后。禮莫之盡，三綱頓廢，非常之變也。乃自張璁、霍韜獻議，論者指爲干進，逆箝人口，致達禮者不敢駁議。竊念陛下侍興國太后，慨興獻帝弗祀已三年矣，拊心出涕，不知其幾。願速發明詔，稱孝宗曰「皇伯考」、興獻帝「皇考」，别立廟大内，正興國太后之禮，定稱「聖母」，庶協事天、事地之道。至朝臣所執，不過宋濮議耳。按宋范純仁告英宗曰「陛下昨受仁宗詔，親許爲之子，至于封爵，悉用皇子故事，與入繼之主不同」。則宋臣之論，亦自有别，今陛下奉《祖訓》入繼大統，未嘗受孝宗詔爲之子也，則陛下非爲人後，而爲入繼之主也明甚，考興獻帝、母興國太后又何疑！臣聞「非天子不議禮」，「天下有道，禮樂自天子出」。臣久欲以請，乃者復得席書、方獻夫二疏，伏望奮然裁斷，將臣與二臣疏並付禮官，命臣等面質。

疏入，帝大喜，明年正月手批議行。

録名德以重士風疏 嘉靖二年

林　俊

臣近見魯鐸爲祭酒，士夫相慶，繼之鐸以疾辭，允之，屬有司俟其病痊具奏起用。陛下知鐸處鐸，士風增重，其知勸矣。夫治道，教化爲先，學校教化之所由出。而太學，又收學校之成功，明教化、成人才、贊天子以出治者也。祭酒，師儒之本，型範非良，則器非良器，故曰「經師易得，人師難得」。上世多取德器醇厚、儒學優長之臣，周成王時彤伯爲祭酒，漢以下若劉向、韓愈、劉毅、吕公著、楊時諸人，爲國儲賢，以致用成化，非細故也。魯鐸志尚清純，道足以鎮雅黜浮，學足以訂頑立懦，方今釐革庶弊，正育賢成德、振作士風之時。况魯鐸與前謝鐸人品相類，謝鐸以祭酒養病，孝宗用吏部薦，進禮部侍郎，掌祭酒事，起之于家，遣官以速其行。重道尊師，頌美有作。陛下今日處魯鐸如謝鐸，則今日頌美陛下，將亦同孝宗矣。夫薦賢所以爲國，祭酒尤賢才盛衰所關，伏望斷自宸衷，亟賜施行，幸甚。

疏入，得旨：「該衙門知道。」

正法守疏 嘉靖二年

林　俊

臣竊惟祖宗設立刑部、都察院、大理寺，謂之法司，凡大小罪犯無不由之。錦衣衛，謂之親軍，伺察機密奸細，鎮撫司鞫訊大盗、妖言。洪武二十年，太祖以鎮撫司非法陵虐，焚其刑具，以所繫囚送刑部；洪武二十六年申明鞫刑之禁，凡罪囚俱送法司；以後任遇漸加，而職事仍舊。見之《大明會典》者如此。列聖相承，恪遵無易。正德年間劉瑾、錢寧等相繼擅權，凡意中愛惡，輒奪付鎮撫，文致成獄，以遂其奸。而祖宗之法大壞，劇盜四起，巨逆繼作，皆陛下所習聞而痛惡者。皇上入正大統，撥亂世而反之正，先朝之錮弊，一舉而翦除之。天下方仰至治，不意于內監崔文等而廢法，豈彼有所膚愬，或假手以濟其私乎？夫法本大公，罪必居一。使宋鈺所告崔文等涉虚，自有反坐之罪，所告果實，亦有必當之條。此祖宗成法，在陛下亦有所不得私者。況臣等微末之臣耶？今不待法司問結，而輒付鎮撫，是固臣等奉職無狀，祇宜治臣等之罪。祖宗之法，未可廢也。況今風霾雨土，赤日無光，天之示戒甚明，正上下內外省身修德之日。今此小事，尚拂于天，萬一有大于是，將何如耶？誠恐將來之變，有不可測者。伏願皇上念祖宗之法，畏上天之戒，收回成命，仍將李陽鳳等付法司，從公問結，以爲將來之戒，則刑罰當而天下服矣。

疏入，得旨：「宋鈺、李陽鳳等還送鎮撫司問。」

乞免查撥莊田疏 嘉靖二年[1]

劉　麟

臣竊查各府皇莊，先年各差太監、旗校人等管理，皇親、功臣亦各設有管莊僕佃人等領種，希勢取寵者撥置并吞，爭競不明者朦朧投獻。而地土之在小民者，日侵月削，有司莫敢誰何。小民日見逃亡，畿內彫

[1] 「嘉靖二年」，據《明世宗實録》卷四〇、《明史》卷三〇〇《外戚傳》，陳萬言乞莊田事在嘉靖三年，則此疏應非二年上。

零，亦已太甚。自聖明登極，諸弊一新，前項管莊人員通行裁革，原係投獻地土，盡歸業主。仍令所司徵銀解部，係各宫主者類進，係皇親、功臣者赴部告給。公私相全，上下交慶，二年以來，事體穩便。況此項田地佃種既久，或昔雖鹻薄，而今則肥饒，或昔曾灘窪，而今則坦夷，其原佃之人，又經蓋有房屋，種有樹木，或祖孫相守，或姻婭相聯，俱難于摘離，勢逼遷逐，恐成激變。且先年皇親、功臣蒙賜地土，踏勘丈量，恣肆谿壑。加以不才郡縣，曲爲奉承，無賴佃僕，巧事逢迎，遂將左右民田，因而一概吞噬。力弱者流離殞斃，能言者奏訴纏綿，又有愚悍之徒，聚衆逞兇，殺人搆禍。今又有原差主事，坐守割取莊田，兼以螟蝗蔽野，毁食禾稼，互相驚疑，怨口嗷嗷。臣既得之聞見，不容緘默。

夫空閒地土，虚名無據。自撥置争吞之計行，而吏民拱手；于昔朦朧投獻之私作，而版籍失真。于今民有逋逃之籍，國有空閒之名，豈真有所謂蕩然無人之境、坐待所司舉以畀人哉！慨自召佃以來，民方得業，疆埸桑梓之計勞，廬墓畎畝之工費，翕翕融融，相慶一時。不謂旋即奪之，如雀在叢，如魚在水，而忽有異物撲之，情何以堪。莊田之賜，以臣觀之，若陛下以股肱之肉而啖心腹之疾，必欲盡飽，禍不忍言。臣又惟攘索無厭者，寵幸之大戒，錫予有漸者，保全之至恩。伏望皇上斷自宸衷，割恩以義，將陳萬言等奏乞莊田盡行裁抑，諭令萬言等自省寵禄之厚比之未遇之時，豐約何如？苟或足供家衆，將今賜莊田暫且停免，待後子孫繁衍，禄食不敷，從實具奏，方纔議撥，猶爲未晚。必不得已，敕下户部，就將各官類進銀兩，約量查給。仍將原差主事，行取回京。則民心以安，國本以固，而所以重畿輔、厚貴戚者，亦兩得矣。

疏入，帝不納。

論錦衣衛朱宸等疏 嘉靖二年

張　原

臣伏見錦衣衛前所千户陳昇，官冒錦衣，材本厮役，虚張聲勢，懾服衆人。肆其壟斷之心，挾以羅織之計，接受詞狀，搜訪陰私，拏攝平人，括檢富室。妄自驕悍，雖堂上官受其執持；擅用刑威，雖内臣家被其索害。先嘗坐喇唬房，肆志已甚，又嘗坐通州季，虐取尤多。害衆不止數十家，得利已踰一二萬。道路側目，儘有怨言。錦衣衛革職千户魏頤，狡猾成性，夤緣用心，先年已奉詔旨革除，今又謀在東司房辦事。夫以冠帶總旗之名，乃與千、百户並坐理事，于法例既舛，于名分實乖。況權勢憑依，胸臆是肆，貪饕括聚，報復公行。物論既多，良可深惡。錦衣衛掌印指揮同知朱宸，既爲一衛之統領，凡事皆由其掌握。卻乃納賄徇私，用人不審，始焉或貪其餌，或附其勢，終焉乃受其制，乃容其姦縱。彼豺虎之儔，貽我閭閻之患，觀其所用之人，如劉儒、關鳳及陳昇、魏頤，此類頗多，罪烏可逭。

再照錦衣衛乃親軍之司，實機密之地，責既云重，官宜得人。今指揮同知朱宸，痼疾耳聾，應對不給；指揮使周傳，素行不謹，穢德彰聞；而指揮同知駱安，則又貪取略同，才猷未著。既皆未孚于人望，曷可委任于所司？況朱宸尅減俸錢，官員皆鄙其行；分取官緡，旗校咸怨其貪。營利之計百生，訪事之使四出。又其子誘校尉以羅織平人，嚇大户而欺取財物，宿娼不檢，生事妄爲。周傳鑽刺機巧，實先朝姦邪之黨人；彌縫殊深，乃新政殛誅之遺惡。顧方以爲得計，不知悛改前非，代人追債而分其財，唆人告訐而利其有，朋惡相濟，衆怨攸歸。又以戚畹至親，乃復營求管事，故違事例，擅啓弊端。此二人者，處之近侍尤非所宜。

乞將朱宸等特賜退黜，陳昇等通行懲究。再乞飭下兵部，該衛掌印管事員缺，另行推選歷練老成、公謹廉静、人望素推之人用之。再將東、西司房辦事寫字人役，差官逐一清查，遵照近日題准事例，勿得容留先年查革人員。仍乞敕諭該衛，凡有公幹，須要秉公擇人，但係平日生事害人者，勿得一概差辦；此後敢有先年查革人數，仍復謀在東、西司房辦事、寫字，及平日生事害人之人營求一切差委者，俱聽科道官指名劾奏，治以重罪。

臣又訪得通州坐季，原非祖宗舊制，比因彼處盜賊生發，權宜差人，止爲訪拏盜賊一事，此外並不得有所干預。其後生事圖利之人，營求差委，馴至今日，遂爲地方之害。况天順年間已嘗因事奉旨查革，而今彼處又已設有兵備、守備等官，則此坐季人員，似亦甚爲冗贅。伏望皇上察納臣言，俯賜停止，生民幸甚。

疏入，得旨：「兵部看了來説。」

寢楊倫職命疏嘉靖二年

張　原

臣謹奏：近該内官監小火者張通等，因本管太監楊聰病故，比照太監趙山廕弟趙雲事例，具本題請官其姪倫，奉聖旨：「准他。楊倫與做錦衣衛百户管事。該衙門知道。」欽此。臣等固知聰乃藩邸舊人也，陛下昔者龍潛藩邸，私厚于人，固無不可，今爲天下主，以天下爲家，天下之人皆陛下臣，顧猶可自分彼此厚薄，以示不廣乎？祖宗朝内臣既歿，間有寵被恩私、録用弟姪者，然皆賢勞著績，輔翊有功，素爲内外人所知敬者，方始得之。然亦不過一二人，以示異數，初未嘗概予而濫施之也。藩邸舊人，在當時人品不無賢否，歷年不無淺深，効勞不無大小，左右近侍足當聖意者，亦不無差等。其間不宜概以舊人，一例論也。

夫官爵乃祖宗之定制，天下之公器，陛下自當爲祖宗、爲天下崇重而靳惜之，不宜任私意，往往濫及私人也。況倫以廝養之賤，無戰伐功而濫受六品武職，其于名器爲何如？以公家廩餼，皆生民膏血，而容倫饕餮其中，其爲冗濫何如？且爲官擇人，因能授任，乃國家官人之法。今不論其才能可否，而即使之管事，豈擇人授任意耶？縱使私厚舊人，恐亦不宜如此也。張通等代爲之請，是乞陞也；不由該部議擬、陛下特降内批與之，是傳陞也。陛下即位之詔，已嘗痛革此類，播告天下，天下之所共知。在先朝者俱查而革之，在藩邸者又從而與之，是天下之人皆不許傳乞，而藩邸之人獨可任爲之。岐宫中、府中于二體，判前日今日爲兩端，方自行之，旋復背之，失信破例，天下其以陛下爲何如？

往時趙雲准與千户，妄起弊端，臣等已經屢次執奏而不蒙俞允，今倫襲其故智，又復然矣。小人得志，日長月滋，彼此效尤，妄肆比引，將來恐又不止于此。此臣等所以凜凜然大懼，不得已于言也。伏望陛下以天下公爵待天下有功，不比于匪人，不溺于私愛，崇重名器，靳惜恩賞，特降明旨，追寢楊倫廕官之命，不使後人復援楊聰以爲例，天下幸甚。若必欲其杜絶倖門，更乞將趙雲官職一體追奪，庶天下後世曉然知大聖人所爲，從善弗咈，改過不吝，迥出尋常萬萬也。

疏入，得旨：「楊倫已有旨了，只著帶俸。該部知道。」

祛異端疏 嘉靖二年

張　原

臣謹奏：該大學士楊廷和等上言慎選左右，速停齋醮，以光聖德，奉聖旨：「覽卿等所言，具見忠愛，朕已知道了。」欽此。臣仰觀聖意，似未慨然賜俞者，故復昧死一言之。竊惟人君好尚，天下趨向繫焉。雖發于一心之微，著于幽深之地，行于一時之暫，然而感召孚應之理，形發影響之機，波蕩風靡之勢，蓋有不言而信，不令而行，不疾而速者。如此，雖或告誡丁寧、刑罰督責，無益也。故曰：「其所令，反其所好，而民不從。」況夫奸巧貪婪之徒、夤緣干進者，百計以用其心；而輕儇柔媚之人，乘時射利者，每日以試其術。二者錯布于內外，則人主耳目之前，舉凡可欲之事，背理而害治者，紛然雜進矣。人主遇可欲之事，或口一言焉，或身一行焉，讒諂面諛之人，罔不亟順旨以諛其美。或先意以導其行，人主殆有受其欺而不自覺者。是以心志爲之蠱惑，視聽爲之眩誘，彼之甘言，得投于間隙之時。或竊國之命，或移其所好，奸巧貪婪之徒，得以夤緣干進焉。自古人主，苟非明理燭幾之聖，鮮不爲其所欺矣。昔唐太宗嘗止樹下，愛之，宇文士及從而譽之不已，太宗正色曰：「魏徵勸我遠佞人，我不知爲誰，疑是汝，今果不謬。」宇文士及叩首謝。若太宗者，可謂歷代之英主，而不爲小人之所誑惑矣。

臣自去歲聞左右近侍之人有與外面宮觀革職人員，陰相交結，承其指授，誘引陛下崇信道教，致于煖殿建置老子像，又令內臣誦習其書，演行法事。比臣即欲具言，竊念陛下明聖，決不爲此，而外人之言，或出孟浪，以故中止。近日道路流傳，言者愈衆，且謂陛下躬自臨壇，焚香拜籙，而大學士楊廷和等今又以之爲言，臣始信陛下真有此事，而人言所謂左右輕儇之人乘間設餌，以誑陛下，欲爲希寵干進者之媒，不誣也。陛下即位已踰二載，聖心堅定，百無所好，一旦乃復爲此，此臣之所未喻也。

臣惟孔子之道，載諸六經，治天下者率必由之。由之則治，違之則亂，無之則亡，未聞以佛老也。佛老之教，以清浄無爲爲本，苦空寂寞爲宗。今陛下爲天地百神及天下民物主，萬幾叢委，萬物攸賴，顧可清浄無爲爲耶？抑可苦空寂寞爲耶？獻説陛下者，或稱其導引之術，或盛爲福利之説，其所以聳動宸聽，大約不過二者。陛下一時不察，遂以爲真有益而誤信之，殊不知其事已嘗歷試于漢、唐、宋之君，往往無益，秪以自欺，或且又有害焉。明效大驗，昭然可攷，陛下何不據往迹而省觀之，乃復崇信之深如此也。或者陛下欲爲宗廟社稷及天下蒼生廣祈福利，勉焉爲之，意固是矣，但今星辰失度，雨暘愆期，風霾亘旬，江湖湧溢，盜賊充斥，死亡載道，彼佛老者不能副陛下崇敬之誠，爲陛下禦災捍患，福國庇民，以佐成泰和之治，則彼無靈神而不足信也。陛下亦可以攷矣。

陛下屈萬乘之尊，以事異端之教，自視之若無大關繫也，然而瀆亂大經，虧損聖德，貽笑天下，取譏後世，實非細細者。況自祖宗朝來，内殿未嘗有此建置，陛下乃創爲之，可不可也？及各宫好事，❶及漢經廠、番經廠、西天經廠，并靈濟宫、顯靈宫諸處，日逐俱要供給齋飯、供養等物，俱必經由光禄寺造辦，所費至爲衆多。其一切支用内府帑庫錢糧，以爲襯施、賞賜者，當又不止于此。夫内府帑庫錢糧，儲之本爲軍國之

❶「及」，張原《玉坡奏議》卷三該疏作「今」。

用，現今各邊鎮軍士缺少月糧，有司往往告乏，各處地方盜賊、旱澇，百姓在在告飢，陛下一切吝而不與，而乃爲此襯施、賞賜等項所浪費，使羣小侈然持之，誇耀于人，以示得志。則亦安用此帑庫積蓄爲耶？臣亦未見其可也。

祖宗設師、傅、保之官，而處之禁密之地。師，導之教訓；傅，傅之德義；保，保其身體，乃其職也。今楊廷和，少師也；蔣冕，少傅也；毛紀、費宏，少保也，皆陛下師臣也。彼聞人言或及于陛下，顧未得密勿論道之義，乃爾登言章奏之間，計亦不得已矣。觀其旁引曲譬，析事論理，委曲詳盡，激烈剴切，蓋實情迫于中，責切于身，所以盡忠陛下也，所以求舉其職也。陛下漫然應之曰「已知道了」，詞雖婉而意實乖，言若親而旨則離，略不見有改悟之意而許之施行，此臣之所以不能不駭且疑也。陛下初即位，每召廷和等，事必咨之而後行，今併其言置之而不聽，何也？彼師臣尚且如此，臣屬何望焉！

前日因災異，陛下兩敕中外文武羣臣同加修省，天語丁寧至再至三，而「吏治民隱，興利除害，都要著實舉行」之旨，又往往形之批答之間。既曰「事關朕躬的，朕自舉行」，又曰「齋醮俱已停止」，迄今齋醮之設自若也，抑又日益而月盛焉。是詔旨徒事靡文，舉行託之空言，停止虛應故事，陛下已自食言，而所令反其所好矣，何以責中外羣臣祗承德意，而欲其著實舉行政務耶？此臣所以益信陛下受餌于左右輕儇者既深也。伏望陛下清心窒慾，以立天下之本；稽古正學，以建四方之極。端其嗜好，勿爲小人之所偵知；謹其習尚，勿爲異端之所搖惑。上畏天戒，下恤民窮，速將所建佛像盡行撤毀，內外齋醮，俱各停止，凡誦習佛老之人，勒令散歸原舊各該衙門。萬幾之暇，惟當專一游心孔子之道，涉覽《大學》《尚書》及古君臣事跡，則聖心開悟，樂地自多，治道裨補，宏益實大。固不必服氅衣，誦真言，以從事所謂異端之教也。

臣又聞内臣有周用、田顒、蔡秀者，駔儈之才，姧狡之性，柔佞便捷本其所長，原係罪人名下之人，今復夤緣左右答應。彼乃巧伺上意，動中機會，挾持左道，熒惑聖聰。凡茲所爲，皆其誘引，蓋欲陰爲引用罪人立赤幟也。臣于去年不揣愚妄，請陛下遴選近習，意正在周用等，節奉聖旨：「宮中一應執事内臣，著司禮監從公揀選謹厚老成的，答應備用。」欽此。至今司禮監官牽制私意，廢格敕旨，不見有所施行。伏望陛下將周用等屏逐出外，勿得復留左右，使爲羣小引用之地。其宮中答應執事人員，更乞敕司禮監遵照前旨，從公揀選，中間但係往年罪人名下如周用等者，一體俱賜遣逐。庶幾拔本塞源，而太平之治可成也。

疏入，得旨：「該衙門知道。」

論王邦奇等七次奏辯疏 嘉靖二年

張　原

臣謹奏：近日錦衣衛左千户等所、鑾輿等司旗校王邦奇等第七次奏辯，意圖復官，已經臣本科參駁去後，臣竊惟詔旨不可不信，紀綱不可不振，法度不可不行，皆朝廷大體所關，治亂攸繫，恐陛下未之悉察，故茲瀆陳。查得先奉詔書内一款：「正德元年以後各衙門官軍旗校人等，緝捕妖言、姧細，並不係臨陣對敵強賊，一應陞授職役者，通行查革。」欽此。又一款節云：「抗違妄奏者，問發邊衛充軍。」欽此。及經科道部衛等官查明具題，奉聖旨：「是。冒濫人員，既會同清查明白，并其餘事情，該部都看了來説。」欽此。續該兵部覆題，奉聖旨：「是。各該官員旗役，都依擬查革，中間係職官革盡職級的，還與他冠帶閒住。被革人員朦朧奏辯的，你部裏及該科參奏重治。」欽此。後因錦衣衛右所副千户楊忠奏辯，該兵部參覆，奉聖旨：「是。楊忠抗違詔旨，朦朧妄奏，法司提了問。」欽此。又因錦衣衛衣中等千户所千、百户、總小旗劉鑽等奏辯，❶該兵部參覆，奉聖旨：「你部裏説的是，但係弘治十八年以前陞授職級，都照舊不動，正德元年以後陞授的，盡行查革，不許再來奏擾。劉鑽等饒他。」欽此。

今邦奇等俱係官軍旗校在正德元年以後緝捕而陞官，正詔書相應查革之人。中間雖或亦有事情真實者，殆亦不過一二，而今皆不可攷，難以辯理，亦在所不必論也。是何也？蓋以正德年間國柄潛移，權倖用事，祖宗之制度、朝廷之紀綱蕩廢殆盡，以致奸邪小人依憑城社，大肆夤緣，率皆納賄以求官，計日而遷秩。下至販夫賈子、廝養僕隸，無不爲之，無不遂意。名器爲之大壞，紀綱日以決裂。比時雖彼儕輩之人，亦以爲濫，而知後來不能安享也。陛下昔在藩邸，知之亦稔，幸而天佑我明，陛下即位之初，湔刷垢敝，克復舊章，冠帶之塗，天下方喜于廓清，不意于邦奇等之奏，復有「看了來説」之旨。臣固知邦奇等平日榮冒官資，紆拖朱紫，出入炫耀，意氣揚揚，一旦革之，使之索然，情固不能無怏怏。然既有明旨「還與之冠帶閒住」，則亦可以安命知止矣。若必欲復官，則奉有正德元年以後通行查革之詔，累奉依擬查革及盡行查革之旨，理不可行，法不可行，朝廷之體統亦不可行。凡茲舉朝大小臣工，孰敢犯天下清議，甘萬世重譏，奮然自任、再

❶「衣中」，「衣」當作「左」或「右」，錦衣衛有左中右前後等千户所。「鑽」，《明世宗實録》卷一五、《明史》卷一九八《彭澤傳》作「瓚」。

開倖門，以復邦奇等之官，以蹈抗違詔旨、變亂成法之大罪乎？

邦奇等本以緝捕得官，臣即其事論之。十五、六年間羅織鍛鍊，無辜而死者不知其數，抑有罪人雖死，而尚不知何事者。有人心者無不痛心，邦奇等試揣于心，亦當自知也。殺人以求富貴，在天理以爲何如？今乃不自悔訟，復爾騁其讎怨之口，極爲詆詈之言，恣其兇悍之性，欲爲報復之計，肆無忌憚，至于此極。古人有言，敬近臣爲近主也，《禮》下公門，式路馬，亦皆所以敬君也。今科道等官爲陛下左右之官，是近臣也；銜陛下命往理其事，乃陛下之命使也。邦奇等視之曾陛下畜産之不若，而叱詈之，屢加漢法，所謂大不敬何大于此？其所攀比之人，又皆一偏之見，殊不知各人之事迹不同，詔書之條格嚴密，官司之册籍詳明，不入于此，則入于彼，應革應留，據實可見。非惟不敢容私，雖有私亦不能容也。

且法者，原于天道，制于祖宗，主于陛下，而奉行于百官。今天下事非一端，奉陛下法治事者非一人，審使邦奇等之奸計得遂，市虎之流言成真，則百官臨事皆將有所觀望而畏縮規避，孰肯爲陛下任事怨乎？況屢奉詔旨，一則曰抗違妄奏者發邊衛充軍，一則曰朦朧奏辯的參奏重治，一則曰不許再有奏擾。而《大明律》及現行事例，又有「摭拾勘問官員者，民發口外、軍發極邊衛分」之條。今邦奇等七次奏辯，不知于詔書于律例何如也？臣該科雖嘗屢行參駁，而不知復有引詔旨、據律例奏請論之如法如往日之治楊忠者，則邦奇等之不悛亦宜也。今天下奸邪潛匿，蠹政屏息，世道清明者，賴有此即位一詔爲之隄防耳，臣等之所以謹守而不敢苟邀人心、緘默不言者，亦以此也。此焉一決，則潰溢四出，汎濫滔天，陛下大事去矣。臣待罪該科，已奉有明旨，許臣參奏。況又親見此輩牽朋引類，以搖奪國是，敗壞國體，抗違詔書，摭拾勘官。臣大懼世道之下陵上替，紀綱之日隳月廢，工不信道，朝不信度，關繫天下治亂也不細，彼科、道、部、衞區區數臣，固不足惜也。伏望陛下獨奮乾綱，大張雄斷，敕下法司，將爲首王邦奇遵照詔旨從重發遣，以爲衆戒。仍追究代寫奏本之人，照例治罪。庶朝廷不失信，而百官得以展布供職也。

疏入，得旨：「兵部知道。」

御選明臣奏議卷二十

停國戚張鶴齡等恩典疏嘉靖二年

張　原

臣謹奏：昨見吏部奉敕：「皇親太師壽寧侯張鶴齡進封昌國公。慶陽伯夏臣加太子太保。」欽此。又奉敕：「都督同知陳萬言進封伯爵，與誥券，子孫世世承襲。」欽此。又該司禮監太監張欽傳奉聖旨：「都督同知陳萬言男陳紹祖與做尚寶司司丞。」欽此。又該傳奉聖旨：「舍人蔣泰、蔣清、蔣昶俱與做正千户。吴振、武受俱百户。」欽此。臣聞命錯愕，甚有不安于心者。

竊惟禄以報德，爵以賞功，天地之常經，先王之大法，祖宗之定制，不可易也。易則濫，濫則賤，賤則無以收檢人心，砥礪世道。陛下纘祖宗大統，爲天下義主，當以爵禄爲公天下之具，以待天下有才德之人，不宜私恩外家，而濫施妄予，以隳祖宗天下之法制。鶴齡等無間關百戰功，非俊傑九德士，徒以椒房之親，重荷恩寵，富貴已極，名位已盛，今無一事，復加崇階，一日之間，徧及四氏，封公者一人，封伯者一人，進宫階者一人，授六品文職者一人，五品武職者三人，六品武職者二人。不惟寵賚頻仍，爵賞横濫，抑且私厚戚屬，輕用王章，臣竊爲陛下不取也。萬言新聯國戚，列佐督府，循之舊例進封以伯，固有可諉，臣猶嫌以太驟。鶴齡等果何謂耶？若以爲母之恩罔極，陛下之孝未盡，則去歲之詔覃恩已至，今兹之予，又似無名。縱使鶴齡等有積勞于國家，則論功行賞，亦止宜于一行。豈可去年降一敕，今年又降一敕，去年加官，今年又加官？洪恩過寵，頻頒疊見，以瀆以僭，至于如此，然則何時可已也。吴振、武受又出異姓，臣不知爲何人，今皆曲緣私恩，一概濫被，輕授無度，實啓傳陞之厲階，何以壓塞人言、防杜僥倖？臣所以不能不駭且惜也。

且公之與伯，上爵也；五品、六品文武官階，重職也。封拜，大事也，陛下不謀之輔弼大臣，輒自内降手敕，率易行之，揆之事理，殊未爲安。況大恩不可以頻假，上爵豈容以輕授！《祖訓》昭然，法制具在，陛下又似不宜任情率易行之也。夫富貴忌于太盈，功名嫌于過盛，造化消息、盈虚之理，有一定而不可誣者。是以漢、唐、宋賢君往往慎重公賞，抑絶私恩，而不肯少假借外戚。其外戚之知道理、識時勢者，亦或守謙讓、戒盈滿，而不敢少憑藉公家。用是上下共成保全之道，而爲善處富貴之人，書之簡册，于今有光。臣方以堯舜望陛下，顧今所爲又似戾于漢、唐、宋賢君遠甚。使天下得而私相非議，後世得而横加指評，臣所以爲陛下甚惜者以此。況今各處盜賊縱横，生靈糜爛，饑饉連亘，道殣枕藉，而南京之所奏報，又有不忍聽者。陛下曾不少動于中，而存心于宵旰，顧惟拳拳戚畹而敷覃恩澤，臣恐天下以陛下無意于斯民，而秖知有外氏，其害誠非細也。臣所以爲陛下甚惜者又以此。

伏望陛下以天下爲家，以萬民爲念，以義制事，以禮制情，遵祖宗慎守名器之訓，謹戚屬驕僭禮制之防，俯納臣言，將前項恩典暫爲停止，徐俟他日再圖議行。庶賜賚有名，官爵不濫，陛下不失守文之盛德，戚畹得全知足之令名。臣之此言，非敢薄于陛下之所親，自顧備員言路，封駁乃其典守，覩此事理之或舛，實有不能恝然于心者，抑懼天下後世之議及臣也。是以昧死上聞，不勝隕越待命之至。

疏入，得旨：「該衙門知道。」

停司禮監請乞疏 嘉靖二年

張　原

臣謹奏：近該司禮監右監丞閻綬等題爲已故司禮監太監張淮弟張銘、姪張琦、張瑋及閻欽等乞討官職，及現任管事，奉聖旨：「張銘准南鎮撫司管事，其餘罷。該部知道。」欽此。臣等竊見淮以閭閻之子入侍帷幄，榮冒蟒玉，叨官司禮，雖有奔走之勤，殆亦職分當然，概其生平寵榮，殊未足以報稱。況當陛下繼統，而覃詔推恩已嘗官銘爲指揮同知。今淮既死，又錫之葬祭，若復用銘，不無失之濫繁。往日太監趙山、楊聰等死，其發送諸内臣爲其弟姪乞官，臣等執奏，論其不可，不蒙俞允。然彼皆藩邸舊人，既獲從龍之幸，或荷非常之恩，事偶可以一行，固亦妨于聖治，不意今日遂以爲例，一概踵而行之。是何也？臣等據法之言既不見信，而彼徇私之請得以肆行故耳。夫朝廷用人，本以辦集事務，苟不問其人之才不才，乃惟念其私故，輒委之事，其不至于僨敗者鮮矣。鎮撫乃機密之司，尤當用人于推選，而朝廷于機密之事，豈宜以人而嘗試。臣等昨嘗略見銘之爲人，禮度且猶不知，于事何能辦集？設若他日有所憒敗，則陛下事也。皆于事體有乖，治道傷損，甚非軌物憲世之意。

再照司禮監右監丞閻綬，職名司禮，顧不能守禮以贊成陛下維新之政，乃棄禮任情，爲人乞官，使陛下蹈濫賞妄施之過，舉官署有倖位僨事之匪人，設心不臧，曷堪委任。若係追念昔爲張淮之門下，則豈宜以朝廷之公物爲報復之私圖，召枉啓濫，是謂不忠。他或有所利而爲之，則又豈宜假朝廷之恩典，爲私門之商販，賣公徇利，是謂無恥。其稱淮之墳塋離京寫遠，須得親人往來照管。聽其言似是，究其理則非，照管墳塋，銘係親弟，亦即可以自便，似不係于官之管事與否。又本後開寫乞官人數頗爲衆多，而閻欽本非淮之族屬，實與綬之姓氏相同，中間尤可疑惑。且各名之下，輒自注擬官職，事屬擅專，似不知恩典出自朝廷、典守各有攸司，怙寵擅權，市恩罔利，皆大不可。賴陛下聖明，止許張銘管事，其餘俱已報罷，臣仰贊聖德，無任喜忭。但張銘管事，尤非祖宗軍政推選之舊法，聖賢因能授任之明訓，臣等待罪該科，不得不又爲之言也。伏望陛下慎重公賞，抑絶私情，俯納瞽言，追寢張銘管事之成命，仍將閻綬薄示懲責，以爲後戒。臣又聞行事必先申命，明罰所以敕法，不塞其源，不足以止其流，不懲夫一，不足以戒夫百。更乞敕司禮監通行戒諭各監局官，俱要同心協力，守法奉公，不可代人乞討陞官管事等項恩澤，以貪圖利益自壞行止，則幸甚。

疏入，得旨：「已有旨了。該部知道。」

論國戚張延齡等罪狀疏 嘉靖二年

張　原

臣謹奏：訪得建昌侯張延齡被宛平縣民孫銘奏訴強占地土等不法事五件，投匭而法司不敢理論，延齡擅自差人前往法司門首，將銘捉拏至家，鎖拘馬房内者五日。銘妻又嘗將情抱奏，而法司亦不聞有所施行，延齡又將銘責打二十，而後疎放去訖。似此恃負驕恣，妨國害民，臣恐陛下深居九重，未之或知也。近日皇親、功臣轉相效尤，大率皆是如此。又如定國公徐光祚，本以癲癇病夫，騃惷已甚，而伊弟所謂「三公子」者，每下鄉邑擅坐轎乘，擅著蟒衣，擅住公館，擅接詞狀，擅出告示，擅用刑杖。作威作福，違禮違法，不可疏舉。

而玉田伯家、昌化伯家，亦每代人追討錢債，貪圖賄賂，妄生事端，羅織平人，經月拘囚，私自拷訊。聲勢張皇，道路側目，恐非諸皇親、功臣之福，亦非宗廟社稷之利。

陛下爲天下軍民之主，而實賴天下軍民以立國，今視諸皇親、功臣違法害人，而不與之作主，則軍民受害者將復赴愬于誰？萬一日久勢迫，民怨心離，陛下又將何以立國？延齡等已爲富貴之極，而不務求持盈守成之道，乃貪婪貨利，無有止足，恣意妄爲，驕橫不法如此，似不知有朝廷而畏法度也。由今觀之，則我太祖之待功臣，漢文帝之處薄昭，皆不可謂之少恩；而諸皇親、功臣之事陛下，亦不可謂之守禮；陛下之御諸皇親功臣，或亦過于厚矣。陛下固云念其親親之情、世功之胄，然民惟邦本之義，獨不當念而惜之乎？今小民受害而無所控訴，法官畏縮而不敢究理，以致諸氏之驕恣日甚，民日不堪，陛下曾不少爲動心而略加詰責，若縱之使然者，非計之得也。

正德年間雖權奸用事，而諸皇親、功臣猶知畏罪自戢，顧亦不聞有此。今陛下聖明在上，而延齡等乃至如此之甚，臣竊以爲陛下姑息太過、威令不行致然耳。伏望陛下重維祖宗洪業之難創，億兆人心之易失，閭閻生計之至微，勳戚富貴之已甚，常以義而制情，不徇恩而掩義，申飭戒諭，痛賜裁抑，務使諸皇親、功臣皆知敦尚儉素，恪崇謙恭，各守禮法，各保富貴，不可輕自恣肆，冒犯憲典，以貽後悔。其所奏建昌侯、定國公事情，仍乞敕法司通爲究理，倘得其情，皆置之法。庶威令得以彰明，貴戚知所斂戢，不徒小民之幸，而亦諸貴戚保全富貴之幸也。

疏入，得旨：「該衙門知道。」

停止織造疏 嘉靖二年

張　原

臣謹奏：先該内織染局署局事御用監太監刁永等題請差官蘇杭等處織造，工部執奏以爲不可，反復辯論，殆千餘言。蓋據時勢而極言之，事理極爲詳盡，不圖聖意竟莫之回，而有差内臣一員提督之旨。此事關繫聖政之得失、生民之忻戚、世道之治忽，不得不昧死以陳其愚。

陛下登極之初，已將各處新添差出内官盡數取回，聖明洞見萬里，或知其爲地方生民之害也。天下方蒙更生之福，不勝喜幸，迄今日月幾何，而乃復有此差官之旨，何前日知其害人而停止，今復不慮其害人而允其請乎？現今各處地方水旱相仍，殍殣載道，而南直隸一帶災傷尤甚。爲今之計，正宜加意存恤尚恐其無濟，矧可又加之以征科朘剥之擾耶？陛下每遇各處撫臣奏報災傷之大、府部臺諫疏論救濟之方，屢降明旨，發内帑，減征派，諄諄戒諭，皆欲其加意存恤，務使民沾實惠。似此所行，則是一面差官賑濟，一面差官科害，所謂實惠者何有，存恤者何如也？明旨所許雖止蘇、松，然弊源一開，倖門再啓，干用謀利之人遂以爲例，浸淫之勢決不可復止。則陝西之羊絨，江西之燒造，與凡買辦、採辦、管莊、管店之類，亦或在所不免矣。今天下地方大半多盜，而陝西重鎮已經戎馬之所殘擾，民或死于飢餓之間、鋒鏑之下者，餘已無幾。呻吟之聲、疾蹙之狀，已是遍滿閭閻，何以復堪乎此！臣恐窮民之無告者，或遂至于反袂而不逞，上梗聖化，噬臍何及！

夏間風聞浙江鎮守太監梁瑶指稱進貢，差人私齎寶貨，滿載舳艫，前來打點，意圖帶管織造。比時給事中章僑豫以爲言，正欲逆閉其途，纔延數月，而太監刁永果有此請。梁瑢當倭賊搆亂之際，不聞出謀設策以靖地方，乃惟汲汲營幹，圖管織造。究其心，蓋止知謀利，而不知謀國；止知愛身，而不知愛朝廷。陛下試詳察之，彼果何如人也。梁瑢之營幹，雖因章僑之言而暫止，然實啓其端矣。自後賄託左右，夤緣宮掖，以圖委用者，皆由此以施其引伸疏濬之術，致令差官之命，竟爾必出而莫之挽回。臣按，瑢之擅啓弊端，違格詔書，爲陛下斂衆怨，爲朝廷生厲階，誤國殃民，背公徇利，罪可斬也。伏望陛下常懷民惟邦本之心，重念民窮盜起之義，所有差官提督之命，速賜追寢，俟後歲時豐稔，人民充足，再爲議行。仍將梁瑢取回究治，以杜夤緣，則生民幸甚，臣亦幸甚。

疏入，得旨：「該衙門知道。」

論議禮諸臣黜陟疏嘉靖三年　胡世寧

臣昔于陛下踐阼之初，竊傚宋臣司馬光上言人君大德有三，曰「仁」、曰「明」、曰「武」。臣竊見陛下臨御以來，子惠黎元，洞燭事體，仁矣，明矣，而武則未彰，是以臣工多玩，政化未隆。邇因大禮之議，羣臣執議不合，陛下優容再三，而彼激烈愈甚，聖心不得已，赫發斯怒，薄示威罰，朝野聞之，肅然震慄，聖武彰矣。三德備矣，然臣竊有憂之，敢申前説未盡。蓋是三德之中，以「仁」爲主，而「明」與「武」所以成之也。故譬諸天地，仁則其生成之德，明則其日月之照，皆不可一日而無也。若武，則雷霆時可一震而已，若震之數或震之過，則天下何所容身，而天威亦反褻矣。故説者謂是三德，仁或可過，而明則不可過也，明過則察；明猶可過，而武決不可過也，武過則殘。臣願陛下自今中外羣臣有罪，下之司寇，責問罪狀明白，輕重誅黜，皆依律科斷，奸不能惑，佞不能移，所謂武也。乃若數用廷杖，則恐其間或有心實忠良而體素怯弱者，一時不堪箠楚，偶斃雷霆之下，遂傷日月之明。臣知此事非出陛下本心，實由羣臣偏見激烈之過，然而傳播天下，書之史册，豈所以昭聖德之美哉？臣願陛下自今謹之于後而已。

席書以達禮受知陛下，親擢禮部尚書，真得古聖王知人善用之體，然恐後有文臣武將，才望非書之比，而乃援書爲例，夤緣結託，不由衆推以得倖進者，聖明于是仍許選部、言官執奏，而追奪之可也。其餘新進英達，今雖議禮一言有合，而以後難保其事事之皆是；舊任老成，今雖執禮一事過當，而以後難逆其事事之皆非。聖明于是惟以天地、日月三無私之心，照臨于上，其言是者從之，非者置之，其立心行事公者用之，私者黜之，無分彼此新舊，而先有適莫于中，天下之幸也。

皇上聰明仁孝，親定大禮，追崇皇考爲「恭穆獻皇帝」，聖母爲「章聖皇太后」，已無子臣父之失矣。然而議者欲正兩考之失，追改「皇伯」之稱，紛争不已，中外共疑。臣非敢謂其言之不然也，然竊有見陛下入繼大統，雖由皇考遺體，倫序當立，然而定策之初，朝議大協，實由慈壽皇太后擁翊之功。既而即位以來，人心永戴，實承孝宗敬皇帝聖治之蔭。臣知聖心純孝，其于議者之言，必有不欲盡行，而「皇伯」之稱，必有不忍遽改者矣。臣願陛下明以此意，止議者之再言，而消其嫉怨，亦以此意釋羣臣之固惑，而宥其愚忠。要使兩宫二廟均享陛下之孝，而歡洽無間；九州四海咸頌陛下之德，而愛戴無疆。亦使新舊諸臣和協于下，以佐理維新之治，用以祈天永命于萬年。此陛下萬世之孝也。臣愚昧死不勝惓惓。

疏入，帝不納。

大禮議 嘉靖三年

吴一鵬

臣謹攷前世入繼之君，間有爲本生立廟園陵及京師者，第歲時遣官致祀，尋亦奏罷。然猶見非當時，取議後代。若立廟大内而親享之，從古以來未有也。臣等寧得罪陛下，不欲陛下失禮于天下後世。今張璁、桂萼之言曰「繼統公，立後私」，又曰「統爲重，嗣爲輕」。竊惟正統所傳之謂宗，故立宗所以繼統，立嗣所以承宗，統之與宗，初無輕重，況當我朝傳子之世，而欲倣堯舜傳賢之例，儗非其倫。又謂「孝不在皇不皇，惟在考不考」，遂欲改稱孝宗爲「皇伯考」。臣等歷稽前古，未有神主稱「皇伯考」者，惟天子稱諸王曰「伯叔父」則有之，非可加于宗廟也。前此稱「本生皇考」，實裁自聖心，乃謂臣等留一「皇」字以覬陛下，又謂「百『皇』字不足當父子之名」，何肆言無忌至此！乞速罷建室之議，立廟安陸，下璁、萼等法司按治。

議奏，帝報曰：「爾等欺朕沖歲，黨同執違，往且勿問，其奉先殿西室亟修葺，盡朕歲時追遠之情。」

請舉大禮以安人心疏 嘉靖三年

朱　淛

臣竊惟嘉靖三年二月三十日恭遇慈壽皇太后聖誕，節奉旨命婦皆免朝賀。伏見近來天災流行，聖心警動，諸凡供御一切裁省，母慈體國，當示謙沖，但睿旨簡嚴，不言所以，臣民觀聽，惡得不疑。咸謂朝賀之禮，近在興國太后固已舉行，今者慈壽誕辰，乃聞報罷，事體相類，禮數頓殊，傳報之間，關繫不小。竊念慈壽皇太后手提神器，親授吾皇，母子至情，天日在照。孝宗在天之靈，所以望陛下之事母后者何如？天下臣民、萬姓之心，所以望陛下之事母后者何如？今乃旬月之間一廢一行，彼此相較，形迹太著，何以安母后之心，慰孝宗在天之靈，副天下萬姓臣民之仰耶？臣愚以爲朝賀之禮，在母后雖云固辭，在陛下尤宜敦請，比諸常禮，加意舉行，致誠致敬，盡情盡文。不然萋斐成文，嫌隙易啓，兩宫之疑漸積，國家之釁日生，興衰隆替，實繫于斯。臣不勝感激之至。

疏入，忤旨，下獄，杖斥。

勘地方賊情疏 嘉靖三年

張原

臣謹奏：先該福建鎮、巡等官勘報過漳州等處流賊攻劫殺擄，並官軍斬獲緣由前來，已經兵部又據莆田縣被害民人詹與良奏稱彼處衛司不行勦捕，致賊猖獗，大肆荼毒等情，看得中間情辭各異，其他隱蔽尚多，不無追究未盡，遽難定奪，欲再轉行彼處巡按衙門覆勘等因，覆題奉聖旨：「是。各該官員功罪，并陣亡死節等項事情，著巡按御史從公查勘，務見明白來説。賊起去處失事情由，還著廣東鎮巡官上緊勘明具奏。」欽此。

臣惟前項盜賊攻劫鄉邑，焚燒室廬，搶擄人民，污衊婦女，拒敵軍民，殺戮官吏，甚至殺人祭旗，剥皮分屍，剖腹取胎，流毒三郡，遺害兩省，備極慘酷。人皆憤怨，蓋不獨詹與良一人言之，其鄉人聽選官陳文溹，及給事中等官鄭一鵬等幾二十人，皆嘗連名具奏。彼皆土著居人，身親睹記，所見必真，所言可信。其稱賊在附城劄營二十餘日，衛司坐視不顧，任其歌彈飲酒，從容劫殺，給票買物，明報官司，准令供應。又稱忽聞賊至，都司先已遁去，次日方知所在。軍出涵頭，偶聞風吹于兵仗有聲，指揮以下返奔入城。官軍未嘗與交一矢，止有民兵屢戰，被殺約有五百餘人，典史中箭而死，檢校被擄贖回等項情節，與臣所聞大略相同。及觀彼處鄉人所撰《癸未録》者，紀載彼時事情，尤爲詳備，其與彼處官司之所勘報，十無二三。該部欲行覆勘，蓋已洞燭其弊。但彼處官員，既經查勘回奏，豈肯再有異詞，自爲先後矛盾。況彼俱係待罪人員，未免回護遮掩，秖事虛文塘塞，以致鬱閭閻之憤，失綜覈之實，遂僥倖之心，傷公平之治，深爲未便。合無照依勘處倭寇事例，再煩敕旨，選差給事中一員前去，將彼先次勘報并詹與良等各奏事情，逐一查勘，務見明白。其廣東賊起去處失事情由，亦令差去給事中一併勘保，具實奏聞。

臣之此言，非過爲是刻薄也。比見近年各處盜賊繁多，率皆起于細小。彼處守土官員，既不設法捕處，又不及早申報，勢已釀成，專事隱蔽，擁兵自衛，安坐旁觀。聞賊在前，惟擇善地而遠守；與賊對壘，乃先望風以奔遁。大有喪敗則減百而爲十，又假爲被傷之名；稍或捕獲，則張百而成千，又多係冒報之數。及被查勘，率復遷延，動經二三年間，傳歷一二人手，俟其日久，時易心懈，事緩方行掇拾，冀以塞命。中間又以遷官去任爲解，功罪掩贖爲詞。以至賞多濫恩，罰不及罪，法令不行，人心玩愒。沿傳此弊，已非一朝。往日山東、河南、南北直隸勘報事情，大率皆是。臣所以信今日詹與良之言不誣也。臣又聞近日山東盜賊復起，河南嘯聚已逾千人，廬、鳳地方現有奏報，而湖廣諸郡在在生發。以臣觀之，皆非細故。使非朝廷及早厲法度、明賞罰，大加振作于上，臣恐人心無所警畏，政令日就廢弛，各處守土官員蹈襲宿弊，皆事苟免，天下之患，未易止息。用是拳拳，不避塵瀆，謹以愚見昧死上聞。

疏入，得旨：「兵部看了來説。」

在告極論朝事疏 嘉靖三年

張　原

臣近以灼艾在告，聞科道等官交章劾論主事桂萼、張璁等之邪佞，皆未見陛下有所指揮，臣竊憂憤，不知所以，呻吟之餘，謹昧死輒以萼等所以固守前説、必欲求勝之意，與科道等官極言舉劾、不欲與之並立之故，爲陛下備言之。爲萼等者，固自知變置宗廟、詆毁詔書、離間宫闈、誹排大臣、揺亂國是，罪在不原，然業既爲之，譬之騎虎難下，益復固守前説，猶冀可以富貴一時。是即鄧綰只知好官，桓温不避遺臭之類耳。宜其大言横詈，愈無忌憚而不肯已也。爲科道官者，亦固知聖志已定，天威方赫，雷霆之下無不摧折，涣汗之餘豈容撓沮。顧以邪説横流，奸人干進，國之安危繫焉，比之亂臣賊子，其迹雖隱以微，而害實大且烈，恐陛下一時不察，誤中其餌，使奸邪之計萬一得行，而「伯考」之説竟或改稱，人心洶洶，爲是之懼。所以連章累牘，紛紛不已，逆鱗犯諱，亦有不暇計者。臣嘗驗之人心，非特在廷之臣以爲然，雖下至閭閻匹夫，亦皆以爲然也。此可見孝宗皇帝深仁厚澤，洽被人心，人心無不延頸思欲爲孝宗死者。科道官特因人心而述道之耳，況其職守所繫，公議所關，亦宜其抗言執奏，愈見激發而不敢已也。

萼等既已召至京師，搢紳大夫皆不與之立談，彼豈無一鄉黨朋友、素相親厚往來者哉？聞其日所造接，秖皆先年罷革不得志之人，幸災樂禍之輩。每語若人曰吾已得君矣，吾言已見信矣，吾行將柄用矣，吾當進退百官、變置法制矣。肆行胸臆，謬爲大言，以欺人如此，尤可深惡而痛恨也。新進小人，曲學阿世，纔得陛下假借以顏色，輒爾矜大衒耀，若自不能堪者。其器局狹隘，識趣卑陋甚矣，他又且不論也。陛下亦嘗知之否乎？今陛下于萼等所奏，一切留置于内庭，其諸科道官之論列，每漫應之曰「該衙門知道」，然聖意叵測，而國是無所厎定，以致人心愈自激發，而言或傷于煩；聖心愈見堅執，而聽或至于厭。蓋亦無怪其然也，何也？大禮已行于往時，明詔已布于天下，聖孝純篤，萬萬無復改易之理。此但陛下自知之耳，天門九重，外人不得而知也。夫人不見知而致疑，上不明言以示信，馴至内外沮惑，君臣乖暌，所謂上下不交而庶事叢脞也，其將何以爲天下？臣所以憂憤而不能已于言者，大率爲此。陛下爲天下計，曷不降敕大廷，徧諭羣臣，備述明詔已頒，大禮已定，以示再無改易之意。其桂萼等亦宜早賜處分，遣之回還，仍就舊列。則人心以安，人言以息，國是以定，實宗社無疆之休也。

疏入，得旨：「該衙門知道。」

乞停工匠等陞賞疏嘉靖四年　胡世寧

臣竊見御用監太監張忠題准將成造龍牀等件官匠趙奎等六十八員名内，陞職五十四員，冠帶一十四名，節經部、科諸臣據法奏駁，未蒙聽許。伏惟自古國家建官分職，下至百工技藝之人，皆有月給俸糧，使之各食其食，而事其事，非若民間雇用工藝人等，身非所屬，事必相酬也。至于陞官，止惟武職論功，蓋因用其死命，其餘則皆遇缺掄材銓補，非以酬勞也。今趙奎等歲入官廩，成此工作，乃其職分，豈應更加陞賞？故如我太祖、太宗創造兩京宫廟、城闕，及各項衣冠禮樂器物，並各衙門廨宇，比今趙奎等所作工程，何啻倍蓰千萬，皆若一一陞職冠帶，則流外官豈堪數紀！而竭天下財力不足以供矣，何以能至今日保民如此之盛，傳天下如此之遠也。豈惟我祖宗列聖未嘗有此，雖攷古歷代中葉之君，亦未有因如是工作之成，而一旦陞職如是之多者。陛下試思此事，傳聞天下後世以爲何如，其于聖德有累否也？

太監張忠素聞安静老成，今不意其有此，蓋止知下植私恩，不顧上虧國體。知愛忠者猶爲惜之，况我皇上天縱聖明，即位以來，痛革權奸濫賞之弊，豈宜誤聽人言，一旦有此。陛下試敕户部，通查天下額徵税糧，歲入幾何，歲用幾何，有無足彀？更敕吏兵等部，通查每歲功陞、乞陞各項官職幾何，該添俸糧幾何，常賦有限，將何以給？竊惟自古國家財盡必取于民，民窮必至于變。我皇上聰明睿智，日新聖學，其于古今治亂之原，何事不知？今思所以爲祖宗保天下，爲天地養生民者，必由慎賞節財，其于前旨之誤，鄭自璧等之言，必有契于心矣。而猶未即從者，豈非以令出惟行，不欲因臣下之言而遽改耶？昔《書》言成湯不邇聲色，不殖貨利，德懋懋官，功懋懋賞，用人惟己，改過不吝，以爲一代聖王垂裕子孫六百年之法。我皇上天性恭儉，仁孝自來，聲色貨利一無所好，蓋實于湯有光者。乃惟官賞或非功德，吝于因言有改，惟此一事，豈忍聖德未全如湯也。伏願陛下痛思祖宗創業之艱，備訪軍民困苦之狀，思欲愛人必先節用，欲節用必先省官，俯察言官之諫，曲從本部之請，將趙奎等陞官前旨收回，敕令照舊供役，或止與署職冠帶，俸糧照舊關支，不許再後夤緣奏乞。如此則紀綱正而人心服，財用足而民生安，陛下聖德亦傳于百世，祖宗鴻業長保于萬年矣。臣以庸材，誤蒙擢任兵部，軍職之濫，職所當言，不敢負恩緘默，謹昧死以聞。

疏入，帝不納。

陳愚悃疏 嘉靖四年　林俊

臣惟議禮如訟，見各不同，包容而採擇之，德之大也。若粉墨太辨，恐未足以服其心。臣伏讀明詔，仰見天地之大，日月之明，于斯有悔焉。存卹敘復，日候而久未聞也。昔成湯改過不吝，陛下比德堯舜，于湯何有哉！伏望早降温旨，以答幽明，慰人望。臣又惟古者撻人于朝與衆，辱之而已，非必欲壞爛其體膚，而致之死也，亦非所以待士夫也。成化時，臣及見廷撻三五臣，容厚綿底衣夾以重氈疊帕，猶牀褥數月淤血始消。正德時逆瑾用事，始啓去衣之端，重非國體所宜，釀有撻死之慘。幸遇新詔收卹，士氣始回，不謂又偶有此。臣又見成化時詔獄諸旨，惟叛逆、妖言、強盜「打著問」，喇唬殺人「打著問」，其餘常犯送錦衣衛鎮撫司問，鎮撫奏送法司議罪。中間情重，始有「來説」之旨，部寺覆奏，始有「降調」之旨。今一概打問，無復低昂，恐舊典失查，非祖宗仁厚之意。即此二事，似宜循舊。臣又見去歲以來，舊臣謝遣殆盡，朝署爲空，近聞石琁又欲休致，伏乞聖明留念。既去者禮致，未去者慰留，與二三大臣，時加延接。又有碩望如羅欽順、王守仁、吕柟、魯鐸諸人，乞引自近，以裨聖德、圖聖政。幸甚。

疏入，帝下所司。不果行。

御選明臣奏議卷二十一

論刑獄疏嘉靖六年

黄綰

臣謹奏：伏惟我朝太祖高皇帝肇跡民間，享國特久，備歷艱難，飽諳物態。故立制定法，準今酌古，周備無遺，視漢唐宋爲過之。至刑獄一事，尤在所慎，既設刑部以掌邦禁，又設都察院以司糾察，兼之問刑，又設大理寺以專審録。凡問過罪囚，具照送審，凡招不協情，情不合律者，駁回再問。若駁回三次，改擬不當，將當該官吏具奏送問，謂之「照駁」。照者，照其情律也。若問有冤枉，囚自翻異不服，則取供行移，改調隔別衙門問擬。二次翻異不服，則具奏會同九卿圓審。詳載《諸司職掌》與《大明會典》，爲制甚密。及查現行條例，遇有重囚稱冤，原問官員輒難辨理者，許該衙門移文會同三法司、錦衣衛堂上官，就于京畿道會問辨理，果有冤枉及情可矜疑者，奏請定奪。蓋使彼此精研，互相覺察，故爲問刑審録之司者，敢不積誠竭慮，據情法以議其平哉？法得其平，人皆易知易守而不犯，故刑罰得中，民獲措其手足，所謂「辟以止辟，刑可期于無刑」也。奈何豐豫之餘，人心玩愒，問刑者不惟五詞之審、五疵之克，審録者不知觀刑之中、獄成之孚，惟意出入，百司視效。不究其當究，刑每濫于無辜；不問所以問，罪常訛于非情。苛碎煩擾，長宄興奸，俾良善無控訴之門，狙詐得横行之路。習迷不返，乃稱守法；因陋踵弊，反爲得體。以求實理爲怪異，以論舊章爲狂愚。遂使祖宗良法廢壞殆盡，臣等有難盡言者。

今幸陛下天錫仁勇，孜孜勵精，剗除宿弊，圖新化理。臣等幸沐遭逢，忝司平反，以爲照駁、圓審之法不行，則司刑者無所畏憚，庶獄決不可清。他若詳定法律，攷課官屬，矜恤獄囚，查革淹滯，省節煩擾，體悉吏隱，又所以清獄之源，遠修舊章，上裨聖政之萬一也。伏望皇上俯察，特敕法司，今後問刑，凡有擬議未當者，容臣等查照舊規照駁再問，駁回三次改擬不當，將當該官吏具奏送問。若問有冤枉，囚自翻異不服，取供改調隔別衙門問擬，二次不服，止照條例，會同三法司及錦衣衛堂上官會審。十分重情，遵照《會典》會同九卿圓審。原問及改問官若容私偏向，仍有冤枉不明者，一體參提問罪。其餘事情，均乞敕令本寺及各衙門欽遵施行。臣等幸甚，天下幸甚。爲此開坐：

一，問刑衙門固應遵照律例問擬發落，但民僞日滋，或有所犯，出于律例所不載者，或情重律輕，或律重情輕，難以照常科斷者，節該刑部、都察院及本寺臨時議擬上請，奉有欽依發落，歷年以來非止一端。此皆出于聖明參酌情罪，以補舊章之未備，誠宜傳之永遠，使司刑者有所遵守也。臣等恐文移積久，職守不常，未能一一查照奉行，至有出入，或重複奏請，上煩宸斷，深爲未便。合無行令刑部、都察院會同本寺，將自嘉靖元年以來，凡問過事情臨時議擬奏請，及撫、按等衙門奏行部院議處具覆奉有欽依發落者，逐一查出，再行議擬停當，開款具奏，取自上裁，著爲定式，增入《問刑條例》，通行内外問刑衙門，永爲遵守。其近日刑官私議比附律條之類刻附律書者，俱不許傳用。庶聖謨丕顯，而刑不濫矣。

一，法司所以專理刑名，至于大理寺，職司參駁，關繫尤重。凡任兩寺官非精律例、見出原問官員之上，何以評其輕重、服其心乎？近見兩寺官，其間歷年既久，諳練事體，盡心職業者固多，亦有初入仕途，律之名例尚未通曉，即欲斷按庶獄，未免有差。原問官因得指摘罅漏，借爲口實，至于參駁。本寺亦不降心，輒逞雄辯，往復數次，淹累囚衆，至不得已，只得將就允行。亦有彼此騰謗，遂相擠陷，本緣公務，反成私隙，以致刑獄不清，多此故也。合無行令本寺，今後遇有新除評事，督令講讀律例，半年以上攷居疏通者，方許干預平允。如有刑名生疎者，比照試御史事例，仍令重歷。重歷不堪者，參送吏部對品改調在京别衙門敘用。其現在者，除寺正、寺副不攷外，其餘亦限三月以裏，通加攷驗勤惰，内有年久未諳者，一體參送吏部别用。若有究心刑名，才識出衆者，開送吏部，候兩寺正副員缺，不論年資銓補。至爲正副，又能益勵職業，比照刑部各道年深郎中、御史，一體不次推陞。如臣等堂上官，不能正己格物，以致刑獄未協于中，亦乞聖明早賜罷黜，以爲不職之戒，庶人心知勉，法律昭明，而足爲天下之平矣。

一，訪得刑部近年以來問理刑獄，多便己私，不體朝廷欽恤之意，每遇強竊盜及人命重囚，不問虛實，輒加嚴刑苦訊。又有經本寺審允、題奉欽依處決者，分付獄官私行謀死，詐稱病故，不得明正典刑。及未成招死者，枕藉于獄，雖經御史及錦衣衛官相視，不過虛應故事。本寺所審者，止據現在人犯，病故者例不查攷，以致該部肆行無忌，問官緣此得省文移，提牢官緣此便于防守。而以人命之重，如拉犬彘，習以爲常，漫不知惜，甚傷天地之和，召災致變，未必不由于此。此等弊政，已非一日。兹當欽明大獄之後，人圖自新，諒無敢蹈前非者，臣等恐宿弊難袪，頽風易靡，不可不豫爲之防也。合無行令刑部衙門，戒飭各屬，俱要仰體至仁，重惜民命，一應罪囚，無得非法陵虐。有患病者，提牢官及司獄官請醫調治，不痊身死者，一面行文都察院等衙門差官相視明白，仍一面將患病緣由開送本寺，以憑查審。若御史等官驗有重傷，及本寺審係矜疑人犯，并未結事情，雖係真正死罪重囚，不曾請醫用心調治，假捏虚文開報者，俱將當該官吏參究，從重治罪。其男子杖罪以下，及干證平人、婦人徒罪以下者，不許一概淹禁。每月終該部堂上官仍將現在、開除、病故囚數，開具説帖，御前宣奏，庶司刑者有所避忌，而囹圄無冤獄矣。又訪得相視官往往畏懼復命，推延數日，積死數囚，方行相視，以致屍肉潰爛，臭穢熏蒸，莫敢近前。非惟死者莫辨其冤，生者亦被所染，瘟疫舉發，莫可救藥，誠爲可矜。亦乞敕都察院等衙門，遇有該部開報死囚，隨即差官相視，所差似前耽誤，參究治罪。如此，則陛下如天之仁及于枯骨矣。

一，近時法司問事，多有淹滯日久，牽累人多。合無行令今後問擬大小事情，及行各城勘驗者，大事限二十日，中事限十日，小事限五日，俱要提齊完結。如錢糧行查未明，强竊盜倓拏正犯未獲，人命未檢結勘，以致稽遲者，將現在人犯及本狀内各起事情先行問招，送審本寺，即明開各犯到官之日，以憑查考。有淹滯過期者，年終彙奏，量請罰治如例。應委官勘問及行軍衞、有司會勘違限，并託故推調不即赴勘者，原委衙門照例參奏提問，庶宿弊可革而官無曠職矣。

一，近日各城巡視御史并兵馬司衙門，每遇地方呈報小事，不論情之輕重，概送法司，法司又加求入以重罪，送寺審駁，方行改正。又聽人囑託，濫准詞訟，批發兵馬司問理，以致牽累貧民，動經旬月，甚至傾家蕩産、鬻賣子女，始得完結者。臣等以爲律設大法，禮順人情。市井細民愚蠢無知，過恒不免，或因醉酒喧譁，或因微末争搆，至有妻妾妬寵而反目，子孫違令而打罵，皆人情所不免。該城量行責治，已足示懲戒，若一概送問，反戾人情，誠爲擾害。合無今後行令各城御史，今後除強竊盜、人命等項重情，地方呈報照舊送問外，其餘一應小事，審無别故者，量情發落，不許送問，法司亦不許受理。凡軍民詞訟，俱赴通政使告行法司提問，亦不許巡城兵馬司等衙門濫受擾民，庶刁風可息而貧民獲安矣。

一，給由服滿雜職官并吏員人等，到部違限及洗改緊關字樣者，查攷《大明會典》及該部節年題准各有送問事例，固難輕宥。但近據送問者，審其情各可矜，事非獲已。如過限者，因久候巡按攷覈，或因官司不即起文，或因缺盤纏，或因病疾，或因地方遠涉，不得及期赴部。其洗改者，或因司、府吏胥差誤所致，原無緊關字樣，若不體恤，一概送問，則贖罪一番所費不貲。又聞有吏違限，免其送問，罰班書辦，轉行雇人繕寫，遠方貧吏未免揭債了事。揭債日多，未免貪求自給，及至敗露，或反回護，衙門不肯送問。如此是責其細故，而啓之以犯法也。合無行令該部，今後除官吏職役已滿，及丁憂服滿并事故，已經起送、不行赴部者，吏除照常十七箇月與官批，限外再量地方遠近，各除水程，復有違限及查有真實姧弊，批文、咨結俱有洗改緊關字樣者，俱照舊追問外，其餘過限未及三年、原籍并所在官司告有事故、勘帖明白，至若雖有緊關字樣或洗改批、而咨結真正，或洗改咨結，而批真正，或結狀一處洗改，他處查對不差，並洗改非緊關字樣，律稱勿論者，俱免其送問及罰班書辦等項。庶情法兩盡，事得不擾，而卑官賤吏亦可以責其守法矣。

疏入，得旨：「這本所言，體悉人情，不渝法守，且合朝廷欽恤之意，法司便查照著舉行。」

執中行政疏嘉靖六年　　胡世寧

臣聞帝王之學，中而已矣。堯之授舜，舜之命禹，皆曰「允執厥中」。嗣是以來，若成湯、文、武之爲君，皋陶、伊尹、周、召之爲臣，既皆以此而接夫道統之傳。至吾夫子繼往開來，而傳至其孫子思，遂筆于書曰：「喜怒哀樂之未發，謂之中；發而皆中節，謂之和。中也者，天下之大本也；和也者，天下之達道也。致中和，天地位焉，萬物育焉。」夫喜怒哀樂，情也。方其未發，則外物未有所感，而此心寂然不動，無所偏倚，故謂之中。及感物而動，喜怒哀樂發皆中節，則事無不當，物無不宜，無所乖戾，故謂之和。和，即中也。夫喜怒哀樂發于一心之微，而措諸天下之廣，凡國家刑賞之政，慶恤之典，無不皆由于此。故曰天下之大本，天下之達道。故如人君喜有賞，怒有罰，或當喜當怒而隱忍不發，或既喜既怒而留滯不散，皆非中節也。又或今日當賞，而因前日之怒格之不賞；或今日當罰，而以平日之喜縱之不罰；又或此事當賞一分，而因喜賞過二分；或此人當罪一事，而因怒並罪其餘，亦非中節也。故人主于平居無事之時，常當涵養此心，使寂然在中，無所偏倚，既而遇事有當喜、當怒者，則又臨時審察其中節與否，而後發之。至于哀樂亦然。不徒今日如此，而無一日之不如此；不徒此事能然，而無一事之不皆然。此之謂「致中和，而天地以位，萬物以育」，是使天下無一物不得其所，而何德不修、何治不隆、何災不弭哉！先儒以爲此學問之極功，聖人之能事者，不過此「中」而已，伏願聖明留意。

然「中」無定體，隨時而在，隨事不同，故執之者常如持衡之勢，不使少有所偏。如古聖賢論治體，則周公告成王有曰：「伻嚮即有僚，明作有功，惇大成裕，汝永有辭。」謂使百工知上意嚮，各就有僚，明白奮揚而赴功，惇厚博大以裕俗，則王之休聞，亦永有辭于後世矣。夫當守成，易溺宴安之時，而不爲「明作有功」之戒，則士習偷惰，而廢政殃民，日見陵夷之狀矣。若專明作有功，而不爲「惇大成裕」之圖，則治流刻薄而人心不安，又非悠久之道矣。此二者不可偏廢，亦執中之意也。故周公欲使百工知成王意嚮如此以供職，而使其君長有令聞于後世，忠臣爲國遠謀之意如此。臣竊見國家承平日久，士習因循，偷惰太甚，以致政弊民窮，天災日見，聖心憂勞累年。今一旦豁然天啓，奮然雷動，信用忠賢，釐革政弊，人心惕然警省，政治焕然一新。知我皇上勵精圖治之志，而皆奮爲「明作有功」之舉。然而中人之性，素無定見，惟事隨風趨靡，以速時名，而或事爲過舉，以失朝廷建中立教之本意，則非「惇大成裕」之道也。臣近見撫、按參官本中，有以飲食、紙劄應用微物，而即坐贓奏提者。至或大奸大貪置之不舉，而惟繩此武職小官以塞責，如此臣恐諸臣倣傚，刻薄成風，而傳諸天下後世，不知我皇上天高地厚之德，非周公願其君「永有辭」之意也。除此小事，臣已駁令改正外，至于大政事、大賞罰之有關于天下大體者，伏願聖明特敕大小臣工，今後供職行事，常懷「明作有功」之念，而不可有失「惇大成裕」之體；雖懷惇大之心，而又不可遂隳明作之志，復蹈因循之弊。則陛下之聖學，推之政事者，真爲允執其中，而堯舜禹之聖不過是矣。

至論聽言，則舜戒禹曰「予違汝弼，汝無面從」。是則舜之大聖，亦欲其臣正諫也。然雖樂正諫而又曰：「朕堲讒説殄行。」則妄言者亦疾也。雖堲讒説，而又曰：「欲並生哉。格則承之庸之。」則又疾之不爲已甚，而許其改過復用也，此舜之執中見于所言者如此。至于後世，孔子論事君曰：「進思盡忠，退思補過。

將順其美，匡救其惡。」則「將順」與「匡救」，皆忠也。孟子則曰：「逢君之惡，其罪大。」則深惡逢迎之不忠也。臣昔上論「逢迎」與「將順」不同，君所行是而人臣順承其志，以成就其美者，將順也。君所行非而人臣迎合其意，以求媚其心者，逢迎也。二者事情不同，忠邪所由以分也。近歲以來，講學不明，人心士習不正，妄以將順爲逢迎，而各欲掠取正諫之名，故于君上至德所當將順者，而亦曲加阻遏以爲匡救。甚者其心靡懷報國之誠，惟圖媚寵之利，因而排擊忠良，驅除異己，至欲明主不得專行一事、自用一賢，而威福惟其所媚者之歸。數年以來，主威不立，善政不行，民生困苦，亦已甚矣，其罪蓋不止如舜之所言也。近賴皇上天日開明，赫然奮發，讒説屏除，士習一變矣。然恐其間或有事實當言，而言或過激；又或心本効忠，而意見差謬者，與彼讒邪同棄，不無可惜。又恐中人惕禍，遂怯正言，而後有大事、大奸，莫之敢論，至昧我皇上本心納諫之誠，以誤國事。伏望聖明容臣與吏部細加查訪，并凡因公降謫官員，究其心之公私，原其罪之輕重，量其才之長短，陸續上請，或還原職，或量收敘。至于情理難容、不該收敘之人久謫遐荒者，亦乞聖慈體大舜「欲並生哉」之意，量加寬恤，使得生全。

至論用人，則曰：「湯執中，立賢無方。」此其大要也。伊尹告太甲曰：「任官惟賢才，左右惟其人。」其難其慎，惟和惟一。」此其大法也。夫難者，難于任用；慎者，慎于聽察。夫既立賢，不拘其類，而欲難慎如此者，所以防小人之似君子而誤用之也。然人全德實難，或有一失如玉之美有一玷，木之良有一朽，不害其爲器也。惟夫奸險媢嫉之人，無隙可指，而能誤國大事者，則不可用耳。和者可否相濟，一者始終如一，所以任君子也。往時人才自入仕途，即事交結，拔置清要，坐躐卿輔，而乃私立門户，謬爲舊制，以排斥真材，不使得用，以是民瘼不知，政體日壞。民生困苦，實由于此。今我皇上聽納忠言，痛革前弊，均調内外，立賢無方，期得真才以輔至治。大臣體國者日事薦賢，明良相遇，真足以共成正大光明之業矣。然恐其間萬有一誤者，則在聖心「其難其慎」而已。至于可否相濟者，非徒君臣爲然，而僚寀之間，見或不同，相規相就，亦當如是，不以爲嫌。此臯陶陳謨于舜禹之前，所以有百僚師師之説也。更願陛下以此時戒羣臣，使和而不同，以共成我國家無疆之休而已。凡此經書大旨，聖明天縱，經筵日講豈有不及，而臣猶以爲獻者，區區芹曝之私不能自已也。伏望聖明俯賜採納，天下幸甚。

疏入，得旨：「覽卿所奏，足見大臣愛君陳善至意，朕知道了。查復官員且罷，吏部知道。」

陳八事以足兵食疏 嘉靖六年

李承勛

臣惟孔子論政，不過曰「足食足兵」，孟子每語王道，亦未嘗外耕桑而有高遠難行之説。是知王政莫先于兵食，而兵食取足之道，非增兵以耗國，加賦以病民也，在審勢而救其偏，隨事而去其弊耳。足兵之目有四，曰：選京軍以壯根本，止調操以實内地，足衣糧以卹邊軍，振紀綱以申軍令。就中論之，振紀綱爲要，紀綱振則三者自肅矣。足食之目有四，曰：謹收納以清宿弊，便轉輸以蘇民困，定經制以裕國用，召和氣以致豐穰。就中論之，召和氣爲本，和氣應則三者不勞而自理矣。

何謂選京軍以壯根本？夫京師，天下之根本，皇宫又京師之根本。故居守環列，周防鍵閉，其制甚重。將領必勳舊，卒伍必精勇，器械必鋭利而鮮明，豈徒示觀美已哉！蓋居安防危，其爲慮深且遠矣。臣見京軍膂力勇健，而武藝精通者，百無一二；兵刃不堪用，盔甲不稱身者，十常八九。使九州朝貢外藩來王者見之，何以壯國威而懾奸謀哉？至于各營之所分隸，號稱百萬；團營之所揀選，號十二萬。爲將領者，果皆召虎、亞夫之流，而不至有膏粱債帥濫竽其間乎？爲卒徒者，果皆武力絶人，一可當十，而不至有竄名影射，耗斁于其間乎？其操習，果能得六伐七伐、八陳五花法外之意，而不至有若霸上棘門之兒戲，以玩愒日月乎？臣皆未得而知也。自古武備常弛于承平之久，而振于中興之日。故《殷武》《車攻》，《雅》《頌》並稱高宗、宣王服遠之美，以爲得苞桑之良圖。今官軍以勇悍善鬬稱者，在北則各邊，在南則「狼土」，禁軍之中，未聞有力扼虎、射命中，可以戢遠近之邪心者。失今不治，竊恐寖失居重馭輕之權，養成尾大不掉之患。臣誠至愚，不能不竊憂之。昔周勃仗北軍之強，乃能制産禄之死命；李林甫壞府兵之制，而范陽之變莫可救藥。殷鑒不遠，患須豫防。乞下兵部，凡宿衛練營官軍，將必擇忠順勇壯、曾經戰陣之人，軍必擇少壯有力、各精一技之士，而不致虧原額之數；器械必可用，盔甲必稱身而後給。蓋團營較各營爲重，而守衛較團營爲尤重也。使精兵良將萃于京師，布列環衛，伏大險于至順之中，消不測于無形之表，此即《詩》所謂「君子萬年，保其家邦」者也。其他各營之衆，汰老弱僞冒，以省國儲，練少壯精勇，以備次撥。而役占剥削之宿弊，一切革去，則貧軍不致怨嗟逃避。國威一振，天下聞之，孰不畏服？

何謂止調操以實内地？我朝官軍調操之制，肇自永樂初年，京師兵少，調發中都、大寧、山東、河南附近官軍，輪班上操。宣德、正統以來，踵爲故事，日益加密。除南方各省未暇具論，如河南、山東、南、北直隸俱京師咽喉，山、陝又中原形勝要地，各處官軍或調操于京師，或調操于各邊，本地無軍可守。臣昔備員陝西右布政使，經過潼關，詢其實在軍士，不過數名。驚問其故，始知皆在各邊備操。後盜入商洛，鎮、巡官議欲赴救，無軍可遣。河南、山東、直隸武備單弱尤甚，以故盜賊縱横，莫可禁禦，劉六、趙燧足爲前車之戒。臣知調操官軍，在京止堪備工作之役，在邊則將領給私役、供饋送而已。于國有行糧草料之費，于私有齎送科尅之苦，而又未嘗得其實用。今昔相因，以爲舊規而不敢變，此軍旅所以日耗，而内地日益空虚者也。如臣愚計，省行糧以雇遊食，何憂工役之乏？以行糧而募土人，何慮邊旅之寡？請將調操官軍留于本處，委官同民壯精加操練，如鄰境有賊，則互相策應；又或一邊告急，則合力赴援。如此，貧軍無侵尅之害，地方得保障之功，比之不問有警無警，一概分派調操者，强弱多寡之勢，又不可同年而語。此一弊革，而數利興者也。

何謂足衣糧以卹邊軍？臣惟戍邊之卒，烽火斥堠，終歲不休，鋒鏑死亡，朝夕不保。比之京輔之軍，勞逸安危何啻百倍！近年調取邊軍征勦流賊，貫串于河南、山東、江淮間，又久屯京師，出入禁地，稔見内地軍民安逸脆弱，有子女玉帛之供，無飢寒危迫之患，未免有不均之嘆，起羡慕之心，萌輕視之志。况以各邊撫臣撫處失宜，將領剥削日甚，往往以衣糧不足，呶呶于軍門。推求其本，軍情之所以易動者，因無恒心也。恒心之所以失者，由衣食不足也。臣願皇上敕下吏、兵二部，查議各邊撫臣有不宜于邊者，急易置之，賢者久任之。或由僉都陞副，由副陞左、右，而不輕移動。糧餉不足，户部查議給足，不許將領尅減，令沾實惠。而又察其疾苦，時其勞逸，彼將感恩圖報之恐後，何變之足憂？如此，則邊徼安、天下安矣。

何謂振紀綱以申軍令？臣聞紀綱，御軍之大柄，其機在于賞罰。賞罰不明，則政令不一，政令不一，則紀綱不振。宋儒朱子嘗言紀綱「在核功罪，以公賞罰之施」，正以此也。在昔軍中號令最嚴，徵調會期，時刻不爽。止因正德年間逆彬怙勢，曲庇邊軍，又因功次不明，使賞濫及無功，而罰不及有罪。是以紀綱漸紊，彼此效尤，官防緩而姑息之政行，軍恃衆而侮慢之態作。臣願皇上大奮乾綱，申明軍令，選將領而束以什伍連坐之法，明教化而導以親上死長之義；嚴上下之分，平彼此之怨，以消其驕悖跋扈之氣；有功必賞，有罪必刑，而痛革姑息之政。則威惠並存，紀綱振肅，勇健之士足以爲國爪牙，而無跋扈之足虞，此即子路之所謂「有勇知方」者也。

何謂謹收納以清宿弊？州縣夏秋税糧，開倉收受各有定期，起運、存留各有定數，本色、折收、加耗、災免之類，各有定法。夫何近年以來，上下各官留心國計者，名爲「俗吏」，用心勞而反得謗？怠事奉承者，稱爲「識時」，自處逸而獲美稱？以此各官鮮肯實心任事，每歲正當冬月收成之後，州縣多以會計不定，不出由票，示民易知。細民辦糧交納，上司輒將州縣正佐管糧等官，或委勘事，或派遠差，無人監收，多致費耗。來年三月以後，軍船已至水次，府司管糧官員方下州縣比較，嚴刑逼迫，窮民去歲所收已空，今歲農功又誤。或有本色而責其輸銀，不得不半價以求售，或願輸銀而責其本色，又未免稱貸而取盈。此後時之弊也。如每歲七月以前，布政司會計完竣，明示下司依時收納，自十月至十二月而止，州縣管糧各官不得差委，以妨監收。災傷蠲免，務使民沾實惠，而無「黄收白放」之謡。守、巡各官毋于收糧、東作之際，舟輿銜尾，既往復來，以私謁撫按而費民夫馬，則後事之弊可革也。又糧里人户各有善弱，各有豪強。糧里豪強，則以善弱人户爲可欺，加增每過于正額；糧里善弱，則以刁惡人户爲可畏，拖欠則代之賠償。上司按臨，糧里之豪強者，以無人敢言而反得安身，善弱者以人易誣執，而反受屈抑。此勸懲顛倒之弊也。苟能不避嫌疑，虛心推究，則二弊既革，小民及時完納而東作無妨，糧里不致追賠而身家可保。完糧之策，莫先于此。

何謂便轉輸以蘇民困？國家糧税，多仰給東南；糧長之設，責在收納。蘇湖等處糧長所管税糧既多，解納雜費尤甚。州縣不肖者，以糧長爲囊槖，上司過刻者，視糧長爲寇讎。兑軍之類，每石包賠七八斗者有之；起運白糧，包賠二三石者有之；各衛菽豆之類，每石不過值銀三四錢，而他費幾至一兩者有之。家有千金之産，充糧長一年，有即爲乞丐者矣。家有壯丁十餘，充糧長一年，有即爲絶户者矣。以致民避糧長之役，過于謫戍，官府無如之何。或有每歲一换之例，或爲數十家同充之條，始也破一家，數歲則遍鄉無不破家矣。糧長之家既破，國課何由可完？數十年以來，各縣逋負動數十萬，多由于此。臣久任東南，目睹諸弊日甚一日而不能救，不敢不爲陛下陳之。伏乞通行兩京内府及兑運等官，上下一心，同恤民隱，本分之外毋肆需求。敢有故違，聽撫、按、科、道等官指實查參。若夫豪惡糧里，刻害小民，有司科派糧長，上司亦宜重究。庶幾錢糧不致破家，亦不致害人，而税糧易完矣。

何謂定經制以裕國用？夫量入以爲出，是謂仁政。量出以爲入，是謂虐政。既不量入爲出，又不量出爲入，雜然而收，泛然而用，是謂無政。攷成周之制，以四分制國用，每歲用三存一以備凶荒，故三十年之存，則國有九年之積。漢之時則有計相，唐之時則有判度支，宋之時則有判三司，皆所以會有無而制國用也。近年以來，户部雖有會計之虚名，而無量入爲出之實政。臣愚以爲，通查一歲天下税糧，所入總計若干，經國之費總用若干，倣《周禮》用三以足一歲之用，存一以備不測之虞。萬一所出多于所入，則會九卿、堂上、科道官，各查凡百費用，有約于昔而浮于今者，必攷昔之所以約者復之，又攷今之所以浮者省之。其裒多益寡，挹彼注兹，又在臨時通融調劑，務使所出不踰于所入。仍將出入總數造册進御。即時有盈虚，事有因革，每十歲一會而損益之。若歲之豐凶、事之多少，每歲季冬户部會奏，通查何處災傷蠲免若干，何處用兵支用若干，以各省茶鹽商税之所入者補足。錢糧正額，以備軍國正支，其餘雜用，一切不得縻費。經制一定，取之有經，用之有義，而財恒足矣。

何謂召和氣以致豐穰？昔人有言「天下之財，不在官則在民」。今者太倉無數年之積，閭閻鮮足食之家，既不在官又不在民，説者以爲蠹于兼并，耗于奢華。似矣，而未知其要。又或以農功奪于雜役，失時苟且，而水利塘防之制，一切不講。亦似矣，而未探其本。大都年不順成，由于雨暘之不時，而雨暘之所以不時者，實由天地之氣未和也。伏望皇上聖不自聖，于聽政之時，大而慶賞刑威，小而一顰一笑，適中輕重之宜。喜所當喜，而不失之過；怒所當怒，而不失之不及。普均平之治，宏樂利之休，則和氣之敷既充于下，而天麻之應自徵于上，又何患乎雨暘之不時若，而萬物之不得其所哉？

疏入，得旨：「覽卿奏，具見忠愛，事關朕躬者，朕自有處，餘下所司酌議以聞。」

罷兵行撫疏 嘉靖七年

王守仁

臣惟思恩、田州之役，兵連禍結，兩省荼毒，已踰二年。兵力盡于哨守，民脂竭于轉輸，官吏罷于奔走。即今地方已如破壞之舟，漂泊于顛風巨浪中，覆溺之患，洶洶在目，不待智者而知之矣。今若必欲窮兵雪憤以收前功，未論其不克，縱復克之，亦有十患。

何者？今皇上方推至孝以治天下，惻怛之仁，覆被海宇，惟恐一物不得其所，雖一夫之獄，猶慮有所虧枉，親臨斷決。況兹數萬無辜赤子，而必欲窮搜極捕，使之噍類不遺。傷伐天地之和，虧損好生之德，其患一也。屯兵十萬，日費千金，自始事以來，所費銀米各已數十餘萬。前歲之冬，二酋復亂，至今且踰二年，未嘗與賊交一矢、接一戰，而其費已若此。今若復欲進兵，以近計之，亦須數月，省約其費，亦須銀米各十餘萬計。今梧州倉庫所餘銀不滿五萬，米不滿一萬矣。兵連不息，而財匱糧絶，其患二也。調集之兵，遠近數萬，屯戍日久，人懷歸思。兼之水土不服，疾病死者不可勝數，潰散逃亡，追捕斬殺而不能禁。其未見敵已若此，今復驅之鋒鏑之下，必有土崩瓦解之勢，其患三也。用兵以來，兩省之民男不得耕，女不得織，已踰二年。衣食之道日窮，老稚轉乎溝壑，今春若復進兵，又將廢一年之耕。百姓飢寒切身，羣起而爲盜，不逞之徒因而號召，其禍殆有甚于思、田之亂者，其患四也。論者皆以不誅二酋，則無以威服土官，是殆不然。今所賴以誅二酋者，乃皆土官之兵，而在我曾無一旅可恃，又不能宣布主上威德，明示賞罰，而徒以市井狙獪之謀，相欺相誘。計窮詐見，益爲彼所輕侮。每一調發，旗牌之官十餘往返，而彼猶驁然不出，反挾此以肆其貪求，縱其吞噬。我方有賴于彼，縱之而不敢問，彼亦知我之不能彼禁也，益狂誕而無所忌，岑猛之僭妄，亦由此等積漸成之。是欲誅一二逃死之遺孽，而養成十數岑猛，其患五也。

兩廣盜賊，猺獞之巢穴，動以數千百計，軍衛、有司營堡關隘之兵，時常召募增補，然且不敷，今復盡取而聚之思、田之一隅，山猺海寇乘間竊發，遂至無可捍禦。近益窺我空虛，出掠愈頻，爲患愈肆。今若復聞進兵，彼知事未易息，遠近相煽蠭起，我兵勢難中輟，救之不能，棄之不可，其爲慘毒可憂，尤有甚于飢寒之民，其患六也。軍旅一動，餽運之夫、騎征之馬，各以千計。每夫一名，雇直一兩，馬一匹，四兩；馬之死者，則又追償其主之直。是皆取辦于南寧諸屬縣。百姓連年兵疫，困苦已極，而復重之以此，其不亡而爲盜者，則亦溝中之瘠矣。其患七也。兩省土官于岑猛之滅，已各懷脣齒之疑；其各州土目于蘇受之討，又皆有狐兔之憾。是以遲疑觀望，莫肯効力，所憑恃者，獨湖兵耳。然歲前之疫，湖兵死者過半，其間固多借倩而來；兵回之日，死者之家，例有償命銀兩，總其所費，亦以萬數。今兹復調，踣頓道途，不得顧其家室，亦已三年，勞苦怨鬱，潛逃而歸者，相望于道，誅之不能止。因一隅之小憤，而重失三省土人之心，其間伏憂隱禍，殆難盡言。其患八也。田州外捍交趾，内屏各郡，其間深山絶谷，又皆猺獞之所盤據。若必盡誅其人，異時雖欲改設流官，亦已無民可守。非獨自撤藩籬，勢有不可，抑亦藉膏腴之田，以資猺獞，而爲邊夷拓土開疆。其患九也。既以兵克，必以兵守，歲歲調發，勞費無已。秦時勝、廣之亂，實興于閭左之戍。且一失制馭，變亂隨生，反覆相尋，禍將焉極？其患十也。故爲今日之舉，莫善于罷兵而行撫。

撫之有十善。活數萬無辜之死命，以明昭皇上好生之仁，同符虞舜有苗之征，使遠夷荒服無不感恩懷德，培國家元氣以貽燕翼之謀，其善一也。息財省費，得節縮贏餘以備他虞，百姓無椎脂刻髓之苦，其善二也。久戍之兵，得遂其思歸之願，而免于疾病、死亡，脱鋒鏑之慘，無土崩瓦解之患，其善三也。又得及時耕種，不廢農作，雖在困窮之際，然皆獲顧其家室，亦各漸有回生之望，不敢轉徙自棄而爲盜，其善四也。罷散土官之兵，各歸守其境土，使知朝廷自有神武不殺之威，而無所恃賴。于彼陰消其桀驁之氣，而沮懾其僭妄之心，反側之姧自息，其善五也。遠近之兵各歸舊守，窮邊沿海咸得修復其備禦，盜賊有所憚而不敢肆，城郭鄉村免于驚擾劫掠，無虛內事外、顧此失彼之患，其善六也。息饋運之勞，省夫馬之役，貧民解于倒懸，得以稍稍甦復，起呻吟于溝壑之中，其善七也。土民釋兔死狐悲之憾，土官無脣亡齒寒之危，湖兵遂全師早歸之願。莫不安心定志，涵育深仁而感慕德化，其善八也。思、田遺民得還舊土，招集散亡，復其家室。因其土俗，仍置酋長，彼將各保其境土，而人自爲守。內制猺獞，外防邊夷，中土得以安枕無事，其善九也。土民既皆誠心悅服，不須復以兵守。省調發之費，歲以數千官軍免踣頓道途之苦，居民無往來騷屑之患，商旅通行，農安其業。近悅遠來，德威覃被，其善十也。

夫進兵行勦之患既如彼，罷兵行撫之善復如此，然而當事之人，乃猶往往利于進兵者，其間又有二幸、四毀焉。下之人幸有數級之獲，以要將來之賞；上之人幸成一時之捷，以蓋前日之愆。是謂「二幸」。始謀請兵而終鮮成效，則有輕舉妄動之毀；頓兵竭餉而得不償失，則有浪費財力之毀；聚數萬之衆而竟無一戰之克，則有退縮畏避之毀；徇土夷之情而拂士大夫之議，則有形迹嫌疑之毀。是謂「四毀」。二幸蔽于其中，而四毀惕于其外，是以寧犯十患而不顧，棄十善而不爲。夫人臣之事君也，罷其職而苟利于國亦甘心焉，豈以僥倖之私，毀譽之末，而足以撓亂其志者哉！今日之勦撫，利害較然，是在擇而行之者矣。

疏入，帝從之。

覆張經請慎差遣疏議嘉靖七年

胡世寧

臣竊惟聖明御天，四海臣僕，孰召不來，孰罪敢匿？內外法司委之提問罪犯，孰敢延縱？至差官校齎駕帖出外，所過地方無不驚擾，雖有以身許國之人、素持不顧利害者，無故猝然途遇，亦皆震駭失色。至于所提罪犯之家，老幼驚惶，被嚇財物，怯懦者或因喪膽以成疾，貧窮者或因稱貸以破家。被提罪犯，或被窘辱難禁而自殘身命。所至官府，急無打發，多借官銀。奸貪官吏乘機尅落，以一報十，上司坐視，莫敢誰何。小民代賠，不勝哀怨，聲聞于天，降災致儆，不無所自。我皇上至仁覆物，勵精圖治，平日事天如父，愛民如子，凡所以體天心而究民隱者，無所不用其極，惟此一事，無人敢言，未經聖慮。今給事中張經等因言弭災，建議及此，實効忠諫之職，言所難言，伏願聖明俯從。今後官民有犯，在內責之法司，在外責之撫、按、按察司等官，作急提問完報，不許淹滯。遇有事體重大，合提在外緊關人犯到京問理者，行令各該巡按御史，嚴限責差的當人員提解來京，以憑問理。非有事干機密、十分緊急重情，近在畿甸地方，不須再差官校。乞斷自宸衷，永爲定例。如此，則陛下攬權于上，百官承式于下，體統正而朝廷尊，人心懽悦而和氣致祥矣。伏乞聖裁。

疏入，得旨：「卿等所言，朕知道了，自有酌處。」

論知人安民疏嘉靖七年

李承勛

臣聞自古帝王治天下之要道，至簡至易，在知人、安民二事而已。人曷爲而難知乎？毁譽亂之，而四目、四聰或不能無蔽也。民何爲而不安乎？守令虐之，而監司不能振風紀以激揚之也。天下之本在君心。我皇上奉天法祖，精明純粹，君心正矣，而天下未治，何也？安危之機在君德。皇上恭以守身，恕以及物，君德盛矣，而治效未臻，何也？蓋由郡縣之官愛民者少，殃民者多，而爲監司者又不秉公任怨，以督率其屬故也。

臣嘗稽之案牘，科差日重；察之閭閻，軍民日困。上澤雖布而不得下流，下情雖苦而不得上達。奉詔寬恤之事，廢格不行；奉旨蠲免之糧，重複徵擾。其他奸弊，百孔千瘡，實政不修，虚文是急。皇上有不忍人之心，無人爲之宣播，而小民不能盡知；皇上有不忍人之政，無人爲之奉行，而小民不得沾惠。太平之治，何日可期？伏望皇上特敕天下撫、按，督察有司，使朝有善政必及于民，民有隱情必達于上。天下之官，厲民者去，宜民者留；天下之事，厲民者罷，宜民者行。事有當爲即爲之，而毋以利害爲念；奸有當擊即擊之，而毋以强禦爲畏；事有當言即言之，而毋以觸犯爲虞。則所謂德之流行，速于置郵者，庶幾可冀矣。至于兩京科道，以言爲職，亦多不能體皇上求言、求治之心，間有論列，不過畧舉小事，僅以塞責。乞賜戒諭，令其靖共爾位，略承順之細節，進陳善之良規，于凡官之失職，政之失宜，知無不言，言無不盡。憲職舉，則遠近嚮風，而郡邑之政無不舉；言路通，則實事必聞，而隱伏之情無不通。何憂乎人之難知，民之未安也哉！

疏入，帝從之。

御選明臣奏議卷二十二

郊禮議嘉靖九年

夏言

臣于前月伏承聖制，問及南北郊大祀并朝日、夕月之禮，臣即時欲述所聞以對，乃以臣前上疏已略開陳，奉有俞旨，今方廣詢廷臣以求公是，臣固可以無言，日夕覬望公卿大夫必有稽古識治之學，必能悉心殫慮敷陳先王之典，以仰稱休命者。不意旬月以來，側聞議論紛糅，人懷異見，殊爲可訝。及昨覩詹事霍韜之奏，深非分祀之議，臣攷先王之遺訓，稽國朝之典章，殊未見不可，然後知韜之言過矣。臣兹不容于不言也，請先以郊祀之禮爲對，而後辨韜之失言。

臣竊聞《周禮》一書言祭祀甚詳，大宗伯，掌禮者也，而首及于天神、人鬼、地祇之三禮。以祀天神則有禋祀、實柴、槱燎之禮，以祀地祇則有血祭、埋沈、疈辜之禮，以享人鬼則有獻祼、饋食、祠、禴、烝、嘗之禮。《大司樂》：冬日至，地上圜丘之制則曰禮天神；夏日至，澤中方丘之制則曰禮地祇。圜丘禮天，方丘禮地，則天地分祀從來久矣。宋儒引《昊天有成命》爲郊祀天地之詩，則曰郊祀無天地之分。劉安世以《豐年》《潛有多魚》二詩證之，以爲郊祀天地皆歌此詩，何嘗言其合祭？朱子則斷以此詩多道成王之德，疑祀成王之詩。以今觀之，蓋終篇無一語涉天地，朱子之言的然可據，而《小序》不足準也。況《周禮》掌次王大旅上帝，則設氈案，設皇邸，司裘爲大裘以共王祀天之服，皆言天而不及地。宗伯六器，則以蒼璧禮天，黄琮禮地，是天地之祀玉有别也。典瑞則以四圭祀天，兩圭祀地，是天地之祀玉不同也。祀天于冬至，以陽氣來復于上天之始，祭地于夏至，以陰氣潛萌于下地之始，時不同也。用圜鍾于震之宫，取其乾出乎震之義，用函鍾于未之地，取其坤居于未之義，是樂不同也。《小宗伯》言五帝且兆于四郊，而不言與昊天上帝同郊祀，況可與后土地祇合祭乎？則天地不合祀從來亦久矣。是故宋儒葉時之言曰「郊丘分合之説，當以《周禮》爲定」。

今之議者以社爲祭地，而不知天子之社有三：曰大社，曰王社，曰亳社。大社爲百姓而立，王社爲藉田而立，亳社則遷國之社也，而祭地不與焉。朱子釋《中庸》曰「社祭地，不言后土者，省文耳」，蓋祭地之名亦曰「社」也，祭地之社，總天地言之，與天對者也。大社乃自王畿千里之地言，故諸侯國社以至庶民鄉社，皆祀其所主之土也，故「社」字從「示」從「土」，義有在矣。且議者既以大社爲祭地矣，則南郊自不當祭皇地祇，何又以分祭爲不可乎？議者又疑古無北郊，然《郊特牲》曰「兆于南郊，就陽位也」，則南郊固見于經矣。祭天而兆于南郊，以就陽位，則祭地而兆于北郊，以就陰位，曷見其不可也？程子曰「北郊不可廢」，況陳氏禮書直曰「祭地于北郊。方丘者，北郊之丘也。丘方而下，所以象地」。則古人固嘗行之矣。議者又謂莫大于天，地實天中之一物耳，不必别祭。則以天爲尊，以地爲卑，不得與天抗。似也，然天地合祀，則同尊並大，是崇地抗天矣，與天爲敵矣，乃不以爲非，何也？程子曰：「郊天地與共祭父母不同，此是報本之祭，須各以類祭，豈得同時？」又曰：「冬至祭天，夏至祭地，此何待卜！」朱子曰：「古時天地定是不合祭，日月山川百神，亦無合共一時祭享之禮。」又曰：「天下有二件極大底事，其一是天地不當合祭于南郊。」夫程朱，三代而下大名儒，然則其言皆不足據乎？

秦去古未遠，則祀天不于圜丘，而于山下，祭地不于方丘，而于澤中。漢之制，祀天于甘泉，祀地于汾陰。則秦、漢天地之祭猶分也。至元始之制，則天地同牢于南郊，此則莽賊陰媚元后之計，欲以妣並祖，故不得不以地並天也。合祭之説，實自王莽始矣。自漢而唐而宋皆合祭，而地之特祭少矣。漢之前皆主分祭，而漢之後亦間有之，如魏文帝之泰和，周武帝之建康，隋高祖之開皇，唐睿宗之先天，皆分祭也。開元制禮，則專主合祭矣。元豐一議，元祐再議，紹聖三議，皆主合祭。而卒不可移者，以宋人有郊賚之費，故三年一郊，至傾府藏之財而不足以從事，所以必于合者，從省約也，安簡便也，亦未嘗以分祭爲非禮也。蘇軾言祖宗幾年合祭，一旦分之，恐致禍。朱子謂其説甚無道理。然兩郊之説，在宋似爲難行，與今日之事異矣。

本朝丘濬之言以「類于上帝」「類」字強訓爲「合」，此蓋臆説；又以元始禮天地同牢不爲瀆，不可以莽廢；又謂夏至祭地，則地先天食。其辭多歸美本朝之制，蓋從周之意，而不知其言之悖于義也。今之議者大率主濬之言，而往往以太祖之制爲嫌爲懼。然知合祭乃太祖之制爲不可改，而不知分祭固太祖之初制爲可復也；知《大祀文》乃太祖之明訓爲不可背，而不知《存心録》固太祖之著典爲可遵也。且皆太祖之制也，從其禮之是者而已矣，矧敬天法祖無二道也。陛下今日之舉，欲復古禮以大報天也，欲遵祖初制以求盡善也，欲遠跡三代之隆而一正千古之謬也，將以建一代中興之業而陋漢唐宋于下風也。所謂功光祖宗、業垂後裔之事，未有大于此者也。是故文、武之制未備，周公作禮樂以成之，未聞周公變文、武之舊也。況禮樂必積德百年而後興，聖祖之心豈無所望于後世之聖子神孫者乎？此正今日之事也。

韜之奏曰「紊亂朝政」，曰「變亂成法，必有任其責」，既而曰「諫官創議」，蓋指臣也。韜之此言，私心害之也。夫律有「奸黨」之條，内開「若在朝官員交結朋黨、紊亂朝政者，皆斬」。此指國家一應法度政令，干係紀綱名分，而奸臣交結朋黨，紛更壞亂，交通扶同，爲奸作弊，以欺君罔上、虐民害政者言也。今日所議者，郊祀之禮耳，乃古先哲王令典，我太祖高皇帝之所已行，載在典章。律亦有「毁大祀丘壇」之文，解律者曰丘壇祭天，圜丘祭地，方丘壇其所登祭之處。此法家之所知也，惜乎韜之未達乎此也。至于毁《周禮》一書，尤爲妄議。臣不敢一一指摘，當于其大者辯之。

韜曰「宋儒胡宏有言，《周禮》非周公之書，王莽、劉歆爲之也」。韜名爲讀書知禮者，且備位儒臣矣，何其不攷之甚也！胡宏之言，非宏言也，承舛踵訛之説也。夫《周禮》之出，自劉德始；累《周禮》者，亦自劉德始。《周禮》之立，自劉歆始；誣《周禮》者，亦自劉歆始。《周禮》之傳，自鄭康成始；壞《周禮》者，亦自鄭康成始。先儒嘗謂累《周禮》者其罪小，誣《周禮》者其罪大，誣《周禮》者其法在，壞《周禮》者其法亡。然禮經之學，所賴相傳至今不墜者，實諸儒講明之功也。今韜不以諸儒講明者之言爲陛下獻，乃獨取胡宏憑私臆決之一言以厚誣《周禮》，不惟取辯一時以誤陛下，而又誤天下後世，使信《周禮》爲王莽僞撰，不得表章而遵行之，其關繫名教，非細故矣。臣竊爲韜懼也，臣何敢隱而不盡言與之辯乎？至力詆《天官冢宰》篇爲莽誑天下之術，則又大可異矣。夫《天官冢宰》一篇，朱子以爲周公輔導成王，垂法後世，用意最深切處，欲知人主正心誠意之學，于此攷之，可見其實。又謂冢宰一官，兼領王之膳服、嬪御，此最是設官者之深意。蓋天下之事無重于此，後世雖不能行，豈可盡廢聖人之良法美意，而誣以莽之僞爲耶？且莽之前，固嘗有《周禮》矣，今則以爲周制之土苴，而莽集其大成。

韜又曰「合祭以后配地，自莽始」。夫莽既僞爲是書矣，何不削去圜丘、方丘之制，天神、地祇之祭，而自爲一説耶？其説不得而通之也。是故疑《周禮》者，漢武帝、何休、謝氏、黄氏之徒也，彼程子、朱子、東萊、横渠，則固無疑矣。用《周禮》誤天下者，王莽、劉歆、蘇綽、王安石也，彼周公、召公、畢、榮、毛、散諸公，則未嘗誤也。韜謂「皇上好古之篤如此，志復三代如此，千萬世一人而已矣，未見儒臣以三代純王之學上輔聖主」。此言誠是也，然既以皇上好古，志復三代，則分祭天地固古禮也，三代之典也，何以言其非禮，而必欲使襲王莽瀆亂之舊耶？夫致主之學，周公之道純矣，今乃欲盡廢《周禮》，使不得行于世，則祖宗之設官分職、大小政體，其倣于《周禮》者多矣，然則必一舉而變亂之耶？抑不知此外又别有何道乃爲純王之學，可以輔聖主耶？是故韜之言臣不敢以爲是也。獨怪夫韜之言出而和者遂紛紛也。況近年禮部行移令立小學，習讀《周禮》，又令科場必以《周禮》策士，是皆奉陛下明旨施行者也，乃不聞韜奏止之。及韜修《大明會典》，嘗具奏欲將内府各監局職掌屬之禮部，亦復援引《周禮·天官冢宰》之文。是韜平日未嘗非《周禮》也，何得因議郊祀，而一旦遂欲盡棄其學耶？殆不可曉也。

議禮之家，名爲聚訟，常情所向，自古已然。惟是天地大祭，國家重務，況于千八百年之下，興起三代而上之盛典，所當尤加慎重。必使損益合宜，足以垂範宇宙，不致少有遺恨，以貽後議，則天下之大幸也。伏望皇上恢宏天度，開張宸聰，矜愚盡下，曲示優容，小大臣工必能克去己私，仰體聖明，深求古義，以奉明詔。所據圜丘、方丘、朝日、夕月諸神壇壝規制，自有我太祖刊定之典，備載《存心録》一書，不須創設，無所變更，一準乎舊而已。但大祀殿以之祀天，則不應經義，以之饗帝，則脗合《周禮》。然祖、宗並配，父、子同列，稽之經旨，未能無疑矣。周人郊祀，后稷以配天，臣以爲太祖聖神文武欽明啓運俊德成功統天大孝高皇帝足以當之；宗祀文王于明堂以配上帝，臣以爲太宗體天行道高明廣運聖武神功純仁至孝文皇帝足以當之。區區之愚，有見于此，不敢不以爲獻，乞再下臣章，敕禮部一併會議。所貴廷臣協心同德，深攷博求，務合經訓，破除臆説，不狃于苟且之情，不遷于衆多之口，忠誠精白，以仰承皇上中興大有爲之志，以光復太祖之始制。使天下後世知郊祀天地獲全古禮，一洗千古之陋自陛下始，顧不休哉！

疏入，得旨：「這所奏皆發明古典，朕已具悉。禮部便上緊將各官所奏並此本詳看開具，務要據古斟酌，會官議擬明白，奏請定奪，勿得稽遲避忌。」

請弭災變以安黎庶奏 嘉靖九年

楊　爵

臣于嘉靖八年十月内承制往湖廣公幹，即今事完回還，臣知陛下哀憫斯民之心懸于閭閻之下，凡四民利病、民間休戚必欲聞之，故今謹述所過地方災傷、生民可痛之狀，爲陛下言之。

南北直隸、河南、山西、陝西等處地方，當禾苗成熟之日，蝗蝻盛生，彌空蔽日，積于地者至三四寸厚，將禾根食之皆盡，居民往往率婦子將蝗蝻所食禾苗痛哭收割，以爲草芻之用。其他蝗蝻稍少之地，禾苗食有未盡者，頗有秋成之望矣，未及成熟，嚴霜大降，一時盡皆枯槁。遭此災變，民失依倚，去年冬月民所資以爲食者，皆其先時所捕曬之蝗蝻與木葉、木皮等物。當此之時，民之形色顛悴，雖甚可哀，而死于道路者尚未多見。比及今春，臣復經此地，每見餓死尸骸，積于道路者不可勝數，又見行者往往割死者之肉，即道傍烹食之。又聞有父子相食者，井陘縣一日而縣官獲殺人食者三人。臣聞之拊膺大痛，食不下咽，自謂有司必能具奏，聖明在上，聞有是事，必至流涕。比臣到京，聞廟堂之上，救民之死非其所急，而所議者，郊社之禮耳。微臣憂國愛君之心切于中，而不能不有所言也。昔者漢文帝之時，家給人足，海内富庶，賈誼上書猶曰可爲痛哭，謂「抱火厝之積薪之下，而寢其上，不可謂安」，況于今日時勢，當何如耶？

古賢王之治天下也，生養遂而後教化行，教化行而後禮樂興。方今災傷之地，生民死十有六七，存者起而爲盜賊，雖稍有積蓄之家，亦難保于自食，其勢涣散不可收拾。朝廷之上舍此不之憂，而議合祀、分祀之禮，是所謂「不能三年之喪，而緦小功之察；放飯流歠，而問無齒決」也。夫民惟邦本，本固邦寧，民心離散，邦本不固，土崩之勢可以立待，縱使周公所制禮文盡行于今日，亦何補于天下之亂乎？深念及此，可爲寒心，不知陛下宵旰之際，亦嘗慮及于此乎？左右謀國之臣，亦嘗言及于此乎？且南北分祀以復先王之禮，非不可也，但今日救民死亡之日，而非興禮樂之時也。自古國家衰亂，未有不由民窮盜起，而爲上者不知憂恤，遂至人心離叛，而天命亦去，宗社不可復保矣。故臣之所憂者，不在府庫之財不能徧濟天下，而但恐陛下無憂勤斯民之心也。夫憂民即所以憂國，治民即所以治國也。陛下日事經筵，隆寒甚暑，未嘗少怠，臣知陛下鋭志太平，而欲爲堯舜之君矣。蓋堯舜之心急于救民，一民飢曰我飢之也，一民寒曰我寒之也。假使當時飢死之民滿于溝壑有如今日，堯舜之心當何如哉？臣願陛下上畏天心之儆戒，下憫斯民之死亡，不遑他務，專廣仁恩，移此議禮之心，區畫賑濟之策，以長沃民生。則皇恩浩蕩，孰不頌明明天子；深仁廣被，在在戴生我父母。向之枵腹待哺者，今有飽食之慶矣；向之妻子離散者，今有室家之樂矣。民心已涣而復收，邦本雖摇而轉固。縱值天時之災，鮮不以人力勝之也。海宇蒼生享太平之福，聖子神孫纘萬年之緒者，端在此矣。臣不勝戰慄儆惕恐懼之至。

奏入，帝從之。

修舉武備疏 嘉靖十一年❶

徐問

臣生長南服，發跡儒生，蒙皇上擢臣兵曹之佐，雖才不足以充任，而志不敢以曠官。謹條八事，上塵聖覽。

一，練畿兵以重聲勢。順天府霸州文安縣等處，古爲幽冀，人習悍強，且密居畿内，實爲周官六鄉六遂、漢六郡良家之地也。曩聞有招軍之令，急而行之，亦一策也。然召民爲軍，已失國家定籍；倉猝應募，類非土著居人。既無父兄産業以藉稽查，未免徒耗衣裝，冒叨糧賞。遇利則先趨，見害則退避，緩急將何所恃乎？臣愚以爲平居無事，宜申飭撫、按，督同兵備、分管府官，悉心查訪，舊團有年壯、膂力過人，并家有二丁以上者，開報到官，再加精選。每選五十名，推身家衆服者一人爲鄉長，俾其各相聯屬，自爲教練。如上司初至之日，召令面試藝勇，量給犒勞，即放歸農生業。若有緩急，必待兵部題本方纔起調，胄鎧器械，該部

❶「嘉靖十一年」，據《明世宗實録》卷一六九，此疏上於嘉靖十三年十一月。

各豫儲給。庶使各邊之人，知内外皆兵，潛消窺伺矣。

一，練外兵以爲羽翼。山東德州、武定、山西、陝西潼關等衛，設爲直隸，蓋欲犬牙相制，以禦外侮，拱衛京師。而京師擁列諸衛，居重以馭輕，強榦以弱末。立法之初，未嘗不善，但承平日久，人心玩狎。京軍以多役少練而坐致罷弱，直隸以形分勢遠而久不簡稽，重以世冑誅求，尺籍雖存而逃流過半矣。正德初年，邊事告急，議以參政韓福爲大理少卿，操練畿輔民兵，又分行巡按官閲實直隸衛所武備，蓋亦不忘内豫，潛消外憂。但當時補偏救急，未有著實振舉而施行之者。況燕趙涿易古稱悍強，若欲安不忘危，有備無患，當如往年故事，推舉内外文職官内有文武長才、諳曉韜畧、實心廉慎者，加以僉都、少卿之任，以提督直隸民兵。著實清查挑選，遇有緩急，行移提督衙門調用，可一呼而集，兵威振揚，在在有備，古所謂「不戰而屈人之兵」也。

一，防制邊人以需調用。直隸保定等衛，有來自邊外之人，其驍勇悍強，狀貌氣習與漢人不同，未敢保其不異。但以安插既久，勢難變更，惟在所司設立紀綱，嚴飭武備，以攝其攜貳反側之心。合行巡撫，督令兵備，一體鈐束，每霜降開操之日，間或一試，以觀武藝而犒勞之。又須加意推誠諭信，恤其所私，使知有中國生涯之樂，妻子室廬之繫。必得其心而盡其力，庶可無他釁也。

一，區處屯丁以防敵患。邇者城堡不完，人無固志，有舍業者多就鎮城以居，所遺在堡，類皆游徒單弱，無所賴藉。城堡既破，必將深入，逼近邊城，而士女震矣。爲今之計，再行查勘種地居人若干，籍其姓名，嚴禁該管官，不得别項科差索取。仍于堡内，官爲起蓋房屋，安插居住，不許任意星散。令其無事則聚衆耕牧，敵至則登陴拒戰，入則俱入，守則俱守，不許參差延緩，致生他虞。官軍既有此輩以爲應援，則氣勢自增，防守自固，敵不得乘虚而突入矣。

一，經略邊關以防黠敵。看得居庸、紫荆等處，皆鄰邊阨塞之地，地方廣闊，或限于巡閲之未周；文移雖頻，或苦于奉行之弗恪。又各衛守邊官軍闇于利害，徑自潛回，將來尤可深憂。若使各邊撫、按督令兵備等官，嚴加閲視，邊關城牆如有頽塌，即加增繕修補，務須堅實，使邊軍可恃爲守，以衛中華。其各處守邊官軍，兵備官躬親查閲，若有逃回等項，參究治罪，而守衛必嚴矣。

一，鞭策武臣以冀自効。查得現行條例，軍職有犯罪者，俱發邊方立功，五年滿日還職。夫操持宜責備乎文臣，而磨勵宜激昂乎武職，使其闒茸庸才，棄之可也，或平時武勇，偶阻于時勢之未乘；稟氣粗豪，或至于跅弛而不檢。一發地方，置于無用，其于邊境亦何利焉？臣以爲隨宜調遣，令其懲創，奮發立功。如果有功，即與議奏，遞爲未減，以贖前愆。或有非常勳績，一體拔用。所謂不以一眚掩德，當有如古名將出于罪戾者矣。

一，專委任以杜聚寇。朝廷隨時設官，務爲除害，而所用之人，類多未能舉職。其兵政不修、殃民召寇者，固不足道，亦有固避嫌疑、營幹他務者，有厭棄荒野、延住省城以密近撫、按者，有徒藉刑威，陵轢官屬，而于緊要事幾一切不理者，以致民患莫除，盜賊滋蔓。況今湖廣辰、常等處時有旱災，民多飢殍，里甲散之四方，未必不轉而爲盜。而洞庭湖又聞常有盜警，失今不治，將來隱禍，深爲可憂。應申飭各處撫、按督令兵備、江防、海道官，于原設緊要地方住劄，廉正以率屬，咨訪以盡情，簡閲以實兵，操練以振武。聯屬里保，使之相稽；遞設鑼鼓，使之相聞；互爲掎角，使之相救；堅其險阨，使之相守。其平時振舉武備者，務須益勤乃職，以固藩維焉。

一，專内治以杜釁端。兩廣、雲、貴在《禹貢》荒服之外，山箐險阻，猺獞、羅㱔諸蠻所居。漢武拓地，或稍通中國，或自相盤據，雖設土官統轄，亦僅羈縻，而犬羊狼虎，吞噬無常，終不能使之馴也。奈何守邊將吏平時不能宣威示信，以嚴其防，惟利大征翦除，以盡其類。不知此類蕃如草木，巢穴充盈，非誅殺可盡，一聞大征兵至，其渠魁惡黨相率走藏，所殺類多愚蠢苗人。是生民膏血，斂爲軍儲，秖足以飽用事邊臣谿壑之欲，以易千百無辜之命而已。昔宋儒楊時以爲邊事之興，多出于貪功幸利之人，不務撫馴，幸其時草薙而禽獮之，以求有功，一有失律則敗衄不支，上貽朝廷憂。此邊吏之大患也，今日遐方，弊正坐此。宜申敕各邊巡撫都御史，嚴戒各該兵、參等官，務要仰體皇上好生之心，布其威信，嚴其阨塞，謹其哨保，則久安長治之道得矣。

疏入，帝從之。

遵憲綱攷察御史疏 嘉靖十二年

王廷相

臣謹奏爲遵聖諭、定條約、嚴攷察，以新風紀事。臣等伏覩嘉靖六年八月内皇上敕諭都察院有云：「正統六年英宗皇帝詔：中外風憲係綱領之司，須慎選識量端宏、才行老成任之，其有不諳大體，用心酷刻者，並從都察院堂上官攷察降黜。成化七年，憲宗皇帝欽准事例：巡按公差御史回京之日，本院堂上官仍依舊例查勘攷察保結，稱職者具奏，照舊管事，若有不稱，奏請罷黜。近年此例雖存，不聞劾罷一人，蓋因堂上官不能振揚風紀，反爲屬官所制，避讒遠怨，以致人心怠弛。今後巡按滿日，務要嚴加訪察，果無贓私過犯、推諉避事等項實蹟，取具該道結勘明白，方許回道管事。若有不職事蹟，不許朦朧具奏，照例奏請罷黜。」欽此。欽遵。臣等伏讀之餘，仰見皇上慎重風紀之司，必欲御史得人，使德化宣流，生民得所而後已，真帝王之盛典，萬世之所當守也。

臣查得御史出巡，舊規除盤糧等差，與給事中同行，互相關防，免其考察外，其餘巡按、巡鹽、巡關、巡茶、清軍、刷卷、印馬等差，一年滿日及事完回京，各具行過事蹟，御前復命。仍備呈都察院，考覈出巡有無贓犯及乖違等項違礙，劄仰該道從公保勘，委無違礙，方許奏准照舊管事。但御史出巡，責任甚多，今考察之例，止言贓犯乖違，未曾明具條件，使御史無所據守，以之盡職，本院無所憑藉，以之覈實。漫言指摘，似爲未便。臣等議得：今後御史出巡回京考察，除犯該贓犯，據有實蹟，照例奏請提問，及過違限期，照依舊定水程查算外，今將關繫職守之大者六事，定爲出巡規格，凡御史有差，備開載于劄付之内，行令一一遵照條款，考其修否，以别勤惰。臣等另有訪察，不在此限。如此，則御史目覩耳聞之餘，必能警省惕厲，無怠職廢事之愆，而朝廷之風紀亦于是乎振揚矣。臣等欲候命下，咨行各巡撫都御史，劄行十三道并各巡按等項御史，各一體欽遵施行。緣係「遵聖諭、定條約、嚴考察，以新風紀」事理，未敢擅便，具本開坐，謹題請旨。

一，除革奸弊，御史之職。方今天下，官邪民玩甚矣。錢糧出納之侵欺，驛傳往來之汎濫，里甲困于無藝之供，糧長苦于應官之饋。巡鹽即販私鹽，捕盜與盜通氣；入官有見面之錢，管事有常例之賄。假以公用，而科斂任情；指稱修理，而罰金無度。吏典無賄，而文書不行；豪富通財，而差役得免。隱奸蓄慝，不可枚舉。近年以來，御史出巡，惟務作威作福，以聳人之耳目，不事廣諏博采，以察下之隱微。況巡歷所在，止二三日，飄風驟雨，一過不返。若不用心體察，民間奸弊深隱，何由以知？合無今後御史出巡，務要悉心廉訪，但有奸弊發露，即當置之法理。使按屬之地風清弊絶，以副皇上救弊卹民之心。回京之日，仍將革除過各項奸弊事由，開造文册呈院，以憑攷察職業修否。

一，伸冤理枉，御史之職。竊惟推情訊獄，非上智之才、公平之心，鮮有得其真者。況權勢之家，問官懾于利害；富豪之室，賄賂靈于神明；朴實之民，鈍口奪于狡佞；酷暴之官，殺人輕于草菅；粗疎之吏，才情拙于淑問。由是情僞莫分，冤枉無愬，小民有不得其生者矣。既不能體皇上好生之心，且有以干上天至和之氣，致災召眚，莫不由此。合無今後御史出巡，務要慎刑明獄，及一應詞訟勘問之事，虚心推理，緣情求實。但有枉抑，勿拘成案，即與伸理，使按屬之地，刑罰得理，暸無冤民。回京之日，仍將伸理過各項冤枉事由，開造文册呈院，以憑攷察職業修否。

一，揚清激濁，御史之職。竊惟御史爲朝廷耳目，出巡于外，人才臧否賴之采訪，部院攷察憑之黜陟，其關繫至重也。近年以來，御史旌舉司、府、州、縣等官，不問其人品高下，立心行事曾有卓異政績與否，但見其奉承齊備，禮貌足恭，便以爲好，即一概濫舉，多至數十餘人，致使賢否同途，薰蕕並器而不辨。其所糾者，類取一二塞責，甚至糾及縣丞、典史等官，其大貪大奸、蠹政而害民者，則以鄉里、同年、親故之情，掩蔽而不發。惟念私情，全不爲國，大壞風紀，于斯爲甚。合無今後御史出巡，于司、府、州、縣官員，務要即事察政，即政察心，果見其人品高明，心術正大，政事卓異，在司、府官斷可爲科道、郎署之臣者，方許薦舉。其中人以下，平常之才，止可注在攷語，不得混同高流，以辱薦章。其所糾劾，首先貪酷殃民不法之人，次及罷軟、無爲、老疾之輩，務要據其實跡，奏行罷黜，不許挾私報怨，以害賢善。回京之日，備將舉劾過各官賢否實跡，造册呈院，以憑攷察。若才賢者，以不能奉承，舍之而不舉，中才平常之人，反夾雜一二以盡私情，及大貪極酷，隱蔽而不劾者，臣等體訪得出，攷以不職。

一，本院劄去巡按御史勘合公文，皆關繫地方重大事情，及官民冤苦奏詞，有等公勤盡職御史，督行二司及守巡官員，一一依期完報。其有等漫無才志者，則悠悠度日，傳食郡縣，多致緊急事情廢閣不省。又有等乖猾利巧及阿私偏黨者，每遇關繫利害之事，則推託閃避，遲留而不爲，干礙御史糾劾不實者，雖容易勘明而不報，以致終年累歲事無歸結，此等御史，尤爲不職。今後差去御史接管承行，凡先次御史勘合，務要作急勘報。其自己任内劄付者，除滿前兩箇月待續差御史勘完，其餘十箇月内務要一一勘明銷繳。回道之日，備將先差御史及自己任内勘合開具已、未完數目，造册呈院，以憑攷察。其有邊疆等項事情，難于提人行勘者，亦要明白開造。

一，監察御史出巡，所以上宣德意，下達民隱，風四方，貞百度，此其大節也。爲御史者，必須清修簡約，鎮静不擾，庶足以安民格物，以振風紀。近年以來，御史出巡在外，動輒人馬千百，擺列兵衛，吹打響器，以張大聲勢，擅作威福。又隨帶府、縣能幹官員及狡猾驛丞十數不等，以備任使。導從如雲，飲食若流，全無清約之節，反生騷擾之害。所至州縣，計其一日之費，每至百數十兩。本以安民而反以勞民，欲振風紀而反壞風紀，此等御史，乃淺陋無識，徒假聲勢于外以自大，求其中未必有者也。合無今後御史巡歷郡邑，務要安静不擾，本等導從皂隸之外，並不許多用一人。其府、州、縣驛丞等官，亦不許隔境隨從、迎候，以爲有司之害。違者許巡撫、巡按互相糾劾，臣等察訪得實，回道之日，攷以不職。

一，巡撫、巡按兩相和協，則能開誠布公，以成王事。近年以來，輒因小忿，遂成嫌隙，至相訐奏，安望其同心戮力、有益地方乎？臣等嘗求其故，皆巡按御史無禮不遜致之。都御史正坐，御史旁坐，禮也。近年以來，御史每與都御史上下賓主坐矣。都御史前班，御史後班，禮也。近年以來，御史每與都御史同班並列矣。豈非執法者不法，貞度者無度乎？巡撫柔和忍事者，則隱忍而不與之較，若遇剛毅正直者，則必與之相講論，不從則嫌隙成矣。由是巡撫所行者，巡按則不行，巡按所允者，巡撫則不允。官吏人等答應巡撫者，巡按則惡之，答應巡按者，巡撫則惡之，至有無罪拏問，因而革去職役者。撫、按自相搆隙，而禍及平人，豈不冤哉！以斯人所行，乘勢驕傲爲患，如此欲望一方政令之平，民庶之安，胡可得哉？臣等以爲《春秋》之義，王人加于諸侯之上，禮也。巡按御史在三司則可，在巡撫都御史則不可，何也？都御史列銜内臺，奉敕巡撫一方，非在外守土之臣可比也，地方事情，可以共議，而名分體統則不可越。近日本院題准都御史正坐，御史隅坐，臣等以爲此只以私情，非禮議處，非所以論于朝廷之上也。若據禮制名分，御史仍當旁坐，仍居後班爲宜。合無今後巡按御史不論副都、僉都，其坐旁坐，其班後列，以正體統。若有仍前不遜者，臣等察訪得實，回道之日，攷以不諳憲體，奏請降調。

疏入，得旨：「覽奏，足見振揚風紀，深切時弊，都依議，務要著實舉行。内除姧弊一事，還查照前旨，不許假以訪察爲由，誣害平民。」

北京大學《儒藏》編纂與研究中心　編

《儒藏》精華編選刊

御選明臣奏議（下）

〔清〕高宗弘曆　敕輯

張兆裕　校點

北京大學出版社
PEKING UNIVERSITY PRESS

御選明臣奏議卷二十三

議處浥爛倉糧疏 嘉靖十四年❶

韓邦奇

臣謹題爲議處年久浥爛倉糧以濟時艱事。據宣府前衛申「據本衛豫備倉委官現監鎮撫劉鎮等各呈告，自嘉靖二年起至嘉靖十三年四月終止，除放支外，現在倉麤細糧五萬五千三百八十三石有零。在厫盛放年久，節次查盤踏躧虧折，坐問侵盜，經收人員晝夜憂慮。性命猶輕，錢糧爲重，地氣濕浥，米粒日漸蟲湌，經年看守，有損無增，愈加致累，不得聊生等情，具申定奪」等因到臣。行間續據宣府左衛申開豫備倉委官現監千户楊欽、現任千户竺雄等名下現在麤細糧一萬八千五百二十九石有零；宣府右衛申開豫備倉委官現監千户尹鸞、現任千户李政等名下現在麤細糧八千四百八十二石有零；興和守禦千户所申開豫備倉委官百户李雄等名下現在麤細糧三千五十石七斗有零。亦各稱年久，日有壞爛，無支放之期。又據千户王鎮開稱，在城時估每絲銀一兩糴粟米八斗。又據軍人郭驢兒等亦稟稱米價甚貴，正當青黃不接之期，折色糴米，

❶「嘉靖十四年」，據韓邦奇《苑洛集》卷一三《議處年久浥爛預備倉糧以濟時艱事》，此疏上於嘉靖十三年四月。

養贍不足，乞要放支本色等情。

通據得此，臣會同總理糧儲户部郎中議照前項倉糧，委因年久浥爛，經收人員問罪追賠，往往至于家破身亡。其現在倉糧，臣等取而視之，委將浥爛。目下青黄不接，時值委爲太高，軍士糧價，月止六錢五分，糴糧不過五斗，委于養贍有所不足。又召商糴買，銀一兩三四錢方可得糧一石，而米價愈至于騰踴。若不因時議處，何以克濟時艱？合無將前項倉糧借支給于本城軍士，作爲月糧，候秋成之時，將萬億庫所貯軍儲銀兩糴買，抵斗還倉。如此，則一轉移之間有五便焉。以陳朽而得新好，國儲不至于有虧，一便也。軍士得受其實惠，而不至于怨咨，二便也。富商不得專大利，而時估可平，三便也。所費錢少而得米多，四便也。經收人員不至銜冤負枉、破家而亡身，五便也。再照倉糧之浥爛，米價之高貴，軍士之缺食，不特鎮城一處爲然，在各邊亦多如此。而米價之貴，又有甚于鎮城者，亦合通行從宜酌處。倘如蒙敕下該部，再加議處，如果臣等所言可采，乞俯賜施行，則臣等幸甚，地方幸甚。

疏入，帝從之。

諫討安南疏 嘉靖十五年

唐冑

臣竊惟今日若欲安南修貢而已，兵不必用，官亦無容遣。若欲討之，則有不可者七，請一一陳之。古帝王不以中國之治治蠻夷，故安南不征，著在《祖訓》，一也。太宗滅黎季犛，求陳氏後不得，始郡縣之。後兵連不解，仁廟每以爲恨，章皇帝成先志，棄而不守，今當率循，二也。外夷分争，中國之福。安南自五代至元，更曲、劉、紹、吴、丁、黎、李、陳八姓，迭興迭廢，嶺南外警遂稀。今紛争，正不當問，奈何殃赤子以威小醜，無益有害，三也。若謂中國近境，宜乘亂取之。臣攷馬援南征，深歷浪泊，士死幾半，所立銅柱爲漢極界，乃近在今思明府耳。先朝雖嘗平之，然屢服屢叛，中國士馬物故數十萬，計竭二十餘年財力，僅得數十郡縣之虚名。況又有征之不克，如宋太宗、神宗、元憲宗、世祖故事乎？此可爲殷鑒，四也。外邦入貢，乃彼之利，一則奉正朔以威其鄰，一則通貿易以足其國。故今雖兵亂，尚累累奉表箋、具方物，款關求入，守臣以姓名不符卻之，是彼欲貢不得，非抗不貢也。以此責之，詞不順，五也。興師則需餉，今四川有採木之役，貴州有凱口之師，而兩廣積貯數十萬，率耗于田州岑猛之役。又大工頻興，所在軍儲，悉輸將作，興師數十萬，何以給之？六也。然臣所憂又不止此。唐之衰也，自明皇南詔之役始；宋之衰也，自神宗伐遼之役始。今北寇日強，據我河套，邊卒屢叛，毁我藩籬。北顧方殷，更啓南征之役，脱有不測，誰任其咎？七也。錦衣武人，闇于大體，倘稍枉是非之實，致彼不服，反足損威。即令按問得情，伐之不可，不伐不可，進退無據，何以爲謀？且今嚴兵待發之詔初下，而征求騷擾之害已形，是憂不在外夷，而在邦域中矣。請停遣勘官，罷一切征調，天下幸甚。

疏入，兵部請從其議，帝不納。

益兵據險以防敵患疏 嘉靖十六年

韓邦奇

謹奏：照得山西三關一帶沿邊地方，寧武以東隘口及山岡平漫之處，雖敵騎可通，然有隘可據，得人以守，敵終不能長驅而入。寧武以西與敵切近爲隣，則漫然平曠，敵騎可以長驅無阻。而原設兵將，比之他邊甚少，城堡亦甚稀疎，然前此敵人顧少侵犯者，何也？以大同重兵爲之屏蔽也。且由老營堡至八角所等處，土曠人稀，無所擄掠，必深入至鎮西衞地方，人畜堡寨始繁。縱有所得，及其返也，又有大同、平朔等處之兵截于前，老營、偏頭等處之兵乘其後，往返必須數日，則大同鎮城重兵亦皆會集，據險邀擊，往往失利而去。彼雖驍勇深入，然亦有所畏憚，不敢輕入。故三關之地兵雖寡弱，老營堡等處雖極臨邊境、地方平曠，而敵之侵犯比之他邊爲少也。

臣等又查得山西汾州、潞州、平陽等衞所官軍，撥去大同防禦者七千餘名，官軍月糧仍在山西支給。夫以山西官軍戍守大同，山西糧儲供給大同者，正以其屏蔽山西也。且敵之侵犯三關，必由大同邊境而入，今者大同之境時被侵犯，切于自顧，勢難他及。而世平時久，事失其初，大同、三關又各自分彼此如此，則三關之地已爲大邊極塞，而老營堡一路平曠若此，兵馬之寡弱若此，將官城堡之稀少若此，敵騎擁衆南下，其何能支哉！兵法曰「勿恃其不來，恃吾有以待之」，今待之者無其具也，惟恃其不來耳。此在我者如此也。

臣等載觀近日敵之入寇，奸謀詭計與昔不同。向也無甲胄，今則明盔明甲，勢甚剽疾矣；向也短于下馬，不敢攻挖城堡，今則整備鍬钁，攻挖城堡矣；向也不知我之虛實夷險，雖或深入，不敢久留，今則從容久掠，按轡而歸矣；向也羣聚而入，羣聚而出，忽若飄風，今則大舉決于一處，分掠各邊，使不暇應援矣；向也兵無紀律，烏合而來，星散而去，今則部伍嚴整，旗幟、號令分明矣；向也不焚廬舍，今則放火焚燒矣。其故何哉？有中國之人爲之謀畫，有中國之人爲之嚮導，有中國之人爲之奸細，有中國之人遺與之以鐵器。況事變之時投入敵中者，又皆慣戰有勇之人也。此在敵者如此也。度我度彼，勝負從可知矣。

臣等聞之「萌芽不剪，滋蔓必長；履霜不戒，堅冰斯至」。今大同之兵既不能爲三關屏蔽，而三關之兵馬不增，將官不選，城堡不加規畫，臣等惟恐今年深入，明年深入，今年得利而回，明年得利而回，漸不可長，大起于細，邊人塗炭不足言也，數年之後，敵且生心矣。臣等竊見各處大邊如宣府、延綏等處，敵皆不得肆然而入，何也？一則兵力強盛，一則關山險隘，一則百戰之餘，豪傑彙生，皆未有如老營堡之空虛爲可乘者也。敵若狃于常勝，妄興異謀，圖入中國，惟此途爲甚便。

臣等嘗察中外之界，自大河以西，由石、隰，岢嵐、静樂、寧武至雁門，歷紫荆、居庸直抵山海關，一帶界山，崇岡峻坂，固天所以限中外而保障生民者也。中古以來，類皆守于險外，以爲重險之固。紫荆、居庸之外，則有宣府一鎮，鎮城既設重兵，復設五路參將，大小城堡各設守備、操守、把總等官，原額旗軍一十二萬。雁門之外，則有大同一鎮，鎮城既有重兵，復設三路參將，九州、縣大小城堡各設守備等官，原額旗軍八萬餘名。其城之堅，必不可攻也；其池之深，必不可越也。馭戎設險之道，誠莫有加焉。寧武以西，其險則在興、嵐、石、隰等處，古人皆以此地建節，國家亦守于險外，置偏頭、老營諸城堡，然止設一副總兵、一遊擊，并近日巡撫奏設止有四守備，騎兵惟九千餘名。而興、嵐等處則又棄而不守，其城數日之間可攻而破也，其池頃刻之際可負土而平也。且宣大既有巨鎮重兵，而内猶守居庸、紫荆、雁門之險，今偏頭等處既已兵孤將寡，而興、嵐等處乃又棄而不守，敵騎長驅而下，更何所恃以爲藩屏哉？我國家設險禦戎，自遼東以至甘肅，經理周密，獨偏頭等處乃一大空缺，故臣等以爲敵若妄生他志，圖入國中，必由此地而入也。

夫善動者因其時，先機者通其變。當今之時，變而宜通之時也。以臣計之，岢嵐州實中外之界，有險可據，宜設一參將，益兵三千；神池堡要害之地，宜拓一城，設一守備，益兵五百；八角之東、寧武之西，八角之西、偏頭之東，適中之地，亦各爲一堡，各設一守備，或于五寨前後設立，據險以便截殺，亦各益兵五百。所益之兵，聽臣等召募，或于民壯中户大者僉取。副總兵宜陞爲總兵，推選謀勇都督領之，駐劄寧武。其偏關仍一守備，益兵八百可也。提督都御史不必兼理巡撫山西一省，止巡撫沿邊一帶地方，忻、代、保、嵐、石五州所屬，及雁門、石隰二兵備，并都司、布政司營糧官、按察司管屯官，并守巡冀寧道及參、遊、守備，俱聽節制。其餘山西布、按二司府、州、縣官員賢否，軍民詞訟，歲辦差役，俱不必管理，庶得專意經畧邊事。老營堡宜設一所，以管常備新軍。夫不一勞者不久逸，不暫費者不永寧。是不過給馬七千匹，發銀十萬兩，工程可計日而待也。其山西汾州等衛所防禦大同官軍，仍掣回山西三關防守，遇有警急，與大同互相應援。如此則不惟三關之兵威可振，而大同之勢亦遥爲之壯矣。如蒙敕下該部，再加議處，仍行總督宣、大、偏關等處地方軍務都察院右都御史，博訪羣議覆題。如果臣之所言少切時務，伏惟聖明俯賜采擇焉。臣等不勝隕越待罪之至。

疏入，帝從之。

昭典禮疏 嘉靖十六年

唐冑

臣惟自古帝王之興，天必生一代佐命之臣以爲之輔。故君當大統既成之後，必隆褒臣之典，非但以報其功，亦所以尊崇吾之德業，以昭示萬方也。太祖高皇帝南京功臣廟之建，此開國之一大典禮，今百六十九年矣，天下至今無敢改者。近日武定侯郭勛無故將始祖郭英奏欲添祀，以致該部乞請各官會議，不敢遽抑之者，以稱伊祖與元祀徐達等功同一時，但達等物故，各當廟建之時，而英獨以後死不預。此可欺以方之言，惑之也。

臣惟皇祖當開基洪武之二年，命立功臣廟于雞鳴山，論功列祀凡二十一人，塑死者之像，虚生者之位。蓋是時胡大海、馮國用、趙得勝、耿再成、丁德興、俞通海、張德勝、茅成皆已死，先棲神于卞壺、蔣子文等廟，後復祀此，所謂塑像者此也。而徐達、常遇春、李文忠、鄧愈、湯和、沐英、曹良臣、康茂才、吴復、孫興祖等俱現在，所謂虚位者此也。是當論祀之時，已合死生者之功而定之矣，勛何據而爲此言哉？及細讀勛奏，稱英于洪武十七年論功開國受封，至永樂改元始卒，非功有優劣，實死有先後，然後知勛乃不學少知之誤也。蓋洪武十六年雲南既平，次年論功，以大將潁川侯傅友德進封潁國公，而于副將已侯之藍玉、仇成、王弼許爵其世。論及偏裨，謂陳桓、胡海、郭英、張翼等兵興以來屢經勤苦，今勳績尤著，桓封普定侯，海東川侯，英武定侯，翼鶴慶侯，子孫世襲，食禄各二千五百石。蓋廟之定祀，至是已十六年矣，而英始侯，其所論者乃雲南之功，而勛誤以爲開國也。且《大明一統志》天下郡縣例書人物，故鳳陽志英，蓋各以其地言。尹直、楊廉所著《皇明名臣録》俱不載英，惟黄金《開國功臣録》五百九十三人，凡建功于國初者，不論大小皆録，而英亦預，蓋各以人言。《皇明祖訓》首章「議親」條下開列三公、二侯五家，而英以皇妃、王妃、駙馬之貴，其家亦預，蓋專以親言。俱與廟祀無干，而勛皆泛引以爲證，又惑也。

又太廟配享，當廖永安未除之先，凡有一十三人，其已死廖永安、俞通海、張德勝、桑世傑、耿再成、胡大海、趙德勝七人，于洪武二年正月丁未太廟之享已躋在配，至九年始加封號贈謚，而徐達、常遇春、李文忠、鄧愈、湯和、沐英等六王，則各隨其卒之年進侑。皆皇祖親定，即古「廟爾祖，從享祭于大烝」之義，比之廟祀，其典尤重。英于廟且不祀，而又欲望其配享，豈不尤惑也哉？

前代帝王之舉此者，當龍虎風雲之會，篤山河帶礪之盟，如西漢元功十八之位次，東漢雲臺三十二，及唐凌烟二十四之圖畫，至今昭垂青史。然皆託褒揚于位貌，而我聖祖之享祀，則以血食寓褒揚，其酬報尤重，故品别尤精。位次參差之間，尚不可輕以移易，況無有之額，敢得而增損乎？使勛而知此，縱英侯功先于開國，亦當俯首斂避，況後以南征而敢啓口也哉？伏願皇上于英之配享、廟祀且寢其議，則勛知孝而不知學之誤亦可洗雪，以終全臣節，而我國朝之一大典禮，足爲史籍之光矣。

疏入，帝不納。

諫征安南疏 嘉靖十六年

張岳

臣伏覩皇子誕生，涣頒詔命，華夷内外，莫不覃敷，惟安南以久不入貢，詔使臨遣爲之停止。下外廷集議，咸謂罪當討毋赦，陛下不欲遽動甲兵，特詔使者馳入其國，究問緣由。臣竊聞安南自正德十一年國王黎賙爲逆臣陳暠所弑，國人立賙弟黎譓主國事，以兵逐陳暠父子，奔據其國諒山府。黎譓立七年，又爲權臣莫登庸所逼，出居其國升華府。登庸立譓弟黎懬，相之，既又弑懬而自立。國内分裂，日尋干戈，其久爽貢期，大抵由此，非敢阻兵據險，抗上國之命而不貢者也。自古夷狄，惟猾夏則誅，逆命則誅，若其國不能通貢，似不足以勞敝中國。今用兵之聲先已傳布，使者行勘未復，誠恐生事樂禍之臣，不能仰窺陛下所以遣使行勘之本意，謀動兵戈，臣不暇遠引，請以目前義理事勢反覆詰之。

夫欲興兵，必以黎氏爲辭，爲之討其亂賊。然爲夷狄勞師萬里之外，討其賊而定之位，非中國長策。其不可一也。不定黎氏，而因以取之，是乘人危難而利其所有，五霸稍知義者，不屑爲也，而謂聖明爲之乎？其不可二也。萬一夷人操長技毒弩，乘高截險以邀我師，如古人所謂「廝輿之卒一有不備而歸者」，禍敗孰當之乎？其不可三也。今兩廣困敝，猺獞、狑獠所在屯結，官軍僅足備守，所恃以調發者狼兵耳。然諸州土官及湖廣弓刀手，連年疲于征調，内懷讎怨，若復驅以遠征，深入數千里之險，進有難必之敵，退無旋返之期，狼顧兩端，莫堅鬭志，南方暑濕易生疾疫，萬一師老財匱，猺獞、狑獠乘虚而起，安南事未可必，兩廣破敗可以立見。其不可四也。近日爲大工役，府、州、縣但係于官無礙及軍需、吏、農等項銀兩，盡起發赴部。梧州軍餉亦因鹽法壅滯，課額虧損，每年敷給諸軍，剩積無多。兵興十萬，日費千金。永樂中用八十萬人入交，今就折半言之，亦當有四十萬人屯食兩廣，飛芻輓粟，約以二石致一石，何處措備？其不可五也。天下承平久矣，人不知兵，兵不習戰，將帥皆膏粱子弟，少經行陣，而搢紳之喜談兵者，類皆趙括、房琯之流，平居爲大言爾。蓋深于兵者，必不談兵，其掇拾古人糟粕以談者，多妄也。欲舉大事，而使膏粱主兵，躁妄之士得成其謀，不待兩兵相交，而不勝之機先見矣。其不可六也。此六不可者，臣特粗舉其端爾。至于天下大勢，其財用盈虛，兵馬強弱，民情休戚，蓋有非臣職事所及而不敢究言者。

臣愚，以爲安南縱有可誅之罪，猶當重爲民命愛惜，審酌輕重，于當用兵之中，求可不必用者，以全民生，以養元氣。伏惟陛下聖學精深，洞見千古，制作盛備，遠暨殊俗，舞干羽以格苗，修文德而來遠，稍遲俄頃，理宜響應。去年十月六日皇子生之日，近畿地震數次，聖德純熙，天眷方隆，安得有此異？天之垂戒，其殆爲開邊乎？天下，大器也，安之甚難。無故而動摇之，臣中夜以思，不寒自慄。伏望陛下上承上天仁愛之心，遠思皇祖「不祥」之訓，待行勘使者復命，乞下廷臣，將安南事勢反覆詳議。如黎氏尚存，力能入貢，則許之入貢。如果内難未定，則且申敕邊臣，謹固疆埸，禁戢姦宄，毋得妄生事端，待安南亂定，奏請定奪。此于國家事體初未有損，而生靈得免于兵革之禍，所全活者多矣。臣，邊吏也，義當擐甲執戈，率先所部以死効命，顧不度分量，輕肆瞽言，干撓廷議，罪當萬死。然臣非敢愛死也，恐死而無益，是以冒昧爲陛下陳之。伏冀陛下哀矜，曲垂裁察，天下幸甚。

疏入，帝從之。

請順人心以隆治道奏嘉靖二十年

楊　爵

臣惟人主一身，萬化本原，履至尊之位，膺艱大之責，用人行政，是非得失，方在幾微，而關于民心之向背，天命之去留者，即甚可畏也。是以聖帝明王深察乎此，制治必于未亂，保邦必于未危；事無微而不謹，時無暫而不懼，幾無隱而不飭；爲大于其細，而圖難于其易，然後天人交與而可以延國祚于永久矣。方今天下大勢，如人衰疾之極，内而腹心，外而百骸，莫不受病，即欲拯之，無措手之地。以臣觀之，其危亂之形將成，目前之憂甚大也。大抵因仍苟且，兵戎廢弛，奢侈妄費，公私困竭，奔競成俗，賄賂通行。遇災變而不憂，非祥瑞而稱賀，讒諂面諛，公肆欺罔，士風民俗于此大壞，而國之所恃以爲國者，掃地盡矣。撥危亂而反之治安，此在陛下所以轉移率勵之者何如耳。況當朝覲大比之期，百司多士濟濟來趨，延頸思化人人切仰。極重不可反，幾失則難濟，伏願陛下汲汲于此，時留心焉，以爲善後之圖也。臣以病居林下者八九年，誤蒙聖恩賜之起用，擢以耳目之官，任以糾劾之責。受命以來，蚤夜耿耿，每思國事日非，而臣于國恩有未報，至于痛心流涕者有之。臣請略舉目前所見，其大要足以失人心而致危亂，以貽聖心之憂者，爲陛下告。誠不忍默默保位，以上負陛下之洪恩，下負生平之所學也，伏願聖明垂聽焉。

臣竊惟天下之患，莫大于以危爲安，以災爲利。實則可憂而以爲大可樂，法家拂士日益遠，而快意肆情之事，無敢有齟齬于其間，積弊而至于蠱，則不可得而救矣。此實天下之大患也。往年夏末入秋，恒暘不雨，畿輔千里已無秋禾。既又立冬無雪，暖氣如春，元旦僅雪即止，民失所望，洶洶無聊，憂旱之切，遠近所同。此正陛下徹樂減膳，率臣下以祈惠寧之時也。而在廷之臣，如大學士夏言數人者，乃以爲靈瑞而稱頌之，其欺天罔人不亦甚乎？其不幾于安危利菑而以大可憂者爲樂耶？孔子告顔淵爲邦在遠佞人，若是而謂之佞人者非耶？大臣之職，引君當道志于仁，而先天下以爲憂者也。無忠君體國之心，而居人臣之極位，所謂小人而乘君子之器也，欲天下之治安可得耶？又如翊國公郭勛者，中外皆知其爲天下之大惡、朝廷之大蠹也。勛之舉動、蹤跡，豈能逃于聖鑒？雖陛下盛德優容，不忍即罪，深謀遠慮，自有所處，臣愚以爲奸不可近，惡不可長，若止之于微，遏之于漸，則朝廷優禮人臣之體貌未失，而勳戚之餘裔亦得以保全而善終也。或使憸惡肆毒，潛干政柄，則羣狡趨赴，善類退處，其爲天下國家之禍日益深矣。治道去其太甚者，此其爲害治之人之甚，所當急去而不可緩也。凡此任用匪人，足以失人心、而致危亂者一也。

天生斯民，立之司牧。君人者，奉天以安民，而使之各得其所也。民不得所，則其心不能無怨，民心怨，則天意可知矣。古者，民勤于食則百作廢，今民勤食不可得，而至于離散，離散無所歸，而至于死亡。臣近巡視南城，兩月中凍餒死者八十人。此特南城一郭耳，共計五城未知有幾，目所不及見、而在于千萬里之遠者，又未知其有幾？孰非陛下之赤子也，而顛連無告，委命溝壑，蓋望一豆羹蔬食、以延須臾之生而不可得也。此正陛下愛民惜財，與天下休息之時也。而土木之功，十年于此矣而尚未止，工部屬官添設者至數十員，又差部官遠修雷壇，以一方士之故，朘民膏血而不知恤，則民何以得其所哉？民惟邦本，本固邦寧。窮民之力，盡民之財，是自蹶其本根也，而國何以爲國乎？昔漢文帝惜百金之費，不營一臺，故海內富庶，願陛下以爲法則，宇內生靈之慶也。況今外難未靖，內寇竊發，警報日聞，加以頻年災沴，上下一空，百計取之，愈爲不足，而興作未已，以結怨于天下。此其足以失人心而致危亂者二也。

唐虞三代之世，君臣每以勤敬之道，交相警戒。其見于經傳者，如堯、舜兢兢業業，無怠無荒，禹惜寸陰，湯坐以待旦，文王日不暇食，武王以敬而勝怠，故能壽躋耄期，治隆熙泰。是數聖人，所以崇功益壽，善政和民之道，不外乎敬與勤而已矣。周公、召公之相成王也，周公則以逸而戒之，召公則以敬而勉之。蓋敬逸之間，身之修否、政之理亂所由分，此固周、召忠君懇惻之心也。陛下即位之初，勵精有爲，不遑寧處，嘗以《敬一箴》頒示天下，其于堯舜三王之道，蓋已心得之矣。近年以來，因聖體違和，朝儀間闕，經筵未講，大小臣庶朝參，辭謝未得一覩聖容，敷奏陳請未得一聆天語，若是者，今已久矣。夫大位者，艱難之器，非逸樂之具也。陛下一身，天地百神賴以享，六軍萬民賴以安，一日二日，有萬幾之繁。近聞聖躬調順，大獲福履，中外臣民罔不歡慶。況此春氣漸和，人思新化，庶官入覲，雝雝肅肅，來自萬里之遠者，孰不欲鞠躬垂委，北面舞蹈，望龍顔以慰快覩之心乎？《易》曰「聖人作而萬物覩」，正今日之事也。若未得瞻于咫尺天顔之下，以伸「有孚顒若」之敬，臣恐人心日益怠惰，中外日益渙散，非隆古君臣同寅協恭，以臻太平之氣象也。此其足以失人心而致危亂者三也。

執左道以惑衆，聖王所必誅而不宥者也。今異言異服列于庭苑，金紫赤紱賞及于方外之士，臣不意陛下睿哲先物，明見萬里，而所爲一至于此。夫保、傅之職，坐而論道，古人謂「官不必備，惟其人」，故非道隆德盛、極天下之選者，不足以任此責。今舉而畀諸迂怪之徒，輕之若流品之末，則名器之濫，至此極矣。且陛下以天縱之聖資，爲上天之元子，若遠宗帝王之道，近守祖宗之法，細旃廣廈之下，與公卿賢士講論治道，則心正身修，與天地合其德，與日月合其明，和氣致祥罔有天災，而山川鬼神莫不寧矣，安用假此妖誕邪妄之術，列諸法禁之地，而藉之以爲聖躬之福耶？甚非聖天子所以崇正遠邪、平平蕩蕩、奉三無私以化天下之道也。臣恐風聲所及，人起異議，豪傑之士聞而解體，貽四方之笑，取百世之譏，于聖德國政所損不細。此其足以失人心而致危亂者四也。

古人有言「君聖則臣直」，陛下臨御之初，延訪忠謀，虛懷納諫，其于狂直敢言之士，往往矜宥，故一時臣工恃陛下之能容，敢以直言冒干天聽，言過激切而獲罪，亦多有之。自此以來，臣下懷危慮禍，未聞敢有犯顔直諫，而爲匡救逆心之論者。昔人論求言之益，以爲勉強以聽，不若悅而從之，悅而從之，不若道之使言。蓋人臣持禄保位者多，而忘身以徇國者少，雖識見有明暗，言論有得失，在陛下明目達聰，鑒别取舍，于黜陟賞罰付之公論，則可矣。若震之以天威，加之以危禍，如往年太僕卿楊最者言出而身即死，近日翰林院左贊善兼修撰羅洪先等皆以言罷斥，此于國體治道所損甚多，伏願聖明少致思焉。成湯，大聖人也，仲虺稱其「改過不吝，從諫弗咈」；高宗，有商之令主也，傅説告以「木從繩則正，后從諫則聖」。此二君作聖之功，爲萬世人主之龜鑑也。臣非區區爲一楊最等惜也，但歷觀古今以來有天下國家者，未有不以任諫而興，以拒諫而亡者也。今而後，雖有素懷忠義之心者，非灰心仕進，甘退丘園，亦必深自晦藏，爲保身計矣，孰敢發口以論天下之事哉？臣恐忠藎杜口則讒諛交進，上德不能下達，下情不能上通，安危休戚無由以見，而堂陛之近，即遠于萬里矣。此其足以失人心，而致危亂者五也。

凡此數者，關于天下之治亂、國勢之安危，貽聖心之憂，誠未已也。伏望皇上念祖宗創業之艱難，思今日守成爲不易，察臣忠悃，覽臣所陳，賜之施行。戒飭夏言務篤忠貞之道，以報國家眷顧、禮遇之恩；于郭勛，則豫有以裁抑而保全之；止土木之功，開諫諍之路，屏邪妄之術。陛下仍以慎獨養天德，以天德達王道，以慰人心，以祈天佑。則莊敬日強，而彌壽永于千億；虚靈照物，而忠邪莫可遁逃。其爲宗廟社稷萬萬年無疆之福，聖子神孫萬萬年無疆之規者，端在此矣。臣不勝戰慄懇切之至。

奏入，帝震怒，下詔獄搒掠幾斃。

劾嚴嵩疏嘉靖二十一年

張永明

臣竊惟人臣事君之道，猶事天也，矢心對越，精壹無貳，内無私慮，外無私交。日惟恪恭以勤乃職，猶恐智能淺劣，無所裨補，以仰答恩造。若復懷奸肆欺，互相朋比，以崇長其陰私，豈惟臣道之缺，實上乖天常，下亂人紀，罪莫大焉者也。兹者郭勛，滔天之惡逾于四凶，仰賴聖明昭鑒，窮治其罪，歡呼之聲，遐邇傾動，莫不舉手加額，慶明威之震曜如雷霆也，❶天下幸甚。然武人獷悍兇悖由來久矣，若夫搢紳之臣，習服聖賢之訓，而猶不聞君臣之義，顧有陽效恭順，陰肆矯誣，爲私黨之附，此尤非臣所敢知也。

竊照禮部尚書嚴嵩，受皇上殊眷，崇階峻秩，恩寵逾涯，苟圖報稱，雖捐軀恐不逮也，迺與郭勛陰相交納，大肆奸欺，密請造以爲歡，締聲勢以爲固。至如互分邊帥之金而相悦以利，偏剋軍士之資而相蒙以私，大蠹兵政，以生戎心。無日不造勛第，情好尤密，縱妻赴飲其家，路人所知。嵩之附勛，誠表表彰灼者也。臣聞之，「見無禮于君者，若鷹鸇之逐鳥雀也」，無禮如勛者，不能逐之已爲罪矣，况親暱之乎？又聞「人臣之義無私交」，苟非公義，泛有所交且不可，况悖逆之臣而可與之交納乎？在小臣且不敢，況受恩深重如嵩者而可二三其心乎？

再照嚴嵩近又具疏自劾，是不惟假此以掩罪，而又援此以賣直，肺肝如見，其將誰欺？夫嚴嵩與勛，其

❶「如」，原作「加」，今據四庫本張永明《張莊僖文集》卷一《奸邪大臣背恩附黨疏》改。

居甚密，其跡甚親，縱不軌之謀隱秘難知，若其咆哮恣横、驁逆貪饕，其誰不切齒？ 且亦嘗經論列矣。 然嵩不言于虐焰方熾之時，而顧言之于蹤跡既敗之後，附其勢以爲利，又尾其敗而因以爲功，此尤見其險詐陰賊、反覆無恒之甚也。《易》曰：「開國承家，小人勿用。」蓋自有載籍以來，未聞小人而能成功者也。 宋臣司馬光有言：「德勝才謂之君子，才勝德謂之小人。」然從古小人易售其欺，而君子弗究于用，何哉？ 蓋憸險之夫習爲欺罔，多便利快順之可喜，而端方重厚之臣，上下陰有賴焉者，多以其悃愊無華而忽之耳。 才德之辨，君子小人之進退，惟皇上深留睿察，天下幸甚。

臣再惟嵩與勛比附之故有二焉，一則其嗜利蔑義之臭味相同，一則其竊位固寵之聲勢相倚。 夫嗜利之心重，則効忠之念輕；徇私之黨衆，則奉公之臣孤，二者之勢，若持衡然。 亟反之以歸于正，其機甚微，而世道登降之由，于此焉決。 今聖君當極，正臣子殫心翼戴之昌遇，嵩乃敢怙終罔悛，陰相朋比，以自厚其私圖，是豈所以報主恩、明臣節哉？ 大臣如此，小臣何式？ 文臣如此，武臣何忌？ 風之漸靡，臣不知將何底止也。 乞將嚴嵩速賜罷黜，爲人臣忘公徇私者之戒。 庶有以破私邪之黨，明臣子之義，國法大彰，士風聿變，而太平之治可拭目覩矣。 臣待罪南科，已歷數月，每憤諸臣深負上恩，無以贊成睿志，今元兇幸已伏辜，而邪黨猶得隱匿其奸，以溷聖明，若畏避權貴不敢指斥，爲循默保身之計，則不忠不直，臣罪不容于死矣，又何諸臣之憤爲哉！ 仰恃聖明，敷瀝冒陳，臣無任惶懼戰越之至。

疏入，帝不納。

御選明臣奏議卷二十四

劾李如圭張瓚疏嘉靖二十一年

周　怡

臣竊惟連年敵人侵逼，更番迭入，人皆知籌邊失策由總、撫之臣失職，不知邊臣失職實由根本之地大臣不職所致，不于根本圖之，而惟枝葉是務，未見其善也。夫禦戎之要，莫急于兵食，兵食之根本，莫重于户、兵二部。兵食不足，邊臣無所用其智勇，户、兵不得其人，而欲足食足兵，亦必不可得也。臣觀户部尚書李如圭之理錢糧也，當邊圉多事，官兵所急需者惟在芻糧，各鎮撫臣每有題請，如圭漫不經心，司官以職掌呈議，方且悻目視之，言邊鎮之事自有邊臣司之，何預户部動爲題覆。夫尋常無事之時，尚當悉心竭力變通調度，以求生財裕國之道，今乃于急要之日，蔑視國事，罔修職業，不忠如此，將焉用之。今山西屢遭兵革，上廑聖心，軫念生靈，蠲免税糧，又發内帑命大臣賑濟，憂深慮切，真痌瘝乃身之心也。如圭曾亦思所以仰承德意，下恤邊方，而有變通調度之方否耶？

臣又聞河南周府往歲奏增禄米價銀，如圭貪受賄賂，不行勘查，徑自覆題每石加銀一錢，共加銀二萬四千餘兩。原價每石三錢五分，尚且歲有逋欠，無能追納，河南撫臣因地方時勢之難，奏請户部宜圖經久之計，今如圭竟不爲調處，臣見舊逋愈加，積欠新增，徒有虚數而已。臣聞周府知撫臣有奏，令人賫送銀萬餘，如圭等乃爲覆題，及周府分派禄米，每石扣銀五分，計銀一萬二千餘兩，以補前費。遂致宗室鬨然不平，訐呈巡撫，至今追銀問罪未結。夫王府乃天潢一派，帝室懿親，禄米自有定數，增減自有法例，屈伸盈縮與時消息，是亦該部之責也。如其當增，則亦當攷前此何爲而不增，及今時可增與否，明白議奏，請自上裁，豈可貪受賄賂以私賣耶？如不當增，則枉法受賂，尤大不可。于王室至親尚敢奸貪不法，而況于其他耶？且今日大工之建、邊防之費，日新月盛，帑藏已虚，民力已困，凡宗室賢王亦知上體國憂，獻金銀以助萬一，寧得于禄米定價，更欲求加重困朝廷耶？如圭職掌司農，罔思國計，乃反徇私貪賂，賣朝廷之恩，壞國家之政，王府不沾實惠，百姓日見流亡，尚何望其調度以給邊防之需乎？如圭不罷，欲求國計之充足，決不可得也。

兵部尚書張瓚，屢經論劾，荷皇上姑留，罔知報効，凡遇都督、總兵、副、參、遊、備之陞補，無非平時賄賂之私人。其賄賂者，豈皆取諸私囊，大都借貸于巨室，一得陞補，即刻剥軍士以償債肥家。如此用人，安望其有奮不顧生、舍命敵愾者乎？瓚今雖不受一賂、遴用智勇之將，而爲所用者，亦確信平日之心術而深疑今日之舉用，以爲危急之日雖擢用不次，而饋賂之乏、終任用不堅。後之繼今者，亦猶今之繼昔也，今日尚何賴于瓚而任用之哉？往者陜西奏徼倖之功，本兵先蒙重賞，廕子錦衣，今日山西屢至失事，巡撫、總兵寘之重罪，則本兵亦當先受顯戮，豈有成則先論其賞，敗獨不可分受其罰？即近日山西被兵二十七州縣，孳畜一空，子女盡去，殺傷之慘，尤不忍聞。兵部近議用夜不收三十名往來探聽，以爲緩急之備，山西撫臣乃厚賞之，兵部復厚勞之，令其勿言山西之慘，止言敵人已困，殺馬而食，以懈衆心，以罔朝廷。瓚等職掌本兵，乃互爲欺蔽，上負聖眷而不顧，下犯人言而不恤，尚何望其折衝萬里哉！張瓚不罷，欲留智勇忠義之將，決不可得也。

其提督十二團營兵部尚書劉天和，年垂衰暮，步履艱難，氣血衰憊，昨觀各城門揚兵之議，有同兒戲。夫團營之兵，挑選精鋭，内爲王室干城之重衛，外備四方不虞之救援，必須精敏奮勵之臣以提督之，則可以作六軍之生氣，備萬里之長城，今用此衰憊以當重任，必誤大事。但天和壯歲自立，素負重望，及今衰年，精神策勵自不如前，合令致仕以全晚節，别簡才智勵精之臣以充其位，則于國體、軍務兩得之矣。夫籌邊經國，必期兵食之足、將帥之良，使以匪人充之，何以新天下之耳目，鼓中外之勇志？伏望皇上早賜罷黜，速易賢才，實宗社無疆之福，邊方再造之願也。

疏入，如圭還籍待勘，瓚留如故，天和致仕去。

請敕責大臣不和疏嘉靖二十二年

周　怡

臣惟人臣事君，無分崇卑，無分内外，皆以盡心體國爲忠，協力濟事爲和。自古及今，未有卿輔大臣争于朝，文武大臣争于邊，而能修内治、禦外侮者也。近者内閣大學士翟鑾、嚴嵩與吏部尚書許讚互相詆訐，而大同總兵張鳳、周尚文又與總制侍郎翟鵬及督餉侍郎趙廷瑞不和，人持己見，各自爲心，此事誤國實甚。臣請近驗之一身。夫耳目手足，必從心所欲而各效其職，苟或目視而耳不聽，手持而足不行，則于心志所欲，曷由克副？人君，猶心志也，内外羣臣，猶耳目手足也，人臣苟知尊奉心志，寧肯耳目自相違、手足自相賊耶？故曰「同寅協恭和衷哉」。風教之大，禮讓爲先，禮讓之行，朝廷大臣爲首。朝廷者，萬方之所宗仰，大臣者，羣臣之所楷模，覩而效焉，必有甚者。朝廷有違言之隙，則讒譖之釁長于外；大臣有動色之争，則攻鬭之禍流于下。由今溯昔，未之或易也。

皇上臨御以來，二十三年于兹矣，初年求治之鋭，今日憂民之切，宜乎天地位而萬物育矣。今陛下日事齋醮，而四方之災荒未能消也；日求富國之計，而府庫未能充也；日下寬大之詔，而百姓未能蘇也；日下選將練士之命，而邊境未能寧也。此其故何也？良由陛下勞心焦慮于上，而下未有肯將命之臣也。今何時也，以内則財貨匱甚而百役繁興，以外則敵人驕甚而九邊虚耗。爲輔臣者，宜如丙、魏同心輔政，房、杜謀斷相資，夙夜匪懈，凡可以利國家、惠小民、安邊徼者，無不精思詳畫，上以答君心，下以勵羣僚可也。夫何大學士翟鑾、嚴嵩憑藉寵靈，徇己營私，播弄威福，市恩修怨，是二臣已不和矣，何望其同寅協恭，以事上而風下也哉！夫輔臣真知人之賢不肖，宜明告吏部進之退之，則人心攸服，不宜挾勢徇私，以不可服人者屬之進退。吏部亦宜有真心直節，使人望之知畏，雖權貴不敢以非義相干，不宜依阿奉承，一啓順端，而後不可逆也。

今嚴嵩招權攬勢，陵逼百司，使凡有陳乞疑畏者，罔不奔走其門，先得其意而後敢聞于陛下。中外之臣，不畏陛下，而惟知畏嵩也。翟鑾則依阿委靡，不能主張。尚書許讚雖曰小心謹畏，而不能以直氣正色、豫銷權位要求之心，弱亦甚矣。《詩》曰：「有來雍雍，至止肅肅。相維辟公，天子穆穆。」此盛世之氣象也。今卿輔大臣陰擠陽排，互相詆訐，不思培植元氣、愛護人材，共圖折衝禦侮之計，而務修私怨，果何心哉？

臣恐大臣不和，則憸邪細人乘間抵隙，互相黨比，媒蘗啓釁，非國之福也。往時論劾輔臣御史如謝瑜、童漢臣，相繼假公事而罪譎之。夫直言敢諫之臣，于權貴雖不利，于朝廷則大有力也，今皆罪之譎之，臣恐自是之後，雖有如檮杌、驩兜，無復言之者矣。

入秋以來，宣大已報聲息，而文武總制大臣各立門户，各持意見，平時既不相和協，則必無長駕遠馭之策。臨敵調兵，按伏對壘，必將甲可乙否，彼是此非，其不誤事敗謀也幾希矣。朝廷設總制、總督大臣，欲其權力足以制三軍之命，使無不如意也，今乃各自爲大而恥相下，各自爲是而恥相從，是假之權位以相角，而豈爲衞國禦侮計哉？伏乞陛下明垂離照，無惑近論，無忽遠圖，戒輔臣無務修怨以竊威福，戒吏部無務依違以輕黜陟，戒邊廷文武大臣無懷小忿以誤大事。更望虚心聽納，先務和德于上，則大臣公忠爲國，各務和讓于下，區區外侮，有不足攘者矣。

疏入，帝大怒，責其謗訕，令對狀。怡惶恐請罪，帝怒不解，杖之闕下，復錮于詔獄，尋釋之。

劾嚴嵩疏 嘉靖二十二年

周　怡

臣伏見嘉靖二十一年八月，陛下敕令禮部尚書嚴嵩入閣辦事。維時臣等即論重位不宜任以匪人，既而言論紛集，未蒙採納，而于嵩也，任之益篤，遇之益隆。夫豈真以嵩爲賢而任之勿貳耶？抑豈以臣等之言真爲未是而不用耶？蓋嵩之奔走于陛下左右有年矣，其心術之姦回，行檢之污穢，人品之鄙劣，識見之淺陋，亦已照之悉矣。第以目前奔走承順，頗可驅役，一時未有當意者，姑令承乏。亦因以試之，庶幾感深圖報，飭躬勵行，嵩未必無人心耳。嵩因人言自陳之疏云「臣之負冤，真若沈于苦海」，又云「人泥往事」，臣以爲嵩宜蚤夜以思，上感殊遇，下恥人言，痛省往愆，翻圖新美，庶可以仰答聖明之萬一，少息人言之責望，不宜積迷不悟，就下不返，長負國恩，反讎公是，卒自同于盧杞、裴延齡之歸也。

陛下近又賜嵩以「忠勤敏達」銀記，豈謂嵩果能稱此耶？夫亦金錢愧心之意，將使嵩思果「忠」矣，「勤」矣，「敏」與「達」矣，抑未能如聖諭之責望耶？反觀内省，夙興夜寐，勉求四字以增聖明用人之光，以稱輔臣弼君之任。聖意淵深，或在于此。乃嵩自翟鑾卧病未出之後，幸可以專柄攬權，于票擬諭旨從違可否，不秉聖裁，竊爲威福。遂使待罪承恩者，車馬輧集于私門，少不順附，則播弄隨之。近如王堯封，其爲人不齒于士論，人皆知之，嵩乃力爲援引，詐言陛下意欲用之，親約吏部尚書許讚至東閣，傳示聖意。讚以未見的實，尚遲推舉，及奉明旨再推，然後以堯封推上，果蒙欽點。一時羣臣驚愕，以聖嚮方切，姑忍而未言，以需後效。兹南京科道官張汝棟等各具疏論劾，即奉明旨「王堯封照前旨不許推用」，綸音焕赫，衆意豁然，不意聖明之世，嵩乃敢欺罔至此也。夫陛下即有欲用王堯封之意，嵩等猶當力論，以爲不敢曲從，致皇上有後悔也，矧非出聖意者乎！嵩又嘗對人言：即今翟鑾病久不出，嘗以是面奏陛下，房、杜謀斷相資，臣以一身，兼之爲難，陛下稱以古昔周公亦秖一人。此言有無不可知，誠如聖諭，則嵩當愧悚不暇，佩服聖訓，永言師法可也，尚可揚揚誇詡以自侈大耶？

輔相之職，莫大于進賢退不肖、勸善懲惡，以爲朝廷樹風教、貽典則。今多事之時，正以求賢擇才爲急，海内英豪不爲乏人，現任、去任，寧無數人可用者，嵩可諉于不知耶？知則宜時聞于上，出格推用，爲時解紓，今未聞其推一賢、舉一能，是蔽賢也。不知則宜急爲訪求，不當泄泄沓沓，❶美食安坐，行呼唱于内廷、外衢而已也。又如樊繼祖，附勢媚竈，惡跡穢狀罄竹難書。築城之役，與前任霸州兵備副使王鳳靈上下通同，燒無數磚，冒破得銀巨萬，不數月而冒破無存，喪師僨軍，仍以爲利。此誠盛世之賊臣，使老死牖下猶爲逸罰，乃近以傳奉起爲工部尚書，督採湖廣大木。此雖今日急務，在廷在外，未爲無人，奚必用罪人樊繼祖耶？嵩宜力爲陛下陳之，何未聞其出一言乎？朝廷于大臣贈官、贈謚爲勸懲大典，雖身後不少假也，其歷任雖久，曾經論劾者，不許濫請。已故兵部尚書張瓚，在任無一善狀，屢被疏劾，上負國恩，下遺邊患，明刑倖逸于生前，顯褫宜行于歿後。顧乃典禮加隆，贈謚兼備。又已故南京兵部侍郎吕枏，未究厥施，宜隆恩典，乃奉明旨「吕枏罷謚」。夫褫張瓚之官，可以懲惡，增吕枏之秩，可以勸善，嵩皆無一言，則又將焉用此相臣爲哉！《易》曰「履霜堅冰至」，言辨之不早辨也。今聖明在上，嵩豈敢有他志哉，顧聖眷益隆，而怙終益甚，人言雖劇而遂非殊熾。伏願陛下簡重綸扉，甄別淑慝，則内外臣僚無不欽帝天之神察矣。

疏入，帝不納。

旱災陳言疏 嘉靖二十三年　　張永明

臣竊惟古昔盛治之世，未嘗無水旱，而卒不爲災者，人事修而防患豫也。待民飢莩流離而後議之，則既

❶「當」，原作「常」，今據四庫本改。

晚矣。臣等謹集衆思，講求所以弭災防患之道，列爲五事，伏乞敕下該衙門，詳議可否，上請施行，萬一小補，地方幸甚。

一曰申飭官箴。傅説有言「先王建邦設都，樹后王、君公，承以大夫、師長。不惟逸豫，惟以亂民」，故官者，爲民而立者也。兹天降旱災，民庶艱食，孟子曰「受人之牛羊爲之牧」，而立視其死，臣等何所逃罪哉？照得南京，國家鴻業肇基，陵寢攸在，是以並設府、部、院、寺、科、道等衙門，兩京並峙，同符周之鎬京、雒邑。第留都既與各省不同，各衙門俱于撫、按無屬，事權不一，力敵勢分。又有府、廠，内臣、公侯、勳貴均受有地方之寄者，故或倚法以朘削小民，或越分以勞役丁卒。行户有和買之擾，十不償五；坊廂有供具之費，月無虚旬。宴席太豐，儀文太侈，是皆官箴之不飭，而民怨所由生也。乞敕都察院，轉行南京都察院，備行各該衙門，申飭修省，查議裁禁，務在清約成風，四方爲則。至于在外郡縣，與民尤親，利害尤切，不得其人，其貽患播惡，殆不止于臣等前所云者。仍乞備行各該撫、按，詳加察訪，其有貪污、酷虐、罷輭、無能不勝任者，即不時論劾，議擬降黜。再乞申敕吏部，加意受災地方，遇有正官員缺，即選才賢，比照近年山東、山西赴任事例，嚴限供職。庶幾官必得人，而救荒之政有攸賴矣。

二曰節省民力。竊照江南財賦甲于天下，而江南民困甚于昔時。丁田糧差，歲有定額，而餘羨之徵、無名之斂，又再倍之。其尤病者，均徭、里甲徵銀在官，謂有書册事例，而營辦支應，重復擾民。經過使客之供億，士夫人情之餽贈，驛遞關文之冒濫，船陸夫馬之繹騷，無非取諸民者。而又備水陸珍奇之奉，謂之「天字下程」，增秤耗紙贖之科，謂之「徵輸常制」，推剥多端，繭絲殆盡。是以豪猾則投匿欺隱，貧弱則獨累攤賠，遂至拖欠正供，重䧺部使，催督愈嚴，逋逃愈甚。再照上、江二縣，差額尤繁，除係籍軍、匠正役外，有内府各監局并工部匠役，有内府各庫藏并外關司鋪户人夫，曰「夫差」，有輪年里甲徵銀上櫃支應，曰「櫃銀」。一民備此三役，而又暴取出于多門，經用苦于無制，是二縣之民窮尤甚焉。臣等涉歷未廣，咨詢未詳，前項所陳十不一二，至于事情之僻遠，弊蠹之隱微，其所未知多矣。若不及今急爲疏滌興革，竊恐江南之民無安日矣。乞敕户部，備行巡撫衙門及南京户、工二部，通將江南地方民情利病詳議查處。《易》之《損》曰：「二簋可用享。」今民急無食，生不自聊，非用損之時乎？臣等愚昧，以爲諸在得已之科者，皆宜暫行停罷。當事之臣，所宜悉心體國，毋泥繁文，毋避嫌怨，要在修舉舊制，剗革苛法，急紓民力以弭災患可也。臣等不勝惓惓。

三曰博舉荒政。嘗聞救荒無善政，宋臣司馬光曰：察守宰不勝任者易之，使各賑濟本州縣之民，則飢民有可生之路。蘇軾曰：熙寧之救荒，費多而無益者，以救之遲故也。然則得人而備之豫，其猶庶幾乎！臣等攷得宋臣趙抃之賑越也，先期詳詢：屬縣民之被荒者幾鄉，其能自食者有幾，當廩于官者幾人，溝防構築可僦民使治之者幾所，庫錢倉粟可發者幾何，富民可募出粟者幾家。咨詢周詳，先事爲備，抃之所以爲善也。乞敕户部詳博議擬，轉行各該巡撫衙門，備行各屬，依倣前法審計豫備，其有事勢迫切、民命急在旦夕者，許所司便宜賑恤，毋得拘泥文移，申覆輾轉，以致稽緩誤事，庶有及時之益。然今災旱地方闊遠，兼以江南屢歲未豐，舊儲匱乏，非仰賴皇上浩蕩異恩厚加賑恤，斯民不易存活。除各該有司地方聽該巡撫衙門查勘、議擬、題請外，照得南京城坊之民，尤爲四方根本，乞敕户部轉行南京户部，查將堪動倉糧，量行官糶一二萬石，使貧難下户各止糴買五斗以上、一石以下，少濟目前，庶米價不致騰貴。其糶本即歸本部，候熟買補，似亦兩便。秋冬以後，舊穀且盡，民歉愈急，再議開放常平倉米，以加賑惠。其所不足，則在該部議擬上請施行。至于煮粥救急，古人雖嘗行之，然粥食久頓則難用，民聚蒸鬱則病生，似非良法。乞敕所司詳擇，酌議施行。

四曰責任撫臣。竊照江南應天蘇、松、徽、寧十一府、州兼帶嘉、湖二府，物衆地大，蘖芽易生，而直隸地方無布、按二司之統轄，無分巡、分守之專寄，所賴以撫治者，巡撫都御史也。查得景泰年間巡撫侍郎李敏以撫内多事，建請添設大臣一員，分巡督理，其後兼爲一員。事繁勢重，官尊秩崇，每多不肯盡心民務。況遷轉既速，則雖雅志有爲，乍到地方，咨詢未悉，迨其諳習，則除書已下矣。且南畿近因先任巡撫都御史歐陽鐸志欲裕民，改爲新法，然事不法故，條令煩多，民不安習。後任撫臣，屢嘗通變宜民，而皆不久陞任，未底畫一，前後文移不同，吏愈得緣爲奸。今照巡撫都御史丁汝夔新任未久，民情土俗日漸諳練，當兹旱災，似宜久于委任，以責成功。臣等查得先年南畿輔臣熊概則以大理寺卿在任，周忱則以侍郎繼陞尚書在任，李敏則以侍郎在任，乞敕吏部查照近年題準事例，各處撫臣必須久任、其有年勞積久相應掄擢者，疏請加陞職銜，照舊管事，必使地方寧謐，功績有成，然後遷任。此尤圖治之要，弭患之先務也。

五曰防遏盜賊。《易》曰「履霜堅冰至」，故事勢有積習之漸，而聖人貴未然之防。今亢旱已極，饑饉必至。饑饉至而無以紓之，則攘奪作；攘奪作而無以禁之，則賊盜行矣。是不可以不早計也。乞敕都察院，轉行撫、按衙門，備行各屬軍衛、有司，務在誠切撫諭，使民感恩安業，不思他變；而又慎守關隘，以詰奸慝；

善撫流民以防潰散，嚴禁搶攘以銷邪謀，庶幾民得安堵。再照南京江防，事體尤爲重大，而承平日久，法禁弛怠，容臣等再加詳訪，另具奏奪外，仍乞先行操江巡江衙門，慎重江防，倍加隄備，庶幾奸竊不萌，而地方以寧謐矣。

疏入，帝從之。

請復河套疏 嘉靖二十五年

曾銑

臣惟皇上聰明聖智，法古憲天，禮樂文章一新昭代之制，文事武備殆曠世所莫及者。是宜舞干羽于兩階，内治修而遠人服。顧邊隅告警，敵犯山西、宣、大，二三年來，入逼榆林，内地傷殘，遠邇驚懼。夫敵人雖衆，不過漢一大縣，而猖獗乃爾，豈國家之兵力不能支，而制禦之者或未得其要歟？臣竊計之，蓋我失其險，敵得所據，巢穴既固，驅除遂難，顧忌因循，日甚一日。故制馭上策，莫如復套，不是之圖，而徒周章于防禦之末，譬猶揚湯止沸而不知抽薪，外患不能已也。

臣謹按：河套古朔方地，三代以來悉隷中國，詩曰：「天子命我，城彼朔方。赫赫南仲，玁狁于襄。」漢武帝遣衛青出塞，取河南地爲朔方郡，築城繕塞，因河爲固，後世稱之曰「雄才大略」。唐初，朔方軍以河爲境，嗣是張仁愿取漠南地，于河北築三受降城，自是突厥不敢踰山牧馬，朔方益無警，歲省費億計。至宋李繼遷叛走斤澤，進陷靈、肅，河套復爲敵有，卒不能制。我太祖高皇帝順天應人，創建大業，成祖文皇帝威加海内，逐北追亡，敵衆救死不暇，而又敢望河套乎？後以東勝孤遠，撤之内守，復改榆林爲鎮城。方初徙時，套内寧謐，土地沃膏，草木繁茂，禽獸生息。當事之臣，不以此時據河而守，乃區區于榆林之築，此時敵勢未大，猶有諉也。失此不爲，弘治八年敵編筏渡河，剽掠官軍牧馬，十二年擁衆大入，自後常牧套内，侵擾中原。孝廟有欲復之志而未及，逮至武廟，嘗欲征之而未能，使敵人濟農得以據爲巢穴。❶禍根既種，竊發無時，出套則逼宣、大、三關，入套則擾延、寧、甘、固，生民荼毒，全陜困敝已極。此撥亂之功，天將有意于皇上也。夫河套，自三代以迄于今，世所固守，以界中外，又我聖祖之所留也，一統故疆，三邊沃壤，其理宜復。頃自不守，遂使深山大川勢顧在彼，俾得出没自由，東西侵掠，徒勞守禦，無補緩急。蓋強敵不除，則中國之害日熾，浸淫虚耗，將來之禍有臣子所不忍言者。

我皇上德邁三皇，功光列聖，選將練兵，宵旰日切。歲發帑銀以濟邊圉，凡所以攘卻外患以保安兆民者，天心實鑒祐之。而當時封疆之臣，曾無有爲國家深長之思，以收復祖宗舊業、爲生民立命者。蓋軍旅之興，國之重務，圖近利則壞遠謀，小有挫失，媒蘖其短者繼踵而至，鼎鑊刀鋸，面背森然，其不改心易慮者幾希。況復所見不同，甲可乙否，若曰姑待來年，便已遷延不振。臣雖愚昧，豈不知兵凶戰危，未易舉動，但近年以來得之見聞，常懷憤激，今復親履其地，身任其責，目擊地方危殆，切齒痛心，實有寢不安席、食不下咽焉者。昔葛伯仇餉，成湯往征；淮蔡一隅之寇耳，裴度尚以爲不與此賊共戴天。陛下德過成湯，而在位之臣文武足備，又非但裴度之比，可使強敵猖肆、蒼生阽危，一至此哉？夫豶豕之牙，爲力尚易；猛虎負嵎，

❶「濟農」，明代譯作「吉囊」。

則有莫之敢攖者，其勢則然也。故敢冒昧，輒以短見上塵睿覽，伏祈敕部，會集廷臣詳議可否，如蒙采納，速賜施行。蓋選將材，除戎器，備芻糧，練兵馬，非朝夕可辦，所貴及時修舉，則臨期無誤，武功底成。

或曰榆林邊牆方議修築，今臣輒有復套之議，會極歸要，顧當何如？臣曰築邊之議，爲數十年之謀也，敵在套中，生長日盛，病根尚在，爲患無期。不防則爲無備，防之則兵力坐困，有餘在敵，不足在我，譬之作隄壅水，一朝潰決則汎濫不支矣。若夫復套，振揚武威，驅除外患，臨河作障，天險爲池，皇靈既昭，敵膽應裂，狼顧脅息，雖數百年不敢輕肆侵軼，譬之大禹治水，以海爲壑，而水歸其所，不至横流。此社稷之計，聖子神孫之永圖也。今神聖在上，英俊在旁，時所當乘，機不可昧，謹陳復套數事，伏惟皇上裁擇。則天下幸甚，萬世幸甚。

一曰定廟謨。陛下德配天地，明並日月，駕三代而撫四夷，非漢唐所能彷彿者，此正大有爲之時也。而閫外之臣，迺不能奮揚威武，迅掃强梁，以嚴中外之限、繼《春秋》之志者，臣竊恥之。夫河套者，敵之巢穴，生民之禍本也。禍本不除，則延袤二千餘里卒無寧居。守禦單弱，芻糧莫繼。歲掠之民，往往爲其先驅，畏敵之害，所向無前。將來生聚日繁，貪噬日恣，南侵之禍深有可慮。趙充國屯湟中，漢宣帝主之于始，而魏相卒成其終。淮蔡之平，唐憲宗之獨見，而贊襄者裴度也，故曰「凡此蔡功，惟斷乃成」。伏願聖明先定此志，命廷臣詳議，以爲長治久安之計，恭行天討以除暴亂，以清朔漠，不以同異之説而疑，不以浩繁之費而止，不以重難之事而憚。博選謀猷忠勇之臣，付以閫外專征之任，惟求底定，不急近功，則國是定而神人協從，殆見捄民于水火之中，傳祚于磐石之固，則我皇上文教既崇，武功亦競，商之高宗、周之成康，豈足以比倫也耶！

二曰立綱紀。綱者，大綱也，規模之謂也；紀者，條理也，節目之謂也。規模欲其大，節目欲其詳，綱紀既立，則戎事可興矣。復套之舉，國之重務，人之謀曰：須得兵三十餘萬，馬步水陸齊驅並進，裹糧二百萬石，兼折銀三百萬兩，一舉破敵，驅之出境，即緣河修築城垣界守，此一説也。臣以爲此謀雖善，其勢實難。今三邊之兵，可用者不滿六萬，如調他鎮，顧此失彼，三十萬衆，徒爾煩勞，其難一也。倉庫空乏，上下交困，銀穀累五百萬，一朝畢集，勢不易能，其難二也。一戰勝敵，敵未膽落，輒興版築，師徒易撓，其難三也。臣則以爲，憫生民之陷溺，而與之除暴，爰整雄師，張皇義旅，春蒐于套，秋守于邊，如是三年，敵勢必折。俟其遠遁，然後拒河爲城，分番哨守，則人力不困，財用不竭，而河套可復。既而移撫、鎮以制之，立行都司并衛所、州郡以屬之，又設守、巡兵備道以理之。凡江淮之北各省有犯該邊衛及烟瘴充軍者，皆定發于衛所；凡該口外爲民者，皆定發于州郡。將套中之地，豫爲踏撥，多立魚鱗籍册，以防後弊，每軍民一户給田二頃，俾之歲耕一頃，閒一頃，是爲閒田以養地力。其沿邊軍民，亦出示召募，有願守邊者，皆給以田。引黄河之水，爲大小之渠，渠以灌田，可備旱澇，高黍下稻，任土所宜。數年之後，套地可盡墾，而又倣井田之意，廣溝洫之制，吾民易于稼穡，敵騎難以馳驅。夫既臨河設險，夏秋決難侵犯，我得耕稼矣。比及河凍，農事已竣，乃于講武之時，爲禦敵之計，民不告勞，農不苦廢，行之既久，則河湟之地不異中州。此規模節目之大略也。乞敕部豫爲經理，三年之後以時而行，有未盡者，容臣次第敷奏。雖然，屢年邊事廢弛，將士怯懦，整頓實難，須及時飭治。來年四月，先將近患勦除，以倡我軍之氣，俟其膽力漸雄，然後昭聖明無外之度，闡皇上救民之仁，檄示套中，以開來降之路，以歸被擄之民。興問罪之師，舉三年之役，則「順以動豫。在師中吉」矣。

三曰審機宜。天下之事有機，時與勢爲之也。《孟子》曰：「雖有智慧，不如乘勢。雖有鎡基，不如待時。」知機論也。得其機而乘之，勝算在我，何往不濟？敵之據有河套也，逐水草以駐牧，獵禽獸以馳騁，秋高馬肥，弓矢勁利，糾合黨類，動十數萬，長驅深入。彼聚而攻，我分而守，此敵之時勢，我軍不得而預之也。及其入套，深冬沍寒，水草枯凍，又皆各就駐牧，其勢自分，且馬無宿稾，漸至羸瘠，比及春深，敵因以弱。我則訓練強兵，攢槽牧馬，營伍整肅，火器精利，此我之時勢，敵不得而預之也。今之禦邊者，敵弱不乘，因仍怠怯，敵強莫禦，苟且支吾，坐失軍機，所以有敗而無勝。臣願練兵六萬，再調山東槍手二千，多備矢石，每于春夏之間水陸並進，直抵敵巢，乘其無備，我聚而攻，彼分而守，材官騶發，矢道同的，礮火激烈，電掣雷轟，敵縱有援，旬月斯集，目前震蕩，勢必難支。此窺敵觀變、潛深參伍之術，臣亦計之審矣。仍乞命下宣、大、山西總督、鎮撫諸臣，調度各鎮兵馬，嚴加隄備，耀武揚威，以防河東駐牧之強敵。敵倘敗亡，必將逾河逃遁，厲兵牧馬，又可以收斬獲之功，所謂掎角之勢，以全取勝之道也。然後班師而歸，守我分地。秋高之時，敵如復讐而來，我軍據險以守，況得勝之兵，勇氣自倍，不待臨牆，可使撻伐。如是三年，敵勢自衰，將遠遁之不暇，而又敢據我河套也耶？至是則祖宗故地已復，因河爲險，修築墩隍，一如榆林守邊之義。且講求屯政，建置衞所，處分戍卒，填實邊民。牆塹既固，耕穫可饒，全陝之轉輸漸省，而寧夏之河防亦寬，而內地可保萬萬年安固矣。不然，敵之強也，來不能禦，敵之弱也，去不能征，機事大失，公私俱困，臣不知其所終也。

四曰選將材。夫將者，三軍之司命，能否勇怯，所繫匪輕。如馬永之于遼左，梁震之守雲中，至今稱勇，以其能善戰料敵，不負專閫也。今三邊之將，謀猷勁悍，未可謂無其人，而因循懦怯，習于不振，一遇警發，遂觀望退縮，遠爲自守，曾未有出一死力爲士卒先者。臣到地方，親臨戰陣，與之共事，已得其概矣。蓋總、副、參、遊等官，爵位漸高，志欲漸滿，保身之念重，故報國之意輕，有生之樂，無死之心，此所以有敗而無勝也。夫「十室之邑，必有忠信」，三邊之廣，豈謂無人？但往日以資格待士，上品無寒門，下品無貴族，故英雄豪傑之徒，往往雜于卒伍，雖有才美，不獲自見。夫爵賞等級，所以待庸品，而非常之材，要不可以常調拘之。韓信拔于行伍，陳平起于亡命，感遇思奮，遂建奇功。欲爲恢復之圖，必須大破常格。各鎮將領，除中材堪以策勵者照舊任事外，凡有庸流，別議任用，乃自指揮、千、百户以至總、小旗、夜不收等人員，及屢年各處廢棄、謫戍將領中間，果有智勇超羣、謀猷出衆者，許中外臣工不限地方各舉所知，疏名上請，俱發陝西軍門聽用立功。其材可將千人者，即以爲千人之長，可將萬人者，即以爲萬人之長。或假以署銜，使得統馭軍士，展布四體。將兵出塞，果能摧鋒破敵，聽臣等覈實奏請，即與實授，或不次超擢，以旌異材。彼沈抑之久，幸而獲伸，感恩之念重，則保身之計輕，向上之志堅，則克敵之心勝，掃清朔漠以恢大業，可坐而待矣。然此特就復套而言，不爲常例，如循常守舊、無所樹立者，令各復還職役，其有畏怯逗遛、玩愒失事者，黜罰自有明典，夫復何言！如此厚賞以酬有功，明罰以懲不恪，爲將者亦將争自洗濯，嫌于見棄，而武功日競矣。

五曰任賢能。夫行非常之事，必得非常之材，而後可與建非常之業。兵馬錢糧，百需靡易，況興師于數百里之遠，以驅數十年盤據之敵，以拯數百萬生靈之禍，非得練達忠勇、好謀善斷之臣，授以專征之寄，曷克有濟？《易》曰「師貞，丈人吉。剛中而應，行險而順，以此毒天下，而民從之。懷萬邦也」。臣實庸愚，不知戰陣，誤蒙聖明委任，以蚊負山，恐辱寵命，晝夜憂思，期少補報而不可得。然非敢自謂臣之材能足以辦此，蓋強敵憑陵，據我門户，征之則速，而利在于上，不征則遲，而禍及于遠，深根固本之圖，不可不豫爲之所也。伏乞特敕廷臣議擬，公舉文武兼資大臣一人前來，專統其事，脱不以臣爲卑鄙，亦使備役行陣，參協其議，雖竭膏骨所不敢辭，但慮非所長也。仍乞户部堂上官一員，專理芻餉，兵部司官二員，稽查軍馬。又乞簡差科、道官各一員前來，于選將練兵、厲器牧馬等項，有所督責，比臨期紀驗功次，而各鎮撫、按實相成之。凡本省、鄰省布、按司、府等方面官員，公忠而有才識者，亦聽委用。如此，則集衆美、立成器，而敵不足滅矣。

六曰足芻餉。夫千里饋糧，士有飢色；樵蘇後爨，師不宿飽。蕭何給饋餉，漢高帝所以破強楚；李牧日擊牛饗士，而強敵大破遠遁。今擬蒐套之兵，摘選馬軍六萬人，馬六萬匹，山東槍手二千名，及將領等官廪給諸費，共約銀二十七萬六千二百餘兩。然此經常之費，語其大畧也。師行千里，風雨罷勞；敵愾禦侮，存亡攸繫。不有厚賞以結之于先，安望得其死力于鋒鏑之下，故必豐其衣食以壯其力，多積金帛示有厚賞，牛酒以悦之，律法以威之，兵有鬬志，將以增氣，雖數萬衆，合爲一心，有守必堅，有戰必強，平敵之期，斯可卜也。賞犒之類，約需銀十餘萬兩，總計銀三十七萬六千二百餘兩，可給一征之費。比宣、大、山西每歲客兵之需京運銀一百四十五萬兩，今陝西于年例防秋之外，亦捐此客兵之數，以充復套三年之費，非甚難集。不然，准折每歲餘鹽銀兩，不下七八十萬，以此供億，尤屬相應。乞發帑銀四十萬兩付總理糧儲大臣，督同延綏、陜西、寧夏三巡撫處，豫爲會計，召買，聽候行軍之費。其中十萬兩作爲犒賞之需外，更多備買馬價銀，不許別項移借。仍令豫備輜重，待時而行。則食足兵強，三軍之士不戰而氣自倍矣。

七曰明賞罰。兵法曰「用賞者貴信，用罰者貴必」，又曰「賞不逾時，罰不遷列」。故勛勞宜賞則不吝千金，無功妄施雖分毫不與。昔孫武斬宫嬪，而吴兵可用；穰苴誅莊賈，而軍士股慄。爵不可以無功取，刑不可以貴勢免，此賢愚之所以僉忘其身也。我皇上明罰敕法，令甲昭然，有邊功者特加陞賞，而失事將領即械繫誅譴，可謂勸懲之公矣。然臣思之，邊方失事，豈獨將帥之罪哉？蓋以承平日久，戎務漸隳，紈袴之子罔知兵革，已失統馭之術，三軍之士，習于驕怯，夫驕則不知有將，怯則惟知畏敵，故聞鼓不進，聞金不退，積習之弊，非一日矣。臨陣退縮，逗遛失事，無怪乎其然也。至于争奪首級，尤方今之極弊，夫以一首級而羣數十人争之，在已既不免于傷殘，且縱敵不追，而投間抵隙，反爲敵所擠者往往皆是也。請申明禁令，凡有衝鋒破敵者，雖無首級，定爲首功，而争搶首級者，與凡退縮觀望、買賣冒奪之徒，繩以重法，罪至于死，必戮之以徇衆。務俾畏我而不畏敵，雖赴湯蹈火，莫之敢違。法曰「威克厥愛，允濟」，此之謂也。然欲得人之死力，非厚賞無以結其心，況玩愒之餘，衆心涣散，迫之以威則離，循而拊之，三軍之士温如挾纊。臣請給發帑銀之外，詳著條款，示以賞罰必信之意，庶使人心知所趨避。夫有賞以誘之于前，有刑以驅之于後，則士卒感恩而畏威，有勇而争奮矣。

八曰備長技。《漢書》曰：匈奴之長技三，中國之長技五，兩軍相爲表裏，斯爲萬全之術。今敵之長技不異于昔時，而在我之長技復有如漢時之五者乎？臣不得而知也。欲求相爲表裏，殆又難矣。抑求其次，莫先于火器，蓋天之所以保國家而衞生民者也。但有之而不能用，用之而不盡其利，與無技等耳，安望其有摧擊之功乎？臣昔提督山西三關，嘗造盞口礮、毒火飛礮，具式奏請，伏蒙皇上發銀數千兩以資成造，比年禦敵賴焉。今秋于寧塞、定邊，亦嘗藉此兩挫強敵，故來降人口云敵人甚畏此器，言「每年嚮子不似今年嚮子利害」，此其明驗也。今欲復套，須備熟鐵盞口礮六千位，長管鐵銃一萬五千把，手把鐵銃一萬五千把，手把小鐵槍二萬根，長槍二千根，生鐵炸礮十萬個，焰硝十五萬斤，硫黄三萬斤，包鐵鉛子大小二十五萬斤，弓矢盾架相爲表裏，庶可摧折強敵，恢復故壤。然此特一年之具爾，三四年間，如飛礮、硝黄、鉛子之類，又須陸續補其缺壞。今京造火器，種種具備，防邊可矣，但或宜于此而不宜于彼，或可以守而不可以攻，大者質重而難于致遠，生者日久而多所燬裂，留以別用，各有所長。若曰神機不可外造，盔甲、神槍等器原爲私藏者，例也。而盞口礮、長短鐵銃，律條既無該載，而實爲籌邊破敵之公器，伏乞敕部，不以爲例，速發帑銀二三萬兩給各撫、鎮官，于山、陜等處置造，以爲復套之資。蓋成造而後教演，服習而後運用，語云「工欲善其事，必先利其器」，此之謂也。不然，敵技精強，我軍莫恃，萬全之功未可必也。

疏入，得旨：「敵據河套，久爲内患，昨連歲深入，全陜生靈被其荼毒，深軫朕懷。前此邊臣無有以逐敵復套爲念者，曾銑所奏，具見壯猷。爾部裏許久方纔題覆，迄無定見，還著銑督同各邊撫、鎮等官協心圖議，務求長策，嗣上方略。這邊牆千里沙漠，與宣、大地勢不同，只著就要害處修築，且將兵部銀暫發二十萬兩，作速運赴總督衙門，聽其修邊、餉兵、造器等項便宜調度支用，專備明年防禦，不許浪費。」

翁萬達

復河套議嘉靖二十五年

臣惟河套本中國故壤，成祖三征漠北，殘其部落，舍黄河衛東勝後，又撤東勝以就延綏，套地已至淪失。然正統、弘治間，我未守，彼亦未取也。因循畫地，守捐天險，失沃野之利，弘治前我猶歲歲搜套，後乃任彼出入，蟠據其中，游牧生養，譬之爲家者，成業久矣，欲一舉復之，毋乃不易乎？大提軍深入，山川之險易，途徑之迂直，水草之有無，皆未熟知，我軍出塞三日已疲，彼騎一呼而可集也。我軍數萬衆緩行持重，則彼備益固，疾行趨利則輜重在後，即得小利，歸師尚艱，倘失嚮導，全軍殆矣。彼遷徙遠近靡常，一戰之後，彼或保聚，或佯遁，笳角時動，壁壘相持，乍合乍離，終不渡河。我軍于此時，戰耶，退耶，兩相守耶？數萬衆出塞，亦必數萬衆援之，又以驍將通糧道，是皆至難而不可任者也。夫馳擊者，彼所長；守險者，我所便。弓矢利于馳擊，火器利于守險，舍火器守險，而與之馳擊于黄沙白草間，大非計也。

議者欲整六萬衆，爲三歲期，春夏馬瘦彼弱，我利于征，秋冬馬肥彼強，我利于守，春蒐套，秋守邊，三舉彼必遠遁，我乃拒河而守。夫馬之肥瘦，我與敵共之者也，即彼弱矣，然坐以待之，懼其擾擊我也，及彼強矣，又懼其報復我也。其六萬之衆，千里襲人，一舉失利，議論蜂起，烏能待三乎？即三舉三勝，彼敗而守，終不渡河，版築亦無日也。議者見近時出征恒獲首功，昔年城大同五堡，寇不深競，遂以套爲易復。然出征因其近塞，可以乘其不備，勝則速歸，否則舉足南向即家門，復套則深入其地，後援不繼，事勢異也。往城諸邊近我土，彼原不以爲利，套則其四時駐牧地，彼肯晏然而已乎？事體異也。曰「伺彼出套，據河以守，時先亟築渡口垣牆，以次移實邊堡」，彼控弦十餘萬，豈肯空套而出乎？築垣二千餘里，豈不日可成者乎？堡非百數十不相聯絡，堡兵非千人不可居，而遊徼瞭望者不預焉，當三十萬衆不止也。況循邊距河，動輒千里，一歲食糜億萬，自内輸邊，自邊輸河，飛輓之艱，尤不可不深慮也。若使彼有間隙，我乘其敝，從而圖之，未嘗不可，今塞下喘息未定，邊卒瘡痍未起，横挑強敵以事非常，臣愚所不解也。

議奏，帝不納。

御選明臣奏議卷二十五

重論復河套疏嘉靖二十六年

曾銑

臣按鎮撫諸臣勘議復套事宜，所見略同，然展轉因循之懷，間亦不能無也。臣奉欽依有參酌之責，敢不悉心吐露，以爲聖明告乎？夫河套之復，預有天下之大機，惟在審天下之大勢，以起天下之積痿，庶幾文武全功，帝王大業可運諸掌矣。何謂大勢？夫河套者，西北之樞、全陝之喉吭也。三代、秦、漢並列中原，迨我皇明盡入版圖，顧承平日久，武備寖疎，敵因竊據，漸致繁衍，蓋人畜之孳息者既蕃，而擄掠中國男婦又衆，以此穹廬四望，勢益盛強，遂爲門庭勍敵，貽中國之患。出套而東，則宣、大、三關受其害，畿甸爲之震恐；西則甘肅、蘭、靖蒙其毒，洮、岷爲之戒嚴；入套而南，則全陝、延、慶等處無不遭其侵掠。舉耳目之所覩記，如嘉靖十九等年以迄于今，山、陝、遼、薊之間，殺掠人畜無慮百數十萬，蓋敵處其便，中國失其險，不有以制之，則益啓敵人輕侮之心，將來禍患不可勝道。周子曰「天下，勢而已矣。極重不可反」，此憂國者之所當審也。何謂大機？夫有非常之材，而後能建非常之業，敵時剽掠，經略未遑，不惟狃于治安之可恃，抑亦贊襄者之無其人，是以敵人猖獗至此。今皇上文德武功丕昭無外，敬天恤民憂勤不息，故嘉納復套之奏，即下之臣等具上方略。頃者三邊風動，我師氣倍而強，敵且畏遁矣，誠使忠計之臣不懈于内，謀勇之將忘身于外，復此舊壤以除禍階，郡縣其地而守之有方，豈止百年無事耶？ 是河套一復，非惟廣地，實鞏皇圖。 遠邁百王，近配二祖，惟聖明有可致之資爾。 故曰天下之大機。 夫知其機、審其勢，亦爲之而已矣。

禦戎之臣，猶懷觀望，甲可乙否，鮮能振勵，使臣愚建白之意孤危莫遂、遷延不決者，夫豈無其故哉？良由畏愞之徒嬰痿痺之疾，恣智巧之説，膠結人心，已非一朝一夕，雖忠臣義士，亦不能不爲其所惑，此不可以不辨也。 凡邊方撫輯之事，付之于文職，戰陣之事，付之于武職，而又擇大臣以總督之，朝廷制敵亦慎重矣。 奈何將官每出于豢養，罔知夫忠義，遇賊不戰，擁兵自保，虚張聲勢，欺罔上下，惟冀身家之無恙，不念宗社之安危。 父祖子孫由兄傳弟，凡在邊官襲此虚套，遂使敵勢猖狂，無所忌憚。 而文職諸臣坐守城堡，莫辨真僞，一唱百和，遠邇同聲，始則邊徼之飾辭，終成朝野之通患，遂信以爲強敵真不可抗，彼此戒懼，惟謹備之爲尚，而猶不能免焉。 是使中國武勇，邈焉無聞，士卒見敵，不匿則潰，此其病痿之原也。

或曰：套地險要，固當復也，但我兵少又素脆弱，終難與敵也。 夫兵貴精不貴多也，中國不患無兵，而患不練兵，誠使各處巡撫、兵備等官于糧餉器甲之具，與鼓舞綏輯之方，各修其職；總、副、參、遊等官于科尅冒占之弊，與愛恤操習之規，知所戒勉，則所在兵可使勇，且知向義，何敵之不可破哉？ 昔周瑜以三萬之衆，破曹瞞百萬之師，李靖定襄之捷，以三千而破突厥十萬，衆寡強弱，豈有常形耶？ 惟在善將者馭之而已。

或曰：九邊之守，歲費已極，若加復套，尤爲不貲，財力殫竭，將奈之何？ 夫成大事者，不計小費；不一勞者，不永逸。 此定理也。 即以宣、大、三關言之，客兵歲費百五十萬，今事併守，然亦歲常百二十萬，直以百年爲準，須錢穀萬萬猶未已也。若復套之費，不過宣、大一年之費，其屯守修築，不過再倍、三倍，事已集矣。套地既復，則郡縣其地，將來賦税足供三邊之用。地闢民聚，有裨中興之大業，所謂大事者在此，而小費豈足恤哉！今臣習夫火攻之法，助以槍箭之長，攷察地利，攻以車陣，馬步相兼，水陸並進，欲進敵莫能禦，欲止敵莫能撼，内有聯束之堅，外無衝突之患，加以斥堠嚴明，賞罰必信，雖三千之士，可當敵萬騎。兵志「善戰者，立于不敗之地。致人而不致于」，人庶其近之。

或曰：套誠復矣，全陝之地可免敵患，敵既無巢，侵掠不免，獨不多宣、大之憂乎？此不知中原一體之勢，而秦越視天下者之説也。夫敵之所以侵軼無忌者，爲其視中原之無人也，若果奮其武勇，逐之河外，挫衄之餘，兑喙自遠，其敢以一河之隔而復肆猖獗耶？蓋虎豹在山，藜藿不採，其勢則然。況宣、大諸邊自有防禦之兵，初非掣彼以守此也。

凡此，皆方今之痿，漸成大瘇，賈誼所謂「一脛之大幾如腰，一指之大幾如股」者，正此之類。臣恐羣痿弗瘳，有誤大計，故不敢隱默若此。漢有謀臣曰鼂錯者，議削諸侯地，蘇洵曰：「鼂爲一身謀則愚，而爲天下謀則智。人君又安可捨天下之謀，而用一身之謀哉？」今日敵人之強不減于七國，而天下之人又用當時之議，因循維持，直以苟免于身之爲幸，鮮有不以臣爲愚者，惟賴聖明辨之于早，斷之于獨，審其勢，運其機，以起夫天下之沈痼而已。

疏入得旨：「兵部定了來説。」

議曾銑復河套疏嘉靖二十六年

楊守謙

臣嘗揣測形勢，較量彼己，復套之役有六可焉，請言其實。夫河套延袤二千餘里，延、寧邊垣已一千五百餘里，若因河爲固，較其長短多五百里，比之守牆，其易十倍。三時務農不煩戍守，止須冰合然後防河，鑿冰爲壕，壘冰爲垣，比之守牆，易猶三倍。此蘭、靖、寧夏、河曲、保德現有恒規。一可也。敵人曠居野處，一帳之外便爲敵國；我則宵烽晝燧以爲守，城郭溝池以爲固。敵馬地凍草枯，臕騰以減，春時冰解，尤甚虺隤；我則閑廐而居，芻豆而牧。此天時地利，彼短我長。若選驍騰之騎，簡鋒鋭之卒，冬春之際，因其近塞，遄往速歸，襲其營帳，掠其牲畜，敵必遠徙，但數百里内不復敢牧，則河套之半已非敵有。此近時名將王效、梁震屢有成績。二可也。寧夏一鎮，勢據上游，利于舟師，若採雪山之木，下蘭、靖之筏，大造戰舸，嫺習水戰，遶出敵後，軼其不意，破其營帳，時走單舠，重募死士，風雨昏夜，礮擊其壘，敵益驚擾。三可也。寧夏地饒，利擅渠堰，穀粟可儲。饋餉之需，方船而下，沿河而守，順流而運，不煩車牛，其易百倍。四可也。全陝屯地多極膏腴，以屯田之法治之，不煩益費，卒乘可增。花馬、定邊地多閒曠，以營田之法推之，比諸瘠鹵，利當以倍。平日則併營田之粟儲之寧夏，以助軍餉；套復則移營田之人耕墾沃壤，以實邊堡。五可也。濟農諸子盤據套内，勢雖盛強，然敵人之情利在剽掠，東馳西擾，北攘南侵，勢非株守，如辛丑、壬寅與夫甲辰，套内殆空。俟其既出，縱遺營帳，不過一二萬人，我以十萬之師水陸並進，勢必遁徙。但師及河岸，分布舟兵截據渡口，敵縱糾集部落，求逞報復，然橐馬之技難用于洪濤，渾脱以浮難當夫戰艦。比及河凍，諸堡已完，如前而守，焚薙草萊，千里赤地，敵望必絶。六可也。

疏入，得旨：「敵據河套爲國家患，朕軫懷宵旰有年矣，念無任事之臣，今曾銑前後所上方略，卿等既已看詳，便會同多官協忠定計來説。」

陳邊務疏嘉靖三十年❶

胡松

臣竊惟去秋諳達掠興、嵐，❷即傳箭徵兵，尅期深入，守臣皆稔聞之。而巡撫史道、總兵官王陛等，備禦無素，待其壓境，始以求貢上聞，又陰致賄遺，令勿侵己分地，冀嫁禍他境。今山西之禍，實大同貽之，宜亟寘重典，以厲諸鎮。大同自兵變以來，壯士多逃漠北爲敵用，今宜招使歸，有攜畜産、器械來者，聽其自有，更給牛種費，優復數年，則我捐金十萬，可得壯士二萬，拊而用之，皆勁旅也，孰與棄之以資強敵哉？大同最敵衝，爲鎮巡者較諸邊獨難，今宜不拘資格，精擇其人，豐給禄廪，使得收召猛士，豢養健丁，又久其期，非十年不得代，彼知不可驟遷，必不爲苟且旦夕計，而邊圉自固。又必稍寬文綱，非大干憲典，言官毋得輕劾以壞其成功。❸至用間之道，兵家所貴。今寇諜獲于山西者已數十人，他鎮類是，故我之虚實，彼無不知。

❶「嘉靖三十年」，據《明世宗實録》卷二五三，胡松此疏上於嘉靖二十年九月。
❷「諳達」，明代譯作「俺答」。
❸「劾」，原作「効」，今據四庫本改。

今宜厚養死士，潛縱遣之，得間則斬其名王、部長及諸用事貴人，否亦可覘強弱虛實而陰爲備。又寇貪而好利，我誠不愛金帛，東賂黄毛三衛以牽其左，西收額布勒遺種，❶予善地以綴其右，使首尾掣曳，自相狼顧，則我可起承其弊，坐收全勝矣。

疏入，帝嘉其忠懇，進秩左參政。

請罷馬市疏 嘉靖三十年

楊繼盛

臣謹奏爲乞賜聖斷，罷開馬市，以全國威，以絶邊患事。臣以南京吏部驗封清吏司主事攷滿到京，陞臣今職，荷蒙皇上養育簡用之恩，雖粉骨碎身何以克報。況臣官居兵曹，職專馬政，覩此開馬市之誤，豈敢苟避禍患，隨衆隱默不言。竊惟去年套衆不遵天道，大肆猖獗，犯我城闕，殺我人民，擄我妻子，焚我廬舍，驚我陵寢，其辱我中國極矣。臣在南都，傳聞此報，冠髮上指，肝腸寸裂，恨不能身生兩翼，飛至都下，以勦逆賊，以報國讎。兹者恭遇皇上赫然震怒，選將練兵，尅日興師，聲罪致討，以報百萬赤子之讎，以雪城下陵辱之恥，不惟天下臣民共相慶幸，我列祖在天之靈亦相慶幸多矣。及臣至都下，見諳達求開馬市之書，大放肆無狀，竊意上觸聖怒，其征討之志已決，其問罪之師斷不可已。及廷臣會議，題奉欽依，准暫開行，臣不覺仰天大呼，喟然長歎曰國事乃至此哉！國事乃至此哉！夫以漢之武帝、唐之太宗，不過二霸主耳，猶能威震

❶「額布勒」，明代譯作「亦不剌」，或作「亦卜剌」。

北敵，氣壓突厥，以皇上之英武，國家之全盛，英雄豪傑、勇夫壯士之伏于草茅下位者，又不可勝數，其蠢兹套衆，反不能生擒酋長，勦絶苗裔，而乃爲此不得已下策之事哉？臣請以開馬市之十不可爲者，爲皇上陳之。

夫開馬市者，和議之别名也。敵素賓服，尚不可言及此，去年入犯，殺擄如此之慘，則神人所共憤，不共戴天之深讎矣。今不惟不能聲罪復讐，而反與之爲此和議之事，何以上解列祖之怒，下舒百姓之恨乎？此忘天下之大讎，一不可也。信者，人君之大寶，雖匹夫匹婦，尚不可少失信義，況于天子之尊哉！皇上北伐之命屢下，臣民所共知，四方所共喻者也。方今各處兵馬集矣，糧草器械備矣，天下日夜引領仰望王師之興，真若大旱之望雲雨也，乃翻然而有開馬市之議，則平日之所以選將練兵者爲何？備糧草、精器械者爲何？不有以孤百姓仰望之心乎？此失天下之信義，二不可也。人君居中制外，統馭四夷，以其有國威之重以屈服之也。今以堂堂天朝之尊，而下與諳達爲此交易之事，是天壤混淆，冠履同器，將不取笑于天下後世乎？此損國家之威重，三不可也。天下豪傑聞達衆殺戮人民之慘，姦擄婦女之辱，其憤恨不平之氣，皆欲與逆賊決一死戰，雖深山窮谷之隱逸，亦願出以復天下之讐。今馬市一開，則舉相謂曰：「朝廷忘赤子之讐，厭兵甲之用矣，將焉用我哉？」將見在林下者不肯出，在册籍者將謀去矣，異日欲復號召，誰肯興起？此隳豪傑効用之志，四不可也。自去歲大變之後，天下頗講武事，雖童子儒生亦知習兵，此機既動，兵將日强。今馬市一開，則舉相謂曰：「中國外裔已和，天下已無事矣，將焉用武哉？」有邊鎮之責者，日弛其封守之防；無兵戎之寄者，益惰其偷安之氣矣。廢弛既久，一旦有急，何以整頓？此懈天下修武之心，五不可也。

宣、大人民懷攜貳之心久矣，一旦雖有外交之事，猶畏王法之嚴，而不敢自肆也。今馬市一開，則彼之交通者，乃王法所不禁，將來勾引之禍，可勝言乎？此開邊方私通之門，六不可也。天下人民憚于水旱、征役之苦，人人有思亂之心，特畏國家之兵威而不敢變動也。今馬市一開，則彼皆以爲天下兵弱，蠢兹小醜，尚不能服，羣起爲盜，又焉能制？則將來腹心之變可勝言乎？此起百姓不靖之漸，七不可也。去歲達衆深入，雖未見一兵交戰，然猶以爲我軍倉猝未備，其疑畏之心尚在也。今皇上聲罪致討，調兵半年，及至于今，止爲馬市之開，則彼得以窺我之虚實矣，目中又奚有乎我哉？此長北敵輕中國之心，八不可也。譎達之性，詐變無常，謀深計巧反出我之上，我將欲以此羈縻乎彼，殊不知彼實以此愚弄乎我。或遣重臣載金帛，至邊等候門市，彼違約不來交易，未可知也。或因交易而即行猖獗，撞關而入，未可知也。或今日交易，而明日入寇，未可知也。或遣衆入境，而駕言别部落入犯，未可知也。或以疲馬而過索重價，或因市馬而過討重賞，或市馬之後而别有分外不堪之求，又未可知也。是我不能以羈縻乎彼，彼反得以愚弄乎我矣。此墮賊人狡詐之計，九不可也。彼地之産馬有窮，中國之生財有限，大同之馬市一開，宣府、延綏等處定不可罷。以馬與銀數計之，每年市馬約數十萬匹，四五年間須得馬數百萬匹，每年約用銀數百萬兩，四五年間須費銀數千萬兩。一旦彼地之馬已盡，中國之財告乏，將安取乎？永久之計將安在乎？此中國之財、彼地之馬兩難相繼，十不可也。

彼倡爲開馬市之議以欺誑皇上者，其謬説不過有五。有曰外開馬市，暫以爲羈縻之術；内修武備，實以爲戰守之計耳。殊不知馬市之開，乃所以羈縻乎我，非所以羈縻乎彼也。夷性無饜，請開馬市之後，或別有所請；許之，再有所請；又許之，請之不已，漸至于甚不堪者。一不如意，彼即違約，則彼之入犯爲有名，我之不應其所求爲失信矣。孰謂諳達無饜之欲，可以市馬之小利羈縻之乎？如曰欲修武備以圖戰守，雖不用此羈縻之術亦可矣。此其說之謬一也。有曰方今急缺馬用，正欲買馬，一開馬市則我馬漸多，彼馬漸少，豈不兩便。然市馬非以之耕田駕車也，不過爲征討計耳，如交易果可以無事，則市馬又將安用乎？不益重其寄養之擾？況彼以馬爲生，又安肯以自乘之良馬，而市于我乎？不過瘦弱不堪之物，不服水草，將不日俱斃而已。此其說之謬二也。有曰初許市馬，暫繫乎諳達之心，將來許貢，則可爲永久之計。夫謂之進貢者，豈古之所謂咸賓來王者哉？不過我賄彼以重利，苟免目前之不來，彼貪我之重利，暫許目前之不入耳。況市馬，我猶得以少償其費，許貢，則彼白手來取重利矣。是市馬則獲小利而無名，開貢則雖有名而費大，市馬固不可，許貢亦豈可哉？此其說之謬三也。有曰諳達最不失信，觀其聲言某時搶某處，再不愆期可驗。彼既許其市後不來，則斷保其再不入犯，殊不知彼之種類日繁，加之以擄掠人口日增，其日用之服食、器用，俱仰給于中國，市馬之利，焉足以盡供其所費。彼非盡皆義士，孰肯守小信而甘于凍餒，以至于死乎？縱使少有羈縻，不過暫保一二年無事耳，不知二三年之後將何如處哉？此其說之謬四也。又有曰「佳兵不祥，不可輕用」，與其勞師動衆，征討于千里之外，而勝負難必，孰若暫開馬市，休兵息民而急修内治之爲上乎？噫，爲此說者，是損國家之兵威，養敵人于日盛，壞天下之大事必自此言始矣。若曰「佳兵不祥」，則舜之征苗，文之遏莒，湯之伐葛伯，高宗之伐鬼方，豈盡皆不祥者哉？蓋春生秋殺之迭行，上天生物之道也；恩賞兵刑之並用，王者御世之權也。譬如人身四肢，俱皆癰疽，毒日内攻，乃猶專食膏粱，而憚用藥石，將不至于傷其元氣乎？此其説之謬五也。

夫此十不可、五謬之説，明白易知，則馬市之開，不利于我中國明矣，而于敵人則甚利焉。蓋數十年來，敵以中國之百姓爲佃户，秋後則入而收其租，雖已得計，猶有往來奔走之苦、日夜殺人之勞也。去年入犯，莫敢與敵，虚實既已覘矣，故今請開馬市，則可以坐收中國之重利。況賊多擄自中國者，春時草枯則市之，秋後馬肥則入而再擄之，及至來春，又再市之。以輪迴之馬，獲青蚨之利，是昔日彼猶爲出門討租之人，今日我則爲上門納租之户。臣言及此，其憤恨可勝言哉！夫此事利于敵人而不利于中國，滿朝臣工皆知其不可，然有人敢議而行之，無一人敢非而止之者，何哉？彼議而行之者，其意以爲征討之事已難收拾，敵再入境，皇上剛明，必追究夫謀國者之不忠，專征者之不勇，誤事之禍何以能免？況前日交通已有成效，莫若委曲姑開馬市，猶可二三年苟延，日後時事未知如何，且暫免目前之禍，暫固目前之寵，敵縱背約，再爲脱避之計未晚也。然不思皇上所以寵任之專，禮遇之厚，爵位之重，錫予之隆者，蓋欲其主張國是，征討敵人也，豈徒欲開馬市而已哉！其所以不敢非而止之者，其意以爲，事權既不在我，時勢已至鶻突，有欲謝重擔于人而無由者，吾何以冒禍擔當，使有所言？而馬市罷開，弛其防守，而敵再深入，則必歸咎于止開馬市之人，加之以誤國事之罪矣，孰若隱默不言，大家因循之爲上乎？然敵人之入與不入，不係于馬市之開與不開。前此未嘗有議開馬市而止之者，去年何以深入？此時罷開馬市，敵或入境亦與去年同耳。止開馬市之人，夫豈誤天下之事者哉！

臣以孤寒進士，初入仕途，父母早喪，妻子無依，非不知隱默足以自保，言事足以取禍也。竊惟皇上初時震怒奮武，其氣若此之壯，命將征討，其志若此之勇，則知今日馬市之開，乃議者之奸計，斷非皇上之本心也。以皇上之英武，而臣下庸輭避事，不足以副之，心欲持行而手足痿痺，良可深恨。此事係國家盛衰之機，臣敢豫憂後禍忍心隱默乎？伏乞皇上俯察愚臣之罪言，回思欲討之初志，念敵人之志欲難饜，非馬市小利足以繫屬其心，祖宗之社稷無疆，非二三年苟安無事可以永保其緒，收回成命，罷開馬市，鋭意戎兵，決志征討，務欲擒諳達于闕前，驅戎馬于海外，使彼之畏乎我，亦猶我之防乎彼，則上而祖宗幸甚，下而臣民幸甚。謹奏。

疏入，得旨：「這事邊臣奏來既久，又會官集議，楊繼盛既有所見，何不早言？今差官已行，邵乃肆意瀆奏，好生阻撓邊機，摇惑人心。又本内脱一字，著錦衣衛拏送鎮撫司，打著問了來説。」

災變請黜奸臣疏 嘉靖三十二年

趙　錦

臣惟《春秋》日食三十有六，未有無其應者，故聖人書之以示災。臣謹以天意驗之人事。頃者夏言以貪暴之資，厠跡禁扉；大學士嚴嵩復以奸佞之雄，繼登台鼎，怙恩寵以張其威權，假刑賞以行其愛憎，百官懾息，諸司望風。今夏言雖莫逃于大誅，而嵩猶得以播其惡者，蓋言剛暴而疎淺，其惡爲易見，嵩柔佞而奸深，其惡爲難知，請舉一二，而陛下自察之。蓋嵩窺伺逢迎之巧，似于忠勤；諂諛側媚之態，似于恭順。引植私人，布列要地，以探諸臣之動静，而先發以制之，故少敗露。善以厚賂結交陛下左右親信之人，凡陛下起居意向，無不先得，故多稱旨。陛下見其小有所諍，以爲非盡從者，而不知嵩于不經意之事，稍爲執論以絶陛下之疑，陛下見其外若無與，以爲非招權者，而不知嵩意所欲，則脅制諸司題請，而莫敢不從。或俟聖意所發，因而行之，以成其私；或因事機所會，從而執之，以肆其毒。使陛下思之，則其端本發于朝廷；使天下指之，則其事不由于内閣。幸而洞察于上聞，則諸司代嵩受其罰，不幸而遂傳于後世，則陛下代嵩任其咎。怙寵作威，招權納賄，嵩與言等，而立心之深，爲術之巧，則嵩非言之所能髣髴也。

嵩粗有文學，性亦警敏，陛下久加寵任而不疑，屢抑人言而不信，必以爲嵩有可用之賢，而關于國家之安危耳。然自嵩輔政以來，惟恩怨是酬，惟貨賄是好，政權悉歸于掌握，而府部諸司皆不得其職。故銓司之黜陟不當，而文臣多奔競貪冒之流；本兵之用舍失宜，而武臣無克敵死綏之志。邊臣之功罪不明，而戰士解體；將士之掊克日衆，而卒伍耗弱。封襲非賂不行，而大典日壞；贈謚非賂不得，而國是日淆。羣臣憚陰中之禍，而忠言不敢以上聞；四方習貪墨之風，而閭閻日見其愁急。十數年以來，使陛下欲致太平，則羣臣不足以承德于左右，欲靖外敵，則將士不足以禦侮于邊陲。財用已竭，而外患未見其稍寧；民困已極，而内患日虞其將作。蓋古者雖中材之主，而輔佐得人，皆足以致治。今陛下憂勤萬幾三十有二年矣，而天下之勢，其危如此，非嵩之奸邪，何由以致之？臣願陛下念操柄之不可使移，思紀綱之不可使亂，將嵩早賜罷黜，以應天變，則天下幸甚。

疏入，帝怒，下錦詔獄拷訊，斥爲民。

請誅賊臣疏嘉靖三十二年

楊繼盛

臣謹奏爲感激天恩，捨身圖報，乞賜聖斷，早誅奸險巧佞專權賊臣，以清朝政，以絶邊患事。臣前任兵部車駕司員外郎，諫阻馬市，言不及時，本内脱字，罪應下獄，被逆鸞威屬問官，將臣手指拶折，脛骨夾出，必欲置之于死，荷蒙皇上聖恩，薄罰降謫，不二年間復陞今職。夫以孤直罪臣不死逆鸞之手，已爲萬幸，而又遷轉如此之速，則自今已往之年，皆皇上再生之身，自今已往之官，皆皇上欽賜之職也。臣蒙此莫大之恩，則凡事有益于國家、可以仰報萬一者，雖死有所不顧，而日夜祇懼思所以捨身圖報之道，又未有急于請誅賊臣者也。況臣官居兵曹，以討賊爲職，然賊不專于戎敵，凡有害于社稷人民者，均謂之賊。臣觀大學士嚴嵩，盜權竊柄，誤國殃民，其天下之第一大賊乎！

方今在外之患，惟諳達爲急，在内之賊，惟嚴嵩爲最。諳達者，邊圉之盜，瘡疥之疾也。賊嵩者，門庭之寇，心腹之害也。賊有内外，攻宜有先後，未有内賊不去，而可以除外賊者，故臣請誅賊嵩，當在勦絶諳達之先。且嵩之罪惡貫盈，神人共憤，徐學詩、沈錬、王宗茂等嘗劾之矣，然止皆言嵩貪汙之小，而未嘗發嵩僭竊之罪。嵩之奸佞，又善爲摭飾之巧，而足以反誣言者之非，皇上之仁恕，又冀嵩感容留之恩，而圖爲改邪歸正之道，故嵩猶得竊位至今。嵩于此時，日夜感恩改過可也，豈意懼言者之多，而益密其彌縫之計，因皇上之留而愈恣其無忌憚之爲。衆惡俱備，四端已絶，雖離經畔道，取天下後世之唾罵，亦有所不顧矣。幸賴皇上敬天之誠，格于皇天，上天恐奸臣害皇上之治，而屢示災變以警告。去年春雷久不聲，占云「大臣專政」，然臣莫大于嵩，而專政亦未有過于嵩者。去年冬日下有赤色，占云「下有叛臣」，夫曰「叛」者，非謀反之謂也，凡心不在君而背之者，皆謂之「叛」，然則背君之臣，又孰有過于嵩乎？如各處地震，與夫日月交食之變，其災皆當應于賊嵩之身者。乃日侍于側而不覺，上天仁愛警告之心，亦恐怠且孤矣，不意皇上聰明剛斷，乃甘受嵩欺，人言既不見信，雖上天示警，亦不省悟，以至于此也。臣敢以嵩之專政、叛君之十大罪，爲皇上陳之。

我太祖高皇帝親見宰相專權之禍，遂詔天下罷中書丞相，而立五府、九卿分理庶政，殿閣之臣惟備顧問、視制草，不得平章國事，故載諸《祖訓》有曰「以後子孫作皇帝時，臣下有建言設立丞相者，本人凌遲，全家處死」，此其爲聖子神孫計至深遠也。及嵩爲輔臣，儼然以丞相自居，挾皇上之權，侵百司之事，凡府部每事之題覆，其初惟先呈稿而後敢行，及今則先面稟而後敢起稿。嵩之直房，百官奔走如市；府部堂司，嵩差人絡繹不絶。事無大小，惟嵩主張，一或少違，顯禍立見，及至失事，又諉罪于人。雖以前丞相之專恣，未有如斯之甚者。是嵩雖無丞相之名，而有丞相之權，有丞相之權，又無丞相之干係。以故各官之陞遷，未及謝恩，先拜謝嵩。蓋惟知事權出于嵩，惟知畏懼奉承于嵩而已。此壞祖宗之成法，一大罪也。

權者，人君所以統馭天下之具，不可一日下移，臣下亦不可毫髮僭踰。皇上令嵩票本，蓋任人圖政之誠心也，豈意嵩一有票本之任，遂竊威福之權。且如皇上用一人，嵩即差人先報曰「我票本薦之也」；及皇上黜一人，嵩又揚言于衆曰「此人不親附于我，故票本罷之」；皇上宥一人，嵩即差人先報曰「我票本救之也」；及皇上罰一人，嵩又揚言于衆曰「此人得罪于我，故票本報之」。凡少有得罪于嵩者，雖小心躲避，嵩亦尋別本帶出旨意，報復陷害。是嵩竊皇上之恩，以市己之惠；假皇上之罰，以彰己之威。所以羣臣感嵩之惠，甚于感皇上之恩；畏嵩之威，甚于畏皇上之罰也。用舍賞罰之權，既歸于嵩，大小臣工又盡附于嵩，嵩之心膽，將不日大且肆乎？臣不意皇上之明斷，乃假權于賊手如此也。此竊皇上之大權，二大罪也。

善則稱君，過則歸己，人臣事君之忠也。《書》曰：「爾有嘉謀嘉猷，則入告爾后于内，爾乃順之于外。」曰：「斯謀斯猷，惟我后之德。」蓋人臣以己之善而歸之于君，使天下皆稱頌君之德，不敢彰己之能，以與君争功也。嵩于皇上行政之善，每事必令子世蕃傳于人曰「皇上初無此意，此事是我議而成之」，蓋惟恐天下之人不知事權之出于己也。及今則將聖諭及嵩所進揭帖，刻刊板行，爲書十册，名曰《嘉靖疏議》，使天下後世皆謂皇上以前所行之善，盡出彼之撥置主張，皇上若一無所能者。大臣「善則稱君」之忠果若此乎？此掩皇上之治功，三大罪也。

皇上令嵩票本，蓋君逸臣勞之意，嵩乃令子世蕃代票，恣父逸子勞之爲。世蕃却又約諸乾兒子趙文華等羣會票擬，結成奸黨，亂政滋弊。一票屢更數手，機密豈不漏洩？所以旨意未上，滿朝紛然已先知之，及聖旨既下，則與前所講若合符契。臣初見嵩時，適原任職方司郎中江冕稟事于嵩曰：「昨御史蔡樸劾守備許實等失事，本部覆本已具揭帖與東樓，聞東樓已票送入，未知如何？」東樓者，世蕃之别號也。嵩云：「小兒已票罰俸，内分兩等，甚有分曉，皇上定是依擬。」臣初甚疑，及後旨下，果如嵩言。即臣所親見一事，則其餘可知矣。又前經歷沈鍊劾嵩，皇上將本下大學士李本票擬，本又熟軟庸鄙，奔走嵩門下，爲嵩心腹，感嵩之恩，又畏嵩之威，倉惶落魄，莫知所措，差人問世蕃如何票，世蕃乃同趙文華擬票停當，趙文華袖入遞與李本，李本抄票封進，此人所共知也。即劾嵩之本，世蕃猶得票擬，則其餘又可知矣。是嵩既以臣而竊君之權，又以子而並己之權，百官孰敢不服？天下孰敢不畏？故今京師有「大丞相，小丞相」之謡，又曰「此時父子兩閣老，他日一家盡獄囚」，蓋深恨嵩父子並專權柄故耳。此縱奸子之僭竊，四大罪也。

邊事之廢壞，皆原于功罪賞罰之不明。嵩爲輔臣，宜明功罪以勵人心可也，乃爲壟斷之計，先自貪冒軍功。將令其孫冒功于兩廣，故先布置伊表姪歐陽必進爲兩廣總督，親家平江伯陳圭爲兩廣總兵，鄉親御史黄如桂爲廣東巡按，朋奸比黨，朦朧湊合，先將長孫嚴效忠冒兩廣奏捷功，陞所鎮撫，又冒瓊州一人自斬七首級功，造册繳部。效忠告病，乃令次孫嚴鵠襲替，鵠又告，併前效忠七首級功，加陞錦衣衛千户，今任職管事，有武選司「昃」字十九號堂稿可查。夫效忠與鵠，皆世蕃子也，隨任豢養，未聞一日離家至軍門，乳臭孫童，亦豈能一人自斬七首級？而假報軍功，冒濫錦衣衛官爵。以故歐陽必進得陞工部尚書，陳圭告病回京，得掌後府印信，黄如桂得驟陞太僕寺少卿。是嵩既竊皇上爵賞之權，以官其子孫，又以子孫之故，陞遷其私黨。此俑既作，倣傚成風，蔣應奎等令子冒功，打死發遣，皆嵩有以倡之也。夫均一冒功也，在蔣應奎等貪冒，科道則劾之；在嵩貪冒，人所共知，科道乃不敢劾嵩，積威足以箝天下之口可知矣。此冒朝廷之軍功，五大罪也。

逆賊仇鸞，總兵甘肅，爲事革任。嘉靖二十九年張達等陣亡，正諳達竊伺之時，使嵩少有爲國家之心，選一賢將，諳達聞知，豈敢輕犯京師？世蕃乃受鸞銀三千兩，威逼兵部薦爲大將，及鸞冒哈丹爾軍功，❶世蕃亦得以此陞官廕子。嵩父子彼時嘗自誇以爲有薦鸞之功矣。及鸞權日盛，出嵩之上，反欺侮于嵩，故嵩嘗自嘆以爲引虎遺患。後又知皇上有疑鸞之心，恐其敗露連累，始不相合，互相誹謗，以泯初黨之迹，以眩皇上之明。然不知始而逆鸞之所以敢肆者，恃有嵩在，終而嵩與逆鸞之所以相反者，知皇上有疑鸞之心故耳。是勾賊背逆者，鸞也，而受賄引用鸞者，則嵩與世蕃也。使非嵩與世蕃，則鸞安得起用？雖有逆謀，亦安得施乎？進賢受上賞，進不肖受顯戮，嵩之罪惡又出鸞之上矣。此引背逆之姦臣，六大罪也。

嘉靖二十九年敵人犯京深入失律，歸路已絶，我軍奮勇正好與之血戰，一大機會也。兵部尚書丁汝夔問計于嵩，嵩宜力主勦戰，以伸中國之威，以紓皇上之憂可也，乃曰：「京師與邊上不同，邊上戰敗，猶可掩飾，此處戰敗，皇上必知。莫若按兵不動，任賊搶足，便自退回。」以故汝夔傳令不戰，及皇上拏問，汝夔求救于嵩，嵩又曰：「是雖拏問，我具揭帖維持，可保無事。」蓋恐汝夔招出真情，故將此言啜哄以安其心，汝夔亦恃嵩平日有回天手段，故安心不辯。及汝夔臨刑，始知爲嵩所誤，乃大呼曰：「嚴嵩誤我矣。」此人所共知也。是汝夔不出戰之故，天下皆知爲嵩主張，特皇上不知之耳。此誤國家之軍機，七大罪也。

黜陟者，人君之大權，非臣下可得專且私也。刑部郎中徐學詩，以論劾嵩與世蕃，革職爲民矣，嵩乃于嘉靖三十年考察京官之時，恐嚇吏部，將學詩兄中書舍人徐應豐罷黜，荷蒙聖明洞察其奸，將應豐留用。夫

---

❶「哈丹爾」，明代譯作「哈舟兒」。

應豐乃皇上供事内廷之臣，嵩猶敢肆其報復之私，則在内之臣遭其毒手者，又何可勝數耶？户科都給事中厲汝進，以論劾嵩與世蕃，降爲典史矣，嵩于嘉靖二十九年攷察外官之時，逼嚇吏部將汝進罷黜。夫汝進，言官也，縱言不當，皇上既降其官矣，其爲典史則無過可指也。嵩乃以私怨罷黜之，則在外之臣，被其中傷陷害者，又何可勝數耶？夫嵩爲小人，故善人君子多與之相反，嵩不惟罷其官，又且加之罪，不惟罰及一身，又且延及子弟，以故善類爲之一空，此時計數正人君子能幾何哉？是黜陟之權，皇上持之以激厲天下之人心，賊嵩竊之以中傷天下之善類。此專黜陟之大柄，八大罪也。

嵩既專權，則府、部之權皆撓于嵩，而吏、兵二部大利所在，尤其所專主者。于文武官之遷陞，不論人之賢否，惟論銀之多寡，各官之任，亦通不以報効皇上爲心，惟日以納賄賊嵩爲事。將官既納賄于嵩，不得不剥削乎軍士，所以軍士多至失所，而邊方爲甚。有司既納賄于嵩，不得不濫取于百姓，所以百姓多至流離，而北方之民爲甚。一人專權，天下受害，怨恨滿道，含冤無伸，人人思亂，皆欲食嵩之肉。皇上雖屢加撫卹之恩，豈足以當嵩殘虐之害，若非皇上德澤之深，祖宗立法之善，天下之激變也久矣。軍民之心既怨恨思亂如是，臣恐天下之患不在徼外，而在域中。此失天下之人心，九大罪也。

風俗之隆替，係天下之治亂。我朝風俗淳厚近古，自逆瑾用事，始爲少變。皇上即位以來，躬行古道，故風俗還古，及嵩爲輔臣，諂諛以欺乎上，貪汙以率其下。通賄慇懃者，雖貪如盗跖，而亦薦用；奔競疎拙者，雖廉如夷齊，而亦罷黜。一人貪戾，天下成風，守法度者以爲固滯，巧彌縫者以爲有才，勵廉介者以爲矯激，善奔走者以爲練事。卑汙成套，牢不可破，雖英雄豪傑，亦入套中。從古風俗之壞，未有甚于此時者。

究其本源，嵩先好利，此天下所以皆尚乎貪；嵩先好諛，此天下所以皆尚乎諂。源之不潔，流何以清？風俗不正，而欲望天下之治，得乎？此壞天下之風俗，十大罪也。

嵩有十大罪昭人耳目，以皇上之聰明，固若不知者，何哉？蓋因皇上待臣下之心出于至誠，賊嵩事皇上之姧入于至神，以至神之姧，而欺至誠之心，無怪其墮于術中而不覺也。臣再以嵩之五姧言之。

知皇上之意向者，莫過于左右侍從之臣，嵩欲託之以伺察聖意，故先用寶賄結交情熟，于皇上宫中一言一動、一起一居，雖嬉笑欬嘘之聲，遊觀宴樂之爲，無不報嵩知之，每報必酬以重賞。凡聖意所愛憎、舉措，嵩皆預知，故得以遂逢迎之巧，以悦皇上之心，皇上見嵩之所言所爲，盡合聖意，蓋先有人以通之也。是皇上之左右，皆賊嵩之間諜，此其姧一也。通政司，納言之官，嵩欲阻塞天下之言路，故令乾兒子趙文華爲通政使。凡奏章到，文華必將副本送嵩與世蕃先看三四日後，方纔進呈，本内情節，嵩皆預知。事少有干于嵩者，即先有術以爲之彌縫。聞御史王宗茂劾嵩之本，文華停留五日方上，故嵩得以輾轉摭飾其惡。是皇上之納言，乃賊嵩之攔路犬，此其姧二也。嵩既内外彌縫周密，所畏者廠衛衙門緝訪之也，嵩則令子世蕃將廠衛官籠絡，强迫結爲兒女親家。夫既與之親，雖有忠直之士，孰無親戚之情，于賊嵩之姧惡又豈忍緝訪發露。不然，嵩籍江西，去京四千餘里，乃結親于此，勢屬不便，欲何爲哉？不過假婚姻之好，以遂其掩飾之計耳。皇上試問嵩之諸孫，所娶者誰氏之女，便可見矣。是皇上之爪牙，乃賊嵩之瓜葛，此其姧三也。廠衛既爲之親，所畏者科道言之也，嵩恐其奏劾，故于科道之初選，非出自門下者不得預，中書、行人之選知縣、推官，非通賄門下者不得預行取之列。攷選之時，又擇熟軟圓通、出自門下者，方補科道，苟少有忠鯁節義之氣者，必置之部屬、南京，使知其罪而不得言，言之而亦不真。既選之後，或入拜則留其飲酒，或出差則爲之餞贐，或心有所愛憎，則唆之舉劾，爲嵩使令，至五六年無所建白，便陞京堂、方面。夫既受嵩之恩，又附嵩且有效驗，孰肯言彼之過乎？其雖有一二感皇上之恩而欲言者，又畏同類泄露，孤立而不敢言。而嵩門下之人，每張大嵩之聲勢，陰阻其敢諫之氣，以故科道諸臣寧忍于負皇上，而不敢于忤權臣。是皇上之耳目，皆賊嵩之奴僕，此其奸四也。科道雖籠絡停當，而部官有如徐學詩之類者，亦可懼也。嵩又令子世蕃將各部官之有才望者，俱網羅門下，或援之鄉里，或託之親戚，或結爲兄弟，或招爲門客。凡部中有事欲行者，先報世蕃知，故嵩得豫爲之擺布。各官少有怨望者，亦先報世蕃知，故嵩得豫爲之斥逐。連絡蟠結，深根固蒂，合爲一黨，互相倚附。各部堂司，大半皆嵩心腹之人，皇上自思左右心腹之人，果爲誰乎？此真可爲流涕者也。是皇上之臣工，多賊嵩之心腹，此其奸五也。夫嵩之十罪，賴此五奸以彌縫之，識破嵩之五奸，則其十罪立見。

噫，嵩握重權，諸臣順從固不足怪，而大學士徐階負天下之重望，荷皇上之知遇，宜深抵力排，爲天下除賊可也。乃畏嵩之巧足以肆其謗，懼嵩之毒足以害其身，寧鬱怏終日，凡事惟聽命于嵩，不敢持正少抗，是雖爲嵩積威所劫，然于皇上亦不可謂之不負也！階爲次輔，畏嵩之威亦不足怪，以皇上聰明剛斷，雖逆鸞隱惡無不悉知，乃一向含容于嵩之顯惡，固若不能知、亦若不能去，蓋不過欲全大臣之體面，姑優容之以待彼之自壞耳。然不知國之有嵩，猶苗之有莠，城之有虎，一日在位，則爲一日之害，皇上何不忍割愛一賊臣，顧忍百萬蒼生之塗炭乎？況邇來疑皇上之見猜，已有異離之心志，如再賜優容，姑待之恩，恐致已前丞相之禍，天下臣民皆知其萬萬不可也。

臣前諫阻馬市，謫官邊方，往返一萬五千餘里，道途艱苦，妻子流離，宗族賤惡，家業零落。幸復今職，方纔一月，臣雖至愚，豈不知與時浮沈，可圖報于他日，而履危冒險，攻難去之臣，徒言取禍，難成僥倖萬一之功哉？顧皇上既以再生之恩賜臣，臣安忍不捨再生之身以報皇上？況臣狂直之性，生于天而不可變；忠義之心，癢于中而不可忍。每恨壞天下之事者，惟逆鸞與嵩，鸞已殛死，獨嵩尚在，嵩之奸惡又倍于鸞，將來爲禍更甚，使舍此不言，再無可以報皇上者，臣如不言，又再有誰人敢言乎？伏望皇上聽臣之言，察嵩之奸，羣臣于嵩畏威懷恩，固不必問也，皇上或問二王，令其面陳嵩惡，或詢諸閣臣，諭以勿畏嵩威。如果的實，重則置以專權重罪，以正國法；輕則諭以致仕歸家，以全國體。則內賊既去，朝政可清矣。將見諳達前既聞逆鸞之死，今又聞賊嵩之誅，必畏皇上之聖斷，知中國之有人，將不戰而奪其氣，聞風而喪其膽。況賊臣既去，豪傑必出，功賞既明，軍威自振。如或再寇，用間設伏，決一死戰，雖繫諳達之頸，梟濟農之頭，臣敢許其特易易耳，外賊何憂其不除，邊患何憂其不絕乎？內賊既去，外賊既除，其致天下之太平，何有故臣欲捨死圖報，而必以討賊臣爲急也。然除外賊者，臣等之責，而去內賊者，則皇上之事。臣感皇上知遇之厚不忍負，荷皇上再生之恩不能忘，感激無地，故不避萬死，爲此具本親齎謹奏。

疏入，得旨：「這廝因謫官懷怨，摭拾浮言，恣肆瀆奏。本內引二王爲詞，是何主意？著錦衣衛拏送鎮撫司，好生打著究問明白來説。」

御選明臣奏議卷二十六

議撥種馬應用疏 嘉靖三十七年

李　遂

臣照得倭夷連年入寇，長江南北横被殘破，臣身在草野，竊懷隱憂，不意罪廢之餘，謬蒙録用，感遇酬知，是臣盡節効命之日也，敢不夙夜以圖報稱。除臣召募兵勇，分據要害，區畫錢糧，設處戰船，繕葺城垣，精利器械，申嚴防禁，慎遣哨探一切可以權宜，遵奉欽依，徑自區處，不敢陳瀆外，伏照江北原隰曠野，本爲騎射之地，倭夷兇狡，善于衝突，我兵新集，置陣不堅，必須借以馬力，用爲前驅。主客之形既殊，馬步之力且倍，以逸代勞，理無不克，往年參將王介收功，亦以馳騎之力。節據選募新兵雖勇敢善鬬，苦稱無馬，難以待敵，臣查得前任巡撫都御史蔡克廉先于嘉靖三十六年題，該兵部覆議題奉欽依，許于種馬内暫借應用。已經欽遵施行外，緣今錢糧缺乏，收買無資，春氣已深，措處不及，臣愚欲得于各屬種馬内選撥一二千匹，暫時借用，分給各兵騎坐，以備馳突。期以二月初旬領出，至六月終交還，官爲餧養，不致瘦損，無虧于孳息，而有益于戰守。揆之事理，似亦相應，如蒙皇上軫念重地，敕下該部容臣于種馬内挑選，給軍騎坐，依期交還，庶兵威益振，士氣自倍，倭夷知警，而海防有賴矣。

疏入，帝從之。

議設狼山副總兵疏嘉靖三十七年

李　遂

臣謹議得淮揚地方，濱臨江海，陸通鳳、泗，水達瓜、儀，而狼山一帶，上控下接，尤爲適中要害之地，添設副總兵控制形勝，揆之事體，委屬相應。但隔離江南，水面曠遠，地既分屬，人自爲謀，江不可以畫分，而責容易于他諉，萬一賊乘風迅，揚帆中流，伺間突入，流毒内地，既乖共濟之憂，安望協助之力？況節經移咨會議，事體異同終難歸一，合無查照部議，比照金山事例，添設副總兵，專制江北水路，自瓜、儀周家橋、掘港直抵廟灣、雲梯關，其陸路自通、泰、淮、揚、天長直抵鳳、泗，各參將、守備、把總、備倭等官，及地方衛所悉聽節制。其狼、福二山及周家橋、圌山、江陰等處，跨江南北，不分彼此，各多設巡船，分載遊兵出洋會哨，遇有警報，兩地兵船并力堵截。若互相推諉，備禦不周，不問南北，一體坐以失事之罪。是權寄雖分，而責任則一，利害相關，心力不容于不協矣。

再照大江南北，地形對峙，然江南自金山以東，境連乍浦，便入浙江，而江北由掘港以北，遠達雲梯，俱爲屬地，比之江南尤爲闊遠，就使添設副總兵，若非偏裨得人，地廣兵分，亦難遥制。且查大河口、徐稍營、廖角嘴等處，懸接大洋，屢經倭患，祖宗朝設立備倭營寨連絡，雖武備盡弛，而規制猶存。又鹽城縣治瞰臨海澳，尤爲淮安扼塞，此地不守，則淮、揚、高、寶皆可長驅，先年議設把總一員，近復調取邳、徐、淮、泰軍民兵勇，暫委閒住將官往來防禦，意亦有見于此。查得江南既有副總兵，又設參將二員及把總八九員，各領兵船分屯要害，今江北地勢較廣而關繫尤重，據其事體，似應比照，但屬郡既少而財力且竭，兵船費重，供億務繁，計亦非四郡之力所能辦也。合無將通州參將移住鹽城，其鄰近各場及興化、淮安雲梯關、廟灣、羊寨、東西二海州所，皆爲汛地，乞將四衛官軍責付本參，分番操守，自鹽城以北一帶守備、把總等官、水陸兵船，俱屬調度。而以鹽城把總移駐大河口，將徐稍等營官軍補完原額，并召募現操民兵，及吕四、餘東、餘中、餘西、金沙、西亭各場竈勇悉聽約束。在大河口則地近狼山，兵力不患于單弱，在鹽城則兼制羊寨，東西自便于應援。

大抵千里江海之防，有揚州參將以當其南，有鹽城參將以當其北，而又得狼山副總兵居中調度，掎角之勢既成，首尾之形相應，官無冗設而事便責成，似亦計之得者也。如蒙皇上軫念陵寢、漕運重地，乞敕該部再加詳議，如果相應，即于狼山添設副總兵一員，前來通州駐劄，操練兵馬，有警移駐狼山，與金山副總兵彼此會哨，出洋夾攻，前項水陸汛地，遇有警急，一體相機調度勦殺。其鹽城參將、大河口把總均乞各赴改擬地方，就便行事。庶江海之防愈嚴，而重地之守益固矣，地方幸甚，臣愚不勝幸甚。

疏入，帝從之。

論嚴嵩欺君誤國疏嘉靖三十七年

董傳策

臣謹奏爲奸貪輔臣主持邊塞、欺君誤國、大負聖恩，懇乞宸斷，早除兇惡，以圖安攘實效事。臣近見北敵寇邊，財用詘乏，屢廑皇上宵旰之憂，至發帑藏濟急。聖意所向，遂令言官糾劾邊臣，屢下明旨究治，感發人心之一機也。然邊臣之敢于欺罔，皆由輔臣嚴嵩之主持，而言官所論，未有極陳元惡之誤國者。臣側耳數日，寂無所聞，蓋皆畏彼之中傷，愛身惜死，故寧負陛下而不敢忤姧臣耳。臣知陛下之神明英武，非不洞燭其姧，特以輔臣，尚爾優容，令自悛改。而嵩恬不知警，負恩日深，不思主憂臣辱之義，益肆誣上行私之姧，居位一日則天下受一日之害。今言官既不敢言，諸司又不能言，國家養士二百年，一旦披靡，不忠至此，臣竊私心痛之。念有君如此，寧忍負之，臣敢披瀝肝膽，條列嵩之大罪，伏惟陛下少垂聽焉。

夫邊疆之守者，責在督撫、諸將；將官所以鎮安邊陲者，徒以財用得人之死力也。今户部所發歲不下百萬，至爲一切苟且之謀，日不暇給，而諸將邊臣尚深結嵩心，以求掩己之敗，所請財賦大半入嵩之家。或以數萬希圖内轉，或以盈箱冀掩喪師，輾轉饋送，殆無虛日，遂令軍士嗷嗷待哺，救死不贍，敵至閉城，任其得利而去。嵩爲元輔，匿不以聞，甚至邊臣已罹法者，嵩猶受其賄遺，曲爲掩護，所謂「豺狼當道，安問狐狸」。此其壞邊防之罪一也。吏、兵二部，文武人才所推用，恒必由之。而嵩擅撓部事，賄賂公行，選司銓官，至持簿入嵩之門，任其填發。將官求推善地，動輒掊剋軍士以充饋獻。如近來萬寀爲文選、方祥爲職方，皆嵩之至親，擇其心腹，頤指氣使，不異奴隸，至有「文管家，武管家」之謡。此其鬻官爵之罪二也。大工鼎建，財用不貲，識者蓋以民力爲憂，而嵩猶乘機侵剋，縱欲無厭。採木侍郎劉伯躍與嵩同鄉，行郡動支贓罰銀兩，或坐派民錢，致之嵩家，前後累至數萬。他如築堡修城之費，嵩皆假公濟私。而獻諂者又甘爲浸潤，或因而攘入私囊，遂至冒破日甚，請求無措。夫天地生財，止有此數，不在官則在民。今天下財賦既不在公帑，又不在民間，其在嵩家可知也。陛下試令人查檢嵩家，恐當富于帑藏者。此其蠹國用之罪三也。趙文華罪惡滔天，賴陛下英斷，斥之使去，猶恃乾兒之愛，所得囊槖鉅萬，盡寄嵩家。蓋造大房，居皇城之西，頗壓上游，而嵩收之入己，略無顧忌。遣令數人護送文華南還，比至徐州，即駕座船，恐嚇州縣，私役民夫及支供給之費。嵩之敢護私人類如此。此其護黨與之罪四也。天下諸藩臬有司，歲時問安嵩家，動以千數，不得不掊尅民財。民財日困，則嵩家日富，絡繹遣人解回江西，動起關文，騷擾驛遞。此其害地方之罪五也。自嵩貪饕不顧，一時嗜利無恥之士，漸出其門，昏夜乞哀。或以五六千求改要地，或以七八百與選美官，士風大壞，官箴日喪，緩急不得賢才，而嵩猶洋洋坐政府自謂得計。回視要地，皆彼腹心，莫敢出一語，即有能自振拔者，又懼禍不測，不得不隨風而靡。此其壞人才之罪六也。

夫此六者，罪大惡極，釀成禍階，徒以嵩之奸邪，善能變炫名實，擠人死地。而世蕃以市井無賴之徒，入市攫金，逢迎父惡，恬不爲怪。一時臣子非受嵩父子之舉，則畏嵩父子之奸，誰肯爲陛下言之。臣待罪刑曹，宜詰奸慝，平生讀忠孝書，蓋熟聞致身之義矣。臣豈不知此疏一入，縱陛下知臣忠直，而違忤奸臣之意，一有譴責，立可隕節致死。況臣羸弱多病，尤易傾危，加之以親老無子，孤立異鄉，寧不自愛？但有感于聖明在上，奸佞不忠，而諸臣患得患失，動以及身之禍自委，有君無臣，實可憤惋。臣故不論一身利害，冒昧上陳，爲天下蒼生懇祈聖主速賜乾斷，以求安攘實效，臣之微軀，何足惜哉！倘蒙俯垂採納，乞敕九卿、科道，從公會議，數嵩罪狀，取自上裁。庶陛下勞心焦思，不爲無益，將見人心聳然思奮，三軍之氣倍增，而邊防漸可修舉，官爵漸可愛惜，國用漸可充積，黨惡漸可消除，地方漸可寧謐，賢才漸可效用矣。臣不揣疎賤，發自忠憤，伏惟聖明鑒察。臣不勝激切惶懼之至。

疏入，下詔獄，謫戍南寧。

條上定策備邊疏 嘉靖四十年

楊　博

臣竊惟敵騎入犯，多在涼爽之時，防禦機宜，貴審緩急之勢。今之九邊，以薊鎮爲第一，蓋腹心既安，四肢自無可慮。以故廣調各鎮之兵爲之戍守，多發度支之糧爲之餽給，精選驍健之將爲之捍禦。仰荷聖皇深思遠慮，靡所不至，臣等何容别議。今據宣、大總督李文進所奏，止是永什卜、烏紳、巴雅爾三部之兵，❶其酋首諳達、黄台吉、巴圖爾併土蠻，❷俱各未見蹤跡。「鷙鳥將飛，必戢其翼」，甚爲薊鎮之慮。臣等謹將大同、薊鎮應行事宜，條列上請，伏乞聖明俯賜採覽。

一，大同所犯之敵，數本不多，本鎮兵馬已經總督李文進先期分布，似爲有備，臣等近又移文巡撫陳其學、總兵官劉漢，令其堅壁清野，以固其守，設伏出奇，以挫其鋒，分精兵以搗其巢，簡悉少以邀其馬，隨機應變，計日下必當遠遁。據李文進所請，宣府遊擊孫輔、大同遊擊周資文入衛遊兵二枝，另本酌量議處。

一，敵犯薊鎮，必由白草川、三間房一帶，哨探一節全在宣府獨石參將，蓋薊鎮止得其情，獨石則得其形。知之既早，豫于古北、黄花鎮等處加謹防禦，所謂先則制人，自保無虞。合無容臣等仍行宣大總督李文進、巡撫遲鳳翔、總兵官李賢，督率參將劉國，多差人役，遠爲哨探，但有東行蹤跡，即便飛報本部，以憑

❶「永什卜」、「烏紳」、「巴雅爾」，明代分别譯作「永邵保」、「兀慎」、「擺腰」。

❷「巴圖爾」，明代譯作「把都兒」。

調度。

一，薊鎮各區，臣博先任總督之時，每區定擬兵備副使、僉事一員爲之監督，連歲督臣行臣之計，日益詳密。但防秋之後，未曾定擬賞罰，誠恐人心懈弛，關繫不輕。合無容臣等備行總督楊選、巡撫張玭，嚴行副使温景葵、紀公巡、栗永禄、李尚智、張邦彦、伊介夫，各照地方用心督理，一切兵糧事宜，悉聽徑自區處，督撫官不得遥制。

一，昌平鎮、居庸鎮邊、黄花鎮，三鎮與宣府、懷來、延慶、永寧四邊界，❶相爲脣齒。宣大總督每當秋近，移住懷來，正爲南山之備。但事在兩鎮，未免互分彼此，必須聲勢聯合，事方有濟。合無容臣等備行宣大總督李文進，仍駐懷來，如果賊犯薊鎮、古北口一帶，宣府别無聲息，即便多發精兵，星馳援應。若止犯延、永，逼近南山，就將各枝兵馬分屯薊鎮牆上，協力固守。但使匹馬不得入關，即爲首功。

一，薊鎮總督、巡撫揭報本部，每以主客兵馬錢糧十分缺乏爲詞，事在户部，臣等不知其詳。審據公差人役皆稱現差科道查勘，户部候查明之日方議處發。但今事在燃眉，師行糧從，時不可缺，合無容臣等備行該部，將昌平、薊州二鎮不拘銀兩、漕糧，作速運發，以備目前之用。俟科道查勘畢日，一併計算。

一，薊鎮燕河、冷口一帶，逼近遼東，敵若自東入犯薊鎮，督、撫官相去隔遠，調度自不能及，即使有兵可

---

❶「三鎮」、「四邊界」，四庫存目叢書影萬曆本楊博《楊襄毅公本兵疏議》卷七《遵諭條上定策退虜疏》分别作「三區」、「四海冶」。

發，千里赴援，不惟無以濟事，亦非兵家常算。合無容臣等備行遼東都御史吉澄，會行總兵官雲冒，即將本處兵馬整搠停當，如果敵犯燕河等處，不必候調，徑自領兵前來策應。

疏入，依議行。

黜貪臣以消民怨疏 嘉靖四十年

林潤

臣按都察院左副都御史鄢懋卿總理淮浙等處鹽法，蓋因内帑空虚、邊儲匱乏，朝廷特敕其經理財用以濟時艱，亦出于不得已之計也。爲懋卿者，潔己奉公，使上不失國課，下不失民情，斯爲大臣謀國之忠也。顧乃自蔑憲典，所過屬縣掊剋無遺，府則定以千數，州、縣各有遞等，其鹽運司則無算焉。兩淮尤爲鹽商輳集之所，懋卿明對運司欲取銀十萬兩應用，運司遂令商人黄球等照引科派，以兩淮一運司而推之，則兩浙、長蘆等處可知矣。夫懋卿查理鹽課，不知有增于内帑幾何，而攫入于私囊者如此，黷貨無厭，背公營私，其爲罪一也。平民李守謙告王鐓等侵匿、寄頓財物，懋卿將鐓等親提面審，定罪發府，鐓等懼罪送禮銀三千兩。夫懋卿職司風紀，正當嚴加律己以振肅百僚，而乃暴露贓私，玷辱風紀，其爲罪二也。懋卿在揚州明知巡撫劉景韶貪殘過甚，則以爲奇貨而挾之，乃對府官作冷語曰：「吾將劾之。」使景韶聞風，曲意阿承，餽贐之禮聞亦萬餘，然後得其懽顔。又往鳳陽謁陵，糜費無紀。此奢侈縱肆，反道悖禮，其爲罪三也。且陵鑠有司，暴虐百姓，在揚州駐劄纔三月耳，而平民斃于杖下者二十餘人。如場官姚佩送册稽遲，廚役蔡經置酒欠整，皆小事也，俱杖三十而身故。此殘忍酷毒，不恤怨言，其爲罪四也。北直隸、山東連歲荒歉，餓殍盈野，懋卿目擊其形，略不加動念，仍責于有司，勢必取之于民，是朘垂斃之民膏血以自封也。揚州重地，自有倭患以來，兵費浩重，益以去歲之水災，重以撫臣之剥削，富者蕩産，貧者流竄，鹽商亦相挈而逃。懋卿查覈過嚴，人已不堪，而又加無名之派，去歲鹽徒幾欲相聚爲亂。此動摇邦本，斵傷元氣，其爲罪五也。夫懋卿之罪，朝野共知，遠近側目，伏乞敕下部、院，再加體訪，如果臣言不謬，將鄢懋卿速賜罷黜，庶民怨消而士論快矣。

疏入，帝不納。

議分布西北防秋兵馬疏嘉靖四十一年

楊　博

臣等竊料今秋敵情，第一則垂涎薊鎮，其次則側目山西。蓋緣宣、大二鎮蕭條之甚，無可劫掠，保定、三關阨隘之險，難以突入，以故薊鎮、山西雖春夏之交猶當戒嚴，況兹秋高月朗，萬一不慎，未免墮其計中。臣等蚤夜籌畫，節次申飭各該總督、鎮、巡官，在薊鎮則畫地分區，步兵拒牆擺守，騎兵按伏援應，以守爲戰。在宣府，則山南、山北添布兵馬；在大同，則遠哨廣備，清野堅壁；在山西，則嚴拒陽方等口；在保定，則分防紫荆等關，以戰爲守。又慮獨石、三間房、白草川一帶，實敵騎入薊必由之路，責成參將劉國多方哨探，不時馳報。又恐畿輔地方倘有緊急，各處之兵不能猝至，備行宣大總督江東，移駐懷來，以備南山一帶；宣府鎮巡官馬芳、趙孔昭移駐隆慶，以便星馳抵關；大同鎮巡官姜應熊、陳其學候報移駐懷來，以便馳入居庸；山西鎮、巡官吴徵、楊宗氣候報移駐廣昌，一以馳入紫荆，一以聽援宣鎮；保定巡撫李遷移駐易州，總兵官祝福移駐浮圖峪，以便馳入涿州。京營選定兵馬三枝，如果有警，處給盔甲，一面啓行，一面奏聞。至于一切戰守機宜，臣等逐一參酌，徑自舉行，不敢一一煩瀆天聽。

疏入，依議行。

條上經略薊鎮善後疏嘉靖四十二年　楊博

臣竊惟薊、昌密邇京陵，自庚戌敵變以來，議守之計獨詳，議戰之計稍略。即如昨者三河、平谷之警，仰仗聖皇在上，天威震疊，風雨助順，兵將爭先，以致孤山之連戰，古北之一擊，誠自來未有之事。但各兵一時雖稱雲集，多係宣、大、遼、保、山西之人，無警常使候援，則勢有不能，臨警方行徵調，則緩不及事，其在今日，必須別爲規畫，方克有濟。臣不揣孱淺，僭陳十事，伏望皇上俯賜採覽，敕下遵行。

一，議處督總標下親兵。臣等議得近日胡鎮孤山之戰，多得標兵之力，但軍門舊設標兵止有一枝，其總兵、巡撫原無標兵，以臣愚見，此等勁兵，必須新舊總設五枝，計該一萬五千名，操演精熟，方得實用。合無將總督劉燾下再添標兵一枝，總兵胡鎮、何淮、巡撫温景葵下各設標兵一枝，每枝務足三千名，或于各區現兵内挑其精鋭，或于各處家丁壯漢内多方招募，合用銀兩，就于山東、河南民兵銀兩動支，不敷之數，作速具奏，聽本部與户部會同計處。臣等又惟經始之初，全在得人，除參將王孟夏現管總督標兵外，查得參將黄演堪管總督下新添標兵，守備董一元堪管總兵胡鎮下新添標兵，原任參將李康民堪管巡撫温景葵下新添標兵，游擊王世英堪管總兵何淮下新添標兵。一切應行事宜，就聽演等以次經理。此後遇有警報，總兵官胡鎮即將五枝合爲一營，相機勦殺。

一，議處各鎮入衛邊兵。臣等議得延綏、寧夏、固原、宣府、大同、遼東、保定七鎮入衛兵馬，初調之時人强馬壯，甚于薊鎮有濟，即如嘉靖三十三年臣博在古北口等處與賊相持，大率多得邊兵之力。乃今因循既久，人心玩愒，徒有三千兵馬之名，殊無三千兵馬之實，或以老弱參預其間，兵爲疲兵，或以尫羸苟充其數，馬爲弱馬，往返奔馳，徒勞無益。合無備行各該總督、鎮、巡、兵備等官，今後入衛之兵，務要揀選好軍好馬，方許調遣起行。到薊之日，本部選差風力司官一員，前去點閲，如敢仍蹈夙弊，臣等指名參奏，重加究治。

一，議處鄰鎮添調援兵。臣等議得薊鎮與宣府、遼東、保定相去最近，其次則大同、山西，即如近日三河、平谷之警，雖因臣等豫先徵調，實以地里稍近，故不及旬日，士馬雲集，但中間精强者固有，疲弱亦居其半，相應通行整飭。合無備行各該總督、鎮、巡、兵備等官，各將正兵遊兵逐一揀閲，軍與馬務足三千之數，如軍不足應該招募，其銀兩于何項内動支？馬不足或本色、折色應于何項内處辦？文書到日，限半月以内各另回奏，聽本部與户部會同計處。若果士馬精强，在本鎮可以壯邊圉之威聲，在薊鎮自當收應援之實效。

一，議處薊鎮總兵駐劄地方。臣等議得薊鎮總兵官先年駐劄三屯營，專爲朶顔三衛撫賞，即今古北口、石塘嶺等處既稱敵衝，在總兵職任于撫夷爲緩，于勦敵爲急，緣三屯營相去軍門數百餘里，遇有警報，自是無濟緩急。查得石匣營實當密雲、古北、石塘、牆子嶺四處適中之地，合無于防春防秋之日，總兵移于石匣營駐劄，帶領正兵并新募總兵下標兵，相機戰守，夏冬無事，仍回三屯營操備，庶與軍門聲勢聯絡，氣脉通貫。

一，議處牆内險隘設伏。臣等議得古北諸區牆内，如潮河川等處多有險隘可據，即如近日參將郭琥伏礮一擊，狂敵落膽，若使各區但有險隘去處，諸將盡能如此，敵之入也可以扼其吭，敵之出也可以攻其心，比之角力血戰者，難易自别。合無備行總督劉燾、總兵胡鎮、巡撫温景葵，嚴督各區副、參等官，各將本區險隘去處或暗設地坑，或多置伏礮，或以水攻，或以火攻，各畫一水墨小圖，送部查攷，一面刻期舉行。

一，議處入衛邊兵糧賞。臣等議得各邊入衛之兵，遠離鄉井，辛勤萬狀，必須優其糧賞，方能鼓其敵愾之氣。往年糧料充足，賞賚隆渥，以故士嬉馬騰，足堪戰守。乃今應得糧料，既給不以時，散兵賞賜又歲加減削，以致諸軍往往私賣戰馬，以充食用，殊非事體。合無備行總督劉燾，會同巡撫温景葵，督同薊鎮、昌、密管糧郎中并各該兵備等官，從長計議，糧料應否加增，或通給本色，賞賜應否復舊，或量爲從厚，作速回奏。

一，議處宣、遼境外哨探。臣等議得諳達、巴圖爾、黄台吉之巢在宣、大邊外，土蠻、黑石炭之巢在遼東邊外，一則山川隔遠，難于豫得其形，一則屬夷勾煽，多致反覆其説。先年建議之臣謂大同得其情，宣府得其形，薊鎮不過因䰠問病，誠爲確論。即如頃者之患，半月之前宣府獨石境外先已瞭見，以故臣等得以豫調邊兵，足爲明驗。除遼東原係軍門節制外，合無將獨石參將兼聽薊遼總督節制，如遇白草川、三間房等處哨見賊形，即便飛報薊遼總督軍門，薊鎮有功，則與之同賞，如或誤事，一體治罪。

一，議處州縣軍民屯堡。臣等議得收保之法，大者爲城，其次爲堡，再次爲墩，雖大小不同，必須高堅深厚，方能賴其保障。臣博往年巡撫甘肅，嘗創爲墩院之法，大率每村一二十家，共築墩院一座，或有力者能家築一座，亦從其便，嘉靖二十九年賊犯涼州，毫末未嘗有失。以逸待勞，以飽待飢，其計莫善于此。合無容臣等將墩院之式畫成紙圖，咨送巡撫温景葵處，令其督率兵備、府、州、縣等官，責令居民，于土脉融和之日，以次舉行，務使愚民各知墩院之設，全爲生我，非爲勞我，庶幾人心歡動，工效可稽。其原設堡寨，亦要通行查明，但有不堪去處，一體修理完固。

一，議處薊鎮獲功賞格。臣等議得薊鎮、昌平密邇陵京，比之各邊緩急不同，敵騎侵軼，勢必聚衆方敢深入，亦與各邊零散頓異，以故先年本部題准敵入內地，與邊方陞賞不同。拒敵不得入邊，雖無斬獲，然准一體世襲，意誠有見于此。合無今後除村莊壯夫零斬敵級，仍照舊例陞賞外，其官兵與敵大衆血戰，臨陣斬獲如胡鎮等近日之功者，願陞者超陞二級，不願陞者賞銀五十兩，所獲馬匹、器械等項盡數給與本人充賞，各邊不得援以爲例。

一，議處朶顔三衛。臣等議得朶顔三衛夷人邇來陽順陰逆，專爲北敵嚮道，雖即掃蕩巢穴，不爲過舉，但中間情狀不一，有畏敵勢而曲從者，有得敵情而傳報者，玉石不分，又非國家懷柔之意。合無聽總督、鎮、巡官，榜諭朶顔三衛都督等官：「汝等父祖皆知敬奉天道，護衛朝廷，故與汝土地，賜汝敕印。每來朝貢，則厚加賞賚，恩德如天。夫何汝等後人，翻回北敵，甚至勾引入境？今後爾等各宜照汝父祖効忠守法，如遇諳達、黄台吉等到汝營内，果能設計擒斬，函首來獻，定行奏聞朝廷，給與萬金。如仍前悖逆，彼時勦汝，不要後悔。」總督、鎮、巡官一面將曉諭過緣由咨部查攷，一面將應撫應勦事宜，明白具奏定奪。

疏入，依議行。

倭寇暫寧條陳善後事宜疏嘉靖四十二年

譚綸

臣會同總督廣閩都御史張臬、巡按福建監察御史李邦珍議照：修政貴于及時，有備所以無患。福建地方邇自乙卯以來倭寇紛紜，廣賊並出，因之民窮盜起，内外騷然，馴至興化之事，而顛危極矣。兹者仰仗聖皇神武，赫然一怒，次第蕩平，八閩之間，遂獲寧宇。十年之内，僅見一時，若不乘此戰勝之暇，亟爲善後之圖，誠恐寇情叵測，事變靡常，必待患至而始爲之備，則後之視今亦猶今之視昔，掣肘多艱，噬臍無及。臣等用是大懼，莫敢寧處，謹稽諸舊典，酌之時宜，質諸輿論之公，參以一得之見，條列十有二事，上塵聖覽，實思患豫防之愚忠，爲久安長治之至計。伏乞敕下該部，再加查議，請自宸斷，速賜允行，則地方幸甚，臣愚幸甚。

一曰議復寨以扼外洋。照得八閩之地，西北阻山，東南濱海，海中諸國獨日本最爲狡獪，藉我奸民，乘間内侵，不但此時爲然，蓋自洪武迄今皆嘗受其患。查自福寧南下以達漳、泉，置衛凡十一，置所凡十四，置巡司凡四十有五，以控之于陸。又置水寨以防之于海，初惟烽火門、南日山、浯嶼三寨耳，景泰年間增而爲五，時則戰艦如雲，旌旗相望，且哨守皆衛所之軍，有司無供億之費，外威内固，有自來矣。法久人玩，武備漸弛，倭患突發，舊制盡失。爲今之計，亟宜查復五水寨之舊，每寨設兵船四十隻，兵萬三千名，五寨通計用船二百隻，用兵六萬五千名，以五把總領之，定爲五大艅。内以舊設烽火門、南日山、浯嶼三艅爲正兵，增設銅山、小埕二䑸爲遊兵，而又爲之分信地，明斥堠，嚴會哨，賊寡則各自爲戰，賊衆則合力併攻，以扼外洋。擊來賊爲功第一，擊去賊次之，失賊弗擊與致賊登岸者，查照信地論罪。五寨兵船，俱屬總兵官統督、監軍道監督。未汛之先，總會南臺聽統督整搠訓練；汛期將及，分發哨守；汛畢，復總會南臺，殿最功罪而賞罰之，仍整搠訓練，以備來汛。如此，則總覈有經，聲勢亦重，虚僞盡革，實效可臻。但立法雖詳，振舉在將。閩中武弁得人甚艱，現今各寨把總，僅惟原任守備秦經國尚堪鞭策外，他皆用之倉猝之餘，率乏勇敢之氣。臣等查得現奉欽依陞二級泉州納級副千户傅應嘉、泉州衛指揮魏宗瀚、百户鄧銓、浙江松門衛千户羅繼祖，皆熟諳海務，屢立戰功。及照浙江定海等關把總，皆奉欽依，以都指揮體統行事，閩、浙海防責任惟均，合無比照浙江事體，請乞敕下該部，查將傅應嘉、魏宗瀚等銓補前職。但五寨之中，又有緩急，而五臣才力，亦有大小，臣等劑量相宜，小埕爲省會門户，宜用傅應嘉，蓋本官奇才傑抱，將略尤優，一時武弁無出其右。次則烽火門，宜用魏宗瀚；次則銅山，宜用鄧銓；次則浯嶼，宜用秦經國；❶次則南日，宜用羅繼祖。斯則因地用人，乃無不勝之患。

二曰議處兵將以責實效。臣等查得前福建巡撫都御史劉燾，分爲南北中三路，請設三參將領之，軍門標下另設遊擊一員，各陳陸兵三千名。其經畫亦云備矣，但參、遊既難于得人，而尾大每至于不掉，數年之間，未覩成效。職此故也，臣惟知兵之將，世不多有，治標之事，難執一方，亦惟隨時措置，有益成事而已。

---

❶ 「經國」，原倒乙，今據上下文乙正。

今照分守温、處、福、興副總兵官戚繼光，忠誠懋著，文武兼資，貌雖不踰中人，才則可將十萬，南北將官號爲節制之師、而收堂堂正正之效者，誠未見其比也。第其秩雖都督，官纔副總，殊未足以展其千里之才，而慰八閩之望，臣等謂宜請乞以戚繼光充總兵官，鎮守福、興、漳、泉、延、建、邵武、福寧、金、温九郡一州。其三路參將，悉改爲守備，所轄信地，俱仍舊章，且宜即以戚繼光部下偏裨曉暢兵事、屢立戰功者，充補其任。則在平時既兵知將意，將識士情，而于臨事，如身之使臂，臂之使指，無不如意，誠爲計之得者。今該臣等查得戚繼光營内，現充軍門標下把總納級指揮胡守仁，其才則堪中路守備，現在領兵納級指揮王如龍，其才則堪北路守備，但南路守備尚難得人。臣等又查得福建都司署都指揮僉事耿宗元，精敏向進，合無請乞敕下兵部，查將胡守仁、王如龍推中、北二路，耿宗元以原職帶管南路，各守備職任，行令查照原分信地，各帶所部兵夫住劄防禦。三路、五寨水陸兵將，俱屬總兵官統督，監軍道監督，容臣等查處堪動官銀，于閩縣南臺地方開設鎮守教場，及監督公署。在彼聽其公同調集，合營訓練，風汛之月，乃分布四出，聽各住劄該道，分投監督水陸防守。蓋無事而合營團操，則號令出于一人，而兵有實用；臨汛而畫地分守，則水陸備于多算，而事有成功，誠又計之得者。但本鎮以一人之身，轄全閩之廣，馭二三萬之衆，若非分任得人，焉能巨細畢舉？仍應照例添設坐營都司一員，專司調度，中軍把總二員，職掌旗鼓，統領標兵。其人則查有現任北路守備羅章，堪備坐營之任，戚繼光部下納級指揮陳濠、金科堪備把總之任，就而用之，庶幾上下相信，任使有人，而軍務爲可舉矣。再照原議遊擊領兵一枝，專任軍門標下，以備往來策應，現在遊擊員缺，查有江西南湖守備李超堪以銓補，伏乞聖裁。

三曰議處客兵以備常戍。照得金、台之兵，臣與戚繼光居浙頗久，勞心訓練，故長于陸戰，漳、泉、福清之間，人以下海爲業，故長于水戰。今浙江不能不用閩兵以備之于水，亦猶福建一時不能不用浙兵以防之于陸，蓋其長技有如南舟北馬，既不可以強而同，而其應募，亦如遊藝行商，實不可以禁而止。是固無容別議外，但越省從征，勢難久駐，而萬衆聚食，坐費餉金，臣等因行副總兵官戚繼光、監軍副使汪道昆，將前客兵從公詢審願去願留，分爲上下二班，每班務足九千名。上班自今七月初一日爲始，分布教訓，以防小汛，至十月無警放班；下班亦自七月初一日爲始，差官押送回籍，至十月初旬，聽各把總統領上班，以防春汛，汛畢仍于六月終放還。又以前班兵夫限七月初旬上班，以防秋汛。年年如此，歲歲更番，務以三年爲率，不許別有變更。但出應募，每不爲本處有司所喜，值其放班，因肆陵虐，情亦有之，故兵將往往以此爲慮。伏乞天語丁寧浙江巡撫右侍郎趙炳然，通行該管道分及府、縣官員，務要一體存恤，毋得自分彼此，因其應募輒事誅求，致開他釁。内有把總等官變亂行伍，違誤戍期，及赴他處投用者，聽臣等從重參究拏治。如此則陸戰有人，閩事自定，而浙之列郡與閩境土相接者，亦無脣亡齒寒之患矣。

四曰團練主兵以固根本。臣惟先年編簽民壯，大縣多至五六百名，中縣三四百名，小縣亦不下百五十、二百名，每名歲定工食銀七兩二錢，近年東南皆給帖，聽募人自取，蓋有倍收至十一二兩者。兵有定數，糧有定額，所以捄官軍之敝、得寓兵于農之意。比者屢經言官建議，詔下有司團練鄉兵，法莫有便于民壯者，乃沿習日久，本意寖失，以有用之錢糧，養無籍之棍徒，無益實用。臣等謂宜將各縣額設民壯，責之駐劄守巡、兵備該道督責知府、知縣、巡捕等官，通行查出，汰其老弱與市井棍徒，補以精悍丁壯，給以堅甲利兵，編成隊伍，分爲班次。一班屬之知縣，就便訓練，在縣防守；一班屬之巡捕官，領赴本府團操，每季更番，稍均勞逸。每府聽臣坐委知兵武職一員，假以「把總」名色，爲之統督，知府爲之監督，公同訓練、駐劄。該道以時閲視，别其勤怠、精否而賞罰之，務使人人善戰，縣縣皆精，該道該府該縣等官乃爲稱職，否則他事雖賢，亦以曠官論罪。八府一州，計可得兵萬二千人，小警則各自爲戰，大警則互相應援，如此則糧餉不增，戰守有備，行之三年，即八閩之内可轉弱爲強，而議罷客兵矣。

五曰議處憲臣以重監督。凡用兵，既有大將爲之統督，又必用憲臣爲之監督，蓋訓練士馬、臨陣決戰、身先士卒，則統督之事也；稽察奸弊、課殿功罪、處置錢糧，則監督之事也。除水陸守備、把總分駐信地，料敵出戰，則聽臣行駐劄該道，分投監督外，至于合營團操與大兵進勦，大將臨戎必同心文官一員與之終始其事，臣等查得兵備副使汪道昆忠存許國，才足投艱，素與副總兵官戚繼光雅志匡時，協誠任事，故去春今夏屢建奇勳，武略文謨並輝窮海。今戚繼光既欲其總鎮八閩，而汪道昆則伏蒙欽陞二級，萬一推遷别省，不免有拂羣情，伏望聖明軫念遐方剛生神氣，敕下該部將汪道昆遵照成命，陞授福建按察司按察使協堂，請給關防敕書，監督全省水陸軍事，務與戚繼光同心一德，共濟時艱。俟其年勞茂著，績用有成，超格擢用。伏乞聖裁。

六曰薦舉賢能以備任使。伏惟爲政在于得人，而見賢乃可授任。方今聖皇壽考久道化成，多士濟濟，隨試輒效，固不必爲官而擇人也。但人之才器，各有不同，而時屬艱危，亦宜歷試。照得福建海道之官最爲重任，人所畏爲，而延、建二府素稱善地，比以山海之寇屢次傷殘，鄉無完宇，民樂從盜，撫摩安輯，尤貴得人。知府周賢宣，年踰一攷，海道副使邵梗則任滿六年，誠恐一旦轉遷，别行推補，即係賢能克堪重任，而于海防事體、境内民情，豈能一旦熟悉？今該臣等查得分守建寧參議金漸、分巡興泉參議萬民英、鹽運司同知劉汝順、漳州府同知劉宗寅，皆夙抱忠猷，才誠茂著，素嫻軍旅，人望共推，且居閩既久，民情地利無不周知。伏乞敕下該部，再加查訪，如果臣言不謬，遇有前項員缺，即將金漸等推補，則任使得人，而于殘破地方真有賴矣。

七曰議處有司以圖治理。臣惟安内攘外，必先有司，蓋其于民最親，而民之繫望最切，如使拊循無術，防禦失宜，民禍滋矣。近該言官建議，吏部題奉欽依通行撫按衙門，將各該地方凡才力不及，并貪污不職官員，體訪既真，不時參論，蓋誠有見乎此。閩中戎事日棘，吏治日非，徒以糾察未遑，懲創弗及，方今外患始息，内治當修，有司官員亟宜議處。除循良著聞、俟其成績，地方簡僻、許其自新不致濫及外，該臣等查訪得某官刊「政教」之録以沽名，假餽遺之儀以射利，才足濟貪，政多播惡；某官性資庸劣，志氣卑污，當民窮財盡之際，惟峻法而取盈，適力詘舉贏之秋，獨興工以求悦，政聲湮没，物議沸騰。此二臣者，貪污不職，所當亟爲罷斥者也。某年力龍鍾，才猷駑鈍，充耳無聞，面命猶煩介紹，措身無地，跬步必假人扶，精力消亡，職業曠廢。此一臣者，年老有疾，所當准令休致者也。某官外若可觀，中無所取，買辦軍需，百求而百不給，講求民瘼，十問而十不知，政已下移，志非尚往。此一臣者，才力不及，所當改調閒散者也。以上地方，或爲省會門户而當倭賊之衝，或在山谷隩區而爲寇盜之藪，安民弭盜，必得其人。乞敕該部，再加查訪，如果臣言不謬，將某等罷斥，某官改調，别選進士有才力者以補其任，庶幾因地擇材，因才授事，官守得職，而民生有依矣。

八曰申明職守以振頑惰。臣惟以民養軍，以軍衛民，三代以來未之或改。國初沿海地方，衛所相望，行伍充盈，一切軍需莫非民力，故出海有軍，烽堠有望，隘塞有扼，城池有備。凡以下捍民患、上酬國恩，由彼視之，固皆分内事也。比來法令廢弛，行伍空虛，各該衛所官軍，大都桀驁不馴，頑鈍無恥。驅之戎行，則恍然自失；責之城守，則恬若罔聞。于是乃復以供賦之民，受登陴之役，事之倒置，未有甚于此者。夫彼以積弱自名，難于不教而戰，水陸之防固無望矣，至若嬰城自守，力猶可爲，顧又所養非所用，所用非所養，則又焉用養彼爲哉？查得現行條例：凡沿海及腹裏府、州、縣，與衛所同住一城，及衛所自住一城，若遇大敵攻圍，不能固守，衛所掌印官與專一捕盗官，俱比照守邊將帥失陷城寨者律，斬；其府、州、縣掌印官及捕盗官，與衛所同住一城者，不能竭力協守，俱起送吏部，降一級别用。是則典守之責既有等差，而失陷之罰亦分輕重。臣請申明前例，分别職守，如鎮海等衛、安海等所官軍，自住一城、並無居民相錯者，責之掌印、捕盗官，編定精壯食糧官軍，署名防守，如或老弱，即爲汰革，另選餘丁精壯者補之；其不食糧軍餘、舍餘，既有身家，亦要一體編派協助。其餘與府、州、縣同住一城，亦照此例編定，如或城垣寬袤，戍守不敷，先儘官軍，而後以機兵及居民補其不足。假令失事，悉照前例分别論罪。設若賊勢重大，攻圍緊急，許赴附近守備官處請發援兵，援兵聞報，必須整搠器械，關支行糧，沿途探哨，相機嚮往。大約離程三日者，即限以十日爲期，如過期而援兵不至，因而失陷者，領兵官照律擬罪。若倭賊始登，攻圍未久，援兵已發，程期未滿，及爲賊所襲，原非攻破者，俱止罪坐本衛所官員。如此則事有責成，人無規避，敵愾之勇可作，偷惰之弊可祛，而無復覆轍之足虞矣。

九曰請乞錢糧以救危急。臣自受任以來，歷稽往牒，福建用兵之始，歲費六十餘萬，其後巡撫劉燾當詘乏之時，爲撙節之議，盡罷兵食，秪增軍糧，大約一歲計之，猶至二十八萬。然而武備俱廢，寇患益深，而閩遂不支矣。及巡撫游震得繼任之後，更議調募，稍爲調停，雖費出有經，亦不下四十二萬。顧牘中奏留，僅存虛數，而民間窮困，無救供需。其後失事日殷，調兵日至，使非聖明大破常格，特發帑銀與取回浙直原借去銀兩，閩事去矣。臣始入境，則各部調募官兵已近三萬，而各營斬獲功級不啻三千五百有奇，解到帑銀近俱用盡，即有未到之數，内又除去三萬兩，准作興化修賑等用外，以臣等計之，僅存一十萬兩以供來歲之需。近該臣等部署水陸分布官兵，共計用兵二萬三千，歲用工食銀二十八萬，加以修船、給械、懸賞、衝鋒，通計一歲非三十二萬不可，視前巡撫劉燾所議之數止加四萬，亦期以實心行之，或可濟事。即今汛期相仍，歲事孔棘，萬一兵食不繼，士氣不張，不惟盡棄前功，抑恐仍蹈故轍，即臣以身殉國，固所甘心，國事謂何？伏乞皇上留神于廟算垂成之功，終惠于海隅更生之會，敕下該部，查照浙、直、江西先年用兵事例，就近請發兩淮鹽課銀十二萬兩、兩浙鹽課銀四萬兩、兩廣椒木銀四萬兩，責限解發前來，聽臣撙節用度，散訖繳報。庶足以濟部中待哺之急，免日後噬臍之憂。

十曰請緩征科以恤凋殘。臣惟貢賦惟正之供，催科有司之職，市恩曠職，謂之不臣，孰謂不臣而可爲也。近因各省拖欠内庫折銀，節經户部題請，通行撫、按督催，按季開報。臣雖駑下，固知内庫爲不可缺，上用爲不可稽，欽限爲不可違，部議爲不可格也。近該臣督兵勦賊，親歷福、興、延、建、汀、邵之間，聚落成墟，汙萊蔽日，民間危急愁苦之狀，殆周人所不能喻，鄭俠所不能圖矣。以此而責有司招徠之，撫字之，猶懼不既，將復使之集流亡、督逋負，誠不忍出諸口也。邇蒙皇上恩覃溝壑，化被海濱，大施曠蕩之仁，屢下蠲免之令，民間父老猶幸得及于寬政，庶幾可保其餘年，使臣不能宣布德意，而一切督責有司，彼必以應文逃責之心，而爲遠禍全身之計，有司讎民，民讎有司，或以箠楚離心，或以耰鋤起釁，縱能頭會箕斂，而得不償失，將焉用之？查得先任詔安縣知縣龔有成、龍巖縣知縣湯相，俱各心勞撫字，政拙催科，部議以完糧不及分數，照例移官，一時有司翻然改慮。後該巡撫陸穩奏調龔有成，巡撫游震得奏保湯相，于是始知朝廷不輕絶之仁，無求備之義，莫不感激思奮，精白承休。是則部議之殿最，吏治視之以爲隆汙，吏治之隆汙，民生視之以爲休戚者也。乞敕該部，憫念流離，稍從寬假，福建一省即七分不完，姑免降級，四季未報，毋論稽程。庶遺民得以休息而更生，下吏得以紓徐而從事，地方幸甚，臣愚幸甚。

十一曰乞蠲租税以復流移。臣所謂緩征者，謂全省之民也。至若興化之莆田、平海，福寧之寧德，建寧之壽寧、政和，泉州之晉江、永寧，漳州之玄鍾、南靖，生理久絶，喘息未甦，以此而視全省之民，又不可以同日語矣。先是興化克復，該巡按御史李邦珍發銀六千兩興復水利，賑濟流離，近報平海蕩平，又該御史林潤請銀三萬兩，爲之修城築堰，賙貧助耕，凡所以爲斯民居養計者，至深切也。顧自府、縣官到任以來，日以招集爲事，近欲清查户口，歸併都圖，乃拊循之急務，而民恐征徭之將至，又皆轉而之他，即使有地可耕，有城可守，民多疑畏，相率流移，紛紛未已。及查寧德之民，久報賊平，不願歸復；政和、壽寧之民，猶懷亂掠，不樂寧居。大率民困則易離，民勞則易動，事所必至，理固然也。竊計地方殘破，莆田、平海爲甚，寧德、壽寧、政和次之，晉江、永寧、玄鍾、南靖又次之，使非廣布之以寬貸之恩，明示之以招徠之信，即使龔、黄爲治，民弗能依。伏乞免其征科，與之更始，甚者三年，而後納税，次則二年，又次則一年，使之甦息有期，歸復可待，庶幾漸遂有生之樂，益彰無外之仁。但照邇年部議蠲免，猶征起運，僅免存留，是可以少紓乎災傷之民，而不可以概施于殘破之地。何則？水旱之災不常有，而豐凶之歲恒相乘，即使年穀不登，而舊積可資，豐年可望，于是持其緩急爲之調停，即寬一分，民已受賜一分矣。乃今故貲蕩廢，已往既無所憑，生業淪亡，將來又無所賴，故雖用其一而緩其二，彼惟知有怨而不知有恩。誠能寬之歲月，悉爲蠲免，庶一方可無後憂，而三年或有成效。

十二曰修復額糧以修軍政。臣惟三代以下兵農始分，兵制不同，用之惟一。國初衆建衛所，部署官軍，出則從征，居則戍守，法至善矣。其後承平日久，尺籍徒存，軍兵不足賴，而後有民兵，民兵不足賴，而後有募兵，制益分而軍費益廣矣。查得國初舊設福建馬步官軍四萬八千二百員名，夫有軍則有糧，有糧則有額，要之以境内之賦，養境内之兵，非自外至者也。邇來衛所消耗，行伍空虚，計其所存，曾不能以半，較之額數，不知其所餘者凡幾何矣。當事者綜覈盈虚，裒益多寡，或那移别用，或轉運地方，理固然也，乃今欲以轉弱爲術，而爲久安長治之謀，則必查復額糧，振飭武備，計莫出于此者。何者？醫之攻疾也，急則治標，緩則治本。治標者，烏附之類，客兵是也；治本者，參术之類，籍兵是也。誠能申明舊章，查復定額，那移者照舊補足，轉輸者照舊取回，是四萬八千之軍需，可不外索而自足。由是而汰其老弱，選其丁壯，定其部曲，時其訓練，藉客兵既張之威以作其氣，舉客兵已試之法以定其趨，俟三年有成，由是而罷客兵調募之費，減民兵供億之需，因地制賦，因賦制兵，真救時之長慮，修武之善經也。以上所陳訓練主兵、查復額糧，與前巡撫都御史劉燾先年建議因兵以求兵、因糧以求糧，大意相似，自非需之以歲月，不免同入于虛文。故臣等徵兵請餉之議，恒拳拳焉必期以三年之久，庶幾爲萬全之策。不然往事具在，顛覆相尋，臣等雖竭犬馬之愚，亦無救地方之患。伏乞聖裁。

疏入，帝從之。

御選明臣奏議卷二十七

劾縱盜各官議川省善後疏嘉靖四十四年

譚　綸

臣謹奏：據成都府申「查得仁壽縣堂上櫃内原貯白銀被盜劫去」等因，臣將該縣知縣周大繡、巡捕主簿李萃，責令戴罪拏賊，所據失事官員通合查參，以懲弗悟。參照仁壽縣知縣周大繡忝居令長，不顧司存銀已在庫而慢藏，典守之心何怠；賊得梯城而行劫，防禦之術誠疎。在平日雖有愛民之心，于臨事殊無弭盜之略。人贓稍獲，遺逸尚多。巡捕主簿李萃，才本闒茸，政亦怠弛。伴食縣堂，任兵疲而弗練；高卧私室，致寇至而罔聞。雖在履任之初，難逭曠官之咎。此二者，臣所當提問，以爲奉職不恪者之戒也。布、按二司守巡川西二道左參政李尚智、僉事呂𪫧，均有地方之責，難免疎虞之愆。但李尚智則兼攝下川南道，巡歷敘、瀘未回，相應免究；呂𪫧則承委監督操務，彼此顧慮難周，相應量行罰治。

再照四川一省，遠在西陲，山川險阻甲于天下，法網疎闊自昔而然。邇年以來，在外則諸番跳梁，雖屢行撫勦，而桀驁之態尚轉相效尤，而恬不之改；在内則武備廢弛，即嚴行督責，而文武之屬率視爲故事，而莫覩其成。如臣自入境以來，即首視各郡縣城垣，要皆單薄，無益防禦，甚如雲陽等縣之城，則倒塌殆盡，僅存遺址。推之通省，大略類是。繼之簡閲軍伍，尺籍徒存，逃亡過半，此則天下衞所皆然，而四川爲甚矣。

至于民壯，則論糧編丁，最爲近古，其在今日，可以循名責實，轉弱爲強，惟此而已。奈初意寖失于承平之久，良法盡壞于不才之官，有司視役占爲當然，以選練爲長物。而先年又以採辦之故，工費浩大，稍議折徵，以濟一時燃眉之急，後以民力告困，暫行停減，因循至今，額數皆失。而所存無幾，又皆白徒市棍，遊手遊食，責之披堅執鋭以待暴客，其將能乎？故自富順失事之後，僅及年餘，而越城劫庫已經四起，有由然哉！

又照全蜀四塞之地，皆有盜區，而永寧、播州二司尤爲淵藪，蓋二司利羣盜之重賂，羣盜恃二司爲三窟，出没無常，緝捕難及，非一朝一夕之故。故先年議設分守參將一員，于永寧宣撫司駐劄，兼制播州一帶，蓋欲其宣布威信，鈐轄土夷，誠爲有見。乃今反使羣盜得憑藉諸司以爲逋逃之主，而莫之誰何，則又將焉用彼分守兼制爲哉？其故蓋起于各官謀身之念太重，任事之志弗專，徒欲上下雷同，遷延歲月，僥倖無事以保全其富貴，而未知顧名思義，原始要終，爲地方謀，爲朝廷計耳。則亦無惑彼之桀驁愈甚，轉相效尤，而莫之改也。至于參將周表，則又有難以備責而當爲之處者。蓋制馭土夷之道，在我當守其舊章，在彼宜責以定分，則我既有執詞，而彼亦自心服。查得本路參將原係分守銅仁，後改爲思、石，兼制川、湖、播州等處，向駐貴州石阡府，今復改駐播州，兼制思、石，遂使該司上下同辭，紛然申擾以爲不便。臣初嘗切責之，比查前此當事諸臣，亦累行議處，至久而未決，蓋土夷每以激變上悃爲言，周表亦以孤危難處爲慮。臣因爲之熟計，宣慰楊氏之有播州已數十世，所轄八司土夷自常賦之外，朝廷未嘗令其妄出一錢，而一旦以其素未嘗有之官，隨帶三省之兵，改駐于其治内，供應夫馬，不免偏累，誠于情有弗堪，故其心未帖服。而周表此時且不免委曲遷就，以計定人心爲事，不然恐生他故，愈益難處，而又何暇問其藏汙納垢之事，而畢得行吾志哉？故臣謂難以一概責備，而又當爲之處者，此也。

伏乞敕下該部再加查議，將知縣周大繡等，行巡按御史提問，僉事吕廕量行罰治，左參政李尚智免究。仍聽臣嚴督守巡、兵備等道，府、衛、所、州、縣等官，將通省大小城池並行修濬，務高深如法，保障有資，合用工料，從宜措處。其原設民壯，盡行查復舊額，分投訓練，務成精兵，以備不虞。及通行永寧等處參將安大朝，并敘、瀘、重、夔各兵備道，嚴督播州宣慰楊烈、永寧土舍屠效忠等，將竄入該司地方有名强盜盡拏獲解臣正法，仍禁戢所屬不許再行窩藏。其參將周表仍聽該部轉行臣與貴州巡撫都御史，從長計議，改駐適中地方，免使獨累播州一司，致生疑畏。而文武庶官中之有怠緩不職、與土司中之有桀驁弗恭者，皆從臣遵照敕諭，參拏處治，甚則加之以兵。如此則守無不固，令無不行，而區區小寇，不足慮矣。

疏入，帝從之。

選練州縣民壯疏嘉靖四十五年

楊博

臣竊惟天下州縣選立民壯，照依里社以爲額數，相沿日久，名在實亡，每遇地方有警，動稱無兵，必須仍復舊制，以壯兵威，以嚴内治。蓋今之郡縣，即古之諸侯，昔人謂與之土地人民，而不與兵，是以匹夫而守一州，誠爲至論。尚書馬文升有見于此，選設民壯，量里社多寡爲編次，遠慮深謀，真得古人寓兵于農之意。若使州縣官果能收選得人，訓練有法，無事可以彈壓姦宄之心，有事可以坐收擒勦之效。邇年以來，寖失原意，或以之調防邊塞，或以之抽補軍役，徒有民壯之名，未見兵勇之實。即如近日四川、南直隸妖寇之變，守土官員束手無策，誠爲後車之鑒。應即行南、北直隸、并十三省巡撫都御史，轉行兵備、守巡該道，著各府、州、縣掌印官，照依曩年事例，即查本州縣原額守城民壯若干，現在若干，逃亡未補若干，中間守邊、抽軍各若干，即今應該作何處置，或將本處現有快手、機兵等項改補。止要查復原額之數，不必多增一人，以致勞民傷財。編列隊伍，每五十人爲一隊，設隊長一名；一百五十人爲一總，設總管一名。更查空閒官地一區，立爲民壯校場，春、夏、秋三季月操六次，至冬操三歇三，務使武藝精熟，器械修整，如遇草寇生發，即便督率勦捕。有兵備官處聽兵備官，無兵備官處聽守巡該道官，不時教閱。撫按官巡閱，同衛所官軍一體操練，如果人強藝精，卓有成效，許其特爲奏薦，重加獎賞，怠玩廢弛者，指名參究。一整飭間，既無增餉之勞，立見足兵之利矣。

疏入，帝從之。

諫修齋建醮疏嘉靖四十五年　海瑞

臣聞：君者，天下臣民、萬物之主也，其任至重。欲稱其任，亦惟以責寄臣工，使盡言而已。臣請披瀝肝膽，爲陛下陳之。昔漢文帝，賢主也，賈誼猶痛哭流涕而言，非苛責也，以文帝性仁而近柔，雖有及民之美，將不免于怠廢，此誼所大慮也。陛下天資英斷，過漢文遠甚，然文帝能充其仁恕之性，節用愛人，使天下貫朽粟陳，幾致刑措；陛下則鋭精未久，妄念牽之，反剛明之質而誤用之，至謂遐舉可得，一意修真，竭民脂膏，濫興土木。二十餘年不視朝，法紀弛矣；數年以來，推廣事例，名器濫矣。二王不相見，人以爲薄于父子；以猜疑誹謗戮辱臣下，人以爲薄于君臣；樂西苑而不返，人以爲薄于夫婦。吏貪官横，民不聊生，水旱無時，盜賊滋熾，陛下試思今日天下爲何如乎？邇者嚴嵩罷相，世蕃極刑，一時差快人意，然嵩罷之後，猶嵩未相之前而已，世非甚清明也，臣竊謂陛下不及漢文帝遠甚。古者人君有過，賴臣工匡弼，今乃修齋建醮，相率進香；仙桃天藥，同辭表賀。建宫築室，則將作竭力經營；購香市寶，則度支差求四出。陛下誤舉之，而諸臣誤順之，無一人肯爲陛下正言者，諛之甚也。然媿心餒氣，退有後言，欺君之罪何如？夫天下者，陛下之家。人未有不顧其家者，内外臣工，皆所以奠陛下之家而磐石之者也。一意修真，是陛下之心惑；過于苛斷，是陛下之情偏。而謂陛下不顧其家，人情乎？諸臣徇私廢公，得一官，多以欺敗，多以不事事敗，實有不足當陛下意者，其不然者，君心臣心偶不相值也。而遂謂陛下厭薄臣工，是以拒諫，執一二之不當，疑千百之皆然，陷陛下于過舉，而恬不知怪，諸臣之罪大矣。《記》曰：「上人疑則百姓惑，下難知則君長勞。」此之謂也。

且陛下之誤，其大端在于齋醮。齋醮所以求長生也，自古聖賢垂訓，修身立命，曰順受其正矣，未聞有所謂長生之説。堯、舜、禹、湯、文、武，聖之盛也，未能久世，下之亦未見方外士自漢、唐、宋至今存者。陛下受術于陶仲文，以師稱之，仲文則既死矣，彼不長生，而陛下何獨求之？至于仙桃天藥，怪妄尤甚。昔宋真宗得天書于乾祐山，孫奭曰：「天何言哉？豈有書也。」桃必採而後得，藥必製而後成，今無故獲此二物，是有足而行耶？曰天賜者，有手執而付之耶？此左右姦人造爲妄誕，以欺陛下，而陛下誤信之以爲實，然過矣。

陛下又將謂懸刑賞以督責臣下，則分理有人，天下無不可治，而修真爲無害乎？太甲曰：「有言逆于汝心，必求諸道。有言遜于汝志，必求諸非道。」用人而必欲其惟言莫違，此陛下之計左也。即觀嚴嵩，有一不順陛下者乎？昔爲同心，今爲戮首矣；梁材守道守官，陛下以爲逆者也，歷任有聲，官户部者至今首稱之。然諸臣寧爲嵩之順，不爲材之逆，得非有以窺陛下之微而潛爲趨避乎？即陛下亦何利于是？陛下誠知齋醮無益，一旦翻然悔悟，日御正朝，與宰相、侍從、言官講求天下利害，洗數十年之積誤，置身于堯、舜、禹、湯、文、武之間，使諸臣亦得自洗數十年阿君之恥，置其身于臯、夔、伊、傅之列，天下何憂不治，萬事何憂不理。此在陛下一振作間而已，釋此不爲，而切切于輕舉度世，敝精勞神以求之于繫風捕影、茫然不可知之域，臣見勞苦終身而終于無所成也。今大臣持禄而好諛，小臣畏罪而結舌，臣不勝憤恨，是以冒死願盡區區，惟陛下垂聽焉。

疏入，逮下詔獄。

條陳薊鎮未盡事宜疏隆慶元年❶

譚　綸

臣謹奏：臣會同巡撫順天都御史劉應節，議照薊昌爲九邊第一重鎮，自有邊患以來，前後督臣之所經

❶「隆慶元年」，據四庫本譚綸《譚襄敏奏議》卷五《條陳薊鎮未盡事宜以重秋防疏》，此疏上於隆慶二年六月。

畫，大小羣工之所建明，與本兵二次集議其防守事宜，可謂至精至密，無遺策矣。當事諸臣，信如兵科給事中張鹵議，悉能以實心行之，又何兵有弗精，守有弗固，而邊患有足虞乎？而臣等復不能無言者，蓋涓埃之細，亦愚者千慮之一得耳，謹冒昧列款以聞，伏望敕下該部，再加看詳，如果言不涉迂，擬議上請，俯賜施行，其于秋防大計亦庶乎有小補矣。計開：

一曰議應援。臣等竊惟薊鎮之邊，天險足恃，據險以守，本無足虞，而前此往往爲敵所乘，如入無人之境，蓋徒知以守爲守之當事，而不知以戰爲守之得策耳。臣前議練兵三萬，列爲三營，分任責戰，庶幾以戰爲守，一大應援之兵矣。然以臣所總督薊遼二千餘里之邊，專三萬應援之衆，合之雖若有餘，分之則秖見不足。且我方明于所往，彼已決于聚攻，自非就近設有援兵一枝，與之相持相戰，則擺守之兵，未有不敗事者。爲今之計，合于十路主客官兵之中，各選精鋭三千人，每五百人定把總一員領之，謂之一司，每二司定千總一員領之，謂之一部，每三部定參遊一員領之，謂之一哨。無事則免其做工，常行訓練，遇警則視其所攻，往來截殺。無論大舉深入，務與主兵併力拒守，以待大援之至。如大援已至而失守，則失守之罪當以大援爲首，而本路援守官軍應從次論。若大援奉調，計其時日、地里，逗遛不進，以至失守，則本路與大援各任逗遛失守之罪。若大援奉調，計其時日、地里，尚未能至而先失守，則本路獨任失守之罪。如敵犯别路，本路確然無警，則此援兵三千，亦聽臣隨宜調撥。如此則隨處有援，人心知警，而戰守爲有賴矣。伏乞聖裁。

二曰明節制。臣等聞之：有制之兵，無能之將，不可敗也；無制之兵，有能之將，不可勝也。夫將爲三軍司命，而勝敗之機乃係于兵之有制、無制，何也？蓋有制則上下之利害皆切于身，而其心不得不與之共死，無制則秦越之肥瘠無預于己，各計謀生。故臣嘗謂節制之「節」，即竹節之「節」，節節而制之，則將如身之使臂，臂之使指，無不如意。否則，在上者既無所責成，因得以遂其推諉之奸，在下者漫無所關繫，往往視棄其主將如弁髦，而莫之顧焉。此不特士卒之于偏裨，偏裨之于主帥爲然，即于督撫，亦莫不然者矣。故領兵裨將居常每對人言曰：「何必自苦，遇有事來，我尚隔著幾輩，拚一充軍，無不了者。」是在偏裨且爾，又況其下者乎？此皆節制之法未講耳。臣等謂宜請從鎮守總兵官而下豫爲部署，如總兵則謂之一鎮，總兵之下有參、遊，其所領則爲之一路、一哨，參、遊而下有千總，其所領則謂之一部，千總而下有把總，其所領則謂之一司，把總而下有百總，其所領則謂之一局，百總而下有旗總，其所領則謂之一宗，旗總而下有隊總，其所領則謂之一隊。凡臨陣戰守之事，在一鎮則責成總兵，一路、一哨則責成參、遊，一部則責成千總，一司則責成把總，一局則責成百總，一宗則責成旗總，一隊則責成隊長。但有觀望退縮，皆得以軍法論罪。至于蹶一總兵則以所部下參、遊，蹶一參、遊則以所部下千總，蹶一千總則以所部下把總，蹶一把總則以所部下百總，蹶一百總則以所部下旗總，蹶一旗總則以所部下隊長，蹶一隊長則以所部下兵士，皆斬弗宥。是語責成，則自大而小，凡爲之主將者，不得不致其忠；論失事，則自小而大，凡爲之偏裨、士卒者，不得不護其將。合千萬人之心，以爲一人之心，此則所謂節制之法。故雖主之以無能之將，亦不可敗。昔臣在東南治兵，大率用此，故能轉弱爲強。今邊塞之軍令不行已久，臣等竊謂備邊之策，蓋莫有急于此者，所謂先自治而後治人者也。今不講自治之法，而惟紛紛以備邊爲言，真空言無補耳。伏乞聖裁。

三曰議功賞。凡論功行賞，視首級之多寡以爲殿最。此若可以爲據矣，然臣以爲論小敵則可，若遇大敵，則當先破敵者勢難取功，奪首級者，未必殺賊，此不惟功賞不明，人心解體，往往又因争首級，馴至誤事。故臣等謂宜于臨事之際，以密雲等三大營之兵豫分爲三大枝，專備衝鋒破敵，而于各路調到之兵，分配于三大枝之後，以爲應援，或遼東或宣府入援之兵，則張布兩翼，或資之夾擊，或聽其出奇。仍各將其兵編爲三人一伍，三伍一隊，三隊一宗，三宗一局，三局一司，三司一部，三部一哨，每伍以二人殺敵，一人取首，一首止許同伍三人共之，越三人者，不許作功。其先爲某枝銃箭所傷者，則以歸諸本枝銃箭之兵，用槍棒者不預焉。至于各枝齊奮，致敵墜崖塹死者，則聽主將于事定之後，總取其首，合而分之，大率以十分爲率，衝鋒破敵、夾攻出奇者，各得其三，應援之兵，共分其四。臨陣斬獲之功，願紀録者，以親斬論；墜崖之功，主將許論部功，士卒給賞而已。如此則軍無争功，朝無僭賞，其得之不以爲倖，而賞之足以勸矣。夫賞當其功，固爲公平之道，而賞不踰時，又爲激勸之機。今之功賞，往往踰年而不決，至使獲功之人有不以功爲功，而反以爲累之歎，豈所以致人盡死力哉！蓋緣隨軍無紀功之人，日久成腐爛之物，以致真僞難明，因而持疑莫決也。謂宜于秋防之時，聽各巡按、巡關御史會委老成練達推官二員，與之隨營稽察，凡遇各枝官軍所獲功次，當即得赴紀功委官處登時紀驗。准與作功者，即給與關防小票爲照，其首級仍與標記明白，别與差人轉解紀功御史，覆驗無異，仍給印信小票爲照，其各委官先給之票追回不用，仍即具奏陞賞。則衆皆競勸，人樂捐生，而虜功爲有待矣。伏乞聖裁。

四曰議修守。查得防邊集議「明戰守」一款内云「將諸鎮入衛客兵專責之戰守，本鎮主兵專責之修邊」，是徒知主兵之弱，而不知主兵之中亦有强者也；徒知客兵之强，而不知客兵今日之弱非盡可恃也。爲今之計，謂宜于十路主客之中，選其強而可以戰者三千人，就中慎擇一參將領之，如臣等前議，免其做工，責之常行訓練，以爲就近應援之兵。其餘不論主客，仍盡責之以修守之事。庶幾無藉其戰，猶資其守，不然二事俱廢，則又焉用彼入衛爲哉？伏乞聖裁。

五曰革冒濫。夫三軍之士，賈勇直前，凡以爲功也。有功而賞之後期，人心且解體矣，況奪之功乎？臣等竊聞塞上夙弊，凡軍士之功，將官家丁輒得攘之矣，將官輒又攘之矣，總督、鎮巡、中軍、旗牌、聽用等官輒又攘之矣，四方鑽刺報功之人輒又攘之矣。❶是戰士出百死一生而得之，而輒見攘于將官與將官家丁之手已甚不堪，而未操寸刃、罔發一矢者，亦得以奪其血戰之功以爲功，則誰復肯致死而用命哉？臣等謂冒濫之弊，所當嚴爲禁之也。伏乞聖裁。

六曰禁虛詐。竊惟春、秋兩防大小文武功罪，必從臣等與之敘論，上之朝廷，下之本兵，復下之巡按御史以覈實之，然後殿最，請行誅賞。可謂至公至明，至精至密，且無倖功苟免之弊。乃各大小將官，不修實事，專尚虛詐，厚養刀筆之徒置之帷幄之中，廣收辯舌之士布之輦轂之下，每當有事之秋，即豫爲活套，捏寫虛文，如見敵輒奔，則云「如何而拒敵」，未見烽塵，則云「如何而轉戰」。觀望不前者，輒敢以陷陣自名，摧鋒破敵者，反或以退縮見眥。敵未退而先報出境，本有罪而肆言有功，中外交搆，遐邇播揚，能使聞者聳聽，見者色喜，因而顛倒是非，變亂黑白，甚至冒犯交結之條，甘蹈欺罔之罪。徒取便于身圖，不顧觸乎法網，比比

❶「功」，譚綸《譚襄敏奏議》卷五《條陳薊鎮未盡事宜以重秋防疏》作「効」。

皆然。此而不禁，相率爲僞，尚安望其盡忠耶？臣謂宜請下該部，每于邊塞有事之時，行令五城兵馬，差人于東西長安門外，與兵部、都察院門首，往來巡察，但有在彼高談浪議邊將功次，即係前項辯舌棍徒，許便拏赴所司，嚴加拷訊，坐以「潛住京師，窺探爲奸」之條。其遞送各衙門報功、報事揭帖，亦宜連人送赴巡按、巡關御史，與之從公查覈，如所報是實，情尚可原，若事涉虚誣，即從重參究，并根治秉筆之人。如此，則詐僞息而聞見不淆，公論定而人心自奮矣。伏乞聖裁。

七曰廣利器。竊惟中國之長技，莫踰于火器，而火器之利，又莫踰于佛郎機。但其制必用銅，其次用鐵。銅之巨者，每具計費二十金，次亦不下十五金。鐵之巨者，每具計費八九金，次亦不下五六金。點放不得其宜，易破，破必傷人，更制則其費又半之，以故不能多具，具亦不敢輕用。臣在南方，見有木佛郎機之法，因教武生舒明臣造而試之，其利與銅佛郎機同，連發七八銃又不破壞，破壞亦不傷人。法用堅木爲體，長七尺，圍一尺四寸，中空徑寸，外束以鐵箍六道，計其工費共用銀三錢三分。壞則止易其木，而鐵箍則長存，費省而用巨，莫有善于此者。臣謂宜請乞敕下工部，支銀一萬一千兩前來，分發薊、昌二鎮十一路參將，分投照式制造三萬三千架，分布各緊要關口，以備戰守之用。且點放則人皆可能，輕便而運動復易，壞則責令該路取木易之，再壞再易，不必更給之費。以現在之兵，各兼守一銃，計一路增銃三千架，猶如增兵三千名。由是推之郡縣，推之營堡，制而用之，爲利甚博，是亦禦敵之一策也。伏乞聖裁。

疏入，帝從之。

應詔陳言疏 隆慶二年

王世貞

臣伏覩隆慶二年三月詔書内開「朝政得失，許諸人直言無隱」。竊惟皇上秉聖睿之姿，當鼎革之際，委用良佐，詢召耆碩，挽國是于將非，收人心于既涣，大法小廉，朝野寧謐，而又霈然下德音，求讜論，此誠古帝王之盛典。臣向隅餘生，猥伏草野，過蒙湔拔，復領事寄，而夙遘疾厲，委頓不前，長負生成，銜恩丘壑，苟有一得，敢愛其愚？伏惟明主不遺芻蕘之微，小臣遂忘尸祝之戒，謹列爲八事上請，倘以爲可採，俯賜納用，臣愚雖死之日，猶生之年，不勝懇切願望之至。

一，法祖宗以宏聖德。臣竊惟我祖宗功莫盛于太祖高皇帝，德莫盛于孝宗敬皇帝。高皇帝業由開創，政多更始，臣愚不敢妄瀆，至于孝宗皇帝，承列聖之貽範，而丕顯之，深仁厚澤，淪浹民志，迨于今過一甲子，而謳謡之不衰。臣不佞請舉其一二以告。孝宗皇帝簡素恬穆，後宮無偏私聲豔之寵；節儉敦謹，後乘無狗馬麴肥之嗜。御極十八年，貢獻裁損殆盡，行幸稀簡，昧爽視朝，退御經筵咨詢治道，暇則召大學士劉健、李東陽、謝遷，尚書劉大夏，都御史戴珊等，相與講析政要，較求畫一，以故聖聰日啓，萬幾益練。少詹事王鏊嘗講「文王不敢盤于遊田」章，有所指摘，退朝即召中人李廣，戒勗之曰：「今日講臣言，殆爲汝等，宜自省，勿貽後悔。」學士張元禎上《太極圖説》，亟讀之，且讀且嘆曰：「天生斯人以開朕也。」中人爲皇后治袍，請開廣東珠池，特命内庫擇藏珠爲之，而以責中人曰：「若不過欲自得珠，不思困吾赤子耶？」員外郎李夢陽上疏忤旨，左右請加杖責，不許，曰：「若輩欲快吾一時，不過成吾殺諫臣名耳。」凡九卿大臣，不輕更易，其年至致仕者，晉階賜金，續以興廪，偶遇糾彈，即爲温慰，聽自陳乞休。以故當時大臣寅恭循法，無自私求避之念，言官精白靖獻，戒憸訐刻覈之風，宫府一體，朝野敉寧，即詩書所稱，曷以加焉。臣願我皇上深維而憲述之，或命輔臣紬繹金匱之秘，于孝宗皇帝聖政，録成一編，朝夕呈覽，以爲聖德之助，天下幸甚。

一，正殿名以尊治體。臣竊惟太祖高皇帝登極之後，名其大朝門曰「奉天門」，殿曰「奉天殿」，以至詔赦誥敕俱以「奉天」冠之，明人主不敢以一人肆于民上，無所往而非奉天也。革除年中，悉更諸門、殿名，成祖靖難之初，明舉其罪，布告天下，永復太祖之舊。先帝偶創鬱攸，暫新耳目，未幾晏駕，御史往有所陳，皇上不忍遽易。臣竊惟圖治在乎法祖，大孝貴乎成親，皇上爲上帝元子，可一日而不奉繼？太祖大業可一日而遽忘？伏望霈發明詔，于大朝門殿仍「奉天」故號，以昭象魏之重。或以華蓋、謹身二殿、左右各門，存「皇極殿」等名，以慰羹牆之思，實爲便當。

一，酌恩義以處宗室。臣于嘉靖二十九年遇故修《玉牒》臣云，自親王而下至庶人，已書名者幾三萬位。又二十年矣，可得五萬位，周府已近四千位，韓府亦千餘位，雖竭天下之財力，恐不足以供其源源之産。往者聞禮部會議，裁省經制，臣愚越在草莽，不能盡識。竊以爲國家待宗室之意，往往傷于用恩，其待宗室之法，往往傷于用義。夫族屬至于奉國將軍，亦可已矣，又復推而三其中尉，以至世世不絶，所謂傷于用恩者也。雖其疎者，皆高帝及列聖後也，無罪而困之于一城，而絶其仕進之路，所謂傷于用義者也。伏望皇上下禮部及府、部大臣會議，于奉國將軍諸子，俱聽免其禄秩，分居附近州縣，廢箸之日，仍照《會典》事例，給與房價，量復徭役，終身使得畢力農賈。其有志科目者，照常肄學應試，聽爲南京及司、府、州、縣等官。一應宗室，年至五十，量與本等服色冠帶。其周、韓二府郡王至奉國將軍，改封雲南、廣西、四川、福建地方，量給路費行糧，庶幾少甦中土之民，且獲安天族之養。再照各宗室命名，俱限金、木、水、火、土字樣，以致重複互犯，創造生澀，自今而後，係中尉以下，止從上字定名，其下不拘何字，非惟可免重複創造之苦，抑亦少寓親疎之别。或謂事體重大，或謂關繫典章，臣竊以爲，及今不處，十年之後，將有不勝其弊者矣。《易》「窮則變，變則通，通則久」，伏惟皇上鋭然行之。

一，寬禁例以求才哲。竊惟王府親戚不得爲京朝官，原非祖宗甲令，只是宣德年中秦府永興王，欲以女女通政使李錫子，詔謂錫現居喉舌之地，不許。弘治中吏部尚書屠滽，與大理少卿王輔有隙，以輔係王親，創爲此例，出輔參政，鬱邑以歿。夫屠滽修區區之小忿，而使國家負猜疑宗室之咎，狹賢才進用之途，臣以爲滽非純臣也。大學士楊一清先後建言，頗有次第，而新貴人張、桂等謂一清有所援引，用浮言沮之，迄今未復。天潢流派，繩繩無已，屬在國親，其麗不億。即有奇謀碩畫，不得預廟廊之議；干城腹心，不得膺保障之託。以皇上之側席思治，求士草野，而顧乃畫才于聖世，甚無謂也。且今宗藩之最鉅者，不過以財自娱，如江南一富室而已，豈有鈎結黨與爲國家憂，如梁孝、燕刺者乎？伏乞下臣所言于吏部，今後凡係王國親屬，一體照常陞用京職，毋得壅閼，庶幾國家宏蕩蕩平平之政，宗親無戚戚具爾之歎矣。

一，修典章以昭國紀。臣竊惟《大明會典》一書實我祖宗經世大法，百司庶僚奉而行之，可以傳示永永。而時涉變通，事多損益，先該嘉靖二十九年間修完進呈，不知何緣廢閣，然自三十年以後、隆慶二年以前，中間典儀之更革，兵制之裁定，財賦之出納，又有不容于不修者，臣愚欲命内閣輔臣作速更定，進御頒行。至于法司上憯天威，下媚政府，以意爲師，顛倒三尺，或疏辭引二王而比以詐傳令旨，或出題涉風諫而比以子罵父，或奉旨延遲而比以棄毀詔書，或奏事欠實而比以衝突儀仗，舞文弄法，不可枚舉，亦宜明旨禁革，著之《會典》中，永以爲戒。臣又惟《太祖實録》洪武三十一年止，中間至永樂元年尚有闕漏未載，夫漢不以吕氏而廢《本紀》，唐不以武氏而廢《實録》，何者？明天下不可一日無史也。臣愚欲下内閣諸耆碩臣，攷究革除年間事跡，別爲一書，附之國史之末，其侍講方孝孺、尚書鐵鉉殞身滅族以衛社稷，宜鑒其吠堯之忠，賜以易名之典。他若尚書齊泰等，亦要明著功罪，以示勸懲。其于國家治體，關繫非細。

一，推德意以昭大勸。前奉隆慶元年詔書，旌録言事及查舉先朝大臣卹典，海内士大夫欣然加額，思奮其忠力以爲國家，風厲一世之典，無或過于此。或有事涉遐遠，或于格小有未合者，臣請罄其一得，以備裁擇。高皇帝時，開國諸公侯自中山、開平、岐陽諸王外，功莫大于韓國公李善長、潁國公傅友德、宋國公馮勝、德慶侯廖永忠。善長籌幄轉餉之功，不下于酇、留，中間以嫌疑獲罪，王國用辨之甚詳。友德等戡定蕩闢之績，遠過于絳、灌，卒老牖下，而時屬劻勷，未蒙易名之典。文皇帝北伐時失律者，主帥邱福耳，而同安侯火真等罵賊力戰以死，其忠節皦皦，著《實録》中。臣以爲此諸臣者，宜優加贈謚者也。徵士吴與弼，刻行追古，力辭宫秩，其高風足以廉頑而起懦。翰林檢討陳獻章，潛心聖傳，化行里閈，其緒言足以繼往而開來。副使李夢陽、何景明，再上讜言，力持權豎，氣節足以彰明國是，文章足以潤色皇猷。臣以爲數臣者，宜特褒以謚者也。故給事中陸粲、吏部郎中薛蕙，一則上言典禮，一則糾論權姧，相繼調罷，中間粲嘗量移邑令，蕙則引疾乞休，以故于例小有不合，然其直節孅行，何可遺也。臣以爲此二臣者，宜量予以贈者也。夫旌及于遠，則潛德者思奮，旌逮于下，則位卑者勉修，一舉而勵世之善備焉矣。

一，昭爵賞以徠異勳。臣見先帝時復開國六王之後，俱爲列侯，所以張大國恩，率厲士氣，至隆厚也。今寇無歲不犯邊，國家之財用少絀，謂宜提空名以鼓舞之，而上不爲異格以待下，下不爲異勳以報上，斤斤守刓印之故規，而欲責人以撻伐之奇烈，臣以爲萬無是理。且王守仁在武廟時，提烏合一旅，生縛逆濠，致之闕下，而區區伯爵，始見格于悍宰，今復沮于多言。夫書生不諳故典，謂伯爵爲至重，不知今世世稱伯者，不下數十人，曷不取其祖宗時鐵券校之，其功不過下一城、破一軍而止，有能如王守仁者乎？皇上幸下臣言吏、兵二部會議，若守仁者予之世封，其高皇帝功臣，如前所舉宋國公馮勝、潁國公傅友德、德慶侯廖永忠，亦宜并下所司，講求所以中廢之故，取其嫡系，量復封爵。明告天下，有能犁庭掃穴，大者公，小者伯，世世勿奪。數年之間，能無「長平」、「冠軍」出而應召者乎？

一，練兵實以重根本。臣見節年防秋，延綏、固原將士萬里入衛，日漸減耗，爲之痛心，而太倉歲漕四百萬石以養疲癃無用之士，爲之扼腕。且京師與薊邊呼吸相應，臂指互使，其勢與他鎮不同。臣愚欲望皇上敕下兵部，分委御史等官，于陝西各邊不分軍丁、舍餘，精選五千餘名，宣、大、遼東精選三千餘名，以爲騎士；山東、河南、山西、北直隸等處精選三千餘名，浙江義烏等處精選二千餘名，兩廣、楚、蜀土兵精選二千餘名，以爲步兵；仍于團營、錦衣衛各官軍旗校精選一萬五千餘名，合三萬人，分爲二營，另委名將如戚繼光、馬芳者統之。明詔内所舉廢棄大小將官曾經戰陣者，各任偏裨，分領各哨，日逐演練，嚴其賞罰，一遇聲息，令其協助薊遼總督戰守。其陝西每歲入衛官兵，俱從停免。仍委嚴明給事、御史，將京營、京衛大小官軍悉心清查，其老弱者黜退，現缺者停補。至于錦衣一衛，冗食尤多，尤宜酌量裁革。歲可得漕米三四十萬石，以養此一萬五千之精兵，不惟薊鎮緩急有賴，而國家隱然得居重馭輕之意。昔周世宗、宋藝祖嘗行此法，兵以寖強，戰無不勝者也。臣愚不勝惓惓之至。

疏入，帝不納。

御選明臣奏議卷二十八

懇乞聖明覽本顧問疏隆慶三年

温　純

臣讀《易》至《泰》而曰「坤上乾下」，至《否》而曰「乾上坤下」，乃知君臣與天地等，天地交而後化工可成，君臣交而後萬幾可理。自昔聖帝明王以及我朝，或憲老，或乞言，或顧問，或章奏，今憲老、乞言不可復矣，顧問、章奏，即漢、唐、宋未有不胥此以爲治者。皇上御極以來，朝講勤矣，言路開矣，獨覽本、顧問二事雖言官往往言之，而該部未暇爲皇上請者，豈非以即位之初，服制未闋，在古有三年不言之禮乎？又豈非以政務旁午、奏牘雜陳，欲皇上一一而覽之、一一而問之，將涉于勞而無其要乎？今先帝三年之喪已畢，中外臣工莫不以高宗邁訓、成王訪落故事望我皇上，皇上思有以答臣工之望，則莫如覽本、顧問而已。往歲臣在山東聞皇上于講筵之暇，以石州殘破問輔臣，臣不勝欣躍，以爲聖天子留意邊方如此，不惟臣欣躍，而海隅蒼生莫不傳頌，九邊將領莫不警惕。是皇上一言即可以興邦，一怒即可以安天下，倘由此日與大臣商搉時政，則其所激發，又不知當何如也，皇上何惜一言而不爲天下計哉？

方今天下災異頻仍，寇盜弗寧，閭閻多枵腹待哺之狀，邊鎮有脱巾求糧之苦，皇上試于此時勤顧問，覽章奏，而諸臣中必有以修攘大計爲皇上言者。諸臣言之，皇上採而行之，一留意而天下太平之期可坐致無難也。且覽本不必于諸司之章奏而盡閲之也，蓋諸司章奏有關于聖躬者，有切于民瘼、邊疆者，有招擬題覆爲各衙門之所當徑行者，于此辨之，不移晷而章奏可覽也。顧問非必于天下事理而泛問之也，歷代何由而興衰，君德何由而進退，中國何由而久安，四夷何由而賓服，于此審之，不終日而問對可悉也。伏乞皇上乘此諒陰之餘，俯順臣民之望，敕下禮部，會同内閣、九卿諸臣，再加詳議，如果臣言可採，合無行令閣臣，俟日講之暇，將票擬過諸司章奏分爲二等，凡招擬題覆爲各衙門之所當徑行者，不必煩瀆，其關于聖躬，切于民瘼、邊疆者，另開節要進呈御覽，即時面請應否採納施行。皇上一有疑難，更望或召閣臣，或召部、院諸臣，特霽天顔，俯賜清問，必使歷代興衰之迹、君德進退之由，與夫安内攘外之要，昭然如在目前。始若勢分懸隔，久之而上下情孚，將見都俞吁咈如家人父子，藹然于一堂矣，國家億萬年無疆之運，不其永乎于庥哉？臣不勝願望悚息之至。

疏入，帝從之。

乞慎重贈典奏隆慶三年❶

温　純

臣伏見該禮部題覆司禮監太監陳洪乞恩疏，蒙聖旨：「是。陳洪侍朕恭慎，效有勤勞，伊父准贈都督同

❶「隆慶三年」，據四庫本温純《温恭毅集》卷二《懇乞聖明遵祖制慎贈典以重名器疏》，及《明穆宗實録》卷四二、卷五〇，此疏應上於隆慶四年。

知，母一品夫人，後不爲例。」欽此。臣等不勝駭異，以爲祖宗二百年贈官之制，至今始變。隨查《大明會典》，凡武職有功，封贈父母，各照現授職事對品封贈，無有贈内官父母爲一品者。先帝時太監温祥得贈其母爲一品夫人，然越禮踰分，已當議革，而温祥之父不得預封者，以子爲太監，父無封太監例耳。詎意太監陳洪，即因温祥贈母而求并贈其父，已自無例可比也，而該部則曰贈官原比武職事例，豈以所引滕祥廕弟姪爲贈官例乎？且都督同知與一品夫人，皆極品爵也，洪不過一五品内侍耳，視對品封贈之例既不相協，而内臣之于武職又何相干涉？今天下武職多怠玩而不振者，以爵賞不足爲天下勸耳，使都督同知既可以無軍功而得，則人何必蹈湯火、赴白刃、視死如歸耶？即有蹈湯火、赴白刃、視死如歸者，陛下其何贈以加之耶？夫贈軍功與無軍功者同，則人且不勸，況有軍功者尚爲品級拘，未盡可得都督同知耶？陛下即以洪爲恭慎爲有勤勞，然蟒衣玉帶，陛下之所以寵之者亦極矣，洪果知恭慎，其何忍以私親故而壞國家二百年之制，陛下又何忍以宦官故，而施此二百年未有之恩耶？且此典果出陛下意乎，抑因洪曲請而後與乎，又因閣臣票擬而後與乎？果出洪曲請，陛下直以祖宗之制問之，彼自當無詞以對。若出陛下意，則閣臣當救正，部臣當執奏。今在廷諸臣皆知出閣臣擬，則其意不過以上下之情未通，遂不得已爲調和中外計耳。夫陛下爲天下臣民主，不使閣臣直行其道，而使不得已市恩中貴，雖廢祖制、壞名器而不顧，臣等竊以爲不可。伏惟聖明裁察。

奏入，帝不納。

察變謹微疏 隆慶三年

鄭履淳

臣惟頃年以來萬民失業，四方多故，天鳴地震，災害洊臻，正陛下宵旰憂勤時也。夫飢寒迫身，易爲衣食，嗷嗷赤子，聖主之所以爲資，不及今定周家桑土之謀，切虞廷困窮之懼，則上天所以警動海内者，適足以資他人矣。今最急莫如用賢，陛下御極三祼矣，曾召問一大臣、面質一講官、賞納一諫士，以共畫思患豫防之策乎？高亢睽孤，乾坤否隔。忠言重折檻之罰，儒臣虚納牖之功，宫闈違克儉之規，朝陛拂同舟之義。回奏蒙譴，補牘奚從？内批徑出，封還何自？紀綱因循，風俗玩愒，功罪罔核，文案徒繁。閹寺潛爲厲階，善類漸以短氣；言涉宫府，肆撓多端，梗在私門，堅持不破。萬衆惶惶，皆謂羣小侮常，明良疎隔，自開闢以來，未有若是而永安者。伏願奮英斷以決大計，勿爲小故之所淆；弘濬哲以任君子，勿爲嬖昵之所惑。移美色奇珍之玩，而保瘡痍，分昭陽細務之勤，而和庶政。以鑾裔爲關門勁敵，以錢穀爲黎庶脂膏。拔用陸樹聲、石星之流，嘉納殷士儋、翁大立諸疏。經史講筵，日親無倦；臣民章奏，與所司面相可否。萬幾之裁理漸熟，人才之邪正自知，察變謹微，回天開泰，計無踰于此矣。

疏入，帝大怒，杖之百，繫刑部獄。

請面奏事宜疏 隆慶三年

駱問禮

臣謹上面奏事宜十條。一曰：陛下躬攬萬幾，宜酌用羣言，不執己見，使可否予奪皆合天道，則有獨斷之美，無自用之失。二曰：陛下宜日居便殿，使侍從官常在左右，非嚮晦不入宫闈，則涵養薰陶，自多裨益。三曰：内閣，政事根本，宜參用諸司，無拘翰林，則講明義理，通達政事，皆得其人。四曰：詔旨必由六科，諸司始得奉行，脱有未當，許封還執奏。如六科不封駁，諸司失檢察者，許御史糾彈。五曰：頃詔書兩下，皆許諸人直言，然所採納者，除言官與一二大臣外，盡付所司而已。宜益廣言路，凡諸臣章奏，不惟其人，惟其言，令其皆得自効。六曰：陛下臨朝決事，凡給事左右，如傳旨、接奏章之類，宜用文武侍從，毋使中官參預，則窺竊之漸，無自而生。七曰：士習傾危，稍或異同，輒加排陷。自今凡議國事，惟論是非，不徇好惡，衆人言未必得，一人言未必非，則公論日明，士氣可振。八曰：政令之出，宜在必行，今所司題覆已報可者，未見修舉，因循玩愒，習爲故常。陛下當明作于上，敕諸臣奮勵于下，以挽頽惰之風。九曰：面奏之儀，宜略去繁文，務求實用，俾諸臣入而敷奏，退而治事，無或兩妨，斯上下之交可久。十曰：修撰、編、檢諸臣，宜令更番入直，密邇乘輿，一切言動，執簡侍書。其耳目所不及者，諸司或以月報，或以季報，令得隨事纂緝，以垂勸戒焉。

疏入，帝不悦，宦寺復從中搆之，謫問禮楚雄知事。

議處安攘大計疏 隆慶四年

高　拱

臣惟兵部尚書，即古大司馬之職，所以統六師、平邦國，安危所繫，任至重也。況二三十年來，邊關多事，調度爲難，則其任尤重，所宜多儲其才，用之不竭，然後可以濟事。而乃遇有員缺，皇皇求索，不得其人，豈果世之乏才歟？良由養之不豫，是以不能猝得于臨時也。臣觀兵部侍郎，止如別部額設二員，蓋邊關無事之時則然也，近年既稱邊關多事，而官則如舊，或間添一員協理戎政，然又時用憲臣、侍郎，亦非定員，則所謂定員者止二人而已。而二人者，皆協理部事，不得隨時出入，或欲巡閱邊務，未免假借于他官，或遇邊方總督員缺，未免那移于他處。假借他官，則非其本職，不便行事；那移他處，則補于東，又缺于西。且彼此候代，道途遥遠，動經歲時，不得履任，門庭緊急之事，無人爲禦，臣不意國家如此大事，而乃苟且以處至此也。臣愚誠中夜以思，謂宜于兵部添設侍郎二員，同額設侍郎協理部事，平日則練習本兵政務，或欲巡閲邊務，即以一人往，既便行事，又不煩于假借；或遇邊方總督員缺，即以一人往，既可朝發夕至，又不費于那移。迨其出入中外，閲歷既深，凡本兵政務與夫邊關險隘，敵情緩急，將領賢否，士馬強弱，皆已曉暢諳熟，方略素定，遇有尚書員缺，即以其尤深者補之。如此而猶稱乏用，必不然也。

然兵乃專門之學，非人人皆可能者，若用非其才，固不能濟，若養之不素，雖有其才，猶無濟也。臣愚謂儲養本兵大臣，即當自兵部司屬始，蓋兵部司屬，皆預聞軍旅之事，而乃不擇其人，泛然以用，又往往遷爲他官，不得其人。既未必可用，而又遷爲他官，則人無固志，視爲傳舍，不肯專心于所職。如此者，非惟無以備他日之用，而目下承行，亦有不當者矣。今宜特高其選，而以有智謀才力者充之，使其專官于此，練習事務，不復他遷。而又議其陞格，如邊方兵備缺，即以兵部司屬補；邊方巡撫缺，即以邊方兵備補；邊方總督缺，即以邊方巡撫補；而總督與在部侍郎，時出時入，以候尚書之缺。譬之通政、鴻臚然，待次于下，魚貫而進。其他官中，有特出之才、能知兵事者，又間取一二以補不足，如此而猶稱乏用，必不然也。

然臣又思之，養才雖足以備用，然勸懲不明，何以盡人力？體卹不周，何以盡人心？臣見邊方之臣涉歷沙漠，是何等苦寒；出入鋒鏑，是何等艱險；百責萃于前，是何等擔當；顯罰繩于後，是何等危懼。其爲情苦，視腹裏之官，奚啻十倍！而乃與之同論俸資，同議陞擢，甚者且或後焉，此功臣所以灰心，烈士爲之太息者也。誠宜特示優厚，有功則加以不測之恩，有缺則進以不次之擢，使其功名常在人先，他官不得與之同論俸資。脱或作奸誤事，則律以法，脱或任職不稱，則左其官，使其功名常在人後，而不得與他官同論俸資。夫稱職者常先，則人必欣于進取；不稱職者常後，則人必懼于蹭蹬。如是而猶不盡力，必不然也。

至于人力有限，窮則不支，臣又見邊關總督之臣，用之不效者，既蒙顯罰，而用之效者，乃不蒙顧惜。事一入手，更無援助，更無代替，使其頻年累歲常受苦辛，非惟不得息肩，抑且不遑喘息，直至肝腦塗地而後已。斯其情不尤苦乎？若使儲養有素，用不乏人，自可行通融休假之法。如其在邊日久，著有成績，則特取回部，以休假之，休假之後，不妨再出。使其精神得息而不疲，知慧長裕而不竭，以勤王事，爲濟必多。且臣子馳驅之苦，既在上者所深體，而君父體念之意，亦在下者所周知，君臣之義，即同父子之恩，如是而人不盡心，必不然也。

臣受皇上眷任，誓圖報稱，見得邊事廢弛，必須得人乃可振起，而用人不得其道乃如此，若及今不爲之所，恐因循愈久，愈難收拾，可終任其廢弛而已乎？故願爲我皇上早爲設處，以濟目前之急，豫爲儲養，以備他日之用，安攘之計，或莫先于此也。伏望聖明裁斷，敕下該部施行，不勝幸甚。

疏入，得旨：「兵事至重，人才難得，必博求豫蓄，乃可濟用。覽卿奏，處畫周悉，具見爲國忠猷，都依議行。」

議處邊方激勸疏隆慶四年

高拱

臣惟廣東舊稱富饒之地，乃頻年以來盜賊充斥，師旅繁興，民物凋殘，狼狽已甚。以求其故，皆是有司不良所致，而有司之不良，其説有四：用人者以廣東爲瘴海之鄉，劣視其地，有司由科甲者十之一二，而雜流者十之八九；銓除者十之四五，而遷謫者十之五六。彼其才既不堪，而又自知其前路之短，多甘心于自棄。此其一也。嶺南絶徼，僻在一隅，聲聞既不通于四方，動静尤難達于朝宁。爲有司者，苟可欺其撫、按，即無復有誰何之者。此其一也。廣乃財貝所出之地，而又通番者衆，奇貨爲多，本有可漁之利，易以蠱人。此其一也。貪風既成，其勢轉盛，間有一二自立者，撫、按既薦之矣，而所劾者亦不過聊取一二，苟且塞責，固不可以勝劾也。彼其見撫、按亦莫我何，則益以爲得計，而無所忌憚。居者既長惡不悛，來者亦淪胥以溺，是以貪風牢不可破。此其一也。以甘于自棄之人，處僻遠之地，艷可漁之利，而共囿于無所忌憚之風，此所以善政無聞，民之憔悴日甚，而皆驅之于盜賊也。若不亟處，弊將安極？

查得往歲奉旨多取進士，議者謂當于此等處用之，乃竟不肯選去，殊爲可憾。合無今後廣東州、縣正官，必以進士、舉人相兼選除，雜流、遷謫姑不必用。果有治績，撫、按從實奏薦，行取推陞。如其奉職無狀，必須盡數察劾處治，不得仍前聊取一二，苟且塞責，如尚苟且塞責，容臣等劾奏治罪，庶人心知警，而不敢公然縱肆也。然不肖者罰固可以示懲，若使賢者不賞，又何以示勸？臣等訪得潮州府知府侯必登，公廉有爲，威惠並著，能使地方鮮盜，百姓得以耕稼爲生，此等賢官，他處猶少，而況于廣東乎？若使人皆如此，又何有地方不靖之憂！合無將本官先加以從三品服色、俸級，令其照舊管事，待政成之日，另議超陞。其他尚有能靖地方者，容臣等訪得，續行題請加恩，庶人心知勸，而皆有以興起也。

然臣又思遠方之困敝，不止廣東，而廣東特其甚者，如廣西、雲、貴皆稱絶徼，近年皆有兵革之事，民亦皆不堪命，議處有司亦當以廣東例行。蓋天下雖大，實則如人一身，必是血脉流通，頂踵皆至，然後可以爲人。若使遠方功罪之實，爲在上者所明照，而君上綜覈之意，爲在遠者所周知，則誰敢不畏服，誰敢不修職？萬里之外如在目前，治理之機可運掌上，聖人所以能使中國爲一人，用此道也。伏望聖明特賜施行，不勝幸甚。

疏入，得旨：「近來遠方有司不得其人，以致民不聊生，盜賊滋蔓，這所議，甚得弭盜安民之要，都准行。」

議處邊方有司疏隆慶四年

高　拱

臣惟薊、遼、山、陝沿邊有司，雖是牧民之官，實有疆埸之責。敵騎蹂踐既難支持，百姓凋殘又難綏撫，即以有才力者爲之，猶懼不堪，即優厚而作興之，猶恐不振，乃官其地者，非雜流則遷謫，非遷謫則多才力不堪之人，謂以劣處之也。彼其用之腹裏尚然罔效，又何有于邊方？待之既薄，志意隳沮，又何望于展布？是以善政無聞，而郡邑之狼狽爲甚，皆是用人不當所致。蓋徒以地苦其人，而曾不顧人之苦其地也；蓋徒以邊方爲遠地，而曾不思遠地安，然後内地得以安也。及今若不亟處，恐日後狼狽愈極而不可收拾，所關非細。

臣惟國家用人，不當爲官擇地，秖當爲地擇官，今邊方既係要緊之地，又皆狼狽，則尤宜以賢者處之。合無今後各邊有司，必擇年力精強、才氣超邁者除補，或查治有成績、兼通武事者調用。而又議其賞罰，有能保惠困窮，俾皆樂業者，以三年爲率，比内地之官加等陞遷，有能捍患禦敵、特著奇績者，以軍功論，不次擢用。如其才略恢宏，可當大任，即由此爲兵備，爲巡撫，爲總督，無不可者，惟以治效爲準，不必論其出身資格。若乃用之不效，無益地方者，降三級别用，若乃觀望推諉，以致誤事者，輕則罷黜，重則軍法治罪。夫既開功名之路，以歆之于前，則不肯不盡其心，又有嚴罰以繩之于後，則不敢不盡其力，庶乎修職者多，而邊方有賴也。

然臣又思功名之路既開，則又有本是腹裏，而借邊方省分之名以圖倖進者，亦不可不豫爲一定之説。臣等查得薊、遼則昌平、順義、密雲、懷柔、薊州、玉田、豐潤、遵化、平谷、遷安、撫寧、昌黎、樂亭、延慶、永寧、保安、自在、安樂等州縣，山西則河曲、臨縣、忻州、崞縣、代州、五臺、繁峙、❶定襄、永寧、寧鄉、岢嵐、❷嵐縣、興縣、静樂、保德、大同、懷仁、渾源、應州、山陰、朔州、馬邑、蔚州、廣靈、廣昌、靈丘等州縣，陝西則固原、静

❶「峙」，原作「時」，今據文義改。

❷「岢」，原作「苛」，今據文義改。

寧、隆德、安定、會寧、蘭州、環縣、安塞、安定、保安、清澗、綏德、米脂、葭州、吴堡、神木、府谷等州縣，此六十一處乃是邊方，前項事宜惟當行之于此，其他雖是薊、遼、山、陝所屬，不得概以邊稱，徒資倖路。其各府佐貳在邊任事者，賞罰亦同前議。則事體有定，不復得有假借者矣。臣因見得沿邊郡邑敝壞，必當爲處，日夜念此至熟，故敢特效其愚，伏望聖明裁斷施行，邊方幸甚。

疏入，得旨：「邊方有司防守攸賴，委宜加意，這所議都准行。」

辯大冤以正法疏 隆慶四年　高拱

臣謹奏：近該審録重囚，該刑部循例會同吏部、都察院、大理寺，先于朝房内將各犯招由詳加檢閲，内看得一起：王金，係陝西鄠縣民；陶世恩、陶倣，俱係湖廣黄岡縣人；申世文，係陝西三原縣人；劉文彬，係湖廣黄岡縣人；高守中，係河南太康縣人。該王金招稱，在官陶世恩由父陶仲文進用，恩陞尚寶司少卿，自幼傳習陶仲文僞書。世恩在官姪陶倣，見世恩係近侍官員，不合互相交結。有在官申世文與金鄉里，在官劉文彬、武當山道士在官高守中，俱與陶世恩鄉里，金等各不合陸續來京，互相援引，與陶世恩、陶倣結交，窺探内情。金等因結黨深固，遂不合妄造藥物，希求倖用。陶倣妄造丸白等藥，及兜肚香袍；陶世恩妄造小涵等丹，内用麝香、附子等熱藥；金妄造百花等酒，令人喫飲，即刻丹田發熱；申世文妄造天水生元丹，劉文彬妄造經驗仙丹，高守中妄造三元等丹，各陸續奏進。因前項丹藥俱係熱燥傷人之物，致蒙大行皇帝誤服，聖躬違和，金與陶世恩、陶倣、申世文、劉文彬、高守中各慮罪重，仍各不合朋謀合製金裹水敷臍丸，及太乙寶丹，從鼻孔吸進，扶同奏入，又蒙誤服，内傷彌重。至嘉靖四十五年十月内，金等又不合妄進湯藥一服，内有大黄、芒硝等物，遂損聖體，當蒙遺詔「方士人等各正刑章」，本年十二月二十六日，荷蒙恩詔「遵奉遺詔」，内開：「王金、陶倣、申世文、劉文彬、高守中、陶世恩妄進藥物，致損聖躬，著錦衣衛拏送法司，從重究問。」欽此。蒙錦衣衛將金等拏獲，開送刑部陜西司嚴究，各情明白，將王金、陶世恩、陶倣、申世文、劉文彬、高守中俱問擬比依子弑父者律，各凌遲處死，决不待時等因。臣等閲此招由，不勝隱慟流涕，曰：「先帝之受誣，一至此哉！至訊日，何可對衆出言審問？」故今亦不敢議，而特爲皇上辯明其説。

古之人君，有殞于非命，不得正其終者，其名至爲不美，蓋實有其事而不容掩，故有以流傳而取譏于後也。若我先帝果是不得正終，實有其事否乎？先帝聰明睿智，允文允武，事無大小，悉洞燭其隱微，至于寶愛聖體尤極詳慎，即用太醫院官一劑，亦必有御札與輔臣商摧，安肯不問可否，輕服方士之藥，又安有既服受傷，不以爲言，又復服之之理？此自陛下所明知也。今乃曰「熱藥傷人之物，致蒙誤服，聖躬違和」，又曰「丹藥從鼻孔吸進，又蒙誤服，内傷彌重」，皇天后土在上，然耶，否耶？先帝，聖主也，何乃不自愛重至是耶？果聞自何人，何所證據而云然耶？先帝臨御四十五年，享年六十，壽考令終，蓋自古所罕有者。末年抱病經歲，從容上賓，曾無暴遽，此亦天下所共聞也。今乃曰「金等又妄進湯藥，内有大黄、芒硝等物，遂損聖體。乃擬王金等比依子弑父之律」，謂先帝是王金等所害，皇天后土在上，然耶，否耶？先帝，聖主也，何乃致于非命至是耶？又果聞自何人，何所證據而云然耶？議事者不知意何所爲，乃假先帝爲辭，誣以不得正終，其將謂先帝爲何如？且陛下以父子之間，而明于陛下前誣先帝以不得正終，其將謂陛下爲何如？

今罪囚招中明開先帝爲人所害，是何事體！每歲審録，大庭之上，明説先帝爲人所害，是何語言！凡在臣民皆不忍聞，久懷痛憤。九重高遠，此等形狀，何由得知？臣如不言，其誰爲陛下言者？若不亟明其事，恐天下後世信以爲真，卒使先帝抱不白之冤于天上，留不美之名于人間，則天地古今之變，無有大于此者，而陛下亦何以爲情也。

伏望敕下法司，會同多官，將王金等從公再問，務見的確，然後涣發綸音，明其事于天下，宣付史館，明其事于後世，使皆知先帝以正而終，更無他説。則不惟可以仰慰先帝在天之靈，而陛下爲親昭雪，亦可以明父子之恩。臣等爲君昭雪，亦可以盡君臣之義，萬代瞻仰，在此舉也。至于王金等，臣等非欲爲開釋，直以先帝受誣，臣等一念，赤忠萬分，不能自已，特爲先帝辯耳。彼王金等者，惡孽滔天，自有當誅之罪，今只宜以本等罪名誅之，萬死何足惜哉。

疏入，得旨：「這事情重大，著法司會同多官，從實究問，明白來説。」

議處本兵司屬疏隆慶四年　　高拱

臣拱具奏儲養本兵大臣自司屬始，已蒙聖明准允，容臣等仔細體訪，于本兵司屬中，分别其可留者留，可處者處，其别衙門官有可調爲本兵司屬者調。區計停當，陸續題請外，臣等又思得方今邊徼用兵之處，惟是薊、遼、宣、大、延綏、寧夏、甘肅，而南則閩、廣，是數處者風土不一，事體各異，每遇有事，本兵處分止憑奏報之詞，别無據證，以故常不得其的確。臣愚謂宜于是數處之人，擇其有才力、知兵事者，每處多則二人，少則一人，使爲本兵司屬。彼生于其地，身家之慮既無不周，至如山川之險易，將領之賢否，士馬之强弱，與夫奏報之虚實，功罪之真僞，皆其所知，便可一問而得，以是爲參伍之資，處分或無不當。且是數處者既有其人，然亦不過司屬二分之一，餘員尚多，天下之人皆在，固非偏用邊人。伏望聖明裁定，敕下臣等施行。仍乞著爲令甲，永遠遵守，俾是數處之人在兵部者，後先繼續，不至間斷，其于邊務所裨必多。

疏入，得旨：「這兵部司屬，依擬選用，并著爲令。」

請豫調保邊人援兵馬疏 隆慶四年

臣謹奏：本月二十二日酉時據分守石塘嶺參將陳勛揭禀「白海子迤北瞭見敵兵約長七八十里，于八月十三日起身，往東北行走」。又據薊鎮總兵官戚繼光揭稱「西路敵兵十分重多，已到境外地名商都」等因，各報到臣。該臣督同鎮、巡等官，查照節年事規，將主客官軍酌量地勢衝緩，題請分布，乘牆列守。而又議以黄花、居庸、鎮邊三路有警，該昌鎮總兵官楊四畏統領本標官兵首先應援迎敵；古北、牆子嶺、曹家寨、石塘嶺有警，該西路副總兵官李超統領本營并臣標將李如櫝等標兵，首先應援迎敵；馬蘭、松棚、太平三路有警，該總理都督戚繼光首先應援迎敵；燕河、臺頭、石門、山海關四路有警，該東路副總兵官胡守仁統領巡撫標下及本營標兵首先應援迎敵。而臣與巡撫都御史各往來督理，遇警隨營調度。各該總協等官，本路無警，他路有警，即便相機策應。

夫分路列戍，布置雖詳，但邊長人稀，全仗軍門鎮、巡協守標兵，近者則首先迎敵，遠者則相繼應援。設使直入一路，或分伺兩路，又地方相去不遠，即有二三十萬之衆，臣等以四標全力合併拒阻，即不資外助，可保萬全。但今據所報西路且有二十萬衆，東路懲創往年挫衄之事，糾合各部，計亦不下十萬。屢報西路謀入黄花鎮，而東路又謀入古北口，東西又犯入馬蘭峪，是分爲三路矣。東路則謀犯義院口，爲石門寨所屬；又謀犯界嶺口，爲臺頭營所屬；又謀犯冷口，爲燕河營所屬；又謀犯潘家口，爲松棚谷所屬。即未能四路並犯，但今四路内屬諸番，各自逃去，亦必有分犯二路之意。且一路遇敵，左右二路俱當戒嚴，是薊、昌一十四路，東西相去二千餘里，處處受敵，臣等各標之兵可以應援截殺者，纔有四營。東二營合車騎步兵，計三萬有奇，昌平一營不滿六千，又抽諸長陵等八衛之人，最爲脆弱難恃，所堪恃者僅東之三營耳。以三營三萬之兵，而當三十萬五路入犯之衆，已爲力不能支，而況黄花鎮爲陵寢重地，臣必自將密雲一營，合昌平標兵，誓死以當黄花一路，則所謂古北、石塘、曹家寨、牆子嶺首先迎敵已無其兵。而東路既欲分犯二處，則副總兵胡守仁即合巡撫標下之兵，其力亦難兼顧。總兵戚繼光協總胡守仁，即如初議，遇警首先迎敵，亦再無别兵可以調發，相繼應援。

臣等用是苦心籌畫，無所措手。爲今之計，合無請乞敕下該部，豫將保定鎮、撫應援兵馬，行令整搠三枝，星馳前赴密雲，聽臣分撥標兵三千相兼前去，駐劄石匣營適中地方，專備古北、牆子、曹家寨、石塘嶺，有警分投赴邊，併力拒阻。又行遼東鎮、巡官，豫將入援人馬星馳進關，至石門寨、臺頭營屯劄，專備東路，土蠻如果分犯二處，總兵王治道與副總胡守仁，督兵分投拒遏，巡撫都御史劉應節往來調度。俾臣得以專當黄花鎮一面，保護陵寢，戚繼光專當馬、松、太平三路。如或黄花鎮無警，臣仍率協總李超、標將李如橨等，專待牆、古、曹、石，首先迎敵，而以保定援兵分發西自牆、古、曹、石，東至馬、松、太平，遇急策應。又或牆、古、曹、石無警，而敵悉衆分犯馬蘭以東，臣則親率標兵以東，而以保定應援兵馬留在平谷以西，一則防備西路突瞰我虛，一以豫備内地。又或馬、松無警，而牆、古以西或得潰入，則戚繼光躬率全營標兵，星馳而西，與臣連營奮戰。如此，則勝算粗定，不致顧此失彼。若謂二鎮援兵必待敵已潰牆而後入關策應，則有焦頭爛額之功，不如曲突徙薪之萬全也。伏望聖明軫念敵衆兵寡，俯賜俞允，畿輔地方幸甚，臣愚不勝幸甚。

疏入，帝從之。

言邊事疏隆慶四年

王崇古

臣竊惟諳達横行塞外幾五十年，威制諸部，侵擾邊圉，今神厭凶德，骨肉離叛，巴噶柰濟千里來降，❶宜給宅舍，授官職，豐餼廩、服用，以悦其心，嚴禁出入，以虞其詐。若諳達臨邊索取，則責令縛送拜甡諸逆，❷還被掠人口，然後以禮遣歸，策之上也。若遂桀驁稱兵，不可理諭，則明示欲殺以撓其志。彼望生還，必懼我制其死命，不敢大逞，然後徐行吾計，策之中也。若彼遂棄而不求，則當厚加資養，結以恩信，其部衆繼降

---

❶ 「巴噶柰濟」，明代譯作「把漢那吉」。

❷ 「拜甡」，明代譯作「板升」。

者處之塞下，即令巴噶柰濟統領之，如漢置屬國居烏桓之制。他日諳達死，子錫稜阿必有其衆，❶因加巴噶柰濟名號，令收集餘衆，自爲一部，錫稜阿必忿争，兩族若互相讎殺，則按兵稱助，彼無暇侵陵，我遂得休息。又一策也。若循舊例安置海濱，使諳達日夜南望，侵擾不已；又或使之隨營立功，彼素驕貴，不受驅策，駕馭苟乖，必滋怨望，頓生颺去之心，終貽反噬之禍，均爲無策矣。伏乞陛下採擇施行。

疏入，帝從之。

言宜許諳達貢市疏 隆慶四年❷

王崇古

臣謹奏：昔先帝既誅仇鸞，制復言開市者斬，邊臣何敢故違禁旨，自陷重辟？但敵勢既異昔強，我兵亦非昔怯，不當援以爲例。夫先帝禁開馬市，未禁北敵之納款，今敵求貢市，不過如遼東開原、廣寧之例，商人自以有無貿易，非請復開馬市也。諳達父子兄弟，横行四五十年，震驚宸嚴，流毒畿輔，莫收遏劉功者，誠緣議論太多，文網牽制，使邊臣無所措手足耳。昨秋諳達東行，京師戒嚴，至倡運甎、聚灰、塞門、乘城之

❶「錫稜阿」，明代譯作「辛愛」，即黄台吉。

❷據《明穆宗實録》卷五四隆慶五年二月庚子記事，及此疏内「昨秋諳達東行，京師戒嚴」，此疏應上於隆慶五年。

計，❶今納款求貢，又必責以久要，欲保百年無事，否則治首事之罪。豈惟臣等不能逆料他時，雖諳達亦恐能保其身，不能制諸部于身後也。夫拒敵甚易，執先帝禁旨一言可決，但敵既不得請，懷憤而去，縱以巴噶柰濟之故，不擾宣、大，而土蠻、三衛歲窺薊、遼，濟農、賓都侵擾西鄙，❸息警無時，財力殫屈，雖智者無以善其後矣。昔額森以尅減馬價而稱兵，忠順王以元裔而封哈密，小王子由大同二年三貢，此皆前代封貢故事也。夫揆之時勢，既當俯從，攷之典故，非今創始，堂堂天朝容荒服之來王，昭聖圖之廣大，以示東西諸部，傳之天下萬世，諸臣何疑憚而不爲耶？

疏入，帝從之。

❶「聚灰塞門」，原作「塞聚灰門」，據《明經世文編》卷三一七所收王崇古《確議封貢事宜疏》內「至倡爲運甎聚灰之議，擁門城戰之圖」之句改。

❸「賓都」，明代譯作「賓兔」。

御選明臣奏議卷二十九

議處科目人才疏隆慶五年

高　拱

臣惟國家之用人，皆欲其砥礪名節，建立事功，以共成熙平之治，非徒以一日之短長，遂爲終身定例，而故有所抑滯于其間也。今布列中外，自州縣正官而上，大較皆科目之人，而科目分數，進士居其三，舉人居其七。所謂進士、舉人者，亦惟假此爲網羅之具，以觀其他日之何如，而非謂此必賢于彼也。國初進士、舉人並用，其以舉人登八座爲名臣者，難以一二計，厥後進士偏重而舉人甚輕，至于今則極矣。其係進士出身者，則衆向之，甚至以罪爲功；其係舉人出身者，則衆薄之，甚至以功爲罪。上司之相臨，同列之相與，炎涼迎面，可鄙可羞之甚，而皆不自顧也。至于保薦，則進士未必皆賢，而十有其九，舉人未必皆不賢，而十曾無其一也。至于陞遷，則進士治績之最下者，猶勝于舉人治績之最上者也，即幸有一二與進士同陞，然要其後日，則進士之俸少而陞官又高，舉人之俸多而陞官又劣也。若夫京堂之選，則惟進士得之，而舉人不復有矣。其偏如此，遂使進士氣常盈，舉人氣常怯，盈者日驕，每襲取而寡實，怯者日沮，率隳墮而恬汙。以故舉人皆不樂仕，苟年稍強、學未甚荒者，皆相與遷延，冀倖一第，直至年邁學荒，淪落已甚，然後出而就選，以爲姑用了事云爾。間有一二壯年從仕者，又皆爲貧之故，求温飽者也，若是而欲望其有爲，胡可得哉？夫崇尚進士，纔三分耳，而又使之驕；棄却舉人，已七分矣，而皆使之沮。則天下之善政誰與爲之，而民生奚由得安也？

臣愚以爲，欲興治道，宜破拘攣之説，以開功名之路，凡舉人就選者，初秪以資格授官，授官之後，則惟攷其政績，而不必問其出身。進士而優則先之，苟未必優，即後于舉人無妨也；舉人而劣則後之，苟未必劣，即先于進士無妨也。吏部自行體訪，但係賢能，一例陞取，不得復有所低昂；仍行都察院，轉行各該撫、按官，務除去舊套，但係賢能，一例保薦，亦不得復有所低昂。如舉人官未經保薦而陞取數多者，撫、按官以不及論，其既陞取之後，又惟論其政績，一例推轉。舉人之俸不必加深，進士之官不必加美，若果才德出衆，則一例陞爲京堂，即上至部卿，無不可者。如此則拘攣之説破，而功名之路開，苟非至不肖者，必不甘于自棄也。至于舉人就選之時，又必稽其年貌，五十以上者，授以雜官，不得爲州縣之長。蓋州縣之長，責任艱重，須有精力者乃可爲之，彼其精力既衰，胡可以爲哉？如此則人皆趨可爲之時，以赴功名之會，而甘于淪落者，或寡矣。夫舉人與進士並用，則進士不得獨驕，舉人皆益自効，而善政必多，即未必人人皆然，而十分之中少亦可有六七，固已過半矣。善政多則民安，民安則國可富，而教化可行，熙平之治可庶幾望也。臣誠愚昧，所以爲國謀者如此，伏惟聖明裁斷，敕下吏部施行，天下幸甚。

疏入，得旨：「祖宗用人，原不拘資格，近來偏重太甚，以致人無實用，事功不興。覽卿奏，具見經濟宏猷，于治道、人才大有裨益，依議著實舉行。吏部知道。」

議處馬政鹽政疏隆慶五年

高　拱

臣惟國家設官，各有所職，而非故爲剩員也，若係剩員，則不設之矣。其用人也，乃使之各舉所職，而非徒以安置也，若所當安置者，則不用之矣。今行太僕、苑馬寺專理馬政，戎伍所資，鹽運司專理鹽政，國用所賴，皆係緊關要職，非閒局也。而近來視之甚輕，即卿與使，皆以攷不稱職、有物議者陞之。夫安置其人，而名曰陞，是以棄之之道用之也；陞而實以安置，是以用之之道棄之也。棄之而用，則其任必不勝，用之而棄，則其政必不美，臣不知用人者乃何以若此也。或曰攷不稱職、有物議者將何以處？臣以爲不然。夫攷課貴嚴，果不稱職、有物議，直去之而已矣，獨奈何以此等衙門爲安置之所哉？既劣處之使之靦顏，又姑容之使之尸位，遂致政務廢弛，苟且狼籍，而奸貪之弊且多。祖宗之設此官意何爲者，而乃使若此哉？合無今後大破常套，凡卿、使員缺，必以廉謹有才望者推補，而又議其階格，卿視布政司參政，使視按察司副使，待政成之後，視參政者陞與參政同，視副使者陞與副使同，如更優異，查照先朝故事超等擢用，則其官自重矣。其官重則賢者樂就，必且盡心于所職，馬政、鹽政當自修舉，而所利于國家者必多，非惟祖宗設官之意可以無失，而用人之理亦得之矣。伏望聖明裁斷，敕下吏部施行，不勝幸甚。

疏入，得旨：「卿所言是。馬政、鹽政，國家重務，必重其官，乃可責以實效，著實舉行。」

陳四事疏隆慶五年

汪文輝

臣惟先帝所任大臣，本協恭濟務，無少釁嫌。始于一二言官，見廟堂議論稍殊，遂潛察低昂，窺所向而攻其所忌，致顛倒是非，熒惑聖聽，傷國家大體。苟踵承前弊，交煽並搆，使正人不安其位，恐宋元祐之禍復見于今。是爲傾陷。祖宗立法至精密矣，而卒有不行者，非法敝也，不得其人耳。今言官條奏，率鋭意更張，部臣重違言官，輕變祖制，遷就一時，苟且允覆，及法立弊起，又議復舊，政非通變之宜，民無畫一之守。是爲紛更。古大臣坐事退者，必爲微其詞，所以養廉恥、存國體。今或摋其已往，揣彼未形，逐景循聲，争相詬病，若市井喧鬨然。至方面重臣，苟非甚奸慝，亦宜棄短録長，爲人才惜。今或搜抉小疵，指爲大蠹，極言醜詆，使決引去，以此求人，國家安得全才而用之？是爲苛刻。言官能規切人主，糾彈大臣，至言官之短，誰爲指之者？今言事論人或不當，部臣不爲奏覆，即憤然不平，雖同列明知其非，亦莫與辨，以爲體貌當如是。夫臣子且不肯一言受過，何以責難君父哉？是爲求勝。此四弊者，今日所當深戒，然其要在大臣取鑒前失，勿用希指生事之人。希指生事之人進，則忠直貞諒之士遠，而頌成功、譽盛德者，日至于前。大臣任己專斷，即有缺失，孰從聞之？蓋宰相之職不當以救時自足，當以格心爲本。願陛下明飭中外，消朋比之私，還淳厚之俗，天下幸甚。

疏入，下所司，高拱惡其剌己，調文輝爲寧夏僉事。❶

議録卻賄三臣疏 隆慶六年

高　拱

臣謹按，該禮科給事中王璇題稱：該巡視南城試監察御史周于德，因派柴炭商人，有本地方富户于彪賄託于德舊歇家曹雄，投帖開具白米一百石，欲求倖免。本官隨即追問情由，當將曹雄併雄妻弟秦守忠等捉拏到官，搜出身邊銀一包，連贓發兵馬司監候，已經具題。又該巡按山東監察御史張士佩，因陞任，例該舉劾，有齊河縣知縣陳天策，假遞公文，内夾柬帖，呈具銀一百五十兩，送至原籍，以干保薦。本官即將原來册柬發按察司，已經具題嚴究。又該兩淮巡鹽監察御史李學詩，有鹽商楊棟、李禄開具禮帖銀一千兩，送至學詩家，當被伊弟令家人拏獲，連贓送該府，本官隨具奏。盡法問遣外，爲照三臣職司風憲，志向高潔，事關名節，乞敕吏部登記，俟各官攷績陞遷之時，分别優待，以爲堅持清節者之勸。仍移咨都察院，轉行内外大小衙門，各嚴加砥礪等因，奉聖旨：「吏部知道。」欽此。欽遵。

爲照黷貨者小人之惡行，卻賄者君子之美節，爲治之道，必使小人不得肆其惡，而君子得全其美，斯爲當也。乃近年以來，是非不明，議論顛倒，行賄者既不加嚴，受賄者亦不加察，顧獨于卻賄之人深求苛責。或曰此必素以賄聞者，不然此物奚宜至也；或曰此必平日所受者多，而故假此以掩之也；或曰此乃有人知

❶「寧夏僉事」，據《明穆宗實録》卷五四隆慶五年二月甲辰記事，汪文輝陞爲陝西按察司僉事。

見，不得已而爲之卻也。甚至有被指摘、形之章奏者焉。遂使受賄者泯于無迹，而卻賄者反爲有痕，受賄者恬然以爲得計，而卻賄者皇然無以自容。而行賄之人則公然爲之，以爲如其受，則得以濟事，幸也；如其不受直，不受而已，而彼固不敢言，吾固無恙也，而又何畏乎？是何使爲惡者幸，而爲善者苦也？夫君子惟知自信，而小人則安能信君子之心？古有卻賄而名至今存者，使非賄至，又安得有卻賄之名？則所謂物奚宜至者，非也。彼素有貪聲者，一旦卻之，是誠掩也，若素非貪而今又卻之，則誠廉矣，奈何不嘉其有據之廉，而深探其無形之貪乎？則所謂受賄而假此以掩者，非也。至于有人知見而卻之者，是亦卻也，非受也，使無人知見，安知其必受乎？乃棄其廉于所可見，而逆其貪于所不可知，豈人情哉！則所謂不得已而卻之者，亦非也。而世俗之論，顧如彼則非惟不足以訓廉，而常使人畏首畏尾不能自主，固有本欲爲廉而恐事露人議其後，遂化爲貪者矣。所以綱維世道者，豈宜如是哉？

今御史周于德、張士佩、李學詩，乃能于行賄之事明言而不自隱藏，行賄之人直指而不少假借，可見其守法之正，而不可干以私；持身之清，而不可浼以利；見理之明，而不可惑以俗説。本部即當登記簿籍，以俟優處，爲廉謹之勸。至于訓示諸司，尤爲喫緊，蓋俗説之浸淫既久，人心之蔽迷已深，使非曉然以示，則孰敢安然而爲？合候命下本部，移咨都察院，轉行内外大小衙門官員，不止當知守廉之爲美，凡遇有行賄之人，即當執拏在官，明正其罪。仍另行南京吏部並兩京都察院、科道等官，及各處撫、按衙門，一體知會，以後凡遇有卻賄之官，便當記之善簿，而不得反用爲瘢痕；列之薦牘，而不得反指爲瑕纇。庶乎清濁有歸，而激揚之理不忒；是非有定，而趨避之路不乖。君子有所恃以爲善，小人有所畏而不敢爲惡，亦興治道之一機也。

疏入，得旨：「是。」

議處廣東舉劾疏 隆慶六年

高拱

臣等照得撫按官薦舉太濫、日益而歲增者，往時之通弊也；本部題奉欽依、嚴禁不許濫舉者，近日之明例也。乃在廣東，則有不可以例拘者，謹爲之明其說。廣東財貨所出，舊稱豐裕，固樂土也。秖緣近年以來法度廢弛，官其地者貪虐特甚，習以成風，而撫、按亦不可以勝究，于是民不聊生，盜賊四起。乃貪虐既不加懲，而處置又不得當，于是良民皆化爲盜，譬之病痞者然，始緣客火爲逼，血脉聚而爲痞，其路既通而又逼之不已，則痞日積而血脉日微，實有難于救藥者也。臣誠爲國憂，先曾其疏議處彼處有司，荷蒙命允，臣乃總計其州縣共八十處，其掌印官每三處則用進士一、舉人二，皆揀其年力精壯、才氣通敏者以充，而監生以下不預焉。其自京往者，臣又每每集于堂階，諄切戒勉，諭以選擇任使之意，歆以功名上進之階，蓋欲爲皇上奠此一方，易亂爲治也。

然臣又思得有司之勸懲，係于黜陟，而朝廷之黜陟，憑諸舉劾。今廣東有司既皆科目選擇之人，使撫、按舉薦同于他省，則官其地者必曰：吾輩科目人多，而撫、按舉薦同于他省，則雖盡心効職，稱上等者，或且不得與他省中等伍，而又何望于進取乎？于是隳其志以玩愒者，將有之矣，是又不可以無處也。臣誠欲于廣東舉劾另立科條，令其撫、按官將各有司時時體訪，務在的確，果有殃民不職應拏問者，即便拏問，應劾奏者即便劾奏，不必待復命之時。其他只不許徇私市恩，若果有弭盜安民、茂著循良之績者，復命之時不拘多寡，盡數舉薦，本部另行體訪的確，亦不拘多寡，盡數行取超陞。如此則賢才雖衆，而各有上進之途，自不至于相礙；體悉既周，必多有奮勵之志，當不肯以自隳。庶乎善政可興，而數年之間可有安平之望也。至于他省用人，亦當如此，但科目人少，不能周徧，則其撫、按官自當守濫舉之禁，不得援廣東以爲例。恭候命下本部，移咨都察院，轉行彼處撫、按衙門遵照施行。

疏入，得旨：「是。」

弭盜疏 隆慶六年

高拱

臣竊以海内雖稱乂安，而盜賊殊爲可慮，其聚衆殺劫，是處皆然。然非皆飢寒迫也，其間多健俠之徒，博飲宿倡，揮金如土，自相雄視，擊劍殺人。且數千里外皆相聯絡，召呼之間，多可數千，少可數百，肆行荼毒，而曾無誰何者也。以求其故，皆起于有司之養寇，而成于上官之不察。彼有司及巡捕官不職者，多平日既不留心武備，而于健俠之徒又不行懲禁，任其所爲，及聚而爲盜，則又自先畏懼，不敢嚮邇。巡捕者又往往受盜之賄，不行緝拏，即有拏獲，又多放縱，却秖蒙蔽上官，以爲地方無盜，而上官亦甘其蒙蔽，苟稱目前無事，以待遷轉。習以成風，彼此相效，以爲善宦，于是有司之蒙蔽日益甚，而盜之猖獗日益不可制。良民受其殘害，無所控訴，每每被劫被殺不以報官，曰：官不爲理，徒益重賊之怒，而禍益烈也。直至劫庫，不容隱匿，乃始申報上司，卻又以重爲輕，以多爲少，支吾了事。而上司亦恐有己責也，亦爲之以重爲輕，以多爲少，支吾了事。蓋不惟賊之故態官皆知之，而官之本情賊亦皆知之，彼此相款，安然無事，此其所以日益滋蔓而不可圖也。

使有司肯以捕盜爲務，有即殄滅，則安得積而至于多？又使肯以稽查爲務，凡健俠不務生理者，必加懲禁，有出而之他者，必令里甲報知，窮其所往而拘治之，且收其家屬，則安得肆意流毒于外？使上司亦以捕盜爲務，日行體訪，凡有盜地方，及蒙蔽不以申報者，必加重究，議罷其官，則彼安敢不捕？使又以稽查爲務，凡捕獲強盜，審是何州縣人，即責問該州縣官，有此無良何以不知，出而之他，何以不問？亦加重究，則彼又安敢不行稽察？即是而言，則海内之多盜，其故可知也。若不重爲議處，恐故套牢不可破，官以蒙蔽爲當然，而盜以劫掠爲當然，將使良民皆化爲盜，脱有揭竿而呼者，又將何以處也？請以後另議爲條格，各州縣掌印、巡捕官，有盜分别降級罷官；各兵備及該道官，所屬有盜分别降級罷官；有隱匿不行劾奏者，聽本部、都察院及科道官劾奏重治。若果地方有盜，即行申報上司，就便捕滅，上司若聞地方有盜，即撥兵馬就便捕滅者免究，仍録取其捕盜之功，量多寡爲陞賞。曰罰必罰，更無假借，曰賞必賞，更不食言，庶乎捕盜有人，而盜息民安可望于萬一也。

疏入，得旨：「這所議條格，都依擬，著實舉行。」

辨名分疏 隆慶六年

高　拱

臣竊惟上下之分定，而後紀綱立、政令行，近年以來，屬官不奉堂官約束，其在外省則推官、知縣出自科甲者，二司多不敢約束，而反畏之，上下之倒置甚矣。上下倒置，則紀綱何由立，而政令何由行也？以求其故，皆因先年執政之臣悦人媚己，于是憸夫之在庶寮者，託爲奥援，入其幕中，般鬬是非，堂官少不曲意于己，輒行排陷，而遂因以不利。于是堂官畏之，不敢行其約束，而屬官則益恣其胸臆，旁若無人，自稱風采焉。習以成風，彼此相效，雖未必有奥援者，亦皆以違拗堂官爲得計，而安意承行者蓋鮮矣。其在外省，則由巡按御史見得進士推官、知縣有科道之望，乃曲加護庇，引爲私人，託其查訪，凡二司之賢否，悉出脣吻，有所不悦，遂以萋斐，而禍終不免。于是二司反皆畏懼，遇其來謁，每留飲幕中，親陪談笑，以結其歡心。蓋奉承之不暇，而又何敢問其政事之得失乎？

今臣秉持公道，門無私交，庶官既不敢般鬬是非，而又每申明上下之分，使諸司不得違越，往日之風似可稍息。但積習既久，卒難盡變，而以違拗爲得計者，固尚有也。至于外省，則全是舊習，無一人之不然矣。體統既乖，法度盡廢，害政莫甚于此，若不重加懲創，嚴行禁約，此風何日止也？如南京户部河南清吏司主事張振選，縱下人需索，不能禁制，反刑受害者以怙終，蒙堂官戒示，不行悔罪，仍刑受害者以洩忿。非惟執迷不返，官守有虧，抑且長惡不悛，名分大壞，此正所謂以違拗爲得計者也。合候命下，將張振選革職，冠帶閒住，本部仍移咨都察院，通行大小衙門，今後敢有屬官抗違上官者，俱照張振選處分；上官有自降禮體，款曲屬官，平日不能督率，有罪不行糾治者，以不職論；其各巡按御史，皆當以公正爲心，不得仍庇進士推官、知縣，引爲私人，使各盡其上下之分，違者聽本部、都察院及科道官劾奏究治。庶久塗之耳目可開，而久紊之法紀可振，其有裨于治道良非細也。

疏入，得旨：「張振選著革了職，冠帶閒住。近來屬官不受約束，上官不行糾治，反爲曲悅，名分倒置，政體大壞，這所奏便行內外衙門，一體戒飭。以後再敢有這等的，部、院、科道官著實參來，重治不饒。」

論諳達貢市事疏萬曆五年❶

方逢時

臣蒙陛下特恩，起臣草土中，代崇古任。賴陛下神武，八年以來，九邊生齒日繁，守備日固，田野日闢，商賈日通，邊民始知有生之樂。北部輸誠効貢，莫敢渝約，歲時請求，隨宜與之，得一果餅，輒稽首歡笑，有掠人要賞者，告諳達罰治，即俛首聽命。而異議者，或曰敵使充斥爲害；或曰日益耗費，彼欲終不可足；或曰與寇益狎，隱憂叵測。此言心則忠矣，事機或未覩也。

夫使者之入，多者八九人，少者二三人，朝至夕去，守貢之使賞至即歸，何有充斥？財貨之費，有市本，有撫賞，計三鎮歲費二十七萬，較之曩時户部客餉七十餘萬、太僕馬價十數萬，十纔二三耳，而民間耕穫之入、市賈之利不預焉，所省甚多，何有耗費？乃若所憂則有之，然非隱也。方庚午以前，三軍暴骨，萬姓流離，城郭丘墟，芻糧耗竭，邊臣首領不保，朝廷爲之旰食，七八年來幸無此事矣。若使臣等處置乖方，怯小費而虧大信，使一旦肆行侵掠，則前日之憂立見，何隱之有哉？其所不可知者，諳達老矣，誠恐數年之後，此人既死，諸部無所統一，其中狡黠互相爭搆，假託異辭，遂行侵擾，此則時變之或然而不可豫料者。在我處

❶「曆」，原作「歷」，避帝諱改字，今回改。下不一一注明。

之，亦惟罷貢絶市，閉關固壘以待，仍禁邊將毋得輕舉，使曲常在彼，而直常在我，因機處置，顧後人方略何如耳。

夫封疆之事無定形，亦無定機，惟朝廷任用得人、處置適宜，何必拘拘焉貢市非而戰守是哉！臣又聞之，禦戎無上策，征戰，禍也；和親，辱也；賂遺，恥也。今曰貢則非和親矣，曰市則非賂遺矣，既貢且市，則無征戰矣。臣幸藉威靈，制伏強梗，得免斧鉞之誅，今受命還朝，不復預聞閫外之事，誠恐議者謂貢市非計，輒有敷陳，國是摇惑，内則邊臣畏縮，外則部落攜貳，事機乖迕，後悔無及。臣雖得去，而犬馬之心，實有不能一日忘者矣。

疏入，帝從之。

遵旨議治黄運兩河疏 萬曆六年

潘季馴

臣竊惟事師古者罔愆，智不鑿者乃大。《孟子》論智一章首以禹之治水爲喻，而論爲政則曰：「爲政不因先王之道，可謂智乎？」是大智者事必師古，而不師古則鑿矣。然治河者，必先求河水自然之性，而後可施其疏築之功；必先求古來已試之效，而後可倣其平成之業。黄水來自崑崙，入徐濟運，歷邳、宿、桃、清，至清口會淮而東入于海，淮水自洛及鳳，歷盱、泗，至清口會河而東入于海。此兩河之故道，即河水自然之性也。元時歲漕江南之粟，由揚州直北出廟灣入海，至永樂年間，平江伯陳瑄始隄管家諸湖，通淮河爲運道，然慮淮水漲溢，東侵淮郡也，故築高家堰隄以捍之，起武家墩，經小、大澗至阜寧湖，而淮水無東侵之患矣。又慮黃河漲溢，南侵淮郡也，故隄新城之北以捍之，起清江浦沿鉢池山、柳浦灣迤東，而黃水無南侵之患矣。猶慮河水自閘衝入，不免泥淤，故嚴啓閉之禁，止許漕艘、鮮船由閘出入，匙鑰掌之都漕，五日發籌一放，而官民船隻悉由五壩車盤，是以淮郡晏然，漕渠永賴，而陳瑄之功至今未斬也。後因剥蝕既久，隄岸漸傾，水從高家堰決入，一郡遂爲魚鼈，而當事者未攷其故，乃謂海口壅塞，遂穿支渠以洩之。蓋欲亟拯淮民之溺，多方規畫以爲疏導之計，其意甚善，而其心良亦苦矣。詎知旁支暫開，水勢陡趨西橋以上，正河遂致淤阻，而新開支河闊僅二十餘丈，深僅丈許，較之故道不及三十分之一耳，豈能容受全河之水？下流既壅，上流自潰，此崔鎮諸口所由決也。

今新開支渠，尋復淤塞，故河漸已通流，雖深闊未及原河十分之一，而兩河全下，沙隨水刷，欲其全復河身不難也。河身既復，面闊者七八里，狹者亦不下三四百丈，滔滔東下，何水不容？若猶以爲不足，而欲另尋他所，别開一渠，恐人力不至于此也。以臣度之，非惟不必另鑿一口，即草灣亦須置之勿濬矣。故爲今之計，惟有修復陳瑄之故業，高築南北兩隄，以斷兩河之内灌，而淮揚昬墊之苦可免。至于塞黄浦口，築寶應隄，濬東關等淺，修五閘、復五壩之工，次第舉之，則淮以南之運道無虞矣。堅塞桃源以下崔鎮口諸決，而全河之水可歸故道，至于兩岸遥隄，或葺舊工，或創新址，或因高岡，或填窪下，次第舉之，則淮以北之運道無虞矣。淮、黄二河既無旁決，並驅入海，則沙隨水刷，海口自復，而桃、清淺阻又不足言矣。此以水治水之法也。若夫扒撈挑濬之説，僅可施之于閘河耳。黄河河身廣闊，撈濬何期？悍激湍流，器具難下，前人屢試無功，徒費工料，但恐伏秋水發，淫潦相仍，不免暴漲，致傷兩隄，故欲于磨臍溝、陵城、安娘城等處再築滚水壩三道，萬一水高于壩，任其宣洩，則兩隄可保而正河亦無淤塞之患矣。徐州以南之工如此而已。

或有難臣者曰：臣等欲順水性，今淮水欲東，而乃挽之使北，黄水欲北，而乃挽之使東，無乃水性之未適乎？臣曰：水以海爲性也，決水乃過顙，在山之水也，非其性也。或者又曰：昔禹治河，播九河，同爲逆河入于海。今臣等乃欲塞諸決，並二瀆而不使之少殺耶？縱有滚水壩，僅去浮面之水百一耳，亦烏能殺其勢也。臣應之曰：九河非禹所鑿，特疏之耳。蓋九河乃黄河必經之地，勢不能避，而禹仍合之同入于海，其意蓋可想也。況黄河經行之地，惟河南之土最鬆。禹導河入海，止經郟縣、孟津、鞏縣三處，皆隸今之河南一府，其水未必如今之濁。今自河南府之閿鄉縣起，至歸德之虞城縣止，凡五府，河已全經其地，而去禹導河之時復三千餘年，流日久，土日鬆，土愈鬆，水愈濁。故平時之水，以斗計之沙居其六，一入伏秋，則居其八矣。以二升之水，載八升之沙，非極湍急，即至停滯，故水分則流緩，流緩則沙停，勢所必至者。臣不暇遠引他證，即以近事觀之，草灣一開，而西橋故道遂淤，崔鎮一決，而桃、清以下遂澀。去歲水從崔家口出，則秦溝遂爲平陸，此眼前事也，又何疑哉？所據司、道諸臣款議前來，臣復加參酌，似應允從，伏望敕下該部，再加查議，如果臣所言不謬，俯賜俞允，行臣即遵照及時興舉。除工程夫役、錢糧數目另本具陳，其緊關工程如高家堰、淮城北隄、馬廠坡、瀋揚州諸淺，❶并塞小缺口十四處，工所必舉，而伏前尚可舉事者，一面分

❶「馬廠坡」，原作「廠馬坡」，今據四庫本潘季馴《兩河經略》卷一《奉明旨陳愚見議治兩河經略以圖永利疏》改。

投興工外，謹將條例開明請旨。

一，議塞決以挽正河之水。竊惟河水旁決則正流自微，水勢既微則沙淤自積，民生昏墊，運道梗阻，皆由此也。臣查得淮以東則有高家堰、朱家口、黄浦口三決，此淮水旁決處也，桃源上下則有崔鎮口等大小二十九決，此黄水旁決處也，俱當築塞。但伏秋之水相繼而至，非惟地爲水占，無處取土，抑且波濤洶湧，爲工不堅。除將決口稍窄者，現在分投興築外，其決至數十丈以上者，一面鳩集工料相時興舉。

一，議築隄防以杜潰決之虞。照得隄以防決，隄不築則決不已。故隄欲堅，堅則可守，而水不能攻；隄欲遠，遠則有容，而水不能溢。累年事隄防者，既無真土，類多卑薄，已非制矣，且夾河束水窄狹尤甚，是速之使決耳。合無力監前弊，凡隄必尋老土，凡基必從高厚，又必繹賈讓不與争地之旨，倣河南遠隄之制，除豐、沛、太黄隄原址遥遠，仍舊加幫外，徐、邳一帶舊隄，查有迫近去處，量行展築月隄，仍于兩崖相度地形最窪、易以奪河者，另築遥隄。桃、清一帶南崖多附高岡，但上自歸仁集，以至朱連家墩古隄已壞，相應復修，下抵馬廠坡地形頗窪，相應接築，以成其勢。北崖自古城至清河，亦應創築遥隄一道，不必再議縷隄，徒糜財力。又查清江浦外河一帶，至柳浦灣止，爲淮城北隄，除掃灣單薄，量行加幫外，但原基短促，防護未周，仍自柳浦灣至高嶺，創行接築四十餘里，以遏兩河之水盡趨于海。自清江浦運河至淮安西門一帶舊隄，相應再行幫厚，勿致裏河之水走洩妨運，如此則諸隄悉固，全河可恃矣。

一，議復閘壩以防外河之衝。查得先該平江伯陳瑄創開裏河，仍恐外水内侵，特建五閘，設法甚嚴，鎖鑰掌于漕撫，啓閉屬之分司，運畢即行封塞，一應官民并回空船隻，悉令車盤。此在嘉靖初年，尚爾循行故事。制非弗善也，奈何法久漸弛，五閘已廢其一，僅存四閘，亦且坍塌殆盡，漫無啓閉，是以黄淮二水悉由此倒灌，致傷運道。合無議復舊制，將現存四閘俱加修理，嚴司啓閉，俟二月前後糧運過完，即行封閉，惟遇鮮貢船隻，方許啓放。仍行查復五壩，以便官民船隻照舊車盤，毋致曲徇使客，致壞良規。

一，議創建滚水壩以固隄岸。照得黄河水濁，固不可分，然伏、秋之間，淫潦相仍，勢必暴漲，兩岸爲隄所固，水不能洩，則奔潰之患有所不免。今查得吕梁上洪之磨臍溝、桃源之陵城、清河之安娘城，土性堅實，合無各建滚水石壩一座，此隄稍卑二三尺，闊三十餘丈，萬一水與隄平，任其從壩滚出，則歸漕者常盈，而無淤塞之患，出漕者得洩，而無他潰之虞，全河不分而隄自固矣。

一，議止濬海工程以免糜費。照得海口爲兩河歸宿之地，委應深闊，但查海口原身，自清口至安東縣，面闊二三里，自安東歷雲梯關至海口，面闊七八里至十餘里，深各三四丈不等。止因去年旁決之後，自桃、清至西橋一帶淤塞，尋復通流，今雖未及原身十分之一，而兩河之水全歸故道，並流洗刷，深廣必可復舊。至云相傳海口横沙并東西二尖，據土民季真等吐稱，並未望見。潮上之時海舟通行無滯，潮退沙面之水尚深二尺，况横沙并東西二尖各去海口三十餘里，豈能阻礙河流？故臣以爲不必治，亦不能治，惟有塞決挽河，沙隨水去，治河即所以治海也。别鑿一渠，與復濬草灣，徒費錢糧，無濟于事。

一，暫寢老黄河之議以仍利涉。照得黄强淮弱，每每逼淮東注，故議者欲復老黄河故道，冀使黄水稍避高堰，民墊可瘳，斯亦得策。但勘得原河七十餘里，中間故道久棄，無論有水無水之地，詢之居民，俱失其真，無從下手，一不便也。且已棄故道欲行開復，必須深廣與正河等，乃可奪流，今現存大河口窄狹不及桃、清三分之一，而三義鎮入口之處背灣徑直，猶恐水未必趨，二不便也。又其中流如魚溝、鐵線溝、葉家口、陰陽口等處，地勢卑窪，諸決之水漫流至此，一望瀰茫，築隄費鉅且恐難保，三不便也。況今桃、清遥隄議築，則黄水自有容受；崔鎮等決議塞，則正河自日深廣；高家堰議築，則淮水自能會黄；清江浦等閘議啓閉，新城北隄議行接築，則淮南高、寶、興、鹽等處自無水患。此河雖不必復，可也。

疏入，得旨：「工部看了來説。」

查議黄河後患疏萬曆六年

潘季馴

臣猥以謭材，謬膺重任，晝夜思維，欲求萬全之策，以報陛下罔極之恩，食不甘味，寢不貼席者三月矣，而卒未能快于心也。竊惟今之談河患者，莫不曰徐、邳河身墊高，水易溢也；崔鎮諸口未塞，桃、清淺阻也；高堰、黄浦淮水横流，淮揚之民久爲魚鼈也；淮黄兩河之水漫無歸宿，海口沙墊也。此徐州迤南之患耳，耳目之所覩記，運道之所必資，故人人得而言之也。臣已于前月二十八日會本具題，陛下俯從臣請，兩年之内或可脱淮揚昏墊之苦，免運道梗阻之虞，而臣亦得藉以少逭愆尤矣。然其大可憂者，不在此也，敢敬陳之。

臣初抵淮安，即詢黄河出接運道處所，衆云出徐州小浮橋，則臣喜，以爲此黄河故道之最順者也。又詢水深若干，衆云深四丈餘，則臣又喜，以爲此河身之本體也。又詢小浮橋迤西則爲胡佃溝，爲梁樓溝，爲北陳，爲雁門集，爲石城集，以上十五里則爲崔家口，即去歲八月所決之口也，其間淺深，俱不能答。臣即行淮安府管河同知王琰，前往測度去後，隨于四月二十九日親督淮北分司郎中佘毅中、添註管河郎中張譽、徐州管河兵備副使林紹、添註管河副使張純，沿河踏看。行至徐州，隨據王琰揭報，前項河水深七八尺至二三尺不等，而梁樓溝至北陳三十里則止深一尺六七寸，散漫湖坡，一望無際，原係民間住址陸地，非比沙淤可刷，故河流逾年，而淺阻如故也，臣不勝驚訝。隨據徐州碭山鄉民段守金、龔泮、王霜等各呈稱「老河故道自新集歷趙家圈、蕭縣、薊門出小浮橋，一向安流，名曰『銅幫鐵底』，後因河南水患，另開一道出小河口，本河漸被沙淺。至嘉靖三十七年，河遂北徙，忽東忽西，靡有定向。行水河底，即是陸地，比之故道高出三丈有餘，停阻泛濫，妨運殃民，懇乞開復老河，上下永利」等情，臣當督前司、道并山東管河道副使邵元哲、河南管河道副使唐汝迪，由夏鎮歷豐、沛至崔家口，復自崔家口歷河南歸德府之虞城、夏邑、商丘諸縣至新集，閱視間，則見黃河大勢已直趨潘家口矣。隨據地方鄉老靳廷相等稟稱：去此十二三里，自丁家道口以下二百二十餘里，舊河形跡現在，儘可開復。臣即自潘家口歷丁家道口、馬牧集、韓家道口、司家道口、牛黃堌、趙家圈至蕭縣一帶地方，委有河形，中間淤平者四分之一，地勢高亢，南趨便利，用錐鑽深，河底俱係滂沙，見水即可衝刷。又據夏邑虞城等縣鄉官王極、鄉民歐陽照等七百餘人連名呈告，俱爲乞疏舊河便民事。竊照黃河故道自虞城迤下、蕭縣迤上，夏邑迤北、碭山迤南，嘉靖年間岸闊底深，水勢安流，既于運河無虞，亦于民田無害，商賈通行，貿易大遂，民稱豐庶。自嘉靖三十六年以後，故道漸淤，河隨北徙，黃流泛溢，青野汪洋，居民十不存一，運道屢年阻滯，告乞早爲開通，上利下便，是誠萬世盛舉等情。臣度其言，實爲探本之論，但道里遼遠，工費鉅艱，復又沿河荒度，更無省近可從者。而臣猶冀崔家口一帶淺阻去處，或可疏濬成河，易爲力也。復督各官駕小舠至梁樓溝、北陳等處，躬親測量，委果淺阻，河底原係陸地，委難衝刷。蕭縣地方，一望瀰漫，民無粒食，號訴之聲，令人酸楚。該縣城外環水爲壑，城中潴水爲池，居民逃徙，官吏嬰城難守，現今題請遷縣。

臣竊思之，一縣之害，此其小也，夫黄河并合汴、沁諸水，萬里湍流，勢若奔馬，陡然遇淺，形如檻限，其性必怒，奔潰決裂之禍，臣恐不在徐、邳，而在河南、山東也。止緣徐州以北，非運道經行之所，耳目之後，人不及見，止見其出自小浮橋，而不攷小浮橋之所自來，遂以爲無虞耳，豈知水從上源決出，運道必傷。往年黄陵岡、孫家渡、趙皮寨之故轍不可鑒乎？臣又查得新集故道，河身深廣，自元及我朝嘉靖年間，行之甚利，後一變而爲溜溝，再變而爲濁河，又再變而爲秦溝，止因河身淺澀，隨行隨徙，然皆有丈餘之水，未若今之逾尺也，淺愈甚則變愈速，臣是以夙夜爲懼也。臣又查得此河先年亦嘗建議開復，止緣工費浩繁，因而寢閣，臣竊料先時諸臣雖以工費爲辭，實非本心，蓋誠慮黄河之性叵測，萬一開復之後，復有他決，罪將安辭？目前既有一河可通，姑爲苟安之計耳，而不知臣子任君父之事，惟當論可否，不當論利害，惟當計其功之必成，不當慮其後之難必。且所慮者，他決也，隨決隨塞，亦非有甚難者。故河變遷之後，何處不溢，何年不決，寧獨不慮之乎？

臣與司、道諸臣計之，故河之復，其利有五：河從潘家口出小浮橋，則新集迤東一帶河道，俱爲平陸，曹、單、豐、沛之民，永無昏墊之苦，一利也。河身深廣，受水必多，每歲可免泛溢之患，虞、夏、豐、沛之民，得以安居樂業，二利也。河從南行，去會通河甚遠，閘渠可保無虞，三利也。來流既深，建瓴之勢導滌自易，則徐州以下河身，亦必因而深刷，四利也。小浮橋之來流既安，則秦溝可免復衝，而茶城永無淤塞之虞，五利也。臣故以爲復之便。至于復故道難，仍新衝易，復故道勞，仍新衝逸，則臣計之熟矣。然舍難就易，趨逸避勞，慮日後未可必之身謀，而不惜將來必致之大患，皆非臣之所以盡忠于陛下也。臣勘議之後，即擬具題，但因伏水將發，猶望水勢洶湧或可衝刷成渠，近又行據同知王琰回稱，勘得北陳等處原深一尺六七寸者，今止深七八尺。臣看得伏秋暴漲之時，水增六尺有餘，則客水消落之後，不免仍存本體矣。伏望敕下該部查議，如果臣所言不謬，擬議上請，特差素識水性科臣一員前來，候秋深水落，與臣會同山東、河南撫臣及兼理河道、巡鹽御史，躬親勘議，如果可復，即便估計錢糧，會本題請，早賜施行，地方幸甚。

疏入，帝不納。

恭報兩河工程次第疏 萬曆六年

潘季馴

臣竊照治河之工，築隄固難，而塞決尤難。今幸仰仗我皇上一誠默運，上格天心，河伯效靈，諸決自塞。臣原議欲挽旁決之水以歸正道，今已悉從人願，桃、清而下，昔如溝洫，今皆洗刷深廣如故。又查雲梯關海口大闢，清口通利，兩河順軌，三月之間河形頓改，止餘大澗口一十丈未合，淮水尚分一小支東奔，若天氣晴和，功在旬日，不足慮也。但黄河雖已歸正，而隄不築則明歲伏秋必復泛溢，故堅築遥隄以固其防，創築減水壩以殺其勢，其工未可緩也。高堰之工，斷流雖已可期，而一線未足爲恃，必俟斷流之後，隄内陸地乾出，廣取其土，加培高厚，方可無虞。再查黄浦、八淺二口，皆因高堰之水漫溢衝決，高堰既塞，則二口之築自易，湖隄閘座亦當次第告成。崔鎮決水委已歸漕，并趨雲梯關下海，據稱留之無益，應合一體建築遥隄，復將磨臍溝減水壩移建本處，姑留羅家等口以殺黃流，似爲允當。工程次第，此其大都矣。再照築隄不難，而取土爲難，或爲水占，或爲沙掩，遠搜深取，務得膠淤老土方許填築，夯杵並舉，務求堅實。臣等三令五申，諸司、道朝乾夕惕，惟此而已。臣等猶慮官夫暗用飛沙填藏隄内，無從辨驗，又製鐵探筒數十具，分散各工，令其時時錐探，臣等閱工之時，亦將前器探試，如筒内帶出浮沙，捏不成顆，即將本管官究治，挖去改築。真如燕雀壘巢，日計分寸，其工誠有不易者。至于石工採運，亦甚艱苦，與其速而不堅，孰若遲而可久，故未可責效于旦夕也。近因風雪大作，地脈凍結，難以興工，目下暫擬陸續散夫，先遠後近，至明年正月二十日以前鳩工再舉。伏望皇上少紓南顧之憂，容臣悉心料理，務圖永賴之計，必不敢苟且塞責，以負任使。謹具題。

疏入，得旨「工部知道」。

恭報兩河工成疏萬曆七年

潘季馴

臣竊惟我朝建都燕冀，轉輸運道實爲咽喉。自儀真至淮安，則資淮河之水，自清河至徐州，則資黃河之水。黃河自西而來，淮河自南而來，合流于清河縣之東，經安東達雲梯關而入于海，此自宋及今兩瀆之故道也。數年以來，崔鎮諸口決，而黃水遂北；高堰、黃浦決，而淮水遂東。桃、清、虹泗、山陽、高、寶、興、泰，田廬墳墓俱成巨浸，而入海故道幾成平陸。臣等受事之初，觸目驚心，所至之處，孑遺之民攀輿號泣，觀者皆爲隕涕。然議論紛起，有謂故道當棄者，有謂諸決當留者，有謂當開支河以殺下流者，有謂海口當另行開濬者。臣反覆計議，棄故道則必欲乘新衝，新衝皆住址陸地，漫不成渠，淺澀難以浮舟，不可也。留諸決，則正河必奪桃、清之間僅存溝水，淮揚兩郡，一望成湖，不可也。開支河，則黄河必不兩行，自古紀之淮河泛溢，隨地沮洳，水中鑿渠則不能，别尋他道則不得，況殺者無幾，而來者滔滔，昏墊之患，何時而止？不可也。惟有開濬海口一節于理爲順。

方在猶豫，而工部移咨丁寧臣親詣踏看，臣乃乘輕舠出雲梯關至海濱，延袤四望，則見積沙成灘，中間行水之路不及十分之一，然海口故道則廣自二三里，以至十餘里。詢之土人，皆云：往時深不可測，近因淮黄分流，止餘涓滴入海，水少而緩，故沙停而積，海口淺而隘耳，若兩河之水仍舊全歸故道，則海口仍舊全復原額，不必别尋開鑿，徒費無益也。臣乃思欲疏下流，先固上源，欲遏旁支，先防正道，遂決意塞決以挽其趨，築遥隄以防其決，建減水壩以殺其勢而保其隄。一歲之間，兩河歸正，沙刷水深，海口大闢，田廬盡復，流移歸業，禾黍頗登，國計無阻，民生亦有賴矣。蓋築塞似爲阻水，而不知力不專則沙不刷，阻之者乃所以疏之也。合流似爲益水，而不知力不大則沙不滌，益之者乃所以殺之也。旁溢則水散而淺，返正則水束而深，水行沙面，則見其高，水行河底，則見其卑，此既治之後，與未治之先，光景大相懸殊也，每歲修防不失，即此便爲永圖。借水攻沙，以水治水，臣蒙昧之見如此而已。至于復閘壩、嚴啓閉、疏濬揚河之淺，亦皆尋繹先臣陳瑄故業，原無奇謀秘策、駭人觀聽者。

偶幸成功，殊非人力，實皆仰賴我皇上仁孝格天，中和建極，誠敬潛孚而靈祇助順，恩威並用而黎獻傾心，念轉輸乃足國之資，軫昏墊切儆予之慮，宵旰靡遑，綵綸屢飭。其始也，并河漕以一，事權假便宜以任展布，故臣等得效芻蕘之言；其既也，逮婾惰以警冥頑，折淆言以定國是，故臣等得竟胼胝之力。俯從改折之議，國計與民困咸紓；特頒賞賚之仁，臣工與夫役競勸，致兹無競之功，遂成一歲之内。今兩河烝黎，歌帝德而祝聖壽者，且洋溢乎寰宇矣，臣何敢貪天功以爲己力哉！除用過錢糧聽巡鹽衙門查覈奏繳外，謹將完過工程總數開坐，伏乞敕下該部覆議，差官勘閱，明實施行。

疏入，賚季馴等銀幣，仍遣給事中尹瑾勘實。

御選明臣奏議卷三十

陳吏治積弊八事疏萬曆十一年

丘橓

臣謹言：臣去國十餘年，竊見近日士風漸靡，吏治轉汙，遠近蕭條，日甚一日，此非世運適然，由風紀不振故也。如京官考滿，河南道例書「稱職」，外吏給由，撫、按官概與保留。以朝廷甄別之典，爲人臣交市之資，敢徇私而不敢盡法，惡無所懲，賢亦安勸？此考績之積弊，一也。御史巡方，未離國門，而密屬之姓名已盈私牘；甫臨所部，而請事之干牘，又滿行臺。以豸冠持斧之威，束手俯眉，聽人頤指，此請託之積弊，二也。撫、按定監司考語，必託之有司，有司則不顧是非，侈加善考，監司德且畏之，彼此結納，上下之分蕩然。其考守令也亦如是。此訪察之積弊，三也。貪墨成風，生民塗炭，而所劾罷者大都單寒輭弱之流，苟百足之蟲，傅翼之虎，即贓穢狼籍，還登薦剡。嚴小吏而寬大吏，詳去任而略現任，此舉劾之積弊，四也。懲貪之法，全在提問，乃豺狼見遺，狐狸是問，徒有其名。或陰縱之使去，或累逮而不行，或批駁以相延，或朦朧以幸免。即或終竟其事，亦必博長厚之名，而以盡法自嫌。苞苴或累萬金，而贓止坐之銖黍；草菅或數十命，而罰不傷其毫釐。此提問之積弊，五也。薦舉、糾劾，所以勸儆有司也。今薦則先進士，而舉、監非有憑藉者，不預焉；劾則先舉、監，而進士縱有訾議者，罕及焉。晉接差委，專計出身之途，于是同一官也，不敢接席而坐、比肩而行。諸人自分低昂，吏民觀瞻頓異，助成驕縱之風，大喪賢豪之氣。此資格之積弊，六也。州縣佐貳雖卑，亦臨民官也，必待以禮，然後可責以法。今也役使譴訶，無殊輿隸，獨任其汚黷害民，不屑禁治，禮與法兩失之矣。學校之職，賢才所關。今不問職業，而一聽其所爲，及至攷課，則曰「此寒官也」，概與上攷。若輩知上官不我重也，則因而自棄；知上官必我憐也，又從而日偷。此處佐貳、教職之積弊，七也。科場取士，舊有「門生」、「座主」之稱，若巡按舉劾，固其職也，乃劾者不任其怨，舉者獨冒爲恩，尊之爲「舉主」，而以門生自居，筐篚問遺，終身不廢。假明揚之典，開賄賂之門，無惑乎清白之吏，不概見于天下也。方今國與民俱貧，而官獨富，既以官而得富，還以富而市官。此餽遺之積弊，八也。要此八者，敗壞之源不在于外，從而轉移，亦不在于下也。昔齊威王烹一阿大夫，封一即墨大夫，而齊國大治。陛下誠大奮乾綱，痛懲吏弊，則風行草偃，天下可立治矣。

疏入，帝從之。

請復建文年號立景泰實録奏 萬曆十三年❶

沈鯉

臣竊惟人君有位號則有紀年，有政令則有《實録》，此《春秋》不易之法，自古及今，無有以興亡隆替而因

❶「萬曆十三年」，此疏内有「王祖嫡有循史職修缺典之奏」等語，據《明神宗實録》卷一九五，祖嫡疏上於萬曆十六年二月，則此疏亦當上於萬曆十六年。

革予奪其間者。我朝自太祖開基，列聖相承，金匱石室之藏具在，乃建文以革除而概稱「洪武」，景泰以分附而并系英宗，則皆爲我朝缺典矣。所據司業王祖嫡有「循史職、修缺典」之奏，臣等請先述其略，而後及所以當正之故，爲皇上陳之。

我太祖高皇帝在位，懿文太子先薨，至洪武三十一年太孫嗣位，改元「建文」，在位四年，成祖文皇帝靖難踐位，乃削去「建文」年號，仍以「洪武」紀年，及重修高廟《實録》，遂將建文實歷，附作洪武虚數，此則革除之大略也。正統十四年，北兵入犯，英宗睿皇帝躬馭六師，自行天討，至土木北狩，景皇帝時爲郕王，奉皇太后命監國，旋即大位。次年八月，英廟回鑾，後七年復辟，是爲天順元年。其時姧臣石亨輩奏將景皇帝廢爲郕王，加謚曰「戾」。成化元年，修英廟《實録》，遂以景泰事蹟附于正統之後，天順之前，注曰「郕戾附」。至成化十一年，憲宗純皇帝追體英宗本意，始敕廷臣復景帝位號，上「恭仁康定」尊謚，改修陵寢，景泰七年事蹟，未及釐正，此則附録之大略也。因循以至于今，非謂其不可而遂已之也。夫位號既復，則《實録》自當改正，許其大不許其細，是未體夫英廟之心而已矣。伏讀成祖登極詔書，不過以建文四年爲洪武三十五年，然猶稱爲少主，未聞降削位號。是在成祖親親之心亦必有不忍絶者，而一時宣力歸命諸臣，或務張功伐，或苟存形迹，遂贊成革除之事，其亦未達夫成祖之心耳。夫成祖奉天靖難，再造邦家，正使年號不除，何損萬一，而曲爲掩諱若此。且天下後世各有耳目，安可盡泯？稗官野史各有紀載，安可盡革？此不但無益于事，適足示人以疑。故議復革除者，非爲建文，爲成祖也；議更附録者，非爲景帝，爲英宗也。玆皆所不必諱者也。

方今聖明在上，修遺舉墜，以宏先德，正在此時。臣等不敢爲更張之議，惟將英廟《實録》中間七年事蹟，名曰《恭仁康定景皇帝實録》，無相混淆，如斯而已。至于建文位號，詔書中原無降削之文，今亦無憑議復，亦惟于高廟《實録》之末，摘出四年事蹟，復稱建文年號，如斯而已。夫以我太祖甫定天下，即首命儒臣纂修《元史》，又追謚其主爲「順帝」，淵哉聖心，至公至厚矣。成祖、英宗之心，同符太祖，而建文、景泰，又非勝國之君之比也。元主可謚，何忍没其號于建文？《元史》且修，何可缺其録于景泰？且景帝之位號既可復，則建文年號亦可復，建文之死事諸臣，且蒙我皇上之卹録，而況其君乎？況其爲太祖之嫡孫乎？慰祖宗在天之靈，伸寰海久抑之意，彰微顯闡幽之烈，寓興滅繼絶之仁，斯舉也，實聖德聖政之第一事也，豈獨稱昭代之信史而已耶！惟鉅典湮于累朝，而一旦頓復，公論關乎萬世，而傳信無窮，皆出自人主獨斷，非臣等所敢擅擬，伏候聖明裁定。

奏入，下部議，不果行。

請宥革除緣坐外親疏 萬曆十三年　　温　純

臣竊查先准兵部咨「該廣東道監察御史屠叔方題前事，本部覆，奉欽依咨行各撫、按官，通行司、府、州、縣、衛、所，弔取節年軍册，備查革除年間被罪諸臣，除齊泰、黄子澄外，其方孝孺等連累發遣親故，不拘現在、死絶，遵奉明旨，務查世代遠近，接輩來歷，明白的確，開具奏免，以廣皇仁。內有族黨親戚墳宅資産久在戍所者，若一概遷移回籍，于人情恐有不堪，合聽其自便。願回者，給與免帖放回；不願回者，給與免帖，仍在戍所附入民籍隨住。該衛即將册内軍名削除，不許復行勾提。本部仍載入敀成簿内，通限本年十二月終奏報，如原無應宥人數，查實咨部，不得輕信流移姧人妄告混免」等因，備咨前任撫臣准，經案行浙江布政司，轉行各清軍、守、巡、海、兵等道，及各府、州、縣、衛、所，逐一查議呈詳，以憑具題，去後未報。

該臣接管，催據該司呈稱，依奉行據杭、湖、紹、金、衢、嚴、處七府各回稱，所屬州縣衛所，並無革除年間被罪諸臣方孝孺等連累發遣親故，無從開報，各具印結，繳覆在卷。又據嘉興府申稱，平湖、崇德、海鹽、嘉善四縣，海寧、嘉興二衛所，並無前項累遣親故。止據嘉興縣申開應宥軍人吴阿真，秀水縣申開軍人朱慶員等，雖無明書方孝孺事蹟，而有「奸惡外親」字樣，范小孫等，係忠臣方孝孺株連楊任外親累遣。桐鄉縣申開軍人仲阿添等事，亦因革除年間忠臣方孝孺株連楊任外親牽累發遣，俱各有據，均應一體申豁等因。又據寧波府申稱，鄞、慈、定、象四縣，寧、定、昌三衛所，俱無前項累遣親故外，據奉化縣申開忠臣戴德彝累遣軍人屠叔保，并户絶軍人楊佛童等，擬合轉申豁免等因。又台州府申稱，黄巖、天台二縣，并台州衛左、右、中、前、水軍等所，松門衛左、右、中、前、楚隘等所，海門衛外屬前、新、桃、健等所，各無應宥軍人。其臨海、太平、仙居、寧海四縣，台州衛後所、松門衛後所、海門衛左、右、中等所，各造忠臣方孝孺、王叔英、鄭恕累遣軍人陳景原等文册到府，理合申詳豁免等因。又據温州府申稱，永、樂、平、泰四縣，温、金、盤三衛，海、瑞、平等所，各無前項累遣應宥軍人。止據瑞安縣申開忠臣卓敬累遣軍人徐亞生等到府，合行轉申，遵例矜豁等因。及准清軍、守、巡、海、兵等道各咨覆到司。

該本司左布政使衷貞吉、右布政使余一龍，查得「原題止稱革除年間被罪諸臣方孝孺等，並未開有諸臣細名，今據各府造到册内有忠臣戴德彝、王叔英、鄭恕、卓敬累遺親故，隨查得先爲仰遵明詔，查録遺忠，以彰聖政事，該巡按浙江監察御史蕭具題，革除年間被罪諸臣方孝孺、陳性善、戴德彝、卓敬、劉璟、鄭恕、鄭華、王叔英、程本立、盧原質、龔泰、盧迥一十二人，俱經禮部覆查，遵奉欽依褒表，備行撫、按二院，轉行本司，于省城總建一祠，春秋致祭訖。爲照戴德彝等，既與方孝孺俱係已褒忠臣，則凡累遺親故，通應一體推恩矜宥，但有祖充軍役，繼復累遺而調併別衛者，雖應宥其後衛軍役，而原係軍籍，隨衛安居多年，似不必更張生擾，至如原籍有丁盡而户存，及丁盡而户絶者，均應照例開豁。再照嘉興府申送嘉興等縣册，開有方孝孺株連忠臣楊任致累伊外親范小孫等遺戍，雖范小孫等非方孝孺親故，而遺戍實由方孝孺波及，亦應併免。今將各府、縣、衛、所查過累遺軍人姓名來歷，分款造册，現在呈乞本部、院，再行加覈，俯賜會議，題請施行」等因到臣。

據此，該臣會同巡按浙江監察御史范，議照捐軀盡節，人臣殉國之忠；褒往勸來，聖主礪世之典。革除年間被罪諸臣方孝孺等，節蒙累朝褒崇恤録，所以振綱常、表節義者，誠千載之一時矣。但諸臣外親族屬連累發遺者，尚未矜復，似猶未足以普聖澤而慰忠魂也。兹者仰荷皇上俯納部、院諸臣之言，特旨查豁，綸音一下，非惟株連蔓繫、久戍窮囚，喜得更生之幸，而凡率土臣民，莫不舉手加額，感激鼓舞，共思殫忠畢義，報效于明時矣。臣等仰承德意，敢不竭力清查，以期對揚于萬一？今行據該司呈報前來，臣等逐一細加查覈，除祖充軍役、繼復累遺調併一衛者，照舊軍籍隨住，不必更動生擾外，其方孝孺、戴德彝、王叔英、鄭恕、卓敬諸臣累遺親故，現在著伍供役者，似應悉從矜宥，以霑浩蕩之恩。原籍丁盡户存、户絶者，均應遵例開豁，以免勾擾之害。至如方孝孺連累楊任併累伊外親發遺者，雖非孝孺親故，而實由孝孺殃及，亦應併請宥豁，以宏一視之仁。據呈查議的確，委無詐冒奸弊，相應具題，伏乞敕下該部，再加查議覆請，將革除年間被罪諸臣方孝孺等累遺親故現在著伍吴阿真等八十二名，連累楊任外親范小孫等十一名，併丁盡户存、户絶朱阿定等六百九十一名，通行本省各該府、縣、衛所，盡行宥免。願回者給與免帖，不願回者亦給免帖，仍在戍所附入民籍當差，該衛削除軍名，不許復行勾擾。仍督行外省直衛所遵照，但有營丁在衛者，一體查明，豁免開除施行。庶聖恩廣施，忠魂永慰，不惟雪彼時株蔓之冤，亦且扶萬世綱常之重矣。

疏入，帝從之。

陳十蠹疏 萬曆十三年

余懋學

臣竊惟諸臣之不能容李植等，一則以科場不能無私，而惡植等之訐發；一則以往者嘗保留張居正，而忌吴中行、沈思孝等之召用。二疑交于中，故百妬發于外也。夫威福自上，則主勢尊。植等三臣，陛下所親擢者也，乃舉朝臣工百計排之，假令政府欲用一人，諸臣敢力挫之乎？臣謹以臣工之十蠹，爲陛下言之。

今執政大臣一政之善，輒矜贊導之功，一事之失，輒諉挽回之難，是爲誣上，其蠹一。進用一人，執政則曰我所注意也，冢宰則曰我所推轂也，選郎則曰我所登用也。受爵公朝，拜恩私室，是爲招權，其蠹二。陛下天縱聖明，猶虚懷納諫，乃一二三大僚，稍有規正，輒奮袂而起，惡聲相加，是爲諱疾，其蠹三。中外臣工，率探政府意向，而不恤公論。論人則毁譽視其愛憎，行政則舉置徇其喜怒。是爲承望，其蠹四。君子立身，和而不同。今當路意有所主，則羣相附和，敢于抗天子，而難于違大臣。是爲雷同，其蠹五。我國家諫無專官，今他曹稍有建白，不曰出位，則曰沽名，沮忠直之心，長壅蔽之漸，是爲阻抑，其蠹六。自張居正壅蔽主聰，道路以目，今餘風未殄，欺罔日滋，其蠹七。近中外臣僚，或大臣交攻，或言官相訐，始以自用之私，終之好勝之習。好勝不已，必致忿争，忿争不已，必致黨比。唐之牛、李，宋之洛、蜀，其初豈不由一言之相失哉？是爲競勝，其蠹八。佞諛成風，日以寖甚。言及大臣，則等之伊、傅；言及邊帥，則等之方、召；言及中官，則誇吕、張復出；言及外吏則頌卓、魯重生。非藉結歡，即因邀賂，是爲佞諛，其蠹九。國家設官，各有常職，近兩京大臣務建白以爲名高，侵職掌而聽民訟，長告訐之風，失具瞻之體，是爲乖戾，其蠹十也。

疏入，帝不納。

請正文體疏 萬曆十四年❶

沈鯉

臣准儀制清吏司案呈「照得近年以來，科場文字漸趨奇詭，而坊間所刻，及各處士子之所肄業者，更益怪異不經，致誤初學，轉相視效，及今不爲嚴禁，恐益灌漬人心，浸尋世道，其爲患害甚于異端。蓋人惟一心，方其科舉之時，既可用之以詭遇獲禽，逮其機括已熟，服役在官，苟可得志，何所不爲？是其所壞者，不止文體一節，而亦于世道人心，大有關繫。相應題請申飭，以遏狂瀾」等因到部。臣等看得：言者心之聲，

❶「萬曆十四年」，據四庫本王世貞《弇山堂别集》卷八四所録沈鯉原疏所具日期，及《明神宗實録》卷一八三，此疏上於萬曆十五年九月。

而文者言之華也。其心坦夷者，其文必平正典實，其心光明者，其文必通達爽暢，其不然者反是，是文章之有驗于性術也。唐初尚靡麗，而士趨浮薄；宋初尚鈎棘，而人習險譎。是文章之有關于世教也。憲宗諭詹事黎淳曰「出題刊文，務依經按傳，文理純正者爲式」，故今鄉、會試進呈録文，必曰「中式」。則典雅切實、文理純正者，祖宗之式也。今士子之爲文，何式乎？自臣等初習舉業，見有用六經語者，其後引用《左傳》《國語》矣，又數年而引用《史記》《漢書》矣。《史》《漢》窮而用諸子，諸子窮而用百家，甚至取佛經、道藏，摘其句法口語而用之。鑿樸散淳，離經叛道，文章之流弊，至是極矣。其文體，尤恥循矩矱，喜創新格，以清虛不實講爲妙，以艱澀不可讀爲工。用眼底不常見之字，謂爲博聞；道人間不必有之言，謂爲玄解。❶苟奇矣，理不必通；苟新矣，題不必合。斷聖賢語脈，以就己之鋪敘；出自己意見，以亂道之經常。白日青天之下，爲杳冥魍魎之談，此世間一怪異事也。夫出險僻奇怪之言，而謂其爲正大光明之士，作玄虛浮蔓之語，而謂其爲典雅篤實之人也可乎？如謂人自人而言自言，則以文取士者，獨以其文而已乎？抑孟子之所謂「生于其心，害于其政」者，豈爲無稽之言乎？臣等不以文爲重，而爲世道人心計，心竊憂之。

嘗謂古今書籍，有益于身心治道，如四書、五經、《性理》、司馬光《通鑑》、真德秀《大學衍義》、丘濬《衍義補》《大明律》《會典》《文獻通考》諸書，已經頒行學宫，及著在令甲，皆諸生所宜講誦。其間寒素之士，不能偏讀者，臣等不能彊；博雅之士涉獵羣書，臣等不敢禁。但使官師所訓迪，提學所課試，鄉、會試所舉進者，

❶ 「玄」，原作「元」，係避諱字，今據沈鯉《亦玉堂稿》卷一《正文體疏》改。下同。

非是不得旁及焉。仍乞容臣等會同翰林院掌印官，將弘治、正德及嘉靖初年一二三場中式文字，取其純正典雅者，或百餘篇，或十數篇，刊布學宫，以爲準則，非是不得録取焉。除鄉、會試已經臣等題定有犯前禁者，隨即指名參處外，其直省提學官，各持一方文衡，品題高下，人皆嚮風，轉移士習，尤爲緊切。如使膠庠之所作養者，皆務爲險僻奇怪之文，而鄉、會之場欲合乎平正通達之式，臣知無是理也。乃往時止于科舉年分稍一申飭，其各直省小攷，則任其變亂程式，置之不問，是謂濁其源而求其流之清也，不可得已。合無恭候命下，容臣等咨都察院，行兩直隸提學御史及各省巡按御史，轉行各該提學憲臣，務仰體朝廷德意，相率以正文體、端士習，轉移乎世道，而不得厭常喜新，標奇攬異。如復有前項險僻奇怪、決裂繩尺，及于經義之中引用莊、列、釋、老書語者，即使文采可觀，亦摘其甚者，痛加懲抑，以示法程。仍將解部攷卷，容臣等逐一閱驗，咨送吏部，以爲提調學政官殿最。伏乞聖裁。

疏入，帝從之。

請停礦稅疏萬曆十四年❶

温純

臣等近睹時事，不勝杞憂，竊幸皇上屢禁榷採擾害，散遣隨從虎翼，中外臣民舉手加額，謂聖明日月照

---

❶「萬曆十四年」，此疏内言「蕞爾貴州，亦遣稅使」，據《明神宗實録》卷三三六，貴州遣稅使在萬曆二十七年六月，則此疏應上於該月之後。

臨，停止可旦夕待也。不意蕞爾貴州，亦遣税使。臣等志在獻替，若徒以一言塞責，不求實回天聽，是曠官職，是昧禍機，是負皇上，坐待有事，圖之無及，臣等之罪，將用何詞以解？蓋自榷採四出，其害則閭閻隱忍已極，雖官司未必盡知，其禍則官民相向深憂，而皇上以爲無事。歷星變、火災、水旱民不聊生之地，在在有礦税之役，在皇上愛民盛心，固曰不忍加派，乃有此舉，在地方有司官吏，則曰奉有明旨，誰敢不遵？于是或攤之行户，或派之經紀，或爲頭會箕斂，或爲椎髓剥膚，蠅頭錐末雖細不遺，肩挑背負無微不及。其所進數萬、數千，皇上以爲數止于此，不知此特其一耳，而各官役之狼攫侵牟、充私囊者，十而九也。

夫攘臂而奪之食，弱者必怒于色，強者必怒于言，悍者必操戈從之矣。豈有奪民之財而戕其命，能使之束手而待斃乎？彼特有所俟而未發耳。皇上毋謂臨清、儀真激變之後，竟亦帖然無足慮也，亦毋謂今日解銀幾千、明日解銀幾萬，可以惟其所欲，而無不如意也。夫多藏厚亡，天地大數；財聚民散，黼扆箴規。不可不深長思也。在昔忠臣愛君，必防其漸。《傳》稱「長國家而務財用，必自小人。菑害並至」，今所用，惟不知民艱之中使，苟求衣食無賴之棍徒。從來大盜，往往乘釁待隙，今鹽法壞，軍餉匱，戎馬凋疲，顧此失彼，山澤之雄桀禍幸亂，流散之民有死無生，征戍之役沿途肆虐，岌岌乎不止釁與隙矣。

而語目前之多故，莫如遼左，尤莫如貴州與四川。在四川，苦採木之役，民已喪其樂生；在貴州，號彈丸之區，餉皆資之各省，而播酋復肆鴟張，爲川、貴大害。皇上惻然西顧，方且趣兩省督、撫星馳征討，以拯塗炭，奈何復從而重困之？軍馬芻餉，方望内帑給發，數十百萬不止，而又求數萬之税于其地，與素不産之名馬乎？此驅民使之歸播，驅商旅使不更出入于滇楚。譬如藩垣不培，盜必斬關而入，病夫垂斃，而復飲以烏喙，鮮有不立仆者。皇上不爲封疆計則已，苟爲封疆計，可任網利之徒恣意漁獵，以撤其藩垣，且益之疾而速其斃乎？故語民間愁苦，各省礦稅皆宜報罷，爲生靈命脉計也。語及疆事安危，則川、貴、遼左尤宜先罷，爲國家保障計也。

夫生靈之休戚，較諸一己之玩好，孰輕孰重？國家之大計，較諸一時之小利，孰利孰害？矧與民争利，而究也必不得享其利，又孰與以天下之利還之天下，而使一心愛戴、疆圉無虞之爲愉快耶？臣等竊懼時艱，不忍徒仰屋空嘆，是用昧死而進其狂愚。伏乞皇上深維安攘之至計，遐覽元元之苦情，亟將各省榷税諸使慨然召回。于以上綿皇祖之鴻業，下答四海之民心，宗社幸甚。倘少須時日，次第罷遣，則乞于川、貴、遼左用兵之處先停征税，庶重地免分外之擾，征討有底定之期，其關繫國家尤非淺鮮，惟聖明幸留意焉。臣等無任懇切、待命之至。

疏入，帝不納。

乞矜廉吏被誣疏 萬曆十四年❶

温　純

臣等竊惟國家事有當婉詞曲陳，以冀下情易達者，有當苦口盡言，以求天聽蚤回者。今事勢景象，日急

❶「萬曆十四年」，據《明神宗實録》卷三三一，疏内所言吴寶秀被逮事在萬曆二十七年二月，則此疏上於萬曆二十七年。

一日，臣等敢不盡言！伏自皇上礦税兼行，旋以中官李道訐奏，逮問南康府知府吴寶秀、星子縣知縣吴一元，一時人心錯愕。臣等雖身任言責，止從九卿陳乞，不再爲疏煩瀆，竊以爲舉朝之言，公言也，必蒙皇上垂聽。又恃皇上不許擾害地方之旨，❶各官役或不敢違，若歲事豐登，官民相安，縱有意外之慮，知皇上必暫爲而旋即已之也。今據李道訐吴寶秀等，遂令寶秀之妻上怖天威、下懼夫難，脱簪以佐路費，不及四金，旋即自盡死，别遺一幼子，呱呱就寄。夫寶秀，固國家一廉吏也，臣等于京察時，訪其官大理，茹苦有聲，今任南康甫十六日，偶與李道齟齬，輒遭陷以鄰境奇禍，且于桎梏中傷妻不可復生，念幼子未必復見，秪畏嚴命，且泣且行，而又重以長途跋涉之艱，緹騎縶絏之苦，不啻隆冬而遇霜雪之交加也。此等情狀，南康士民痛惜，道路遠近悲憐，我皇上聞而知之，未有不惻然動念者也。臣等聞其體甚羸弱，倘付詔獄，加以箠楚，萬一不支，或死杖下，縱不即死，傳之天下後世，將謂皇上以中官争利之故，而致方面廉吏妻死身危，不亦輕重失倫、甚非朝廷爲民設官之意乎？

況今異星東墜，明屬兵兆，徐、鳳以北旱二千里，麥苗無望，民雜草葉以食，即如皇上初年布衣祈禱，以回天意，發倉賑貸以救民窮，猶恐無濟于時。而礦税官役，方且交錯滿道，有掘之地不得，則以一條鞭法索之民，而民不能堪者；有本地棍徒通同官吏，指某屋某塚有礦而詐銀入己者；有一物而四五税，或税及于囊

---

❶「許」，原作「詳」，今據四庫本温純《温恭毅集》卷五《遠臣被逮遭難可矜懇乞寬宥以光聖德併乞亟停礦税以保治安疏》改。

資者；有搶奪成風，官役倡之，市棍又假官役以效之，利則歸衆，名則歸皇上者。遍天下皇皇然，相欺相争相仇，不至于竭澤殃民不已也，不至于召釁起亂不已也。即今輦轂之下，商旅罕至，況其遠乎？郊關之外，搶奪公行，況其遠乎？近儀真太監暨禄又報上新河民蜂擁萬餘，幾成大變矣。而會徐、鳳以北大旱，淮揚鹽法阻滯，竈丁罷煎，徐、鳳固從來揭竿聚衆之藪，淮揚鹽課，尤年例邊餉取給之地也。各省税銀，舊所資以充邊餉者，亦少半充内帑，大半充各官役之囊矣。無論軍士枵腹，不待脱巾乃見，竊恐不軌之民，與失意、失利之民並起。所謂失意之民，林章輩是也；所謂失利之民，上新河之蜂擁與竈丁是也；所謂不軌之民，我朝之劉六、齊彦名、師尚詔輩是也。然而不軌之民，又因失意、失利之民而起，縱能撲滅，將安所資餉于庫藏匱竭之時？即取原奏各官民而盡置之法，亦何濟矣。

蓋天下所最可患者，有可修省之時，而以爲不足畏，則可畏者至，而修省無及；有可挽回之計，而以爲不足慮，則所慮者至，而挽回無及。臣等誠願皇上之及時以挽之也。及時則不過片紙温綸，而風行雷動，立見四海臣民仰頌我皇上，即堯、舜、禹、湯、文、武不能過，且其爲力甚易，不然則其難有萬倍于今日者。臣等職在守法，竊有感于吴寳秀等之逮，而恐天下之夫不能有其妻，父不能保其子者，不獨一寳秀也。又恐今日聚利之禍，不獨在官民也，故敢以苦口之言進。伏乞皇上特霽天顔，俯察臣等所言原非過計，臣等所慮原出閭閻迫苦真情，倘荷天恩憐吴寳秀之廉，而矜其苦，涣發德音，放回令復原職，臣等之上願也。如以業有成命，仍乞聖慈于拏到之日，敕下刑部，併知縣吴一元從公審實，請旨發落，俾得保其殘生。因停礦税，收回原差各省中官及各官役，以收人心，以弭禍兆，以保治安之休于無疆，宗社幸甚，天下臣民幸甚。

疏入，帝不納。

乞保聖躬重宗社疏萬曆十四年

盧洪春

臣伏見陛下自九月望後連日免朝，前日又詔頭眩體虛，暫罷朝講，時享太廟遣官恭代，且云非敢偷逸，恐弗成禮。臣愚捧讀，驚惶欲涕。夫禮莫重于祭，而疾莫甚于虛，陛下春秋鼎盛，諸症皆非所宜有，不宜有而有之，上傷聖母之心，下駭臣民之聽，而又因以廢祖宗大典，臣不知陛下何以自安也。抑臣所聞更有異者，先二十六日傳旨免朝，即聞人言藉藉，謂陛下試馬傷額，故引疾自諱。果如人言，則以一時馳騁之樂，而昧周身之防，其爲患猶淺，倘如聖諭，則以目前袵席之娱，而忘保身之術，其爲患更深。若乃爲聖德之累，則均焉而已。且陛下毋謂身居九重，外廷莫知，天子起居，豈有寂然無聞于人者？然莫敢直言以導陛下，是將順之意多，而愛敬之心薄也。陛下平日遇頌諛必多喜，遇諫諍必多怒，一涉宫闈，嚴譴立至，孰肯觸諱以蹈不測之禍哉？羣臣如是，非主上福也。願陛下以宗社爲重，毋務矯託以滋疑，力制此心，慎加防檢，勿以深宫燕閒有所恣縱，勿以左右近習有所假借，飭躬踐行，明示天下，以章律度，則天下萬世將慕義無窮。較夫挾數用術，文過飾非，冀以聾瞽天下之耳目者，相去何如哉！

疏入，帝震怒，命治罪，杖六十，斥爲民。

請嚴言官曠職之罰疏萬曆十五年

李懋檜

臣竊見給事中邵庶論誠意伯劉延世，波及言者，欲概絶之。防人之口，甚于防川，庶豈不聞斯語哉？今天下民窮財殫，所在饑饉，山、陜、河南婦子仳離，僵仆滿道，疾苦危急之狀，蓋有鄭俠所不能圖者，陛下不得聞且見也。邇者雷擊日壇，星墜如斗，天變示儆于上；畿輦之間，子弑父，僕殺主，人情乖離于下。庶以爲海内竟無可言已乎？夫在廷之臣，其爲言官者十僅二三，言官不必皆智，不爲言官者不必皆愚。無論往事，即如邇歲馮保、張居正交通亂政，其連章保留，頌功諂德，若陳三謨、曾士楚者，並出臺垣，而請劍引裾，杖謫以去者，非庶僚則新進書生也。果若庶言，天下幸無事則可，脱有不虞之變，陛下何從而知？庶復以堂上官禁止司屬爲得計，伏覩《大明律》「百工技藝之人，若有可言之事，直至御前奏聞。但有阻遏者，斬」，《大明會典》及皇祖卧碑亦屢言之。百工技藝之人有言，尚不敢阻，況諸司百執事乎？庶言一出，志士解體，善言日壅，主上不得聞其過，羣下無所獻其忠，禍天下必自庶始。陛下必欲重百官越職之禁，不若嚴言官失職之罰。當言不言，坐以負君誤國之罪，輕則記過，重則褫官。科道當遷，一眎其章奏多寡、得失爲殿最。則言官無不直言，庶官無事可言，出位之禁無庸，太平之效自致矣。

疏入，帝責其沽名，鐫二秩。

劾廠監張鯨疏 萬曆十六年

李　沂❶

臣聞宦官之禍，譬猶腹心之疾，惟英明之主早見豫防，拔去本根，故免日後之禍。臣不敢遠引，即如正統時太監王振、正德時太監劉瑾，舞弄朝權，傾危社稷，後雖萬死，何足贖罪！至今令人切齒寒心，此二朝明鑒也。皇上臨御十有六年，宫闈穆清，朝綱整肅，文武諸臣兢兢奉法，獨有東廠太監張鯨，倚仗恩寵，欺天壞法，膽大心雄，從來未有。科道諸臣所奏八罪，一一有據，詔付法司覆究惡黨，中外臣民踴躍歡呼，咸謂必將翦除元兇，以杜後禍。法司問明奏請，邢尚智等俱奉旨處分，張鯨姑念侍奉多年勤勞，令痛加省改，策勵供事。中外聞之，大失所望。惡本不除，爲害滋甚，臣恐王振、劉瑾復見于今日矣，敢爲皇上極言之。

昔我太祖高皇帝，防制宦官極嚴，有罪不赦。洪武中一監官供事内廷，言及政事，即日斥遣，因諭羣臣曰：「自古英明之君，凡有所謀，必廣及公卿大夫，而斷之于己，未聞近習嬖倖可得預者。今此宦者，雖事朕日久，不肯姑息，決然去之，所以懲將來也。」夫監官僅言及政事，未曾挾威逞勢如張鯨之甚也，太祖即日斥去，不肯姑息，使如張鯨犯法，太祖當如何處置也？今科道交章，法司究問，皇上知鯨罪惡屬實，即加顯戮以洩天地祖宗神明之怒，猶謂其晚，奈何令罪大惡極者，仍處宫闈禁掖之地乎？往年馮保招權納賄，皇上

❶「李」，原作「張」，今據《明神宗實録》卷二〇六萬曆十六年十二月己卯記事、《明史》卷二三四《李沂傳》改。

已籍没之矣；近日宋坤挾詐騙財，皇上即斥去之矣。張鯨之惡，百倍馮保、宋坤，擢鯨之髮，不足數其罪；食鯨之肉，不足報其冤。故京師爲之語曰：「寧逢虎狼，莫逢鯨張。」言虎狼有時而不噬，張鯨無人而不害也。皇上英明，同符太祖，不難去馮保，不難去宋坤，何猶難去一張鯨耶？

臣伏讀明旨，以意斷之，邢尚智監候處決，謂其黨壞邊事也，使鯨不恣權，雖百尚智，豈能撥置？李登雲、張維德發烟瘴地方永遠充軍，謂其受賄縱情，欺君賣法也，然受賄賣法，孰過于鯨？尚智、李奇等冒領鈔銀，供稱張鯨主令，冒領者既加之罪，主令者何獨幸免？此臣所未解也。以爲鯨侍奉多年，其弄權壞法亦多年矣，皇上當深恨之，何復念其勤勞也。以爲痛加省改，猶可供事，則未聞狠于虎狼之人，而可責令守門户者也。況在宫闈左右，安知不包藏禍心乎？前數有流傳，鯨廣置金寶，多方請乞，皇上猶豫未忍決斷。中外臣民初聞不信，竊謂皇上富有四海，豈少金寶；明並日月，豈墮奸詐；威如雷霆，豈徇請乞。及見明旨，復許鯨策勵供事，外議紛紛，遂以此事爲真，謂鯨奸謀既遂，而國家之禍自此始矣。

伏乞皇上大奮乾綱，爲法割愛，將張鯨重治，以儆奸邪，以釋羣疑，宗社、生靈俱可無恙。不然，臣恐皇上之聰明聖智，竟爲此閹誤也；皇上十六年清平世界，竟爲此閹壞也。以一閹官之故，而壞聖明之治，壞祖宗之法，壞朝廷之體，天下謂何？後世謂何？此忠臣烈士所以日夜仰天拊心，必欲殄滅此賊而後已也。臣職在諫垣，君側有惡，不爲掃除，皆臣之罪，故敢直言無諱，惟聖明裁察，幸甚。

疏入，得旨：「這事情已有旨了。這廝每欲與張居正、馮保報復，私意不遂，故醜污君父，好生無禮。著拏送鎮撫司，好生打著究問了來説。不許縱情賣法。」

御選明臣奏議卷三十一

請保護聖躬疏萬曆十七年

趙志皋

臣謹奏爲披瀝悃誠，懇祈明聖慎保聖躬，以介萬年，以衍靈長事。臣荷蒙皇上恩寵，叨居侍從，尋歷卿貳，爵位之榮、禄養之厚，有捐軀難報者。豈啻爵禄恩寵而已哉！蓋自有此身以來，皇上蓋之如天，容之如地，則此身非臣之身，皇上所賜之身也。愛其身而不知愛君之身，天地間之罪人也。然自古忠臣愛君，頌之曰「萬福」，曰「萬壽」，《天保》諸詩可詠也。愛君而不以古人之心爲心，非真愛君者也，臣不敢也，請爲皇上陳之。

臣惟古帝王之御天下，能以天下重其身，爲上天之眷命，爲下民之共主，爲祖宗紹鴻業，爲子孫垂丕基。九重端拱，非以自恣也，有逸慾之戒焉；萬方供獻，非以自侈也，有耽樂之戒焉；冶容麗色，伐性之斧斤也，有荒淫之戒焉；崇飲酣歌，迷心之鴆毒也，有沈湎之戒焉。夫是以操存内固，血氣順軌，精明堅實，壽考無疆。周公爲成王作《無逸》，述商王不敢荒寧，文王不遑暇食，不敢盤于遊田，厥享國長久者，蓋此意也。臣近歲以左諭德少詹事侍朝講，恭覩天顔和睟，聖體康強，退而私相喜曰：「真萬年之令主也！」今年三月初，于邸報中見鴻臚寺接出聖旨：「朕近因動火，免朝。」四月中又見大學士王錫爵疏奉聖旨：「覽卿所奏，悉見讜言，但朕自去年以來，動火頭眩，輒不耐勞煩，欲以静攝，非安逸怠荒。」臣伏讀之，仰見皇上虚懷納言，敬德慎疾，臣惓惓之所願望者，然私心竊有疑焉，皇上春秋鼎盛，精神健旺，稍有不和，一養旋復，何自冬相延至今也？臣謂人身之有水火，猶天地之有陰陽，心屬離，爲火，腎屬坎，爲水，水宜升，火宜降，此水火既濟之理也。善養者，清心寡慾，俾腎水有餘，自然上升，制伏離火，生津生液，而君火常住。不善養者，徇情縱慾，致腎水不足，不能上升，制伏離火，爲眩爲暈，而邪火盛行。今奉旨久稱動火，臣私心求之，得非九重之內，可以自肆，將逸慾而不之儆乎？萬幾之暇，欲以自娱，將耽樂而不之節乎？嬿婉在側，而衽席之愛，不能自割乎？聲樂在御，而麴蘗之好，不能自克乎？有一于此，皆足以損真伐和，耗傷元氣。

夫元氣之在人，猶木之有根，水之有源也，木傷根則枯，水傷源則竭，人傷元氣，則精神短少，軀體孱弱，致疾蓋有由矣。伏願皇上念天地、祖宗、子孫、人民之重，思古帝王逸慾、耽樂、荒淫、沈湎之戒，惜元氣之不可傷，而于宫中娱樂燕饗，視之若花鳥水石然，以寄一時之興，行之有節而不沈溺，守之以禮而不放逸，則外耗既除，内體自固，元氣常足而邪火不攻，聖躬自爾清泰矣。苟爲不然，則攻取者衆，存養者微，如火之鑠金也，如斧之伐木也，良可畏哉！年不可恃，時不可失，願皇上當此富盛之年，而調燮以培之，則爲力也易；若他日虧損之後，而藥石以扶之，則爲力也難。此在皇上深思而力反之爾。宋臣蘇軾有言曰：「人生之所好者逸慾，而所甚好者生。以其所甚好禁其所好，庶幾必信。」臣願皇上信臣之言而已。

臣又惟養身莫善于寡慾，寡慾必先于清心。然人心必有所寄，寄于嗜慾，則念兹釋兹在嗜慾，寄于存省，則念兹釋兹在存省，語云「日親日近，日遠日疎」，此有所寄之説也，皇上當何所寄哉？宋儒真德秀曰「惟學可以養此心，惟親近君子可以維持此心」，臣願皇上日臨講幄，常御經筵，與二三儒臣講究義理，退則將所講經史覆玩而詳繹之，務求必得于心，則此心寄于學問，而他念不足以入之矣。又願如常視朝，數召三公九卿于便殿，商搉庶政，退復將所上章奏徧閲而深省之，務求必察其故，則此心寄于治道，而他好不足以奪之矣。内廷之中，非外臣之所得預，又當擇其内臣之忠謹者，給事左右，以侍旦夕之起居，以護燕閒之遊息，取其箴善規過，察其導慾獻諛，由此自朝至昃，必警必戒，無以内逸妨外勞，無以十寒勝一暴，自然聖慮日清，嗜慾日寡，聖躬無不強固矣，非天下臣民之幸哉？

臣待罪南都，實叨近侍，願獻忠于皇上久矣，秖以官非言責，而匡扶朝政，指陳時事，則大小臣工前後臺諫，俱已言之，臣何敢復瀆天聽？至于保護之義，臣實預有責焉，而一念忠愛之心，耿耿不容以自已也。夫言及乘輿，則畏禍者忌；事關宫壼，則遠嫌者疑。臣顧不畏斧鉞而冒言之，臣之罪也，然苦口之藥，治病者利焉；拂心之言，治國者資焉。臣乃直披肝膽而力陳之，臣之愚也，舍其罪以取其愚，臣之所大幸也，惟皇上垂擇焉。臣無任祇慄祝願之至。

疏入，得旨：「覽卿奏，知道了。」

論公用舍疏 萬曆十七年❶

逯中立

臣惟朝廷有用舍之權，而天下有是非之公。用舍合于公，則人服而議論自息；用舍不合于公，則人不

❶「萬曆十七年」，據《明神宗實録》卷二六八，譚一召、孫繼有因言獲罪在萬曆二十一年十二月，逯中立此疏係爲救二人所上，則其時間非萬曆十七年。

服而議論日滋。故曰「王道本乎人情」，自古以來，未有上下異情、大小臣異心、邪正倒置、衆論沸騰而可以言治者。臣睹近來諸臣相繼而罷者，率多砥行好修、守正不阿之士，如郎中譚一召疏中所云得罪棄置者六十餘人，臣不敢謂其皆皭然君子，然而爲君子者多也。而偶以一事固執，一言觸忤，遂令其牢落下僚，跧伏田間，壯志鬱而不伸，忠猷藴而未竟，此臣所以深爲諸臣惜也。方今中外多故，苦無任事之人，而今被斥諸臣，雖位有崇卑，才有偏全，皆國家所作養，生平所砥礪，今不使之爲國家用，而反令藉之以成其私名，致感時者有憐才之嘆，司銓者有乏才之憂，此臣所以深爲世道惜也。夫諸臣有以争國是而去者，有以詆輔臣而去者，又有以申救株連、疑及輔臣而去者，陛下怒言者，則曰「出朕獨斷」，而輔臣王錫爵之自解亦曰「有主上親筆」，臣謂所罷者非正人也，則斷自宸衷，固主上去邪之明，即擬自閣臣，正大臣爲國之忠。若所罷者果正人也，出于閣臣之票擬，而有心斥逐者，爲妒賢；出于主上之裁決，而不能匡救者，爲竊位。彼職贊密勿，身膺隆眷，不補牘力諍，而坐視忠良屏棄，讒佞鴟張，雖間有揭救，然而諸臣之擯斥者如故也，大臣以人事君之道，恐不如是。故臣又深爲輔臣惜也。

今陛下欲安輔臣，則罷言者，言者罷而論者愈多，論者多而輔臣益不自安。即如高攀龍一疏，惓惓爲國惜才，即部、院大臣亦許其願忠之心矣，中外諸臣亦多爲之申解矣，孫繼有、譚一召之疏不無過激，而扶正抑邪之言不無可採，陛下重罰二臣，以謝輔臣，二臣罰而輔臣能自安乎？臣聞「防口甚于防川」，聖如虞舜，猶察邇言而用之，況「泰交」一疏，❶輔臣不以淹棄諸臣請乎？陛下以心膂託輔臣，則何不行輔臣之言，從中

❶「泰交一疏」，指王錫爵《定國論一政體疏》，見本書卷三二。

外臣工之願，明諭吏部于先後廢謫諸臣隨材録用，以示大公，則君有容直之名，臣無敢言之譽，國收多賢之益，廟堂無處分之煩，衆囂自息，輔臣自安矣。宋劉安世曰「愛惜人才，乃人主自爲社稷計」，程子曰「朝廷不失于舉措，❶使議論何名而沸騰？」釋羣疑而收人心，莫要于此。

然臣又有言焉，留都銓卿以沈鯉推而不用，尚寶司丞以李懋檜補而不允，至于鄒元標，慷慨大節，海内屬目，而不能一日立朝，夫以陛下寬仁，獨不能容一二直臣乎？以輔臣見知于主，獨不能爲國用一二直臣乎？端人短氣，正士結舌，聖明之朝不宜有此。輔臣不思極力叩閽，仰回天聽，以收民譽而樹令名，而徒忿衆口之呶呶，以歸過于君父，此臣所以義激于中，不容默默也。臣一介草茅，蒙拔寘吏垣，感時効愚，罔知忌諱，伏惟聖明裁納。

疏入，帝怒，停俸一年。

論修史用人疏 萬曆十七年❷

逯中立

臣伏見該輔臣王錫爵題請纂修正史，起原任詹事劉虞夔充總裁官，輿論嘖嘖以爲匪人，臣曰是輔臣援所私而不顧天下之公議也。方具疏參論，旋聞同官業已上請，竊謂輔臣必聞言而悔，滌心而聽，則臣可無言

---

❶ 「措」，原作「錯」，今據四庫本《二程文集》卷二程顥《諫新法疏》改。

❷ 「萬曆十七年」，據《明神宗實録》卷二七二，萬曆二十二年四月庚戌記事，此疏上於萬曆二十二年。

矣，既奉旨：「先該吕坤保薦劉虞夔急宜起用，今御史紛紛參駁，孰爲公論？著該部、院定議來説。」欽此。臣仰見皇上深居大内，留神章奏，采公論于外廷，付定議于部、院，而毫不以成心預也。繼而思曰：「是出于宸衷之主裁歟？則吕坤保薦，事在往年，猶然簡在聖心，虞夔何人，而當此隆眷也？抑出于閣臣之票擬歟？則是以桃李之私情，謬爲推引，而奈何假吕坤之一薦以自文也？」臣請得而畢其説。

撫、按之臣，鎮輯一方，境内士夫所改容而禮者也，非巨奸豪宦，不以列彈章，其薦人也不得不寬；廟堂之上，提衡天下，宇内才品所懸鏡而別者也，非宏才碩望，不以辱弓旌，其用人也不得不嚴。撫、按之保薦，或偶取其鄉論，廟堂之起用，必詳核其官評。試查各處撫、按所薦舉地方人才者，能人人而用之乎？彼虞夔生平具在，去歲拾遺疏中，真士類所不齒，聖世所不容者，不即罷斥，已爲漏網遺奸，此固滿朝公論，輔臣獨不知乎？知之而何故復用之乎？夫用虞夔也，爲得意門生而私之也。私虞夔而借明旨，以塗天下也，借堂官以箝臺臣也，則黨護之心化而爲機械。儻皇上試召輔臣而問，不知輔臣何詞以對？且今天下多故，需人甚急，廢謫諸臣無賜環之日，中外士紳日夜望輔臣補牘力諍，今未能進一君子，而先進一邪臣，輔臣又將何詞以謝天下乎？伏乞明諭輔臣，以後用人當秉公心，勿植私黨，以後擬旨當持大體，勿挾私見，則國家之休也，亦所以成輔臣之令名也。

臣再惟修史，鉅典也，必博訪名流，廣招俊士。前輔臣疏有欲取之別署，取之外僚，取之閒廢，取之山林隱逸，而必曰「文行兼優」，又曰「行義無虧」，然邪媚如虞夔者，首預總裁之選矣。第恐天下之爲虞夔者不少也，洿行無節、徒飾浮華之詞、夤緣干進者，亦不少也，儻誤蒙收録，則修史之典，適以啓邪臣奔競之途，而開小人仕進之竇耳。即掇英摛藻，何足以昭法誡而垂萬世哉！伏望諭輔臣及吏部，嚴行諮訪，務求端方直亮、博聞有道術之士，毋得濫及匪人，以污本朝盛舉，則仕路肅清，而國史可傳不朽矣。

疏入，帝從之。

論邊事疏 萬曆十八年

王錫爵

臣惟方今文武内外之吏，名實異同之間，與古事相反者三。古謀國之臣，無事則深憂，有事則不懼，故經營與鎮定各當其時。今則不然，自敵款二十年來，吏恬卒玩，無復守戰之備，一旦烽火乍驚，鳴鏑内嚮，則當事者，亡羊補牢亦猶未晚，而震怖憂惶，止辦呶呶追尤首事，此一反也。古策敵之臣，搢紳守和親，介胄言征伐，雖各膠柱一偏，然文武隨其事任，廟堂自可折衷用之。今則不然，武官爨下求安，專藉款關之利；文吏隙中觀鬪，争談出塞之功。賈勇不在邊境，而在朝廷，禦寇不以甲兵，而以文墨，此二反也。古當機制變之臣，或胡越使之相救，或父子不嫌異趨。今則不然，諸邊以彼此支吾爲熟套，以日月玩愒爲良謀，轉相慕效，翕然同風，遇緩急重難之事，則隔垣内外，便分爾我。如徹哩克一人，❶在宣、大則力保其無他，在甘肅則以之爲誅首。犯邊一事，在西，人委東則曰「爾何不招」？在東，人委西則曰「爾何不戰」？皆逃責于己而嫁禍于人，此三反也。今經略大臣，業有專遣，臺諫諸臣之疏，且次第酌行，臣不敢再條便宜，猥瀆視聽，

---

❶ 「徹哩克」，明代譯作「撦力克」，又作「扯力克」。

獨前所謂三反者，乃安危得失之大機，廟堂擇之不可以不精，持之不可以不定。而就中緊關切要之計，決當以經營、鎮定相兼而行。然所謂經營者，不在臨敵倥傯，調兵易將，在知彼知己，知擒知縱，毋示人以拙而已。所謂鎮定者，不在矯情倉猝，賭墅清談，在緩急有次第，措置有精采，毋示人以怯而已。

臣竊觀目前惟和碩一枝斷斷乎不可收拾，❶若其他或在陰陽逆順之間，或在觀望反側之際。形狀未露，則不妨廣布威信以招之；羽翼未成，則不妨多行間諜以散之。雖良、平復生于今日，察彼己之勢，審擒縱之宜，其策必不出于此。而臣之所憂者，獨恐將吏以忘戰之久，而畏事之甚，苟聽要挾，急圖招撫，使外敵反持中國之權，武吏反襲文儒之論，則其患有不可言者。故必廟堂氣先定，謀先審，毋動摇于流議，毋怵惕于近憂，重懸賞罰，使將官之勇氣先振，而後使文吏策其便宜，嚴責推諉，使諸邊之血脈先通，而後使本兵課其功實。經營在此，鎮定亦在此。如必以一鎮有事，使四鎮同時樹敵，一歲有警，乃盡掩二十歲保境息民之功，盡更將吏，盡絶諸部，盡掃先朝大臣馬文升、王瓊等老成持重必然之畫，則非臣所敢持空喙而保、借前箸而籌者也。

方今諸邊戰士有幾？習兵敢戰之將有幾？安攘之計，獨有一面推擇新將，又一面策勵舊將，一面調集客兵，一面招募鄉兵，然一時部署，已覺落落難合，況轉餉詘于歲儉，發帑困于國虚，萬一諸部瓦解，該邊

---

❶「和碩」，萬曆本王錫爵《王文肅公全集·奏草》卷五《論邊事疏》作「火酋」，即明譯「火落赤」者。清代又譯作「和齊齊」、「和爾齊」、「和爾啓」、「霍洛齊」、「浩爾齊」等。

四面大征，則我之拙形盡露，何以支撑？故臣以爲不如且從容寓戰于謀，藏拙于巧，威之以先聲，示之以不怯，莫遽爲張皇自擾之狀。其經略大臣既奉有特旨，全付之以諸邊重擔，則廟堂但當總其大綱，授以大指。如敵入，則我之指麾當愈暇；敵去，則我之隄備當愈嚴。敵驕而挾賞，則我之拒捍當愈嚴；敵懼而乞哀，則我之牢籠當愈密。而至于瑣細節目、隱微情狀之間，則機關在彼中，功效在事後，自當一切寬假，以觀其運籌調度之何如，若豫掣其手足，而遥制其事權，適足爲邊臣藉口逃責之資爾。今之議者，獨引宋人以和自愚之説，殊不知彼出關而奉之，此開關而款之，彼稱南北兄弟爲敵國，此稱臣納貢爲屬國，古今强弱之勢原自絶然不同，有如今日改絃之後，士馬誠練，糗糒誠充，備守誠設，斥堠誠謹，則國家之全力具在，豈可與北庭歲幣、南宋偏安同日而語哉？此臣所以謬爲三反之論，而約以經營、鎮定之二言，蓋欲少省議論，使當事者可以措手而已。惟皇上留意裁擇。

疏入，得旨：「覽卿奏，具見謀國忠慮。邊務重大，兵機秘密，要須臨事鎮定，及時經營，豈可倉皇紛擾，因循畏怯。這所議，著各該經略、督撫等官查照舉行，毋得虚文推諉。」

請止開礦疏萬曆十八年

王錫爵

臣謹題：今日該文書官劉宣口傳聖旨：「開礦一事，節經諸人題請，如何不見部裏覆來？」臣等仰見皇上留心國計，不勝欽服。竊惟天地生財，本以資國家之用，况今帑藏無餘財，山澤無遺利，則權宜開礦，亦是理財一策。但開礦必當聚衆，聚衆必當防亂，現今山西、河南間礦徒嘯聚，正議驅逐，若官自開煎，恐奸民乘機争利，隱憂愈不可測。且朝廷一切事務，苟關大體，皆可不惜小費爲之，若開礦止于求利，必須計算工本，募徒之費若干，防兵之費若干，與開煎所得之利若干，果見出少入多，不爲虚費，而後可斟酌舉行，非造次可因民間私請隔境遥度，而朝廷便可爲之出旨差官，議開者也。户部所以遲回未覆之意，一者防患，二者惜財，三者恐差官騷動地方，四者亦不欲宣露國家空虚窘急之狀，使傳聞四夷，愈輕中國。臣等愚見如此，伏望聖明採擇。謹具題以聞。

疏入，帝不納。

陳天下四大害疏 萬曆十八年❶

趙南星

臣謹奏：竊見楊巍乞休，左都御史吴時來謀代之，忌户部尚書宋纁聲望，連疏排擠；副都御史詹仰庇力謀吏、兵二部侍郎。大臣如此，何以責小臣？是謂干進之害。禮部尚書沈鯉、侍郎張位、諭德吴中行、南京太僕卿沈思孝相繼自免，獨南京禮部侍郎趙用賢在，詞臣黄洪憲輩每陰譏之，言官唐堯欽、孫愈賢、蔡系周復顯爲詆誣，衆正不容，宵人得志，是謂傾危之害。州縣長吏選授太輕，部、寺之官計日而取郡守，不問才行。而撫按論人，贓私有據，不曰「未甚」，則曰「任淺」，概止降調，其意以爲惜才，不知此乃惜不才也。吏治日汙，民生日瘁，是謂州縣之害。鄉官之權，大于守令，横行無忌，莫敢誰何。如渭南知縣張棟，治行無雙，

❶ 「萬曆十八年」，據《明神宗實録》卷三六，此疏上於萬曆十七年十月。

裁抑鄉官被讒，不獲行取，是謂鄉官之害。四害不除，天下不可得治。

疏入，朝論韙之，而中所抨擊，悉時相所庇，于是南星以病歸。

論輔臣植私黨阻言路疏萬曆十八年❶

湯顯祖

臣伏見陛下以星變嚴責言官欺蔽，臣以爲，言官豈盡不肖？蓋陛下威福之柄，潛爲輔臣所竊，故言官向背之情，亦爲默移。御史丁此吕首發科場欺蔽，申時行屬楊巍劾去之；御史萬國欽極論封疆欺蔽，時行諷同官許國遠謫之。一言相侵，無不出之于外，于是無恥之徒但知自結于執政，所得爵禄，直以爲執政與之，縱他日不保身名，而今日固已富貴矣。給事中楊文舉奉詔理荒政，徵賄鉅萬，鬻獄市薦，輔臣乃擢首諫垣；給事中胡汝寧，權門鷹犬，以其私人，猥見任用。夫陛下方責言官欺蔽，而輔臣欺蔽自如，失今不治，臣謂陛下可惜者四。朝廷以爵禄植善類，今直爲私門蔓桃李，是爵禄可惜也。羣臣風靡，罔識廉耻，是人才可惜也。輔臣不越例予人富貴，不見爲恩，是成憲可惜也。陛下御極二十年，前十年之政，張居正剛而多欲，以羣私人囂然壞之；後十年之政，申時行柔而多欲，以羣私人靡然壞之。此聖政可惜也。乞立斥文舉、汝寧，誡諭輔臣省愆悔過，以召天和、肅綱紀，天下幸甚。

疏入，帝怒，謫顯祖徐聞典史。

---

❶ 「萬曆十八年」，據《明神宗實録》卷二三五，此疏上於萬曆十九年四月。

備陳邊事疏 萬曆十九年

王錫爵

臣謹題爲遠臣戀主、特陳邊境遺憂，以決大計事。臣之感誠忠款，已具前疏六條中，尚有國家大憂，安危大計，不可不盡言者。臣竊惟方今邊事，正在可爲，而不必強爲。乃議者爭言二十年貢市以來，敵日益驕，各邊備日益弛，臣以爲此皆有之，然自古豈有全利無害之事，亦豈有算徹首尾之人！趙充國、班超一去邊而諸羌瓦解，當時並未嘗追尤首事，矧今保安邊境二十年。木久而蠹，絃久而危，乃固然必至之理，豈可謂一哽一咽，遂當廢食，惟在講求病源，痛加針砭一番。將必簡，兵必練，賞罰必信，順逆必明，則三年之艾尚可得，厝火之憂尚可解，此臣所謂「正在可爲」者也。昨尚書石星與臣言，今之邊事乃唐事，非宋事。臣深服其言，請遂以唐事諭。方回紇叛盟，蹂掠我奉天、涇陽，杖殺我命使，郭子儀再出師禦之，一則戒軍吏不得言戰，逼之出境而止；一則親入虜中，握手定盟，呼可汗「萬歲」而止。今將非有子儀之威，而敵非有回紇之桀，彼其肯消沮閉藏，以言款我，而我必欲悍然厲齒，把其前負而責之曰：「爾何不斬爾之酋以獻？」是樂羊殺子之忠也。又曰：「爾二月約歸，何不歸？」是尾生抱柱之信也。如此號令，如此題目，譬之清淵布網，魚鼈寧復敢投？此臣所謂不必強爲者也。從來番漢講和，豈有百年？臣之初計，固亦謂權忍須臾，期于必絕而已絕，一也。而諸臣之論，則以爲早絕一日，可以快一日之憤恥，臣之論則以爲晚絕一日，可以落一日之便宜。夫便宜，非偷息養安之謂也。諸邊之不競久矣，將少食少兵少，非倉猝可辦，故不若趁彼徘徊塞外，信使往來之間，而一面陰修戰守之備。然則彼歸愈遲，我應愈暇，彼以款愚我，我亦可以款愚彼，其功多于匆匆索鬧，以博一時之快心爽口，無算也。

或有難臣者曰：「若是則遲之可矣，而尚書鄭洛之日夜求彼，不已急乎？」臣以爲此非求也。割土地，輸金寶，尊醮而禮之，扶服而叩之，乃真求矣。今虚聲恐喝，淡面羈縻，實不費國財，名不辱國體，何以爲求？即使洛而果求也，則桓桓赳赳之夫，乃落得借他人之齒牙，以措自己之手足，人勞而遺我以逸，人弱而遺我以强，則洛也何乏于諸臣之事，而嘵嘵爲哉？或又有難臣者曰：「夫待講而後修備，則未講之前水泉、莽川之二捷，獨何備而能然？」臣以爲此皆執之有名，據之有勢。彼客而我主，彼驕而我怒，彼曲而我過不先，故一舉可以勝之。今川底迴遠，未聞侵犯，則主客之勢殊矣；而彼懲于敗，日夜枕戈防我，則驕怒之情異矣。據前後夷書，現在乞哀請路，並無反形，則我復憑何名而遽絶之，曲直之理分矣。臣故曰借講而修備。或又有難臣者曰：「然則敵終不歸，終以言款我，則我終當聽之乎？」臣以爲正不在汲汲，聽之何妨？且必無此理。馬瘦可待壯，草長可待枯，夏秋之候，更以何辭？臣前晚絶之説，正待此也。或又有難臣者曰：「待久而事機已壞，不可收拾則奈何？」臣以爲凡已壞之事，不可收拾，且如鄭洛先主戰而諸臣却欲撫，此則撩虎出山，無弭耳遂馴之理，若羈縻在前，決絶在後，譬之掬水覆之地而止耳，本無壞事，何難收拾。或又有難臣者曰：「然則何不聽鄭洛諸臣，言戰言撫，各行己志之爲兩全？」臣以爲安危之機，間不容髮，夫言戰可也，言戰而必欲先破言撫之論，使老成長慮之臣一面防敵情，又一面防人情，一面憂同事之不信，又一面憂朝廷之不信，譬之使船中流而遇風，篙師、柁工狼狽無所措手，而國家之事危矣。或又有難臣者曰：「敵易與耳，即舉事一不當，而何至于危？」則臣以爲古之易敵者，王安石、韓侂胄、賈似道三人，及其後如之何也？大抵敵性無常，彼其内絶市賞之望，而外負我以不直之名，窮狼怒虎，無復顧忌，泰山在前，蚩尤之頭可觸也。而徼外雜夷聞之，亦且寒心褫魄，以朝廷之恩信爲不足恃，五合六聚，兵絓而不解。然則國家之事本非宋，而好事者日趣之入宋耳，可不爲之深慮哉！或又有難臣者曰：「夫慮危是矣，有如敵再款，而我再如二十年前事，歲歲增賞以媚之，尾閭之洩，何時可已？」臣以爲向來增賞雖誤，然亦會敵中無釁，不能屑屑與争，今事當更始，明旨既已譙讓一番，則乘其恐懼，要以定約，已賞已加之外，不許另索一緡尺帛，而將吏有私加媚敵者，罰之無赦。此改絃易轍，百歲一時也。或又有難臣者曰：「如此而敵必就約固甚善，即不就約，則我終以將少食少兵少怯而不言戰乎？」臣以爲此又當以義理、利害相提而論，有如敵果就約，則我雖有十萬横磨甲，必不可先失大信，掩其不虞。即不然，而嫚書、鳴鏑之事起，堂堂天朝寧復可以劒鈍而諱割，矢弱而廢射也。或又有難臣者曰：「然則主晚絶之議者，不能保將來之必不戰，戰不能保必勝矣。早與晚等之，無全策也，何以偏是此而非彼？」臣以爲事無全利，前已言之，若防敗而不免于敗，則天也，若本不敗而觸之使敗，則非天矣。今諸臣偏好言宋事，臣又請以宋事喻。岐溝之役，樞密院主戰，中書主守；澶淵之役，王欽若主絶，王旦、寇準主和；熙和之役，王安石等主進取，富弼力争以爲干戈一起，禍福不細，勸且十年不復用兵。今千載而下，觀之利害得失何如？且他人勿論，即如富弼之偘偘争獻納，非今羣議以爲赤幟者乎？夫一使之勇，孰與萬全之謀？而今之言弼者，偏不及此，是知其一而不知其萬也。

先是陝西總督缺出，臣即以魏學曾薦，故尚書宋纁謂臣曰：「吾觀目前邊才，無過鄭洛，恐學曾前輩重望，必不肯爲洛下，不如俟洛功緒稍見，而後用之。」今纁雖死，而都御史李世達不亦嘗聞之乎？不意纁之言至今猶驗也。臣素敬學曾之爲人,剛方嚴介,惟恐其不早用,今方用而遂駁臣議。朋友忠告,人情所難。而陝西巡撫葉夢熊,臣亦嘗耳剽其膽勇,會以争事見嘲,于四川不忍遂挫其舞劒擊楫之氣,匆匆議調,臣實預聞。兹夢熊又見告矣,姗笑鄭洛爲無能矣。蓋學曾,臣所重;夢熊,臣所奇。然謂學曾忠于臣等則可,謂夢熊敢于向前則可,謂二臣必不誤國家則不可。方今各邊之備,莫如修守,督、撫之職,惟在朝經暮營,某邊置戍,某邊給餉,何計不煩内帑,何策可支百戰,此亦儘勾二臣饜事矣,乃不揣其本,惟其末之求,舍己之事而惟人田之務芸。臣且不暇與夢熊辯,姑就學曾疏中所謂「小犯小禦,大犯大禦」近理之論質之。夫小犯大犯,豈可先圖?有如今日小犯,明日大犯,西邊小犯,東邊大犯,而纍纍調發,七塞盡騷,以待數年之久,臣恐時移事變,兵敝民殘,學曾能保目所見,亦能保目所不見否?能裹革横草,以致其報國之身,亦能神輸鬼運國家之財力否?當宋太宗全盛之世,而趙中令之諫開邊曰「所得者少,所失者多」。非惟得少之中,尤難入手,又從失多之後,别有關心」,何至今日乃空拳空手之皆兵、而百戰百攻之必克耶?臣此言一出,則議者又以臣爲褊心不能容人。不知褊心,人臣之小過;誤國,人臣之大戮。臣親薦此二臣,有如一舉蹉跌,貽萬世之悔,是誰人誤國也。草莽已去之身,所惓惓憂念,無大于此,敢直舉千慮一得、步步蹈實之事,以裨廟略,以釋羣疑,惟皇上留聽無惑,社稷幸甚。

疏入,帝從之。

寧夏兵變疏 萬曆十九年❶

趙志皋

臣謹題：昨晚兵部尚書石星接到總督魏學曾書揭，並延綏總兵密揭，爲叛賊哱承恩陰遣人勾引套夷爲外援，致套夷入來寧夏城外住，已助玉泉營之戰，勢甚猖熾。夫寧夏鎮城，後倚賀蘭山，前臨黄河，孤懸塞外，與敵隔一水。在内者據城以叛，在外者反來應援，則寧夏之城，恐非中國之所能有也。寧夏屆在東西六邊之中，寧夏一失，則東西各邊勢相隔絶，而敵騎充斥于其中，各邊恐無寧日，而内地甚爲可慮。臣見書揭，夜寢不寐，秉燭具草，述陳危急，伏望皇上亟下兵部，速行總督魏學曾議處，將有可任，聽其選取，兵有可用，聽其調發，一切隨機應變，且聽便宜行事。務期内勦叛賊，外退强敵，使敵人之勢不合，則寧夏之鎮城可完，而邊鎮可以無憂矣。兵部尚書石星見敵人久據，戎騎復侵，欲自請兵以往，念套夷皆受中國撫綏，或宣以朝廷威德，或誘以市賞厚利，令其解散，如必不然，則督率各鎮調兵，使之力戰，此星一念忠勇之心、不遑寧處者也。又總督魏學曾疏請鹽菜銀三千兩，以資犒賞，此何裨于纖毫之用哉？語云「軍無賞，士不往」，今該鎮調發旁午之際，厲兵秣馬之時，若非錢糧稍充，何以鼓舞士氣？更願皇上念事在燃眉，仍發帑銀數萬兩，以充其費，以作其氣，此臣汲汲之私也。再惟士宜激勸，兵貴先聲，更祈皇上軫念邊情重大，聲息緊急，特降

---

❶「萬曆十九年」，據《明神宗實録》卷二四七、順治本趙志皋《内閣奏題稿》卷一《題寧夏兵變》，此疏上於萬曆二十年四月。

敕諭一道，獎勞臨陣將吏，另發帑銀萬兩，散給各鎮調兵，以激勸士心。即著兵部行文，馬上傳示，及今徵選慣戰各將，調發邊腹精兵，及募義勇敢死之士數十萬，不日會集寧夏，務期剿滅，以寒敵膽。臣等書生，未嫺軍旅，僭陳一得之愚，仰贊廟謨萬一，統希聖裁。無任恐懼待命之至。

疏入，帝不納。

論寧夏事並陳時政疏 萬曆十九年❶

趙志皋

臣謹題：今早該文書官李文輔口傳聖諭，詢臣等以寧夏之事。臣等仰見皇上軫念邊陲至意，又思寧夏兵變以來，凡有章疏奏上，不踰時輒發擬票，又兩敕將士，以安其心，又不靳帑銀數十萬，以充軍費，皇上雖處深宮，念切西顧，臣敢不具悉以對。臣惟寧夏之變，其始藉口撫、道剥削，致廑明旨撫安，謂可誨化，不崇朝而底定也，不意其謀益深祕，勢益猖獗，迄今三月未下，此殆不可不深爲之慮者。夫變起于降人哱承恩父子蓄謀已久，待釁而動，自始事以至今日，其謀若有成算，其舉動皆有次第。其勾外援也，出婦女以誘之，厚金帛以賂之；其嬰城而守也，密遣奸細以招集松、套二處，❷志在外藉勢以據寧夏，寧夏一失，即犯靈州，靈

❶「萬曆十九年」，寧夏兵變在萬曆二十年，據趙志皋《內閣奏題稿》卷一《答諭寧夏兵變並陳時政》，此疏上於該年五月。

❷「處」，趙志皋《內閣奏題稿》卷一《答諭寧夏兵變並陳時政》作「虜」。

州一失，即窺關中，據關中以臨河之南北，可建瓴而下也；其詭辭而求撫、出賊首以獻也，蓋欲緩我師以俟各敵騎之至。昨兵部接得陝西巡撫沈思孝書，謂松、套二處，因哱賊父子遺以重賄，與飲血酒、鑽刀下爲盟，各領兵馬到于寧夏城下，不知其數，紛布徧野，我師雖已過河屯劄城外，然因敵騎之集，防其夾救，不敢攻城。又屯住已久，糧運艱阻，師老力疲，勝負難必。臣又先聞之，逆賊造爲妖妄之言，以鼓惑衆志，倡爲不道之語，大犯忌諱，以摇動人心，此其志誠不在小。

本兵調度于中，殫竭心思；總督戰守于外，畢盡智力。皇上爲天地神人之主，係中外華夷之望，乃今深居九重，漫視不顧，節經奏請視朝，俱未奉旨允行。今當邊事孔棘，人心皇皇，臣等若再不言，是臣等順非從過，輔導無狀也。伏望皇上大奮乾綱，即出臨御，召兵部并大小臣工面定大計，必討此賊，則天威所震，迅如雷霆，天語所加，疾如風雨，人心有不鼓躍、而將士有不百倍振勵者哉？譬如家有外侮，必須主人奮迅率衆捍禦，然後心力齊一，鼓舞向前。又如太陽一出，萬方快覩，魑魅魍魎，自然潛消。

臣又惟今日之所可憂者，❶不特一寧夏爲然。變異屢形，災荒迭至，閭閻匱乏，帑藏空虚，賦役繁苛，民生憔悴，人人有思亂之心，在在有觀變之望。西北各鎮，屢兆情形；東南倭奴，已報入犯。天意人事一時湊合，豈爲偶然，大有可慮。皇上謂土宇之廣大，足以制馭；法度之森嚴，足以束縛哉？不然也。變亂常起于承平，消弭必由于儆戒，今日之事，格天心、挽人事，在皇上一念之憂勤而已。若臣等有力所當爲之事，自

❶「惟」，原作「維」，今據趙志皋《内閣奏題稿》卷一《答諭寧夏兵變並陳時政》改。

與諸大臣計議而行，不敢不竭其愚以負皇上之委任也。臣等無任激切仰望之至。

疏入，帝不納。

請容直臣以勸百僚疏 萬曆十九年❶

逯中立

臣伏見該吏部以會推閣臣之故，上干聖怒，嚴旨督責降處，司官旋以言者申救，斥爲編氓，朝論惜之。臣，言官也，誼不能默默無言。

臣伏惟陛下念閣務繁劇，簡任輔臣，不即斷自宸衷，而先付之廷推，以示公也，銓臣博訪旁搜，疏名上請，公論採之，盈庭可否，決于聖斷，非敢專也，亦非敢私也。且威福者，朝廷之權也，該部亦不得而專也；予奪者，君上之恩也，該部亦不得而市也。以今聖明在上，公議在下，一時臣工非至愚不肖，誰敢罔上行私，自速罪戾。而況郎中顧憲成者，砥行好修，往以直言獲譴，陛下起自謫籍而用之矣，司銓未久，復遭擯斥，士紳相顧咨嗟，咸謂憲成以直道被黜，而陛下有不容直之名，將何以勸任事之心、鼓豪傑之氣乎？

夫用舍者，國家之大政也，銓臣者，又用舍人之人也，邇來相繼屏去，不竟其用。孫鑨去矣，陳有年杜門求去矣，司官之空署削籍而去者，至再至三矣，今顧憲成又以罪去。前者將竭，後焉不續，人才凋謝，可爲寒心。語曰「察察不可爲容，容多後福」，臣恐今而後，非如王國光、楊巍也者，則不能一日爲太宰；非如徐一

❶ 「萬曆十九年」，據《明神宗實録》卷二七三，此疏上於萬曆二十二年五月。

櫝、謝廷寀、劉希孟也者，則不能一日爲部臣。臧否混并，舉錯倒置，將使黜陟重典爲權門供愛憎；銓衡重地，爲私門樹桃李。天下不知有是非，人心不知有勸懲，風靡波流，莫究所終矣。大抵近年以來，君臣道隔，上下異心。上所謂可，而下未必是也；下所謂可，而上未必是也。用舍一憑喜怒，黜罰幾于無章，公議壅閼，繁言滋起，臣謂人才消長之機，理道廢興之漸，正在于此，故願陛下虚心而觀也。

然臣又有言焉。會推閣臣，非自十九年始也，皇祖二十八年廷推六員，而張治、李本二臣用，即今元輔王錫爵之入閣，亦會推也，蓋特簡與廷推，祖宗朝並行已久。而要之廷推之法，尤自古而然，故舜舉臯陶，湯舉伊尹，而必曰選于衆。今輔臣趙志臯等不稽故典，不惟遠圖，妄爲牽引，妄激聖怒，即揭救數語，譬之強笑而神不偕來，欲以動聽，難矣。方今疆場交聳，公私耗竭，而嗷嗷思亂者，又十室而九，識者抱厝火積薪之憂。所幸公道昭白，宰輔無私人，朝廷無過舉，可以回氣化而收人心，而今時事至此，可爲長嘆。臣職司獻納，冒昧塵瀆，非爲銓司惜一郎官也，爲國家惜人才也，爲國家惜政體也。亦願廟堂之上，共捐成心，而重爲國體、人才惜也。臣不勝惓惓。

疏入，帝嚴旨切責，貶中立陝西按察司知事。

條陳禦倭事宜疏 萬曆二十年

李　頤

臣竊惟倭奴警報，業踰半載，經本兵區畫，諸臣建言，如選將增兵，造船建臺，畫地分守，一切戰守機宜，不啻詳且盡矣。臣受事兩閱月，終日拮据，奉行不暇，何敢復有陳說，特恨島外狡夷輕視中國，用是蚤夜殫思，圖効一得，直攄臆見，釐爲七條。昔霸國用人，不鄙九九之數，聖明兼聽，豈厭卑卑之言，伏乞敕下該部酌議，倘可採覆，議上請旨施行。臣無任惓惓祈望之至。

一，安民心。臣聞民爲邦本，本固邦寧。自倭警以來，中外紛紜，盡屬備倭之計，臣以拊循爲職，敢置民生于不講乎？況臣所屬州縣，大半逼近邊海，地多沙磧，物産非饒，時值軍興，粟價頓踊，兼頻災之後，閭閻愁嘆之聲比比而是。如懷柔一縣，土瘠民貧，極目蕭索。臣查該縣錢糧，自萬曆十四年至十七年分，所欠柴夫等銀二千六百餘兩，知縣賈濬非不苦心追徵，而彌望草萊，租税安出？舉一邑而其餘可知矣。若非破格蠲免，所謂財竭而斂不休，民窮而令愈急，上虐下離，威尊命賤，竊恐地方之憂不在肘腋，而在腹心也。容臣督行各道，查被災州縣積欠錢糧，稍緩者議蠲，難緩者改限，現年盡數完納，毫不許負。庶民困稍甦，邦本漸固，即有外患，不足慮矣。

一，省議論。臣聞多指亂視，多言亂聽。議論多而成功少，不獨今日爲然也。況言倭情者，必先述其可畏之狀，談倭不啻談虎，以致邊氓畏倭，不啻畏虎。臣前月入境，經過固安地方，見該縣人心洶洶，至欲挈家南徙，臣雖再四曉諭，恐愚民終莫之信也。且倭奴主謀，多係中國亡命之徒，輦轂之下，豈無耳目？轉眼春汛，警報漸急，廷論益滋，若盡形諸章疏，盡數發抄，狡賊聞之壯氣，軍士讀之寒心，愚民轉相傳告，益重其疑畏，而速其離居也。臣謂自今以後，除科道及當事臣工建白外，其餘條陳倭策者，許開具揭帖，送内閣發兵科掛號，送部酌議，可行者覆，不可者止，異日果以何策決勝，仍查先日建議之人，論功陞賞。其罷閒官吏，欲借建言起用，無甚奇謀秘計，通政司不必收受。蓋所以安人心，亦所以密兵機也。

一，簡鎮兵。臣聞兵貴精不貴多，古之善用兵者，每以寡勝衆，固以其有勝算，亦以其有勝兵也。薊、昌、宣、保四鎮環衛畿輔，屯有重兵，雖挑選精鋭者援遼，而存留在邊者獨不可整理備用乎？養兵以備緩急，邊與海何擇焉！邊報急則以防邊爲重，倭報急則以防倭爲重，除昌鎮兵馬護衛陵寢、不敢輕議外，合無豫令薊鎮總兵官，無論南北主客，料理精兵二萬，宣、保總兵官各料理精兵一萬，嚴督將領整飭器械，訓練戰陣。無事之時照常防守汛地，一聞警報，不待徵發，各總兵官星統前來，薊爲正鋒，宣爲左翼，保爲右翼。三枝兵馬逆擊其前，仍令遼東總兵官挑選精兵二萬，截殺其後，首尾相應，前後夾擊，此常山蛇勢也，倭奴雖狡，欲返隻輪得乎？今四方精鋭行將直擣望京，倭奴救死不贍，豈能内犯！兵法云「不恃其不來，恃吾有以待之」，今日之謂也。

一，嚴城守。臣聞王公設險以守其國，城池之謂也。使城而匪高，池而匪深，何足以言險，安可以守國。然濠池淤淺，乘此農隙挑濬爲易，若牆垣增高，及村鎮建堡，雖爲保障長策，而工費頗大，旦暮難完，須俟倭警稍息，方可次第舉行。如教習鄉兵，訓練民壯，此守城要務，各屬業已奉行矣。臣巡歷州縣，見城垣雉堞間多聚石塊，以便擲擊，然投石于下，賊不以石反擊上乎？是借寇以兵，非計也。間有貯灰瓶者，似矣，然瓶大難遠，質厚難碎，亦非利器也。合無令濱海有司相地所宜，土可陶者，就近起窯，募匠燒脆薄砂罐，形如小甌，腹廣而口狹，實細石灰于其中，另置一蓋覆其口。土不宜者，于鄰壤窯户用價收買，如法貯聚，俟賊將臨城，用此擲擊，將見罐裂灰揚，昏天撲地，弓矢且不知避，況敢仰面而攻乎？價極廉而利用，工極省而速成，亦守城之一策也。

一，取強弩。臣聞弩者，怒也。其機甚速，其力甚猛，故彍弩、伏弩、連牀弩，見于兵法，試于古人，不可殫述。臣見邊防多不用弩，怪問其故，僉謂强弩難挽，弩發一矢，弓發三矢。不知論遲速則弩不如弓，論命中則弓不如弩，即不利于戰，獨不利于守乎？近據總兵張邦奇圖説，盡查營路戰車，編派緊要海口，使車前留隙，弩發如雨，誰謂非戰勝之具也。臣查沿邊臺路，間或有之，但爲數不多，邊兵用之不熟，遂爲閒具。今江浙、閩、廣、南直隸地方，多産山桑檿柘，皆弩材也，人習此技，即鳥雀微物，無不應弦落者。合無下令省、直，各造强弩一萬，弩箭百萬，分督各府開局，集事非難，停解弓箭弦條，加派可免，馬上差人陸續解運，務汛前完足。再令召募善射弩手，厚給安家路費，使人樂從，多則百名，少則數十名，各令廣帶弩藥。蓋弩藥最毒，俗謂「見血封喉」，猛虎中之，不數武而死，倭雖悍厲，未必人人如虎也。到日分發沿海州縣，教習鄉兵守城，海上有警，偏發行間禦敵，倭患既平，或發邊鎮，或留京營，以一教十，以十教百，俟有成功，發回原籍，願留者聽。此一舉也，防邊、禦倭均有實用矣。

一，備神器。臣聞器械不利，以卒予敵。薊鎮向知防邊，不知防倭，邊營銃、礮神火器具，雖頗足用，但置設臺路，各有正數，原無多餘，即舊有庫貯一二，類皆朽敝不堪，無裨于用。自倭警以來，各道鳩工聚材，並手偕作，計至汛期，種種不啻足矣。顧臣所屬地方，二千里邊防，八百里海岸，況防倭之時，又當防邊，火器爲中國長技，所謂多多益善者。近者閣臣題議戎器要略，中間制作，俱戰守利器，已經督臣郝杰分行鎮、道督造外，臣思倭奴最可畏者，不過鳥銃耳，然鳥銃止于百步之内，若魚脊竹牌用布褥裹其外，以水濕之，即數十步，鉛子不能入也。中國大將軍礮，遠可六七里，三眼銃及火箭，遠可數百步，以我之長，攻彼之短，彼敢當我哉？臣于遵化另開廠局，躬自料理，選委中軍參將陶世臣等，調集匠役，星夜打造礮一百五十位，礮車五十輛，三眼銃一千杆，火箭二萬枝，火藥二萬斤，魚脊竹牌三千面，併隨銃、礮鉛子什物，刻期正月内盡數完報。再于豐潤縣局委官陳雲鴻等現造大將軍礮，續完者借留五十位，載礮滚車五十輛，俱聽分發沿海要害，以資防禦。仍補發價銀，勒限作速造完前礮併滚車，解還京營，不敢違誤。計合用工料大約該銀八千餘兩，俱應于備倭馬價銀内動支。今查前銀，該薊、密、永三道分發兵餉，及安家犒賞等項猶且不敷，欲濟大事，豈惜大費，合再乞請照數發銀，以便接補支用，事完聽該道核實册報，臣覆核具册奏繳。所造銃、礮等件，平倭之後，可用禦邊，固不朽器也。

一，重根本。臣聞帝王之治天下，每詳内而略外，非外爲可輕，蓋内爲尤重也。薊鎮爲畿輔肘腋，内拱陵京，外環山海，豈不稱根本重地哉！故敵臺、烽墩星羅棊布，利兵精卒蟻聚蜂屯，所以爲防衛計者至詳矣。自倭警以來，客班河間等五營留防天津，南北步騎數營調援遼左，計前後徵發共二萬七千有奇，無論邊長勢分，掣襟露肘，而延袤海岸，設備爲難。先設遊擊吴惟忠募南兵二千餘名，東駐樂亭，專爲防海，今且併調出關，近雖題議增兵一萬五千，而南北召募，未必旦夕可集。邇者經略部臣議量留兵馬于薊、保，以資防守，兵部覆議仍簡精騎赴遼，聽候相機調遣。總之爲安内計也。竊思進勦有期，則兵宜厚集，萬一事機未轃，按兵待時，乞將薊兵一萬一千暫且撤回，或以南兵習倭，不妨留用。臣議豫簡鎮兵者，蓋恐倭奴分道入犯，援遼精鋭，勢難急歸，故欲各鎮再爲料理，以備不虞。其實邊卒非十分緊急，豈容輕調，若以出關士馬分派内地、海口，倭急則防倭，邊急則防邊，兵不加募，防亦可周。不然攘外以安内，虚内以實外，非計之得也。

伏乞聖裁施行，謹疏。

疏入，帝從之。

陳時政闕失疏萬曆二十年　于玉立

臣竊惟陛下寵幸貴妃，宴逸無度，恣行威怒，鞭笞羣下，宫人奄豎無辜死者千人。夫人懷必死之心，而使處肘腋房闥間，儻因利乘便，甘心一逞，可不寒心？田義本一姧豎，陛下寵信不疑，邇者奏牘或下或留，推舉或用或否，道路藉藉，咸謂義簸弄其間。蓋義以陛下爲城社，而外廷之憸邪又以義爲城社，黨合謀連，其禍難量。且陛下一惑于嬖倖，而數年以來問安視膳，郊廟朝講，一切不行；至邊烽四起，禍亂成形，猶不足以動憂危之情，奪晏安之習。是君身之不修，未有甚于今日者矣。夫宫廷震驚，而陛下若罔聞，何以解兩宫之憂？深拱禁中，開奅緣之隙，致邪孽侵權，而陛下未察其姧，何以杜旁落之漸？萬國欽輩未嘗忤主，而終于禁錮，何以勵骨鯁之臣？上下隔越，國議軍機無由參斷，而陛下稱旨下令，終不出閨闥之間，何以盡大臣之謀？忠良多擯，邪佞得名，何以作羣臣之氣？遠近之民皆疑至尊日求般樂，不顧百姓塗炭，何以繫天下之心？他如李如松、麻貴不可爲大將，鄭洛不當再起，石星不堪爲本兵，並時政闕失之大者，惟陛下留意幸察。

疏入，帝不納。

御選明臣奏議卷三十二

請召對疏萬曆二十一年

王錫爵

臣謹題：昨日錫爵于三月中以病乞骸，蒙皇上不即放棄，許其召見商量國事，使之心安。臣因自念去國二年，到京三月，從未得一覩天顔，臣子之情，真有萬分不自安者。今既有此利見之機，而皇上且明示以腹心之信，如覆盆照日，枯木噓春，臣誠不勝欣躍悚踊之至，惟恐犬馬病身不能一刻奮飛而至皇上之左右也。乃臣自月初進閣以來，初聞聖躬在調，繼以天時乍熱，不敢造次啓齒，動煩起居，今已守候三旬，❶未見消息，誠恐過此清和之月，天氣一日炎于一日，而臣等欲望見清光且一日難于一日矣。外廷之目猥見臣等默而辦事，無造膝攄忠之効，其隔牆獻疑，望影騰姍，又一日多于一日矣。雖聖主天聰天明，不出户而見天下，萬幾庶政原無廢閣，臣等辰入酉出，憑奏章以白事，亦可粗逭曠瘝之愆，顧今朝綱顛倒，國是混淆，人各有心，下争爲政，臣等即身任百勞，不能當皇上之一出，皇上即日發千言，不能及朝堂之一見。蓋積玩之勢，積疑之形，有必不可自下而彈壓、空言而取信者，譬之太陽升而霾霧自消，黄鍾鳴而繁哇自息。此方今挽回

❶「已」，原作「以」，據萬曆本王錫爵《王文肅公全集·奏草》卷四一《請召對疏》改。

世道最上一著之機，皇上不惜聖躬之暫勞，乃所以遺宗社臣民之永逸，其所係非淺鮮也。至如臣錫爵亦思少借陛下尺寸之地，以効愚忠之萬一，而至今屏息企踵，日遠日疎，耳不聆警蹕之音，目不接起居之狀，每日出閣，見廷臣問及于此，爲之口縮朒而難對，面忸怩而無光，皇上亦宜有以哀之矣。爲此冒昧叩頭，敢請燕閒登對之期，臣願旅進軒墀，共祝岡陵萬年之壽。伏惟俯賜允俞，臣等不勝幸甚，天下臣民亦不勝幸甚。

疏入，帝不納。

定國論一政體疏萬曆二十一年

王錫爵

臣謹奏爲恭陳泰交要務以定國論，以一政體事。該臣病乞骸骨，伏蒙皇上特諭勉留，所有一念犬馬餘忠，謹蓄以待青蒲之對，至于國論政體所在，願與大小臣工剖心滌慮，以共成蕩平正直之治者，請得頌言而陳之。臣幸得與諸臣立不諱之朝，事明聖之主，以至人無擇言，言無擇官，皆得揚眉吐氣論天下事，豈非甚盛。雖然言太輕則浮，太煩則亂，太執則頗，太深則刻，就此甚盛中亦不無大可憂者。臣之所憂不爲臣，亦不爲諸臣，獨念上下相信而後政事可修，相重而後論説可入，今言不已而漸輕，輕不已而漸厭，使君父視外廷之論奏如賈豎之争言，因一人而疑衆人，因一事而疑衆事，上下之際無復相信、相重之意，後雖有忠言讜論，亦將格而不入，此臣之憂也。古稱有對則争興，争興則黨立，雖聖明在宥，萬不至如前代之黨禍，然朝中議論已分兩歧，恐因水火之争，致成左右之袒，此以彼爲邪，彼以此爲邪，使天下之士智力殫于相伺，名望損于相詆，即使一彼一此、一勝一負，朝廷亦止得一半人才之用。若始于兩持，終于兩敗，不但人才盡壞，亦且國體大傷，此臣之憂也。上有所處分，而下未必服，則其勢必争；下有所争執，而上未必亮，則其勢必處。處之而仍不服，争之而彌不亮，則處者益處，争者益争。下以忤上爲高，上以反汗爲恥，上下相激，何事不有。譬之水然，波方起而激之以石，則其躍彌高；譬之石然，方出于火而即沃之以水，則其壞彌速，此又臣之憂也。大抵數年議論，始于相矯，成于相激，事未必平，是以有激，「激」之一字，即爲不平。彼既不平，此復相矯，前弊雖矯，後議復生，議數更而難窮，法數更而難守，事數更而難覩其效，人數更而難課其成，政事不修，紀綱不振，皆始于此。

今習尚已成，極重難反，既不當激之過頹，又不當峻若防川，則莫若導之使言，而總之使一。竊謂題覆宜慎，聽納宜公，甄别宜先，勘核宜審。向者皇上嘗嚴出位之禁矣，臣以爲此不必禁也，古人所患于盈廷者，第以莫執其咎耳，如使言有歸著，事有總萃，則雖盈廷何害！臣請一切章奏悉下部議，是曰是，非曰非，可行即行，當止即止，以言責事，以事責功，卓有執持，毫不假借，使天下議論，總條貫而歸六部，六部題覆别黑白而定一尊，嘉言用之足爲益，而妄言置之不爲損，則在廷議論更患其少耳。所謂題覆宜慎者此也。孔子曰：「君子不以言舉人，不以人廢言。」兩者低昂之間，實相爲用。乃臣見近來聽言之弊，往往不問其所言之事，而先揣其所以言之心，故上之視言愈賤，則下之挾言愈貴。其究也，上不勝下，賤不勝貴，而聽言與用人，卒兩不得其平。臣以爲鄉有鄉評，官有官箴，使其人不肖，朝廷原自有黜陟之權，而何必于聽納之時，逆意深求如此。自今請一斷于孔子之説，就言論言，不主必賤，就人論人，不主必貴，使士絶踰涯之望，則無所爲而言自公；朝開翕受之途，則無所激而氣自平。所謂聽納宜公者此也。天下之人品不齊，迹同心異、言同行異者，誠不可不辨，然必先用其賢，而徐簡其不賢，亟暴其長，而薄責其所短，然後衆心愧服，物論自平。乃臣又見近來淹棄諸臣之中，蓋有素心馴行、卓然流俗之外者，而或屢推未報，或一斥不復，朝廷既不盡得真才之用，而天下且得借爲議論之端，此所謂推波助瀾，澄之愈濁，不若盡捐前忤，以次特表用之，庶幾舉直而枉自錯，忘我而人自安。所謂甄別宜先者此也。朝廷用舍，多憑舉劾，任己則耳目不廣，任衆則毀譽易淆。比年以來，幾于朝無完人，人無完行，言者以爲必有，辨者以爲必無，當事者不復窮詰有無，但爲調停量處。若其事果虚，則是近在輦轂，猶有不白之冤；若其事果實，則既聞于朝廷，豈有不行之法。近時法紀縱弛，勸懲不立，人才缺乏，推用不敷，弊率由此。請諭廷臣，以後論人者，須的列年月，明指左驗，下部查勘，務求確實。實者理法自甘，虚者心迹自白，被言者虚實既定，言之者是非自明。所謂勘核宜審者此也。凡此皆所以導之使言，而總之使一。

以至臣所以自處處人者，亦敢聞于皇上，而併以告天下，以與士大夫更始。夫「威福還朝廷，政事還六部」，此先臣徐階之言，而臣素所服膺者也。然部臣之題覆，閣臣之票擬，皆共此一事耳，所事一君，所理一事，豈得自分彼此。唐介有言「身在政府，而事不預聞，即上有所問，何以爲對」，臣既謬在此地，一切政務，豈得全不預知？然事各有主者，亦非臣所敢自擅，大興革，大利病，當亦不妨商榷。就臣所見，未必盡是，各部院參酌事理題奏，不必盡以徇臣；就部院所見，間有未是，臣等參酌事理，請旨裁決，亦不必盡徇各部院。事有可否，事過即休，言有同異，言過即休，總之期于至公至當，共濟國事而已。史稱諸葛亮爲相，集衆思廣忠益，布所失于天下，謂僚屬曰「諸君能攻亮之過，則事可立也」，臣雖不敏，請事斯語。自今以往，敢謂無過，如其有過，便當與天下明白見之，與天下明白改之，人以平心易氣言之，臣以平心易氣受之。臣素有淺中狷狹之名，未必一旦化而爲雅量，顧今事任及身，茹荼知苦，竊計以爲朝廷所與共理天下國家者，大臣及百執事耳，心須耳目，耳目須手足，今手足仇耳目，耳目又仇心，心與耳目、手足相仇，而身受其病。臣誠不忍以臣等之争，而使病移于天下國家，又誠不忍以天下國家之事，爲臣等私事，而使扶持國體、調燮人情之勞，反盡委之君父。且天下有真是，有真非，是中有非，非中有是，不講自明，愈講愈不明，不争自定，愈争愈不定，故臣願先自處于不講不争之地，以成大臣小臣比肩事主之忠。事之理亂，當責之于臣，臣之得失，當付之天下。己有未當，即舍己以從人，人有未確，不妨舍人而從理。此外嘵嘵，苟非有大撓時政、大惑人心者，請一切以諸葛亮之言處之。此臣所以報國家而忠皇上之職分也。

抑臣又自惟臣等以二三寒士參預政務，❶惟藉皇上之知遇，故其體隆，藉皇上之明斷，故其事舉，譬之星然，依天而高，依日月而明，當其上列則有光芒，及其下隕與石無異，若使宫禁隔于邃嚴，威顔違于咫尺，雖鈐閣之下，即同外臣，有何機略而能康濟，有何倚恃而敢主持？且君臣相隔，上下不交，伏禍隱憂，難以言悉，即皇上神聖獨斷，羣下莫敢窺然，以此爲法，後世必有受其弊者。天下見臣等備員輔弼之司，而終歲不一蒙接遇，則安得不輕？宫府隔絶而茫然不知事之所出，則安得不疑？喜怒有時而不測，則乘不測而疑，章奏有時而不報，則乘不報而疑。閣臣處見輕、見疑之勢，日凜凜救過不給，安能展布四體以佐聖政萬

❶「惟」，原作「維」，今據王錫爵《王文肅公全集・奏草》卷四一《定國論一政體疏》改。

一哉？伏望皇上勤批答以明聖斷，平喜怒以調羣情，時御朝講，以圖政理而決壅蔽，臣等亦得依末光，奉隆旨，以盡款款之愚忠。若猶政事不修，朝廷不治，則治臣之罪，以彰其慢，惟皇上一加意于臣言。臣于前月中已進有召見一揭，方屏息俟報，而特恐倉皇造膝之頃，不能進所欲言，是用竊取《周易》泰交之義，略陳要務如此。蓋主與臣交，大臣與小臣交，當事者與言事者交，皆所與共成泰道，以定國論，以一政體者也。臣不勝悚息願望之至。

疏入，留中。❶

催發章奏疏 萬曆二十一年

王錫爵

臣謹奏：臣等連日出閣至朝房，與各部諸臣相見，兵部則催下原覆薛繼茂條陳緬甸夷情，都察院則催下所擬史善言兄弟嫁母情罪，户、工二部則催下議減雲南取金及浙、直織造之數。臣等皆惶恐無以應之，蓋此數事，或係遠夷待命，急當處分，或係嫁母重情，有關風化，誠恐批發少遲，則有司無憑奉行，奸徒因而打點，其誤事有不可言者。至于兵部疏中帶有現監犯人李材乃條陳中之一事，不可因一事而停緩各項當行之務。其史善言係進士官，而所爲悖逆至此，臣等業已從重票處，如聖意尚嫌其輕，亦不妨再傳改票，或徑發

---

❶ 「留中」，據《明神宗實録》卷二六〇萬曆二十一年五月辛酉記事，及《王文肅公全集·奏草》卷四—《定國論一政體疏》所具日期，此疏萬曆二十一年五月初八日（辛酉）上，初九日即奉批答，未留中。

邊衛充軍，無所不可。若此外金兩、織造之數，則恩澤原自上裁，量減一分，即民受一分之惠，臣等初不敢以部議懇切而强皇上以必從，此尤非疑難之事，固可朝上而夕下者。又部院見有覆臣錫爵「泰交」之疏尚在御前，此則關係政體士風之大者，緣臣等自票已疏，故擬閣部交責之詞，以示同心體國之義，若皇上以爲未當，亦不妨從中隨意改批發下，其覆疏中所薦鄒元標、王教、鍾羽正、張棟四臣，乞如部議，酌量敘用一二，明白傳示可否，若一概留中，則臣言爲虚，而外議又將以責臣矣。緣係今日議論繁多，每每于皇上留中之疏、手批之旨，動輒歸咎于閣臣，臣等因此不憚煩瀆，通將近日應批緊要章奏，略節事情，開具上請，伏乞聖裁，即賜檢發施行。謹具題以聞。

疏入，帝不納。

請御門宣捷疏萬曆二十一年

王錫爵

臣謹題：昨該禮部題稱寧夏奏捷，欽天監擇定吉期于本月十九日恭請聖駕御門，舉行宣捷受賀之禮，已蒙御批報可。仰惟皇上獨斷廟謨，布昭聖武，麾戈内討而大憝梟誅，授鉞外攘而邊夷逐北，真太平之盛事，臣庶之偉觀也。乃寧夏續報捷音許久，而部臣至是始請行祭告、宣賀之禮，蓋以非常破敵之功，必得皇上親臨奏凱以示鄭重，而後國威不褻，戰士知奮，第前此則恐初報首功之未真，繼此又恐盛夏臨朝之不便，故遲之又遲，以至今日乃敢乘凉卜吉以請，無非望皇上之一出而已。顧臣等惓惓之愚，竊又謂此舉鼓舞士氣爲小，收拾人心爲大，鋪張太平爲末，消弭災變爲本。現今彗星示異，皇上試觀廷臣以修省建言，連篇累黷有一不及于視朝者乎？天變如此，以應天之實政言之，固當出；人心如此，以接下之虚懷言之，亦當出。而今日乘吉典以舉曠儀，藉凱聲而快利見，事體更爲精采，將不惟天人之間氛祲化爲太和，諍議歸于一德，而聖躬因此動盪精神，以臻勿藥之喜，臣等因此導揚休德，以逭尸素之愆，唐虞喜起之盛，復見于今日矣。臣等不勝企渴瞻仰之切。誠恐臨期傳免，又孤衆望，謹具題豫請以聞。

疏入，帝遣文書官杜茂口傳旨：「朕覽卿等所奏，具見忠懇。朕正欲出與先生每見，現因數日前中于暑濕，頭目眩暈，心胸煩悶，身體無力，但能支撑的，就出見先生每。傳于先生每知之。」

請發宸翰免口傳疏 萬曆二十一年

王錫爵

臣謹題：臣等前因雨後新涼，特請皇上臨朝受賀，冀得一覩天顔，以慰犬馬戀主之願。兹聞聖躬偶爾感暑，尚在静攝，力雖未能遽出，而心實不忘下交，臣等念切瞻依、情深愛戴，敢不仰體皇上謹疾之意，而尤日冀暑退涼生，玉體康豫，自有親炙耿光之日也。臣等竊因此願有請焉。臣聞天地交則萬物生，上下交則萬事成，臣等謬蒙皇上股肱心膂之託，原與外廷羣臣不同，必須精神常相流通，然後事務得以展布。今皇上口出御批，間常頒出，然所頒者十不一二三，是上意未盡下宣也；臣等露章密揭，亦有敷陳，然所陳者十無六七，是下情未盡上達也。臣請今後皇上凡有宣諭，更不須中官口傳，願皇上親灑宸翰，隨意數行，俯示臣等，容臣等即時據實條奏，以俟聖裁。臣等凡有所聞，亦不必具章奏，容臣等隨事直陳，簡明數語，便達御前，望聖斷即時信筆批出，以便遵行。此亦聯屬泰交之一機也。况臣等每見皇上御筆發出，捧誦欣玩，天語精當，出口成章，宸翰遒勁，信手稱妙，中間即有塗改增竄，愈益見注思之詳審，用筆之變化。乃近來往往有蠅頭細書，親自揮灑，而反託之内臣謄真，不惟暴殄手札，抑且朦朧獨斷，使外廷之臣盡以爲臣等之潤色，及左右之詐傳，以致明旨不信，朝廷益輕，深可惜也。竊攷先朝故事，太祖高皇帝與世宗肅皇帝，齋居決事，常信筆亹亹數十百言，比時近臣即逐款手書復奏，君臣上下之間，真屬家人父子，是以宮府無壅，而治化光明有由然矣。方今朝事紛紜，人情觀望，臣等既未得朝夕望見天顔，因感聖諭惓惓眷念臣等之心，附効愚忠如此。伏望皇上取法祖宗成憲，俯鑒下情，俾心相感通，道成交泰，昭示信任之篤，以解壅隔之疑，國家幸甚，臣等幸甚。因事納忠，不勝仰戴懇祈之至。

疏入，帝不納。

請減免織造錢糧疏 萬曆二十一年

王錫爵

臣謹題：昨該文書官杜茂口傳聖旨：「蘇、杭織造錢糧拖欠數多，有司何不催徵？」欽此。臣等當即將該地方連歲災傷、民間困苦、有司催辦不前之狀，略節向杜茂口陳，令其據此回奏，猶恐未確，謹再瀝危誠，備訴皇上之前。

臣等謹按，江南財賦甲于天下，相傳國初時，太祖高皇帝因憤百姓爲張士誠固守，抗拒天兵，賊平之日，遂將富民租簿定爲糧額，累朝二百年來，頭緒轉多，如王府糧、練兵銀之類，但有加派，並無寬減。連年以來，雖因水旱頻仍每下蠲緩之令，而蠲租止于存留，已屬虛名，緩徵併于別年，反滋擾累，此小民之所以貧苦無聊、痛心疾首，而嗷嗷思亂也。然外亂不生，則内亂或可潛弭，江北稍熟，則江南尚可息肩，今狡倭窺境，剥膚將及，以至沿海地方無地不增兵，無兵不添餉，其勢不得不取足于民。而徐、揚之間，方數千里滔天大水，廬舍禾稼蕩然無遺，其勢又不得不取償于江南。此如一絲之繫鐘鼎，一息之關性命，其危且急何如者。若不及今將養，取之盡錙銖，有如外倭内盜乘間而交發，其巨萬供億之費，更將于何取之？朝廷雖有粟如山，有金如泉，一時不能救飢民之命，滿驕兵之腹，其禍蓋不可勝諱者。何況今日太倉，錢糧出數倍于入數，如都御史褚鈇所開，更有上下極窮之會，京邊交困之秋，而可不早留此孑遺之民命，以爲緩急支持之計乎？

皇上未見其形，請察其影。撫臣朱鴻謨代劉應麒催徵者也，科臣王德完曾以應麒催徵爲是，今緩徵之疏且一上而再上矣，彼豈其任怨于始，而市恩于終，蓋實有萬分不得已耳。大抵方今國患在于民窮，民窮由于財盡。其始也，有司猶可以箠楚之威，行于小民，撫按猶可以參罰之令，行于有司，今民至困，而箠楚無所加，則有司之技已窮，有司窮而奉行不能前，則撫按之技亦窮，至于撫按窮而詔令有格而不行，則部院之技亦窮矣。然漕糧、金花之類，原係緊要上供，不可以窮爲辭，至于蘇杭之織造、江西之磁器、雲南之取金，在皇上省之如千箱之失稊米，而在小民得之如枯胔之獲再肉，爲人父母，又何愛一絲一縷，而不以活赤子旦夕之命也。今春天津等處道上，纍纍賣男女之民，有索銀五七分棄子而去者。近京之民如此，則遠京之民可知，賦輕之地如此，則賦重之地可知。又況于上有不可忽之天變，下有不可緩之河工，前有不可恃之昇平，後有不可知之事變，誠拯溺救焚，事在至急，浣衣投璧，未足謝民，而何忍更以餘財餘力，責此額外之供也。且臣等又聞上供一分，民費三倍，民出數金，害及數家，天下之勢岌岌至此，不可不深思，不可不痛念。又今軍興費繁，寧夏之師已耗去百餘萬，度朝鮮功成，與各處募兵造船之費，又不下百餘萬，羣臣束手，計無所出。昨者工部請御庫銀數十萬兩賑濟淮、揚，臣等不敢主張，仍下户部議處。夫内庫久積之銀，内廷猶欲請發，豈有外庫額外之銀，内廷尚可宣索者？伏乞皇上慨然將今歲買辦銀二十萬兩，盡數傳免，以救目前燃眉之急，少俟盜息民安、賦充費省，再行斟酌取之，不特挽回天和，消弭國患，而皇上藏富官民之間，增光恭儉之德，又乘此萬萬壽稱觴之日，以當萬萬人歡頌之聲，真所謂散小儲而成大儲，以惜福而更益福也。臣等無任懇切祈望之至。

疏入，帝從之。

再請召對疏萬曆二十一年　王錫爵

臣謹題：該臣等昨于萬壽聖節中，揭請皇上御朝受賀，隨蒙傳免，臣等不敢復言。蓋以呼嵩介壽，人情雖切于仰瞻，而御殿垂簾，天顔未免于隔絶，此臣等所以寧惜聖躬之勞，而不強爲無益之請也。乃今過節之後，倏已逾旬，以聖躬言之，則燕喜多暇，精神必倍于常時；以天氣言之，則深秋正凉，光景又不可以易得。皇上趁此萬安萬福之時，不暖不寒之候，一出見臣等，不爲太勞，而使臣等經年企渴之懷，如赤子之得見父母，覆盆之得瞻天日。又使四海九州之人聞之，謂皇上玉體之康強，而耐勞如此；謂皇上畏天變而憂人窮，勵精勤政如此；又謂皇上四月中豫訂召對之期，其令出無反如此；又謂臣等果見信于皇上，而辱預諮議政事，振飭綱紀又如此。道路紛紜之疑，涣然消解；臣工噂沓之口，肅然屏戢。此所謂聖人之明一出户而見萬里，聖人之威一舉趾而安四方者也。該臣等前此每讀聖諭，一則曰股肱，二則曰心膂，夫股肱無一刻而不屬元首，心膂無一息而不通呼吸，則臣等獨可一日而離皇上之左右乎？今旬月之間彗星、火星、金星相繼示異，又河南、山東、江北等處相繼告災，臣等朝夕寒心，計無所出，惟有藉太陽之餘照，揚清蹕之休聲，以庶幾于彌縫補救之萬一。而皇上顧何難輟此宫中分寸之陰，借此膝前咫尺之地，不以慰臣等惓惓狗馬之懷乎？臣等度至上前，意滿口訥，未必能有所陳請，但念此時天顔之一面，勝于臣等千百疏之問安；天語之一聆，勝于臣等千百言之擬旨。乃今日人心世道所關，不容不汲汲耳。臣等不勝懇款祈控之至。

疏入，帝不納。

乞禁止倭人貢市疏 萬曆二十一年

沈一貫

爲倭奴貢市萬不可許，懇乞聖明酌審中國安危大機，奮乾斷以消隱禍事。臣聞宋臣范仲淹守制時，不忘朝廷，屢上封事，臣雖非其人，而頃承召命，頗辱記存，又事關桑梓，而爲國家安危大機所係，欲默不忍，輒此疏聞。頃者經略顧養謙力主倭奴封貢一一當許，且欲就寧波開市以饜其欲。臣鄉老幼聞此，如兵在頸，失色相弔，以爲今日何爲開此一大釁也。臣請言倭奴始末，以明其不可。

謹按史乘所載，自有中國，即有倭奴，豈無侵犯，不過如蚊虻之著體，驅之而已。獨自嘉靖壬子來，蹂躪我浙、直、山東以至福建、廣東，沿海萬里，且直入腹地淮、揚、徽、太、杭、嘉、金、衢之間，至窺南京，所在爲墟。于是用兵以百萬計，費金錢不計其數，殺人如麻，棄財若泥，幸以祖宗在天之靈，自壬子至庚午二十年之力，僅而除之，此可謂宇宙以來所無之變矣。致此者何？則以自古倭奴無貢，貢亦不過數十年，偶一來不知吾土虚實，所以禍少。自永樂來有貢，貢輒數來，則限以十年一貢，竟不遵約，或數年一來，涉吾土若故鄉，識吾人如親舊，收吾寶物諸貨如取諸寄，尤嗜古今圖籍。凡山川之險易，甲兵之利鈍，人性之剛柔，國紀之張弛，無不熟知。而吾民之頑黷者，利其賄，負其債，反爲之用。嘉靖中，兩以非期拒還，因泊海島，經歲奸闌出入，益生心焉。是時謀國者昧大計，以爲貢可以示廣大，明得意；其悠悠小民又不恤遠圖，以爲貢可以利金錢，得異物；雖倭之始貢，豈遽有他心？而勢之所漸，不禍不止，其病中人，如蟊蜮之食心而不覺。此前事也，言之使人於邑。

今復可以議貢市乎？貢市一成，臣恐數十年後無寧波矣，無寧波，國家得恝然而已乎？何也？貢市成，則吾之于倭當客之也，苟吾方客之，而彼實以盜自爲，吾推心以置其腹，彼剸刃以嚮吾腹，于斯時也，不防則有患，防之則示以疑，將防之乎，不防乎？喪亂以來，上下講求，沿海數千里設兵者四十年矣，士氣始奮，民生始安，貢市成，則此兵直當撤去，將撤乎，不撤乎？又豈將增兵以衛貢市乎？海上之兵非有他防，獨防倭也，而今既客之矣，客之則不當防，防之則不當客，防之不已，則客之不誠，是召亂也。大抵防之是正理，客之是權術，權術不可久，正理不可廢，如養謙計，則治天下獨恃一禮部足矣，何必設兵部哉？殺倭之術，于陸難，于海易，故須出海遠哨，而扼之于門户之間，雖失無大患，衆寡相當，即勝之矣。一登陸，則彼跳梁咆哮之勢，非我兵所及，即吾之衆不能敵彼之寡也。貢市成，彼儻以選兵數百來，出吾不意，則吾數萬兵皆失勢披靡無用，又況彼戰于死地，吾戰于生地，勝敗之勢懸可知矣。嚮也吾民與倭通，勾倭爲亂，四十年來民與倭絶，亂本始拔。貢市成，則民復與倭合，寧獨倭也？王直、徐海之流，將復乘釁而生矣。由此言之，臣所謂數十年後無寧波，猶遠言之也，恐不待數十年之久矣。

夫天下事，有履其地而始決者，有不待履其地而可決者，若貢市之不可許，此不待詰關白之情、履朝鮮之境，而昭然具見者也。關白之求貢市，何不于朝鮮，而于寧波？朝鮮無可欲，而寧波有可欲也。關白得其欲，則寧波失其欲矣，一寧波何足惜，禍恐移之社稷耳。夫朝鮮，雖屬國，外臣也；寧波，雖裔郡，王土也。爲救外臣之危，而危王土以從事，養其一指，失其肩背而不知，智者不爲也。我國家如金甌，無一傷缺，今倭止在朝鮮境上，我師又大得氣，而輒爲所恐，欲俛首以貢市啗之，假令倭破殘我江南，蕩摇我沿海，折將損兵不能支，如異日事，養謙又當以何策啗倭也？養謙亦可謂畏倭如虎矣。畏倭如虎，正當格之于境外，不當延之于閫内，曾不是思，而聽一浮浪沈惟敬之言以敗國事，素負安在？養謙又可謂愚矣。夫此事易決，而廟堂亦非乏人，然而久未聞詔止之命，意者朝廷將畢羣議以服衆心乎？今臣不敢不急上此議，以爲萬萬無許理，竊以即怒倭之心，不過勞海上師一戰耳，況國家業有以待之者乎？洪武間無歲無倭患，無歲不與倭戰，當時所以待倭之術，亦不過如此。今海上法彌密，兵彌練，何憂其來。若毁壞成策而倒持太阿以予狡夷，啓無窮之患，愚人知其不可也。伏望皇上敕下兵部，并詔當事者，毋以小畏致大憂，毋以私諸誤公計，毋苟且圖今歲之安，而忘明年之危，務奠宗社于磐石之安，處置得宜而四夷自服矣。臣無任瞻望之至。

疏入，帝從之。❶

❶「疏入帝從之」，據明刻本沈一貫《敬事草》卷一《論倭貢市不可許疏》之題記：「草成將上，得罷封貢之命而止。」則此疏未上。

劾王錫爵疏萬曆二十一年

高攀龍

臣謹奏：竊近見朝宁之上，善類擯斥一空，大臣則孫鑨、李世達、趙用賢去矣，小臣則趙南星、陳泰來、顧允成、薛敷教、張納陛、于孔兼、賈巖斥矣，邇者李禎、曾乾亨復不安其位而乞去矣，選郎孟化鯉又以推用言官張棟空署而逐矣。夫天地生才甚難，國家需才甚急，廢斥如此，後將焉繼？致使正人扼腕，曲士彈冠，世道人心何可勝慨。且今陛下朝講久輟，廷臣不獲望見顔色，天言傳布，雖曰「聖裁」，隱伏之中，莫測所以，故中外羣言不曰「輔臣欲除不附己」，則曰「近侍不利用正人」，陛下深居九重，亦曾有以諸臣賢否陳于左右，而陛下于諸臣亦嘗一思其得罪之故乎？果以爲皆由聖怒，則諸臣自孟化鯉而外，未聞忤旨，何以皆罷斥？即使批鱗逆耳如董基等，陛下已嘗收録，何獨于諸臣不然？臣恐陛下有祛邪之果斷，而左右反借以行媢嫉之私；陛下有容言之盛心，而臣工反遺以拒諫諍之誚。傳之四海，垂諸史册，爲聖德累不小。輔臣王錫爵等，跡其自待，若愈于張居正、申時行；察其用心，何以異于五十步笑百步。即如諸臣罷斥，固以爲當然，則是非邪正，恒人能辨，何忍坐視至尊之過舉，得毋内洩其私憤，而利于斥逐之盡乎？

疏入，謫攀龍揭陽典史。

請斥奸獎忠疏萬曆二十一年

安希范

臣竊見近年以來，正直之臣不安于位，趙南星、孟化鯉爲選郎，秉公持正，乃次第屏黜；趙用賢節概震天下，止以吴鎮豎子一疏而歸，使楊應宿、鄭材得窺意指，交章攻擊。如孫鑨之清修公正，李世達之練達剛明，李禎之孤介廉方，並朝廷儀表，鑨、世達先後去國，禎亦堅懷去志，天下共惜諸臣不用，而疑閣臣媢嫉，不使竟其用也。高攀龍一疏，正直和平，此陛下忠臣，亦輔臣諍友，至如應宿辯疏，塗面喪心，無復人理，明旨下部科勘議，未嘗不是攀龍非應宿，及奉處分之詔，則應宿僅從薄謫，攀龍反竄炎荒。輔臣誤國不忠，無甚于此。乃動輒自文，諉之宸斷，坐視君父過舉，弼違、補衮之謂何？苟俟降斥之後，陽爲申救，以愚天下耳目，而天下早已知其肺腑矣。吴弘濟辨别君子、小人，較若蒼素，乃與攀龍相繼得罪，臣之所惜，不爲一臣，正恐君子皆退，小人皆進，誰爲受其禍者？祈陛下立斥應宿、材，爲小人媚竈之戒，復攀龍、弘濟官，以獎忠良。並嚴諭閣臣王錫爵，無挾私植黨，仇視正人，則相業光而聖德亦光矣。

疏入，帝怒，斥希范爲民。

再救降謫各官疏 萬曆二十二年❶

趙志皋

臣謹奏爲朝臣譴謫數多，閣揭未蒙批發，懇乞寬宥以全政體事。近者皇上因在廷諸臣奉職無狀，屢下嚴旨切責，一時科道官降謫者三十四人，部臣降謫者九人，大小臣工肅奉天威，無不踧踖震恐。臣等于本月十三日具揭伸救一次，續又于二十二日具揭伸救一次，俱留中未發。隨該部院九卿大臣連名疏救，雖荷批

❶「萬曆二十二年」，據《明神宗實録》卷二九二，此疏上於萬曆二十三年十二月。

發，而降謫人數更多，衆情益爲駭然，咸謂自皇上臨御以來，未有如此施行也，不但今日，即祖宗二百年來，亦罕見有如此施行也。臣等備員輔弼，受恩最深，當朝廷如此大舉動，不能先事挽回，尚忍容默自保，而竟無一言乎？密勿之地，固當以潛消默喻爲事，而不當以明諍顯諫爲功，但兩揭懇情，未蒙允答，匪特在廷之臣交責臣等，即臣等自省叨居政本，碌碌素餐，亦何能頃刻安乎？夫朝廷之上，天子，元首也；大臣，股肱也；科、道諸臣，耳目也。今天威屢震，南北臺省摧殘已甚，耳目傷矣，耳目既傷，則股肱亦不得安，尤冀聖明元首之尊一垂念之也。今大臣救過不遑，小臣蒙罪無告，一語牽逮，追責苛嚴，一事謬誤，譴罰無已，舉朝皇皇，重足而立。伏望皇上俯鑒臣等區區微忠，特霽天威，普垂寬宥，將降謫諸臣曲加貸免，庶政體少全，臣等亦可以盡忠補過，思爲報効之圖矣。臣等不勝惶恐戰慄之至。

疏入，得旨：「卿等昨所奏揭，朕已悉覽了。且此責處，乃爲兩衙門食禄忘君，不忠失職，罪戾自致，朕尚念言官，姑從輕處了，卿等如何又來救激？這所奏，朕已知道了，姑著還遵新旨行。吏部知道。」

請視朝疏 萬曆二十二年

楊東明

臣竊惟人主即欲自逸其身，亦必視時之可逸與否，若時已變而不憂，災屢見而弗恤，目前雖若無虞，而天下大可憂者將不旋踵而至，是不可不爲寒心也。皇上臨御以來，十五年以前太平無事，皇上乘國家閒暇，静攝深宫，臣亦私計聖體爲重，苟得海宇昇平，即無勞以政事，可矣。豈期三五年來，世道日弊，東征西討，歲歲戰征，亢旱淫潦，處處饑饉，時而妖星見，時而河水赤，時而巨星殞地，時而雌雞化雄，種種災異，疊見層生。而尤可憂者，則人持有我之見，朝無濟美之風，上下相猜，直枉莫辨，國是分摇于衆口，王綱竊弄于旁門，大臣無所擔當，邊塞動遭掣肘，議論多而成功少，安其危而利其災，是謂病在腹心，又非邊患可比。皇上深居無慮，自謂太平猶昔也，豈知世道人心之壞一至此哉！臣謂時不可以自逸者，正謂此也。夫法宫之内，披覽文書，在聖意非不憂勤，在羣臣無所感奮，方今遐邇臣工，畢集闕下，伏望皇上深維時變，翻然勵精，如川、貴土酋，作何擒制，作何蕩平？各直省水旱饑饉，作何撫安賑濟？明詔該省之臣，俯賜臨軒之問，則不惟四海、九州安危之狀可洞燭于聖心，而龍顔快覩，精彩倍生，鼓舞萬國之人心，消弭天下之災變，其機莫要于此矣。夫人君奉天理民，以視朝爲職，自古未有人君怠于常職，而天下不亂者。皇上慎念之哉！

疏入，帝不納。

請寬言路疏萬曆二十三年❶

馬經綸

臣伏見邇者屢奉嚴旨，斥逐南北言官，臣幸蒙恩，罰俸供職，今日乃臣諫諍之日矣。陛下數年以來深居静攝，君臣道否，中外俱抱隱憂，所恃言路諸臣明目張膽，爲國家裁辨邪正，指斥奸雄，雖廟堂處分未必盡協輿論，而搢紳公議頗足維持世風。此高廟神靈實鑒佑之所資，臺省耳目之用大矣，陛下何爲一旦自塗其耳目耶？夫以兵部攷察之故，而罪兵科是已，乃因而蔓及于他給事，又波連于諸御史，去者不明署其應得之

❶「萬曆二十三年」，《明神宗實録》卷二九三，萬曆二十四年正月乙丑記事載馬經綸疏，疑本書所記不確。

罪，留者不明署其姑怨之由，雖聖意淵微，未易窺測，而道路傳説，嘖有煩言。陛下年來厭苦言官，動輒罪以瀆擾，今忽變而以箝口罪之，夫以無言罪言官，言官何辭！臣竊觀陛下所爲罪言官者，猶淺之乎！罪言官也，乃言官今日之箝口不言者，有五大罪焉。陛下不郊天有年矣，曾不能援故典排闥以諍，是陷陛下之不敬天者，罪一。陛下不享祖有年矣，曾不能開至誠牽裾以諍，是陷陛下之不敬祖者，罪二。陛下輟朝不御，停講不舉，言官言之而不能卒復之，是陷陛下不能如祖宗之勤政，罪三。陛下去邪不決，任賢不篤，言官言之而不能強得之，是陷陛下不能如祖宗之用人，罪四。陛下好貨成癖，御下少恩，肘腋之間，叢怨蓄變，言官俱慮之而卒不能批鱗諫止，是陷陛下甘棄初政而弗獲克終，罪五。言官負此大罪，陛下肯奮然勵精，而以五罪罪之，豈不當哉？奈何責之箝口不言者，不于此而于彼也？

日者廷臣交章論救，不惟不肯還職，而且落職爲民。夫諸臣本出草莽，今還初服，亦復何憾，獨念朝廷之過舉不可遂，大臣之忠懇不可拂。陛下不聽閣疏之救，改降級而爲雜職，則輔臣何顔，是自離其腹心也；不聽部疏之救，改雜職而爲編氓，則九卿何顔，是自戕其股肱也。夫君臣一體，元首雖明，亦賴股肱、腹心、耳目之用，今乃自塞其耳目，自離其腹心，自戕其股肱，陛下將誰與共理天下事乎？夫人君受命于天，與人臣受命于君，一也。言官本無大罪，一旦震怒，罪以失職，無一敢抗命者，既大失人心，必上拂天意，萬一上天震怒，以陛下之不郊、不禘、不朝、不講、不惜才、不賤貨咎失人君之職，而赫然降非常之災，不知陛下爾時能抗天命否乎？臣不能抗君，君不能抗天，此理明甚，陛下獨不思自爲社稷計乎？

疏入，帝大怒，貶經綸三秩。

弭變修省疏萬曆二十四年

趙志皐

臣謹奏：昨因乾清宫火災異常，伏蒙皇上諭旨下頒，引咎自責。竊惟聖主惓惓兢惕一念，斯固可以感格天心，轉災爲祥矣，臣等更思聖念真切如此，凡願効忠靖獻者，孰不仰體虚懷，圖竭涓滴，而況于股肱一體，受恩最深者，其愛君憂國之切，更當何如乎？除祭告、修省等事已經禮部題請，次第舉行外，其餘合當亟行條款，臣等謹遵奉明旨，僭擬開列于後，皆係今日緊要事宜、最關政體者，伏乞聖明速賜裁酌施行，宗社、臣民不勝幸甚。

一，下詔罪己並戒敕百官。查得嘉靖年間三殿火災，皇祖世宗皇帝曾下罪己之詔，頒示天下，今宜倣而行之。又累朝或遇災眚，多戒飭百官共圖修弭，臣等竊見今日朝臣奉公守法者固多，背公徇私者亦不少，以致政令失平，傷和致災，似宜宣敕戒諭大小臣工，令其痛自省改，益修常憲，共襄平明之治，庶上下交儆，乃弭災首務也。

一，檢發章奏。仰惟皇上静攝玉體，深處法宫，臣等忝備密勿，至經年不得望見清光，一吐忠懣，所恃以流通精神、袪撤壅蔽者，惟賴章奏一端耳。乃近日各衙門本章多留中不發，以致事務停閣，官曹空虚。夫六部分筦大政，昔人比之喉舌，一時氣息稍窒，身體豈得安寧？故一官久缺不補，則堆積弊蠹者不知幾何事，一事處斷未了，則牽連罣累者不知幾何人。此乃拂鬱羣情，傷和召災之大者，仰望皇上清心勵精，將吏部屢次推陞官員，及各衙門奏覆章疏一向留中者，盡數檢發，使政務不至壅滯，百司得有遵承。以上二款，伏乞聖明裁定施行。

一，簡拔淹滯。邇年海内降謫、罷廢官不下六七十員，近日兩月内黜降者至四十餘員，或因一事之差而概斥，或因一人之累而連及，其情實多可原，寧可終棄？至于屢奉明旨，俱有「不許朦朧推陞」之禁。當今主上明聖、朝廷有道之時，豈忍因一微罪小眚，終身錮人。惟望皇上特下吏部，從公甄别，凡昔淹棄諸臣，查其志行端潔，懲創已久，觸迕無心，爲天下公論所惜者，具列等第，請旨定奪。不得更拘「朦朧推陞」之條，使搢紳咸得揚眉吐氣，不至摧沮拂鬱，斯乃爲回天心、轉世道之一大機括也。

一，選補臺省。近因科道缺人，已經吏部題請，又經都察院催請，俱祗候日久，未蒙發出。夫國家以分理政務責之大臣，以糾察欺蔽責之科道，厥任同重，非可曠缺。今官少事廢，言壅情阻，竊望皇上將吏部近日推用科臣及行取風憲等疏，亟行查發，令其選補如額。庶幾臺省充實，言路開通，臣等亦得藉以採攬忠益，補救遺闕，此修政格天之要圖也。伏乞敕下吏部施行。

一，慎刑守法，併禁止扳累，以疏枉濫。竊惟朝廷所守者，祖宗之法度；刑官所據者，欽定之律令。近來刑部問擬囚犯，據律定罪，而明旨每有加重，司官且被嚴譴，此雖皇上懲奸鋤惡之意，而使執法之臣無所措手，似亦可暫而不可久。夫法不可縱，亦不可枉，惟取其平，乃可久行，惟望皇上垂念。今後問刑，一以律例爲準，至于抄没一事，其情真罪當者，籍没何辭！但近有拷鞫妄扳，累及平民，箠楚之下，何求不得？豈獨冤抑之氣上干天和，且京師天下根本，使人人恟懼，重足屏息，不遑寧處，大非治平景象也。惟望聖明特詔問官，勿許扳累無干，以致破家殞命，斯仁心和氣轉嗟怨爲懽忻，實弭災要務也。伏乞敕下刑部施行。

一，暫停織造，併少緩燒造，以蘇困窮。夫段疋、器用，皆上供所需，豈能一概減省。但近年增派數目，日多一日，費至鉅萬。據蘇、松、浙江、陝西、江西各該撫按官俱稱水旱兵荒，徵收不前，一時庫藏苦無積儲，小民貧困已極，勢難加派。仰望皇上憐念公私兼匱之時，約己恤民，大施恩惠，將江南織造段疋、山西織造絨紬，及江西燒造磁器，暫且停止，或減其數目，寬其解期，以待各該地方稍有蓄積，陸續造進。庶上用不缺，而民窮少甦，亦召和一端也。伏乞敕下工部施行。

右所開列，俱係時政切要之務，中外羣情所共喁喁引領而望者，懇祈聖明留神省覽，即賜批發。臣不勝懇切仰望之至。

疏入，得旨：「覽卿等所奏，具見忠愛，知道了。」

乞振朝綱疏 萬曆二十四年

趙志皐

臣謹奏爲天變屢形，懇乞聖明大振朝綱，以回天心，以維世道事。臣惟天人相爲感應，變不虚生，在人君修德行政以轉移之而已。今年三月乾清、坤寧二宫災，六月欽天監奏彗星見，又奏閏八月初一日日食至九分餘。此皆天變之所不常有者，而見之于數月之内，可不修德行政以消弭之乎？臣愚以爲修德行政之要，則莫先于振綱紀。蓋人君，猶天也，惟天宰制萬物，區别庶類；惟人君統馭萬民，役使羣動。君統其綱，臣分其職，治隆于上，化行于下，此唐虞三代之盛時以及漢、唐、宋之治朝，皆如是也。其間有不能盡守其法，而亂亦隨之，捷于影響，有可鑒者。國家二百餘年，紀綱何嘗一日不立，法度何嘗一日不行，臣工何嘗一日不肅，民志何嘗一日不定。雖有微奸隱慝搖惑世風，劇惡大懟誣害善類，而旋發旋滅，卒未有爲朝政之累、世道之梗者。而今日之事，則有大可慨者矣。皇上臨御以來，日視朝政，萬幾親總，五夜夙興，又且留心民瘼，加意人才，召對輔臣，諮訪部院，開誠納諫，虚己受箴，朝無異政，人無異言，斯太平極盛之治矣。邇年以來，玩愒起于治平，憂勤怠于安逸，紀綱之不振，未有甚于此時者。臣私心慮之久矣，今臣已疏歸，于此不言，是終無可爲之時也，願少垂聽焉。

臣惟古之帝王南面而聽天下，嚮明而治，居尊御卑，由近達遠，無有弗屆者也。皇上之不視朝，將十年于兹，臨御久虚，人心漸弛，雖法度未嘗盡廢，而詐僞不可盡窮，若不及此時反之，恐將來益難支矣。皇上意在效法皇祖，然皇祖晚年亦爲權奸蒙蔽，左右誣罔，賄賂公行，濁亂朝政，幸末年一怒而舉安，然亦晚矣。此乃前事之當鑒者，而可復蹈之耶？願勵精圖治，質明視朝，或五日一出，或一月三出，天威不違咫尺，臣工儼然翼趨。此朝綱不可不振者一也。六曹章疏，奏發有期。數年以前，雖不視朝，章疏隨時即發，且多御批，乃今一概不發。夫推官而不發，則官不得就職；奏事而不發，則事不得奉行。近因尚書孫丕揚之請，一日發下二十餘本，京城歡聲動地，然所未發者尚多也。至于奏請行取，蓋選賢與能，以司耳目也，内而臺諫不可久虚，外而知、推不宜久滯，且使部中進士待選與起復養病補任者，不致久稽也。又内而部、寺之陞遷，外而藩、臬之聽補，守候甚久，胡可遲之。乞俯從部請，照常票發，俾人才不致阻滯。此朝綱不可不振者二也。國是人心，關于世道。往時大小臣工，朝無異論，而邇來則漸乖隔，各懷己私，黨同伐異。又有不修職業而出位言事者，志在彰己之直；有自具疏草而倩人代上者，意圖售己之謀。堂屬有定分也，欲逞其奸則侈口劇談，而不顧名分；邪正有定論也，欲肆其害則極口醜詆，而故違其心。是在察其幾而亟反之，庶賢者得行其志，而世道可挽回耳。此朝綱之不可不振者三也。官邪既以不正，則頽風波及下賤，彼不得用之小人，因而哄然蠭起，幸邊疆之多事，得以負戈從戎于其間。流言道路，惑亂聽聞，而好事者又從而樂道之，以遂其攻人害成之謀。又有一番罷閒官吏、舉監生儒，如欒新爐之類，藏匿京師，投入勢宦衙内，作文寫書，四布投遞，旋即送入報房，令人抄報，傳示四方。夫報房，即古之置郵，傳命令以達之遠近者也，非奉命者不敢抄，今則朝奏疏而夕發抄，不待命下，而已傳之四方矣。近日又有劉世延一本，論臣及石星與李楨，玩其詞頗不類世延語，因查通政司，並無有副本，乃知憸邪小輩，假此以誣詆善類，其風豈可倡哉！此朝綱不可不振者四也。劉世延以窮凶極惡之資，肆亂臣賊子之行，中外遠近側目已久，今一旦置之于法，舉朝歡欣。然世延之肆惡顯而易見，世固有心術險詖、智巧艱深、氣焰足以熏灼一時、機權足以籠絡衆志、壞朝政而不顧國家之利害者，其肆惡微而難知。此朝綱之不可不振者五也。夫利源一開，則賄門遂闢，奔競之塗啓，攘奪之患生。且利能令人智昏，自古英明才智之主，夫豈鮮哉？一徇于利則智昏于得，恣多取之念，肆無厭之求，凡可以瘠民而肥己者無不爲之，此唐德宗瓊林大盈之積可鑒也。臣不願皇上之冒此名也。即近日採礦一事，一疏允之，十疏繼之，至有一省請開三十一處者。小人之放肆至此，然豈盡爲國家謀哉？無非逢君之欲，遂己之謀，徒以長姦民之釀亂耳。今除開採已有成命外，以後再有聞風瀆奏，希圖竊利者，悉行禁止。此朝綱之不可不振者六也。

夫昔年星變，既已兆其亂萌，今復再見，豈可倖其無應。伏望皇上軫念上天仁愛之心，爲先事消弭之術，察臣出于愛國，無以言爲贅疣，將所陳六事，俯賜施行，力加振作，務使紀綱正而風俗還，斯宗社之福，臣民之慶也。臣曷勝懇切仰祈之至。

疏入，帝不納。

請補本兵疏萬曆二十四年　　趙志皐

臣謹題：近該總督邢玠報朝鮮倭情萬分緊急，朝鮮國王又欲棄國逃遁，且其踪跡詭祕，暗差人役赴清正處，而金總兵已行脱逃，慶州生員亦欲率衆順賊矣。人心離散，糧草莫供，我以孤軍遠戍其地，後兵未繼，進退兩難，此誠東方危急存亡之秋也。臣等見報，不勝駭愕，日夜思所以爲拯救之術，而顧念此國家大事，全賴兵部主張，主張無人，誰任其咎？掌管兵部者，須得熟練兵機，久諳邊計，忠貞體國之人，專心實任，決非未經邊方者所能幹辦，亦非署掌職事者所可擔當。況今天下兵事不止一倭，處處可憂，處處當計。倭既倡亂，則自東北至西南，遼東、山東、南直、浙江、福建、廣東沿海萬里，盡當備禦矣；北邊則九鎮，處處日夜防禦，而今四川又以邊患見告矣；西邊則雲、貴、兩廣時有土官、土目、猺獞諸種，并緬甸、安南等國，俱煩處置矣；中土又有礦洞、山箐及民間盜賊，不時竊發，皆當豫防矣。此非倉猝所能答應、苟且可以支吾者。前以部印付于侍郎李正，原奉旨意止是暫掌，非爲久計，而乃無尚書之命，則令何人擔當？既無擔當之人，安有認真之事。

臣等竊觀皇上之于倭事，隨到隨發，隨請隨行，聖心亦既獨勞于上，而特廑于中矣，然皇上深居九重，豈能盡悉行間之事，即臣等二三書生雖不敢不竭力贊理，而豈能旁通行間之事，必妙選得人，特畀專職，令其曉夜籌度，悉心講求，詳利害之所歸，悉緩急之所宜，防東而不遺于西，慮前而不失其後，庶幾其有濟耳。各部之事有差，尚可補救于後，兵事一差，則國家安危在乎呼吸，此何等大事而可以不急圖乎？皇上之于倭事，無不急圖，但一本兵不曾急補，故將士謂皇上用兵之意，尚在舒緩而多前卻之情；朝鮮君臣又謂皇上救援之意，尚在舒緩而生去就之計；倭奴揣摸皇上之救援未急，而爲急攻先發之謀。此無足怪，蓋形影之間，原可自疑也。試觀輦轂之下、班行之中，能確然信皇上之留意戎機者，有幾人也，而况其遠者乎？

夫點用一本兵，此極易尋常事耳，而皇上猶難之，則事有難于此者，皇上又將何如作難而使人不疑，此固將士之所以解體，而盜賊之所以生心也。臣等日夜憂懼，屢嘗奏請，而未得俞旨，則謂聖心必有默回之時，而今日事幾逼迫，不可復待，不得不再三瀆陳，伏乞皇上即賜乾斷，勿更遲疑，將吏部推上本兵前疏，亟賜定點一員，令其到任管事，國家幸甚，天下幸甚。再照數臣之中，衆口皆推蕭大亨爲第一，倘得如擬，則華夷共服，中外交慶。蓋大亨之才，以爲刑部尚書，非其所長，以爲兵部尚書，則有餘裕。當此倥偬緊急之際，臣等萬不敢爲徇私負國之舉，尤望皇上寬其小嫌，而究其大用，則大亨之感恩圖報，尤當萬倍恒情也。臣等不勝憂國憂邊激切諄復待命之至。謹題請旨。

疏入，帝不納。

趙志皐

再催補本兵疏萬曆二十四年

臣謹題：適接總督邢玠塘報，内開南原已于八月十六日被倭打破，副將楊元從西門殺出，不知去向等情，臣等見之，不覺失聲大叫，震慄無已。移時，接閱書札，内開閑山失守，西南二面無處非賊，賊兵二十萬，我兵二三千，而清止又向忠州來，别處屯守難撤，南原自不能守，全州亦難支持，此時禦之于陸，歧路已多，若海中無兵，登、萊、天津皆可深慮。故今日之計，水兵甚急，海運甚急，若閩、浙一帶，不必概爲驚惶，惟當併力朝鮮，爲治標塞源之計。又言朝鮮兵糧固少本色，將發去馬價須臾散盡，坐以待斃，無所措手足矣。又言本兵此時尚不蒙點，聖上何不自計社稷，此當合九卿、臺省叩闕急嗚之時也。臣等手攬其書，涕洟俱下。照得楊元以萬里孤軍而當萬數之賊，臣等固已日夜憂其難保，今竟覆没，則何以作我軍之氣，而圖屬國之安，伏想聖主聞之，必當動色靡寧矣。所賴總督邢玠、經理楊鎬，皆不二心之臣；總兵麻貴及部下諸將，盡一時之選，急宜督其收功于後。天津、登、萊係京師左臂，必須大調閩、浙等處水兵以戍之，一則可以爲保固中國之謀，一則可以爲夾攻倭奴之計，所宜急圖不可復緩。其朝鮮糧餉，雖絡繹轉運不絶，而兵多道遠，安能即達，所發馬價既皆罄盡，必須再發一二十萬前去接濟，庶無内潰之憂。顧此等兵食大計，頭項多端，少有差失，國家安危所係。今無熟練本兵日夜主持籌度，而但取辦于署印侍郎，豈是長策。臣等屢次進言，皇上都付不理，一旦敗狀來聞，相視但有長歎，皇上何不以宗廟社稷爲重一至此乎？邢玠欲九卿臺省叩闕急嗚，此真瀝血披心、萬不得已而爲此無聊之辭也。伏望皇上即將本兵蕭大亨准用，令其亟行到任，籌計東事，庶可以補前失而圖後功。不然一二書生，必致誤國，即萬死何以贖罪乎？臣等謹僭擬諭帖一道，伏望皇上允發。臣等不勝涕泣哀懇之至。

疏入，帝不納。

請儲邊材疏 萬曆二十四年❶

趙志皐

臣等連日接得東征塘報，我兵之在朝鮮者與倭苦戰，破其一城三寨，而島山城中尚堅壁死守，我兵仰而攻之，甚難爲力，四面援倭源源而來，呼吸之頃，成敗懸殊。臣等日夜關心，不敢以一勝爲喜，實以未了爲懼也。顧隔越千里，徒有此心，而力所可爲者在于廟謨。今廟謨尚多缺失，獨恃一戰以爲孤注，豈不危哉！所謂廟謨之缺者云何？夫兵部，謂之「本兵」，謂之「樞筦」，乃以其事付之侍郎李楨，本官拘守文義，不諳軍旅，皇上何取于楨而以大權付之，因循不改。彼胸中本自無奇，安望其慮遠憂深，而豫籌勝算，以擔當軍國大事乎？念此慄慄竦骨寒心者，一也。其在朝鮮，止靠邢玠、楊鎬二人以獎率諸將耳，聞楊鎬躬親臨陣，出入于矢石之間，奮不顧身，誠可倚藉。然在朝廷，亦宜豫先作一準備，萬一此人有少蹉跌，數千里外何人代之？萬一邢玠復有不虞，何人代之？此等事機關繫不小，有備無患，皆當豫籌者，二也。今本兵不思，吏

❶ 「萬曆二十四年」，據《明神宗實録》卷三一八、趙志皐《内閣奏題稿》卷七《請儲邊材》，此疏上於萬曆二十六年正月。

部不管，各衙門不言，但恃皇上之福德與祖宗之威靈，天意固爲眷顧，人事亦當修舉，不宜第曰靠天而已也。今朝廷之上，官多不補，小臣所管者惟一事，未補尚可兼攝，大臣則上衞天子，下治萬民，必不可以不補，補亦不可非其人也。查得隆慶年間，因北邊多事，特添設兵部侍郎二三員，以備督、撫之選，先帝留心邊務，廣儲賢才如此，誠萬世所當法。伏望皇上加意于用人一節，不以愛惜名器而並虚緊要大僚，特諭該部，將各部、院堂官一一遴補，以重朝廷。又收羅堪充督、撫、兵備親臨戰陣之人，分布于薊、遼近地，以備緩急。庶幾平居無事可資其籌略，而修廢墜之典，倉猝有事，可藉其勇力而應勛勦之務。以上各官，或敕吏部秉公竭忠再加斟酌推舉，或將吏部所推斷自宸衷，欽點發下。仍令廣詢博求備用之人，不得以尋常才品，徒取充位。國事幸甚，臣等幸甚。

疏入，帝不納。

陳議兵事疏 萬曆二十四年❶

趙志皐

臣謹奏爲東征平定無期，國事騷騷可慮，懇乞聖明神斷，并集廷議以圖長勝久安事。臣卧病床蓐間，復聞東征大舉敗績，不勝憤懣，顧此身雖病，此心未死，誠不忍見國事決裂至此，謹將東倭始末叛順無常，以至

❶ 「萬曆二十四年」，據《明神宗實録》卷三一八，萬曆二十六年十一月壬辰記事、趙志皐《内閣奏題稿》卷七《陳議東事》，此疏上於萬曆二十六年十一月。

今日議戰議守，願皇上少垂聽焉。

臣嘗閲載籍，東海諸處限山阻海，惟倭奴最稱雄長，附庸者百餘國，至唐始更號「日本」。洪武初，寇山東、淮安、浙江、福建傍海諸郡，于是遣萊州同知趙秩賜璽書諭王，責其入貢，不從，發舟數千襲我，爲風飄没，自是不與通者數十年。秩歸後，遣僧入貢，亦屢寇山東、福建沿海地方，上乃命湯和築登、萊至浙江沿海諸城防倭衛所，又築山東、福建海上諸城，自是貢、寇無常。永樂間都督劉榮守遼東，倭兵復至，榮合兵圍之，斬首甚衆，自是不敢窺遼東。正統間寇大嵩，大肆荼毒，假進貢之名，肆殺戮之慘，歲以爲常。嘉靖間，中國豪強招集倭衆，雄據海上，而肆其毒于内地。遣總督胡宗憲招遠近雄兵、智謀勇敢之士，又搜括東南財賦，歷十餘年而浙、直之患始息，迄今三十餘年矣。

朝鮮君臣積弱不振，關白恃強興兵，直擣其國，皇上恤弱摧強，遣將援救，攻取平壤，三戰連捷，而封議遂起，遣使來廷而封議遂成。于是封詔下矣，冠服賜矣，李宗城、楊方亨二使遣矣，不意行至中途，變起不測，奸臣搆危言以愒正使，而宗城于暮夜逃出釜山之營矣。宗城，紈袴子也，上詘天威，下忌衆口，敢爲陳情，秪自受罪。而皇上先後禦倭，初不失著，何者？因倭夷之攻朝鮮，而興兵救之，爲以大恤小之仁；因倭夷之請封，而遣使封之，爲柔遠能邇之義。夫封既不成，則自當主戰，顧戰非孟浪以冀僥倖也，必内固根本，有磐石之安，外度機宜，有壓卵之勢，然後一戰以收全功。若不可戰，則當堅守以俟瑕隙，或屯田以贍軍需，或練兵以蓄鋭氣。乃今不量彼己，不度勞逸，惟悻悻然以思一逞，先敗于南原，方整頓收拾，兵糧粗集，而去冬再敗于蔚山，更整頓收拾，兵糧大集，而今冬三敗于泗川。夫合水陸十萬之師，四路一時並進，孰不謂智慮已周，謀畫已定，可以制釜倭之死命矣，何中路以被誘大敗，東西兩路亦以攻城損傷，陳璘兵船又何以被焚掠耶？ 四路之師，一時潰敗，近又倉皇無計，斂跡退防，駕言以待查勘矣。是鋭氣既已阻消，輜重業已散失，又未知將何整頓收拾，以圖再舉也。況東事自更局以來，又復二年有餘，竭四方水陸之運，集遠近征調之兵，人情洶湧，海内騷然。前赴朝鮮，猶水趨壑，曾不能得釜山尺寸之地，三戰三敗，貽笑倭奴，恥辱中國，亦已甚矣。豈朝廷之錢糧、百姓之膏血、數萬之生靈，爲博功名之兒戲耶？

臣竊謂用此忿兵，原無勝理。蓋倭集釜山，去日本一帆而近，彼之轉輸、援救，順流而下，朝發可以夕至。而我陸隔遼東，水絶大海，相距數千里，兵馬不勝奔走之勞，糧餉不勝搬運之苦。此其不利者一。倭坐據重城，三窟聯絡，或以逸待勞，以近制遠，而我裹糧束芻，野棲露處，以仰攻其堅。此其不利者二。有此二不利，安在其能勝也。今丁壯已斃于鋒鋩，縱欲再調，不過柔弱之徒，況宣、大、山西、薊、遼諸鎮連年徵發，户籍空虚，北人乘機，時挾貢賞，其勢決難再調。若腹裏召募，率皆烏合，即如前徐中素上疏自稱平日蓄有死士三千，比及東行，旋于京城内外招集市井傭販之流，此輩目不識旌旗，耳不辨金鼓，泗川之敗，正是此兵，言之令人可恨。兵可再調乎？ 東征歲費藏金數百餘萬，山東、浙、直、閩、廣于常賦之外，又加六七十萬，閭閻窮民不勝剥削，加以水旱之災，重以開採之役，逃竄流離，人不堪命，餉可再運乎？ 及今以往，若不長慮卻顧，以圖久遠之計，將見在朝鮮則專藉天朝爲其報復，終無念亂圖存之心；在中國則兵疲糧竭，脱有奸徒乘機倡亂，如近日河南插旗之變，則在我非特不能救朝鮮，且將自救之不暇矣。于時東事從何結局？此臣所以伏枕而思，五内焦勞，不能已于言也。

以臣愚謬之見，北人不時入犯，隕將喪師，尤爲腹心之疾，是豈可舍近而求遠。不若令督臣邢玠仍歸本鎮，與薊遼撫臣一意制敵，而以東方之事，悉以委之經理撫臣萬世德，擇一大將與之協同，而世德仍量加部銜，以便節制。限以數年爲期，先將已調集兵將，逐一挑選，擇其精健可用者，量留若干，其餘徒耗軍餉，悉令撤歸。然後將所留之兵，分布全、慶要害之處，因山爲城，因江爲塹；堅壁把守，互爲聲援。然後遍歷朝鮮八道，擇其膏腴之地，廣其開墾，分委廉幹官員，責成管理，仍不時查覈。如某道闢地幾何，秋收積穀幾何，以定賞罰，久則彼食自足，我餉可以不運矣。一面調選八道精壯之人，分委曉暢將領，嚴加訓練，如某道練馬兵幾何，步兵幾何，練一隊則可撤我一隊之兵，久則我兵可以漸撤，麗兵可以自守矣。一切險要，置以重關，設以烽堠，務使倭奴不至如前衝突。尤望嚴旨切責朝鮮君臣，臥薪嘗膽，協力相維，陪臣有不用命者，許經理撫臣即以漢法繩之。一切未盡事宜，與錢糧應請給，并冗員應減去者，聽世德會同監軍及查勘科臣具疏題請，其分布將領、簡任官員，聽其諮訪，便宜行事。如此則訓練精，兵威振，屯種廣，軍資饒，險隘設，國本固。可戰則大張撻伐，直擣釜山，以洩三敗之恥；不可戰則堅壁清野，保護八道，以絶狂逞之謀。是中國之兵餉不煩遠輸，朝鮮之積弱亦可漸振，即倭奴知我有備，進無所逞，亦將自圖歸計矣。若内地山東、浙、直、閩、廣之間，一切禦倭事宜，更宜整飭，如列聖築城布兵以防侵犯，此尤不可緩者。臣竊謂安内攘外，今日之東事必當如是，伏乞皇上加意留覽，勿視爲泛常，仍亟敕九卿、科道諸臣，各秉虛心，毋拘成説，詳議上請，速賜施行。臣不勝激切待命之至。

疏入，得旨：「朕覽卿奏，具見老臣憂國籌邊至意。東征未得取勝，朕心日夜懸注，正爾諮詢長策，圖維萬全。奏内事宜，著兵部便會同五府、六部九卿、堂上、科道等官，悉心詳加議處來行。卿宜倍加調攝，亟出輔理，以分朕宵旰之憂，慎勿久虚延佇。」

御選明臣奏議卷三十三

陳天下安危疏萬曆二十五年

呂　坤

臣竊見元旦以來，天氣昏黄，日光黯淡，占者以爲亂徵。今天下之勢，亂象已形，而亂勢未動；天下之人，亂心已萌，而亂人未倡。今日之政，皆播亂機使之動，助亂人使之倡者也。臣敢以救時要務爲陛下陳之。

自古幸亂之民有四：一曰無聊之民。温飽無由，身家俱困，因懷逞亂之心，冀緩須臾之死。二曰無行之民。氣高性悍，玩法輕生，居常愛玉帛子女而不得，及有變則淫掠是圖。三曰邪説之民。白蓮結社徧及四方，教主、傳頭所在成聚，倘有招呼之首，此其歸附之人。四曰不軌之民。乘釁蹈機，妄思雄長，惟冀目前有變，不樂天下太平。陛下約己愛人，損上益下，則四民皆赤子，否則悉爲寇讎。今天下之蒼生，貧困可知矣。自萬曆十年以來，無歲不災，催科如故，臣久爲外吏，見陛下赤子凍骨無兼衣，飢腸不再食，垣舍弗蔽，苫藁未完，流移日衆，棄地猥多，留者輸去者之糧，生者承死者之役。君門萬里，孰能仰訴？今國家之財用耗竭可知矣。數年以來，壽宫之費幾百萬，織造之費幾百萬，寧夏之變幾百萬，黄河之潰幾百萬，今大工採木費又各幾百萬矣。土不加廣，民不加多，非有雨菽湧金，安能爲計？今國家之防禦疎略可知矣。三大營之兵，以衛京師也，乃馬半羸瘠，人半老弱；九邊之兵，以禦外寇也，皆勇于挾上，怯于臨戎；外衛之兵，以備征調、資守禦也，而户缺于役占，家累于需求，皮骨僅存，折衝奚賴？設有千騎横行，兵不足用，必選民丁，以怨民鬬怨民，誰與合戰？

夫人心者，國家之命脉也，今日之人心，惟望陛下收之而已。關隴氣寒土薄，民生實艱，自造花絨，比户困于趣逼，提花染色日夜無休，千手經年不成一匹。他若山西之紬、蘇松之錦綺，歲額既盈，加造不已。至若饒州磁器、西域回青，皆不急之需，徒累小民，陛下誠一切停罷，而江西、陝西之人心收矣。以採木言之，丈八之圍，豈止百年之物，深山窮谷，蛇虎雜居，毒露常多，人烟絶少，寒暑飢渴、瘴癘死者無論已，乃一木初卧，千夫難移，倘遇阻艱，必成傷殞，蜀民語曰「入山一千，出山五百」，哀可知也。又如海木，官價雖一株千兩，比來都下爲費何止萬金！臣見楚、蜀之人談及採木，莫不哽咽。苟損其數，增其直，多其歲月，減其尺寸，而川、貴、湖廣之人心收矣。以採礦言之，南陽諸府比歲饑荒，生氣方蘇，菜色未變，自責報殷户，而半已驚逃，自供應礦夫工食、官兵口糧，而多至累死，自都御史李盛春嚴旨切責，而撫、按畏罪不敢言。今礦砂無利，責民納銀，而奸人仲春復爲攘奪侵漁之計，朝廷得一金，郡縣費千倍。誠敕戒使者，毋散砂責銀，有侵奪小民若仲春者，誅無赦，而四方之人心收矣。官店租銀，收解自趙承勛造四千之説，而皇店開；自朝廷有内官之遣，而事權重。夫市井之地，貧民求升合絲毫以活身家者也，陛下享萬方之富，何賴于彼？且馮保八店，爲屋幾何，而歲有四千金之課？課既四千，徵收何止數倍，不奪市民，將安取之？今豪家遣僕設肆，居民尚受其殃，况特遣中貴，賜之敕書，以壓卵之威，行竭澤之計，民困豈顧問哉！陛下若撤還内臣，責有司輸課，而畿甸之人心收矣。

宗室皆九廟子孫，王錦襲等蓋世神奸，籍隔數千里，而冒認王弼子孫，事隔三百年，而妄稱受寄財産。中間僞造絲綸，假傳詔旨，明欺聖主，暗陷親王，有如楚王銜恨自殺，陛下何辭以謝高皇帝之靈乎？ 此兩賊者，罪應誅殛，乃止令回籍，臣恐萬姓驚疑。 誠急斬二賊以謝楚王，而天下宗藩之心收矣。 崇信伯費甲金之貧，十廂珠寶之誣，皆通國所知也。 始誤于科道之風聞，嚴追猶未爲過，今真知其枉，又加禁錮，實害無辜。請還甲金革去之禄，復五城廠衛降斥之官，而勳戚之人心收矣。 法者，所以平天下之情，其輕其重，太祖既定爲律，列聖又增爲例，如輕重可以就喜怒之情，則例不得爲一定之法。 臣待罪刑部三年矣，每見詔獄一下，持平者多拂上意，從重者皆當聖心。 如往年陳恕、王正、甄常照等獄，臣欺天罔人，已自廢法，陛下猶以爲輕，俱加大辟，然則律例又安用乎？ 誠俯從司寇之平，勉就祖宗之法，而囹圄之人心收矣。 自古聖明之君，豈樂誹謗之語，然而務求言、賞諫者，知天下存亡係言路通塞也。 比來驅逐既多，選補皆罷，天閽邃密，法座崇嚴，若不廣達四聰，何由明照萬里？ 今陛下所聞，皆衆人之所敢言也，其不敢言者，陛下不得聞矣。一人孤立萬乘之上，舉朝無犯顔逆耳之人，快在一時，憂貽他日。 陛下誠釋曹學程之繫，還吴文梓等官，凡建言得罪者，悉分别召用，而士大夫之心收矣。 朝鮮密邇東陲，近吾肘腋，平壤西鄰鴨緑，晉州直對登萊，倘倭夷取而有之，籍衆爲兵，就地資食，進則斷我漕運，退則窺我遼東，不及一年，京城坐困，此國家大憂也。乃彼請兵而二三其説，既許兵而延緩其期，力窮勢屈，不折入爲倭不止。 陛下誠早決大計，併力東征，而屬國之人心收矣。

四方輸解之物，營辦既苦，轉運尤艱，及入内庫，率至朽爛，萬姓脂膏化爲塵土。倘歲一稽核，苦竄者嚴監收之刑，朽腐者重典守之罪，一整頓間，而一年可備三年之用，歲省不下百萬，而輸解之人心收矣。自抄没法重，株連數多。坐以轉寄，則並籍家資；誣以多贓，則互連親識。宅一封而雞豚大半餓死，人一出則親戚不敢藏留。加以官吏法嚴，兵番搜苦，少年婦女亦令解衣，臣曾見之，掩目酸鼻。此豈盡正犯之家重罪之人哉？一字相牽，百口難解，姦人又乘機恐嚇，挾取資財，不足不止。半年之内，擾徧京師，陛下知之否乎？願慎抄没之舉，釋無辜之繫，而都下之人心收矣。列聖在御之時，豈少宦官、宫妾？然死于箠楚者，未之多聞也。陛下數年以來，疑深怒盛，廣廷之中，狼籍血肉；宫禁之内，慘戚啼號。厲氣冤魂，乃聚福祥之地，今環門守户之衆，皆傷心側目之人，外表忠勤，中藏險毒，既朝暮不能自保，即九死何愛一身。陛下卧榻之側，同心者幾人？暮夜之際，防患者幾人？臣竊憂之。願少霽威嚴，慎用鞭扑，而左右之人心收矣。

祖宗以來，有一日三朝者，有一日一朝者，陛下久不視朝，人心懈弛已極，姦邪窺伺已深，守衛官軍秪應故事。今乾清修造，逼近御前，軍夫往來，誰識面貌，萬一不測，何以應之？臣望發宫鑰于質明，放軍夫于日昃，自非軍國急務，慎無昏夜傳宣。若夫章奏不答，先朝未有，至于今日，強半留中。設令有國家大事，邀截實封，揚言于外曰「留中矣」，人知之乎？願自今章疏未及批答者，日于御前發一紙，下會極門，轉付諸司照察，庶君臣雖不面談，而上下猶無欺蔽。臣觀陛下昔時勵精爲治，今當春秋鼎盛，曾無夙夜憂勤之意，惟孜孜以患貧爲事，不知天下之財，止有此數，君欲富則天下貧，天下貧而君豈獨富？今民生憔悴極矣，乃採辦日增，誅求益廣，斂萬姓之怨于一人，結九重之讎于四海，臣竊痛之。使六合一家，千年如故，即宫中虚無所有，誰忍使陛下獨貧？ 今禁城之内，不樂有君；天下之民，不樂有生。怨讟愁嘆，難堪入聽，陛下聞之，必有食不能咽，寢不能安者矣。臣老且衰，恐不得復見太平，籲天叩地，齋宿七日，敬獻憂危之誠，惟陛下密行臣言，翻然若出聖心警悟者，則人心自悅，天意自回矣。

疏入，帝不納。

條陳海防疏萬曆二十五年

李　頤

竊以倭奴欲窺中國，先寇朝鮮，初以中國易與，深入平壤，迨我兵環攻，一鼓而下，雖鋭氣少摧，而雄心未已，遂倡請封之説，脱逐北之追。優游五年，練兵聚餉，置器造船，種種齊備，方聽使臣東去，而彼已擊楫西渡，水陸並進。又稱聽天朝處分，緩我兵援救，嬰兒視我，狡惡異常。我太祖高皇帝廓清寰宇，四夷咸賓，獨絶倭奴之貢，蓋灼知鯨鯢最滑，非豚魚可孚，神謨遠矣。今空國重來，豈爲朝鮮彈丸之地，其情愈狡，其形愈露。幸遇聖明，同符太祖，命將興師，再彰天討，一以固腋左之藩籬，一以驅榻邊之鼾睡。天威震赫，聖武布昭，肅中外之人心，鼓將士之敵愾，封京觀而静海氛，旦暮遇之矣。惟是大兵未集，倭衆先發，閑山夜襲，全、慶風靡，萬一狡奴乘燎原之勢，揚西嚮之帆，海濱到處是岸，猝然無備，言之寒心。天津、登、萊等處最爲要害，近設撫臣專理，切中機宜，無容言矣。

至臣等所屬沿海要衝，延袤七百餘里，向無專設官兵，雖經臣等先于萬曆壬辰料理，稍有次第，然甲兵器具悉抽借于防邊額數之中，嗣因倭警少息，旋即撤還。頃復尋理舊緒，節行鎮、道覆加籌畫，兹據册報，分布兵防。如主客官兵以石匣、振武等營共三萬四千三百有奇，各畫地分守，以密雲左、右等營共一萬八千五百有奇，各整備應援。如戎車、火器以營路偏廂等車共五百四十餘輛，大將軍等礮共七百餘位，佛郎機共八百六十餘架，及隨營隨車快槍、銃礮、火箭等器械，俱足爲守禦之資。與夫應設烽堠、坑塹、哨船、馬撥等項，及修濬城池，簡練壯快、鄉兵一切保障事宜，業次第舉行，務臻實效。第前項官兵雖豫行布置，申明責成，須俟汛報緊急，先以分守之兵，統赴汛地，再俟倭勢猖獗，方發應援之兵，飛馳協勦。

據兹一成之畫，似若有備無患，然必疆圉寧謐，兵力有餘，移緩就急，庶克有濟。今邊兵精鋭，業多挑選東援，諸寇往往伺隙，倘倭氛、塞警一時並起，則顧此失彼，終非完計。查得臣等先年酌議薊鎮應設協守副總兵一員，遊擊二員，守備四員，共募南北軍兵一萬五千，分統駐劄密、薊、永三道濱海地方，俱屬薊鎮總兵官節制，倭急則量調邊兵策應，邊急則量調海兵協防，聲勢相聯，緩急有賴。已經疏請依行，尋因議封中止，今事急燃眉，大非昔比，設將募兵，必不容已，第時詘舉贏，恐物力難繼，無已則請照先議設遊擊二員，各統兵三千，共募軍士六千，一駐永平道屬，一駐密、薊二道屬各緊要適中地方，以爲防海專兵。又近調臺兵三千三百餘名，其額缺自宜另募，又因難以處餉，暫以主兵代爲守臺，兹應照數召募，權留防海。併照先議設一協守副總兵統之，控駐三道海隅要害之中，東西遊擊兩營俱聽調度策應，並屬薊鎮總兵官統轄，總計三營，增兵近萬除。抵補臺兵者，已有成議，而所增實止六千，不爲過多，相應責成三道選募，無論南北，務得精強。仍照原議協守一營，量用馬六百匹，遊擊二營，各用馬二百匹，俱以附近州縣之馬充給，便于臨敵馳擊，互相策援。其各兵安家銀，照例每名五兩，月餉銀一兩五錢，及將領廪費、馬匹料草等項，俱候部覆，咨至另議請發。此專兵之當議者一也。

薊鎮所重在守，沿邊臺垣等工，率三年一次題派分修。臣等近據鎮、道議派，現修工程俱照先年規則，每磚牆一丈，春防用軍二十五名，秋防用軍三十名，敵臺一座，用軍五百名，餘各酌派有差。此閒暇無事、綢繆牖户計也，今征調紛紜，邊海並急，若工役不休，則軍力滋困，戰守奚恃？似應照近年防倭已行事例，無論春秋兩防，以十分工程爲率，量減四分，止修六分，如每磚牆一丈，派軍五十名，每敵樓一座，派軍七百名，其餘次第減派，稍恤荷鍤之疲，豫養衝鋒之鋭。仍督行三道，嚴爲稽查，毋容將領等官賣放滋弊，潦草塞責，軍兵期有實數，修砌務要精堅，違者從重究治。脱倭報緊急，則當盡停工作，速赴汛地防禦，又難以平時例論者。再照各省直班兵，向來專事版築，往往以脆弱充數，器甲俱無，逃亡相繼，即修守尚多虚應，欲責之賈勇禦敵，難矣。合候部覆，通行河南、山東、北直隸撫、鎮衙門，督令來歲春班將領，將所統軍兵俱要挑選精壯足額，各帶犀利器械，刻限正月中旬赴薊，以便分布修防，毋拘常期後至。其宣、大、延綏邊兵四枝，併行精選，速發入衛。如兵馬、器甲仍有不堪、不足者，責在統領將官，容臣驗閲分數，按法劾懲，以肅邊紀。此班兵之當議者二也。

薊鎮營、路歷年製造軍火器具，總爲防邊，頃因調發征倭官兵一萬二千六百有奇，各以該營器械等項隨帶東行，不足者復別項借給。又南北省鎮調到官兵，經由薊門，所帶器仗間有缺少，及合用馬匹、馱騾與中途倒斃應補者，俱于沿途營、路借發，便其速行。業行各道，通查借免過的數，册報酌議。第器械、馬騾，邊海所需甚急，均當刻期補還，然計費不貲，且近發征倭軍士，例給安家等銀，多屬有司借支，候另請補庫，今各庫空矣，諸所急用，豈能速輸？合無請照近年防倭事規，兵部量發馬價于密、薊、永三道，每道二萬兩，聽專備前項買馬、造器及海防雜辦一應必用之需，詳爲登記，有餘則互相通融，不足則再行酌請，事完册報，臣等核實奏繳，並咨部查攷，庶有財自可利用，興事不致失時。此兵費之當議者三也。

臣等前所經畫，不過以本鎮兵馬守本鎮封疆，萬一倭奴狂逞，擁衆長驅，非厚集精鋭，未易撲滅。臣頤于受事之初，曾陳愚見，謂宜豫行薊鎮總兵官，無論主客南北，料理精兵二萬，宣、大、保定總兵官各料理精兵一萬，嚴督將領，整飭器械，訓練步伐，無事之時照常防守汛地，一聞薊門重大警報，不待徵發，各總兵官速統前來，薊爲正鋒，宣、大、保定爲左右翼，四鎮兵馬逆擊于其前，仍令遼東總兵官挑選精兵二萬，截殺于其後，首尾相應，前後夾擊，使此奴四面受敵，隻輪不歸。彼時雖經部覆通行，迄今歲月頗久，請再行申明，俾豫爲整備，所謂勿恃其不來，恃吾有以待之耳。乃若昌鎮兵馬，擁護陵寢，本難他援，顧薊、昌接壤，脣齒相依，未有薊鎮告急而昌鎮可坐視者，亦容臣等審勢相機，量調標營馬步官兵各一枝，就近于密雲道屬地方協防，然非萬分急迫，未敢輕調。此鄰鎮之當議者四也。

以上四議，臣與鎮、道等官再三商搉，以簡便可行，乃敢上請。其間增兵一節，尤爲喫緊，蓋兵增則諸條俱稱實際，無兵則多言總屬虚文。倘謂天津、登、萊業已添兵增餉，勢難復及于薊，則臣又有請焉。京營兵餘十萬，雖勤校閲，向未試用，合無挑選精兵一萬，速令赴薊，容臣督行將領，嚴爲訓練，分布海上，量撤邊兵，周防塞垣。雖京師根本之地，居重斯可以馭輕，而薊門肘腋之區，攘外正所以安内，況近在數舍，匪調遠征，加給行餉，聽其更番，亦士心所深願者。從此漸習精勤，潛消驕悍，其利不獨在邊海也。師行糧從，自古記之，今順、永二府疊罹災傷，閭閻艱食，臣等方抱隱憂，業行各司道查議，務多方積粟，用備兵荒，適該部、科題行，以二府民運京庫銀兩改徵本色，儲之郡邑，更爲便計，容臣等徑從便宜，一併督行，俟各道詳報至日，或量請漕糧，或借給糴本，不妨積貯過多，統候放支，另議銷補。不敢一一陳瀆，今將分布過海防官兵、車船火器、烽堠馬匹及城堡、壯快、鄉兵等項事宜，備造奏册，隨本進呈，伏乞敕下該部，覆加查酌，上請定奪施行。

疏入，帝從之。

言倭患既平兵勿輕動奏萬曆二十六年

沈一貫

臣竊惟皇上以倭賊既平頒詔天下，舉朝臣子欣欣然謂睿算神謨，讋服四荒之遠，莫不舉手加額，相慶相勗。蓋因今日之功，而思前日之所以成此者不易，又思後日之所以繼此者尤不易也。是役也，關酋雖黠，不過一人奴也；羣醜雖繁，不能當我一大郡也。蟄僅中于一隅，師遂勤于七省，數百萬之裹糧，六七年之奔命，豈惟大小臣工竭智畢力，即皇上旰食宵衣，亦不能一日康豫。夫以國家全盛、聖主獨斷，而成功猶若斯之難也，蓋用兵之事，資費浩大，徵發艱難，虚内事外，本非長計，而又勝敗之數最難豫期，東功之成，天幸不至乏絶耳。痛定知痛，至今思之，不能不爲慄慄，有如水火焚溺，可復蹈哉？故古稱制治于未亂，保邦于未危，從天下之未亂、未危而圖之，一善言即可以結民心，一善政即可以弭民患，爲力易而取效大也。至于已亂、已危而圖之，即集衆思而未必濟事，持衆善而未必釋憂，稍失算于秋毫，即貽禍于罔極，衽席之間，瀚海再波，蔀屋之下，夷酋接踵，憂勞不得不萃于聖躬，財力不得不耗于中外，縱爾善收，亦已疲瘁，萬一蹉跌，悔何可追。

故舉朝之忠計，咸謂國家之武功雖可觀，而政治實多闕如。礦税擾民太甚，閭閻民不聊生，盜賊日夜窺伺，而有竊發之虞，守臣竭力補苴，而有難支之勢。孔子有言「有國家者不患寡而患不均，不患貧而患不安。憂不在顓臾，而在蕭牆之内」。臣每誦斯言，輒爲震惕。自古蕩析播遷之禍，皆始于上下不均，民心好亂，可不畏哉？伏望皇上居高聽卑，思患豫防，勿任一己之情，而拂百姓之欲，勿貪沾沾之利，而輕丕丕之基，勿謂小民易虐，而刑法可箝，勿謂盜賊易誅，而甲兵足恃，聖心抑慎，聖斷清明，常欽欽如倭患未平之時，而不少怠荒，庶幾上下交利，臣主俱榮，盛德成功，傳之萬世，社稷幸甚。

疏入，帝從之。

劾礦使陳增疏萬曆二十六年

郝　敬

臣接山東益都知縣吴宗堯揭帖，内稱開礦太監陳增背旨營私、剥官虐民、包賣鉛砂、抽丁加派諸不法狀，一句一切齒，一字一墮淚，官不得一日安其位，民不得一日聊其生，以聖明在上，而豺狼噬人于大都，狐鼠公行于白晝，日甚一日，莫之敢聞，是祖宗之法令虚設，而皇上之明旨不信也。夫内官不許干預外事，此高皇帝明訓也，貂璫進用，差遣絡繹，是中葉敝風耳，今陛下不能遠法高皇，而下襲中葉，已爲過矣。所幸者，明旨不許擾害地方，不許動支官銀，不許加派小民，可以稍救百姓水火之命于萬一。今據吴宗堯所奏，無論山東六州二十九縣，即益都一縣之中，一年之内已支費過銀二千兩，必非無據也。出巡比較打死臨縣礦夫孫有，三日不許埋葬，備極慘酷，貧民單林、韓文等久被刑禁，富户瞿拔、徐大亮等横遭擄掠，必非無據也。計口抽丁，包派金銀，即益都一縣丁夫二千名，共派銀三千六百兩，又派鉛價銀一千八十兩，則通省六州二十九縣，約歲派銀十餘萬兩，必非無據也。疏内縷縷萬言，罪案百款，即謂膚受之愬，未必一一可信，如臣所摘數條，似非影響，大于明旨有背，不一行勘，何以服吏民之心，正貪殘之罪，而彰陛下無私之明。夫吴宗堯，一縣令耳，任事未滿一年。書生貧苦，初得一官，豈不自愛，而甘心挑禍，况前日之韋國賢覆轍不遠也，彼豈不知之。且開採一事，羣臣百言而聖上百不聽，豈因一有司言而忽聽之，彼必知之矣。欽差内使百言而皇上百聽，又豈因有司一言而遂不聽，彼必知之矣。何苦舍七尺之身，冒雷霆之怒，徼必不可得之倖，而呼必不可回之天哉？此其萬不得已之情，亦可諒矣。故臣以爲宗堯之言，非盡無據，不可不爲一勘問也。

然此治其標耳。倘開採之役不停，内臣差遣不罷，禁其勿擾，而實導之擾也；禁其勿加派，而實縱之加派也；禁其勿支費官銀，而終不免于支費也。地方何時而安寧哉！何也？彼明知聖旨所謂勿擾者，爲寬慰臣下之權辭，而以有司之不應誅求者爲阻撓礦務之大罪。有司以騷擾需求爲違旨，内臣又以阻撓礦務爲違旨，有司之論違旨者不下，而内臣之論違旨者已拏問矣。是則陛下之旨，在財貨者則惡人違之，而任地方民命者，雖違之固無傷耳。天下仰見陛下之意在此而不在彼，雖三令五申，竟何益乎？故臣以爲礦事不停，則明旨所云，豈惟陳增不信，即天下吏民亦不之信矣。

然陛下所以不肯信諸臣之言者，其故有二。謂昔言開礦無利，而今所獲數萬金，安見其不利也。昔言開礦有害，而今宇内晏然，安見其有害也。不知陛下所謂利者，在帑藏之私蓄，而諸臣之所謂不利者，在閭閻之傷殘。剥之閭閻而收之帑藏，是舍百鈞而收秋毫也，何利之有？陛下之所謂無害者，幸目前之無恙，而諸臣之所謂有害者，慮將來之不測，漸積于目前，而決裂于將來，是今日而不能逆料于明日也，何爲無害！如但以帑藏爲利、閭閻爲非利，是則臣之所未解也。如必待禍之已然，而始信其爲實然，是則臣之所大懼也。伏惟陛下思倚伏之機，究聚散之理，納苦口之諍，燭逢迎之奸，焕發明旨，停止開採，是黄虞再世，而化日重熙，雖豺狼狐鼠如陳增輩，欲搏噬吏民，其可得乎？如謂經費不足，則開採之所入，原未供之經費也；如謂内帑之缺乏，則鋪官買辦，依舊取之外府也。天下之疑陛下愈深，而陛下之明旨不過爲愚弄臣民之虚文也，奈何豎宦輩不弁髦視之也哉。伏乞陛下先行停止，然後以宗堯所奏，令彼處撫按一一查勘，請自上裁，以正陳增之罪，庶民心悦服，大小臣工仰見日月之明。

顧臣所深恨尤不止此者，據宗堯疏中述陳增口狀數語云「便是撫按官兒説咱的本，也不下，只是咱的本便下得快些」等語，尤爲不法。陛下此意，外人雖心知之而不敢言，陳增公然言之而不知忌，是明倚陛下挾制臣民，以歸過于君上，罪莫甚焉，惡莫大焉。聽臣之愚，並將宗堯所奏，速行勘問，勿再寢閣，以中奸人之言。再將臣疏一并批發，如臣言是，乞陛下鑒其直而宥其死。如臣言非，雖戮之可也，斥逐之可也，亦足以罷臣之言責，而彰陛下之明斷。倘一概寢閣，忠良徒勤而天聽愈遠，疾痛呼而不應，蟊賊猖而不誅，日積月釀，以至天變人離，雖復盡天地爲黄金，變河沙爲珠玉，而瓦解之勢成，天下之事敗矣。當是時，然後取今日之言而追思之，取今日賊壞天下之小人而族滅之，何補于理亂之數哉！ 伏惟陛下早賜裁決，生民幸甚，宗社幸甚。

疏入，得旨：「目今帑藏匱竭，國用不敷，開採礦務，原爲不忍加派小民，且屢有旨禁約擾害。陳增已有旨了，還著遵奉敕内事理，潔己奉公，嚴束下人，毋得自干法典。吳宗堯借言官守，❶奏揭狂逞，顯是要名，姑且不究。這所奏知道了。」

修省弭災疏 萬曆二十七年

馮琦

臣近見太陰經天、太白晝見，已爲極異，至山陷成谷，地湧成山，則自開闢以來，惟唐垂拱中有之，而今再見也。竊惟上天無私，惟民是聽，欲承天意，當順民心。比來天下賦額視二十年以前，十增其四，而民户殷足者，則十減其五。東征西討，蕭然苦兵，自礦税使出，而民間之苦更甚。加以水旱蝗災，流離載道，畿輔近地，盜賊公行，此非細故也。諸中使銜命而出，所隨姧徒動以千百，陛下欲通商，而彼專困商；陛下欲愛民，而彼專害民。蓋近日神姧有二：其一工伺上意，具有成奏，假武弁上之；其一務剥小民，畫有成謀，假中官行之。運機如鬼蜮，取財盡錙銖，遠近同嗟，貧富交困。貧者家無儲蓄，惟恃經營，但奪其數錢之利，已絶其一日之生。至于富民，更蒙毒害，或陷以漏税、竊礦，或誣之販鹽、盜木，布成詭計，聲勢赫然。及其得財，

---

❶「守」，原作「等」，今據《明神宗實録》卷三二六萬曆二十六年九月甲午記事改。

寂然無事，小民累足屏息，無地得容，利歸羣奸，怨萃朝宁。夫以刺骨之窮，抱傷心之痛，一呼則易動，一動則難安。今日猶承平，民已洶洶，脱有風塵之警，天下誰可保信者？夫巴拜誅，❶關白死，此皆募民丁以爲兵，用民財以爲餉，若一方窮民倡亂，而四面應之，于何徵兵，于何取餉哉？

陛下試遣忠實親信之人，采訪都城内外，閭巷歌謡，令一一聞奏，則民之怨苦，居然可覩。天心仁愛，明示咎徵，誠欲陛下翻然改悟，坐弭禍亂，乃禮部修省之章未蒙批答，而奸民搜括之奏又見允行，如納何其賢妄説，令偏解天下無礙官銀。夫四方錢穀皆有定額，無礙云者，意蓋指經費羨餘。近者征調頻仍，正額猶逋，何從得羨？此令一下，趣督嚴急，必將分公帑以充獻，經費罔措，還派民間，此事之必不可者也。又如仇世亨奏徐鼐掘墳一事，以理而論，烏有一墓藏黄金巨萬者？借使有之，亦當下撫按覈勘，先正其盜墓之罪，而後没墓中之藏，未有罪狀未明，而先没入貲財者也。片紙朝入，嚴命夕傳，縱抱深冤，誰敢辯理。不但破此諸族，又將延禍多人，但有株連，立見敗滅。輦轂之下，尚須三覆；萬里之外，止據單詞。遂令狡猾之流，操生殺之柄，此風一倡，孰不效尤。已同告緡之令，又開告密之端。臣等方欲陳訴，而奸人之奏又得旨矣，五日之内，搜取天下公私金銀已二百萬，奸内生奸，例外創例。臣前猶望其日減，今更患其日增，不至民困財殫，激大亂不止。伏望陛下穆然遠覽，亟與廷臣共圖修弭，無令海内赤子結怨熙朝，千秋青史貽譏聖德，則幸甚。

---

❶「巴拜」，明代譯作「哱拜」。

疏入，帝不納。

劾晉璫誣重臣疏萬曆二十八年

朱吾弼

臣竊謂省直、邊方之設巡撫，用以表鎮將吏，惠綏百姓，所稱天下之重臣是已。以山西內拱神京，外扺邊塞，得清介端方如撫臣魏允貞彈壓其中，墨吏寒心，窮氓安堵。七年之拮据，口碑載道；一生之砥礪，士論傾心。奈何惡璫孫朝者，妄加汙衊，顛倒是非，不顧重臣，輒放言欲食其肉，寢處其皮。臣竊訝此舉關于國體世道匪細，蓋四出中使，前此之恣貪殘，尚憚撫、按得議其後；天下人民前此之被荼毒，尚賴撫、按維持其間。今孫朝汚辱允貞，朝廷知有公論，于朝不加切責，于允貞不賜慰留，恐是非無兩可，邪正不並立，正直解體，宵壬得志，中使盡無所憚以播惡，人民盡無所賴以爲生，斂怨于閭閻者日深，釀禍于國家者日感，縱不爲國體惜，而于世道可無慮乎？且朝之出也，朝廷原非擇賢而使，不過乘機遘會，通同原奏官，得差爲自利計。其甃驛官以肆虐，壓稅銀以肆貪，與綑打平民，索取紬段、氈絨，兇狠黷貨，種種不法，致縣官閉門乞休，山西之人所共見共聞。曾謂朝足勝任使乎？伏望沛發明旨，重懲孫朝之欺妄，温諭魏允貞安心供職，使天下知朝廷有重臣，非羣小所得間，庶國體崇，人心協，治平在是矣。

疏入，帝不納。

陳礦税六害疏 萬曆二十八年

田大益

臣竊惟内臣務爲劫奪以應上求，礦不必穴，而税不必商。民間丘隴阡陌，皆礦也；官吏農工，皆入税之人也。公私騷然，脂膏殫竭，向所謂軍國正供，反致缺損，即令有司威以刀鋸，秖足驅民而速之亂耳。此所謂斂巧必蹶也。陛下嘗以礦税之役爲裕國愛民，然内庫日進不已，未嘗少佐軍國之需，四海之人方反脣切齒，而冀以計智甘言掩天下耳目，其可得乎？此所謂名僞必敗也。財積而不用，祟將隨之。脱巾不已，至于揭竿，適爲奸雄睥睨之資。此時雖家給人予，亦且蹴之覆之而不可及矣。此所謂賄聚必散也。夫衆心不可傷也，今天下上自簪纓，下至耕夫販婦，茹苦含辛，搤擥側目，而無所控訴者，蓋已久矣。一旦土崩勢成，家爲讎，人爲敵，衆心齊倡，而海内因以大潰。此所謂怨極必亂也。國家全盛二百三十餘年，已屬陽九，而東征西討以求快意，上之蕩主心，下之耗國脈，二豎固而良醫走，死氣索而大命傾。此所謂禍遲必大也。陛下矜奮自賢，沈迷不返，以豪璫奸弁爲腹心，以金錢珠玉爲命脈，藥石之言，褎如充耳，即令逄、干剖心，臯、夔進諫，亦安能解其惑哉！此所謂意迷難救也。此六者，今之大患，臣畏死不言，則負陛下，陛下拒諫不納，則危宗社，願深察而力反之。

疏入，帝不納。

論孫朝魏允貞事奏萬曆二十九年

沈一貫

臣惟今日政體有一時之低昂，而關當代之治亂，不無大煩皇上之主持者，則孫朝、魏允貞之事是也。祖宗斟酌百王，立綱陳紀，詳審精密，防患最深。如設官分職，布列中外，内則閣、部、院、司以至臺省百僚，外則都、布、按司以至府、縣各屬，靡不相兼相制，糾結維持。有一官，必有數衙門爲之統轄；有一事，必有數耳目爲之經承。故當其任者，雖似有掣肘之苦，而事精物詳，法行政肅，規模廣大，體統公平。君子有所依憑以効其忠，小人有所忌憚以斂其惡，國家二百年來太平無事者以此。凡人臣之老于世故、久于仕途者，莫不抑心戢志，以爲宜然而不敢有所踰越，惟敢作敢爲、不知事體之人，則忿其拘束而思決裂之，此甚不可許者也。一有偏信獨任，則勢重于極而難轉，毒鍾于隱而難治矣，憂患之來，豈淺淺乎？如巡撫一官，祖宗所特遣以肅憲于一方者也，雖無所不統，而錢糧則制于布政，獄訟則典于按察，各差巡按又頡頏于一時，未嘗不寓相制之意焉，故足倚信也。惟今礦稅内臣，則體統不載于《憲綱》，職守不著于《會典》，欲行即行，欲止即止，欲參論即參論，欲罪罰即罪罰，使中外臣僚不得寓一毫相制之微意，而盡廢祖宗之良法。竊以爲假之太過矣，非惟憲臣不能制也，且反制憲臣，亂是用長。屢奉皇上嚴諭，豈不望其會同和衷？而撫臣以安民爲務，中使以搜民爲務，職事既已相反，調停何處得施？理所難通，必不能盈其欲；法所難假，必不能快其私。水火異心，終難和協。臣久已憂其有今日之紛紛矣。

夫祖宗久設之官，經制也；皇上暫遣之使，權宜也。以權宜而妨經制，非久安長治之道也。朝廷之所以尊，而國家之所以安者，惟恃此體統法度。撫臣必不可廢而徇内臣，内臣豈可縱而參撫臣？撫臣可參，又何有于按臣？又何有于司、道？而又何有于府、縣？盡魚肉之矣，軍民何所恃以爲安乎？如此，則百寮撫綏之計窮，而四海更生之望絶。内外低昂，陰陽消長，于此乎决。皇上不可無主張于其間也。且臣聞之，醫之用藥，必使之相畏而相使，然後得其用。用人亦然，使之相畏，然後各懷小心，而不至于廢法；使之相使，然後共舉職守，而不至于廢事。且兩重其人，縱有一人壞之，而尚有一人救之，可無意外之虞。既已相畏，必復相制，皆莫敢自爲用，而盡爲朝廷用，此明主用人之術也。今日之事，即不能伸此抑彼，以爲撫臣重，猶當兩存而兩制之。使形跡渾然，無以測皇上之喜怒；宫府一體，無以竊皇上之威權。庶幾國紀無虧，而民心無失也。臣爲宗社久遠計，不勝戰慄待命之至。

奏入，帝不納。

乞免發私宅擬票疏 萬曆二十九年[1]

沈鯉

臣竊惟内閣之爲密勿者，豈不以軍國大事運籌帷幄，機宜密而不宜洩，故因而有是名乎？先朝懸榜閣門：「一應官員人等不許擅入。」夫外者固不可擅入也，内者其獨可擅出乎？臣鯉于嘉靖年間改庶吉士，臣賡于隆慶年間改庶吉士，先後中秘肄業，猶及見内閣輔臣辰入申出，辦事閣中。擬票旨意，所得預聞者，獨

[1] 「萬曆二十九年」，據《明神宗實録》卷四二〇，此疏上於萬曆三十四年四月。

寫票中書而已。其于諸司章奏，誰敢攜之以出，而越閣門一步者。後不知起自何年，内閣輔臣偶然患病不能進閣，遂將本發于私寓，權一擬票。自是以後，乃遂相沿爲常。一往一來，十手十目，始不能無漏洩矣。夫公事而議于私室，大政而決于委巷，固已非朝廷之體矣，又況機事不密而有害乎？且臣等亦因是有不能盡職者，何以故？中使臨門，銜命守催，則不得從容審處，以竭其心思；二三寮友，各自爲寓，復不得相聚商榷，以資其謀斷。故率有進呈甫畢，而旋即後悔，以爲不當者。兹所謂不能盡職也。夫首輔平章軍國，臣等同平章事，今姑爲首輔代庖耳，乃遂亦因循故事，擬票私家。寬之則見爲苟且，急之則指爲專擅，或以爲高下其手者，亦安可獨任一見而居之不疑也。若至于時當暮夜，然燈秉燭，衰朽之人眼目昏花，連篇累牘，微茫細字，欲逼近則懼有疎虞，不逼近則不能了了。其進呈甫畢而旋即後悔者，此固亦一端也。抑更有可虞者，印在閣中，臨時開用，用畢封鎖，亦宜慎密，今秪因用印無時，印不能隨官出入，遂豫印封箚，常三五十副，付之直票中書，使得隨便使用。幸今中書皆其循謹守法，可保無他者，安知異日無不肖之人與意外之事，出其間乎？臣等亦不得不爲是凜凜矣。伏望皇上深維遠慮，仍復先朝舊規，發本閣中，公同擬票，以上尊朝廷之體統，下盡臣子之職分，旁塞窺伺之孔隙，亦革故鼎新之一事也。臣等不勝懇切祈望之至。

疏入，帝從之。❶

❶ 「帝從之」，《明神宗實録》卷四二〇萬曆三十四年四月己酉條記作「不報」。

請慎終保治疏萬曆二十九年❶

楊東明

臣竊惟天下之治，本于人主之一心。而人主之心，則常始乎勤，而終乎怠，所貴明主採納忠言，振勵逸志，斯可以保治平于無疆，而垂休光于有永。皇上踐阼以來，躬勤庶政，皇猷美善，未易殫述。臣幸生盛明之世，叨膺獻替之司，以爲聖朝無闕，可以行所無事矣。乃臨御既久，漸致因循，朝堂不御，講筵不親，諫疏徒勤不蒙俞允，章奏非不覽發，而一關緊要，輒爾留中。凡此數事，俱屬罔終，皇上蚤夜以思，應自知其不逮于初矣。夫以皇上宅至尊之位，操威福之權，居九重深邃難以進見之地，即累歲月不出，積章奏不下，忠藎之臣有浩歎而已，如皇上何！臣以爲，臣子之所敬而畏者，皇上也，至于皇上之所敬而畏者，亦有上天之明命、祖宗之典章，與夫大小臣工、四海九州向背之人情。凡此三畏，皆明主之所凜凜不敢忽者，不得曰：「吾爲天下君，欲勤則勤，欲怠則怠，可以任情自用也。」且皇上每以盡職責臣下矣，豈以大小衙門各率其職，遂可宴然無慮乎？夫天下猶一家也，家長不視事，則子弟、童僕必將各荒其業，而家道日墮矣。人君不勤政，則百司庶府必將各怠其職，而國事日非矣。爾者議論繁興，忠邪莫辨，以致國家十餘年來所簡拔忠直賢士，相繼摧殘，臣以爲此時政之大闕也，則皇上深居，不悉下情之過也。從此不易絃轍，流弊可勝言哉？然皇

---

❶「萬曆二十九年」，疏内有「臣叨禮垣」云云，查《明神宗實録》卷二七二、卷二八一，楊東明任禮科左給事中在萬曆二十二年四月至二十三年正月，則此疏非上於萬曆二十九年。

上久不臨御，動曰聖體違和，臣聞輔臣蒙召之日，親見龍顔開霽，天語春温，想静攝以來，久有勿藥之喜矣。兹者仁聖皇太后聖誕在邇，而二月春和又當開講之期，臣叨禮垣，輒敢布款款之忠，叩闕上請。昔唐太宗末政之衰，聞魏徵「十漸」之諫而嘉納之，皇上固薄唐主不爲者，幸于臣言少留意焉。

疏入，帝不納。

請罷礦税疏萬曆三十年

沈鯉

臣頃以瞻仰至情，疏請面見，伏蒙聖諭令候旨行，且勗以閣務繁重，宜與元輔同寅協恭。臣仰奉綸言，默自循省，皇上以腹心任臣，臣亦以腹心事主，則今日所謂「協恭」者，寧有外平生所學「勿欺」二字乎？蓋腹心之臣當言不言，與有言不盡，固欺也，即掇拾微細，與過爲激切，亦欺也。臣内盟幽獨，仰體聖心，苟非懷社稷深憂，何敢爲激昂高論？雖諸臣累言而不聽，或老臣萬一之可回，故瀝血嘔心，進其愚説。

臣原籍河南，當東西南北輻輳之衝，四方民隱，無不預聞。而頃者奉詔北來，所至皆觀風攷俗，悉其情狀。乃知當今時政最稱不便者，無如礦、税二事。蓋採榷之始，皇上本以權宜濟乏，不欲重征，其分遣内臣，亦以區畫下情便于上達。乃内臣不能仰承德意，濫用羣小，布滿州閭，窮搜遠獵。而羣小之中，又各有爪牙羽翼，虎噬狼吞，無端告訐，非刑拷訊，遂激爲臨清之變、武昌之變、蘇州之變，已煩皇上處分。而近日廣東、遼東、陝西、雲南，尤復紛紛未已。臣竊觀天下之勢，如沸鼎同煎，無一片安樂之地。貧富盡傾，農商交困，流離轉徙，賣子拋妻，哭泣道途，蕭條巷陌。雖使至愚之人，亦知如此景象，必亂無疑。乃今市井奸民，猶復肆爲欺罔，皇上秖見其目前所入如此豐盈，寧知其私充囊橐十得八九，彼假公圖利，一旦事生地方，固豢豕自屠，獨使朝廷當百姓之怨耳。

夫自古天下之亂階，皆始于民心之嗟怨。朘削愈甚，結怨愈深，譬之蓄火未然，乘風即熾。彼愁苦無聊之衆，何事不爲？而不及早安輯、潛消亂萌也。皇上豈將謂東征西討，宣捷獻俘，神武赫赫，無復可慮乎？以臣愚計，則亂生不同，有逆而亂者，有憒而亂者。逆而亂者，如寧夏、播州，彼先據不祥之名，而我爲仗義之伐，故人心用奮，天戈所指，當即芟滅。若憒而亂者，則所謂土裂瓦解者也。以四海之衆，而囂然皆怒，一倡萬和，雲合景從，朝廷之號令必不可行，官司之法度必不能制。兵于何出？餉于何資？蓋國家連歲興師，行齎居送，按丁增調，履畝加租，瘡痍未瘳，呻吟未息，更有徵發，豈不速亂？在昔唐德宗時，稅間架除陌錢，比涇原變起，百姓操白梃，逐官吏，曰：「自今敢復稅間架陌錢否？」此今日懷亂之人心所必至也。衛懿公好鶴，鶴有乘軒者，將與狄戰，國人曰：「君使鶴，鶴實有祿位，予焉能戰？」此他日遭亂之人心所必至也。臣不勝杞憂。

方今亂形雖成，禍機未發，必欲速弭大亂，莫先收拾人心。必欲收拾人心，莫先停止採榷，徵還中使，繫治棍徒，曠然與天下更新。此大聖作爲，太平景象，海內人心所日籲天而求者也。上也即不然而改，畀撫、按代與征輸，則賦額即可無虧，窮民亦得蘇息目前，救弊亦其次之，在皇上一轉移間耳。夫財貨之聚，珍寶之玩，縱爲可欲，比之于四海萬邦、祖宗之所垂金甌大業，孰寡孰多？往時中使未至，則賦有常經，藏有恒積，夫孰非皇上之財也。而今則商旅不行，貨物不聚，私橐盡滿，公帑盡虛，朝取其三，暮失其四，孰損孰益？礦額非取諸山澤，稅額非得之貿易，皆有司加派于民，以包賠之也。有司既加之，而使者又攫之，加征者有數，攫取者無極。一林衆蒐，所餘幾何？割股實腹，詎能安飽？曰包曰賠，何以示後？若反是，而君不獨富，民不獨貧，上下相安，公私兩利，熙熙乎好義終事矣，孰利孰害？泉貨本流行不滯之物，有乘除之數，夫既拂民情而聚之，又不收民心而守之，一朝有變，瓊林大盈，豈能不發？及今而止，猶國之財也，孰得孰失？臣老誖，誠不知國家大計，皇上試以今時之事而徐察當世之人心，凡爲士爲農爲工爲商，與宦遊畿服內外者，無大無小，有不如臣所言者乎？即道路往來之人，室廬居處之衆，入而巷議，出而偶語者，有不如臣所言者乎？封疆之臣，介胄之士，或邊腹憂守憂戰者，有不如臣所言者乎？微獨是，即礦稅內使如浙江孫隆、湖廣杜茂者，彼皆不昧其本心，而稱賢者也，有不如臣所言者乎？夫以當今時勢，舉天下皆知之，而亦皆私慮之，其烏可以不寒心也，而猶可泄泄乎？

雖然，此諸臣餘唾也，臣何故又言之？蓋諸臣有言責，而言者憂在其耳目者也；有官守，而言者憂在其肢體者也，猶在外者也。臣，腹心親密之臣也，則憂在內矣。惟在內，故分猷分念而媚茲一人者，其情爲獨切。惟情切，故凡可集衆思、廣衆益，以宣其抑鬱，而効之主上者，自不得不詳，不必皆出諸臣口也。此前所謂「勿欺」之指也，惟皇上裁察。

疏入，帝不納。

請明功罪以勵人心疏萬曆三十年❶

楊東明

臣惟國家奔走臣民與臣民樂爲國家奔走者，有大機焉，曰賞罰是已。故士有羇身家、冒矢石、棄性命于須臾者非其愛生之心與人殊也，前以利賞，後以懼罰，其勢不得自愛耳。故王者不出堂序，而能得士人死力、樹功邊徼者，執此機也。如功罪不明，賞罰不當，無論當事者灰心解體，而後來者且視爲殷鑒，猝有大難，誰肯竭心力自扞文網哉？頃者倭奴狂逞，蹂躪朝鮮，擄其臣民，奪其都邑，大張聲勢，意圖内侵，誠天誅所不赦者。皇上宏恤小之仁，奮伐暴之勇，以經略付宋應昌，征勦付李如松，二臣奉命而往，遵旨而還，論二臣者紛紛靡定。頃奉明旨：「目今四方多事，朝廷之上必須功罪明白，方能使人。這本著吏、兵二部會同查議，宋應昌、李如松是功是罪，從公據實來説。」欽此。是諸臣之參論，與明旨之會議，非有成心，無非核功罪之實，持賞罰之機而已。臣竊思此事係朝廷勸懲之典，係九邊將士觀望之心，又當時事多艱、策勵人心之際，不爲二臣計，當爲國家計也，臣安可徇衆論之同，昧獨見之異，不揚眉一吐其愚乎？

謹按東征之事，有失利之罪，亦有克敵之功，克敵之功大，失利之罪小。朝廷用人，當存其大，略其小，

❶「萬曆三十年」，據《明神宗實録》卷二六九萬曆二十二年正月丙申記事、卷二七一萬曆二十二年三月壬寅記事，及明刻本楊東明《青瑣藎言》卷下《東事疏》題記，此疏應上於萬曆二十二年。萬曆三十年東明已家居。

録其功，赦其罪，是所謂持大體也。檢髪而櫛，數米而炊，是有司細事，豪傑笑之。當朝鮮之畏倭遠遯也，所不失者，全羅、慶尚兩道耳，今一旦舉故土而盡復之，將謂朝鮮自取，則望風而逃者，必不能完璧而有；將謂倭奴自退，則力戰而得者，必不肯棄利而歸。非麗人之自取，非倭奴之自退，則是功也豈一無所屬哉？且二臣之功可無論，而從征血戰之軍士可不酬其勞乎？陣前死敵之幽魂可不恤其後乎？不酬其勞，不恤其後，是朝廷自今以後，不欲復使一人，如酬其勞，如恤其後，則寧可念追逐之功而忘發縱之力乎？臣反復思之，欲不録叙二臣不可得已。

然臣亦有以責二臣者，二臣亦不得辭焉。當應昌既取王京也，宜的據情形，明報天子，如倭果可翦，則當謂乘勝長驅，以成破竹之勳，倘勢不能爲，則當謂臣力已竭，宜別選代庖之將。奈何計不出此，倭未歸也而詭云「盡去」，川兵未見殺也而詭云「亂民」。且謂倭往來無常，難爲確報。夫一確報不能，尚可儼然稱經略乎？今都人士總不知倭之兵馬若干數目，倭之糧餉若何轉輸，倭之盤據意欲何爲，倭之乞款有何指據憑。沈惟敬之遥語，執平行長之游言，廟堂不得真情，策士無由藉手。覬全勝之賞，忽後事之圖，應昌不得辭其責矣。如松之從事西寧也，臣聞其衝鋒陷陣，收退敵之功，乘瑕先登，建焚巢之績，綽有戰將之風矣。第賊所括民間財物甚厚，如松悉取爲己有，輦載而歸，寧夏人皆得言之。古大將勾當公事回還，篋中惟圖書衣衾者豈若是乎？平壤之戰，力拔堅城，碧蹄之兵，得失相半，臣亦爲如松壯也。第縱恣我軍掠取，朝鮮被慘，不異倭人。古大將秋毫無犯，即取一笠必斬以徇者，豈若是乎？故謂如松爲戰將則可，謂爲廉將則不可，謂有戰勝之功則可，謂爲節制之兵則不可，如松應難置一喙矣。臣誠愚，謬謂應昌之功宜録也，因其塘報含糊，或伏隱禍，姑以薄報其功；如松之賞當明也，因其兵無紀律，貽怨麗人，姑以量行其賞。其他諸將領，諸戰士，諸陣亡之卒，宜速加精覈，厚行賞賚，生者酬其本身，死者録其後裔，庶慰前人之忠義，又結後日之人心。

然今之罪二臣者，多謂倭奴結聚，春汛可虞，假封貢成徼倖之功，啓釁端貽無窮之禍。諸臣遠慮，悉屬忠猷，臣則謂此當視簡書責望之初情，自可爲二臣功罪之斷案，非難決之疑也。如必欲縱横釜山，俾無噍類，驅除一旦，杜患百年，國家且將自屈其力，韓、白亦難遽效其能，臣恐斬二臣之首，無以服二臣之心矣。然臣猶有説焉。昔趙子弟無尺寸之功，而漢高輒捐四千户之賞，誠謂吾不愛爵土，則人不愛死生。帝王勵世磨鈍，機全在此。昔東南倭患之烈，至今寒人心膽，胡宗憲一舉而平之，而卒從吏議，身死牢獄，豈不冤乎！頃者劉、哱之變，朝廷亦嘗示帶礪之封，萬金之賞矣，總督葉夢熊壯懷激烈，自請平賊，賊平之後，即一尚書銜吝不肯予。委曲間關，翦賊羽翼，卒成内變，克滅元兇，周國柱之功，婦人孺子所知，而僅僅世以指揮使。國家之待功臣，匪徒寡恩，蓋亦不信之甚矣。臣懼豪傑之不爲用也，今宜急敘東事之功，並録用宗憲之後，于夢熊、國柱易其封而優敘之。更破格以待岩穴瓌奇之士，毋若書生拘攣于毫髮間。則海内英雄，必有爲陛下出而了倭事者矣。

疏入，得旨：「吏、兵二部一併看議來説。」

條陳河漕先務疏萬曆三十年

李頤

臣竊惟祖陵奠億兆萬年之鴻基，漕渠關四百萬石之大命，國家重務，孰有踰于此者。自去秋黄河南徙，陵、運俱屬可虞，中外共切隱憂，廷推不一而足，詎意臣愚謬叨簡命，皇上之所以付託臣者，何重且鉅也。臣感激天恩，兼程赴任，恨不能負薪荷鍤，刻期成功，顧心雖欲速，而勢難遽成。受事之初所可自效者，惟有急先務而已。敢爲皇上陳其梗概。

河臣久缺，簿書填委，臣擇緊要者披豁數日，即趨鳳陽恭謁皇陵，旋至泗州恭謁祖陵，伏睹松楸蓊鬱，王氣雲蒸。臣蹈舞之餘，周環相視，陵麓之東，先年砌有石隄，捍禦淮流，堅完可恃。即去歲蒙牆衝決，黄水漫入五河，與淮會合，經泗州洪澤湖，其石隄水痕較之往年尚少二尺，臣不勝私喜。但蒙牆決口未塞，萬一伏秋水發，河淮增溢，不無可虞。防禦之策，惟在接築汴隄，遏絶黄流，障水東行，盡由符離橋出宿遷縣小河口、白洋河爲便。業經河南撫臣具題，檄行該省管河官，議築歸德至永城一帶汴隄二百三十里，估用工料銀八萬餘兩，暫借本省歲修夫銀，分委商丘、夏邑等縣管河官，鳩夫辦料修築。臣抵任之初，亦即檄行該道上緊興工，勒限完報。又鳳陽撫、按二臣會題，議自宿州界首鋪至本州東關，止計長一百餘里，内應接築汴隄三十餘里，估用銀一千餘兩，分派鄰近州縣，設處夫役，委官部押赴工。臣抵任之初，即催行知州馬獻圖上緊興築，如期報完，仍派撥官夫畫地防守。此事關保護陵寢急務，臣當督同省、直管河各官，同心戮力，竭蹶趨事，不容時刻怠緩者也。

至于徐、邳一帶，運道淺澁，新運迫期，該撫、按二臣權宜濟急，一併彙題，督行該道會同中河郎中，率同管河運使、運同，自徐州鎮口迆邐至宿遷縣磨兒莊，倣照閘河規制，建大閘七座，中閘二座，并挑濬河身，積蓄汶泗泉流，以濟重運，估用工料銀二萬八千餘兩，于河道銀内搜括支用，仍委各州、縣掌印官採石辦料。臣躬閱各閘，俱已鋪底砌石。臣又查覈工次，分別犒賞，嚴行申飭，定限閏二月内完工。此事關濟運急務，臣當督同管河各官，如期竣事，不容時刻惰誤者也。

又開泇河備運，屢經言官建議，未有俞旨。查前任河臣創開韓莊渠一帶，分洩湖水，續因黄河遷徙，運道爲梗，分委中河郎中督同運使、運同等，通行濬闢，業已成河。第中間間多淺狹，且有微山未竟之功，湖水散漫，牽挽艱難，必開黄泥灣支渠方爲穩便，估計工料約用銀十六七萬兩，庶奏完績。臣因謁陵之便，率同司、道各官親歷查勘，此亦必不可已之役，惟是運期已迫，費鉅工難，未敢造次舉事。須俟閘工完畢，糧運盛行之時，臣當調撥徭夫，將淺狹處所，隨宜疏濬，并建土壩草閘，節蓄湖水，揀派輕便糧艘，分道並進，亦可免于擠塞稽遲。此備運之一策，臣當次第舉行，以竟成緒者也。

臣又惟黄河南徙，乃年來非常之變，前項工程不過救一時之急，必須上築決口，下疏故道，斯爲永賴完計。第決口三百餘丈，河流湍急，遽難填塞；故道三百餘里，淤爲平陸，遽難開挑。近據省、直司、道會勘，約估錢糧非百餘萬，人夫非十數萬不克濟事，工費浩繁，臣一人之見，未敢輕議。現今會同河南、山東、直隸撫、按，督率各該司、道及管河官親詣彼處覆勘會議，另行題請外，惟是水性就下，即古之善治水者，不過因其勢而利導之，未敢與之争利也。今河流已趨下而南，必欲障而東之，是搏之過顙，激之在山，即使神禹復生，亦難于旦夕之間，奏平成之績，臣何人斯，而可若斯亟也。先經科臣疏議，河臣之任，宜先爲隄防挑濬，以爲目前祖陵、明歲新運之計，繼殫力挑濬舊河故道，通運長策，❶以爲日後經久之圖。蓋豫計及此，而先得臣心之所同然矣。

臣自受事以來，虚心諮訪，親身相度，量愚臣之才力，審目前之時勢，窮日繼夜，僅僅辦此，幸而有濟，亦不過因人成事，何敢言功。惟是汴隄增修，而新土未必堅實，恐難禦排山之勢；閘座增建，而黄水業已斷流，難保無膠舟之患；泇河備運，而濱河支渠未開，不免虞風波之險。臣一念及此，不覺心悸股慄，寢食俱廢。幸賴皇上純孝格天，至誠感神，河伯効靈，支祁遁跡，祖陵自奠磐石之安，漕渠自成完璧之運，此臣所恃無恐，而鼓舞精神以從事焉者也。

疏入，帝從之。

劾内監路辱大臣疏萬曆三十年

湯兆京

臣備員法從，巡視西城，凡有作奸犯科，例得露章參劾，况有壞法亂紀之尤，在臣巡視之地，而敢默不上聞乎？伏見掌翰林院教習庶吉士禮部侍郎敖文禎，于宣武門遇内監三人馳馬，直逼肩輿，因怒扇柄驚馬，令衆碎扇，毆打從人。文禎走避門旁内監郭成家，復擁逼辱詈，嗔成救護，及錦衣衛差人勸解，亦肆毆打。

❶「通運長策」，咸豐重刻本李頤《李及泉先生奏議》卷二《條陳河漕先務疏》作「或尋求别道通運長策」。

當時萬目聚觀，莫不咨嗟嘆息，謂爲耳目所未經。夫卿貳，乃天子股肱重臣；城門，乃輦轂咫尺禁地。蠢爾諸璫，乃敢于白晝大都之中，挫辱朝廷重臣，目中寧復有皇上乎？宮中府中，總是王臣，原無彼此；大臣小臣，自有階級，難容僭亂。若使內臣而可以虐外臣，小臣而可以詬大臣，則紀綱一敗，萬事瓦裂，天下何由而知天子之尊？皇上何恃而操臂指之勢？陛無級，廉近地，賈誼所爲長太息也。昔漢文帝，中庸之主，申屠嘉，節俠之臣，尚能檄召鄧通，廷辱流血。豈以盛明之世，而容跋扈之璫。皇上嚬笑不假于左右，威權不貸于暬御，中外莫不聞知。而三璫獨敢跳梁，正所謂極惡窮兇，怙終罔悛者。臣職在擊邪，義不與之同朝，輒敢據實上聞。至于三人姓名，則既打之後，馳馬直入內府，外人不敢執，亦不敢問。伏乞皇上責令司禮監查實的名，敕下法司，究擬上請。庶舉朝士氣得伸，四方觀望頓肅。臣愚無任悚息待命之至。

疏入，得旨：「這奸兇內官，著司禮監查實的名，重加處治來說。」

御選明臣奏議卷三十四

議開泇河疏萬曆三十一年

李化龍

臣看得河入中原以湍流抉淺土，潰溢四出，所至則靡，從古以爲患矣，迄于今日施治尤難。蓋南虞陵，北虞運，水性無常，勢不能必出中道，人力角之，互有勝負，堵塞挑濬，歲以爲常，所謂勞費無已，數逢其害者也。臣自肩事以來，于沿河上下方數千里逐一周視，下淮、徐觀兩瀆之合流，上鳳、泗望二陵之佳氣，乘舟而遊沛城之中，逆流而泝決口以上。出蕭、碭，經蘭、儀，過東、長，入曹、單。因之稽隄工，脈水勢，詢之故老，咨之士人，乃始知河勢之大凡，而得施工之次第也。

茲謹會同鳳陽撫臣李三才、按臣高攀枝、鹽臣蔣以化、山東撫臣黃克纘、按臣嚴一鵬，議得河自開、歸而下，合運入海，其路有三：由蘭陽道考城至李吉口，過堅城集，入六座樓，出茶城而向徐、邳，是名濁河，爲中路；由曹、單經豐、沛出飛雲橋，泛昭陽湖入龍塘，出秦溝而向徐、邳，是名銀河，爲北路；由潘家口過司家道口至何家隄，經符離，道睢寧入宿遷，出小河口入運，是爲符離河，爲南路。此三路者，近代以來河所遞行之道也。較而言之，南路雖近陵，然有隋隄障其上，❶有九岡十八窪隔其中，有歸仁隄護其下，于陵無害也。

❶「其上」，原倒乙，今據四庫本乙正。

第其北扼于山，南近于淮，倘下流淤塞，不逆流而上，則潰隄而南，是皆能亂淮。亂淮則久之而淮亦淤，淮淤而沮洳之患上及陵園矣。且全河下宿遷，徐、邳運道不免告涸，則南路者利不勝害者也。北路雖近運，然太行隄足障驚濤，徐、吕洪足束亂流，且汶、泗有接漕艘之利也。第其下流往往潰隄，隄潰而魚、沛之間城郭夷，縴路壞，非直殃民，亦且梗運，則北路者利害正等者也。惟中路則不南不北，既遠于陵，亦濟于運，有利無害，稱全善焉。前督臣排羣議而斷之，獨合三省以興茲役，亦謂得算。假令不惜大費，必竟全功，一勞永逸，豈不休哉！乃以資用乏，工程減，以故狂瀾已迴，下流復溢，陵麓雖云亢爽，運道尚在梗塞。蓋所得已多，直全利未收耳。

然則爲今日計，守行隄，開泇河，事所必出，無容再計矣。惟是泇河之役，向來數議，竟成畫餅，談者恐以爲疑，乃臣則以爲其善有六，而其不必疑有二。今之稱治河難者，謂往代止避其害，今且兼資其利，故河由宿遷入運，則徐、邳涸，而無以載舟，是以無水難也。河由豐、沛入運，則漕隄壞，而無以過縴，是以有水難也。泇河開而運不借河，有水無水，第任之耳，疏瀹排決，皆無庸矣。善一。黄河者，運河之賊也，用之一里，則有一里之害，避之一里，則有一里之利。以二百六十里之泇河，避三百三十里之黄河，二洪自險，鎮口自淤，不相關也。善二。河之當治，固不問其濟運與否，而皆不容已者也。顧運借河則河爲政，河爲政則河得以困我，當不憚勞費而治之。運不借河，則我爲政，我爲政則我得以相河，當熟察機宜而治之。夫熟察機宜之與不憚勞費也，其利害較然覩已。善三。先年估全工以三百九十萬，估半工以二百六十萬，即前督朱衡開新河百四十里，費亦以四十萬也，今直以二十萬開二百六十里，比之全工則二十之一，比之半工則十之一，比之新河亦事半而功倍者也。善四。江之北，山之東，患水極矣，老弱轉乎溝壑，壯者散而之四方矣。召募行而富民不苦于賠，窮民且得以養，春荒而役興，麥熟而人散，以仲淹之隄湖，代汲黯之發倉，此即國計無裨計猶且爲之也。善五。糧艘過洪，約在春盡，蓋畏河漲之爲害也。運入泇河而安流逆浪早暮無妨，過洪之禁可弛，參罰之累可免，即運軍不至以趕幫失事，所全多矣。善六。運不借河則河防遂疎，恐遂恣横流而沼鳳、泗也，奈何？夫開封、歸德上下千里，未聞濟運，未聞不治河也，彼直爲民禦災而若此矣，何況乎爲陵捍患，其何防之敢疎？無疑者一。徐州，天下咽喉處也，奈何一日而令其索莫荒凉，安所稱重地乎？夫太王遷岐，盤庚遷亳，第審利害，安問重輕，且徐沼于河，直須時耳。徐民安土重遷，聞泇河之役，且刺心隱痛曰奪其利也。此如蛾赴火、蠅趨餳，大利在前，害不暇顧，一日而洪水暴至，城沼民魚，悔之晚矣。泇河開而徐城之貿遷化居者，必且移之泇口，必且移之沿河上下，即土著者利所不在，必且擇高土而居之，即使水能破城，必且爲魚者少。此爲曲突徙薪，于徐而出之罟擭陷阱者也。無疑者二。故泇河之開，無俟再計而知其可行者也。

至其分工，則自李家巷至劉昌莊，全挑新河八里，建閘一座。該夏鎮郎中梅守相、淮徐道副使劉大文，督率徐屬河防運同許一誠、徐州知州張執管理。劉昌莊至萬家莊，計長八十一里，内除韓莊等處二十里六分舊渠免挑外，該全挑新河一十六里，濬舊河四十四里四分，建閘一座，滚水壩一座，築隄二十七里，該夏鎮郎中梅守相、濟寧道副使傅良諫，督率兖州府運河同知汪兆龍、清軍同知劉師朱、滕縣知縣張鵬翼、嶧縣知縣凌志魁管理。萬家莊至黄林莊，計長四十里，内濬舊河三十八里三分，全挑新河一里一分，建閘三座，又分直河工内王市東全挑新河三十里，該南旺主事沈孚先、帶管兖東分巡道副使陳簡，督率兖州府管張秋河通判許仲譽、沂州知州王許、費縣知縣董三邊、郯城縣知縣陳爨生管理。黄林莊至直河出口，計長一百三十一里，内除梁城、紀家、田家集共七十里舊河深闊免挑，並王市東新河三十里派山東助挑外，實濬舊河四里五分，全挑新河二十六里，建閘三座，減水閘一座，滚水壩五座，該中河郎中劉不息、淮徐道副使劉大文，督率邳宿河防同知許從坤、揚州府管河通判趙性粹、邳州知州周世臣管理。其單縣幫修大行隄北面土工長六十九里，南面護埽長二十四里，該兖西道參政來三聘、濟寧道副使傅良諫，督率兖州府帶管黄河通判許重譽、曹縣知縣成伯龍、單縣知縣屈允高管理。以上五工，總責成漕河道按察使汪可受，會同司道，提調往來稽覈。其合行事宜，則據司道府縣會議，共十三款，臣當以次徑行，無容瑣瀆。

大抵河之所來，蕩析沈浸，爲害非常；河之所去，膏腴肥美，爲利亦非常。年來拮据無已，北移之南，南移之北，河之害一，治河之害十。河之害有補，治河之害無補，河之害止在沿河兩岸方數百里，治河之害且漫衍直、省方數千里不止矣。總之先年止恐傷運，使河不得北，近且又恐傷陵，使河不得南。南北迫陿，幾無藏身之所。蓋微獨民苦，即河亦苦之矣。泇河既成，運已不借河，河復不近陵，臣以爲自此以後，但北守太行隄，南守隋隄，中間蕭、碭、豐、沛城郭所在，各高起隄防以自救，任河游衍容與于其中。每年相度水行何方，但蠲其租入而賑以銀穀，計費且不及治河之一二，而他所省且復不貲，此爲不治而得其大者也。惟是河近北隄，終有齧隄梗運之虞，則請以俟來歲，儻其時和年豐，而民可使耶，則無難大挑濁河以開中路，不憚一勞，足收長利；儻其天災人害，而民難用耶，則不妨死守行隄，以救目前，雖乏遠略，亦弭近憂。至于司道所稱伽河下流由嵎頭集經落馬湖北岸至宿遷，盡避黄河諸險，事亦可行，當爲後圖。儻異日財力有餘，再舉此役，則運道所經黄河者，不過入海二百里之安流耳，彼其強弩之末，力何能爲？斯亦國家之上事已。除將應開應濬河道地里繪圖、貼説明白，另封進呈聖覽外，緣係決河驟挽非易、運道艱阻可虞，懇乞聖明俯從末議，亟開伽河，酌濬故道，以濟新運，以拯災民事理，未敢擅便，爲此具本謹題。

疏入，得旨：「該部知道。」

遵旨備陳河工疏萬曆三十二年

李化龍

臣看得河自去年決蘇家莊入昭陽湖，穿夏鎮以南之漕渠，壞南陽以下之運隄，而魚、濟一帶且震于鄰，此其不可不治也明矣。故臣議開伽不已，復議保隄，保隄不已，仍議分黄。蓋謂併力于隄，則隄一決而全河北，勢恐至于穿漕；兼以分黄，則隄縱決而水已分，自不至于害運。蓋臣之分黄，祛民災也，亦以保運道也。比新河放水，旬日之間，衝刷倍于原挑，分水已及五分，臣計河勢已成，因而塞之，使全河南行，則不直南陽之漕隄可治，即李家口之運道可清，一了百了矣。蓋臣之塞決，祛民災也，亦以保運道也。當其時，使臣得力督于上，諸臣皆併力于下，夫料如雲，畚鍤如雨，埽急逼水，水急刷河，半借水力，半借人力，時月之間，築壩塞決，苟幸竣事，申嚴北岸三隄之守，使其游衍于蕭、碭百里之間，何全河之不容，何全害之不可去哉？不意臣以家難，不能督工，諸臣以臣不在，工各有懈志，遂至以衆爲政，百不如法，物力不齊，工程不速，挑淤不淨，守隄不堅，始以張采莊之淺，終以單縣隄之決，水落河淤，塞終難就，工遂爲不了之工，局又爲不結之局矣。當其分水，自七月之終以至九月之初，白浪滔滔，分流南下，即決隄以後水猶匯湖而下，上灌無多，魚臺城池、南陽運道居然無恙，而環豐城以達于沛境，已得平土而居之，自非漲有所分，何以害僅止此？則分黄之于保運，固未爲無補、未爲非策也。惟是河行隄北，終非久計，再淤再徙，害且叵測，臣不得不爲漸不可長、時不可失之請，而陛下且有「經畫料理，以待新臣」之命矣，臣荒迷草土，何宜復預河事？而時已入冬，不敢不移檄責成，以俟後來。

今據諸臣會議，若謂塞決之工雖及強半，而全河之淤已減初形，且時入冬，水已落矣，無復衝刷之勢矣，不挑而塞，則有逆行之患，即小挑而塞，亦有别決之虞。且議河者最難畫一，防河者最易推諉，若開河不大，將來數百里之間，一隄失守，且借口自解矣，故不得不議大挑也。議錢糧則以四十萬，議人夫則以二十萬。初議請之内帑，又以爲不得已之計，蓋知左藏之儲，非可以幸得也。再議復河夫之額倣助夫之例，又以爲民窮財盡，非所忍言，蓋知災疲之民，非可以重困也。于是不得已而較量于行運之難易，更以治泇爲緊著，若將以緩急分先後者。夫今黄河起溜，回空糧船及官民船隻，又皆由泇以行，然皆由連汪湖出口耳，明春黄更溜，湖且涸，則無泇真是無漕矣。故直河改挑支渠也，王市添砌石閘也，大泛口之治溜，彭家口之治淺也，真急工之不可緩者。臣已檄行司道劉不息、梅守相、汪可受、卜汝梁等，分工併作矣；不寧惟是，即南陽連隄，臣亦檄行司道李之藻、傅良諫等勘估修整矣。儻諸臣各竪厥心力，年内外竣事，則明年運事尚不至于無漕。

總之，所難仍在黄河之工耳，蓋黄河者，臣難之，新臣亦難之。何以言臣之難也？夫錢糧至四十萬，人夫至二十萬，亦謂非常之原矣，臣即經畫料理，千百其方，終不能離喪次而之河濱也。今尚未有措處，然縱使有處，何以興工夫？ 目不親爲閲視，儻一有錯誤，則四十萬金，皆虚費矣；身不親爲彈壓，儻一有譟呼，則二十萬衆，皆仇讎矣。 興工至此，害豈但河。 故曰臣之難也。 何以言新臣之難也？ 夫治河者，荒度于野，集議于衆，移文于遠，請事于朝。 冬初而作，春盡而罷，乃爲及時，乃不廢事。 今臣已不能出門一步矣，時已入冬，行且及春，新臣此時猶未點用，何時視事？ 何時閲河？ 何時議工？ 何時請錢糧？ 何時集夫役？ 蓋冬前不至，則大挑已無及，春前不至，即分水亦不能。 故曰新臣之難也。 夫不獨黄河之難也，即運河之工，業已紛紛制作矣，而總河之臣不一經目，不一措足，羣情何以鼓舞，人心得毋怠玩？ 儻至誤事，便是無漕，故運河之難也與黄河一也。 總之，以臣尸居其間，而新臣不至耳。 故臣不得不爲經畫、不爲料理，以仰副九重之命，臣又不得不備述其難，急爲之請，以免隳誤兩河之工。 儻新臣以此時用，以年内至，亟爲相度，早行陳請，或夫料湊手，急大挑以回狂瀾于既倒也，則一勞永逸，尚可以收平成之效于目前。 或時日無及，姑分黄以俟水勢之自定也，則休養生息，亦可以需子來之勸于後日。 不然躭延日久，玩愒愈深，豈惟黄河無底定之期，即運河亦難保無稽遲之患矣。 爲此據實上請，伏乞皇上亟點新臣，早來視事。 並乞敕下工部，復請將目前現做工程，責成該管司、道，上緊趲做，如致誤事，責各有歸，則河事幸甚，臣幸甚。

疏入，得旨：「工部知道。」

時政疏 萬曆三十四年

沈鯉

臣屢疏乞休未蒙俞允，柴然一軀，病伏牀榻，感時觸事，不勝憂國之念。 將終藴而不言，則恐一旦長畢，目且不瞑，故昧死一言，然猶囁嚅累日，而後敢出諸口也。何以故？臣，老臣也，事在可緩，必不敢輕易進言，以自取周章之議。又帷幄親密之臣也，言在可已，尤不敢激昂立論，以輕攖君父之心。惟臣今所處之地，乃關繫民生休戚、國家理亂，而又適際中流急渡之時，夫是以寧逆人主之顏，而不敢緘默取容，爲燕雀處堂之安也。請敬陳之。

臣聞治天下者，貴審勢。今天下時勢何如哉？天變于上，人離于下，駸駸乎有亂之形矣，不及今尚可爲之時而主臣一意、百倍勵精，將朝廷號令、政事力加整頓，何由易危而爲安、轉亂而爲治！譬諸醫之治病，而遇十分虛損之人，非以十全大補之劑，不能有起死回生之效也。乃今猶泄泄然視之，而徐徐焉圖之者，豈以天下本無事，而臣言不足信乎？臣老誖，誠不足與慮天下事，其言誠無足采取也。而在朝，則文武諸官，亦盡懷杞人漆室之憂，不但臣也；在國，則農工商賈與庠序學校之士，出議于巷，入議于室者，又不止朝臣也。即在採榷中使，亦尚有五六老成不忍見民間疾苦者，兹所謂左右近臣，不比于外廷疎遠也。在勳貴戚畹，與國同休，其憂國視常人更切也；在藩服，則又有天潢之派，以山河帶礪之盟，而欲傳百千萬世，與天壤無極者，兹所謂同姓一家，又不比于勳戚異姓也。皇上試以其兼聽並觀之心，而倣古設鐸建鞀之意，或顯詔以求直言，或密察以觀輿論，詎不皆憂臣之憂，道臣之辭乎？即口語不能皆一，直婉或有不同，其孰敢保天下終無事乎？

夫内外臣民人人皆有憂亂之心，而備亂猶可不亟乎？猶可不申嚴號令，以振作積玩之人心，猶可持諸司章奏，留中不發，發而不以常期乎？猶可使諸司當事之臣，日有補牘之繁，人有掣肘之苦，而不得自舉其職乎？猶可使中外衙門，無處不有缺官，無官不是權管，而因以慢令致期誤民誤事乎？猶可使海內賢才一一皆老死林下，而見謂無仁賢之國乎？猶可不照常行取補足臺諫，以自廣大其聰明乎？猶可使天地不交，股肱失職，如口行陰霧中而不見陽光，如常處嚴冬時而不行春令乎？蓋自古憂國之臣，未亂而言無其形也，常苦于言之不聽，既亂而言形已成矣，又苦于聽之無及。夫與其聽之無及也，則寧備而不用乎！昔唐德宗時，海內殷富，天下宴然，過今遠甚，一朝變起，遂至乘輿播遷，幾不保其宗社，此建中四年十月幸奉天事，及廣德元年十月幸陝州事也，一展卷可知矣。唐以前，宋以後，覆轍相尋，有甚于此者，臣不敢歷歷言之矣。夫天下皆知其將亂，而至尊居九重之上不見不聞，臣實有不忍者，故輒敢盡言之。語云：「賜不幸言而中。」臣惟願所言之不中，不願其多言而偶中也。蓋臣既不能借青蒲一膝之地，以吐其一腔忠赤，又不能剖心自明，而所憑惟紙上陳言，倘天鑒終不可回，臣終亦無目可瞑矣。臣不勝戰慄恐懼之至。

疏入，帝不納。

請召還言事諸臣疏萬曆三十四年[1]

姜士昌

臣竊見大學士沈一貫、沈鯉相繼去國，輿論無不快一貫而惜鯉。夫一貫招權罔利，大壞士風吏道，恐天

---

[1] 「萬曆三十四年」，據《明神宗實録》卷四三八萬曆三十五年九月辛卯記事，及《明史》卷二三〇《姜士昌傳》，此疏上於萬曆三十五年。

下林居貞士與己齟齬，一切阻遏，以杜將來，即得罪張居正諸臣，皇上素知其忠義，注意拔擢者，皆擯不復用，甚則借他事處之。其直道左遷諸人，久經遷轉，在告者，一貫亦擯不復用；在廷守正不阿，魁磊老成之彦，小有同異，亦巧計罷之。且空部院以便于擇所欲用，空言路以便于恣所欲爲，空天下諸曹與部院言路等使人不疑。至于己所欲用、所欲爲者，又無不可寘力而得，志所不欲者，輒流涕語人曰「吾力不能得之皇上」，善則歸己，過則歸君，人人知其不忠。夫鯉不肥身家，不擇利便，惟以衆賢効之君，較一貫忠邪遠甚。一貫既歸，貨財如山，金玉堆積，鯉家徒壁立，貧無餘貲，較一貫貪廉遠甚。一貫患鯉邪正相形，借妖書事傾害，非皇上聖明，幾至大誤。臣以爲輔臣若一貫憸邪異常，直合古今奸臣盧杞、章惇而三矣，然竟無一人以鯉、一貫之賢奸爲皇上正言别白者，臣竊痛之。

且一貫之用，由王錫爵所推轂，今一貫去，以錫爵代首揆，是一貫未嘗去也。錫爵素有重名，非一貫比，然器量褊狹，嫉善如讎，高桂、趙南星、薛敷教、張納陛、于孔兼、高攀龍、孫繼有、安希范、譚一召、顧憲成、章嘉禎等，一黜不復。頃聞錫爵有疏請録遺佚，謂宜如其所請，召還諸臣，然後敦趣就道，不然恐錫爵無復出理也。至論劾一貫諸臣，如劉元珍、龐時雍、陳嘉訓、朱吾弼，亦亟宜召復，以爲盡忠發奸者之勸。至于他臣，以觸忤被中傷，異同致罷去者，請皆以次拂拭用之。説者謂皇上于諸臣雖三下明詔，意若向用，實未欲用者，臣獨以爲不然。皇上初嘗罷傅應禎、余懋學、鄒元標、艾穆、沈思孝、吴中行、趙用賢、朱鴻謨、孟一脈、趙世卿、郭惟賢、王用汲等，後又嘗謫魏允貞、李三才、黄道瞻、譚希思、周弘禴、江東之、李植、曾乾亨、馮景隆、馬應圖、王德新、顧憲成、李懋檜、董基、陳嗚岡、饒伸、郭實、諸壽賢、顧允成、彭遵古、薛敷教、吴正志、王之棟等，旋皆擢用，頃年改調銓曹鄒觀光、劉學曾、李復陽、羅朝國、趙邦柱、洪文衡等于南京，亦俱漸還清秩。而鄒元標起自戍所，累蒙遷擢，其後未有一言忤主，而謂皇上忽復怒之，而調之南，而錮不復用，豈不厚誣皇上也哉！蓋皇上本無不用諸臣之心，而輔臣實決不用諸臣之策也。説者謂俗流世壞，宜用潔清之臣表率之，然古今廉相獨推楊綰、杜黄裳，以其能推賢薦士耳，王安石亦有清名，乃用其學術驅斥諸賢，竟以禍宋，爲輔臣者可不鑒于此哉！

疏入，帝怒，鐫士昌秩。

乞休第二疏 萬曆三十六年

葉向高

臣謹奏：竊惟臣求去之意，誠以受事數月，莫展一籌。政本何地，輔弼何官，而可汶汶容容、苟且度日？反覆思維，不能安處。下情未伸，愈增鬱結，憂愁困苦，生意槁然。即欲扶病入直，而幾務方殷，萬難展布。銓臣問臣曰：「庶官曠矣，職何以修？」計臣問臣曰：「邊軍譟矣，餉何以處？」臺臣問臣曰：「憲署空矣，要緊各差，急何以應？」諸如此類，臣皆不能置對。身居此地，當任此責，即臣自忖自思，亦不能自恕，而敢望天下之恕臣乎？人情有所冀而不得，必有後言，矧合天下如焦如焚之心，舉天下至危至急之事，盡責之臣等，而臣等實無以副。疑端一啓，則猜度滋多，悠悠之談，何所不至。今同官既已堅卧，而欲使臣以孑然之身，當四海九州之望，顧影無侣，呼天無門，臣誠莫知其死所矣。功名富貴，臣已灰心，報主酬知，臣待來世。惟望皇上哀臣憐臣，亟賜臣歸，臣即身先朝露，敢忘聖恩？不勝激切祈懇之至。

疏入，得旨：「方今國家時事多艱，正賴卿協贊匡濟，豈可恝然求去，宜即出，入閣辦事，不允所辭。吏部知道。」

乞振朝綱疏 萬曆三十六年❶

周起元

臣仰惟皇上臨御以來，英明果毅，一號一令，悉禀裁奪，自以爲無太阿倒持、魁綱失馭之病矣，近以静攝日久，百凡庶政，有漸流于下移而莫覺者。夫蔽明之奸行于下，而不韙之名歸吾君，甚可痛也。臣不敢瀆引，謹以二三時事，諸臣所焦舌而陳者申之。

近者賢令李嗣善蒙釋，人人加額，至若滿朝薦等救萬人之命，功在嗣善上，而梁永等戕萬人之命，罪又浮于馮進朝，乃嗣善獲宥而朝薦長囚，則以進朝而波及嗣善也。罪閹不付廷理，是以恩綸垂涣而中寢也，則朝薦等之不獲宥，蓋皇上之左右幽縶之也，然而禁良令之名，則皇上受之矣。舊制駙馬體統甚隆，今駙馬冉興讓以被辱逃，已蒙顯罰，顧婦寺負辜，未聞重創，公主不能以保其夫，天子不能以庇其女，煬竈售奸，其何疑焉。是興讓之覆冤莫照，蓋皇上之左右壅抑之也，然而辱戚臣之名，則皇上受之矣。今以四海之蓄，加以礦税之括入，三殿箭樓久乖龍見之期，累年不得報竣，何也？良由大工未竣，墨胥家于是，貪璫家于是，税

❶「萬曆三十六年」，疏内有「近者賢令李嗣善蒙釋」等語，據《明神宗實録》卷四七六、卷四九八，宛平知縣李嗣善萬曆三十八年十月繫刑部獄，萬曆四十年八月获釋，則此疏非上於萬曆三十六年。

使又幾幸以免掣。而家于是，乃別立一種忌諱邪説，以默聳而逗遛，是工役之不得早就輪奐也，皇上之左右因此以爲利也，然而廢朝常之名，則皇上受之矣。

放棄諸臣，批鱗者不罪，觸權者永錮，竊窺皇上原無成心，第廢臣鯁直之性，多爲奸璫所恨，在廷一二宵小圖報效于權門者，又從而媒蘖焉。是以有僞學之牘，有説事之單，大察有林下黨人之款。又慮臺省中爲之發憤而明其不然，則先設依傍之名目以震懾之，甚且造爲蜚語曰「攷選時某人推轂某，欲科即科，欲道即道」，不惟布之道路，且明告君父，使人憂讒畏譏，不敢昌言昭雪。而護持正人者日益寡，一任彼摧殘蹂躪，莫敢誰何，而後愉快。又廣爲之挑怨，一切不得于輿評者，皆歸其禍始于草野，曰「是某林下所搆害也」，如湯賓尹事未發時，徐兆魁且豫爲之疏曰「東林所以逆折賓尹者，其跡已見」，諸如此類，難以枚舉。是以怨毒益騰，而忌且怒之者日益衆。護持既寡，忌怒又衆，即大小臣工虛心旁觀者，漸至熒聽，且咎諸賢之不隱鱗戢羽，而爲此孤憤也，是以正勢漸孤。又有奸人陰通于禁中，安排謗訕而中止之，是廢臣之不獲賜環也。蓋皇上之左右挫遏而沈淪之也，然而錮忠良之名，則皇上受之矣。

此數者，皆叔季苟且之紕政，非熙朝所宜見也。皇上清夜思維，必不願被此名，今皆冒而行之，昭之臣庶，垂之史册，天下後世以皇上爲何如主？然實非皇上之本情，由左右近習爲搆鬬。或于酣樂之餘，爲有心之蒙蔽；或以閒暇之際，爲無心之簸弄。歲月浸淫，落其術中而不覺，久之且習爲故然矣。伏乞皇上收攬乾綱，釋滿朝薦等于囹圄，加楊應吉等以刑治，大役立限報竣，淹滯盡賜振拔。此不過頃刻一轉念，而叔季紕政變而爲熙朝盛事，天下後世稱英君誼辟必歸皇上矣。臣一念樸忠，忘其忌諱，補牘陳言，仰垂清覽。

臣不勝惶悚待命之至。

疏入，帝不納。

宮僚徑去揭 萬曆三十七年 葉向高

臣伏見左春坊庶子馮有經以被言求去，二十九疏未蒙批發，遂于昨日申時，具本親詣文華門叩辭，將坊印送至閣中，臣不敢受，有經留印而去，臣不得不爲奏聞。竊念臣子進退，當候君命，近者挂冠徑去者已多，雖明旨森嚴，加以重罰，終不能禁。此在諸臣之罪，信無所逃矣，但杜門經歲，哀請頻煩，九閽茫然，終無一報，固從來未有之事也。進既不可，退又不能，拘繫縶維，無所控訴，亦從來未有之苦也。古稱人君之德曰「使臣以禮」，曰「體羣臣」，今日諸臣望皇上之體之者切矣，皇上一爲處分，使得以禮進退，是諸臣之幸也。不然，彼窮迫無聊，自甘愆罪，臣子不足惜，而其如國家之體何哉？夫功名爵禄，人情所甚愛；潔身勇退，人情所甚難。今使人棄其所甚愛，而就其所甚難，則亦足以觀世道矣。伏望省覽，至于馮有經之送印辭官，併望聖裁，非臣所敢擬也。

奏入，帝不納。

請革解納白糧積弊疏 萬曆三十九年 徐必達

臣于十月十四日接到巡按浙江監察御史張惟任揭「爲江南重役未蘇，上方玉食難緩，懇乞特申功令，以恤民艱，以便趲運事」，内言東南小民解納白糧之苦，詳且悉矣，臣詳讀而細分析之，内有屬于起運之弊者，則漕臣得而禁之。如大户派兑有官户之拖賴，掮揚驗包有官役之需索，雇覓船隻有舟人之攬騙，告領水脚有吏書之扣尅，及押運官之索騙，渡江過淮之遲延。皆漕運御史所能查禁者，即張惟任所謂處置調停、立法革蠹，無敢煩廟議者也。又有屬于收米之弊，臣寺得而禁之。如廠倉之堆垜，倉役之勒索，❶搬運之狼籍，使費之侵耗，則臣寺管倉之卿、丞皆能查禁者，亦無敢煩廟議者也。

至于軍先民後之故套，皇店、皇木及黄馬、水殿官座等船之挾詐，淮安、通州盤驗之阻滯；索土宜，索常例，講鋪墊，講耗增，攫金盗木之陋習，則漕臣難以施其禁，臣寺不得預其事，不得不仰懇天威而嚴爲禁革。何也？軍先民後，朝廷原無此令，原因軍糧船九千餘隻，其勢盛，其人衆，白糧船不過數百，其人少，其勢弱，以衆欺寡，以強欺弱，勢所必致，且軍官武猛，多縱容軍卒以圖索騙，遂成故套。不知白糧乃玉食之供，各宫之膳，其視軍儲之糧，尊卑輕重蓋天淵矣，安可以軍糧船而先于白糧船乎？皇店、皇木、黄馬、水殿官座等船，雖皆屬于朝廷，而所載貨物不甚多，原與白糧船重載不同。且河路狹窄，止此一線之水，彼駕船運木皆驕夫悍卒，藉屬朝廷，駕言上用，不容白糧船先行，必需索重賄方許其行，一近其船，即稱磕損，勒要賠補，小民唯唯不敢申訴，此挾詐之所由興也。淮安、通州皆關隘之所，恐有夾帶，向許盤驗，但官不自驗，委之下吏。巡攔之夫明知其無夾帶，必需索足願，方放過關，此阻滯之所由病也。至于索土宜，索常例，講鋪

❶「勒」，原作「勤」，今據四庫本改。

墊，講耗增，加二加三，聞各倉屬于北門者有之，而非臣寺諸倉之弊。此四等之弊，皆漕運御史之所不及禁，臣寺之所不能知，惟仰天威赫然，嚴示白糧船乃上供玉食，宜先于軍糧船，不許軍糧船壓之在後。仍行漕運御史，製成憲牌，上刻「奉旨白糧船在前，軍糧船在後，不許攙越，違者重治」數字，無論軍民船隻，各立牌一面，則各船官軍方知畏憚，而不敢仍稱軍先民後之故習矣。皇店之貨、皇木之牌，皆非重載速行之差，不許阻當白糧船，如有阻當，許漕運御史及地方撫、按官拏究，則挾詐之弊可塞。淮安、通州二關，驗得白糧船無夾帶，即便放行，不許躭遲時刻。仍嚴行户部，轉行各關部臣，禁戢下役，毋得指稱查驗，刁詐留難。或以白糧船既載糧米，難以夾帶，亦可免其盤驗，則阻滯之患可免。至于北門收米人役，如有索常例、講鋪墊等弊，許運糧人等訴告于巡視衙門，參提重治，則騙害之端可息。此皆仰仗皇上之威靈獨斷，而非臣等所能爲力者也。

又照得軍運之船，必待舊運船回，方能兑新運之米，若民運之船，則在在皆有，人人可雇，不必借于舊船。而吏書作奸，通同經紀、埠頭，受人囑託，豫指某人之船受其雇值，利爲己有，及至兑米船尚未到，即欲追退其值，而託辭趕船，掉臂逃走矣。一幫之内，一船未到，别船俱不得行；一府之中，一縣未完，别縣俱不得發。此起運之所以遲，而軍船或得以争先也。近見張惟任牌行有「白糧府縣以雇覓船隻，俱要見船立約，交銀裝載，勿許吏書積棍把持作奸，指虚舟而延夙害，違定限以誤運期。如有仍前積蠹，該縣不時揭報，以憑拏治，吏書坐贓究革」等因，誠得革弊之源，速運之要，以後郡縣永永遵守，一應白糧船俱限于十二月内發運，則軍糧船俱在後，不得與之相争，自無阻滯之患。張惟任所謂「横舟黄流，望洋無策，覆溺虞危，沍寒守凍，買車推輓，搬運狼籍」之弊，無自而有矣。其巡漕御史，尤當先一年内八月間，即領敕出城，料理運事，斯來歲不患乎倉猝而難措。此則先時而執其機，不惟民運可早，而軍運亦可早，而過淮不出三四月之外矣。此又在于都察院之早題請，而皇上之早俞允也，蓋一速而萬事俱速者也。又查得軍運船回空，其遲速責在押運把總，與各衛指揮、千、百户，今則收糧一完，繳有薦疏，各官即輕騎先歸，而回空之船，任其優游于天津、淮、德之間，賣桅篙以充朝夕，而聽其船之沈于泥沙，且并其板而賣之。船既不回，糧何由兑，須嚴責運糧官押令空船俱到，方許回家换班，不則仍行參究，庶乎空船得以早回，而新運不致誤事。總之，惟漕運御史早出國門，則軍民之糧均得早兑。此又探本之論，先事之要策也。

疏入，得旨：「户部知道。」

乞裁藩邸求請疏 萬曆四十年❶

周起元

臣接邸報，見福王一本，爲比例懇乞賜給鹽井茶銀，奉聖旨：「著查照潞王例行。該部知道。」欽此。臣竊嘆福藩之拙于自謀，陛下之薄于愛子也，陛下以天下爲家，未有不保其民而保其子者。福藩之所爲，邀恩寵而算錙銖者，亦既不遺餘力而攘利矣，猶覬及四川之鹽井乎？試思今日四川如何景象乎？播土征魂，

❶「萬曆四十年」，據《明神宗實録》卷二一七、卷二一九，慈聖皇太后逝於萬曆四十二年二月，神宗奉遺命大赦天下在該年四月，疏内之「鹽井有課無井者」云云，即見大赦詔，則此疏非上於萬曆四十年。

尚作春閨之夢；建昌戍血，復染瘴草之煙；水西伏戎，時露跋扈之形；衆冢入苙，每懷走壙之想。蜀固羸國也，天未厭禍，又剥利以佐災，無乃不可乎？頃者皇太后遺詔，蒙陛下推廣孝思，加惠四海，維時二三老臣曾莅蜀者，力陳鹽課之累，是以恩詔「鹽井有課無井者，著撫、按官議豁」，蜀人方引領望澤，而可頓壅德意乎？夫陵谷尚遷徙無常，鹽水歷幾時而盈竭異，又歷幾時而鹹淡異，非永永濬于不涸之源也。井敗課存，竈户之賠納不堪，相率棄業逃亡矣。賦額且不能取盈，往往派賠州郡，以足京邊之需。彼土之官，自撫、按而下，莫不計露于捉襟，而籌窮于借筯矣。潞府之例，舊稱難支；福藩之富，無容再益。前者求開鹽廠，今者復求鹽課，長此不已，意欲何極？將扣之額徵之内乎？抑增之額徵之外乎？扣之，則軍國餽餉之需歲有常數，不可虧縮也；增之，則巴蜀罷敝之餘，倍算加緡，又必不能輸應也。况陛下聖子神孫振振方興，今日引潞藩以爲例，他日必有引福藩以爲例者，陛下又將同之以概爲賜乎？抑異之而靳其予乎？異之，則等屬天潢之派，未可厚薄視也；同之，則盡括惟正之供，又未必足爲宗室贍也。

臣竊謂福藩之規規此請也，于殖貨則利，于德義則慾；陛下之沾沾此愛也，于私情則牽，于法制則違。夫素約之家，常有餘饒；兼并之室，日懼不給。何者？奢儉之致異也。計福藩所入，不爲不厚矣，以好善爲樂，則保有令名，以節嗇爲寶，則永不乏匱。陛下何不裁之以義，教之以儉，俾知國家有一定之賦，分封無濫乞之規，事必師古，法以制情，不以反汗爲嫌，收回成命，則福藩沐皇上之慈愛，更倍于錫予之恩，其爲子孫黎民之利不亦溥乎？臣又有請焉，一人作法，天下之則也，涼貪之弊，其應不爽。陛下年來務鳩聚而廣誅求，藩王象之，又何責焉！願皇上下明制、遵太樸、愛人力、惜國用，爲散財發粟之仁，捐貨利之私，行見風聲一倡，臣庶景從，天子不言有無，而諸侯王敢于言多寡者，未之有也。此躬行之效，身教之説，陛下誠能俯採臣言，翻然更始，則薄海内外，咸仰聖明，毓德于青宫者，將習睹節用之規，而消欲賄之萌，況屏翰于列藩者，其敢聽宵小之謀，而恣無厭之請哉？臣區區上陳，不勝屏息待罪之至。

疏入，帝不納。

劾税監高寀疏萬曆四十一年❶

周起元

臣謹奏：福建税監高寀素行貪殘，甚于别璫，歷年海商一切貴重美麗奇巧之珍，百入于寀與參隨，未必一貢于朝廷。臣生長其地，耳而目之久矣，谿壑既盈，虐聲久著。不意益肆鴟張，大開狼噬，尅削閭閻，殫膏竭髓，皇上取用各項物料，即一草一木，莫不按數予值，而寀剡刳樓船，連舸接舳，揭百尺之桅檣，窮雕飾之極麗，所取物料，概欲白没。彼市礐貿易之夫，挾貲幾何，令一旦盡付烏有，誰能甘之？相率控取，自無足怪。何乃簡梟雄以作威，陳利兵而相向，揮刀戮二十餘人，又放火延燒二十餘家。越日披堅執鋭，統率驍騎，乘守衛之偶撤，徑弄兵于轅門。撫臣袁一驥，節制一方，寀不能遂其竭澤之貪，夙懷忿憤，按劍要挾。副使李思誠、僉事吕純如，捋虎鬚以解厄，寀復留而要盟。皇上試思：從來税監最貪、最狠、最毒，如高淮、梁

❶「萬曆四十一年」，據《明神宗實録》卷五二〇萬曆四十二年五月壬戌記事、張燮《東西洋考》卷八《税璫考》，福建税監高寀激變事在萬曆四十二年四月，則此疏非上於萬曆四十一年。

永、陳奉、孫朝、楊榮輩，曾有殺人放火、節鉞要留方面如寀之大逆不道者乎？臣讀撫、按疏揭，參以鄉人見聞，不覺髮指，而繼之以痛哭也。近者邢洪持兵器于禁地，盧受假狐威于票擬，皆漫不處分，今寀又見告矣，所當亟行兩觀之誅，用雪萬民之忿，非僅撤回械鎖，可以了事者。臣聞省會人情洶洶，莫不欲得寀而甘心焉，賴巡方與在事諸臣，安輯撫綏，幸未告變。臣恐防川不決，決必滔天；宿火不發，發必燎原。萬一戈矛起于肘腋，海濱因而摇動，倭夷乘以生心，寀粉骨不足惜，皇上豈善爲社稷計乎？寀之言曰「多進孝順，便可保全首領」，寀以累年之括搜，挾百萬蓋藏，出其珍玩綺縠、歌舞角觝，享用作樂之剩貲，可以結左右之歡，而及于寬政。倘一遂其奸，是皇上不惜太阿之重，而僅易此阿堵也。示之臣庶，昭之史册，虧累令名豈淺鮮哉！

疏入，帝不納。

劾三黨疏萬曆四十一年

李朴

臣惟朝廷設言官，假之權勢，本責以糾正諸司，舉刺非法，非欲其結黨逞威，挾制百僚，排斥端人正士也。今乃深結戚畹、近侍，威制大僚，日事請寄，廣納賂遺，褻衣小車，遨遊市肆，狎比娼優，或就飲商賈之家，流連山人之室，身則鬼蜮，反誣他人。此蓋明欺至尊不覽章奏，大臣柔弱無爲，故猖狂恣肆至于此極。臣謂此輩皆可斬也。孫瑋、湯兆京、李邦華、孫居相、周起元各争職掌，則羣攻之，今或去或罰，惟存一居相，猶謂之黨。夫居相一人耳，何能爲？彼浙江則姚宗文、劉廷元輩，湖廣則官應震、吴亮嗣、黄彦士輩，山東則亓詩教、周永春輩，四川則田一甲輩，百人合爲一心以擠排善類，而趙興邦輩附麗之。陛下試思居相一人敵宗文輩百人，孰爲有黨耶？乃攻東林者，今日指爲亂政，明日目爲擅權，不知東林居何官？操何柄？在朝列言路者反謂無權，而林下投閒杜門樂道者，反謂有權，此不可欺三尺豎子，而乃以欺陛下哉？至若黄克纘贓私鉅萬，已敗猶見留，顧憲成清風百代，已死猶被論，而封疆坐死如陳用賓，科場作奸如韓敬，趨時鬻爵如趙煥，猶爲之營護，爲之稱寃，國典安在哉？望俯察臣言，立賜威斷，先斬臣以謝諸奸，然後斬諸奸以謝天下，宗社幸甚。

疏入，帝心善之，會葉向高、方從哲謂朴言過當，乃下部院議罰。

御選明臣奏議卷三十五

乞休第六十一疏 萬曆四十二年

葉向高

臣謹奏：竊臣八載備員，孤蹤獨立，荷蒙皇上寵眷，恩私隆天重地，近世所無。言雖不盡用，而不可謂不用；事雖不盡行，而不可謂不行。人言愈起，而信任愈深；求去愈殷，而慰留愈切。君父之于臣子，至矣，盡矣，無以復加矣。臣私衷感刻，真口不能宣，筆不能寫，千生萬生變爲犬馬以謝皇上，猶不能報也。兹當萬壽聖節，臣杜門日久，本不宜赧顔復出，但情不能已，于今早勉强同臣從哲詣仁德門叩賀。禮畢之後，臣念自此永無再到宫門之日，謹再五拜三叩頭，一以謝皇上累年養育之厚恩，一以伸微臣遠離闕廷之私念。伏望皇上察臣微誠，成臣素志，更勿以温旨留臣，即賜俞旨，放臣歸去，使天下人知今日朝中尚有奉旨去國之大臣，而臣之蒙恩于皇上終始不替，如此君臣上下皆有光彩，何幸如之！臣謹于私寓恭候數日，至于不得已而效尤二臣，是臣之罪，而非臣之得已也。臣不勝冒昧懇切惶悚之至。

疏入，得旨：「覽卿奏，求去愈切，情詞愈苦，朕心惻然不寧。但閣務繁重，豈從哲一人所能獨理，少待新輔道南至日，即准卿去，以遂雅懷。卿既念朕恩，當思終始圖報，且八年勞苦，何惜數月勉留。若效尤徑行，不候朕命，既非卿從來忠愛之義，將貽朕以恩禮不篤、簡忽輔臣之名，卿心忍乎？尚體朕懇至之情，毋得再有陳奏。該部知道。」

劾惡璫辱官剥民疏萬曆四十二年

王紀

臣看得驛遞之設，原以供命使之往來，非以供寺人之魚肉，自中使四出，而驛遞之膏血盡矣，孰意又有狂悖不法如李永其人者。按永不過一掃除賤役耳，營得押船一差，鳩聚四方亡命，大逞聲勢，擅作威福。懸挂龍旗，妄僭天子之儀仗；僞造印信，竊弄人主之大權。攜客以至千餘，得銀豈止萬計，惟圖夾帶以射利，罔顧明禁之疊頒。至甚陵轢署官，搶奪縣印，勒金取贖，則與强盜剽掠者何異？墩鎖驛夫，非刑弔打，借銀赴救，則與暴寇殘虐者何殊？蓋廣文，卑秩也，猶是朝廷之命官；驛夫，賤隸也，誰非朝廷之赤子。一旦横被李永吞噬至此，真貂璫中之豺狼，人面而獸心者也。目今福藩之國，人心驚懼，若不誅一永以謝天下，則後之爲永者，將不知其幾。而迢遞千里，其横遭剥削荼毒之苦，又不知其幾千萬家也。至于把總金廷貴、指揮楊惠、楊應吉，身奉公委，藐視刑章，助桀行兇，敢造逆天之冤業，如虎傅翼，大張食人之爪牙，貪殘異常，法律何逭？神棍崔見吾、陶左川、劉禿子等，流毒肆虐，藉勢詐財，歷訊已明，詎宜漏網？除臣等移咨南京兵部，先將金廷貴、崔見吾等提問正法，另行奏請外，伏乞皇上垂憐郊圻重地、疲驛苦情，敕下法司，將李永嚴拏究問，依律追贓，庶刀鋸餘人上不敢輕蔑天憲，下不至播惡小民，而窮困驛遞，亦可以稍寧矣。爲此具本謹題。

疏入，帝不納。

劾趙焕疏萬曆四十二年❶

周起元

臣惟皇上御極以來，于言官獻替雖罕採納，而輒多優容，惟觸權奥、迕巨奸者，其敗不旋踵，其錮終身，忠臣義士扼腕久矣。謹按，吏部尚書趙焕，虧喪大節，難以縷陳，今營據要地，結權璫而招黨與，逐總憲而傾善良，借事誅鋤，兇險狠惡。近日例推孫振基等三臣，皆惡其異己，一時芟盡。此三臣者，非有玷官常、干清議而獲罪于皇上也，特以議論異同，居恒建白，詞多與趙焕相觸犯，焕恐終不利于己，而急修嫌怨，豫爲翦除，以僥倖長竊柄耳。例推一事，明旨令科、院從公擬議，而趙焕獨擅雌黄，略無顧忌，是焕之權尊于皇上也。乃悻然以職掌爲争，則吏部侍郎方從哲不由會推，徑竇躐進，顧未聞敢争執半語，何其蓄縮于大臣，而狠毒于小臣也。鮑應鼇起廢謫籍，清貞端謹，薰蕕不同，宜遭焕忌，謂不當以祠部改銓，似矣，乃科推正閏自有往例，任意轉移，巧用猾手，何其苛求于賢者，而通融于所暱也。有科臣周永春、亓詩教爲之畫策，有司屬李養正、郭士望爲之布網，彼皆度皇上待大臣有禮、不輕呵譴，遂敢蔑明旨而弄威權，逐異議以固爵位。夫議論原有兩端，雷同誠非國福，在皇上尚容臣下盡言，以參酌是非之衡，在諸臣亦誰願因殿上之争而自傷和氣。趙焕不能擴大公以秉衡，涣小羣而事主，乃挑彼此之鬬，以收一網；借言路之歧，以營三窟。雖自恃羽

❶「萬曆四十二年」，據《明神宗實録》卷五一二萬曆四十一年九月壬申記事内之「周起元等各糾焕且欲以年例三臣仍入班行」等語，此疏非上於萬曆四十二年。

翼堪耐彈抨，恐公論久而澄清，豪傑代將輩出，雖有善畫三策者，無能爲煥効一籌矣。例轉何足爲三臣辱，特臺綱自此廢墜，權奸自此縱横，長此不已，將令言官俯首喪氣，盡折而入于權門，羞熙朝而譏青史。臣，臺臣也，豈能坐視臺綱決裂，默無一言，以希全禄位哉？伏乞皇上敕下三院、九卿、科道會議，如果趙煥植黨擅權，埽滅臺規，違旨報怨，即立賜三臣仍入班行，以褫奸謀，而肅憲紀。若臣所奏不實，即將臣與三臣同罷，以謝趙煥，臣雖抱膝丘園，有餘榮矣。

疏入，忤旨，坐停俸。

極陳時弊疏萬曆四十三年❶

熊明遇

臣竊惟春來天鼓兩震，流星晝隕，地震二十八，天火九，雨菽、女妖、兵端吐火，即春秋二百四十年間，未有稠于今日者。且山東大祲，黄河水稽天，太白經天，輔星湛没，熒惑襲月，金水衍行，或日光無芒，日月同暈，恒風枯旱。天譴愈深，而陛下所行皆誣天拂經之事，此誠禽息碎首，賈生痛哭之時也。敢以八憂、五漸、三無之説進。今内庫太實，外庫太虚，可憂一；餉臣乏餉，邊臣開邊，可憂二；套部圖王，插部覬賞，可憂三；黄河泛濫，運河膠淤，可憂四；齊苦荒天，楚苦索地，可憂五；鼎鉉不備，棟梁常撓，可憂六；羣譁盈衢，訛言載道，可憂七；吴民喜亂，冠履倒置，可憂八。八憂未已，五漸繼之。太阿之柄漸入中涓，魁壘之人漸

❶ 「萬曆四十三年」，據《明神宗實録》卷五四五萬曆四十四年五月辛卯記事，此疏上於萬曆四十四年。

如隕擇，制科之法漸成奸藪，武庫之器漸見銷亡，商旅之途漸至梗塞。五漸未已，三無繼之。匹夫可熒惑天子，小校可濫邀綵綸，是朝廷無紀綱；滇、黔之守令皆途窮，揚、粵之監司多規避，是遠方無吏治；讒構之口甚于戈戟，傾危之禍慘于蘇、張，是士大夫無人心。天下事可不寒心哉！

疏入，帝不納。

特請蠲賑疏萬曆四十五年　　王　紀

臣惟天災流行，何方蔑有，未有如畿南三四年來旱蝗疊見，至今日而益甚者也。追維四十三年大旱，僅亞山東，幸皇上發米十萬石以賑救之，凡今日孑遺之民，皆君恩之所留也。次年春夏又旱，二麥一顆一粒不收者，十之八九，秋禾稍稍暢茂，却被蝗蝻蠶食幾盡。小民望今年二麥之熟，不啻以日爲歲，誰料天不悔禍，災沴相尋未已乎！去年三春無雪，自春徂夏五月不雨，蘊隆蟲蟲，如惔如焚，河水少，溪澗斷流，真是赤地千里，比前酷烈更甚矣。臣方雲漢之是憂，而飛蝗突生，適與之會。整若行陣，疾若風雨，所過殘毁，不盡不休。誰其尸之？羽孽與旱魃争出肆虐，昊天上帝似乎有意以降喪亂者矣。頃六月十三纔得透雨，已後時矣，即今煢煢小民，餓者餓，逃者逃，二東奇禍，轉眼再見。此時此際，欲勸輸，而閭閻懸罄矣，欲議賑，而倉庫若洗矣。諺云「巧婦不能作無麪湯餅」，臣又安能神輸鬼運，以活此百萬涸鮒？計惟有哀號皇上速沛浩蕩之恩而已。一切恤災事宜，謹會同巡按直隸監察御史毛堪、劉廷元開列上請，伏乞敕下户部，再加查議，覆請臣等遵照施行。

一曰發帑金。邇來内帑之請，臣子諱言，亦淺之乎窺皇上矣。不嘗以中州大饑發三十萬、山東大饑發二十萬乎？況三輔根本重地，非二省比，嗷嗷待哺之民，不下百萬，何忍令其顛覆溝壑？竊謂欲急救民命，非十萬金不可。夫十萬，盈數也，合之似稍奢，分之則無幾，皇上自爲根本計，諒必不惜此阿堵矣。不然愁怨之民心一散，急難收拾，瓊林大盈，有不爲大盜積者乎？孰若善散之爲愈也。一曰發倉米。畿南饑饉薦臻，民不聊生久矣，頃復遭此奇災，家家懸釜待炊，斷非升斗之水所能活也。前歲皇上曾發米十萬石，一半賑濟，一半平糶，今歲之災更甚于前，臣亦不敢望之太奢，只如前歲發臨、德二倉十萬石，盡爲賑濟足矣。此一米也，以朝廷視之，直滄海涓滴耳，而散之民間，粒粒皆續命之金丹也，豈其有愛焉？一曰留監税。夫榷税算及雞豚，是手實之法也，臣甚爲國體惜，罷之是矣。惟是今年已征在官者，計一年不過四萬三百餘兩，半屬彙解内帑長物也。進之秖益朽蠹，留之足起溝瘠，輕重已自較然，況斂于民者，還散之民，寧獨全活飢莩，抑且立收美名矣，何惜此錙銖而戀不忍割也。臣竊謂留之便。一曰急蠲停。夫帶徵之法，從來已久，況當九邊呼庚之時，臣何敢輕議蠲停，然實非所論于畿南也。奇災之後，更有奇災，嗷嗷飢民，即本年京邊尚有鬻妻賣子難完者，若并責之九年帶徵，縱敲骨吸髓，必不能完，徒有驅之死且逃耳。至于死且逃，將并本年現徵亦悉化爲烏有矣，其曷利焉？合無將四十年以前帶徵盡爲蠲免，四十年以後帶徵暫爲停徵，俟明年大熟，仍照舊帶徵，庶國賦民命兩不相妨，計無便于此者。

疏入，帝從之。

熊廷弼

再請敕書關防疏 萬曆四十七年

臣伏處田間，耕食鑿飲，爲終焉之計，不圖東事破敗，皇上過聽羣臣之言，起臣大理兼御史職銜，馳赴遼東，宣慰軍民。比及在途，又蒙有「催熊廷弼星夜前來」之旨，其促臣之來，不爲不急矣。臣聞報之日，仰體憂懷，俯憫危狀，不顧妻子，不謀友朋，束裝五日而即就道，日行二百餘里，雖熱毒遍體，而不敢言病，其趨封疆之難亦不爲不急矣。但以人臣未有無憑而擅往地方之理，每朝廷小小差遣，且給敕書、勘合，以便行事，況軍國重情，不藉王言爲重，何以感動人心而激勵士氣，不藉關防示信，何以往來奏報而上下行移。所以必候領得而後可去。

前日具疏恭請，未蒙批發，迴與前月兩次嚴旨緩急不侔，一似以臣爲可有可無之官而不必設，宣慰爲可行可止之事而不必往者。臣竊謂此官可無，而此行宣慰斷斷乎未可中止也。何也？遼東軍民及調來薊、保、宣、大、甘、延、川、浙援遼官軍，皆皇上守遼禦敵良民赤子也，無罪無辜，而驅死于一年之内者十餘萬人。或全城死，全營死，全寨死，全村死，全家死；或家死其半，子死其父，弟死其兄，妻死其夫。山骸川血，鬼哭人號，而皇上忍不爲死者惻惻心動乎？方軍散之日，遼瀋數城放聲大哭，惟各抱頭攜手，收拾包裹，待敵至而去耳。幸敵未至，而魂魄雖收，頭顱猶寄，朝人暮鬼，誰卜所終？人有百死而無一生，日有千愁而無一樂，家家抱怨，在在思逃，而皇上忍不爲生者惻惻心動乎？皇上此時即不下罪己之詔，悔制馭之失策，痛自刻責，以上回天心，下挽人意，而亟付尺幅之紙，畀臣宣諭，弔死問傷，拊循慰恤，以見皇上之念遼救遼，而不肯忘遼棄遼也。則全遼之父老子弟與援遼之官兵人等，誰不感激泣下，拭淚而相告曰：吾君哀吾儕之死有如此，吾君憐吾儕之死有如此，吾君之念遼不忘遼、救遼而不棄遼也有如此。又誰不忠義感慨，捐糜圖報，願出身以投伍，出貲以佐軍，出死力以禦敵？而顧乃悠悠忽忽，漠不關意一至此，臣恐遼人之灰心解體，而潰不可收于一旦也。皇上何吝此半通之綸、方寸之符，不早屬臣，而慰此一方之人耶？

且前者兩旨催促之急，臣晝夜馳赴之急，中外見之誰不誦皇上任人之專，壯微臣赴義之勇，乃徒以領敕之故，稽留于此，不得前行。萬一不相諒者或謂臣畏往遼，有規避之私，或謂臣候新推，有觀望之意，而臣不將與全軀保妻子之臣、沾沾于一官者同類而一視耶？是行也，君恩爲重，臣命爲輕，灑一腔之血于朝廷，付七尺之軀于邊塞，惟願皇上早賜頒給，勒限出關，刻期報命，遄往遄來，俾遼人感泣，咸知德意遠過河東之詔，而臣願畢矣，臣責畢矣。臣無任瞻天仰聖激切候命之至。

疏入，留中。

陳河東諸城情形疏 萬曆四十七年

熊廷弼

臣惟遼左爲京師肩背，欲保京師，而遼鎮必不可棄。河東爲遼鎮腹心，欲保遼鎮，而河東必不可棄。開原爲河東根柢，欲保河東，而開原必不可棄。今開原破矣，青陽棄矣，慶雲搶矣，鎮西圍矣，中固、鐵嶺、懿路、蒲河數城婦女老幼空城而逃矣。自鴨綠江東南起，至西北一帶城堡，除撫順、清河失陷已報外，如永甸、新甸、靉陽、孤山、鹻場、一堵牆、洒馬吉、東州、會安、白家衝、三岔、撫安、威遠、鎮北等處城堡數十座已棄去，❶而邊内之村寨已搶燬無遺矣。獨遼陽、瀋陽爲河東孤注，而昨據經臣揭報，瀋陽之民又逃，軍亦逃矣，而遼瀋何可守也。敵未破開原時，北關相倚，猶有後背之憂；朝鮮未敗，猶有左腋之患。今開原破，而北關不敢不順；使幣往來，而朝鮮不敢不從。既無背腋之虞，又合東西之勢，以此交攻，而遼瀋何可守也。雖有敗殘新集士卒四五萬人，皆有名無實，而此番開原損折，又奚啻萬計。且又無甲馬器械，而所調各鎮兵馬又多不來，間有到者，亦聞戰驚散，而遼瀋又何可守也。然而不守遼瀋，必不能保遼鎮，以保京師；不復開原，必不能保遼瀋，以保遼鎮。然則今日之開原，皇上以爲當棄乎，當復乎？皇上試問羣臣，當棄乎，當復乎？棄之而成敵國東西之交，絶北關觀望之路，是棄遼以棄京師也，三尺之童皆知其不可。而欲起而收復之，雖精兵良將、甲馬器械、錢糧芻粟等項一時齊備，足以副臣之用，臣猶恐敗氣難復，覆水難收，敵鋭難當，敵交難斷。四顧躊躇，無一措手之處，而況乎事事俱無，臣又如之何哉。臣昨隨諸臣會議于中府，議及恢復，皆決然以爲當復。及議兵，而皆謂兵無；議餉，而皆謂餉無；議處兵、處餉，或調或募，或近或遠，或借或括，而又皆或默或争，迄無成議。即如議增新兵七萬，先調一萬隨臣入遼，姑壯聲勢，以定人心，又且議徵此而恐此阻難，議調彼而恐彼空匱，左牽右掣，尚望其他？是其所謂當復者，不過爲國家慷慨粉飾之詞，而心口私語，必謂兵餉難辦，且守遼瀋；遼瀋有失，且守河西；河西有失，且守山海關；山海有失，再作區處云爾。是

---

❶「永甸」、「新甸」，及此疏下文之「寬甸」，其「甸」字，明代俱作「奠」。

豈真能同心共濟，亟圖收復，以保遼鎮，保京師，而保宗社者哉。

且今日之禍，皆前日明白所已言，後來之禍，自今日理勢所必至。臣請再爲皇上明言之。夫前日敵勢，東有朝鮮，北有北關，西南有遼、開，僅東北一條走路。四圍逼束，無充拓之兵；山地出産，無寬餘之糧。使于清、撫失事以後，兵餉湊集之時，中外當事者不急戰、不催戰，議復清河、撫順，守寬甸，再建城設將于柴河、靖安間，悉宿重兵，互相掎角，以漸逼而轉格之，猶可幸也。自大軍三路敗没，而敵兵始出入無常，自我兵坐守四城而敗，始交合西部，徑取開原。是前日不復清、撫以失開原之覆車，即後來不復開原，以棄遼鎮，而危京師之榜樣也。今開原一帶盡失，而外交合矣；朝鮮、北關皆陰順之，而内患除矣。彼亦何所牽掣，何所顧忌，愛我瀋陽而不攻我？夫開原，古之黄龍府，而元之所謂上都也。城大而民衆，物力頗饒，搬運金錢、財貨數日未盡，何止數百萬。向無充拓之兵，而今且合兵于西；向無寬餘之糧，而今且因糧于我。但分我開原餘財十數萬以與鄰近各部落，使之東攻遼瀋，西攻廣寧，各部營所得春夏兩賞于我者幾何，又何愛于我而不從彼以攻我。試觀前此塘報，敵攻開原，而西部五營即率三千騎搶慶雲，又率五萬騎至廣寧索賞，是西部明明已皆爲所用矣，而遼瀋可保乎？遼鎮可保乎？不惟遼鎮難保也，如彼全有遼鎮，所獲金錢、財貨何止數千萬。但分數十萬金與諸部，令入攻昌、薊，薄京城；又分數十萬金與諸部，令入攻宣、大，趨兩關以牽綴我，使不敢出京城一步，然後長驅入山海關，或由海道取天津及登、萊一帶，此皆國家必受之患，理勢必至之事。而臣十年前不幸而屢中之言也。

且十年之前，禍機隱微，臣已策之而無遺，豈今日之後事勢明白，臣又料之而不驗？皇上動疑臣下之言爲欺爲誑，試檢臣疏牘，一一覆覈，有一字涉欺誑者耶？即中外諸臣凡有章疏，皇上一切疑爲欺誑，置之弗聽，徒視敵緩以爲緩，敵急以爲急，而今日併敵急亦不以爲急也，諸臣惟各感慨欷歔，以氣運付天，以天下事付皇上自理，而相率苟且支吾，爲悠悠待盡之計而已。往昔皇上與中外諸臣交誤以致今日，亦已極矣，今日若能早爲收拾，則河東尚存其半，河西尚處其全，山海尚未逼，而薊、昌尚無恙，猶幸一隙之暇，可圖恢復之舉。使皇上以京師視遼，立從臣下之請，而無有中隔；使户、兵二部以京師視遼，共商兵餉，彼此通融，而毋以例争；使兩京各錢糧衙門，以及邊腹撫、按諸臣，皆以京師視遼，凡遇徵調、那借、搜括、催解等項，一一真心委曲，多方措處，而毋以套應，則兵餉諸事尚可立致，天下事何遽不可爲。而顧猶悠悠忽忽，漫無所致緩急于其間，豈真待遼鎮盡失，西攻昌、薊，東入山海、天津一帶，而後皇上始聽臣下之言，中外諸臣始肯破例，破套爲同心之應，而天下之事去矣。當斯時也，臣之肉固不足食，而中外諸臣之誤皇上，與皇上之自誤，亦何以妥陵廟、安宗社、謝天下，而各保其身家也乎！

臣久廢田間，苟活性命，本無仕進之志，忽蒙皇上起臣大理宣慰，臣念國家事重，不得不星馳而來，不意諸臣竟用部院職銜授臣經略，處臣以非分之榮，加臣以絶筋之任，臣實不堪，比欲具辭，而相知諸臣皆以大義責臣中止。臣往矣，臣已移書，訣絶妻兒，寄謝親友，拚此七尺之軀，爲皇上戮力封疆，置利害死生于度外矣。惟是兵餉有無、遲速，實係遼鎮存亡、京師安危之急務，乞皇上省覽臣疏，亟敕廷臣，會議開原地方應否恢復，如不當棄，便須急爲處辦兵馬器械、錢糧芻豆等項，勒限齊備，毋缺少以窘臣用，毋遷延以緩臣期，毋中格以阻臣氣，毋旁議以掣臣肘，毋交擔于臣不相照管，而獨遺臣以難，以致誤臣、誤遼、誤國，而併誤諸臣之身家，則宗社幸甚，諸臣幸甚，臣愚亦幸甚。

疏入，得旨：「恢復開原，乃禦敵安邊急務，應用兵馬器械、錢糧芻豆等項，著各該衙門火速處辦，刻期齊備，毋得藉口缺乏。將帥以下不用命者，先斬後奏。著星夜前去，用心經理，以副朝廷委任至意。該部知道。」

陳戰守大略疏萬曆四十七年

熊廷弼

臣惟今日禦敵之説有三：一曰恢復，一曰進戰，一曰固守。當開原初陷時，鐵嶺、北關尚在，懿路、蒲河未逃，法當亟復開原，全我形勢。今破者破，空者空，徒分數萬人馬守各空城，無一人民居住，何益？似不如合兵併力，以戰爲先著。何也？戰固無俟于復也，顧以此時漫談進戰之事，何敢草草，似又不如分布險要，以守爲穩著。何也？守正所以爲戰也，然而守何容易。八九月間，敵統全衆駐新寨，日壓撫順關而窺我遼瀋，我猶守在一面。今冰堅可渡，或南出夾河，搶清、靉村屯，以窺海、蓋，或順鴨緑江而上，奪鎮江以窺金、復，不然則渡江而東，以窺朝鮮。而敵出愈寬，我守愈遠，兵分力寡，守何容易也。頃臣親至各邊隘口，相度地形，算敵之出路，即可爲我之入路者有四：在東南路爲靉陽，南路爲清河，西路爲撫順，北路爲柴河、三岔兒間，俱當設置重兵，爲今日防守、他日進戰之備。而鎮江南障四衛，東顧朝鮮，亦其不可少者。此分布險要之大略也。

每路設兵三萬人，裨將十五六員，主帥一員，布爲前後左右中各營，如遇敵對壘，則前鋒先出，中軍繼之，左右助之，後軍殿之。使各路自爲一分合奇正，以爲一面。如敵與一路相持，在西路則南路、北路各出奇兵，東南路悉力以佐之。在南路則東南路、西路各出奇兵，北路悉力以邀之。其在鎮江，當設兵二萬人，裨將七八員，副總兵一員，半屯義州，半屯鎮江，夾鴨緑而守。如敵向朝鮮，則鎮江與朝鮮合力拒堵，而四路則分道以綴之。敵與四路相持，則鎮江、朝鮮合兵而西以應之，使各路總爲一分合奇正，以成全局。此各路聯絡之大略也。清河、撫順、三岔兒三路，山多漫坡，可騎步並進，當用西北兵，以西北大將統之；寬、靉林箐險阻，可專用步，當用川土兵，以西南大將統之；鎮江，水路之衝，當兼用南北兵，以南北將兼領之。此酌用南北兵將之大略也。各路領兵到邊，畫地而守，無警就彼操練，小警自爲堵禦，大敵互相應援。時各挑其尤精悍者爲遊徼，以一路率所部直入敵境，而分其三之一設三覆以待，且戰且卻，遇覆則又戰，然後從容進邊。而東路未已，西路復然，北路未已，南路又然，更番迭擾，然後相機進戰。或四路並進，或三路牽綴，而陰併一路。此多方以圖進取之大略也。

兵行一次，必立一營貯放糧草，兼作退步。各路兵雖三萬，如深入百數十里，必須留營數所，撥兵防守，而前路迎敵兵馬，必漸單薄，所定前數斷難減少。且兵馬既隨各帥往邊，遼城空虛，應再設兵二萬，平時駐劄遼陽，以壯中堅，有事策應四路，以作外援。又于海州、三岔河設兵一萬，聯絡東西，以備後勁；金、復設兵一萬，防護海運，以杜南侵。此征行居守之大略也。今者敵勢強盛，已併有兩關及海東諸國，又令降將李永芳等收集三路開、鐵降兵萬人，計兵已近十萬。今議用兵十八萬、馬九萬匹，而現在主客殘兵、續到援兵，及召募新兵，雖近八萬，尚在沙汰，難作實數。其餘惟有召募、徵調二法。遼人以遼守遼之説，自李如楨、李登等建議，屢試不效，勢不得不取諸徵調，臣請以此責成兵部。每兵一名歲計餉銀一十八兩，兵十八萬，該餉三百二十四萬兩，内每軍月給本色五斗，該糧一百八萬石；又每馬日給豆三升，九萬匹該豆九十七萬二千石；草重十五斤者，日給一束，歲除四個月青草不計外，計八個月該二千一百六十萬束，小束倍之。通共歲計船費幾何，車牛人工各費幾何，此皆一毫裁削不得者，臣請以此責成户部。往者清、撫、開、鐵、懿路、蒲河俱無恙，則河東以遼陽爲家業，廣寧爲轉輸，今遼陽爲衝邊矣，又當以廣寧爲家業，山海關爲轉輸。凡兵馬糧餉、器械馬牛一應軍中必不可少之物，勢自不能不仰資協同幹辦，臣請以此責成督、撫。近日調取將材，各省鎮紛紛執留。及發來，兵不成兵，馬不成馬，每詰問來將，皆云院道不容挑選，甚有授意邊堡，故將瘦弱塞責者。除已到者容臣挑選發回换補外，其以後調將徵兵，臣請以此責成各省、鎮。此又中外同心共濟之大略也。

度我兵五而當敵兵一，即他日人經訓練，器經整頓，猶須三而當一。今敵已有衆近十萬，即我兵十有八萬，尚費支吾，誠度海内物力，不得不減省籌畫若此。兵法曰：「客倍而主人半，然後敵。」若舉兵進戰，敵主我客，于法尤應加倍。閲臣姚宗文疏，欲兵部于臣所議外，量增二三萬人以爲訓練策應之用，户部照兵處餉之外，多備三分之一。此尤多多益善，有備無患之長策也。伏惟聖明裁斷。

疏入，得旨：「這所奏審度形勢，及分布戰守方略，頗合機宜。所用兵馬、糧餉，著該部多方措處，毋致缺乏。督、撫職任封疆，務同心協力，以圖共濟；鎮、道將領等官，都要實心任事，料理兵食戰守之計，毋得因循推避，有誤軍機。各省、鎮應調兵將，著作速遣發，仍挑選精鋭，不許以瘦弱搪塞。熊廷弼著益用心經理，副朕倚任之意。」

請勒限發兵疏萬曆四十八年

熊廷弼

臣前疏言：部調紙上有兵，過關無兵，以虚數誑皇上者，實查得自三月失事以來，援兵到遼陽者，止有此數，止足抵開、鐵失亡及召募新兵逃兵之虚數。及見樞臣黄嘉善辯疏開列遼東現在、新募、出關三項，自謂十萬之數，僅少二千。又是紙上之虚數，而臣第出一揭以駁之，不敢復瀆聖聽。惟是事到于今，冬寒已過，春暖已來，時候已逼，事勢已蹙，有不得不爲皇上之封疆、生靈，求救于樞臣，而望其受臣之言，以實數相應者。

當去年八九月間，開、鐵連陷，北關繼亡，遼陽已危在旦夕，顧臣時初到，猶得張大虚聲，多方揺惑，以冀敵疑不輕出。今日久情見，凡我兵之逃亡、馬匹之倒死、糧草之缺乏、出關援兵之有無、西來市馬之瘦損、某營某處之孱弱、某城某方之低塌，一一皆被間諜報知。又敵兩入開、鐵，收割運糧誘賺，我兵竟不敢出，益窺我無能爲。而前用之法窮矣。據諜報口辭，及朝鮮逃回兩將所言，皆云敵于二三月間合兵進攻，歷歷有憑，而遼陽危不可言矣。遼陽各兵，除河西兵馬盡數發與總兵李光榮防禦西部外，其年來召募遼兵雖數近三萬，竟不可以兵名；真、保、宣、薊及南浙兵之殘者，亦不可以兵名；川兵、毛兵僅能穿山透林，非平原衝戰之用。惟總兵柴國柱、賀世賢、李懷信各領馬步設防要害，而國柱、懷信管下，皆陸續烏合之援兵，世賢管下多召回逃陣之殘卒，俱見敵立足不住。世賢嘗私禀臣云：「我部下各兵説動東敵，便面黄無人色每張開頭敵向前，而後隊便退走，如中固、懿路兩番光景，實是心寒。惟賴手下數百親丁，勉强支抵，如何能當大敵？其他總兵，併親丁亦不可得。雖在虎皮驛、三塊石地方設防，皆明知寡弱抵敵不住，但畏軍令，不敢言，不如且回遼陽，依城據守爲穩。」臣于諸總兵中，更恃世賢，今其言若此，使臣心膽俱碎。顧又恐無故撤回，益示弱以速敵至，且徑棄瀋、蒲而不顧，遼陽益失掎角。而無兵護耕種，百數十里田土皆抛棄，糧草益無所出，猶力持之不聽。乃各道屢以爲言，即閱臣姚宗文亦勸臣聽許回城，第以一總兵時常更番往彼防守，蓋亦深知遼城現兵必不能乘城固守，三帥各兵必不能拒險當敵，而爲此根本之慮者也。臣不得已，聽其更番回城操練如前議，而頓違臣初心初計矣。去秋併瀋歸遼，本望多發援兵，今春得再守瀋，故置三總兵于適中處，爲南顧北窺之計，而今已矣，敵如攻瀋、蒲，我必不能救也。本望撥兵守清河、寬、靉，防敵南來，而今已矣，敵如搶村屯，窺南衛，我必不能救也。本望撥兵守鎮江，爲朝鮮聲援，而今又已矣，敵如攻鎮江，攻朝鮮，我必不能救也。何也？三總兵現于虎皮驛一帶列三大營以待敵，尚懼不能抵敵，意欲回城，況遠而奔救瀋、蒲，再遠而奔救清、靉，再遠而奔救鎮江、朝鮮，此臣斷斷乎有以知其不能也。凡此皆兵部紙上調兵之過也。樞臣不應受虚誑之名，而臣亦不應受失誤之罪，勿謂臣不先言也。

爲今之計，不亟徵多兵遣援，則遼必不守；不責成各省、鎮，則必不肯遣援；不先責成兵部，則該部寧誤封疆，必不肯失省、鎮情面，而援兵終無到時。臣嘗見兵部調兵，不論其鎮之兵多兵少，某家之有兵無兵，某廢將之或存或亡，一概填書入疏：某家土兵一千，某將家丁幾百，某處調兵幾千，某處合兵幾萬。皇上閲之，豈不强盛可觀，而不知此紙上之兵也。今宜確查某鎮某家有兵若干，某將現存家丁若干，某將贖罪能納馬若干，又能募家丁若干，然後從而調之，不得少一人一騎，以誤軍機，則省、鎮不得推辭，而各將亦無所容其展脱。此其當責成者一。每咨調各邊兵馬之文，動稱一面發遣，一面即給錢糧。補軍、補馬、補造器械，而一毫不爲解補，以致各省鎮畏其欺誑，不肯調遣，此又紙上之兵也。今後調兵，當一面發銀，一面調兵，使各省、鎮得隨發隨補，不致空虚各汛地，以滋他虞。如兵部無此錢糧，當力與户部各衙門争討，以應急用。此其當責成者二。每見各省、鎮留兵留將，或報其家無兵，某將物故，兵部即置之高閣，而竟不肯執覆，以責其必發。又如調各土兵，纔被人駁，即拱手而謝曰「聽地方官斟酌」，只「斟酌」二字，即將調發斷除殆盡，此又紙上之兵也。今後或有吝留不遣，及逗遛不行者，疏到即覆以如數必發爲主。此其當責成者三。又嘗見部請欽限日，某鎮道里若干，應限若干日出關；某省道里若干，應限若干日出關。然此限雖定，而兵部已先忘之矣，何況各省、鎮，何曾見處一承調不如期者。此又紙上之兵也。今後定限日期，必不可遲誤一刻一時，以長兵將玩驁難御之漸。此其當責成者四。今土、狼、毛、浙各步兵，僅可用于寬、靉、清河山險之地，而緊對山寨。如撫順、三岔兒一帶平坡漫嶺，非西北各邊兵必不可。若見土、毛各兵易調，則任意調之，而西北邊兵顧皆爲督、撫所阻而不敢多調，此又紙上之兵也。今除調土、狼、毛、浙兵五六萬，但足山險之用外，餘當悉調西北邊兵之勁者，以便衝突。此其當責成者五。

伏乞皇上嚴諭兵部，通將前調未到者、近今增調者，明白開列，務足臣議十八萬之數，而一一酌量遠近，定之以欽限。仍乞天語諄諭樞臣曰：「前者三路失事之後，假有援兵接濟出關，張揚聲勢，或冀敵不再出攻開、鐵。乃坐視邊臣呼號，漠然不應，既已被敵窺破，連陷重城，姑令待罪視事。若此番調遣，仍不如數，不依限，致有失陷，兩罪並發，定有祖宗朝處治本兵之法在。」此臣之所謂當攷成兵部者也。兵部既查有某鎮某家某將兵馬應調確數矣，又爲處給錢糧，補募軍馬，及各丁安家矣，如此而猶吝執不遣，逗遛不前者，此各省、鎮之罪也。如甘、固援遼總兵以下在遼者甚多，誰不對臣言祁、魯二家有兵可調，而該鎮乃疏稱其無兵，不肯發遣。如此之類，誰念神京危逼，誰念皇上顧憂，誰念宫寢、宗廟震驚不寧。併乞天語諄諭諸臣曰：「此非救遼之師，乃勤王之師也，若遼東不守，禍逼京師，他日煩費諸臣者，更苦更難。倘有調發派數不依欽限，因而失誤者，定有祖宗朝處治督、撫之法在。」此臣之所謂當攷成各省鎮者也。兵部如數以調矣，各省、鎮又如數以發矣，而軍不精鋭，馬不壯大，器甲不堅利，兵部但滿調數而可用與否不問也，各省鎮但滿發數而可用與否不問也，此猶紙上之兵也。冒虚名而受實禍，年來遼東受累，海内受累，全在于此。若不于山海關上逐一點驗出關，何所稽攷，何所責成？伏乞皇上特遣科臣之有風力而實心任事、不避嫌怨者一員，駐劄關上，隨到隨驗。凡不如數者參，不依期者參，兵馬孱弱、器甲朽鈍者參。仍即發回，立限换補。如有容縱出關，而臣復點驗不堪者，臣即執筆而議科臣之後。此臣之所謂當亟遣科臣到關查核者也。

今時急矣，雖核徵調之實，嚴攷成之法，若必待攷成各省鎮然後來援，而遼已去矣。頃聞薊西部落已經受款，自應移緩就急，依近調援。查得寧夏、固原、甘肅、延綏等處游擊，各領兵馬一千七八百名，現在薊鎮駐防，應急調出關救援。至于各省、鎮兵之調在通州、昌平、天津者，聞已近二萬許人，臣不知是何方兵士，盡否堪戰，亦當查其悍猛中用者如越効忠、許定國、丁吕試等所領各兵之類，速發至遼應用。又有原係援遼兵數，而近爲兵部曲徇天寒之請，留派内地過冬者，一併發遣，亟催出關。以上各項，通限二月初十盡到遼陽，違者以承調失期論。蓋保遼陽無事，薊鎮與京師自可安枕無憂，無煩過慮，無事張皇，正不必堅持神京爲重之説，坐失遼陽，而先自喪其所爲重也。此又今日之第一救急著也。伏惟皇上亟賜裁斷施行。

疏入，得旨：「援兵屢奉明旨，通未著實遵行，倘致失誤，該部與省、鎮各官豈能辭責。今情形益迫，救援難緩，所請兵馬，著如數調發，勒限赴遼。再有遲誤，著以考成之法，聽該科不時查參，同罪不貸。應遣科臣，便作速議覆。」

請處分以重封疆疏 萬曆四十八年

熊廷弼

臣前以部調紙上有兵，出關無兵，責成兵部。部臣黄嘉善揭辯，謂臣介介于部中争禮之故，而拾疏語以相加。此淺之乎視臣者，可置勿論，但謂免進數言，欲臣收拾人心，聯屬將士，臣乃因是以娓娓相譏，而自認爲知罪。是謂以「收拾人心，聯屬將士」兩語獲罪于臣也，是必勸臣以勿收拾、勿聯屬，而後可無罪也。臣即粗戾，何遽不曉人意一至此。頃臣閲報，見科臣官應震疏言：部臣明是謂臣欠此「收拾」云云八字，一味嚴核，足以召怨致亂，將來遼亡，非兵力不足之故，嘉善得推諉謝過。是否洞中其微，部臣當自知之。

而惟是臣于今日行事，實過嚴，實有不能自諱者。蓋遼東向來文驕恣而武貪懦，下懶傲而上縱徇，全被一「寬」字所壞。一事不作，而冀人悦己安静；一法不行，而冀人感己仁慈；一人不處，而冀人誦己寬大。本市德避怨，而藉口收拾；皆庇貪容懦，而托詞聯屬。大家相嚅相沫，只圖作人情，了套數，誰肯認真上緊爲地方幹事。而苟有一認真上緊者出，又從而忌之詆之，運肘足以排之，布蜚語以敗之，以致今日事事壞、處處壞，將一完全遼東，失陷一半。而今尚可不認真、不上緊，悠忽遷延，再將此一半失陷，以爲皇上、宗社憂乎？

缺兵將甚急，催兵部徵調，而漫不著意；乏糧餉甚急，催户部處辦，而漫不著意；兵弱馬羸甚急，催各省、鎮揀發精壯，而漫不著意。猶謂地遠情疏，不管他人死活，至地方官火已燎眉，刀已在頸，宜何如其急急者。乃敵方收糧運窖，而我却悠悠于轉輸；敵方開局治械，而我却悠悠于打造；敵方窑壕樹栅，而我却悠悠于守具；敵方秣馬礪刀，而我却悠悠于餧養操練。事事讓敵，人人畏敵，顧日日兀坐以待敵。每一事，公移私劄，千言萬語，且任飄風過耳，而臣催安得不急，詞語安得不厲？此其嚴，嚴在急公。有募兵倚部、道之庇，而違將官約束者，有採草斫木而抗令擅回者，有拐馬成羣脱逃者，有棍弁強徒濁亂營伍者，有衙蠹索錢、沈壓合營馬匹至兩月不與草料者，以至剥軍倒馬、玩法誤事之類，臣知之安得不問，處之安得不重？此其嚴，嚴在執法。即地方官弗諒臣爲急公，而嗔其太逼，弗諒臣爲執法，而怨其無情，因而觖望，動咸牴牾者，而臣不顧也。即因而别立議論，如斬將而謂某可惜，誅逃而謂兵非逃，引水而謂滰遼城，堆冰而謂軍滰死之類，以阻惑衆心，而臣不顧也。即因而對面弗言而私稟各院，地方弗言而布散長安以必伸己説，彰臣謬，而臣亦弗顧也。何也？恃有皇上獨知于其上，閣部諸臣協助于其下也。乃部臣亦爲此説以佐之，而臣復何恃哉？

自去冬以來，相知寄書，無不以開霽威嚴、虚納道將爲言，臣駭詢其故，始知有謂臣于各道講禮，叱使簷下站立者；謂臣性氣不好，不容人説話者。而不知其爲以告者過也。按部院儀注，部臣補服見于簷上，道、鎮素服見于簷下。一路皆然，獨分守道簷上相見，臣恐禮自臣壞，待茶時從容語之，見其辭色俱厲，遂止。及該道行後，各道、鎮不安，仍請改正如儀注。其情節原是如此，而傳聞如彼，何怪部臣引「部中争禮」之説互相印證。若謂臣性氣不容人説，不審是與臣細心商量戰何以勝，守何以固，兵馬何以練，器械何以修，糧草何以運，車牛何以辦，而臣拒不容耶？抑亦一事不作，但以強詞支抵，而不容其説也。今臣于部、道、鎮、將固懽然相得也，操急縱舍，顛倒互用，而實非專主于嚴也。今坐定一「嚴」字，以生現在者之心，而且使四方調補者，皆疑畏不敢進，臣即欲盡變其急公執法之念，以收拾而聯屬之，亦何可得。去秋遼陽朝不保夕，臣爲皇上竭力死守，今已半年無事，臣雖不敢言勞，然亦未嘗有罪。今臣急公，而人以私抗；臣執法，而人以情撓；臣言敵難支，而人云無妨；臣言兵要多，而人云將彀；臣言兵將尚難用，而人云兵精將勇。總謂臣不能寬容而善用之，使惡嚴樂寬者皆喜其説，而叢怨于臣之一身。不但他日敵來，臣之法令決不能行于諸將，而中間借事摇動，暗相鼓煽，且更有不忍言者。臣本不敢言斥，而人情事勢相迫而來，不得不趁今日一控訴于皇上，以求罷斥，别選賢能，早來收拾聯屬，毋徒以臣實部臣之言，而重殘遼之後禍。

臣素善飯，自去秋帶病出關，猶日食數盌，馬上挽強，左右顧射。今纔數月耳，食已減半，手至不能舉弓，心神怔忡，眼目昏眩，鬚眉頓白，肌肉全消。誠不料一強壯之身，一旦銷減至于此，醫官董一中謂臣過憂、過勞、過惱、過鬱。臣性命不足惜，實恐誤皇上封疆事。初五日部、道、鎮皆勸臣善攝，臣撫膺自傷，不覺對之泣數行下。嗟乎！此病此苦，誰有憐臣、諒臣者？惟天地祖宗與皇上鑒此心耳。臣無任哭懇天恩急迫待命之至。

疏入，得旨：「遼事敗壞，皆地方官玩愒所致，熊廷弼一意振刷，恢復封疆，朕深切倚賴。今情形甚急，豈經略釋肩之時，自棄前功，著益殫忠任事，與諸臣協心共濟，毋爲人言所阻。該部知道。」

請救臺臣查勘遼事疏 泰昌元年

熊廷弼

臣謹奏：伏惟神宗皇帝以半殘已壞、旦夕待亡之遼，交付臣手，保全至今，天地祖宗在上，文武軍民在下，臣似有勞，不知其罪。頃臺臣張修德論臣，罪應貶竄遐方。此時天理，不在人心，有罪無罪，一任横詆。但謂臣以破壞之遼遺他人，他人從何處下手？又謂付託得人，亦須收得一半，倘再不得人，亦付之無可奈何。何修德豫伏一破壞之案，以俟日後成則惟他人功，敗則惟臣罪，而計之過早也。去年開、鐵連陷，大小各衙門相向而哭，莫卜所往，而今且依然冠履、雍容公私燕語也。皇上試問修德，遼破壞否？懿路、蒲河空城而逃無論已，遼陽人北城奔南城，南城奔各門，或顛倒衣裳，或棄置妻子，以先脱去爲幸。而今且去者歸，散者聚，嬉嬉然室家相樂也；商賈逃難回籍者，今且捆載麕至，塞巷填衢，不減五都之市矣。皇上試問修德，遼破壞否？遼城非常破碎，士民知不可守，而謀欲先去，敵亦知不可守，而謀欲速來，今且内外鞏固，壯哉一金城湯池也。即瀋陽奉集堡，向爲人跡所不到，而今亦以修守之固，官吏商民晝夜通行如腹裏也。皇上試問修德，遼破壞否？去年無車、無牛、無夫運糧，自臣與各道處辦，本地牛至三萬餘隻，車一萬餘輛，晝夜趲運，而軍中始漸有糧草。三路失事之後，軍無片甲，手無寸鐵，庫局甲仗多不可用，復調宣、大各鎮匠役晝夜改造，又增造大礮數千位，槍礮一二萬計，而軍中始漸有器械。採桑削幹，買角易筋，調延、大各鎮弓箭匠晝夜製造，而軍中始漸有弓矢。又調各鎮木匠旋造雙輪戰車五千餘輛，每車安礮二位或三位，以至火箭、火輪、火人、火罐之類，無所不備，而軍中始漸有攻守具也。皇上試問修德，遼破壞否？自斬貪懦三將而將知畏，斬逃、叛卒數十人而兵知戢，不時捆責不餧馬、不操軍者而營伍知收拾。寒衣有賞，馬棚有賞，久戍有賞，時節有賞，而軍士知鼓舞；犒以牛酒，勞以燒割，給以紗羅，獎以花幣，而將帥知感激。亦無不人人盡心整頓，圖一結局，以歸鄉里也。皇上試問修德，遼破壞否？

去年破壞纔是破壞，臣從無可下手處下手收拾，以至今日規模粗定，自足爲他人下手張本，何須爲人代愁，而至于痛哭流涕。謂臣歸而出其橐中金也，金從何入？謂臣内恃奥援也，而臣生平孤行一意。謂臣聞敵來而肝膽墮地也，而冒險往撫順，巡寬、靉，擐甲衝敵，圍援瀋陽者，獨何人斯！修德有耳目，有心肝，終當自曉，不待臣言。惟是臣以積勞積鬱，自五月二十一日發病，衄血吐血，大泄大痢，虛危沈篤，七月初始連疏請告，非因人言也。即從瀋歸，病發再告，而時亦未聞人言也。遼陽莫危于去秋八九月、今年四五月，凶辰險日，臣已撑過，此後局勢已定。無奈内有二豎，入臣膏肓，外有諸臣唾臣顔面，扼臣喉吭，掣臣手足，百般弄臣。死不得死，生不得生，雖欲不負先帝厚恩而去，亦何可得？修德不欲臣養病去，而欲臣貶竄去，則貶竄之耳，何必矢口詈人，遽傷雅道。頃臣遺姚宗文書曰：「朝廷以一塊殘破疆土付弼，而爲之保全以無虧；弼以一副完全身子報朝廷，而爲之消亡其大半。遼已之亡而致存，弼且之生而致死。天地鬼神實共憐鑒，即爲衆口所銷鑠，而一段勞苦公案，有遼山遼水在。」此實録也。無端結黨傾陷，抹殺臣勞，欲臣蒙罪而去，輔臣票擬，定爲衆口所挾。惟乞皇上電斷，將臣罷斥，即敕臺臣張修德、馮三元，立限往遼查勘遼事有無破壞，使天下人曉然知臣罪之所在，而不爲他人代受其過病，臣幸甚。

疏入，得旨：「熊廷弼先以病告，隨以會議著回籍聽勘。其所奏事情，候勘自明，不必再辯。該部知道。」

御選明臣奏議卷三十六

金吾遠逮廢弁疏天啓元年

畢自嚴

臣竊照從來欽拏官犯，俱須奉有明旨，賫有駕帖，而後從事。所到地方，恭設香案，羅拜宣讀，所以祗畏君命而對揚天威也。原任山西北樓口副將今廢閒陳天爵所犯罪狀，臣誠不知其何如，惟是緹騎逮人于數百里之外，既無明旨，又無駕帖，止憑金吾一紙之批，真僞莫辨。臣竊訝之，若其非真，則錦衣爲天子之禁衛，何容擅有勾攝；若其果真，揆之累朝之令甲、刑章之舊例，將無稍稍刺謬矣乎？竊念人主一舉一動，一賞一罰，必期可垂青史，爲萬世法，誠不可不慎者也。現今天津道劉策已將陳天爵羈候惟謹，然臣待罪巡撫，叨有地方之責，未奉明旨、駕帖，遽難輕發官犯。即差官劉僑，亦似有逡巡不便拘執者。伏祈皇上鑒別真僞，特頒明旨，以便遵奉解京究問，庶雷霆有赫，而日月光昭矣。

疏入，得旨：「知道了。」

請移宮疏天啓元年❶

左光斗

臣謹奏：竊惟内廷之有乾清宫，猶外廷之有皇極殿也。祖宗以來，惟皇上御天居之，惟皇后配天得共居之。其餘妃嬪，雖以次進御，遇有大故，即當移置别殿，非但避嫌，亦以尊制，歷代相傳，未之或改。今選侍李氏既非殿下嫡母，又非殿下生母，儼然居正宫，而殿下乃居慈慶，不得守几筵、行大禮，典制乖舛，名分倒置，臣竊惑之。且聞李氏侍先皇無脱簪雞鳴之德，侍殿下又無撫摩育養之恩，此其人豈可託以聖躬者。且殿下春秋十六齡，長矣，内輔以忠實老成，外輔以公孤卿貳，何慮乏人，尚須乳哺而襁負之哉。又況睿智方開，正宜不見可欲，而何必託于婦人女子之手爲乎？故在先皇祖時屢請名封而不許，即先皇貴妃之請，亦在彌留之際，其意可知。且行于先皇，則伉儷之名猶可，行于殿下，則尊卑之稱，亦斷斷有不便者。倘及今不早決斷，將借撫養之名，行專制之實，武后之禍立見于今，臣誠有不忍言者。伏乞殿下收回遺命，令仍守選侍之職，或念先帝遺愛，姑與以名稱，速令移置别殿，殿下仍回乾清宫中，守喪次而成大禮，庶幾宫禁清而名位正。宗社之靈，實式憑之矣。

疏入，得旨：「移宫已有旨了。」

❶「天啓元年」，據此疏内稱熹宗爲「殿下」及疏意，則疏應上於泰昌元年九月。

仁義兼盡疏天啓元年❶

左光斗

臣謹奏：先是本月初一日諸臣聞變，倉猝趨朝，人情洶洶，朝不待夕。維時大臣從乾清宫中叩頭執奏，扶皇上出居慈慶宫，臣等相顧戰慄。此時不守几筵而避居别殿，踉蹌張皇，宫中必有甚不相安之情，間不容緩之勢。驚問其故，喧傳李選侍左右前後，盡是賄買腰玉，奸璫布滿，陰爲腹心，皇上大有戒心，不克寧處。君父驚魂未定，臣子敢爾即安？臣于初二日隨公疏後，有「慎守典禮，肅清宫禁」一疏，語甚微婉，此時但知定宗廟、安社稷爲大，不知其他。初三日宫中震怒，禍幾不測，賴皇上保全，將臣疏發閣票擬，隨奉聖旨：「移宫已有旨了。名封事既云尊卑異稱，禮部再酌議具奏。」欽此。初五日閣臣具揭再催，奉旨移宫。至初六日，皇上登極，駕還乾清宫，宫禁肅然，内外寧謐，臣等舉手加額，共幸廟社有靈矣。皇上既當還宫，則選侍之當移宫，其理自明白易曉矣。惟是自移宫以後，自當存其大體，捐其小過，皇上如天之大度，宜無所不包涵，先帝在天之遺愛，宜無所不體恤，此其特恩在聖衷，調護在輔臣，非小臣之所能意度。若株連蔓引，使宫闈不安，非但與國體不便，亦大非臣等建言初心。昔魯襄公不能制其母，宋儒朱熹以爲母不可制，當制其侍御之人，後彭龜年經筵講此段公案，相與歎服，因取朱熹入直。此等處置，自有至當不易之則。聞錦衣勘問諸璫時，語連宫禁，概置不問，深爲得體。伏乞皇上宣召閣部九卿科道，面諭以當日避宫何故，及今日調

---

❶ 「天啓元年」，據《明熹宗實録》卷一，此疏上於泰昌元年九月。時熹宗已繼位。

護何方，一一曉然明白，不得憑中使口傳聖旨。仍乞將劉遜、姚進忠等正法，暴其盜竇罪狀，與天下共見，勿使播弄脱罪。其餘株連，概從寬政，令反側子自安。庶幾燒梁獄之詞者，政所以寢淮南之謀，而仁之至、義之盡，胥在此矣。臣區區之心，始終知有定宗廟、安社稷而已矣。

疏入，帝乃備述李選侍凌虐聖母，與節次無禮狀，宣諭百官。

敬剖和同之旨以銷結習疏天啓元年

侯震暘

竊惟朋黨禍國，人皆知之，而漢、唐、宋末季皆不免，何也？人默運于風氣中，有不自覺者，即覺有不自持者。臣行能謭劣，初入班行輒不自量，欲大小臣工自任爲挽回風氣之人。昔孔子生當周季，兢兢致戒于矜争羣黨，而晰其疑似之界，曰「和」曰「同」，「和」别于「同」，在心術間，不求同所以和也。皇祖初年察相以權賈禍，繼之者欲去權之名，居權之實，遂開天下以疑竇。偶皇祖寵有所移，實無摇國本之心而有其迹，弼士因起而争，皇祖疑批鱗者有市心焉，彌争彌格，竄逐繼之。三十年來，争者非一，正直與忠厚争，新進與老成争，廊廟與山林争，大要借此爲題，迨妖書、楚獄，不忍言矣。因而有「東南」、「西北」之號，然「東南」、「西北」，以意同，未必以地同，又未必東南者終于東南，西北者終于西北也。惟不和，故不得不分類以求同，惟求同，故不得不峻防以樹黨，而和愈傷矣。

臣每從草莽中平心剖質，後事參觀，大約主西北者，詆東南爲側媚，爲柔邪，甚者爲别有肺腸，不利孺子，主東南者，詆西北爲假氣節，假理學，甚者爲挑激君父，排擠善良。互黨互摧，毋論道德究竟，功名不成爲功名，富貴不成爲富貴，可痛也。竊念三代而下，惟恐不好名，則與其隨也寧規，與其懦也寧亢，西北似已。但使影響攀附，便希竹帛，恐龍逄、比干之席不勝割也，容可無忠厚老成者收塵静波恬之福？彼立論必依于寬，以惜人才，以培國脉，東南似已。然迹類于全軀保妻子，倘國家危疑震撼之時，呼吸不可待，將盡人巽輭，孰回天轉日、殺身以成仁？此兩者倘令鹽梅相濟，琴瑟互調，不謀身而謀國，則渾然道德真儒，自足千古，何至禍人禍己，以禍邦家哉！

遠不具論，且如張差一案，與其風癲，毋寧不軌，綱常所係，掩覆何庸。但當日宫闈震動，聖意昭明，處分自應婉轉。移宫一案，晨雞乍驚，亟翦其萌，龍御已安，微防其過，此又天理人情之至，兩念合爲一念，無異可伐，何功可居，而無奈其漸激漸離也。去國者，一身似葉；慰留者，三錫非榮，識者恨之。乃若鄒元標、王德完，所稱社稷臣，非耶？偶涉異同尤不可解，德完兩請之誤，糾者良是。然何至盡没生平，形容刻畫，且汙巇同氣，語出無倫，使還而相訢者，幾成于野之戰也。元標「無必」兩字，臣亦不能矯其爲是，以百折不回之身，提衡于奸雄進退之際，而猥云「無必」，可乎？然意有公虚，原無偏執，今兩臣不難剖腹以相明，旁觀豈尚執形而不化。元標疏云：無異兩村農攜手入城，邑人唆之訟，至對簿，無以應也，亦可原矣。臣故願南北諸臣，悉捐已往之葛藤，適還本來之平蕩，其所祈于二老臣者，譬如丘山，塊然不動，行者自期，譬如鼎吕，寂然無聲，叩者自響，高凝肅穆，確然自任，爲挽回氣化，而毋徒以憂世熱腸急急開旁借之門可也。至楊、李定獄，他不具問，即律以喪師失地，棄之市朝，決不至以妄殺干天和。何故百千疏不應，借德完一語朝上夕下，顯示線索，爲衆射標，若不速破此疑，人言終不可了。近日同異，斯亦大關鍵矣。

凡此俱經諸臣指摘，臣雖有積念，似無可言屬者。南疏屢及，元標復其疏自明，而山陵事竣，德完與黄克纘又相繼乞休，恐種種追尋，猶是從前枝蔓。故不揣謬爲剖晰，祈化異歸同，不同迹而同理，則雖偶異不妨太和，幾微之際，未可口舌争也。且諸臣不憶三、四月間事乎？遼陽一潰，狼顧不暇，遑惜異同？則平日之矢口而争者，爲身起見，爲國起見，亦當于平旦之時，隱隱自問，了了分明矣。人以用兵爲催官星，又以破遼續朋黨論，雖云謔語，亦儘可思。臣因是而又不得不豫盟于相臣也。沖君御極，衆正匡扶，雖海宇拭目，明良之會，亦羣情占望風影之時。無論搢紳，臣見山人、墨客，下邑窮鄉，亦心各有主，喙各争鳴，喜爲左右袒，此真風氣所流，有不知其然者。是必樞軸之地先幾覷破，定力主持，相與默融默濟，毋調獨味之羹，各戒輿瓢之智，庶幾不爲流毒所中乎！此雖不必然之防，而不得不上鳴宸聽，以懇祈于救時哲相者如此。臣草疏畢，見府丞邵輔忠「主恩難報」一疏，語頗糾纏，臣所扼腕而嗟，冀永銷結習者，政此類耳。統惟聖明裁察施行，臣不勝激切籲禱之至。

疏入，得旨：「近來議論紛淆，輒以異同起見，這本剖晰和同，有裨世風國體。知道了。」

諫令客氏再入疏天啓元年

侯震暘

臣伏見内閣傳奉聖諭：「奉聖夫人客氏，勤侍朕躬，未離左右，自出宫去訖，午膳至晚還未進用，暮夜至曉，憶泣痛心不止，安歇弗寧。還著時常進内奉侍，寬慰朕懷。外廷不得煩激。」竊臣自入都門，無論搢紳士庶，皆頌皇上臨御精勤，問學敏練，内防釁孽，外惕邊疆，無一言一動不愜人心，稱中興令主。獨謂有奉聖夫人客氏者，挾阿保功，朝夕在側，恐熒惑聖德，爲肘腋憂。臣謂掖廷嚴邃，口語易訛，明聖當陽，幽邪立照，況山陵竣事，出宮奉有明旨，不必鰓鰓過計爲也。旋有臺臣王心一「以義裁恩」一疏，蒙聖旨寬容，不加督責，臣益欽戴。今月廿六日，果傳客氏午時出宮，臣于是舉手加額，私幸所期不謬，而搢紳士庶，亦無不途歌巷舞頌聖明者。不兩日間，突奉令諭，臣且驚且駭。

謂此有所矯託，未必出于皇上耶？青天白日之下，斷斷無此。謂皇上果迫于義不容遲，情不忍割，旋出之而旋悔之耶？臣又不敢信皇上固聰明英睿，不世出之主也，乃不忍一保姆，至忘寢食，明告中外，有是理乎？使皇上未離襁褓則可，今年已非幼，外之則有疑丞輔相，內之則中宮叶琴瑟之逑，兩宮稟小星之義，起居飲食，調護維持，以節嗇精神，以漸摩令德，其何有于保姆，而爲此戀戀耶？

且皇上一身，天地神明所呵護之身也，二祖十宗所付託之身也，詎一保姆得私其功。即位之日，怵以遼警，告以災傷，兵動九邊，餉窮四海，岌岌乎有衰宋之懼，此又天地、祖宗仁愛之甚，借外憂以動我皇上者也。皇上念及此，即宵衣旰食，夙興夜寐，飭文武諸臣矢心竭力以奠山河，猶恐不給，乃緣兒女子涕泣何爲者。且皇上不念三喪並舉，兩宮繼棄，皇上于誦詩舞勺之年，先帝廿載青宮，三旬紫極，倏忽崩殂，頃雖升祔禮成，寶城未築，竊意皇上九重之內，必有寤寐興哀，栝棬飲痛者。而反以憶泣保姆之諭，使臣工見，使衆庶聞，使羣情宛轉揣摩而莫得其故。甚矣，爲聖德累也。

《禮》曰：「內有慈母，君命所使教子也。」魯昭公慈母死，欲爲之練冠，有司執奏乃止。古之慈母，職兼訓教，猶恩以義絶若是，則今之乳母可知也。今夫諸王、公主至親貴矣，朱邸既開，叩閽不易，奈何獨使么麼里婦狎近至尊哉？昨臣等匍匐送喪之日，萬姓角崩，千官雲擁，獨一乘軒在後，巍然衆中，道路指目，咸曰「奉聖夫人客氏」，靡不舌撟眼張者。喪回，禮臣周道登語臣云：神主進德勝門，一老嫗長跪路旁，望塵號慟，驚問之，有錦衣臣駱思恭曰：此先皇保姆，恩寵未逮，是以悲耳。臣喟然興嘆：同此掖庭阿乳之功，適當後先繼述之際，何厚與薄，猶天與淵，薄者使行路猶憐，厚者能不滿盈招忌？女德無極，高明不祥。皇上即爲客氏一身富貴計，亦宜蚤加裁抑，曲示保全，不宜格外隆恩以寵而益之毒。且皇上始而徘徊眷注，稍遲其出，猶可言也；出而再入，不可；時出時入，尤萬萬不可。何也？宫闈禁近之地，詎宜習熟往來；閭巷穢褻之身，何得輒混視聽。況奸璫羣小，内外鉤連，借叢煬竈，有不忍言者。往牒昭然，足垂炯戒。

昔王聖寵而煽江京、李閏之奸；趙嬈寵而搆曹節、王甫之變。毒流搢紳，禍貽宗社，良可寒心。我祖宗家法森嚴，皇上茂齡天縱，萬萬無此。忠臣愛君，必防其漸，又況風聽臚傳，種種疑議，業已見端，寧止萬一之慮而已哉？不然皇上青年睿體，得一姆氏淑慎周旋，無損聖德且安聖躬，嘵嘵拂聽，胡爲者也。竊體皇上此心，特出于小不忍，不知人各有情，獨皇上不得自有其情者也。試觀客氏之未出也，舉國何以皇皇然望？其既出也，何以躍躍然喜？其出而復入也，何以凜凜然憂？其故可思也。或未有以此情告之皇上者，苟知之，將一身私愛不抑而自調矣。載誦諭詞禁外廷不得煩激，是皇上先有不自安者，知諸臣必且叩閽力争。臣喜此心即可以爲堯舜，臣若承旨緘默，是順皇上小不忍之心，而不能充皇上爲堯舜之心，亦烏用諫官爲矣。伏乞皇上忻然轉圜，立收成諭，其客氏或優以金帛，或歲時問勞，示無忘簪履，斷不令出入大内，瀆近宸嚴。至于内侍人員，亦須詳辨，彼老成正直者，大抵不善爲逢迎者也。願皇上勿喜諛而惡規，勿倏任而倏錮，勿旋罪而旋賞，使輾轉猜疑愈開旁隙，則情法自肅，城社自清。孔子曰「惟女子小人爲難養也」，敢因是而并及之。臣無任悚息祈懇之至。

疏入，得旨云：「屢有旨諭，如何不體朕心，又來瀆擾？侯震暘借事沽名，姑念言官，且不深究。」

門軍法紀全弛疏 天啓元年

侯震暘

臣于前月二十六日接差皇城巡視，甫入公署，有燕山伍長閆科呈告内監吞賄坐占多軍事，當批該總查解去後，隨據山東把總劉光溥回稱「拘集各犯，審據李堂供係府軍左衛直軍，答應本門，内官錢壽等三十員，内除病故一員，現在二十九員，每一員内官占軍八名，名曰『小伴當』，每名每班折錢八十文，各内官共占二百三十二名。又有『大伴當』，各内相下占軍一百一十四名，每名折銀三錢。一向交納不缺，因本月初一日該伍長閆科上直，拖欠伴當棍錢，未與内官朦朧開送三十名，于中府拘拏，以致具告。審據周四供係内官王受下家人、趙鬍子供係内官趙昇下家人，各稱本月初一日伍長閆科欠伴當棍錢，因各内官聳揑拘拏，以致告狀。前情是實」等因到臣。及巡視部臣張國紳曾面質諸奸一一索詐常例，俛首無辭，則贓證有據矣。臣准擬十四日赴署公審，將奸徒責究。昨進科，門監趙昇等來見，手出一揭，明開「官錢原係太祖舊制，爲條帚綱巾之費，閆科每月包認官錢三分，執棍錢一百三十五文，今九月侵尅肥己，懼罪刁誣」等情，因稱已具疏入告，下錦衣矣。

臣始駭内豎之無法無君，明索軍儲，暗要俞旨，玩禁廷爲兒戲，欺巡視爲贅疣，一至此乎？彼見該總拘其兇僕，不容保領，度臣審實後，必將具奏，故乘間先發，皇上未及覺，輒下所司打問。豈知門軍之刁頑賣放，相沿已久，必該監未嘗利其有而後可以行其法，昇等今日折官錢，明日索棍錢，彼日餼幾何，能堪此乎？惟借此爲名。臣等巡視所到，多雇覓乞丐充數，臣初受事，極意振刷，輒取腰牌查對，盡露前情，咸訴爲內監剝膚，計不得不出于此。臣猶謂積弊相沿，當漸漸釐革，而昇等惕于法不可逃，乘于機不及待，豫混天聽，先取各犯以去。若至臣公審，必將曰「此欽犯也，誰敢加刑」，如此則皇上設立巡視衙門何用？以一門計之，每月占軍二百三十二名，折錢一萬八千五百六十文，作銀三十三兩四錢八分。又占軍一百十四名，折收大伴當銀三十四兩二錢。以上二項，共計一月銀錢六十七兩六錢八分，以一年計之，當得七百一十二兩一錢六分。一門如此，各門可知，四衛如此，各衛可知。皇上試問昇等，是否祖制，是否爲應得之貨。宿衛安得而不寡，防守安得而不弛。

近來外患愈殷，內備愈懈，且閹官作横，所在而然，門監尤稱無賴。如捽憲臣、辱輔臣，不一而足，皇上俱不嚴究，以此驕恣無忌。即臣叨巡視僅數日，金海河死屍一軀，蒙皇上敕內外緝事衙門，嚴查具奏，褎如充耳，而東華倒死男子又見告矣。似此疎玩，將嚴究軍伍，而奪其糈，難責其勤；將少從體恤，而法漸弛，奸宄漸不可問。且業蒙告發，未經剖質，而先弄機關，尤難輕貸。伏乞皇上敕下法司究擬，若侵剋果虛，則坐閆科以刁誣之罪，并罪衛官；若侵剋果真，則坐門監及李堂、周四、趙鬍子等以科斂之罪，而該監情虚誣奏，亂法欺君，尤宜嚴加究處。庶法紀明而奸宄息，臣亦得明其職掌矣。

臣草疏畢，見兵部題差張國紳督催宣、大兵馬，此固慎擇而使，但臣等科、道、部三人共事，所藉稽核守實藉國紳同心整頓，詳處一番，務求妥當，不作畫餅。而國紳忽委別差，該部疏議經略出關，詞甚侃侃，臣又何敢借留彼屬。但所催後勁兵馬，原係各地方官選發，各有專管，業已戒行，今第沿途迎督已耳。國紳現有職掌皇城一差，亦非細故，惟向來看作套數，所以積弊相仍，牢不可拔。四五月間添差科道，專守長安等門，是何警備，今未可緩視也。臣故不揣謂宜留國紳，現核該監與該衛等互侵細數上聞，以終此局，聽該部另委別員督催兵馬，不知可否。統候聖裁，臣無任悚息祈懇之至。

疏入，得旨：「已有旨了。張國紳題差催兵，不得議留。該部知道。」

禁廷人命疏 天啓元年

侯震暘

臣叨皇城巡視，匝月間屢報人命，其沿鋪僵死、查無主名者不具奏外，其干係内相者，一見于金海河，一見于十庫，一見于壽皇殿。壽皇殿死屍劉大，爲十一月初三日事，臣著把總查驗，知係戊字庫官于忠名下家人，有伊父認稱煤氣燻死，此或劫之以威，或誘之以利，總不可知，業有親父領埋，不必深究。若十庫死屍劉三，則前月三十日晚懸梁于庫南廂房者也，臣批該總立刻查報。據稱係内相毛奎名下家人，素不守分，蕩廢本官衣服，因而自縊，現奉旨著司禮監拏問。竊念縊則縊矣，非萬不得已孰肯輕生？以理度之，定從迫脅，猶恐承問者不免任意出入，草菅其民，凜凜是懼。而兩事俱在月初一陽節，與萬壽節輻輳嵩呼，臣不敢上聞，然事關職掌，終難默默。

至金海河事，則係臣題請在前，奉旨敕内外緝事衙門嚴查具奏，乃褎如充耳，若罔聞知。臣令懸死者衣服于通衢，俟所親來認，及有丁氏具告到臣，稱氏男楊守禮來住官房，九月二十六日梁小坡多人叫男出外，口稱梁公要他，不知何故身死禁河，氏姪丁國臣見衣報知，伏乞嚴究超冤等情。臣止見幼孩扶掖丁氏，眼枯口咽，哀楚萬狀，問伊姪何在，則云以報知之故，冤禁衛獄矣。旋著該總查問，稱係司禮監奏聞，特下錦衣衛嚴行究問，本内事情，無由抄看。臣念錦衣衛正所稱緝事衙門、介内外之間者，必當關白臣疏取致死緣由，直窮到底。乃越日傳抄聖旨：「這事情你每如何回護？還著究問來説。」臣益不解所稱「回護」者何指，爲護内相，則國臣尚有得白之時，爲護屍親，則國臣永無可生之路。夫投河男子不知姓名，懸衣搆認，法也；國臣見而報其姑丁氏，丁氏痛其子死于非命而哀鳴，情也。死者死矣，生者求伸得抑，令煢煢老媪勢將與其姪俱盡，不連殺三命乎？代爲鳴控者，非臣之責而誰責也。亦在大慶前，未便瀆奏，亟移揭叩之司禮監。

據該監回文：查得已故牌子楊科官房一所，原係科名下内官趙進忠將房恭進，仍與科姪楊守禮看守，進納房租，後有内官王尚用貼進忠、守禮頂頭銀一百兩，將房三人同住。至今九月内，王尚用聞知各處官房俱有欽賜之語，向進忠、守禮索要前項貼頭銀兩，其楊守禮不知因甚情節，于九月二十七日投河身死。至十月十八日，有神棍丁宦，即丁國臣、孔六、孔五、王輔登等，唆使丁氏指屍詐賴不遂，夥告夥證，于刑部山東司審理。丁氏曾供守禮素有風症，時嘗舉發，離家日久，不意投河等語。況此房欽賜梁太監于二十五日，投河于二十七日，止隔一日，梁小坡與守禮素不識面，且無仇隙，實爲誣害，不待辨而明也。因誣不甘，于十月十二日將情具奏，奉聖旨：「本内有名人犯，著錦衣衛嚴行究問。」欽此。該衛即將梁小坡拘集聽審，本衛于十月三十日具題，覆奉聖旨：「這事情你每如何回護？還著究問來説。」欽此。至今該衙尚未覆審等情到臣。臣乃知明旨所稱「回護」者，蓋指國臣輩言也。

嗟乎！守禮，丁氏親男也，子死母告，何待人唆；國臣，丁氏親姪也，弟死報姑，何得稱唆。且明有趙進忠、王尚用與守禮争房致死，謂「不知因甚情節」，其誰欺乎？孔六等不知何人，要未有有告而無證者，由後言之，所連殺又將不止三命矣。其謂丁氏口供風症等有無不可知，即有之，或錢神買和，尚忍言哉。夫司禮監，必其人老成而明于國體者任之，固皇上所託爲親臣也，似此多命，曲徇情面，不仰承聖明好生之德，可乎？因念前月門禁一事，監官賣軍骫法，臣特疏糾參，願爲皇上一釐宿弊，乃趙昇等取旨如寄，而臣疏第云「知道了」，含糊未明。臣故將李堂等三人關送法司，虚實定有著落，聽該部具覆。若人命重情，亦盡黑白倒坐，其于悖國憲而干天和不小。除劉大一案免究外，祈皇上將劉三、楊守禮二獄併敕法司，從實從公嚴行鞫問，俾人人知禁近之地三尺不私，庶冤抑得伸，臣叨巡視者，亦得施眉目于掖垣侍從之班，臣愚幸甚。且臣非謂中官盡匪人也，祖宗法制原不令干預政事，今以臣職掌所關，參者自參，問者自問，反不令臣預聞，倒置甚矣，故不覺嘵嘵及此。併此後凡重大事情，悉付外廷究擬，廷臣自能仰承德意，宣暢輿情。其有偏私矯枉者，臣等亦得以白簡從事。當此國家多故，勿更開煬竈之端，使羣情憂不在絶徼，而在蕭牆也。臣無任激切祈懇之至。

疏入，得旨：「丁宦等已有旨了。劉三併法司問擬。」

請發帑金疏天啓二年

朱燮元

臣謹題爲天討方張，公私俱匱，懇乞聖明垂念危疆，亟賜發帑，以濟然眉事。臣惟率土貢賦，臣子職分，自非萬分急迫，何敢呼天妄籲。乃蜀中不幸，遘此異變，有不得不懇乞于皇上之前者。先是天啓元年五月内，奉旨調川兵三萬援遼，部文註定，每兵一名給銀一十七兩，通算該銀五十一萬，而監軍、總鎮、督餉等官與吏承廩糧、戰馬船隻俱不在内。是時臣待罪藩政，日接部檄，急如星火，查庫貯僅四十八年未解加派銀四萬兩餘，將京料缺官貢扇價銀、各邊軍糧盡行那借，共解到重慶聽支者二十二萬兩。沿江經過州縣，如叙、馬、瀘、重、夔等處共兑支過大糧邊餉銀七萬兩，餘俟内帑找補。猶慮不足，復兑解巴縣大糧銀三萬兩、重慶庫貯清出屯銀三萬兩，該府徑行大足、酆都等縣取解五萬兩有奇，貯府聽支。

于時西土苟安，東圉孔棘，秖期速發以濟阽危。且謂時傍冬初，會計期近，那新補舊，猶可撑持。乃不意異常之禍頓生肘腋之間，其在重慶貯庫者，支發未半，盡爲盜資。川之西東財賦州縣，悉被殘破，雖保有川北、下東、上南三處，而援兵經過坐派行坐二糧，募夫搬運，民不堪命，逃竄亦空。臣在圍城之中與賊相持一百日，先後集衆五六萬，每懼經費不支，與布政使臣周著毫釐必較，已措過銀十萬餘兩。數又不足，共立券書，多方括借，藩府郡王、搢紳士民通共助銀六萬兩，其力已竭。今不惟各漢、土兵嗷嗷需餉，裹足不前，即松、建各邊，經歲無糧。近日諸苗乘釁生事，在保縣屢以生番圍城告，在建昌則以藺目蠢動告，遵義兩次被占，建武爲賊門户。正當戮力之秋，孰肯枵腹從事？

臣閱邸報，蒙皇上軫念成都重地，特遣督臣張我續總理四省之兵，兩次發帑金三十六萬兩，仰荷聖恩，不勝感泣。但查先年征播，寇在巢穴，全蜀無恙，號令偏行，尚動九省官兵，費金錢二百七十萬兩。今賊不軌，禍在通省，其難十倍于播，雖戰敗奔逃，而渝城未復，元惡在逋。萬一賄通鄰司，結連黨類，豕突鴟張，更難收復。今若乘破竹之勢，爲犂庭之舉，必得數十萬餉，先安各邊之心，然後一意勦討，四路會攻，懸賞以鼓將士，納降以散黨羽，諒此么麼，不難撲滅。但兵多費廣，不能剋日，内苦資用之不敷，外懼各邊之生釁。臣愚不肖，若不蚤疏控籲，爲罪滋大，懇求皇上愍念西南重地，塗炭已極，且蜀安而鄰省皆保，蜀存而常賦自充，安危得失，所繫匪細，伏乞俯允，再發帑金五十萬，差官陸續解發川中，容臣與督臣會同三省大兵，剋期翦除，擒獻首惡，用張天討，奠安地方。藺賊既平，則諸邊又易撫戢，西南半壁可復覩太平景象矣。

疏入，帝從之。

上復讎疏天啓二年

王之宷

臣謹奏：禮「君父之讎，不共戴天」。齊襄公復九世之讎，《春秋》大之。曩李選侍氣毆聖母，陛下再三播告中外，停其貴妃之封，聖母在天之靈，必有心安而目瞑者。此復讎一大義也。乃先帝一生，遭逢多難，彌留之際，飲恨以崩。試問李可灼之誤用藥，引進者誰？崔文昇之故用藥，主使者誰？恐方從哲之罪不在可灼、文昇下。此先帝大讎未復者一也。張差持梃犯宫，安危止在呼吸，此乾坤何等時，乃劉廷元曲蓋奸謀，以「瘋癲」具獄矣，胡士相等改注口語，以「賣薪」成招矣。其後復讞，差供同謀舉事，内外設伏多人，守才、三道亦供結黨連謀，而士相輩悉抹去之。當時有内應，有外援，一夫作難，九廟震驚，何物兇徒，敢肆行不道乃爾。緣外戚鄭國泰私結劉廷元、劉光復、姚宗文輩，珠玉金錢充滿其室，言官結舌，莫敢誰何，遂無復顧憚，睥睨神器耳。國泰雖死，罪不容誅，法當開棺戮屍，夷其族，赭其宫，而至今猶未議及。此先帝大讎未復者二也。

總之，用藥之術，即梃擊之謀，擊不中而促之藥，是文昇之藥慘于張差之梃也。張差之前，從無張差；劉成之後，豈乏劉成。臣見陛下之孤立于上矣。又郎中胡士相等，主「瘋癲」者也，堂官張問達，調停「瘋癲」者也。寺臣王士昌疏忠而心佞，評無隻字，訟多溢詞，堂官張問達語轉而意圓，先允「瘋癲」，後寬奸宄。勞永嘉、岳駿聲等同惡相濟，張差招有三十六頭兒，則胡士相閣筆；招有東邊一起幹事，則岳駿聲言波及無辜；招有紅封票、高真人，則勞永嘉言不及究紅封教。今高一奎見監薊州，係鎮朔衛人。蓋高一奎主持紅封教者也，馬三道管紅票者也，龐保、劉成供給紅封教多人撒棍者也。諸奸亦有人心者，以堂官對衆，手單而改之，以十八人會審，公單而增減之，皆當治以大逆不道之罪，非止大不敬也。

疏入，帝不問。至五年魏忠賢黨楊維垣，首翻梃擊之案，之寀坐除名。俄，入之汪文言獄中，下詔獄瘐死。

新餉苦累難支疏 天啓二年

高推

臣聞國之所賴以爲本者，民也，國失其本，無以爲國矣。民之所賴以爲天者，食也，民失其天，無以爲民矣。臣自奉命西巡，由中州抵秦境，時方四月，麥已登場矣。從此而再佈秋禾，八月以後，其利猶可獲也。迨踰隴而西，萬山叢集，窮日馳驅無半里平夷之路，亦無半里可易之疇。百姓苦無餬口之資，不得已而墾百仞之嶺以爲阡闢，陡阻之壁以爲陌畝。壟既不堪注，薄土又不能滋，一遇霪雨爲災，漂蕩衝決，則土去石出，地盡糧亡矣。其視他處膏腴肥饒、安土樂業者，不啻天壤之隔也。且西北地寒，窮荒之時序愆陽，二麥至八月方熟，天末之陰陽弗正，諸禾入秋末始收。一降嚴霜，百穀盡槁，稔歲不獲腹裏之半，頻年復有旱澇之憂。其視他處一歲二熟、十月滌場者，又不啻天淵之隔也。

至秦中事竣，攬轡西征，其山愈叢，其地愈瘠。時已六月將終，麥方吐華，諸禾未苗，臣呼左右而問之：西之山何如乎？對曰：不減此處之山也。西之地何如乎？對曰：瘠于此處之地也。臣不覺伏軾而歎曰：有是哉，民何不幸而生于此域耶？一遭荒歉，又何以爲聊生之計耶？越數里，擁擁簇簇，紅塵赤日之中披裘裸體之輩，咸伏地遮輿而告曰：遼餉苦，遼餉苦，不減則民當餓死矣。臣進而詰之：奚爲而至餓死也？民答曰：山地荒薄，三分不敵他處之一，即大有之年，所得不過五斗。未有遼餉，一半徵納，一半聊生；既有遼餉，一半納糧，一半充餉，民皆枵腹待斃矣。臣因而窮之：爾既餬口之無資，至今何以爲食耶？民皆泣涕以道曰：夏秋之間，樹頭之産、溪澗之菁，猶可充腹；時至冬春，水冷草枯，即山薇野蕨，稍有存積，然而茹毛茹草，終非長物，民盡輾轉溝壑矣。言罷，號泣之聲徹滿山谷，臣亦含淚以慰之：爾各安業，即當爲爾請命也。

越二日，抵鞏昌，即以民事詢郡守。知府郭之祜細陳閭里之窮，備言遼餉之苦，其燭照民隱者，至詳至悉。謂民因逋餉而摧折者，十之二三矣，此鞏昌民窮之大概也。既按部來臨，路傍廢店，近郭窮鄉，家塞其門，人泥其牖，臣呼左右而問之：此何以故？對曰：此窮民之逃竄而亡其家者也。臣因而詰之：逃往何地？答曰：東則散而之四方，西則趁食于外地。臣不覺拊膺而歎曰：有是哉，散之四方，猶可言也，趁食外地，是驅百姓而爲敵也，是何光景，成何世界乎？甫入署中，狄道、金縣之民擁門而告逋餉之苦者，視鞏民無二也。臣進而問之：爾何若是其急乎？答曰：逋餉之困，甚若倒懸，不減則民無孑遺矣。臣因而詰之：奚爲而無孑遺也？民答曰：山僻要荒，地不堪種，歷來正額不完，加以四十四、五、六年三載亢旱，顆粒不收，民猶戀戀故土，不肯輕去其鄉井。❶迨逋餉一加，重困難繼，正供之催吏方去，加派之呼吏復來，完之則白骨無肉之可剜，不完則官司催逼之難受。百姓日窮日蹙，玆皆空壁而去矣，死亡流離不知其數矣，疾首蹙頞，蓋不勝其呼籲之悲也。臣乃撫慰以安之：爾各就里，即當爲爾請命也。已而知府冀懋中進署相謁，手持一册以示臣，開而閲之，乃五州縣窮民之狀也。極言新餉之難完，備悉逃亡之景象，蓋謂昊天不弔，頻歲不登，自泰昌元年僅熟其半，次年又以冰雹爲祟，半菽不獲，兼以逋餉催逼，墐户流亡者十室而九，百里之内，人烟斷絶。有司迫于催檄，逼于守、提，萬不得已，乃呼一二現在之民，千方督責，剜肉醫瘡以完前件。窮者逃矣，即今富者亦以賠累而窮矣。滿目堪憐，視百姓之自吐自陳，倍詳倍悉，即鄭俠之《流民圖》不作兩觀，賈誼之長太息實無軒輊已。此臨洮窮民之情狀也。

❶「鄉」，原作「卿」，今據四庫本改。

按部踰河，千里黃沙，百穀難樹，草木斷絶，禽鳥亦稀，其淒涼之狀，視河東更苦。一時執戈持戟之輩，有三五成羣，有十百爲聚，含淚而告遼餉之苦者，視平民更急也。臣進而問之：爾何若是其迫乎？答曰：遼餉之苦，甚于荼毒，不減則軍爲餓莩，必且空伍而逃矣。臣因正色以詰之：向何爲而固吾圉，今何爲而出此言也。僉曰：遐荒絶塞，沙磧不毛，窮軍卧薪嘗膽以守邊疆，全賴京、民二運以爲活計。未有遼餉之時，京運呼天不應，猶借民運支吾，自有遼餉，百姓皆以遼餉爲亟，而邊餉全不完納也。有司皆以遼餉爲先，而軍需通不照管也。守戍窮軍，有一年乏糧者，有二年乏糧者，甚有三年乏糧者。向猶典衣以自計，今則無衣可典矣，向猶賣妻以苟活，今亦無妻可賣矣。臣于風埃露處之中，惟見淒慘哀憐，目不忍視，痛哭流涕，耳不忍聞。臣即温言以撫之：廟堂之上，不知爾輩之苦楚，爾宜念朝廷平日之恩養，各守寧宇，即當爲爾請命也。臣乃立檄各道，以查邊餉之完欠。

據洮岷兵備道右參政秦士文報稱，洮岷之餉，除京運欠五萬餘兩，民運猶欠二十五萬九千八百餘兩也。臨鞏兵備道右參政徐鏌報稱，除京運欠一十七萬二千八百餘兩，民運猶欠二十二萬六千四百餘兩也。帶管靖邊兵糧道徐鏌報稱，除京運欠一十二萬五千三百餘兩，民運猶欠一十萬四千四百餘兩也。分守西寧道副使楊俊臣報稱，除京運欠二十萬有奇，民運猶欠三十一萬五千六百有奇也。分巡西寧道右參政郭之琮報稱，除京運欠二十三萬有奇，民運猶欠三十五萬一千二百有奇也。西寧兵備道按察使王佐才報稱，除京運欠一十二萬六千八百有奇，民運猶欠一十萬九千五百有奇也。帶管肅州兵備道郭之琮報稱，除京運欠六萬六千有奇，民運猶欠一十七萬四千四百有奇也。莊浪兵備道副使馮任報稱，除京運欠六萬九千九百有奇，民運猶欠一十一萬三千九百有奇也。以上京運共欠一百四萬八百餘兩，而民運欠至一百六十六萬五千二百有奇也。嗟，嗟，邊疆何地，守邊何事，而忍令此輩之枵腹耶？此又兩河窮軍之大概，萬分不可緩者耳。

臣輾轉顧慮，再四思維，當邊庭告急之後，神京左臂盡爲敵有，皇上方且蒿目宵旰，舉朝臣工畢智竭悃，恨不能罄天地之藏，括山海之積，爲國家宏物利而襄至計，臣即有胸無心，寧忍自外，敢不仰體皇上之殷憂、竭力公家而顧爲臨、鞏之計哉？獨計臨、鞏，天末也，其地非膏壤肥澤之地，民非家給人足之民也。臨、鞏，小府也，其減之不過九牛之一毛，其加之亦不過大海之一滴也。且甘、固，重鎮也，由河湟、松山、紅井以至酒泉、玉門，數千里之長邊，實全陝之門户，其關繫匪輕，猶不減于遼左之重也。諦觀自有遼事以來，四川之變，不知費各省多少物力矣；黔中之禍，不知費大内多少金錢矣；即山東、河南、畿内白蓮之亂，又不知廑皇上多少憂思矣。區區兩河，仗祖宗之默佑、皇上之威靈，及道府之綢繆，其不至如川、貴之續者，倖也。至火酋物故，諸子生心，虎視眈眈，窺我内地，即今九月二十後海外擁衆萬騎，過我河南，以示狂逞。一時羽檄旁午，日無寧晷，即臣與撫臣日飭各道將嚴加隄備，然猶彼衆我寡，彼強我弱，彼有糧而我無餉，岌岌乎有累卵之危。幸而天佑皇家，敵之脚根未定，二十三大雪，二十四大雪，海外駐宿之地雪深三尺，朔風透骨，冷氣逼人，敵不能存，縮頸而去。河西一塊土，不至蹂躪而莫可收拾者，尤倖之倖也。然敵可保其不來乎？天可保其常雪乎？萬一明春和煖，捲土重來，則滿目鋒鏑，不知何以支持已。即不然，而窮軍内訌，揭竿鼓譟，又不知何以翦滅已。計此時而方且動大内之餘藏，以爲固圉之完計，欲民之再出遼餉也，得乎？不得乎？即欲少緩須臾，而不爲之速賜蠲免也，能乎？不能乎？臣想皇上超然遠慮，則新餉之罷，當不俟臣言之畢矣。

臣草疏之餘，時閱邸報，見諸臣之請蠲新餉者，舌敝脣顡，十之八九，皇上之注意危邉、如俞所請者，十無一二。臣不憚三草三毁，躊躕再計。然而地與地不同，民與民不一，臨、鞏之民所供皆係邊儲，臨、鞏之糧，計數不及他省之一大縣，然蠲之在上不過毫釐，存之在下不啻巨萬。民之困窮倍苦，民之望恩倍切。臣之遍歷兩河，目擊民艱，日夜嘔心，爲國爲民，一念樸忠告于皇上者如此。昔帝堯在上，一民之飢，猶己之飢，況今之啼飢有不止于一民乎？文王在宥，民未有傷，視之如傷，況今之窮民有不止于如傷乎？伏乞皇上軫念窮邊，亟停加派，俾民得稍遺餘力以自養，即遺餘力以實邊。並敕户部，速發京運，以救涸轍之枯魚，庶軍民其有瘳乎！兩河幸甚，宗社幸甚。臣不勝激切屏營待命之至。

疏入，得旨：「户部知道。」

防緝都門劫盜疏天啓三年

宋禎漢

臣惟論治者，莫不以弭盜綏民爲先圖；課吏者，亦莫不以盜息民安爲稱職。蓋小盜，大盜之積也，而劫盜尤煽亂之階也。嘗見斬木揭竿、弄兵潢池之事，率皆繇于胠篋探囊、禦人剽貨之徒，故在清平之時而防禦捕緝，法已不容忽，矧今搶攘際乎？凡在郡國之間而劫掠相聞，漸已不可長，矧近在輦轂下乎？詎意邇時法度廢弛，盜賊縱横，鼠竊狗偷猶不足問，鴟張豕突實繁有徒。臣前月初入班行，聞順天府庫被劫，心甚駭之，未幾北城復有劫殺一家六命之報，益駭聽聞。然皆幸而獲不踰時，網不甚漏也。今月臣奉堂劄接管南城之次日，即有正東坊住人王廷勳告于十二月初三日二更時被盜，二十餘人刼財傷命；又次日，據正東坊住人程惟勤告于十一月二十四日夜被強賊二十餘人刼財傷命；又據正西坊住人李嘉賓告于十一月初九日夜被刼。臣已批行各該總、把，勒限嚴緝外，因查卷簿，則冬季之被刼、行緝而未獲者，不獨此也。在十月二十五日則有崇北坊陸道被刼矣，二十六日則有宣北坊陳大被刼矣，閏十月二十六日則有宣北坊尹代卿被刼矣。是皆刼在黑夜，責在捕營。各經批行該總、把臣陳邦政等嚴緝去後，而杳無一獲者也。王廷勳等三起之未獲，尚在一月之内，陸道等三起之未獲，直踰兩月有餘，捕總之職掌何事？兵番之分布何爲？既不能勤巡邏、謹鈴柝，防之于未失事之先，復不能嚴期限、密查訪，緝之于既失事之後，攻剽每月疊見，捉獲累月尚淹，則將焉用巡捕員役爲哉？

迺若總、把臣尤有可異者。在王廷勳之被刼也，正其該管地方，廷勳當盜至之時，潛出奔告于把臣，乞其救命。把臣直應之曰：「誰人不有命。」廷勳因泣愬再三，懇即發兵追捉，而把臣竟恬然不理。夫有地方之責者，一聞有急，便當不介馬而馳矣，豈有求救者號呼于前，刼財者狂逞于側，而忍于袖手、敢于坐視若此！此寧獨不知有官守，亦豈復有人心者哉？隨查夜巡番役，每牌鋪額設二十人，不爲少矣，惟是捕官往往剋取常例，受賄買放，遂令嚴更夜柝，寂不聞聲；救捍躡追，茫不見影。而各番役輩，捕緝無能，迺唆盜扳良，指賊行詐，種種作姧逞惡，平民之被其害，間且有甚于盜者。法紀敗壞殆盡，盜賊安得不横行也。至于督捕郭欽者，有提督之任，無督率之才，既不能弭盜以靖郊圻，更何辭瘝曠而溺職守。臣草疏已畢，適見兵部覆疏，謂欽精神用之以彌世情，不暇用之以詰不軌。是該部既知之稔矣。兹時何時，提督何官，「彌世情」

與「詰不軌」，何者爲職分所當爲？豈有明知其不稱，而尚可一日容之于其位哉？伏乞聖明垂照，如果臣言不謬，即飭該部將把臣等分別究處，用警玩曠，仍速推賢能，以任提督，俾率各捕員役洗心滌慮，設法防緝，未獲者務緝盡獲無事時恒防有事。庶法紀振而盜賊屏跡，京畿靖而四方咸安矣。

疏入，得旨：「這劫盜防緝等事，屢旨申飭，本内捕官賣放夜巡，及番役唆盜扳害，尤切近弊。著嚴加禁治，把臣等分別究處。該部知道。」

御選明臣奏議卷三十七

藺地善後機宜疏 天啓四年

朱燮元

臣謹題爲恭報藺地情形與善後機宜，仰祈聖裁以期安攘事。先是，臣切責五路將吏，逼進龍場，擒酋掃穴，又慮酋黨懼死負固，多方曉諭，令其遵旨擒酋、建功贖罪去後，隨據各路道將塘報，官兵大至龍場，齊入得功有差。降將胡世孝、王繼宗等奉諭擒獲僞都督李遠達、蔡金貴及奢崇明妻安氏等，臣恐元兇未得，老師匱財，于是親抵戎行，申嚴賞罰。道經大洲、江門、永安、永寧，與詢問古藺、落紅、大壩、新寨、太平、瀘衛一帶，皆膏腴地也，衛雖隸黔，土實在蜀。今二酋造逆，奉旨征討，臣與按臣并道將文武，不惜軀命，聚五路之師，費三年之力，以有今日，雖二逆逃奔境外，尚未獻俘，而藺州疆土業已廓清矣。蜀自遵義郡縣以來，不以得土爲利，翻以養兵爲累，故談及改流，輒多蹙額。但二酋造逆滔天，連年血戰，僅而得之，即欲仍置宣撫，將與之誰人乎？況永寧一塊土，西自建武，東至遵義，三面而環之賊，欲動則無處不可闌出，而我設防，則二千里之遥，最難照應，譬如人腹心肘腋之間，去一虎可復進一狼乎？當聖祖時，天造草昧，西南苗無不畏法，故特就中設建衛，所以通血脈，徒用牙錯之義，殊少彈壓之威，侵尋至于二逆，肆惡横行，已無天日。在蜀以爲土司，而寬其文網；在黔以爲鄰苗，而置之不較。陰謀既久，一旦驟發，殺官戮民，不啻刈草。此亘古未有之變也，尚可因循苟且，不爲長久計哉？

以臣之愚，參之衆論，咸謂當以赤水河爲界，自河以東龍場一帶，悉以與黔；自河以西，由赤水至永寧，悉以還蜀。就永寧城中設立道、府，與遵義、建武互相犄角，則呼吸相應，聲勢聯絡，用以彈壓諸苗，保護内地，計無善于此者。若黔省以爲祖制不肯更張，則照黎平、鎮遠之例，蜀自郡縣，黔仍衛所，雖曰駢枝，亦無不可。臣不敢侈開疆之名以滋多事，但審地勢、參人情，似不得不出于此，惟聽廟堂之公議，皇上之酌裁耳。至于二酋，業已無黨無家，入險遠遁，或旦暮擒縛，或遲以歲月，通未可知。惟黔蜀脣齒利害相依，屢據該省撫臣移會應援，臣已發參將林兆鼎提兵一萬，殺衝羿子、猓玀等關，直入大方，該撫臣即留合營兵。又行令總鎮李維新，搒箐事畢，再發重兵應援外，獨是蜀連年用兵，公私俱匱，庫藏括而又括，錢糧借而又借，小民之仳離未復，膏血盡罄，不戢自焚，最爲可慮。臣憂心如惔，不能朝夕，疆土既清，亟宜確議，一面設法將各兵漸撤，以省民力，臣謹會同巡按四川監察御史温皐謨，合詞上請，伏乞皇上俯賜裁定，敕部、院會集九卿、科、道從長確議，覆請轉行臣等，次第料理奏報。庶西南苗羿之地，奠安于萬萬年矣。爲此具本謹題請旨。

疏入，帝從之。

地震陳言疏天啓四年

畢自嚴

臣惟《春秋》地震必書，誠重其事也。微臣觸目陰陽之舛戾，因縱觀時事之艱危，豈容無説以處此？東則製械造車，惆然思逞；西則陽順陰逆，狡焉難憑，則可虞在邊境。遼餉加派，在官雖徵，其所不得不徵；在民實應其所必不能應，則可虞在窮民。左藏空匱，而沿邊之兵餉不能時給，即最急如榆關，亦以海運暫停，轉輸靡繼，每懼裸體脱巾之呼，或出風餐露宿之旅，則可虞在卒伍。軍興方殷，飛芻輓粟，固不容已，然瀚海風濤，而長年三老每葬身魚腹之中，即竭蹶芻牧，而重趼繭足多困踣輪蹄之下，誰非赤子，而茹苦至此極也，則可虞又在運務。凡此皆足兆異，皆足鬱和。臣自嚴濫竽督餉，承乏撫方，值灾異之洊臻，思奉職之無狀，所當痛自修省，不遑寧處者也。

夫灾異之來，天所以震懾人君，而亦所以仁愛人君也。人君應之以實，則震懾實爲休祥；酬之以文，則仁愛終爲譴責。故天之鑒下也，洞見于幾微，而君之回天也，轉移于呼吸。即今似有不容不亟爲修省者。如煌煌綸綍，間由中旨之傳宣，致令輔弼不得關其事，萬舉萬當，而一誤則救藥靡施，將無啓煬竈而滋猜嫌乎？是内批當慎也。如瑣瑣婦寺，渥承延世之寵光，致令樞筦不能守其法，作威作福，而一輕則勞臣解體，將無嗟濫觴而叢指摘乎？是恩澤宜節也。乾坤之生才有限，乃以骨鯁之大僚，而一言擯斥；以道學之名儒，而投老巖穴；以批鱗之直臣，而長伏草莽。棄騏驥于伏櫪，舍楩梓于斷溝，將無失算乎？是人才宜惜也。金吾之韃橐，總屬朝家之扈蹕；羽林之貔虎，孰非王國之爪牙。顧寄兵柄于貂璫，幾同伏戎于肘腋，既糜大内之金錢，且胎他日之隱禍，將無非計乎？是内操宜罷也。以上四者，均足爲聖德之虧損也。伏望皇上亟圖修省，次第舉行，庶幾人心悦而天意得，陰陽和而災變消矣。

疏入，帝不納。

地震頻仍疏天啓四年

畢自嚴

臣竊惟有災異則有感召，有感召則有事應。今瀛津數百里及沿海一帶，皆臣統轄轉輸之地，則皆臣罪戾之所感召也。請詳言之。津，海國也，蛟宫蜃窟，人所爲望洋卻步者也。今樓櫓涵天，艅艎銜尾，日驅一方民命，以擲于驚濤怒颶之中，此其地利安乎？否也。津餉，皆新餉也，海内所爲竭澤而漁者也。左輪闗，右輪鮮，梯航無已，耗敝中原，此其民情安乎？否也。津兵，皆新兵也，所爲備神京山海後勁之用者也。年來調東兖，調薊門，調闗門，足不停而席不煖，弱者踣于路，强者竄于途，今日壁壘幾空，猝有緩急，將何以應，此其兵力安乎？否也。津海、地利、兵民，無一得安其常，而謂坤輿職載獨能循其寧静之體乎？邇者風霾屢作，雨澤愆期，皇上方下明詔，與大小臣工共圖挽回，而地震又見告矣。以宅中定鼎之區，而虢虢摇動，是豈可以修省之空言，而回既怒之天心乎？則臣願以修德之説進。兢業常存而佚遊宜戒也，儉德維圖而賞賚宜節也，啓沃當遜而召對宜舉也，以至深宫燕處，培養無疆之祉，尤不可不慎也。凡此皆修德之屬也。臣又願以修政之説進。東事方熾而邊防無使弛也，蓮妖已平而蚩愚無使擾也，遼民久困而反側無使驚也，以至採納忠諫，慰答寰宇之望，尤不可不亟也。凡此皆修政之屬也。誠使德、政交修，法成湯之自責，則天不能爲災，地不能爲異，而皇圖愈爲鞏固矣。

疏入，帝不納。

劾魏忠賢二十四大罪疏天啓四年

楊　漣

臣竊惟高皇帝定令，内官不許干預外事，秖供掖廷洒掃，違者法無赦。聖明在御，乃有肆無忌憚、濁亂朝常如東廠太監魏忠賢者，敢列其罪狀，爲陛下言之。

忠賢，本市井無賴，中年浄身，夤入内地。初猶謬爲小忠小信以倖恩，繼乃敢爲大奸大惡以亂政。祖制以擬旨專責閣臣，自忠賢擅權，多出傳奉，或徑自内批。壞祖宗二百餘年之政體，大罪一。劉一燝、周嘉謨，顧命大臣也，忠賢令孫杰論去，急于翦己之忌，不容陛下不改父之臣，大罪二。先帝賓天，實有隱恨，孫慎行、鄒元標以公義發憤，忠賢悉排去之。顧于黨護選侍之沈㴶，曲意綢繆，終加蟒玉。親亂賊而讐忠義，大罪三。王紀、鍾羽正先年功在國本，及紀爲司寇，執法如山，羽正爲司空，清修如鶴，忠賢搆黨斥逐，必不容盛時有正色立朝之直臣，大罪四。國家最重無如枚卜，忠賢一手握定，力阻首推之孫慎行、盛以弘，更爲他辭以錮其出，豈真欲「門生宰相」乎？大罪五。爵人于朝，莫重廷推。去歲南太宰、北少宰皆用陪推，致一時名賢不安其位。顛倒銓政，掉弄機權，大罪六。

聖政初新，正資忠直，乃滿朝薦、文震孟、熊德陽、江秉謙、徐大相、毛士龍、侯震暘等，抗論稍忤，立行貶黜，屢經恩典，竟阻賜環。長安謂「天子之怒易解，忠賢之怒難調」，大罪七。然猶曰外廷臣子也，去歲南郊之日，傳聞宫中有一貴人，以德性貞静，荷上寵注，忠賢恐其露己驕横，託言疾病，置之死地。是陛下不能保其貴幸矣。大罪八。猶曰無名封也，裕妃以有娠傳封，中外方爲慶幸，忠賢惡其不附己，矯旨勒令自盡。是陛下不能保其妃嬪矣。大罪九。猶曰在妃嬪也，中宮有慶，已經成男，乃忽焉告殞，傳聞忠賢與奉聖夫人實有謀焉，是陛下且不能保其子矣。大罪十。先帝青宮四十年，所與護持孤危者，惟王安耳，即陛下倉卒受命，擁衛防維，安亦不可謂無勞，忠賢以私忿，矯旨殺于南苑。是不但仇王安，而實敢仇先帝之老奴。況其他內臣，無罪而擅殺、擅逐者，又不知幾千百也。大罪十一。今日獎賞，明日祠額，要挾無窮，王言屢褻。近又于河間毁人居屋，起建牌坊，鏤鳳雕龍，干雲插漢，又不止塋地僭擬陵寢而已。大罪十二。

今日廕中書，明日廕錦衣衛。金吾之堂，口皆乳臭；誥敕之館，目不識丁。如魏良弼、魏良材、魏希孔，及其甥傅應星等，濫襲恩廕，褻越朝常，大罪十三。用立枷之法，戚畹家人駢首畢命，意欲誣陷國戚，動搖中宮，若非閣臣力持，言官糾正，椒房之戚又興大獄矣。大罪十四。良鄉生員章士魁，坐爭煤窑，託言開礦而致之死，假令盜長陵一抔土，何以處之？趙高鹿可爲馬，忠賢煤可爲礦。大罪十五。王思敬等牧地細事，責在有司，忠賢乃幽置檻阱，恣意搒掠，視士命如草菅，大罪十六。給事中周士樸，執糾織監，忠賢竟停其陞遷，使吏部不得專銓除，言官不敢司封駁，大罪十七。北鎮撫劉僑，不肯殺人媚人，忠賢以不善鍛鍊，遂致削籍，示大明之律令可以不守，而忠賢之律令不敢不遵，大罪十八。給事中魏大中，遵旨涖任，忽傳旨詰責，及大中回奏，臺省交章，又再褻王言。毋論玩言官于股掌，而煌煌天語朝夕紛更，大罪十九。東廠之設，原以緝奸，自忠賢任事，日以快私讎、行傾陷爲事，縱野子傅應星、陳居恭、傅繼教輩，投匭設阱，片語稍違，駕帖立下。勢必興同文館獄而後已。大罪二十。

邊警未息，內外戒嚴，東廠訪緝何事？前奸細韓宗功潛入長安，實主忠賢司房之邸，事露始去，假令天不悔禍，宗功事成，未知九廟生靈安頓何地。大罪二十一。祖制不蓄内兵，原有深意，忠賢與奸相沈漼，創立内操，藪匿奸宄，安知無大盜、刺客爲敵國窺伺者潛入其中？一旦變生肘腋，可爲深慮。大罪二十二。忠賢進香涿州，警蹕傳呼，清塵墊道，人以爲大駕出幸。及其歸也，改駕四馬，羽幢青蓋，夾護環遮，儼然乘輿矣。其間入幕効謀、叩馬獻策者，實繁有徒。忠賢此時自視爲何如人哉？大罪二十三。夫寵極則驕，恩多成怨，聞今春忠賢走馬御前，陛下射殺其馬，貸以不死，忠賢不自伏罪，進有傲色，退有怨言，朝夕隄防，介介不釋。從來亂臣賊子，只争一念放肆，遂至不可收拾，奈何養虎兕于肘腋間乎？此又寸臠忠賢，不足盡其辜者。大罪二十四。

凡此逆跡，昭然在人耳目。乃内廷畏禍而不敢言，外廷結舌而莫敢奏，間或奸狀敗露，則又有奉聖夫人爲之彌縫。甚至無恥之徒，攀附枝葉，依託門牆，更相表裏，迭爲呼應。積威所劫，致掖廷之中但知有忠賢，而不知有陛下；都城之内，亦但知有忠賢，而不知有陛下。即如前日忠賢已往涿州，一切政務，必星夜馳請，待其既旋，詔旨始下。天顔咫尺，忽慢至此，陛下之威靈尚尊于忠賢否耶？陛下春秋鼎盛，生殺予奪，豈不可以自主，何爲受制么麽小醜，令中外大小惴惴莫必其命？伏乞大奮雷霆，集文武勳戚，敕刑部嚴訊，以正國法。並出奉聖夫人于外，用消隱憂，臣死且不朽。

疏入，忠賢黨魏廣微調旨切責，自此，忠賢日謀殺漣。次年再興汪文言獄，羅織下詔獄，許顯純酷法拷訊，遂于夜中斃之。

請除奸璫疏天啓四年

蔡毅中

臣思學校者，天下公議所從出也。臣正與諸生講「爲君難」一書，忽接楊漣劾忠賢疏，合監師生千有餘人，無不鼓掌稱慶。乃皇上不下其奏于九卿，而謂一切朝政皆親裁，以奸璫爲忠，代之受過，合監師生無不捫心愁歎不已也。臣惟三代以後，漢、隋、唐、宋諸君，其受權璫之害，與處權璫之法，載在《通鑑》，我朝列聖受權璫之害，與處權璫之法，載在《實録》，臣皆不必多言，但取至近至親如武宗之處劉瑾、神宗之處馮保二事，願皇上遵之。瑾在武宗左右，言聽計從，一聞諸臣劾奏，夜半自起，禽而殺之。神宗臨御方十齡，保左右扶持，盡心竭力，既而少作威福，臺省劾奏，未聞舉朝公疏，神祖遂不動聲色而戍保于南京。今忠賢無保之功，而極瑾之惡，二十四罪無一不當悉究，舉朝羣臣欲于朝罷跪以候旨，忠賢遂要皇上入宫，不禮羣臣。今又欲于視學之日，羣臣及太學諸生面叩陳請矣，而皇上漫不經意。數日以來，但有及忠賢者，留中不發，如此蒙蔽，其中寧可測哉？乞將漣疏發九卿、科道，從公究問，即不加劉瑾之誅，而以處馮保之法懲之，則恩威並著，與神祖媲美矣。

疏入，帝不納。

糾傅櫆疏天啓四年

左光斗

臣惟君子之别于小人者，清與濁而已矣。君子之不能容小人，猶小人之不能容君子也，其清濁異，則其好惡不得不異也。然而鵠終不可以爲烏，鳬終不可以爲鶴，其好惡殊，其面目終不能易也。臣于本月十九日接邸報，見刑科給事中傅櫆《爲邪臣比暱匪人，❶把持朝政，衆皆側目，人有危心，懇乞立賜處分，以銷隱憂，以葆太和事》内，論臣及科臣魏大中，除大中自疏外，其云：血性男子，聰明丈夫，粉飾虚名，未敢顯然與清塗相背；依附有道，未敢公然與善類爲仇。似乎科臣猶知有有道、有清塗、有善類也者。而一篇之中，終不得其指歸著落何在，倒戈于君子，君子何人？呈身于小人，小人何人？汪文言之昭雪者，前司寇、前總憲也，其題授中書者，今閣臣也，臣不聞也。臣于山人、墨客，絶迹無往還，臣官階已崇，不藉延譽，何事引爲腹心，臣有以知櫆之意矣。櫆之意不利于攷功，有鄒維璉；不利于銓司，有程國祥；又不利于吏垣，有魏大中。一則逐之去，一則不欲其留，一則不欲其到任，而懼臣之稍稍持清議也，則併欲羅于一網。維璉十八年砥礪，臣雖未薦之爲銓司，亦嘗亟稱其才品；國祥二十年清冷，臣隨同鄉諸臣後一繳訪單，雖未嘗期其必用，而不敢自昧其良心；大中爲人不可親疎，臣與之落落而已。凡此皆負海内之清望者也，科臣何事必欲與之爲讎也。豈其性與人殊耶？抑亦有神奸播弄，揑造黑白，簧鼓其間，不覺目倒而心危，遂手忙而足亂也？人言科臣曾論清端大司農汪應蛟，公論不許，因求多于新安之人。果爾是科臣一生與清人爲難矣，願科臣之慎思之也。臣待罪風紀，揚清激濁，自臣職掌人材進退，例得預聞，何事攬泊？如其納賄招權、引用非類，指有的實，當明白糾參。若其未也，科臣失言矣。以科臣之權力，能使朝廷不能用人，銓司不敢就列，

---

❶「暱」，原作「匿」，今據康熙刻本左光斗《左忠毅公集》卷二《科臣挾逞私心倒翻國是疏》改。

首垣不許到任，把持朝政者，莫科臣若。科臣又嘗冒認東廠理刑傅繼教爲兄弟，脈絡機鋒，長安冷覷久矣。窟穴深藏，布置已定，將用邵輔忠陷毛士龍故事，比暱匪人者，莫科臣若。名義至重，鬼神難欺，欲人勿知，莫若勿爲，願科臣之慎持之也。臣忝竊非據，久思避賢，且見人心日下，清正難容，義憤填胸，生趣都盡，何有一官。伏乞皇上敕下九卿、科道，從公議處，要見鄒維璉、程國祥等是否清品；科臣身在言路，不能獎恬拔滯，爲何掃除清流、顛倒國是？仍乞將臣罷斥，以謝科臣，另選賢才代兹重地。

疏入，帝有旨：「左光斗以清望協持風紀，這所奏心跡自明，著照舊供職。該部知道。」

再劾監織中涓李實疏 天啓四年

周起元

臣以蘇松兩郡料額有定，無點金之術，以遂織監谿壑之求，李實因此肆螫于同知楊姜，臣願一罷以白此丞之無他，而皇上不加臣以譴逐，更令安心供職，又念臣力請免楊同知之逮治，而革職爲民。此不惟臣荷優容之仁，即楊姜亦深感寬處之德。然而姜原無擅減之事，以此坐錮，臣雖靦顔就列，誠有大不安于心者。頃又見李實摭拾逞辯，鋒深情遁，措詞倨侮，垂涎無厭，皆由宵小指點提弄，臣不明白參透，定貽不了釁端。夫袍段以四十萬分爲十八運，按運支銀，原編額止有此數，即實之疏亦不敢謂蘇松料額有濫此數之外，事理甚明，不煩喋喋，楊姜奉法急公，並未擅減。昔漢文帝以皂綈革履，致海内之殷富；宋仁宗因陝西用兵，行三司議節省宫壺服御。假令姜果能爲皇上減省冒費，是以中興之主望皇上，則固敬君之至者，豈不卓然賢吏？然而原非有減也。皇上聽實之言，而以擅減不敬坐姜，此天下所共憐，臣之所大不安，而皇上所當轉圜而昭其覆盆者也。

實來蘇杭，一味營利，兼饒辣手，講屬吏之禮，罰官府之俸，開密訪之門，捉民機爲匠，人甚苦之。乃又有背違成憲，決裂舊章兩事，則歲改袍船是已。夫李實初時之營領袍差也，曾具疏欲踵孫隆行事，而孫隆于蘇松袍服之外，未嘗侵管鎮、徽、寧、廣各府州歲改，此數處向無貂璫之跡。今一旦添一中涓，騷動其間，不但參隨絡繹，驛遞怨咨，萬一奸民搆出事端，誠恐禍生叵測。臣之所慮，不徒在爲有司存累年之規，而深爲地方防意外之隱憂。近來數郡中攫取，已收去銀鉅萬，並未聞一縷解京濟用，則無益公家，而有害于地方，不再計而明矣。此其必不可紛更者，一也。又袍船每歲八隻，神宗已裁定著爲例，劉、吕兩監行之久矣。今忽增造二隻，歲歲要加派修造之費，驛驛要設處夫廩之費，李實不過得奸猾船頭等些小微利，而有司加派之擾不顧也，萬里挽曳之苦不恤也，漏關鬧萬千之税不念也。此其必不可紛更者，二也。大凡管織造之官，多勸皇上奢侈，少勸皇上節儉，臣何敢以盛德事望實，但望其照舊例循行，不至格外作耗，足矣。仇士良言固寵之術，必使人主廣侈其耳目，而後我輩可以得志。吕強每事直諫，力求先裁一切之虛冒，實自視于此兩人者何居？則所謂不敬莫大乎是。伏乞皇上嚴諭李實，于歲改袍船一事，但令照舊，勿聽宵人撥置，恣意更張，此江南之大幸，皇上之至明至斷也。楊姜雖已飄然遠引，甘爲聖世逸民，更當諒其無擅減之罪，曲賜輕處，則臣言見采，地方蒙庥，雖加三褫臣官，有餘榮矣。

疏入，得旨：「楊姜稽誤袍段，把提運船，已從輕處。巡撫官表率一方，職專察吏，豈得漫無甄別，一味護庇。如再瀆陳，楊姜定行拏問。」

請與江南水利疏天啓四年

周起元

臣謹奏：江南蘇、松、常、鎮四郡，幅員不過五百里，歲輸租粒二百餘萬，最急莫如水利，而水利之最大者，莫如吴淞、白茅、劉河三江。蓋環蘇、松、常與嘉、湖數郡之湖澤，咸歸翕于此，爲宣泄入海之道。近劉河一線，僅通吐納，而吴淞與白茅二水，則淤爲平陸。前代屢濬，具有史志可攷。國朝永樂二年，尚書夏原吉來濬之，正統六年工部侍郎周忱濬之，隆慶四年都御史海瑞濬之。至今而五十餘年並未施工，以致吴淞江自澳塘以至新涇口及東、西蘆浦三壩等處，六七十里淤澱不通，白茅則梅林、塘墩、鎮涇等處，❶俱久填塞。先後建議之臣皆以爲請，本屬鄉紳亦每每叩閽求濬，而輒以費浩中寢。三吴百千萬生靈之命脈，引領此舉，而皇上未有治水之命，地方不敢擅興大役。邇年小有水災，低田輒淹没，直、浙數郡皆受其患。如常州、吴江、常熟、崑山、嘉定、上海、青浦、無錫、宜興等邑之間，荒田數萬頃，每遇漕、白兑運之時，有司但得派高鄉攤補，而高鄉賦役原重，又不甘心爲低區白賠，以此有司常攷成降罰，而小民受敲扑追呼，亦終不能完額。今年巨浸暴漲，瀰千里者，水之爲害也；雨後停蓄，經旬不消者，水利不修之爲害也。若今日又因循不治，則東南水患日甚一日，而國賦與民生兩受其累矣。

---

❶「梅」，原作「海」，今據四庫全書本周起元《周忠愍奏疏》卷下《題爲亟興水利以備瀦洩以救歲荒以裕國用事疏》改。

臣查都御史海瑞開吴淞用銀七萬有奇，前按臣薛貞曾委官估計數目，亦不相遠。白茅則知縣宋賢力請疏濬，大約工力可五萬而足，通計兩江工費以十二萬計。查三十六年，除應天六府賑濟不計外，蘇、松等府實蒙發賑銀五萬，度今時詘，皇上不能多發帑金，而賑災不可少，或可就以賑數再添一二萬，發開河工，臣檄各鄉飢民盡赴工作，計丈定工，計人授糈，計日給值，所全活必無量，而水利亦興，後雖有霖澇，不至傷稼。昔宋臣范仲淹守臨安，遇歲凶，轉乃大興工作，募飢民赴役就食，賴以全活者不可勝計。今臣所言，實尚欠五萬兩，容臣于所屬再搜括積欠導河銀並贓贖，再查照往牘，或量行徵派，以奏其績。若夫濬之之法，惟在尋其故道，淺者深之，窄者廣之，應閘者閘，應堰者堰，應石者石。豪民有于淤地之傍墾成業者，如不大妨河心，寧稍縮其河面以存之，期于水通而止，但不許一二姦猾占淤塞爲私業。昔成祖命尚書夏原吉出治水，遣官齎《水利集》以賜原吉，其注意如此，是以奉行者皆殫其心力，克有成功。今皇上若肯留神此舉，乞于工部司屬中簡任練達官一員，來董其事，以明聖意之決，方不爲道傍之築。至于分任府佐等官，則就所屬可揀用也。

疏入，得旨：「工部知道。」

請修省以弭災疏 天啓四年

周起元

臣謹奏：看得臣屬松江去春已有地震之異，今次且震亘數百里，摇動數郡矣。抑且有一二時而兩三震矣；震而瓦木有聲，至有圮城頹屋者矣。稽之史曰：陽爲陰所填而不得升，則震。姑勿論占驗之説，豈有陰壓陽，而二氣不干，五行不愆，災沴不生，人物不戾者乎？伏見報京師地震，奉聖旨「今歲各處災異，及京師地震，朕深懷儆惕。封疆多事，著內外臣工盡心職業，務修安攘實政，毋事虛文」。臣等躬值此異，皆奉職無狀所致，除痛加修省及申飭文武將吏，矢心慎毖，共圖消弭外，竊照江南祖宗陵寢之地，財賦數百萬所出之區，此地安危，天下治亂之候也，而今日天時人事有大可憂者。

江左素尚風流、重儒雅，近乃好談兵語亂，伏覩皇上鋭意求治，臣等方以爲是中興之象，而左道妖言、狂妄不逞之徒，見邊事尚急，派徵無藝，且曰「是季世之象，偏袒而奮白梃之秋也」，轉相愚惑，遂漸搆逆萌，雖各各就捕，而餘黨豈盡消滅？臣即條教與刀鋸並行，未便回心嚮道，不可不謂人心之變也。又去歲七八月忽旱，垂黄之穎轉爲半實之穗，棉花則半顆不結，而歲征布縷，皆謀轉鬻于中州。各河道處處乾涸，即孟河、太湖之間，素汪洋澎湃，且枯澀不可行舟，貨物、柴薪一時湧貴，父老皆以爲百年未見之異。臣于歲災，未敢輕報，以啓小民覬望負税；于水涸亦不敢輕報，以不祥災異傳播中外。然而不可不謂天時之變也。

有此二變，而地震隨之，臣等又虞其召災于將來也。震後不十日，而浙之長興遭大盜慘變，此亦其徵應，而臣等又慮其未盡消融于已事也。昔漢宣帝聞地震，下詔求直言，舉賢良方正，又假貸貧民，而災變亦遂消弭。伏乞皇上求極言敢諫之臣，舉巖穴忠讜之士，亟講所爲盡人事以回災變之策，又望俯念江南虚耗已極，百姓殫其地之出，竭其廬之入，以奉敲吸，長此不已，必馴至不可救藥。目前笳塞未靖，庚癸時呼，即不能下蠲租貸貧之令，亦宜速沛德音，一切煩苛盡行報罷，行郡縣吏務，于催科中求撫字之仁，臣等凡民間疾苦具疏請命者，祈一一允之施行。則閭巷無怨讟之聲，而奸徒亦不敢有越軼之志，根本安而民氣和，而天地變異自消矣。

疏入，得旨：「禮部知道。」

水災請蠲賑疏 天啓四年

周起元

臣于五月間以稽天巨浸漫連數郡，菽麥蔬菜連莖葉以俱沈，棉花禾秧浥洪濤而盡腐，桑田化爲滄海，號泣徧于郊原，業具疏報聞，諒聖心惻隱，覽疏必愀然動念。臣猶謂三吴雖地不堪于兩種，而六月尚可播烏苗，通行災重地方有司官，親往各鄉，勞來督令，堰築者捧土畚築，溝塞者決淤濬通，富户令其捐資借貸，貧佃令其竭力戽車。私計稍高之區，或可補插薄穫。不謂自臣拜疏以後，又經一月，今且三秋入序，而晴霽之後，水且益漲，兼以吴淞、白茅二江五十餘年不開，入海故道湮塞，而浙省苕、霅諸派與江海翻波逆湧，蘇、松、常等數郡地形如坐釜底，不能宣洩，今舟楫往來不循河道，每見飛帆鼓枻于田畝之間，以取捷徑。臣令人往驗，地淺者可没頂，深者則没數竿，其地勢最高者，亦當褰裳而涉，補插晚稻，嗟已絶望。且村落屋廬，盡如水中亭榭，久爲魚鰕之宅，叩之則闃其無人。而散之四方者，亦不知其所之，甚至有枕藉死亡于水厓而不知其姓氏者矣。大都無郡不災，無邑不災，或川騰谷沸，人畜蔽溪而下；或城圮屋漂，男婦巢樹而居；或廳署泛汪洋之浸，或圩堰瀉澎湃之波，或舟筏撈人于城郭，或杖鉢呻飢于道傍。此等景象，見者垂涕，聞者酸鼻，父老皆言此災比萬曆三十六年，其數有倍。蓋三十六年高鄉未甚浸，而今則高低並渰；三十六年一漲便消，而今則兼旬不退；三十六年菜麥已收，而今則饑饉薦至；三十六年積貯尚饒，而今則十室九空；三十六年地方寧戢，而今則人心思亂。臣而言及于人心思亂，則固有不敢言，又有不得不言者。皇上方以江南爲治安，顧決禍患于旦夕，似欲以危詞徼浩蕩，臣是以不敢言。然而蛇豕之徒，無日不包藏禍心，雖倡亂者不必飢，而以無居無食之民，誘爲斬木揭竿之舉，其號召甚易，是以臣又不得不言。

嗟夫，罄土之毛，不足供食指之衆矣，而鄰境又無可乞糴，鉏犁既賒，牛犢亦賣，始于搶奪，究而弄兵，夫豈盡不必然之慮哉。《周禮》荒政十二，究之以除盜賊，明荒之必亂也。荒則必亂，故弭亂莫如救荒，而救荒莫先足食，足食莫先于賑濟與蠲折。今東西跋扈，師老數年，餉耗無算，皇上與閣部諸臣舉軍國最急、最乏之需，以待濟于江南，而臣欲以江南最危、最苦，望澤于皇上，似乎見一隅而遺全局。臣惟計全局，是以益重一隅，今日所望皇上，亦不過大施一年之惠，蠲折賑濟，以救此襏襫耰鋤小民，俾歲歲爲急公好義之百姓。萬一荒而致亂，變出叵測，如前所逆料者，即大費軍需，未必便可收拾。一年之不割，而數年蠲之乎？臣所謂顧全局而益重此一隅者也。又有言者曰：折米利在有田之家，不在貧民。不知粟出于富人之藏，而入于貧者之腹。江南豐歲且資客米，儉歲益不可支，若不先下折令，則富室有所積，必曰此自留以餬口者也，富商有所囤，必曰此徐鬻以上供者也。如是而米日乏，價日貴，民即持錢，無可買處。近見松江十二錢買米一升，視京師等貴，而奸徒洶洶，所屬至有強開粟舍之廒，強搶販夫之米。非不懸重典以創之，正恐徒法不足以止亂，七八月後景象，當不止此。誠于災重縣分，速允蠲耗折米，則民間稍有蓋藏，及商賈之囤聚者，皆出鬻以倡貧民，雖價高不能禁抑，而有貴米可鬻，就中所全活亦不知其幾千百萬生靈。此所寬在殷實而所活實在貧窮者也。蓋列祖皆深知江南賦稅，其輸將獨多，江南安危，其關繫極重，是以凡遇災沴之歲，特沛浩蕩之恩，誠以所豁者小，而所保者大也。今歲撫屬漕白正耗米二百五十餘萬石，俱輓輸以達太倉，如查儲積，通算可濟若干時，即于全災縣分允漕白蠲耗議折。至于賑濟，乞照往例，特遣官員齎賑，更望留滸墅關稅一年，及稅契事例、贓贖、魚課行賑。誠災重民飢，事勢急迫，不得不爲不達時務之請。今皇上仁慈天縱，眷念定鼎之區；在事諸臣軫恤時艱，特先本根之計，必有大沛德音，以慰雲霓矣。

疏入，得旨：「江南水災，已有旨了，作速勘奏蠲賑。其目前要緊事宜，不及奏的，便宜行。」

御選明臣奏議卷三十八

魏大中

劾魏忠賢疏天啓四年

臣謹奏：從古君側之奸，非遂能禍人國也，有忠臣不惜其身以告之君，而其君不悟，乃至于不可救。今忠賢擅威福，結黨與，首殺王安以樹威于内，繼逐劉一燝、周嘉謨、王紀以樹威于外，近且斃三戚畹家人以樹威于三宫。深結保姆客氏，伺陛下起居，廣布傅應星、陳居恭、傅繼教輩，通朝中聲息。人怨于下，天怒于上，故楊漣不惜粉身碎首，爲陛下力陳。今忠賢種種罪狀，陛下悉引爲親裁，代之任咎，恐忠賢所以得温旨，即出忠賢手，而漣之疏，陛下且未及省覽也。陛下貴爲天子，致三宫列嬪盡寄性命于忠賢、客氏，能不寒心？陛下謂宫禁嚴密，外廷安知，枚乘有言：欲人弗知，莫若弗爲，未有爲其事而他人不知者。又左右屏而聖躬將孤立，夫陛下一身，大小臣工所擁衛，何藉于忠賢。若忠賢、客氏一日不去，恐禁廷左右悉忠賢、客氏之人，非陛下之人，陛下真孤立于上耳。

疏入，忠賢大怒，矯旨切讓。次年，以汪文言獄，羅織下詔獄。許顯純酷刑拷訊，獄卒受指，與楊漣、左光斗同夕斃之。

極言捕務不修疏天啓四年

高推

臣聞天下之至微易忽，以爲不足畏，其中實有不可測之憂，狃者視爲故常，識微君子每早計而豫防之。若夫四郊多壘，鼠張虎視之輩蠭蠆四起，糾衆横劫，苟不急圖式遏亂略之策，欲成久安長治之業，其道無由矣。臣自丁未通籍中外，無故桴鼓不鳴，即有一二鼠竊狗偷，夫亦畏首畏尾，躡跡潛蹤，未有通衢大都之中，青天白日之下，肆行剽劫，旁若無人如今日者。惟是東西交訌，加派頻仍，海内動摇，大盜蠭起。以畿南則有沙河劫鞘之盜矣，河南南陽縣又以劫殺守備張承茂告矣。外而窮鄉下邑，萑苻探丸，陸梁肆害，弱肉强食者，不知凡幾也。以近郊則撫按之家眷截矣，出使之少卿又截矣，下而弱植孤蹤、巨商大賈，流劫殺掠，道路以目者，不知凡幾矣。以都門則順天府庫劫銀二千矣，真武廟衕衕許國熙被賊殺死六命矣，若宦遊京邸，明劫暗偷，吞聲忍氣隱匿不以上聞者，不知凡幾也。臣甫任京營，職司捕務，昕夕冰兢，食不下咽，每私憂過計，慮如漢季之赤眉、黄巾，我朝之劉六、劉七，往事之白蓮妖寇，一夫大呼，千百響應，揭竿斬木，弄兵潢池，此其毒有不可勝言者。又最可慮者，近聞强敵欲從喜峰口進邊，遠征既無兵革之足恃，近攻亦無捍衛之可憑，此其禍又有不忍盡言者。

臣每念及此，肝膽俱裂，是可不爲豫防哉？防之則在守土矣。守土賢則捕緝維勤，消弭有道，大盜無横行之期；守土不賢，則玩愒成風，禁戢無策，小民亦無安枕之日。是以渤海之盜，以龔遂治之而自平；廣陵之盜，以張綱治之而自解；關中之盜，以王温舒治之而自息。若夫今日盜賊之縱横，其弊有二。目前弭盜之急者，其法有四。弊何在？盜之生也，責不獨在盜也，責在捕盜者。貓鼠同眠，豺狼莫問。親識也而故匿之以養交，得贓也而故逸之以使縱，甚有窺伺上官之意旨，密爲曲蔽之通同。捕盜即爲盜之人，防賊乃匿賊之輩，民何懼而不盜乎？然盜之肆也，咎又不專在捕役也，咎在守土者。捕獲計拙，塗飾計工，盜大也而飾之以爲小，盜有也而蔽之以爲無，甚且人贓俱獲而故縱之以示寬。上下相蒙，苟且了事，則捕役何憚而肯拏盜，又何憚而不肆乎？法何在？一曰防微漸。蓋小盜，大盜之積也，爲虺弗翦，爲蛇奈何。若夫草澤初起，制服猶易，胠篋可除則除之，探囊可撲則撲之，萌芽拆而斧柯矣，可令滋蔓難圖乎？一曰芟窩主。蓋大盜，小盜之藪也，源之不塞，流將何底？若夫大憝巨惡，廉得主名，主竊則坐之以竊，主強則坐之以強，大羣涣而小羣亦空矣，可令盤根據結乎？一曰勤捕捉。蓋某日失事，即令某日嚴拏，盜尚未遠，贓跡猶存，一成鐵案，則百喙莫解。如驟雨當前，令人欲避而無可逃，是迅雷難掩之訣也。一曰嚴三尺。蓋鞫盜憑贓，若贓罪既明，應流配者即流配，應梟戮者即梟戮，律例昭然，毫髮不貸。如烈火在望，令人畏之而不敢近，是拔去病根之劑也。

夫令長，弭盜之官也。若保定，若東安，若文安，不能禦寇而反爲寇所劫，則平日之疎玩可知已。至都城内外，容臣與巡視科臣嚴督捕役，晝夜緝拏，以清輦轂。伏祈明旨亟敕各處撫、按、道、府諸臣，加意督屬各該有司、軍衛，遇有強竊，即從實申報，如半年之内盡數拏獲者，即紀録優敘，倘有隱匿縱容、朦朧不報、坐視不拏，即拏有不及分數者，輕則降級，重則三褫，庶法令明而人知儆，人心儆而捕緝嚴，捕緝嚴而盜無容足地矣。此芻蕘狂瞽，事期可成。如但曰言之而已乎？實義之所不敢出也。臣不勝激切待命之至。

疏入，得旨：「盜賊縱横剽掠，皆因地方官巡緝不嚴，以致滋蔓。這所奏，著便行與撫按官，嚴行督捕，不時申報，有違玩的，重行處治。該部知道。」

請斥魏忠賢疏天啓四年

宋禎漢

臣竊惟宦豎之惡，譬猶人腹心肘腋之疾，未露當嚴爲防禦，既露當亟爲殄除，絶其本根，勿致滋蔓，故免于當斷不斷之亂。臣不敢遠引，即如正德時劉瑾，朋比習非，初經科道交章論列，處分稍濡，而瑾遂夤緣復用，幾成不軌逆謀，雖卒正典刑，乃國體所傷實多矣。萬曆時馮保欺罔專擅，隨被臺臣糾劾，神廟遂赫然震怒，將保等正罪籍産，嗣後近侍斂戢，四十餘年間，無復敢竊弄威福者矣。是在處置奸豎之法，遲迅只争頃刻，利害輒判千尋，兩朝之已事可鑒也。臣前有「爵賚不宜輕畀」一疏，特爲太監魏忠賢逞勢弄權，已見其端，竊思恩寵太過，必將怙寵益驕，因驕益恣，貽禍且有不可言者，故以裁濫恩請皇上者，實以嚴防馭望皇上也。詎意下忱渺薄，未足仰回天鑒，乃忠賢之恣肆，果且日甚一日。頃臣堂官楊漣，目擊憤發，揭其諸大不法狀，臚列入告，中外臣民莫不傳誦稱快，而不意竟蒙嚴旨。臣從邸報中捧讀至「是欲屏逐左右，使朕孤立于上」之語，臣不覺悚然自念曰：皇上而不慮及孤立也，則已誠慮及孤立也，則忠賢者尚可一日留之在傍哉？

夫今掖庭之内，非媚忠賢而争求爲容，則畏忠賢而惟恐獲戾，是皇上之前後左右，無一非忠賢所植爲私人者也。章奏之間，稍觸忠賢之所忌，則必寢閣；偶傷忠賢之所愛，則必折抑。是舉朝之正士忠言，無一非忠賢所得而壅蔽者也。故忠賢留而主勢適成其孤，忠賢去而主威適因以振，皇上何可不熟思之也。憲臣疏中有謂「積重之所移，人人秖知有忠賢，不知有皇上」，是正恐黨與漸成，而皇上將不免于孤立也，故請亟除忠賢，庶幾可挽孤立之漸。是正體先皇顧命之惓惓，而盡忠于皇上之苦心也，皇上何可不熟思之也。矧忠賢在今日，不惟有不容不去之幸，亦有不容不去之勢。蓋人之奸，惟未至發露，猶或徘徊蔽飾，可望有省改求全之日，一至摘發，而仍得倖免，必益無復顧忌，奚啻心驚于騎虎，直敢氣揚于張鴟，勢固然耳。今忠賢奸狀業已昭揭，倘不及早處分，勢且日益肆志，將如縱轡之馬、決隄之水，馳驟潰裂，至于不可收拾，羣下所兢兢過計有不止主勢孤立已者。弊一至此，即寸誅忠賢，寧足贖哉！皇上又何可不熟思之也。

且皇上所以未忍遽問罪于忠賢者，特以其効勞自先朝耳。夫馮保非亦事神祖于先朝、爲穆廟付託之內臣乎？神祖一聞其惡，遂立斷而嚴譴之，以今皇上躬堯舜之資，懋法祖之德，豈以神廟能納臺諫之言、斷之于保者，而皇上顧慭置憲臣之言，靳其斷于忠賢乎？竊知清燕熟思之下，必且奮然振挈乾綱，無俟臣詞之畢矣。臣昨草疏已就，適聞同官具有公疏，因即列名共籲，冀合詞易以動天聽。乃兹尚未奉有霆斷，輒敢不避贅瀆，干冒宸嚴，伏乞聖明念權璫之去留，實關肘腋喫緊，而乾斷之遲速，尤爲利害攸分，即將忠賢亟賜處治，庶收盈廷忠益，以俾君側肅清，則伏戎不復在旁，斯黼座無虞孤立矣。臣無任悚慄激切待命之至。

疏入，得旨：「屢旨已明，不得又來瀆奏。該部知道。」

極言濫舉縱貪疏天啓四年

宋禎漢

臣惟外吏三年一入覲受計，典至鉅矣，而屈指今距計事尚無浹月，期云屆矣。邇者皇上勵精獨斷，自柄銓總憲以暨掌科、掌道攷功諸臣，悉廑宸衷，慎擇特簡，一時大小臣工無不欽仰聖明適當大計羣吏之時，丕示人政一新之象，甚盛際已。臣願効區區，冀裨察典萬一者。竊以爲激濁之用，宜莫先于道府，而州縣之課，當先嚴于甲科。蓋臣起家外吏矣，嘗見道府錚錚表著者，固十居七八，然間或有一二不肖者，其播惡必倍甚于州縣。蓋彼恒自恃爲莫敢問也，即有問者，亦必待于積久不可掩護之餘，則其貪壑已盈矣，況且有未必問者乎？又嘗見甲科中亭亭循卓者，固亦十居七八，然間或有一二不肖者，其狼狽必倍甚于鄉貢。蓋彼恒自視爲不至敗也，即有敗者亦必待于潰濫不可收拾之際，且雖寒灰可燃矣，況真有不必敗者乎？吏弊人情一至于此，倘不著實綜覈，及早摘發，則此膏枯髓竭之氓，復能堪鴟張虎噬之官哉？

至于卓異之有舉，以風良也。迺見舊時在外所擬，方面必屬省會道府，有司必屬俸深甲科。詎知舉異，何等關繫，使惟省會之是拘，則是人因地重，又思惟俸深而後預，則是挨年取貢耳。甚有煩言已嘖于衆口，而該省顧惜情面，猶欲以混充；亦有官評共見爲平常，而入京締藉奥援，徑得以濫竽，似斯弊習又何貴于斯舉爲也。夫卓異者，非常之謂，須真才通八面而後可謂異人之才，須真守嚴一介而後可謂異人之守。非常之名，必有非常之實，方足以當之，又必有非常之寵，方足以酬之。苟既標爲異品，而攷覈生平曾無異于儔伍作用，則盛名難副；或既褒爲異等，而比及遷擢，仍無異于尋常資格，則殊典轉輕。臣竊謂今次此舉，寧刻無徇，寧少無多，多宜不過數人而止。而此數人者，尤必探諸本省之報牘，質諸舉朝之公論，有實見其某地某狀可據爲異才，實見其某時某事可據爲卓守者，而後錫以宴獎之榮，隨即優以不次之擢。是非常之寵與非常之實相副，勵世磨鈍，道無踰此者。倘一時偶難其選，則寧闕其典，以示重慎，勿濫其人以充數也，其于風良，庶有實效乎。

贓吏之拏問，以懲貪也，迺見彈章所臚列，贓私每以千百計，而究竟莫追其一二三。即前次大察，提問亦十餘人矣，詰其贓，果能徹底窮究盡數追完以入公帑而佐餉需乎？恐未必其然也。且如陶朗先六十萬之贓，已經科臣勘結，千真萬確，屢奉明旨嚴追者，而猶輾轉支吾，廣營開脱，矧夫付諸該省之提問者，撫、按不過下之司道，司道又轉下之府廳。供贓滿紙，追時多成子虛；銷繳無期，限比祗應故事。有懲之名，無懲之實，吏更何憚而不貪也。臣竊謂今次有應拏問諸人，其在朝者，即付法司訊究，至追完日，亟行分別配遣，以正其罪。其在任者，移文各該撫、按，務要勒限問結、勒限追完，如過限未完，即將問官一併參處。則犯者足爲殷鑒，而人不敢效尤；問者重于自顧，而法不至曲骫。其于懲貪庶有實儆乎。夫兹時司計諸臣，皆仰荷皇上特達之知、倚任以振久弛之紀綱，而滌積刓之治道者，則各矢虚公，共圖整頓，諒諸臣有同心焉，而臣尤欲以「舉行實政」四字，爲當事者殷殷望之，庶幾協方新之人，焕維新之政，計典因以有光，而吏治民生均有賴矣。伏乞聖明省覽臣言，如有可採，亟敕各衙門申飭施行。

疏入，得旨：「近來吏治日隳，甚至濫舉卓異、縱貪官，該部著實綜核舉行。陶朗先如數追贓，還作速具奏。」

修政恤民疏天啓四年

宋禎漢

臣聞：天災流行，何代蔑有？故自古聖帝明王，不恃天之不降災，獨自恃有轉災爲祥之一法，從克謹天戒，以克享天心，無不立效者。恭惟我皇上躬天縱聖明之資，敷敬天勤民之政，謂宜天休滋至，而雨暘時若也，詎意年來災異疊見，入春方有風霾、地震之警，徂夏而亢旱且日甚一日，中外人情莫不皇皇然，懼人窮之已極，何天怒之未艾耶？臣愚竊以爲，惟君與天精祲相盪，善敗相因，故災異之來，天所以仁愛人君也，遇災思懼，君所以善承其仁愛也。攷昔苦旱之甚者，莫如商湯之世，而致雨之捷者，亦莫如商湯之世。觀其禱于桑林，以六事自責，言未已而雨方數千里矣，是惟君乃能格天也明甚。載觀其首舉以自責者，曰「政不節歟？民失職歟？」是格天當先圖其政與民也又明甚。兹誠欲轉災爲祥，轉旱魃爲甘澍，即羣臣深憂私懼，無益也，惟在穆清之上，于政與民之間，實加之意而已。

夫政最關繫者，莫大于詔旨之傳宣。臣伏覩冬春以來，言有稍觸忌諱，輒多留中，即忠藎補牘，而竟靳吁俞，今之恒暘而不雨，得無應是歟？近且有甫奉明綸，旋聞反汗，令臣下惶惑而莫知適從，今每欲雨而復暘，得無應是歟？以至讜直之優卹，屢經籲請，猶未得焉，而恩詔幾莫彰夫大信；中旨之親裁間出，票擬所弗及焉，而輔臣苦莫効其贊襄。是皆關于政體之大者，而已有不節之虞，漸成否塞之象，又安得不爲亢旱之徵也。乃民之失職，尤莫今日爲甚矣。比年徵調頻仍，而戰死者、逃死者，不知塗炭幾許生靈；邪教蠭起，而從妖者、敵妖者，不知芟除幾許民命。此其厲氣原足以干天和，而况弊政又足以離衆志。

自加派之令日繁，閭閻之脂膏血髓，已遍吸遍乾，焦枯而無起色；自攷成之法日峻，有司之追呼敲扑，每如焚如灼，悉索而無了期。即使天行無水旱之災，而比屋空虛，到處蠢動，識者已切杞憂，更奚堪夫災祲之稠疊耶？臣憶去歲給假家居時，適值臣鄉累月苦旱，米價踊騰，人情洶洶。在福州則古田、閩清，在建寧則松溪、浦城，在漳州則詔安山谷間，遂有聚衆千百、揭竿肆掠者，不旬日而亂萌踵至，闔省震驚。賴一時在事諸臣，協力斡旋，幸不及于大亂者，幾希耳。迺今以臣所聞旱魃，不獨在京畿也，外而河之南北，山之左右，楚、蜀、關陝之東西，皆非無事之國也，而皆有赤地之災，無麥秋之望。饑饉方且洊臻，盜賊安得止息，是民已思亂，而天復若以旱挑之亂焉。言念及此，誰不寒心，尚可泄泄焉不爲此孑遺計哉？

今之時加派雖未易卒省，然如科臣所言陶朗先、何棟如等確有實跡之贓，共有數十餘萬，尚無一文之納，查皆久經奏題奉旨抵餉矣，獨不可上緊勒限、盡數嚴追，或亦可寬加派之銖兩乎？攷成誠不得不嚴，然如餉臣所言舊額遼餉三年內計共該一百四十餘萬未經給發，不審貯解何地，業已奉旨查覆矣，獨不可立刻清出、給濟夏餉，或亦可緩攷成之須臾乎？他如徵收火耗一節，非不屢奉嚴旨禁革，炳如日星，無奈有司奉行猶然褎如充耳，衹見餉額有加，則耗羨輒隨之加倍。故加派者，小民無窮之害，而不肖有司之利也。有察吏之責者，獨不可加意詳訪，不時特糾數人，正法追贓，懲一警百，或亦可令陋規之漸洗，民生不至重傷乎？

蓋方今之民害已如火之燎原，不可撲滅，但得寬一分，則民即稍寬一分之生機，緩一刻則民即稍緩一刻之死路。故求莫求寧者，能就未易猝省中曲求其省，就不得不嚴中曲解其嚴，猶庶幾于失職之民補救萬分之一，即于惠民之天挽回萬分之一耳。至于州縣俸未及期者，議暫免覲，俾各地方得免署官之騷擾，而復得賴正官之撫綏，各有司得省道里交際之浩費，而且得免因公科斂之污名，誠爲救時良策。業經科臣尹同臯與臣同官李應昇、劉之待先後具疏，蒙允下部，計當事者軫念民艱，必與覆行。然覆之，此其時矣，倘更遲時日，則越在遐方者，恐已俶裝于途，借以派索者，恐已染指于鼎，又何如速覆之利民更普也。凡臣所言，或諸臣所已言而未見諸行，或諸臣所欲言而未竟其說，竊念就政與民之間，以求格天之實，端不越此，輒敢不避瑣聒，懇乞皇上仰念譴告之蘊隆，俯軫孑遺之湯火，慎傳宣于出政之地，速敕所司布寬恤之條。則側身思過，既遠同乎商湯；而露禱致誠，更近法乎神祖。如是而天心猶不昭格，天澤猶不旁流者，臣請受妄言之罪，伏望聖明採納施行。臣無任悚慄待命之至。

疏入，得旨：「旱災修省，當條行實政，何得動議詔旨！且軍餉緊急，欲以追贓抵充加派遼餉，方查舊額，便欲停緩攷成，此等條陳，緩急何賴？宋禎漢不諳事體，姑不究。該部知道。」

矢心入告嚴杜請託疏 天啓五年

范景文

臣行能淺薄，一壑自甘，久已無志世用，猥蒙聖恩不棄，起之田間，俾以典劇，自揣病軀綿力，重任難勝，兩次具呈堂官，求爲代題，而嚴旨赫然，立催受事，臣即沈痾委頓，何敢再爲偃蹇。且當聖明勵精求治，臣亦妄思澄清銓序，有以上裨聖治萬一，則臣區區私願也。今天下圖職業之念，不勝其圖榮進之念；愛名節之心，不勝其愛富貴之心。舉國若狂，嗜進如鶩，每怪古今同此人也，何遂茅靡瀾翻至此。毋亦衡鑒之地，先自不清，巧營者一歲數遷，拙守者幾年不調，天下亦中人多耳，此實教之使競，而欲其恬漠寡營，詎可得乎？

臣即不肖，不願使奔競之風自臣而開。伏念除者有歲格，其久近不得而私也；遷者有資勞，其深淺不得而私也；特擢者有績望，其高下不得而私也。一人欲私不可得，即欲私一人亦不可得，斯不亦明白畫一，與天下可共循乎？若不論三者，更于何論？其由别徑，不問可知，將何顔以對天下？且年來舞文玩法，吏弊叢生，幾不可問矣，今欲直窮到底，一清穴窟，而自己先有拖帶，打疊不浄，官長作事最難欺者左右，對此輩又何以爲顔？臣今與需次諸臣約，一行請託，臣不能爲之諱。臣又與同事諸臣約，一聽請託，亦願諸臣勿爲臣等諱。選人如林，鱗集都下，臣不能以一人障其目而箝其口也明矣。且臣非故爲矯飾不情也，誰無交知，誰無情面，臣亦豈與人異，惟是自反生平不慣俛仰，一意報國，先在不私，寧忘交知、破情面，而必不敢負君父，以負此心耳。天下人材，爲天下惜之；朝廷名器，爲朝廷守之；天下萬世是非公論，與天下萬世共之。人還其人，我無失我，此臣心之可自信者，而四方之人恐未必信臣之素。夤緣熟徑，入人膏肓，不有以力砥之，而競逐無已，廉恥風微，其爲世道安所終也。臣故豫揭癡腸，苦心道破，無非欲天下各圖其職業，各愛其名節，恬漠寡營，共偕于大道，豈曰小補之哉！自成成人之道，似無先此。除銓政大端禀臣，堂官次第上請，而夙昔盟心首以入告，伏祈天語丁寧，庶無隕越。臣無任激切待命之至。

疏入，得旨：「這本説的是，以後陞除、推用，一循資望，可挽競風，務著實行。如有故違請託的，指名參奏。該部知道。」

簡兵屯守疏天啓五年

朱燮元

臣謹題爲備陳協戰之難，亟議固圉之策，伏祈聖明治臣不效之罪，立賜褫放，敕部速議良圖，以無誤封疆事。臣行能淺劣，濫荷重任，適黔禍震鄰，奉旨協援，屢接黔省督臣蔡復一手札，移會春初舉事。臣因各兵調集，一面檄各將本年正月二十六日誓師，二月十一日會兵大方，一面移咨黔督去後，至二十七日遵義監軍僉事盧安世呈報到臣，云「黔省大兵已檄正月十五日渡河，奉黔督令二十七日會兵水西城，適該省參將許成名于二十日到府，隨于二十二日會兵進發」等因，臣遂飛檄永寧一路鎮、道，毋泥前期，俱于正月三十日點發過河。至二月初二日，據盧僉事塘報「副總林兆鼎率同侯良柱、陳一龍等，併黔中副將許成名，會兵先發板山營，胡斯化等攻破樂蒙、沙溪、巖孔一帶，併力前進，至二十三日于白蠟坎與賊對敵。賊勢猖狂，我兵出奇，分三路包截，將賊殺敗，斬級三百六十三顆。二十四日，至八里，水西賊追趕陸廣官兵甚急，我兵接抵，護出趙僉事并滇毛兵七八千」等因。又據大將李維新、道臣謝渭、許士奇、劉可訓塘報「副將秦衍祚同鄧懋官、潘應奎、孔全斌等前進赤水一路，初五日至層臺，有馬兵殺手至海子大路來截，各兵奮勇對敵，斬級二十顆，生擒五名，俘獲男女一十五名口，器械牛馬不計。坐營劉宗良、張洪烈、郭起柱、張令等前進龍場一路，行至養馬司，賊猶擂鼓渡河，張令銜鋒，右手重傷一箭，追賊大敗，共斬級三十餘顆，溺水死者無算。自是兩路賊俱深避不出，捉獲黔省潰兵王佐等，始知黔兵已退，各將疑阻，未敢遽進」等因。臣當檄各兵撤至赤水衞、馬鈴堡兩處屯劄，一面差人至黔省移問進止，知該省路苗蠭起，未能再進。臣思嚴兵待敵已匝一月，賊雖遠避，必有狡謀，該省業已暫停，偏師未可深入，隨于三月十二日檄道、將退還永寧，減汰新調，且耕且守，聊固吾圉。獨是仰奉成命，經營歲餘，不能建尺寸之效，以慰皇上西顧之憂，纓髮徒懸，逍遥貽咎，臣之罪于是無可贖矣。

顧臣碌碌，所處實難，敢誦言而無諱，可乎？夫奢崇明父子，雖未正藁街之戮，然黨羽擒斬，財用罄乏，獸奔鳥徙，仰人鼻息。所恨者安酋，未受戎索，甘爲逋匿耳。臣稔知安酋原非勁敵，去歲犯黔普定，三戰而三大敗，今歲犯遵義亦大敗。夷之最驍雄無如魯仲賢、羅奇，前歲犯古藺，一戰而擒斬，厥後傾巢犯永寧，又一戰而宵奔。官兵非畏之也，秖是一入其界，百徑千歧，既佯退以誘我，又扼險以邀我。高山密箐，倚木皆巢；深洞峭崖，無處非窟。重以陰雨晦蒙，罕覩天日，雖有智勇，未免張皇。夫人能搏出山之虎，而難逐鋌險之鹿者，形不利、勢不便也。今日用兵，全爲三逆，即殺賊數千百人而不得元兇，何濟于事？此一難也。兵既深入，夫運必不能前，採野無獲，伏莽難防，無論利鈍難知，即戰而勝，黔滇不牽其前，賊併力邀截，必犯惰歸之忌，此二難也。據黔督移約，令蜀兵東出遵義，西進畢節，而黔專進陸廣，是蜀環賊之三面，而黔獨處一。又以水西城爲信地，計黔省至陸廣，爲程二日，由陸廣至水西城，亦程二日；蜀自瀘州至永寧，爲程四日，自永寧至水西城，爲程九日；由遵義而進，無官程可稽，然大約須六七日。多寡遠近之數，迥然懸絶，此又難之難也。

夫蜀民之困極矣。馬已竭而猶求，鴻欲集而無所，吸髓既空，揭竿欲起。外則建昌、松潘羣夷，在在跳梁；内則屯戍各兵，嗷嗷待哺，畫地之餅難啖，無惠之法難振。如臣庸闇，實所不支。昔馬援平交廣，狄青取崑崙，皆越二三年而始得賊首，當時未聞隣酋有如安酋之肆逆，亦未聞官兵直窮其所匿也。今日即不言戰而言守，遵義逼近酋穴，酋豈忘情？永寧、赤水原非蜀衞，奈地當全蜀之衝，羣苗咸伺，新附未馴，勢不得不守，是蜀且新增二邊，稍有疎虞，難遮竊發。臣所爲日夜徬徨、寢食靡寧者也。顧臣不獨爲蜀憂，且爲黔憂；蜀尚有民，而黔已無民；蜀尚能耕，而黔久不耕。無民誰則爲兵，無耕何由得食。招募土司，徒滋騷擾之害；遠候轉運，更多劫掠之虞。計日而戰，數米而炊，前跋後疐，其苦更倍。幸督臣蔡復一、按臣傅宗龍皆赤膽勁骨，肆應有餘，西南半壁，自當廓清。但願皇上寬以歲月，大發糧餉，勿玩小醜而急撻伐之功，勿惜小費而掣任事之肘，務令完固根本，翦除支蔓，足兵足食，一舉而殲厥元兇，即蜀局且不勞而結，此不兩待之勢也。臣方草疏，據僉事盧安世揭報，督臣蔡復一將移鎮遵義。此扼賊項背最得地宜，伏乞敕下户、兵二部，速議便宜，推廣餉額，專委任而責成功，戰勝固已在廟堂矣。臣庸碌病軀，不稱厥職，自審甚明，不敢逃罪，仰望聖明立議削黜，俾存殘喘，高厚洪恩，銜戴其有極哉！除留兵需餉另疏陳乞外，爲此具本，謹題請旨。

疏入，帝從之。

御選明臣奏議卷三十九

請燬要典疏 崇禎元年

倪元璐

臣謹奏爲公議自存，私書當燬，敬陳膚見以襄蕩平之治事。臣觀梃擊、紅丸、移宮之三議，鬨于清流，而《三朝要典》之一書成于逆豎，其議本可兼行，而其書則當速燬者。請詳其説。

蓋當事起議興，盈庭互訟，主梃擊者力護東宮，爭梃擊者計安神祖，主紅丸者仗義之言，爭紅丸者原情之論，主移宮者弭變于幾先，爭移宮者持平于事後。六者各有其是，不可偏非，總在逆璫未用之先，羣小未升之日，雖甚水火，不害塤篪，此一局也。既而楊漣二十四罪之疏發，魏廣微此輩門户之説興，于是逆璫殺人則借三案，羣小求富貴則又借三案，經此二借，而三案之面目全非矣。故凡推慈歸孝于先皇，正其頌德稱功于義父，又一局也。網已密而猶疑有遺鱗，勢極重而或憂其翻局，于是崔、魏諸奸乃始創立私編，標題「要典」，以之批根。今日則衆正之黨碑，以之免死，他年即上公之鐵券，又一局也。由此而觀，三案者，天下之公議；《要典》者，魏氏之私書。三案自三案，《要典》自《要典》，今爲金石不刊之論者，誠未深思。若夫翻即紛囂，改亦多事，以臣所見，惟有燬之而已。夫以閹豎之權，屈役史臣之筆，亘古未聞，當燬一。未易代而有編年，不直書而加論斷，若云彷彿《明倫》、規模《大典》，則是魏忠賢欲與肅皇帝爭聖，崔呈秀可與張孚敬比賢，悖逆非倫，當燬二。矯誣先帝，僞撰宸篇，既不可比司馬光《資治通鑑》之書，亦不得援宋神宗手製序文爲例，竊假誣妄，當燬三。又況史局將開，館鈔具備，七載非難稽之世，實録有本等之書，何事留此駢枝，供人唾詈，當燬四。

故臣謂此書至今日不燬，必有受其累者。非主三案者之累，而争三案者之累，抑又纂修三案者之累也。何也？争三案諸臣，其品原分三等，下者如崔呈秀、劉志選、李春昱等之附和希寵，不足問矣，最上莫如黄克纘、賈繼春、王業浩、高宏圖、劉廷宣等，始處君子而不必求同，既遇小人而自能爲異，本末炳然，雖有忮者，莫或能加之也。然而管、華之席未割，老、韓之傳同編，在數臣高明之觀，豈不引爲坐塗之辱。若其次焉者，雖非盡有撑持，要亦不皆濡染，而特以史氏抑揚之過，保不爲後人翻駁之端。至于纂修詞臣之在當日，則更有難焉者。丹鉛未下，斧鑊先懸，姜逢元閣筆一歎，朝聞夕逐矣；楊世芳、吴士元、余煌等備竭調維，其于忤璫諸疏，有匿其全文者，有删其已甚者，時傳書成而獄又起，則有寧加醜詆之詞，而決不肯下一不道無將等字面，以傳會爰書者。凡此苦心，亦多方矣，而事在見聞之外，未易可明，彈章一加，萬節俱喪。諸若此者，皆臣之所謂累也。

累之不已，元氣又必大傷。當今正氣日伸，方隅漸化，自應進其平歆，沃以温湯，倘復尅伐不休，正恐清寧無日，然而逆璫之遺蹟一日不湮，則公正之憤心千年不釋也。伏願陛下敕下該部，立將《三朝要典》鋟存書板，盡行燬焚；仍命閣臣擇期開館，纂修天啓七年《實録》；而又命纂修詞臣，捐化成心，編摩信史，凡關三案之事，必執兩端之中；而又命三案中賜環諸臣，各以聖明御極爲再生之年，勿以恩怨横胸、理前身之業。

至于一切妖言市語，如舊傳「點將」之謡，新騰「選佛」之説，毋許妄形奏牘，横起風波，則廓然蕩平，偕于大道矣。臣向以是非之心言是非，今以史臣言史事，統關大計，伏惟聖斷施行。

疏入，得旨：「這疏持論虚平，有裨新政。該部知道。」

辯楊維垣詆東林疏❶崇禎元年

倪元璐

臣頃閲章奏，見攻崔、魏者，必與東林並稱「邪黨」。夫以東林爲邪黨，將以何者名崔、魏？崔、魏既邪黨矣，擊忠賢、呈秀者，又邪黨乎哉？東林，天下才藪也，而或樹高明之幟，繩人過刻，持論太深，謂之非中行則可，謂之非狂狷不可。且天下議論，寧假借，必不可失名義；士人行己，寧矯激，必不可忘廉隅。自以假借、矯激爲大咎，于是彪虎之徒，公然背畔名義，決裂廉隅。頌德不已，必將勸進；建祠不已，必將呼嵩。而人猶且寬之曰「無可奈何，不得不然耳」，充此「無可奈何，不得不然」之心，又將何所不至哉！乃議者以忠厚之心曲原此輩，而獨持已甚之論，苛責君子，所謂舛也。今大獄之後，湯火僅存，屢奉明綸，俾之酌用，而當事者猶以「道學」、「封疆」持爲鐵案，毋亦深防其報復乎？然臣以爲過矣。年來借東林媚崔、魏者，其人自敗，何待東林報復，若不附崔、魏，又能攻去之，其人已喬嶽矣，雖百東林烏能報復哉？臣又伏讀聖旨，有「韓爌清忠有執，朕所鑒知」之諭，而近聞廷臣之議，殊有異同，可爲大怪。爌相業光

❶ 此疏在四庫本倪元璐《倪文貞奏疏》卷一題作《首論國是疏》，奏議集内另有《駁楊侍御疏》。

偉，他不具論，即如「紅丸」議起，舉國沸然，爌獨侃侃條揭，明其不然，夫孫慎行，君子也，爌且不附，況他人乎？ 而今推轂不及，點灼横加，則徒以其票擬熊廷弼一事耳。 廷弼固當誅，爌不爲無説。 封疆失事，纍纍有徒，乃欲獨殺一廷弼，豈平論哉！ 此爌所以閣筆也。 然廷弼究不死于封疆，而死于局面，不死于法吏，而死于奸璫，則又不可謂後之人能殺廷弼，而爌獨不能殺之也。 又如詞臣文震孟，正學勁骨，有古大臣之品，三月居官，昌言獲罪，人以方之羅倫、舒芬。 而今起用之旨再下，謬悠之譚不已，將毋「門户」二字不可重提，即用更端以相遮抑耶？ 書院、生祠相勝負者也，生祠毁，書院豈不當修復？ 是非無中立，伏望俯賜鑒察。幸甚，幸甚。

疏入，帝以論奏不當責之。

舊餉告匱疏 崇禎元年

畢自嚴

臣竊惟天下不可謂無事矣。 東而薊、密一帶在在戒嚴，西而宣、大二鎮時時枕戈，至于山、陝諸鎮，叛服無常，戰款靡定。 無地不設重兵，無人不需月餉，羽檄頻馳，飛章疊至，非以數月無糧見告，即以效尤寧遠爲憂。 臣承乏司計，竭蹶諮諏，敢抒固陋，仰佐持籌。

一曰覈民運之逋欠。 國初九邊主客兵餉，俱有各省民運以資供億，後來間發京帑，不過一時權宜之計，無奈承平日遠，疆場之臣忘其初意，以京運爲必不可少之物，其視民運積逋漫不經心。 夫臣部舊餉缺額至一百六十餘萬，猶竭力供辦，省、直民運，俱祖制額編，乃任意延逋，不知臣部之京運，亦各府州縣之所解納、億萬姓之所輸將，與民運何異，奈何歧而視之也。今後責成各鎮撫臣，年終徑自查參，其山、陝極邊地方有疲瘠太甚者，准照腹裏上疲州縣，豫爲題明量減分數，其餘分別懲戒。此後臣部先儘民運原額，以酌發京運之數。儻逋欠仍前，而參疏不至，異日邊儲有誤，疆場之臣難他諉其責矣。

一曰議屯糧之徵收。祖制軍丁俱隸衛所，各有屯田，徵收本色入官，還充軍糧支放。是即唐朝府兵營田、寓兵于農之意，聖祖所謂「養兵百萬，不費民間一粟」者，此物此志也。迨後年禩寖深，有子孫瓜分其田者，有貧窶轉鬻者，有丁倒户絶而埋没無存者，有田本磽确而荒蕪不治者，不才武弁既視爲乾没之資，奸猾軍旗又恣爲延捱之計。又或無災而稱災，不遵納本色，而告納折色，每石多不過三錢，又且緩征逋負。于是屯糧之設，什不得五，而祖制盡湮没矣。爲今之計，似當行委府佐官員，加意查核，有埋没者則遡流而窮源，有荒蕪者則設法以開墾。清查完日，地方撫按具實奏聞，造册報部，定爲額數，徵收本色入倉，非遇大荒，不得輕議改折，以饜奸貪之腹。則屯糧漸復祖制之舊，而邊餉亦稍助一二矣。

一曰嚴京邊之攷成。目今太倉如洗，國家隱憂，乃各省、直京邊錢糧共止三百四十二萬九千八百九十餘兩，而拖欠者每歲約至百萬，臣部將何所賴以撑持乎？固緣百姓物力有限，既完新餉，頓逋舊餉，亦繇有司急新遺舊，若曰「是可緩圖」云爾。至于攷成之例，止于薄罰降級，玩愒易起，今後臣部查有拖欠獨多者，特糾一二，從重降調。夫度支之困極矣，出入之數相懸，生財之藪已盡，所恃九邊續命者，止此惟正之供，而積玩成習，非惕以功名之路不可也。

一曰汰踰額之營制。先年各邊鎮俱有一定兵馬、一定糧科，名曰「經制」，如田之有畔，不得踰越。逮後督撫條議陸續添設，總爲固圉防邊，言亦鑿鑿可聽，然兵日增而餉日益，後遂至于不可繼矣。督撫虛心酌議昔何以減而有餘，今何以增而不足，度其緩急，設法裁汰，以歸經制，斯亦今日清餉之急務也。蓋今日軍餉別無生之一法，止有節之一法，額外節得一分，則額内留得一分矣。總之清理民屯，稽核京邊，直還以軍餉之所固有，而攷覈經制，澄汰兵食，實祛其邊鎮之所本無。伏惟采納亟賜施行。

疏入，帝從之。

劾孫之獬請存要典疏 崇禎元年

吴 焕

臣聞：世開治平，惟定一是；臣子事君，莫先盡禮。有如行僻言堅，咆哮于君父之前，以冀驚衆聽而懟至尊，黨私交而傷善類，此不忠之大者也。臣閱邸報，見詞臣孫之獬「疾廢不能供職」一疏，不勝駭憤。其所爭《要典》不可燬云：皇上于熹宗嘗北面事，現有御製序文在，「朕」之一字，豈可投之火。是明以「御製」兩字壓皇上不敢動矣。又云：皇上同枝繼立，非有勝國之掃除，何必以此忍心很手，❶使于祖宗則失孝，于熹宗則失友。是明歸皇上以不孝不友矣。且臣子拜疏，不曰「進呈」，而曰「投入」，之獬尚知有人臣禮乎？

夫欲知今日《要典》之燬，毫無損于聖祖神孫之孝慈，應先白當日爭「梃擊」、爭「紅丸」、爭「移宮」三案諸臣原未嘗陷主于不慈，陷主于不孝，特羣奸欲殺忠良苦無題目，故借爲罪案耳。夫當張差之梃而馳至、排禁

❶「很」，文秉《烈皇小識》卷一所引吴焕疏作「狠」。

闥直入也，其有所使而然，何待辯！此而不問，將亢圖、魚腹踵發禁庭，東宮危矣。惟廷臣爲朝廷持破柱詰奸之威，神祖、光宗自行燒梁獄詞之法，父子兄弟間所全實多。❶當時召對慈寧，諄然面命，和氣盈庭，光映千古，止慈止孝，得此益彰，而謂諸臣陷主不慈、陷主不孝，不亦冤乎？及光宗嗣寶，匝月之内，雨露滂沱，天下方慶萬年有道之觴，一旦哀思太過，聖體恒羸，崔文昇、李可灼漫以瀉下之藥進，而鼎湖遽逝。攀髯無計，則涕泣呼號，咎歸嘗藥，此忠臣、孝子痛極不擇音之言，此而遽以悲憤叫號，定諸臣不赦之辟，而以聖躬嘗試之崔文昇立躋總鎮，李可灼登用方新，刑賞亦太不平矣。至于移宫一案，誠嫌太驟，然當其時，大故接踵，朝野震驚，宫府徑庭，危疑紛起，誠早得元子升中出震，以定羣疑，則負扆奠鼎，他無遑恤。彼謂宫眷必宜從厚，此痛定事後之言，及至聖眷無改，恩禮有加，于先帝之孝益彰顯已。雖日争「梃擊」、争「紅丸」、争「移宫」，而初無損于三聖之孝慈，則又何必劉志選、徐紹吉輩諸大奸共成《要典》一書，稱之爲孝而後孝，稱之爲慈而後慈。然則《要典》一書，在當日原不必作，在今日又何妨于燬。如以皇帝之制爲必不可更，彼僞祠之建，僞爵之頒，位上公、錫鐵券、錫土田，何一非稱皇稱制，奸人邪黨，正將借此以壓庸愚、欺當世，而不知三代之民，斷不可枉也。惟是功罪不明，邪正顛倒，所以辯言亂聽，邪説横行。

夫觸邪者爲君子，媚邪者爲小人，兩言可定羣品，臣首疏即舉以入告。顧有一疏之内，一觸邪而一以媚邪，甚至始觸邪而繼即以攻正，變换無端，何怪乎人言之及。惟是始進雖未甚正，而能首出攻邪，或當徐俟

---

❶「間」，原作「閒」，今據四庫本改。

以觀其將來之向往。則政府主持國是，萬不可不斷，而其候似宜少需；分別忠邪，萬不可不嚴，而其路似宜少廣。蓋遵王之路，宜闢蕩平，使天下回心易向，以共遊大道，可息紛囂，而消反側，如復有陰陽閃爍、形迹顯露者，必與衆共擊之。今日宏開治平之象，似應如是。則有識者宜即以此意明告于皇上，明商于政府，乃何至倒置其詞，譸張爲幻，政府本用嚴而名之曰「兇心」，本用斷而名之曰「辣手」，將必至首尾兩端，依違情面，賢奸並進，而涇渭不分，羣言雜投，而黑白莫辨，養成一不痛不癢，爲過爲命之世界而後可。則又誰肯身任勞怨，擔當國是，以開闢清明之治哉？不幾上負聖明而邪正掎角無已時也。伏祈皇上將孫之獬立賜褫斥，以爲人臣無禮于君者之戒，仍諭政府蚤出視事，一意擔當，稍示寬大，而嚴闢邪説，以定國是，以息紛争，則世道立見蕩平矣。臣不勝悚息待命之至。

疏入，得旨：「據奏，孫之獬狂躁，宜加處分，第已回籍，詞臣閒局，不必過求。該部知道。」

嚴行彰癉以息羣棼疏 崇禎元年

吴　焕

臣竊計是非者，人心之至公也；誅賞者，朝廷之大柄也。是非混淆，即清時不能以定國是；誅賞不嚴，雖聖主無術以開太平。況當泯棼濁亂之餘，必有一番大剖析、大剸割，然後可冀蕩平師濟之盛。自逆璫煽禍，世界倒翻，賴皇上聰明神武，立殛元兇，旌忠起廢，除奸逮惡之詔，播告再三，亦既彰明較著矣。乃竊觀廟堂之上，持論未見有畫一之繩，刑官未見有明允之奏，司勳未見有旌揚之典，相蒙之久，勢必至于相激，恐玄黄之戰復興，有負皇上宵旰求治之念，臣竊憂之。

夫天下公非公是，人各有良，惟是自匿其心，以閃爍于陰陽不測之境，則相尋傾軋無已時。自朝論紛紜以來，南北水火，凡再三變，至閹臣魏廣微出，鋌而走險，以其權拱手授之逆璫魏忠賢，動稱中旨，莫敢誰何。當時國中，蚤已有「内魏外魏」之謡。原其初意，將借以驅除異己，爲一時立勝局耳，孰知國之利器，不可倒持，刑餘陰毒，饕殘無厭，逆璫騎虎之勢既不能下，而憸邪狐假之羣又不可解，于是驅除不已，因而戕虐，搒掠不快，輒動刀刃。「門户」兩字，幾羅織天下賢士大夫而空之，甚且伏甲宫牆，張牙閫外，震主之威幾危社稷，誰實厲之階哉？此誠國家一大厄運也。然臣則謂此正天意欲助聖明以開治平，故特生忠賢爲世大逆，觸之者爲君子，翼之者爲小人，若懸一西秦之鏡，以照破天下之肝膽，即陰陽閃爍，無可藏身，自此流品可清，朋黨可散，國是可定也。

臣跧伏田間，静觀逆璫，自弄權煽禍之始以至殄滅，其勢凡數變，而在野在朝諸臣，不幸而身逢其殃，其皎皎心跡確然可指者，品亦凡有數等。方逆璫宫廷露刃，中旨侵權浸假，有履霜堅冰之漸，而能凜乎蚤見，飄然遠舉，則見明哲全身之智；及羽翼漸布，爪牙斯張，赫然威焰，方將擇人而食，而諸臣首觸兇鋒，明蹈虎口，至身爲虀粉，則見捨生擊賊之忠；及至網密無魚，清流投濁，必務驅除剗削而後已，而諸臣挺持自若，鎩羽投荒，則見守正不容之操；及至殺焰通天，冤聲載道，風雷震疊，海宇張皇，而能乘便建言，危詞激論，直批鱗甲，甘心責譴，則又見忠憤激發之氣；而其間亦有欲進不可，欲退不能，而借差請告，曲避投閒，以自完名節，則見修潔自好之標；乃有舉朝無敢開之口，觸石有必碎之威，而伏蒲請劍，首擊瘋邪，以翦璫翼，則見朝陽鳴鳳之節；又有事係邊疆，典邀封爵，岌岌乎有蒙恬賜劍之危、九錫加身之變，而發憤上書，抗疏辭麿，陰折逆謀，則見當幾力諍之勇；及至忠良已盡，篡逆垂成，天地祖宗明威欲殛，然聖怒未張，伏戎在側，羣虎密謀，積威未解，而挺身犯逆，慷慨擊邪，如諸臣補牘連章，盡發罪狀，則又見扼吭除兇之烈。此其品雖人人殊，而心迹洞然，同抱忠君報國之念，故衡君子者，決當以此爲定鑒。應從風波泥淖之中，分别其所爲，君子不應于剖心碎骨之後，復強誣其爲小人。

若夫建祠獻媚，貢諛養奸，其作俑當先者，固蓄欺君賣國之謀，即附和同聲者，徒知保身固寵之計，廉恥喪盡，衾影懷慚，誠何顔復厠于冠裳之列乎？至于天人共憤，罪狀昭彰，國有典刑，決不容毫髮假借者，如劉志選、梁夢環之傾危聖母，田爾耕、許顯純、李永貞、李實等之同夥殺人，田吉、倪文焕、劉詔等之贊謀助逆，立當肆諸市朝，投之荒服。而遺奸漏網，更有一大憝曰崔文昇。文昇爲逆璫第一腹心，故特遣之督漕，以扼江淮要害，此其志不在小。文昇遂虎踞咽喉，陵轢撫、按，剥軍虐民，幾激成大變。巡江御史何早抗疏陳言，立遭譴逐；鄉官孝廉，居然逮繫，如縛雞豚。且與劉志選朋比逞威，招權納賄，東南官寮半天下，生殺黜陟俱出其手，倘忠賢逆謀果成，文昇必爲元輔。此其罪在李實、劉若愚之上，速應逮問正法者也。乃若十孩兒中第三人曹欽程，同朝共棄，人類不齒，言之污頰。然其當先殺四御史以獻首功，投入魏良卿、崔呈秀之幕，傷殘善類，無所不至，科臣吴國華首發其奸，立致嚴譴，併所薦熊江、周詩雅無端屏斥，至今未得申雪，非潘士聞力擊除之，其叛逆之惡當不在崔、田下。其臨出都門，拜别忠賢，口稱「君臣之義已絶，父子之恩難斷」，遂慟哭失聲而出。如此異類兇殘，亦決當提問追贓，以償三臣之命，臣安敢避睚眦之嫌，而不以入告乎？

皇上旌忠鋤惡，業已屢播明旨，仰祈今日斷然行之。蓋立國之綱，廉恥爲重，彼効死除奸諸臣，如楊漣、周宗建等皆碎骨裂膚，而周順昌至拔舌敲齒，罵不絶口而死。生氣凜凜，爲臣死忠之義，宇宙間尚留此一綫，倘不亟爲表章，人心幾至于澌滅。而助璫殺人諸兇，自非誅殛竄逐，亦無以懾奸黨而戒將來，乞皇上明詔法司，將田爾耕、許顯純、崔文昇、曹欽程等立提至刑曹正法，應誅者誅，應遣者遣，即奪諸奸恩廕以旌忠直。此天意人心所共快者也。誅賞既明之後，更邀天語申飭朝野守正諸臣，共濟同心，若更有巧詆忠良及黨同報復者，是即顯悖明旨，天威咫尺，誰敢仰負聖明？將國是可定，平康立奏矣。

疏入，敕下崔文昇法司，鎖之馬房。諸閹伏宫門哭，聲震帝座，帝益怒，逮首倡二豎，及文昇各杖一百，發孝陵浄軍。就宫中處分，原疏留。

直抉吏治病源疏 崇禎二年

范景文

臣被命撫豫，受事匝月，懍奉簡書，無日不以察吏安民爲兢兢。伏念今日吏治之病，惟有一貪，而對證之藥，止爲一廉。然貪吏之日多，廉吏之日少者，其起于察吏者乎！何也？吏之能爲貪，必有才力可恃，而吏之敢爲貪，又必有牆壁可倚者也。其一段翹然自喜之氣，既已奕奕動人，而工逢迎、善彌縫，又能偵上官意而巧中之，相得既深，覺察不暇，彼之志遂肆，膽遂張，爲所欲爲，無復畏忌。且分其囊橐，供作苞苴，延譽多方，虚名易起，甚有畏其奧援，假之羽翼，而不敢動者。以是薦剡日騰于上，而怨怒日盈于下，彈文所列，不過一二，庸碌惘愊無華之輩，聊充故事而已。嗟，嗟，撫按意向，屬官之所奔走也；撫按舉劾，屬官之所轉移也。而今若此，世安得有吏治乎？「好官不過多得錢」，原屬昔人謔語，今竟守爲秘訣。人見得錢既多，又復好官，自我通神得力，轉相效尤，卓然自立者有幾？即謂「吏之多貪，上官實教之」可矣，又何誅焉！若其潔己愛民者有顯庸，剝民自肥者有重戮，昭昭垂示，斷斷不假，甄別嚴而賞罰當，苟非病狂喪心，誰不自愛其官？所謂借其愛官之心，以成愛百姓之心，則風勵之善術也。昔齊威王不過一霸主，烹阿封墨，齊國遂以大治，正于風勵天下之術有合耳。

今皇上鋭意太平，將立致唐虞之業，而海内未見向風，誰司撫綏，激揚無效。臣每爲痛心，思一力破此關。然地處暌絶，權在受成，無一事不需查議，無一官不需開報，而又不能爲鉤距之術以耳目人。所恃爲耳目者，惟司、道、府、廳各官，故責成亦宜先自各官始。語曰「大臣法，小臣廉」，豈廉節止小臣事哉？所謂法者，即以廉爲法也。己不廉而求人之廉，則無法；以身教貪而以令責廉，則無法；所升者不廉，而所黜者不貪，則又無法。果欲以廉爲法，則莫如斷絶饋遺。夫饋遺者，以交際爲名，而賄賂爲實者也。此徑一斷，則情面自絶，威望自肅，上下綱紀相維，職事相課，了無黏帶，而後真是非乃出，真勸懲乃行，豈不休哉！行之歲月，而吏治有不變，民生有不安，臣未之嘗聞。故持一廉爲對證，不若拈一「法」字。法乃祖宗以憲後世，皇上以繩羣工者也。《律》云「官吏受財者，計贓科斷，追奪除名」，饋遺非贓乎？枉法者通算全科，受饋遺而有曲庇，非枉法乎？臣特揭與諸臣約：煌煌在上，或無敢有越厥志，臣若自言而自背之，無所逃説謊之律；諸臣而仍不回心以相應，臣請操三尺議其後。則諸臣實負功令，臣未嘗負諸臣，即負諸臣，臣敢負功令哉？伏惟天語申飭施行，臣不勝激切待命之至。

疏入，得旨：「懲貪責成道府，執法禁饋，甚得申飭吏治之要，該部即與覆行。」

陳黔省情形用兵機宜疏 崇禎二年

朱燮元

臣自歷黔境，乃知萬山皆苗，獨上、下六衛一線通道，迤西畢、烏、赤、永四衛，久被酋隔。計省城歸業者，尚不滿五百家，敗址殘阡，蕭條滿目，秖有營哨各兵，略爲裝點。該先任撫臣傅宗龍，以洎前督臣張鶴鳴，皆逐衛設兵，出據屯堡，迄今滇路疏通，米不騰貴，實有攸賴。近日龍場、六廣、乾溝、徉狼、劄佐等處，築城四座，漸進逼賊，大勳規模似亦粗立，但此戰局也。城多則守廣，勢分則力微，酋隔河立哨，日夜眈眈，譬則騎虎，安能復下？曩所恃者，安其爵欲得官而效順，今被逆彥逐入東川箐峒矣，海子峒民兵居酋腹心，頗有牽制，今已淪陷矣，入秋水涸，酋必四出大犯，此定勢也。

臣惟八年以來，局面屢换，或專言勦而殺其獻功之人，益致狂逞；或專言撫而未張撻伐之威，酋亦不附。今日之策，在于以守爲戰，以戰寓撫，專講致人之法，嚴爲先事之防，將必求于摧鋒，兵必期于用命。爵秩太易，則精神全在競賞；提哨太多，則臨陣反相推諉。業已申明，備爲訂定，若墨陣紙兵，謬居參贊之職，白衣遊食，争誇軒蓋之榮，此皆軍中大蠹，臣先從此輩破情斥絶。隨遍歷各隘，觀其營壘，移平就險，改近據衝；日取各將士，較其膂力多寡，試其銃弩槍刀，三試而不中程者，即行汰革。其地方最爲害者，在于零星小功。緣各將坐耗廪餼，無可搪塞，有虚報賊級，而殺順苗以送驗者；有一將已經撫定，而一將乘隙掩殺者；有本來投順，而詭稱設伏，縛獻駢首就戮者。夫環黔皆苗，安能盡殺？御以威信，總是良民。況六衛腴土儘多，全賴此輩耕墾，惟是殺不當罪，事每失信，遂致勾夷生釁，叛服不常。

臣三令而五申之：逆則必勦，毋縱惡以養奸；順則共撫，毋此收而彼殺。肘腋之間，安静妥帖，然後一意圖賊。募耕墾以資粒食，懸賞格以廣招徠，戮訛匿以定煩囂，省差遣以絶需索，清郵遞以節虚費。把兵精勇者悉收之，降將有才者參用之，任忠實之土司，選屢勝之弩手，用一將必求當一將之才，養一兵必期得一兵之力，日夜孜孜，不敢怠遑。按臣蘇琰，與臣同心，持火攻祕方，親于公署督造，試有奇效，一切指麾，風行雷厲。司臣朱芹等、道臣張允登等，皆拮据勗勦，不遺餘力。倘糧餉獲敷，三方畢會，臣自當親率將士，直擣長驅。若其勢有可乘，機難明布，用奇迭出，惟力是視，固不敢孟浪以蹈前車，亦不敢優游而稽天討。蠢爾小酋，伎倆有限，安位一騃豎子，夷漢相猜，各自争攻，正苗運告終之日。仰仗皇上威靈，一二年間或可滅此妖氛，以少靖疆圉矣。

疏入，帝從之。

議主客兵餉疏 崇禎二年

畢自嚴

臣竊惟方今軍興孔棘，財用匱乏，朝夕講求，得一最耗糜之大端，最節省之要著，則軍餉中之客餉是已。夫各鎮主餉之外，又有客餉。主餉者，計口之需也；客餉者，不常之用也。總計各鎮客餉，已一百九萬三百餘兩矣。客餉之費不一，其大者則有征調之費，邇來征調漸稀，即循例分防入衛者，用亦有限，而支放開銷，寧無九實一虚，事故扣存，寧無報一漏二。至于以主爲客，調遣不離本鎮，何以行坐兼支，此不可議節省乎？其次則有撫賞之費。今宣、大撫局方殷，勢恐難惜小費，至各邊叩款無日，而奸弁仍居爲奇貨，此不可議節省乎？又其次則有召買之費。貴賤相權，本折相生，原屬善政，今則高擡時估，從中侵漁，鉅萬金錢，半供飛銷，此不可議節省乎？又其次則有修築之費。夫一勞永逸，工作豈成年例？且估計報成，冒破更自多方，此不可議節省乎？

年來臣部按額題發，而法阻于綜覈；各邊計數責償，而情憚于清理。不分孰主孰客，誰知用少用多，及給發難前，盡以危詞恐嚇，曰「枵腹待斃」，此爲主餉言則可耳，其于客餉何與焉？臣度今日之財用，至不足之中，各伏其有餘，而以根究無人，遂爾埋没于因循，徒使拖欠虚縻中外，開一互諉之端，而成一相沿之局，亦誰思其究竟哉。請及今亟定節省之計，以後臣部發餉，先儘主餉，其客餉必不可已者，各鎮督、撫豫行造册奏報，敕下臣部，核算無弊，方行題發。各鎮仍于季報内詳細開銷，或解運遷延，各鎮不妨于主餉中通融支散，候客餉到抵補。庶在各鎮用之有實，臣部省之有名，而百萬之中，可以節省過半矣。至于主餉，仍合民屯兼本折而定經制，務爲長久之策，永垂可守之規，亦籌邊裕國之上計也。

疏入，帝從之。

請無急近功小利疏崇禎二年

劉宗周

臣伏見陛下勵精求治，宵旰靡寧，然程效太急，不免見小利而速近功。夫今日所汲汲者，非兵事乎？誠以屯守爲上策，簡卒、節餉、修刑政，而威信布之，需以歲月，未有不望風束甲者。而陛下方鋭意中興，刻期出塞，當三空四盡之秋，竭天下之力以奉飢軍，而軍愈驕，聚天下之軍以博一戰，而戰無日，此計之左也。今日所規規者，非國計乎？　陛下留心民瘼，惻然痌瘝，而以司農告匱，一時所講求，皆掊克聚斂之政，正供不足，繼以雜派，科罰不足，加以火耗。　水旱災傷，一切不問，敲扑日峻，道路吞聲，小民至賣妻鬻子以應。有司以掊克爲循良，而撫字之政絶，上官以催徵爲攷課，而黜陟之法亡，欲求國家有府庫之財，不可得已。功利之見動，而廟堂之上日見其煩苛，事不勝糾，人不勝摘，于是名實紊而法令滋。　頃者特嚴贓吏之誅，自宰執以下坐重典者十餘人，而貪風未盡息，所以導之者未善也。

賈誼曰：「禮禁未然之先，法施已然之後。」誠導之以禮，將人人有士君子之行，而無狗彘之心，所謂禁之于未然也。　今一切詿誤及指稱賄賂者，即業經昭雪，猶從吏議，深文巧詆，絶天下遷改之途，益習爲頑鈍無恥，矯飾外貌以欺陛下，士節日隳，官邪日著，陛下亦安能一一察之。　且陛下所以勞心焦思于上者，以未得賢人君子用之也，而所嘉予而委任者，率奔走集事之人，以摘發爲精明，以告訐爲正直，以便給爲才諝，又安所得賢者而用之？　得其人矣，求之太備，或以短而廢長，責之太苛，或因過而成誤。　且陛下所擘畫，動出諸臣意表，不免有自用之心，臣下救過不給，讒諂者因而間之，猜忌之端遂從此起。　夫恃一人之聰明，而使臣下不得盡其忠，則耳目有時壅；憑一人之英斷，而使諸大夫、國人不得衷其是，則意見有時移。　方且爲内降，爲留中，何以追喜起之盛乎？　數十年來，以門户殺天下幾許正人，猶蔓延不已，陛下欲折君子以平小人之氣，用小人以成君子之公，前日之覆轍，將復見于天下也。　陛下求治之心，操之太急，醖釀而爲功利，功利不已，轉爲刑名，刑名不已，流爲猜忌，猜忌不已，積爲壅蔽，正人心之危所潛滋暗長而不自知者。　誠能建中立極，默正此心，使心之所發，悉皆仁義之良，仁以育天下，義以正萬民，自朝廷達于四海，莫非仁義之化，陛下已一旦躋于堯舜矣。

疏入，帝以爲迂闊，然歎其忠。

請撫衄三秦疏崇禎二年

吴 焕

臣謹奏：流賊之戕虐全秦，禍中于西安、漢中最烈，鄜、延、宜、雒之境，實係賊大淵藪，往來結聚處也。臣自奉命巡行，離西安而北，初至耀州，又北而至同官，其荒涼廣漠之景，即已迥異長安。至一出金鎖關，則爲宜君，爲中部，鄜州、寧州、真寧，千餘里皆荒山大川，竟日行不見民居烟火，纍纍白骨委溝壑中。臣每至一扼塞，即向山谷中搜飢民問之，至一州縣，必停車一二日，遍訪父老子弟，真聞真見，乃知耀、同、宜、中、鄜、雒、寧、真數邑之民，自遭大荒大亂大疫之後，死亡逃散，十分已去其六七，孑遺苟活，惴惴焉皆團聚一隅，其餘極目曠土，遍地蓬蒿，山窩水窟，盡爲盜藪。而此孑遺之民，既虞盜賊之復來，又憂荒地舊糧之拖累，終日皇皇，只思逃竄他鄉以全性命。臣再三撫慰，許其「即奏聞朝廷，爲汝料理」，無不感泣號慟，令臣不能仰視。而府州縣官居其地者，皆思卸擔求去，新選者多半聞風不來，故延安府屬之官，十缺其五，慶陽、平涼二府之官，十缺其七，若自今不爲計處，二三年必化爲異域。

臣竊思此鄜、延、寧、真之地，皆前朝所創爲雄都鉅鎮，先賢韓琦、范仲淹從此奮武揆文，外御敵而內拱護者也，今何以一旦至此哉？蓋緣此地界在邊腹，主無專屬，故向來在內之臣，委之邊鄙，在邊之臣，視爲贅疣。且土寒地瘠，三四十州縣，坐定爲老明經之缺，潦倒貪殘，無所不至，故官輕俗悍，一任強陵弱、衆暴寡，魚肉刀俎，而莫之禁戢。觀其可憐之狀，真如無母之子，流離荒野，直棄之悍奴豪賊之手，而無可控訴。嗟乎！此三郡者尚可緩視之哉？長邊踞其北，則三郡乃邊鎮之腹心；省會居其南，則三郡乃長安之門户。如及今再不料理，使窮民散而盜賊叢，則腹心化爲毒蝎，而邊鎮何所恃以自固；門户盡爲賊窟，而省會何時得而安枕。臣愚以爲，欲絶三秦之亂萌，必先從此地急爲下手。臣初出巡時，即與撫臣熟商及此，及行至鄜、延，目擊顛危，方且躊躇深計，而督臣遺臣手書，鰓鰓數百言，所以爲三郡計者甚悉，皆先得臣心之所同然，敢不忌煩瑣，一一爲皇上陳之。

一曰分荒熟以便徵輸。延、慶之地，山深川廣，原土曠人稀，今值兵荒之餘，且死徙相枕，阡陌荒蕪，若仍舊額不爲分別，則遺民欲墾熟田，先防荒累，坐是束手欲逃。應亟令公勤之吏，履畝註明，將荒糧暫停，爲之歸併里甲，止據現在徵輸。百姓既樂于荒田之不拖累，又曉然知成熟者之不可推諉，將民業可安，而錢糧亦易辦，至便計也。

一曰緩舊糧以完新税。舊糧之拖欠，已非一日之積，今死者死矣，逃者逃矣，即現存遺黎，皆鵠形鶉結，苟活無計。新税固不堪爲夙逋之償，而趙甲豈能代錢乙之累，即額欠不可頓蠲，而徒挂空名，亦無益目下，不若將此數邑暫緩舊糧，使其一一完新。新糧不及額者，官有常罰，民有常刑，則吏胥不能借名以混淆，户長亦難指舊以扣剋，可以恤民力而亦便徵輸矣。

一曰搜盜窟以拔禍本。盜之不可盡也，豈不欲悉化盜爲良，以仰體皇上並生之願？然無奈盜積有年，按延、慶之南，則尚有本地大窩營三窟以盤結，延境之北，則神木、府谷地方，秦晉交界，更多邊、回賊。聚千百以鴟張兩地，聲勢相應，此皆亂民，絶非飢民也。依憑城社，搜之急則倡爲殺良之説，以挾官府；防之緩，則時逞咆哮之威，而肆擄掠。今若諭之不可懷，招之不肯聽，必將大整兵威掃除之，以拔數十年之病根，不敢不先爲皇上告者也。

一曰給牛種以續民命。自盗賊興，而民間資糧、牛畜殺擄殆盡，故有土既患無民，有民又患無耕土之具。幸皇上允罪撫贓銀賑濟，候山西撫臣追解前來，應令各州縣乘今秋穀價稍賤，糴貯倉廩賑給。此則撫臣先清查貧民户口，已有頭緒，即當飭有司亟圖者也。

一曰選縣令以託民依。延、慶、平三府土瘠民貧，俗囂糧欠，故多坐明經之缺。不知欲濟艱危，正需才幹，一官到任，萬命攸關。大縣必期揀選科甲，即明經如恩、選貢，亦儘多青年壯志，此在吏部掣籤注選時，一覽可見，必須選擇精明强固之人，不然漫以龍鍾潦倒朽儒付之，是直以萬千民命委之溝壑矣。

一曰少寬疲邑攷成以展吏才。夫攷成之法，以課羣吏，豈容寬假，然在上疲之邑難及額，即新糧不可寬，而舊糧必祈通變。如以幾年逋負，責之現在一人，將州縣官未到任，先懸參罰以待，故來者悔而思去，選者聞而不來，其不肖者明知攷滿無望，貓鼠吏胥惟祈稍潤橐以去。故民任瘡痍，糧皆挂欠。若得寬舊糧之罰，而止攷新糧之成，則官得安心料理，民生有賴，國課亦得輸矣。

一曰平薦舉以鼓吏治。薦舉之法，從來明經盡壓于科甲之下，即預薦者，亦甚寥寥。不知全陝州縣官，明經十居其七，我先棄之，彼安得不自棄？非棄官也，是以數十州縣民命棄之也。况現在臣所耳目，儘多錚錚自好。在不肖者，斥問宜嚴，而能表異者，薦揚宜廣。此今日振揚吏治之先務也。

一曰清宗禄以救民困。平凉宗室繁悍，當事日抱隱憂，止就宗禄兑宗糧一事論之，有以禄少而欲兑多，又以無糧而包攬強兑，姧貪吏書既通同以作弊，不肖有司亦託詞以謝責。民受其殃，而邊虧其餉，端實由此。計莫如申飭道、府、州、縣官，盡數清查某宗應食禄若干，應派定某州縣，某宗應納某州縣糧若干，各先定一清册，以應食之禄配應納之糧。糧浮于禄，則本宗找辦官糧；禄浮于糧，則有司找還宗禄。井然分明，不容紊亂。臣已經出示清理，自非邀皇上之命，則有司法令不行，此救平凉之民于水火最急事也。

此數者，乃爲全秦決涣潰癰、拔本塞源計，行之非一手一足之力，今幸督臣與陝西、延綏兩地撫臣皆念切痌瘝，同舟共濟。臣一路巡行，目擊危形，心憂亂本，竊計當急從此處下手，故雖字踰限額，不敢不縷陳于皇上之前，祈皇上天語丁寧下部，敕賜准行。如臣所奏請分荒熟、緩舊糧、搜盜窟、給牛種、選縣令、寛攷成、平薦舉、清宗禄，許著實奉行，計無阻礙，則三郡肩背脊膂之毒除，而全秦通體皆得安泰矣，其關于邊防内患，殆非渺小，非沾沾爲延、慶、平三郡計也。臣不勝悚息待命之至。

疏入，得旨：「據奏延、慶、平三郡景狀，殊可軫念。安民弭盗，奏内八款允于補救有裨，著各與覆行。缺官速當銓補，勒限到任，已補不到的，吴焕便行查參。該部知道。」

革大户行召募疏 崇禎三年

范景文

臣奉命撫豫，日思所以撫之之方，而求一當，惟是與民休息爲第一義。顧今天下民生瘁矣，或困于水旱，此患在天者也，或厲于盜賊，此患在人者也，尚可隨時補救，隨地銷弭，不至大苦。獨官患苦之而莫可解免，則莫如差役。臣請得而悉數之。如錢糧之收有收户，解有解户，驛遞有馬户，供應有行户，皆僉有力之家充之，名曰「大户」。固曰「有田則有賦，有賦則有庸」，則壤作貢，理或然也，而所僉實非真大户，何也？大户之錢能通神，力能使鬼，不難倖免，而兔脱雉罹，大半中人耳。中人之産，氣脈幾何？役一著肩，家便立傾，一家傾而一家繼，一家繼而一家又傾，輾轉數年，邑無完家矣。即彼所謂能通神、能使鬼以免一時者，亦漸日朘月削，免與不免，同歸于盡。此不水旱而荒，不盜賊而憯者也，豈不痛哉！往時建議者心痛之，變爲條鞭法，以闔境之力役，均于闔境之丁糧，此其苦宜少蘇矣。而試觀民間，有不經年累月奔命于公家者爲誰？有不賣妻鬻子罄貲于津賠者爲誰？是條鞭之行者自行，而大户之革者未革也。總之役在民則官便，役在官則民便，此不兩利者也。便在民則民不欲革，❶便在官則官不欲革，此不兩立者也。夫官民之不相勝也久矣，有司官即不無念及民瘼者，無如胥徒之中爲格何，蓋僉派一行，則手得高下，口得低昂，日市其重于民間，而民奔走以奉之。嗟，嗟，民間，天子藏富之地，而反爲彼外帑，以致官日富而民日貧，在官之人日富而民日貧。民貧矣，國安得富？私費多而公賦詘，此必至之數也。

臣剜心蒿目，議下有司，實行條鞭之法，一切差役俱歸之官。錢糧，官雇人收，爲議廩餼；官差人解，爲議盤費；倉漕爲之議脚價。官委人置驛遞，爲之議芻豆，官募人養。供應，以市值平買，不立官價名色，凡

---

❶「不」，原闕，據四庫本范景文《文忠集》卷二《革大户行召募疏》補。

夫傾銷、添搭、幫賠之費，徹底蠲除。百年患苦，一旦灑然，不亦快乎！是非移民之害于官也，官任之而害自減耳。官自經手，官自留心，金錢無所容其穴竄，倉箱無所容其耗蠹，郵驛支應無所容其冒破，在民免于害，而官亦并受其利。所慮失利者，獨胥徒耳，置官以爲民，豈爲胥徒哉？如有日與胥徒比，而陽奉陰違，名去實存者，斷以白簡隨其後。從此百姓自辦正税而外，足不至官府，目不見青衣，日惟含哺鼓腹，以嬉遊于化日，是亦一時華胥也。即猝有水旱、盜賊，亦有以待之，豈足爲厲哉！曏臣司理東昌，曾行此法，歲所省以數萬計，東人至今思之。臣不揣欲以已效之法，試之兩河，以起沈痼，將欲使兩河亦如二東也，而今量移矣，人去法更，久將復斁。所關于民生休戚者最大，故特披瀝于聖明之前，其中條款，頭緒繁多，不敢一一瀆覽，而略陳其大端如此。臣謹會同巡按河南監察御史吴甡具疏以聞，伏乞天語申飭，著爲功令，敢有變法虐民者，官吏議處參究不少貸，將休養既久，物力漸充，久安長治端，必由之矣。

疏入，得旨：「體恤民隱，是撫、按第一急務，這奏内革僉派、行召募、飭吏治，安民最得要領，便著定爲例，勿輕變更。該部知道。」

督黔善後事宜疏崇禎四年

朱燮元

臣惟邊徼雖安，不可忘戰，制夷之法必先内固。水西自河以外，六目九司之地，亦頗廣衍，業已悉入版圖；大渡要隘，俱築建新城，列兵據守。既有扼項拊背之勢，當爲深根固本之謀，從來人土財用，原自相因。參據衆議，必須分建衛所，責成有功，各將久任世守，不惟鼓舞激勵，用爲酬勸之資，且因以勞來安集，永杜窺伺之漸。請備陳之。

安酋地方，中有河一條，安莊與普定適中之所爲三岔，衆水至此始匯爲河，織金、卧這等酋皆由此出犯。臣于三年四月内牌行參將范邦雄，在地方鐵王旗築城一座，距安莊九十里、普定六十里、距河尚十五里建高寨一堡，另設山京、下窩、化處、蔣義、架底五哨以環之。由鐵王旗迤北，與平霸衛相對，爲思臘河，係應察、阿奎、阿傀等各酋出犯之路。臣牌行遊擊金良田，離平壩西三十里樂平地方爲三路總隘，建城一座，移兵屯劄。又都司僉書任先覺，率里民于七里房，沿河築一石堡。離樂平又四十里，由思臘而北爲簸箕隴，又迤北十里爲鴨甸河，又迤北三十里爲鴨池河，此則各酋會聚出入之大隘，與威清衛相對，隔一百四十里。崇禎二年六月，臣與御史蘇琰查此一路，羣賊如毛，先于距威清六十里乾溝地方，督副將楊正芳一面驅殺，一面建造石城，以便駐師。及後過河戰勝，臣因與撫臣撤出各兵，劄于河上，總兵林兆鼎率同楊正芳、陳謙、彭應魁、袁可成、覃載勳等各將，共于鴨池河岸上分定丈尺，建城一座。都司僉書任先覺，亦于簸箕隴建城一座。皆上據高原，而下瞰長流，即一葦片刀，無不瞭然者。自鴨池迤北三十里，爲大索橋，乃各賊暗渡之所，已建一石堡。又迤北四十里，則爲六廣，此酋千百年通省官道也。天啓六年該前任御史傅宗龍，行副將今陞總兵官王國正，❶建劄佐等處五小城；又崇禎元年前任督臣張鶴鳴會同巡按御史陸獻明，行本官建龍場大城

---

❶「正」，爲避諱字，《崇禎長編》卷四一崇禎三年十二月戊申、卷五二崇禎四年十一月癸酉記事及四庫本《貴州通志》卷一七《秩官》皆作「禎」。

一座，題奉明旨，命名「敷勇」。臣履任後，與御史蘇琰酌審地勢，去河尚遠，仍牌行王國正，責成將官方國安、劉鎮藩，于六廣河岸建城一座，又于迤北三十里虎場地方，建城一座，以防暗抄。自此迤北三十里，爲黄沙渡，臣行袁桂芳，于九莊地方築城一座，距渡可十里。又迤北六十里，爲明家渡，先是崇禎元年督臣張鶴鳴行參將牟文綬，建城一座，題奉明旨，命名「息烽」，臣閲其規制稍狹，行參將牟文綬展拓，工未竣而奉調入衛，臣行袁桂芳同守備牟海奇修築報竣，今年二月，又于烏江渡口築一小堡。過此河皆遶蜀境矣。以上各城，如敷勇、鐵王旗、乾溝，俱九里三分，高二丈；鴨池、息烽俱七里，三分高一丈八尺；六廣六里，三分高一丈六尺；虎場、九莊、簸箕隴、樂平、劄佐俱三里，三分高俱一丈五尺，内外用石包砌。以上皆在酋地，控制河岸，用以防邊者也。

貴州省城，向苦湫窄，居民多在北關，酋變將積聚盡焚，以致大餒。臣行王國正、楊正芳、陳謙、彭應魁、張舜齡、孫志學、袁可成、覃載勳等，共築新城一千丈，添造三門。廣順州無城，向苦賊害，三年二月内行屯田都司孫志學、定廣守備蔡紹周、署州事都事馬登崙，新築石城一座。洪邊開科地方，該河防道僉事沈翹楚，親督築石城一座。又安南、普安二衛地方，該參政朱家民，督率各將，前後築新城十一座。此皆防盜竊發，用以内固者也。迤西四衛，除永寧衛城堞無恙，畢節衛安酋代修，其赤水衛、普市所、摩泥站多被毁掘，該道參政鄭朝棟會同總兵許成名，督各將從新修造，用以聯滇、蜀而馭夷通商者也。以上各城，木因于箐，石因于山，採取扛擡則因之兵力。惟木石二匠、磚灰二窑頗費價值，皆各將捐貲，督兵拮据共効，臣與按臣或助工費，或犒工匠，俱載部册，爲費頗省。臣據各將報到工次，恐其苟且搪塞，于今年正月初八日自省出巡，南至普安，北至烏江，遍歷查閲，至二月十七日回省。查驗所報俱符，中有未建月城與丈尺稍不合者，摘出修補，今四月内陸續俱報到臣。

該臣看得：城垣立則屯劄有區，田土闢則粒食漸廣。與酋相隔，近則一河，遠亦不過數十里，聲息易聞，哨探聯絡，若守之俾無失墜，定無意外，惟是各將勞苦十年，無不勃勃，各懷出谷之思。臣惟久任屢煩明旨，重地須用宿將，近日兵部推用王國正爲總兵，不惟人地相宜，且見功苦得酬，將士暮氣劃然一開，此亦鼓舞責成之大關鍵也。所有各款事宜，具列于左。

一，設建衛所。查得通省新城如安普十一座，廣順、開科等處皆係内地，秖是整頓舊日營哨，因壘爲守，不煩更置。惟沿河自三岔起，至于烏江，内如鴨池、敷勇各宜設衛，鐵王旗、息烽各宜設一直隸守禦千户所，敷勇則以六廣、虎場、九莊、烏栗爲四所，劄佐、小索橋、凹絞設爲三哨，鴨池則以大索橋、簸箕隴、乾溝、樂平爲四所，七百房、安家橋、麥城設爲三哨，鐵王旗則以山京、下窩、化處、蔣義、架底設爲五哨，息烽則以烏江、明家渡、落邦、開科設爲四哨。大小相權，如臂使指，無事荷鍤而耕，有警一呼可應，爲長久計，似無出此。

一，久任世守。查得沿河一帶向爲酋地，今俱各將戍守，應增新缺，除總兵王國正外，如鴨池副總兵楊正芳、安莊副總兵商士傑、鐵王旗參將范邦雄、六廣遊擊方國安、初守六廣今調徉狼遊擊劉鎮藩、樂平遊擊金良田、九莊部劄遊擊袁桂芳、簸箕隴僉書任先覺，皆應責成久任。内范邦雄應加副將，方國安、劉鎮藩應加參將，袁桂芳應與實授。敷勇、鴨池宜設指揮各三員、千户各六員、百户各十員，鐵王旗、息烽宜設指揮各三員、千户各四員、百户各六員。擇其勞久功多，且專任版築之役者，容臣酌議叙題世守。再照九司尚存其三，如養龍司土官蔡啓東、底寨司土官蔡應吉、乖西司土官楊光綬，家口俱被殺擄，或無助逆實跡，應照播州袁初、袁切事例，改爲世職副千户，附入息烽，其産悉聽照舊管業，庶省此贅疣，且便控制。

一，監臨提調。衛所既建，將士碁布，則勢易相畸，而力亦易分。如總兵官王國正整飭沿河一帶，奉有明旨，除責成駐劄龍場時時巡歷經理外，中間統馭查覈，必藉監司，如沿河巡視兼理屯田，此河防道責任，然官係添設，未必久任，如鴨池、鐵王旗一路，應隷威清、安平二道，敷勇、息烽應隷貴寧，畢節則貴陽府爲提調。各有界限，庶便責成。

一，官俸兵食。衛所既設，土地亦闢，添官必資俸廪，設戍必需口糧，相應即以地之所出，收取爲用。今計沿河一帶，地儘廣衍，惟是各將士從去歲至今甫息水西之役，又有狼峒、擺金、火烘、兩江之役，未遑開墾，近日又抽援滇省，故未能一一清楚。大約二衛二所，安定之後，秖可用兵萬人，計舊例一軍授水田十二畝、旱地六畝，今應照二祖成例量寬之，俾足自贍，其各官俸廪，亦就中取足。近日現兵，除下六衛、省城并安南、普安二衛外，沿河一帶幾及二萬，自此地可漸闢，兵可漸裁。今方寓戰于耕，後可即兵爲農，其田現在清丈，地方豪彊侵占影射，負固不明者，容臣一一以法懲之。

一，更易新名。二衛二所之地，經臣親閲二遍，公署街市雖云草創，亦可棲止，街市團集，多者千餘，少者亦有數百家。生聚日久，自當改觀，如敷勇、息烽、于襄、連雲、有嘉、静氛、恬波、奏膚俱蒙欽命新名，今如鴨池、鐵王旗、樂平、乾溝、簸箕隴、六廣、九莊、虎場、開科、鼎站、阿機、尾灑、定頭、小龍場，亦資孔，乞請皇上俱賜新名，改易耳目，一振僻陋。其二衛應設經歷各一員，二所應設吏目各一員，臣已行各將，俱草創一署，合敕吏部選授。以上各款，俱因陋就簡，草立規制，臣疎庸闇陋，多有茫昧，統祈敕下兵部酌議，覆奉明旨，容臣遵奉施行。謹題。

疏入，帝從之。

陳黔蜀連界扼要情形疏 崇禎四年

朱燮元

臣謹奏：竊照黔之迤西四衛，曰畢節，曰赤水，曰烏撒，曰永寧。永寧衛與蜀之永寧宣撫司連界，犬牙相錯，向來彼此相安，未有争者。自奢酋作難，先將黔之弁紳士民恣行屠戮，然後四出犯蜀。其幸脱者，或入箐峒，或被掠賣，或逃入烏蒙、鎮雄，十年以來，不見天日。今幸事寧，稍稍還集，流離瑣尾之狀，有不忍見者。夫哀鳴日久，誰無安宅之思；黍離可悲，宜與生全之計。顧此衛爲黔、蜀合縫之區，若事不兩利，情不交暢，則措處失宜，紛搆環起，非大公之道、長久之術也。總惟照祖制以清界限，酌近勢以定規畫，俾協于情，而當于法，則彼此自可相安，而地方庶可鞏固。臣不揣愚暗，謬列五款于左，統冀聖裁。

一，黔蜀界址。查黔之永寧衛設自洪武四年，屯田五萬三千二百九十畝，其餘皆爲四川永寧宣撫司之地。舊制，宣撫司城垣、衙署原在城外，後因宣撫梗法生事，議遷城内以便彈壓，自是宣撫司各夷，與蜀人多相雜而居。今黔蜀紛紜互争，甚至假威權以恣虐，嗟此孑遺，多有不保生命者。近閲邸報，吏部已陞有永赤同知蔣之芳，合責成本官到衛，臣移會蜀中撫臣，委府佐一員，查舊日街巷。自辛酉以前爲率，唤集父老，將街地逐一踏勘，某爲黔，某爲蜀，某爲宣撫司，各查出原址、周圍丈尺，取各認狀。是黔還黔，是蜀還蜀，則公道昭而人心自服矣。

一，蜀鎮駐劄。蜀之幅員最廣，設立總鎮，原無定所，惟地方用兵，隨處屯兵劄駐，如松潘、越嶲、遵義、建武，皆有舊駐衙署。今奢賊既殲，水西就撫，西則普市、摩尼、赤水，南則瀘衛、建武，交錯相環，永寧一塊土，反在腹裏。查此衛係黔省按臣出巡察攷與提學道臣攷試駐劄之所，今此彈丸地，武士若林，布滿街巷，黔之軍衛士民，曾不得聚廬而託足焉。夫以全蜀之大，決不宜駐總鎮于黔衛。查自永寧至瀘衛五十里，由瀘衛至建武九十里，相距頗近，論形勢，則建武扼控諸蠻最爲要害，舊有衙署，亟宜移駐。即不然，則瀘州衛或城外宣撫司舊基，皆可駐鎮，惟將此一衛仍歸黔轄。庶疆界明白，而流移獲返，此似不待再計者也。

一，川貴參將。查永寧衛原設迤西參將一員，統束衛所各軍，以資守禦，及後改爲川貴參將兩員交轄，除黔用衛所各軍外，蜀以鎮遠營兵輪番撥防。奢賊發難時，參將久缺，新推萬全尚未履任，以致縱横無忌。今川貴參將武聲華反移駐瀘州衛，舊制盡失，且黔中衛所各軍，分屯歸伍，誰爲管束？相應仍照舊制，移駐該衛，督修屯政，嚴行操練，兼飭蜀中防兵，以修武事。庶幾事有專責，勢可兩利也。

一，四川敘馬瀘道駐劄。蓋四川之有敘馬瀘兵備副使，原用以整飭兵防，保固邊境，兼制鎮雄、烏蒙、烏撒、東川四土府，責任綦重。守道已駐敘府，巡道已駐瀘州，獨敘瀘兵備向駐長寧縣，今復移駐敘城，相距建武、永寧，爲期五六日，最屬不便。曩者永寧宣撫司棄爲外夷，蔑有彈壓，以致尾大不掉，今藺土内外，既入蜀之職方，❶自應就近統理，合將敘瀘道署移入蜀之寧衛宣撫舊基之内，其于建武、瀘衛相距不遠，既便飭兵蒐乘，兼可鎮夷消萌，似爲妥便。夫總鎮則議移，而兵道則議入者，蓋文臣法紀清肅，隨從稀少，軍民咸有依戴，彼此自可相安也。

一，宣撫司内外四里。昔年攻入永寧，奢賊父子遁走，時臣未經履畝，審據降目并蜀人習藺事者，俱云奢賊地有内外四里。外四里地多平原，與江安、納谿、瀘州、合江、仁懷壤界相接，向來俱蜀人佃種，照額輸租；其内四里與水西接壤，多荒山險囤，惟古藺州稍有腴土，俱係各目分管，奢賊責令輪當驛馬，蜀人曾未有至者。是時餘孽未靖，兵革方興，臣因其舊習，以外四里開屯贍兵，以内四里分給降將。參據衆議，謂有三善：藩籬要害，人自爲守，一也；兵部題奉明旨，賞格頗侈，借土酬功，不煩另賚，二也；効忠者即給土授官，俾諸夷各把日後具有榜樣，三也。各將如羅乾象仗義解圍，擒斬魯仲賢等，甚至賊當陣臠其妻子而不顧；羅京周殺逆寅于險箐，胡汝高先赴義于成都，又畢應台、鄢介、王心一、羅甫、宋武、張令等，聽劉養鯤之招，仗義擒兇，共出死力，皆懸望酬賞以彰大信。今准四川撫臣張論移會疏稿，深籌熟算，欲建長官司，俾令世守，業有確論。其經理創始，臣實首事，不得不述其概。至于近日時異勢殊，道、鎮持議或有異同，又當隨時斟酌，務求長便。臣已在局外，合應專聽四川撫臣與按臣酌量處分，不必以臣議爲據也。以上各款，統祈敕下兵部酌議，覆奉明旨，行臣併四川撫、按二臣遵奉施行。謹題。

❶「入」，原作「人」，今據四庫本改。

疏入，帝從之。

蠲錢糧疏崇禎四年

畢自嚴

臣竊惟百姓之所苦者，在催徵；而州縣之所苦者，在彈射。在有司，顧此失彼，勢必挖新以補舊；在百姓，暮四朝三，何如蠲舊而完新。試查照舊册未完之數，直截盡蠲，布告海内，曰「户部天啓六、七年舊餉未完，俱照恩詔概置勿問」，使百姓曉然于金石之令，而有司亦不致前後瞻顧，爲猾胥所愚，以困百姓，則蚤蠲一日，蚤得一日之休息矣。抑臣因是而並有請于六、七兩年新餉之雜項也。夫臣與同官右侍郎周士樸，題定帶徵載入攷成催督矣，疏墨尚鮮，臣豈忘此，惟是天啓六、七兩年省直雜項，臣部徒虚執其籍，至崇禎二年各地方始認有定額。今欲以新定之額，懸索未認之項于三四年前，無論有司實應且憎，而催者自催，逋者自逋，其何以信功令。且雜項最多者，惟抽扣一項，而抽扣實在舊餉之中，今舊餉既蠲，則不得不併蠲雜項也。否則，我欲帶完六、七年之二分，而彼將割三、四年之二分以應，那東補西，名完實欠，況乎完者之寥寥也。

臣竊憶年來搜括之煩，沃土亦鮮遺力；參罰之頻，循吏幾無完膚。凡可爲督逋計者，臣部不憚儘力行之矣，乃時將季夏初限，大半愆期。豈有司之愚，甘以其官爲射的，而狃緩征之小仁，忘巖疆之大恤耶？大都民間止有此物力，寅支卯糧，則卯年之逋，勢也；郡縣止有此敲扑，趲新償舊，則新額之逋，亦勢也。臣愚謂欲急現額，正當示寬舊額，欲了近欠，正當盡蠲久欠，則從此現額之相續，捷如流水，或可計日而俟也。比者秦、晉災荒，業已數年，頃復旱魃爲虐，即齊、豫、江北之區，俱見告矣，若必待其籲請而後蠲，何如恩自上出者之足爲感動耶？謹將天啓六、七兩年未完舊餉，并天啓六、七兩年未完雜項，共銀五十二萬一千五百有奇，開列于後，恭候聖裁。其已徵收在官，或起解在途者，地方必有文案，若故爲隱匿尅留者，臣部得于訪聞，定執白簡從事。即省直撫、按，亦自當據實簡查以聞也。伏乞敕下臣部，將天啓六、七兩年恩詔内應赦舊餉，照數豁免，併六、七兩年新餉内懸坐未認雜項，照數停徵。庶省直得一意完新，而亦用以蘇息災黎矣。

疏入，得旨：「這天啓六、七兩年各省直未完舊餉，并雜項銀兩，依議照數蠲免，以示朝廷軫恤窮黎至意。其有已徵及起解的，仍著查明報部，敢有乘機隱尅者，定行重治。」

御選明臣奏議卷四十

請勿用小人疏 崇禎五年

黃道周

臣自幼學《易》，以天道爲準，上下載籍二千四百年，攷其治亂，百不失一。陛下御極之元年，正當《師》之上九，❶其爻云：「大君有命，開國承家，小人勿用。」陛下思賢才不遽得，懲小人不易絕，蓋陛下有大君之實，而小人懷干命之心。臣入都以來，所見諸大臣皆無遠猷，動尋苛細，治朝宁者以督責爲要，談治邊疆者以姑息爲上策，序仁義道德則以爲迂昧而不經，奉刀筆簿書則以爲通達而知務，一切磨勘則葛藤終年，一意不調而株連四起。陛下欲整頓紀綱，斥攘外患，諸臣用之以滋章法令、摧折搢紳，陛下欲剔弊防奸，懲一警百，諸臣用之以借題修隙、斂怨市權。且外廷諸臣敢誑陛下者，必不在拘攣守文之士，而在權力謬巧之人；内廷諸臣敢誑陛下者，必不在錐刀泉布之微，而在阿柄神叢之大。惟陛下超然省覽，旁稽載籍。自古迄今，決無數米量薪可成遠大之猷，吹毛數睫可奏三五之治者。彼小人見事，智每短于事前，言每多于事後。不救凌圍，而謂凌城必不可築；不理島民，而謂島衆必不可用。兵逃于久頓，而謂亂生于無兵；餉糜于漏巵，

❶ 「九」，應作「六」。

而謂功銷于無餉。亂視熒聽，浸淫相欺，馴至極壞，不可復挽，臣竊危之。自二年以來，以察去弊而弊愈多，以威創頑而威滋殫，是亦反申、商以歸周、孔，捐苛細以崇惇大之時矣。

疏入，帝不懌，摘「葛藤」、「株連」數語，責令具陳。

遵旨具陳疏 崇禎五年

黄道周

臣竊見邇年諸臣所自營心計，無一實爲朝廷者，其用人行事，不過推求報復而已。自前歲春月以後，盛談邊疆，實非爲陛下邊疆，乃爲逆璫而翻邊疆也。去歲春月以後，盛言科場，實非爲陛下科場，乃爲仇隙而翻科場也。此非所謂「葛藤」、「株連」乎？自古外患未弭，則大臣一心以憂外患；小人未退，則大臣一心以憂小人。今獨以遺君父，而大臣自處于催科比較之末，行事而事失，則曰事不可爲，用人而人失，則曰人不足用，此臣所謂舛也。三十年來釀成門户之禍，今又取搢紳稍有器識者，舉網投阱，即緩急安得一士之用乎？凡絶餌而去者，必非鮨魚，戀棧而來者，必非駿馬。以利禄豢士，則所豢者必嗜利之臣；以箠楚驅人，則就驅者必駑駘之骨。今諸臣之才具心術，陛下其知之矣。知其爲小人，而又以小人矯之，則小人之焰益張；知其爲君子，而更以小人參之，則君子之功不立。天下總此人才，不在廊廟，則在林藪，臣所知識者有馬如蛟、毛羽健、任贊化，所聞習者有惠世揚、李邦華，在仕籍者有徐良彦、曾櫻、朱大典、陸夢龍、鄒嘉生，皆卓犖駿偉，使當一面，必有可觀者也。

疏入，帝益不懌，斥爲民。

三大可惜四大可憂疏 崇禎五年

華允誠

臣竊惟當事借皇上剛嚴，而佐以舞文擊斷之術，倚皇上綜覈，而騁其訟逋握算之能，遂使和恒之世，競尚刑名，清明之躬，寖成叢脞。以聖主圖治之盛心，爲諸臣鬭智之捷徑，可惜一。帥屬大僚，驚魂于回奏認罪；封駁重臣，奔命于接本守科。遂使直指風裁，徒徵事件，長吏攷課，惟問錢糧。以多士靖共之精神，爲案牘鉤較之能事，可惜二。廟堂不以人心爲憂，政府不以人才爲重，四海漸成土崩瓦解之形。諸臣但有角户分門之念，意見互觭，議論滋擾，遂使勦撫等于築舍，用舍有若舉棊。以興邦啓聖之歲，時爲即聾從昧之舉動，可惜三。

人主所以總一天下者，法令也。喪師誤國之王化貞，與楊鎬異辟，潔己愛民之余大成，與孫元化並逮。甚至一言一事之偶誤，執訊隨之，遂使刑罰不中，鈇鉞無威，一可憂也。國家所恃以爲元氣者，公論也。直言敢諫之士，一鳴輒斥，指佞薦賢之章，目爲奸黨，不惟不用其言，并錮其人，又加之罪，遂使喑默求容，是非共蔽，二可憂也。國家所賴以防維者，廉恥也。近者中使一遣，妄自尊大，羣僚趨走惟恐後時，皇上以近臣可倚，而不知倖竇已開；以操縱惟吾，而不知屈辱士大夫已甚，遂使阿諛成風，羞惡盡喪，三可憂也。國家所藉以進賢、退不肖者，銓衡也。我朝罷丞相，以用人之權歸之吏部，閣臣不得侵焉。今次輔體仁與冢臣洪學，同邑朋比，惟異己之驅除，閣臣兼操吏部之權，吏部惟阿閣臣之意，造門請命，夜以爲常，黜陟大柄，秪供報復之私。甚至庇同鄉，則逆黨公然保舉，而白簡反爲罪案；排正類，則講官借題逼逐，而薦剡遂作爰書。

欺莫大于此矣，擅莫專于此矣，黨莫固于此矣，遂使威福下移，舉措倒置，四可憂也。

疏入，帝詰其別有指使，責使陳狀。允誠列上閔洪學、温體仁徇私朋比等事，帝亦悟兩人同里有私，乃奪允誠俸，而洪學亦旋罷去。

痛憤時艱疏 崇禎九年

劉宗周

臣竊惟陛下鋭意求治，而二帝三王治天下之道，未暇講求，施爲次第，猶多未得要領者。首屬意于邊功，而罪督遂以五年恢復之説進，是爲禍胎；己巳之役，謀國無良，朝廷始有積輕士大夫之心。自此耳目參于近侍，腹心寄于干城，治術尚刑名，政體歸叢脞，天下事日壞而不可救。廠衛司譏察，而告訐之風熾，詔獄及士紳，而堂廉之等夷。人人救過不給，而欺罔之習轉甚；事事仰承獨斷，而諂諛之風日長。三尺法不伸于司寇，而犯者日衆，詔旨雜治五刑，歲躬斷獄以數千，而好生之德意泯。刀筆治絲綸，而王言褻，誅求及瑣屑，而政體傷。參罰在錢穀，而官愈貪，吏愈横，賦愈逋，敲扑繁而民生瘁，嚴刑重斂交困而盜賊日起。總理任而臣下之功能薄，監視遣而封疆之責任輕，督撫無權而將日懦，武弁廢法而兵日驕。將懦兵驕，而朝廷之威令并窮于督撫。朝廷勒限征勦，而行間日殺良報功，生靈益塗炭。一旦天牖聖衷，撤總監之任，重守令之選，下弓旌之招，收酷吏之威，布維新之化，方與二三臣工，洗心滌慮，以聯泰交，而不意君臣相遇之難也。得一文震孟，而以單辭報罷，使大臣失和衷之誼；得一陳子壯，而以過戇坐辜，使朝宁無吁咈之風。此關于國體人心非淺鮮者。陛下必體上天生物之心以敬天，而不徒倚風雷；必念祖宗鑑古之制以率祖，而不輕改作。以簡要出政令，以寬大養人才，以忠厚培國脈，發政施仁，收天下泮涣之人心，而且還内廷掃除之役，正懦帥失律之誅，慎天潢改授之途。遣廷臣齎内帑巡行郡國，爲招撫使，赦其無罪而流亡者；陳師險隘，堅壁清野，聽其竊而自歸。誅渠之外，猶可不殺一人而畢此役，奚待于觀兵哉。

疏入，帝怒甚，已而意解，降旨詰問，謂大臣論事，宜體國度時，不當歸過朝廷爲名高，且獎其清直。

劾温體仁疏 崇禎九年

劉宗周

臣竊惟己巳之變，誤國者袁崇焕一人，小人競修門户之怨，異己者概坐以崇焕黨，日造蜚語，次第去之。自此小人進而君子退，中官用事而外廷寖疎，文法日繁，欺罔日甚，朝廷日隳，邊防日壞，今日之禍，實己巳以來釀成之也。且以張鳳翼之溺職中樞也，而俾之專征，何以服王洽之死；以丁魁楚等之失事于邊也，而責之戴罪，何以服劉策之死；諸鎮勤王之師，争先入衞者幾人，不聞以逗遛蒙詰責，何以服耿如杞之死。今且以二州八縣之生靈，結一飽颺之局，則廷臣之纍纍若若、可幸無罪者，又何以謝韓爌、張鳳翔、李邦華諸臣之或成或去。豈昔爲異己驅除，今不難以同己相容隱乎？臣于是而知小人之禍人國無已時也。昔唐德宗謂羣臣曰「人言盧杞奸邪，朕殊不覺」，羣臣對曰「此乃杞之所以爲奸邪也」。臣每三復斯言，爲萬世辨奸之要，故曰「大奸似忠，大佞似信」。頻年以來，陛下惡私交，而臣下多以告訐進；陛下録清節，而臣下多以曲謹容；陛下崇勵精，而臣下奔走承順以爲恭；陛下尚綜覈，而臣下瑣屑吹求以示察。凡若此者，正似信似忠之類，究其用心，無往不出于身家利禄，陛下不察而用之，則聚天下之小人立于朝有所不覺矣。

天下即乏才，何至盡出中官下，而陛下每當緩急，必委以大任。三協有遺，通、津、臨、德有遺，又重其體統，等之總督。中官總督，置總督何地？總督無權，置撫、按何地？是以封疆嘗試也。且小人，每比周小人以相引重，君子獨岸然自異，故自古有用小人之君子，終無黨比小人之君子，陛下誠欲進君子退小人、決理亂消長之機，猶復用中官參制之，此明示以左右袒也。有明治理者起而争之，陛下即不用其言，何至并逐其人，而御史金光辰竟以此逐。若惟恐傷中官心者，尤非所以示天下也。至今日刑政之最舛者，成德，傲吏也，而以贓戍，何以肅懲貪之令？申紹芳，十餘年監司也，而以莫須有之鑽刺戍，何以昭抑競之典？鄭鄤之獄，或以誣告坐，何以示敦倫之化？此數事者，皆爲故輔文震孟引繩批根，即向驅除異己之故智，而廷臣無敢言，陛下亦無從知之也。嗚呼，八年之間，誰秉國成而至于是？臣不能爲首揆温體仁解矣。《詩》曰：「誰生厲階，至今爲梗。」體仁之謂也。

疏入，帝大怒，斥爲民。

劾温體仁六大罪疏崇禎九年

傅朝佑

臣竊惟陛下當邊警時，特簡體仁入閣，體仁乃不以道事君，而務刑名。竊陛下意在振作，彼則借以快恩仇；竊陛下治尚精明，彼則託以張威福。此謂得罪于天子。鳳陽、昌平，鍾靈之地，體仁曾無未雨綢繆，兩地失守，陵寢震驚。此謂得罪于祖宗。燮理職在三公，體仁爲相，日月交蝕，星辰失行，風霾迭見，四方告災，歲比不登，地震河決，城陷井枯，曾莫之懲而日尋恩怨，圖報睚眦，此謂得罪于天地。强敵内逼，大盗四起，高麗旦暮且陷，體仁冒賞冒廕，中外解體。因之此謂得罪于封疆。體仁子見屏于復社諸生，募人糾彈，株連不已，且七年又議裁茂才，國家三百年取士之經，一旦壞于體仁之手，此謂得罪于聖賢。同生天地，誰無本心，體仁自有肺腸，偏欲殘害忠良，秖今文武臣僚幾數百人，駢首囹圄。天良盡喪，此謂得罪于心性。夫人主之辨奸在明，而人主之去奸在斷，伏願陛下大施明斷，速去體仁，毋以天變爲不足畏，毋以人言爲不足恤，毋以羣小之逢迎爲必可任，毋以一己之精明爲必可恃，大赦天下，除苛政，庶倒懸可解，太平可致矣。

疏入，帝怒，除名，下吏按治。踰月，體仁亦罷。

諫令錢士升回籍疏 崇禎九年

詹爾選

臣竊惟輔臣錢士升引咎求黜，遽奉回籍之諭，夫人臣所以不肯言者，其源在不肯去耳，輔臣肯言肯去，臣實榮之，獨不能不爲朝廷惜此一舉也。璡以非法導主上，❶其端一開，大亂將至，輔臣憂心如焚，忽奉改擬之命，遂爾執奏。皇上方嘉許不暇，顧以爲疑君要譽耶？人臣無故疑其君，非忠也，乃謂吾君萬舉萬當者，第容悦之借名，必非忠。人臣沽名，義所不敢出也，乃人主不以名譽鼓天下，使其臣尸位保寵、寡廉鮮恥，亦必非國家利。況今天下疑皇上者，不少矣。將驕卒惰，尚方不靈，億萬民命，徒供武夫貪冒，則或疑過于右武；穿札與操觚並課，非是者弗録，人見賣牛買馬、絀德齊力，徒使強寇混跡于道途，父兄莫必其子弟，

❶ 「璡」，指「李璡」，《明史》卷二五一《錢士升傳》：「武生李璡請括江南富户，報名輸官，行首實籍没之法。」

則或疑緩于敷文。免覲之説行，上意在甦民困也，而或疑朝宗之大義不敵數萬路用之金錢；駁問之事煩，上意在懲奸頑也，而或疑明啓之刑書幾禁加等之紛亂。其君子憂驅策之無當，其小人懼陷累之多門，明知一切苟且之政，或拊心愧恨，或對衆欷歔，輔臣不過偶因一事，代天下發憤耳，而竟鬱鬱以去，恐後之大臣無復有敢言者矣。大臣不敢言，而小臣愈難望其言矣，所日與皇上言者，惟苛細刻薄、不識大體之徒，似忠似直，如狂如癡，售則挺身招摇，敗則潛形逋竄，駭心志而熗耳目，毀成法而釀隱憂，天下事尚忍言哉？祈皇上以遠大宅心，以簡静率憲，責大臣弼違之義，作言官敢諫之風。寧獻可替否，毋藉口聖明獨斷，掩聖主之謙沖；寧進禮退義，毋藉口君恩未酬，飾引身之濡滯。臣愚不勝惓惓。

疏入，帝震怒，面詰再三，罪且不測。諸大臣力救，乃命繫于直廬，削籍去。

撫賊未可輕信疏 崇禎十一年

范景文

臣謹疏：據職方清吏司案呈「本部於七月内連接塘報，稱流賊八大王于襄陽等處與小民兩相交易，開局打造軍器，又每日置造戰船，積至百有餘號等情，據此已經移咨總理，密察情形，撫勦互用，須防意外，毋墮彀中。併咨江、楚、鳳、應、皖、操各撫，嚴檄所屬鎮、道、府、縣緊要處所防備去後，相應具題」等因到部。臣查得流寇蹂躪中原，十載于兹矣，皇上鋭意蕩平，以撻伐之柄屬于理臣熊文燦，十二萬之兵，二百餘萬之餉，不惜竭海内民力、九邊兵力，供其指揮，原欲摧陷廓清，洗而空之，非令一撫，豢彼苞蘖爲苟且計也。從來治盗之法，曰勦曰撫，權可兼行，勢難偏廢，誰不知之。但勦而後撫，求撫在彼，而權在我；不勦而撫，求撫在我，而權在彼。權在我可操縱自如，權在彼則叛服不常。且撫之不效，已非一矣，此撫彼叛，朝撫暮叛，外撫中叛，非撫事之局變，無法勦之以制其死命耳。

今楚賊張獻忠，據理臣初疏，以爲真切輸誠，終無異志。果如所言，便宜解散徒黨，賣劍賣刀，安意耕耘，即使隨營効力，亦宜卷甲韜戈，静聽調遣。乃人不散隊，械不去身，分食于地，資貨于商，據陸而復問水，市馬而復造舟，道路流傳更有不堪言者。此其逆萌叵測，伺隙狂逞，豈獨智者知乎！理臣身任撫局，或當服舍之間，別有駕馭，决不至以賊遺君父憂，然而當局易迷，偏聽不察，倘養癰一潰，破浪乘風，加以江北旱蝗，流亡載道，飢寒之徒易于響應，决裂譸張，噬臍豈有及乎？臣已密布文告，毖飭沿江，俟其來時以計殲之，而猶恐千里長江，處處可乘，順流橫渡，皆不可知。且賊狡智多端，真僞難辨，人扮估客，船作商舶，白衣摇櫓，猝發一旦，可不爲預防乎？伏乞皇上嚴飭理臣，既任勦，何以勦之不力？兼任撫，何以撫之有終？收局于已殘，弭患于未著，寧使臣言之太過，疆事尚亦有利焉。乞併敕江、楚、鳳、應、皖、操各撫，嚴督道、鎮、府、縣，置艦練兵，遠探密哨，節節布置；再行關使，設法稽查商民船隻，分編字號，毋使乘隙潛窺。或調水師一旅，扼之江楚中間，以伐狡謀。想廟堂必計之早也，伏祈聖裁施行。

疏上，得旨：「該部看議具奏。」

讜論當存人材可惜疏 崇禎十一年 范景文

臣等待罪南國，碌碌班行，不能有所建明，以仰裨聖治，日懷慚悚。惟于邸報中仰見皇上瑩精化理，側席求賢，夜寐夙興，急欲躋世三代之上，而流寇燄熾，不能即慰一人之心。頃者枚卜之舉，廣咨博訪，至下霽天光，曲垂清問，特簡五臣，俾以爰立，求之如此其誠，擇之如此其慎也。而兵部尚書楊嗣昌，忽從墨縗，首膺白麻，想因綸扉無習軍旅之人，以彼久歷巖疆，曉暢邊情，必能雪恥除凶，立定大計，天下無不亮皇上不得已而用之之心。輔臣自起家筦樞，以及秉政，封事屢上，頻以終制爲請，情辭惻然，聲淚俱下，終惕天言，逡巡就列，其不得已而應之之心，天下亦多亮之。乃詞臣黄道周等執義廷諍，不憚再三，以致仰干宸嚴，卒無迴避。或謂輔臣昔日奪情，尚可據金革以爲言，至于今則未有處也，亦豈得已而争之哉？一時羣議，咸快「主聖臣直」于今再見，皇上必且欣然嘉納。蓋惜材濟急，不妨通一時之權，而立法垂世，仍當存萬世之經，聽言用人，朝廷並行不悖，孰敢弗服。

乃伏奉嚴綸，黄道周降六級調外任矣；何楷降二級，調别衙門矣；林蘭友補任降級矣，劉同升、趙士春俱各降三級，調外任矣。天下乃始徬徨疑惑，不勝私憂過計。蓋以難得而易失者，人材也；難振而易靡者，士氣也。光岳之所毓孕，靈不常鍾；祖宗之所培育，用有時竭。即今以草土棘人，置鼎元重地，亦因人材之難也。如道周等有數人物，用之猶懼其晚，棄之何得其用，乃共推碩果，遂嗟抱蔓，此臣等所爲人材惜者也。古云「平居無直言敢諫之士，臨事鮮仗節死義之臣」，凡以氣爲主，在上長養之耳，而用舍之間，實關天下趨向。諸臣之處分，在皇上不過聊示創懲，以神磨厲，第恐見聞不察，遂謂朝廷有意厭棄，直節必且習成頑鈍，脂韋成風，毁方干進，亦豈國家之利耶？則臣等所爲士氣慮者也。

皇上神明天縱，獨觀萬化之原，豈其念不及此，所以然者，欲以安輔臣之心，而得其用耳，臣等以爲，容之則輔臣之心更安。何也？輔臣淹貫古今，儼以豪傑自負，亦知夫違清議、摧人望，則不能出而有爲，即昨連疏剖心，欲明孺慕于天下，平臺召對，力救道周，胸中所存，具可想見。皇上若容言者，則輔臣之心以白，罪言者則諸臣之名益彰，故曰容之所以安之也。且獨不觀之往事乎？宋唐介極詆文彥博，彥博乃請召還，唐介故介之，名終不高于彥博。則今日輔臣之所以自待，與皇上之所以待輔臣，從可知矣。

以臣所聞，道周立志欲法古人，學問卓有原本，而清風頑懦，識洞人天，忠義凜然，實有堯舜吾君之思；何楷、林蘭友，皆剛腸勁骨，百折不迴；鳳鳴、梧岡，一時稱爲國瑞；劉同升、趙士春，忠孝家傳，蔚爲時棟，曾經帝心親簡，不愧科名，海内咸服得人。之數臣者，孤忠自許，獨立敢言，不識忌諱，何有依傍。聖明或亦鑒其無他耶？雖其持論不無過激，稍嫌于戇，然漢廷稱戇者，莫如汲黯，而淮南寢謀，卒賴其戇，如公孫弘乃發蒙振落耳。則用舍之間，可不慎乎？以人事君，上臣極軌，輔臣職在贊襄，諒必極力推援，以昭意表行事，故願皇上終爲輔臣地，以宥諸臣也。臣等叨在九列，誼難三緘，謹此合詞披瀝上請，伏祈聖明裁察。臣等不勝惶悚待命之至。

疏入，得旨：「大臣當絶私奉公，尊君體國，何乃附會邀名，玩視屢旨，摭拾合瀆，明屬朋謀把持。其主稿的是何人？著范景文明白具奏。」

姦回誤國請正憲典疏 崇禎十五年

馬嘉植

臣謹奏：臣敷對日，指當事以封疆爲兒戲，蓋斥中樞陳新甲也。新甲罪狀，長安道上三尺童子莫不唾罵，何用白簡，臣猶正告其罪，彰明國法，以垂戒天下萬世之爲司馬者。祖宗三尺法，以治天下者也，苟功罪不明，賞罰不當，雖有熊羆之衆，百萬之師，安所用之？新甲亦有血氣心知，豈全不知兵，愍不畏法，苟求賒死，蓋有所恃而無恐，新甲之心路人知之矣。以爲登司馬之堂，不消講方略，不消講戰守，不消顧君父，不消恤人言，已別有術可立于不敗。見前此爲宗社之罪人、犯千古之清議者，伊何人哉？生前倖免兩觀之誅，没後猶蒙殊等之錫者，伊何人哉？天下事不過如斯耳。衣鉢授受，則燈火遥相照也，寧負公家，不敢負私室，此新甲敗壞封疆張本也。至撫鎮求成，損威辱國，成與不成，皆罪罄南山之竹，書罪無窮，姑留其説，俟事久論定，另結一重大公案，臣秖請就封疆失事論之。新甲淪陷藩封，一罪；祖宗金甌地，尺寸不可與人，今拱手棄去，一罪；叛帥愛子，護送出境，一罪；以松、杏爲孤注，坐視不救，一罪；其更有失策者，當革、左竄伏山中，勢同釜魚，誰爲附和私人，偏主撫議，養癰滋蔓，一罪；數年抽練，喪于一蹶，沙場白骨，波底游魂，慘淡旌旗，飲恨何極！誰爲交通授意，以致撓敗？今門庭震驚，事變叵測，一罪。臣平心以論，亦何讎于新甲哉？恐姑息養奸，新甲之前既有新甲，新甲之後又有新甲，天下事尚可言哉！伏乞敕下法司，會議罪狀，大奮乾綱，彰明國憲，以存天下萬世之大法，封疆幸甚。

疏入，得旨：「已屢有旨了。該部知道。」

國勢阽危廟算未定疏 崇禎十五年

馬嘉植

臣謹奏：竊謂治天下者，急則治標，須識目前之利害；通盤打算，須觀天下之安危。蓋内憂外懼，開闢至今，未有如此日之劇者也；左支右詘，自皇上御宇以來，未有如此日之窘者也。似病久之人，千瘡盡潰，百孔俱發，及早延醫，尚有補救，若仍諱疾忌醫，因循姑待，年復一年，日復一日，必有一錯。昔云「未雨綢繆」，今既雨矣，風雨飄揺，岌岌不支，安爲固然，恬不知怪。羣臣坐觀成敗于下，皇上獨處孤危于上，此真可憂、可懼、可痛哭，不忍言而又不敢不言者也。敵逼門庭，而泄泄者且曰：己巳、丙子、戊寅入且不久遁耳。不知丙子甚于己巳，戊寅甚于丙子，至今而益難。試觀天下大勢何如乎，海内騷動，望屋而食，揭竿以起，所在糜爛。民之思亂者，十室而九，萬一此乘其虚，彼乘其敝，轉睫之間，措手不及，天下事未知終始。皇上宜召見廷臣，一切兵馬錢糧等衙門，逐一條對，不厭反覆，毋俾游移。以臣愚見，關門固急，尤當通盤打算。如各口不宜防衝突乎？津門、登萊不宜防游兵以擾海上乎？津運不憂資敵糧乎？臨、德不宜設重鎮乎？囤漕有督催矣，至于水陸，不防張頤以逞乎？羣盜蜂起，二東、川、浙暨江淮南北，勢難一旅，抽調作何應援乎？柳營精鋭，太僕上駟，俱喪關外，縱選督、撫，能隻手搏戰，徒步攖鋒乎？叛將賀人龍等，跋扈無道，作何殲滅乎？闖、曹若捲土復來，汴梁無竊據乎？潼關上下、大河南北，與餉道、運道，作何防扼乎？二東咽喉，作何掃蕩乎？留都豐鎬，盈盈一江，保無乘風破浪，窺睨根本乎？倉庾懸罄，萬一事患叵測，作何供億乎？及今不圖，後嗟何及？兵法有云「致人而不致于人」，又云「先爲不可勝，以待敵之可勝」。徒以有用之歲月，坐消于無益之舉動，不大謬哉！皇上見安攘無效，不得不請命于天，而臣以爲總不若急修人事，恐齋醮未撤，在内隳軍民之氣，在外增窺測之心，片紙符籙，豈能禦侮折衝，所當早賜停罷。如果臣慮不謬，召見廷臣，求講實著，是誠定一大機括也。臣無任激切待命之至。

疏入，帝留中。

乞停遣部科催餉疏 崇禎十六年

倪元璐

臣謹奏爲官省則專，能辦則勵，謹條簡便責成之法，以速輸將事。夫臣部急餉，惟嚴攷成。攷成者，明乎其有專責也。其責已專矣，又别設官以分其責，是教之卸也。以臣之議，催餉科臣既當停遣，催餉侍郎亦宜併罷，即分催司屬，亦可不差。蓋臣以爲，節用愛人之道，莫大乎省官，遣一朝臣，地方即多一番供億，小民即多一番驚畏，而究竟無加于撫、按，幸不辱命，仍是乞靈撫按耳。今之巡撫，比于古之大國諸侯，而巡方繡斧，所謂代天巡狩者也，撫、按不能爲，誰能爲？撫、按不足賴，又誰足賴乎？朝遣既停，撫按自無所推卸，然猶望皇上特申嚴諭，兼敕撫按，而尤專其事于按臣，蓋撫務猶繁，按威特重。宜併令按臣選委廉幹推官一員，專催一省餉務，仍以其姓名上聞，使推官凜凜，常有天威鑒臨其上。夫推官者，州縣所憚也，而自治其土，即于地方無所擾怖。皇上以錢糧爲第一義，攷核按臣，而推官能否，臣部亦得而問之，誠無逋欠，即與減俸行取，否者論罰有差。凡爲此者，誠以皇上天語，必愈于餉臣之筆舌，而巡撫必愈于客卿之侍郎，按臣必愈于行省給諫，推官必愈于閒局分司。此臣所謂省官則專者也。

至于錢糧起解，職屬藩司，往者州縣多有完徵解司，而被部參重罰者，此由藩司不爲即解，或那移他用，或委任非人，部無由知，惟有參罰州縣，以致羣論不服，勞吏灰心。今請令有司完解到司，取有藩司實收印結，立申到部，臣部于文到之日，即于本官名下註完攷優，立移吏部紀録，先經降罰者，立與開復。凡收結不到部，罰在州縣，收結既到，而銀解後時者，計道里遠近，歸罰藩司。持之斷斷如此，則賞罰明而人無曠職。臣所謂能辦則勵者也。帝王之制天下，貴乎術簡而法信，當民窮愁苦之時，術愈貴簡，然而行法不信，則簡適所以導慢，臣所謂速輸將之計者止此。伏候聖裁。

疏入，得旨：「覽奏簡要直截，深得速運之法，已另有諭旨了。」

劾馬士英疏崇禎十七年❶

劉宗周

臣竊思陛下龍飛淮甸，天實予之。乃有扈蹕微勞，入内閣，進中樞，宫銜世廕，晏然當之不疑者，非士英乎？于是李沾侈言定策，挑激廷臣矣；劉孔昭以功賞不均，發憤冢臣，朝端譁然聚訟，而羣陰且翩翩起矣；借知兵之名，則逆黨可以然灰，寬反正之路，則逃臣可以汲引，而閣部諸臣且次第言去矣。中朝之黨論方興，何暇圖河北之事；立國之本計已疎，何以言匡攘之略。高傑一逃將也，而奉若驕子，寖有尾大之憂，淮揚失事，不難譴撫臣、道臣以謝之，安得不長其桀驁？則亦恃士英卵翼也。劉、黄諸將，各有舊汛地，而置若奕棋，洶洶爲連雞之勢，至分剖江北四鎮以慰之，安得不啓其雄心？則皆高傑一人倡之也。京營自祖宗以來，皆勳臣爲政，樞貳佐之，陛下立國伊始，而有内臣盧九德之命，則士英有不得辭其責者。總之，兵戈盜賊，皆從小人氣類感召而生，而小人與奄宦又往往相表裏，自古未有奄宦用事，而將帥能樹功于方域者。惟

❶ 此疏及下文劉宗周二疏皆上於南明初期。福王政權以次年爲弘光元年，即位當年仍稱崇禎十七年。

陛下首辨陰陽消長之機，出士英仍督鳳陽，聯絡諸鎮，決用兵之策。史可法即不還中樞，亦當自淮而北，歷河以南，別開幕府，與士英相犄角。京營提督，獨斷寢之。書之史冊，爲今日第一美政矣。

疏入，福王優詔答之，促其速入。

陳時政疏崇禎十七年　劉宗周

臣竊惟今日大計，舍討賊復仇，無以表陛下渡江之心；非毅然決策親征，無以作天下忠義之氣。一曰據形勝以規進取。江左非偏安之業，請進圖江北。鳳陽號中都，東扼徐、淮，北控豫州，西顧荆、襄，而南去金陵不遠，請以駐親征之師，大小銓除，暫稱「行在」，少存臣子負罪引慝之心。從此漸進，秦、晉、燕、齊，必有響應而起者。一曰重藩屏以資彈壓。淮揚數百里，設兩節鉞，不能禦亂，争先南下，致江北一塊土，拱手授人。督漕路振飛，坐守淮城，久以家屬浮舟遠地，是倡之逃也，于是鎮臣劉澤清、高傑，遂有家屬寄江南之説。軍法：臨陣脱逃者斬。臣謂一撫二鎮，皆可斬也。一曰慎爵賞以肅軍情。請分别各帥封賞，孰當孰濫，輕則收侯爵，重則奪伯爵。夫以左帥之恢復而封，高、劉之敗逃亦封，又誰不當封者。武臣既濫，文臣隨之，外臣既濫，中璫隨之，恐天下聞而解體也。一曰核舊官以立臣紀。燕京既破，有受僞官而叛者，有受僞官而逃者，有在封守而逃者，有奉使命而逃者，法皆不赦，亟宜分别定罪，爲戒將來。至于訛言南下，徘徊順逆之間，寔繁有徒，必且倡爲曲説，以惑人心，尤宜誅絶者也。

疏入，福王詔納其言，宣付史館。

陳五事疏崇禎十七年

劉宗周

臣竊惟今日時勢，敬陳五事。一曰：修聖政，無以近娱忽遠猷。國家不幸遭此大變，今紛紛制作，似不復有中原志者。土木崇矣，珍奇集矣，俳優雜劇陳矣；内豎充庭，金吾滿座，戚畹駢闐矣；讒夫昌，言路扼，官常亂矣。所謂狃近娱而忽遠圖也。一曰：振王綱，無以主恩傷臣紀。自陛下即位，中外臣工，不曰「從龍」，則曰「佐命」，一推恩近侍，則左右因而秉權；再推恩大臣，則閣、部可以兼柄；三推恩勳舊，則陳乞至今未已；四推恩武弁，則疆埸視同兒戲。表裏呼應，動有藐視朝廷之心；彼此雄長，即爲犯上無等之習。禮樂征伐漸不出自天子，所謂褻主恩而傷臣紀也。一曰：明國是，無以邪鋒危正氣。朋黨之説，小人以加君子，釀國家空虛之禍，先帝末造可鑒也。今更爲一二元惡稱冤，至諸君子後先死于黨、死于徇國者，若有餘戮。揆厥所由，止以一人進用，動引三朝故事，排抑舊人，私交重，君父輕，身自樹黨，而坐他人以黨。所謂長邪鋒而危正氣也。一曰：端治術，無以刑名先教化。先帝頗尚刑名，而殺機先動于温體仁，殺運日開，怨毒滿天下。近如貪吏之誅，不經提問，遽科罪名，未科罪名，先追贓罰，假令有禹好善之巡方，借成德以媚權相，又孰辨之？又職方戎政之奸弊，道路嘖有煩言，雖衛臣有不敢問者，則廠衛之設何爲？徒令人主虧至德、傷治體，所謂急刑名而忘教化也。一曰：固邦本，無以外釁釀内憂。前者淮、揚告變，未幾而高、黄二鎮治兵相攻，四鎮額兵各三萬，不以殺敵，而自相屠毒，又日煩朝廷講和，何爲者？夫以十二萬不殺敵之兵，索十二萬不殺敵之餉，必窮之術耳。不稍裁抑，惟加派横征，蓄一二蒼鷹、乳虎之有司，以天下徇之已矣。所謂積外釁而釀内憂也。

疏入，福王優詔報聞。

《儒藏》精華編選刊
即出書目（二〇二三）

白虎通德論
誠齋集
春秋本義
春秋集傳大全
春秋左氏傳賈服注輯述
春秋左氏傳舊注疏證
春秋左傳讀
道南源委
桴亭先生文集
復初齋文集
廣雅疏證

龜山先生語録
郭店楚墓竹簡十二種校釋
國語正義
涇野先生文集
康齋先生文集
孔子家語　曾子注釋
禮書通故
論語全解
毛詩後箋
毛詩稽古編
孟子正義
孟子注疏
閩中理學淵源考
木鐘集
群經平議

三魚堂文集 外集
上海博物館藏楚竹書十九種校釋
尚書集注音疏
詩本義
詩經世本古義
詩毛氏傳疏
詩三家義集疏
書疑 東坡書傳 尚書表注
書傳大全
四書集編
四書蒙引
四書纂疏
宋名臣言行録
孫明復先生小集 春秋尊王發微
文定集

五峰集 胡子知言
小學集註
孝經注解 温公易説 司馬氏書儀 家範
揅經室集
伊川擊壤集
儀禮圖
儀禮章句
易漢學
游定夫先生集
御選明臣奏議
周易口義 洪範口義
周易姚氏學